ZHONGGUO SHEHUI ZUZHI NIAN JIAN

中国社会组织年鉴 2011

中国社会组织年鉴编委会 □ 编

中国社会组织年鉴 2011

中国社会组织年鉴编委会　编

中国社会出版社

编 辑 说 明

一、《中国社会组织年鉴2011》是由中华人民共和国民政部主办，民间组织管理局组织、主持编纂，中国社会出版社编辑出版的全面反映我国社会组织事业发展里程和成就的大型权威性、资料性、综合性工具书。本书对社会组织登记管理机关干部、从事社会组织研究和教学的人员、社会组织各界人士，以及国际社会了解和研究我国社会组织事业的发展状况，具有重要的参考价值。

二、本书主要收录了2010年度中央及地方各级有关部门制定发布的有关社会组织登记管理的政策法规，同时收录了民政部及部分地方省市领导的重要论述，全国和各省、自治区、直辖市及计划单列市社会组织工作综述，有关社会组织建设、发展和管理的调查研究报告等。

三、本书大部分内容按照文件发布时间、各省、自治区、直辖市行政序列编排。在编辑过程中，得到了各省、自治区、直辖市、计划单列市的社会组织登记管理机关有关领导和同志的大力支持和积极协助，在此深表谢意。由于水平有限，难免有疏漏之处，敬请批评指正。

四、本书由“公平发展　公共治理”项目资助出版。

《中国社会组织年鉴2011》编辑委员会

2011年10月

《中国社会组织年鉴2011》编委会名单

目　　录

第一编　政策法规

第三编　工作综述

第四编　调研报告

第五编 中国社会组织发展报告

附 录

·第一编·

政策法规

社会团体登记管理条例

（中华人民共和国国务院令第250号
1998年10月25日）

第一章 总 则

第一条 为了保障公民的结社自由，维护社会团体的合法权益，加强对社会团体的登记管理，促进社会主义物质文明、精神文明建设，制定本条例。

第二条 本条例所称社会团体，是指中国公民自愿组成，为实现会员共同意愿，按照其章程开展活动的非营利性社会组织。

国家机关以外的组织可以作为单位会员加入社会团体。

第三条 成立社会团体，应当经其业务主管单位审查同意，并依照本条例的规定进行登记。

社会团体应当具备法人条件。

下列团体不属于本条例规定登记的范围：

（一）参加中国人民政治协商会议的人民团体；

（二）由国务院机构编制管理机关核定，并经国务院批准免于登记的团体；

（三）机关、团体、企业事业单位内部经本单位批准成立、在本单位内部活动的团体。

第四条 社会团体必须遵守宪法、法律、法规和国家政策，不得反对宪法确定的基本原则，不得危害国家的统一、安全和民族的团结，不得损害国家利益、社会公共利益以及其他组织和公民的合法权益，不得违背社会道德风尚。

社会团体不得从事营利性经营活动。

第五条 国家保护社会团体依照法律、法规及其章程开展活动，任何组织和个人不得非法干涉。

第六条 国务院民政部门和县级以上地方各级人民政府民政部门是本

级人民政府的社会团体登记管理机关（以下简称登记管理机关）。

国务院有关部门和县级以上地方各级人民政府有关部门、国务院或者县级以上地方各级人民政府授权的组织，是有关行业、学科或者业务范围内社会团体的业务主管单位（以下简称业务主管单位）。

法律、行政法规对社会团体的监督管理另有规定的，依照有关法律、行政法规的规定执行。

第二章　管　辖

第七条　全国性的社会团体，由国务院的登记管理机关负责登记管理；地方性的社会团体，由所在地人民政府的登记管理机关负责登记管理；跨行政区域的社会团体，由所跨行政区域的共同上一级人民政府的登记管理机关负责登记管理。

第八条　登记管理机关、业务主管单位与其管辖的社会团体的住所不在一地的，可以委托社会团体住所地的登记管理机关、业务主管单位负责委托范围内的监督管理工作。

第三章　成立登记

第九条　申请成立社会团体，应当经其业务主管单位审查同意，由发起人向登记管理机关申请筹备。

第十条　成立社会团体，应当具备下列条件：

（一）有50个以上的个人会员或者30个以上的单位会员；个人会员、单位会员混合组成的，会员总数不得少于50个；

（二）有规范的名称和相应的组织机构；

（三）有固定的住所；

（四）有与其业务活动相适应的专职工作人员；

（五）有合法的资产和经费来源，全国性的社会团体有10万元以上活动资金，地方性的社会团体和跨行政区域的社会团体有3万元以上活动资金；

（六）有独立承担民事责任的能力。

社会团体的名称应当符合法律、法规的规定，不得违背社会道德风尚。社会团体的名称应当与其业务范围、成员分布、活动地域相一致，准确反映其特征。全国性的社会团体的名称冠以“中国”、“全国”、“中华”等字样的，应当按照国家有关规定经过批准，地方性的社会团体的名称不得冠以“中国”、“全国”、“中华”等字样。

第十一条 申请筹备成立社会团体，发起人应当向登记管理机关提交下列文件：

（一）筹备申请书；

（二）业务主管单位的批准文件；

（三）验资报告、场所使用权证明；

（四）发起人和拟任负责人的基本情况、身份证明；

（五）章程草案。

第十二条 登记管理机关应当自收到本条例第十一条所列全部有效文件之日起60日内，作出批准或者不批准筹备的决定；不批准的，应当向发起人说明理由。

第十三条 有下列情形之一的，登记管理机关不予批准筹备：

（一）有根据证明申请筹备的社会团体的宗旨、业务范围不符合本条例第四条的规定的；

（二）在同一行政区域内已有业务范围相同或者相似的社会团体，没有必要成立的；

（三）发起人、拟任负责人正在或者曾经受到剥夺政治权利的刑事处罚，或者不具有完全民事行为能力的；

（四）在申请筹备时弄虚作假的；

（五）有法律、行政法规禁止的其他情形的。

第十四条 筹备成立的社会团体，应当自登记管理机关批准筹备之日起6个月内召开会员大会或者会员代表大会，通过章程，产生执行机构、负责人和法定代表人，并向登记管理机关申请成立登记。筹备期间不得开展筹备以外的活动。

社会团体的法定代表人，不得同时担任其他社会团体的法定代表人。

第十五条 社会团体的章程应当包括下列事项：

（一）名称、住所；

（二）宗旨、业务范围和活动地域；

（三）会员资格及其权利、义务；

（四）民主的组织管理制度，执行机构的产生程序；

（五）负责人的条件和产生、罢免的程序；

（六）资产管理和使用的原则；

（七）章程的修改程序；

（八）终止程序和终止后资产的处理；

（九）应当由章程规定的其他事项。

第十六条 登记管理机关应当自收到完成筹备工作的社会团体的登记申请书及有关文件之日起30日内完成审查工作。对没有本条例第十三条所列情形，且筹备工作符合要求、章程内容完备的社会团体，准予登记，发给《社会团体法人登记证书》。登记事项包括：

（一）名称；

（二）住所；

（三）宗旨、业务范围和活动地域；

（四）法定代表人；

（五）活动资金；

（六）业务主管单位。

对不予登记的，应当将不予登记的决定通知申请人。

第十七条 依照法律规定，自批准成立之日起即具有法人资格的社会团体，应当自批准成立之日起60日内向登记管理机关备案。登记管理机关自收到备案文件之日起30日内发给《社会团体法人登记证书》。

社会团体备案事项，除本条例第十六条所列事项外，还应当包括业务主管单位依法出具的批准文件。

第十八条 社会团体凭《社会团体法人登记证书》申请刻制印章，开立银行账户。社会团体应当将印章式样和银行账号报登记管理机关备案。

第十九条 社会团体成立后拟设立分支机构、代表机构的，应当经业务主管单位审查同意，向登记管理机关提交有关分支机构、代表机构的名称、业务范围、场所和主要负责人等情况的文件，申请登记。

社会团体的分支机构、代表机构是社会团体的组成部分，不具有法人资格，应当按照其所属的社会团体的章程所规定的宗旨和业务范围，在该社会团体授权的范围内开展活动、发展会员。社会团体的分支机构不得再设立分支机构。

社会团体不得设立地域性的分支机构。

第四章 变更登记、注销登记

第二十条 社会团体的登记事项、备案事项需要变更的，应当自业务主管单位审查同意之日起30日内，向登记管理机关申请变更登记、变更备案（以下统称变更登记）。

社会团体修改章程，应当自业务主管单位审查同意之日起30日内，报登记管理机关核准。

第二十一条 社会团体有下列情形之一的，应当在业务主管单位审查同意后，向登记管理机关申请注销登记、注销备案（以下统称注销登记）：

（一）完成社会团体章程规定的宗旨的；

（二）自行解散的；

（三）分立、合并的；

（四）由于其他原因终止的。

第二十二条　社会团体在办理注销登记前，应当在业务主管单位及其他有关机关的指导下，成立清算组织，完成清算工作。清算期间，社会团体不得开展清算以外的活动。

第二十三条　社会团体应当自清算结束之日起15日内向登记管理机关办理注销登记。办理注销登记，应当提交法定代表人签署的注销登记申请书、业务主管单位的审查文件和清算报告书。

登记管理机关准予注销登记的，发给注销证明文件，收缴该社会团体的登记证书、印章和财务凭证。

第二十四条　社会团体撤销其所属分支机构、代表机构的，经业务主管单位审查同意后，办理注销手续。

社会团体注销的，其所属分支机构、代表机构同时注销。

第二十五条　社会团体处分注销后的剩余财产，按照国家有关规定办理。

第二十六条　社会团体成立、注销或者变更名称、住所、法定代表人，由登记管理机关予以公告。

第五章　监督管理

第二十七条　登记管理机关履行下列监督管理职责：

（一）负责社会团体的成立、变更、注销的登记或者备案；

（二）对社会团体实施年度检查；

（三）对社会团体违反本条例的问题进行监督检查，对社会团体违反本条例的行为给予行政处罚。

第二十八条　业务主管单位履行下列监督管理职责：

（一）负责社会团体筹备申请、成立登记、变更登记、注销登记前的审查；

（二）监督、指导社会团体遵守宪法、法律、法规和国家政策，依据其章程开展活动；

（三）负责社会团体年度检查的初审；

（四）协助登记管理机关和其他有关部门查处社会团体的违法行为；

（五）会同有关机关指导社会团体的清算事宜。

业务主管单位履行前款规定的职责，不得向社会团体收取费用。

第二十九条 社会团体的资产来源必须合法，任何单位和个人不得侵占、私分或者挪用社会团体的资产。

社会团体的经费，以及开展章程规定的活动按照国家有关规定所取得的合法收入，必须用于章程规定的业务活动，不得在会员中分配。

社会团体接受捐赠、资助，必须符合章程规定的宗旨和业务范围，必须根据与捐赠人、资助人约定的期限、方式和合法用途使用。社会团体应当向业务主管单位报告接受、使用捐赠、资助的有关情况，并应当将有关情况以适当方式向社会公布。

社会团体专职工作人员的工资和保险福利待遇，参照国家对事业单位的有关规定执行。

第三十条 社会团体必须执行国家规定的财务管理制度，接受财政部门的监督；资产来源属于国家拨款或者社会捐赠、资助的，还应当接受审计机关的监督。

社会团体在换届或者更换法定代表人之前，登记管理机关、业务主管单位应当组织对其进行财务审计。

第三十一条 社会团体应当于每年3月31日前向业务主管单位报送上一年度的工作报告，经业务主管单位初审同意后，于5月31日前报送登记管理机关，接受年度检查。工作报告的内容包括：本社会团体遵守法律法规和国家政策的情况、依照本条例履行登记手续的情况、按照章程开展活动的情况、人员和机构变动的情况以及财务管理的情况。

对于依照本条例第十七条的规定发给《社会团体法人登记证书》的社会团体，登记管理机关对其应当简化年度检查的内容。

第六章 罚 则

第三十二条 社会团体在申请登记时弄虚作假，骗取登记的，或者自取得《社会团体法人登记证书》之日起1年未开展活动的，由登记管理机关予以撤销登记。

第三十三条 社会团体有下列情形之一的，由登记管理机关给予警告，责令改正，可以限期停止活动，并可以责令撤换直接负责的主管人员；情节严重的，予以撤销登记；构成犯罪的，依法追究刑事责任：

（一）涂改、出租、出借《社会团体法人登记证书》，或者出租、出借社会团体印章的；

（二）超出章程规定的宗旨和业务范围进行活动的；

（三）拒不接受或者不按照规定接受监督检查的；

（四）不按照规定办理变更登记的；

（五）擅自设立分支机构、代表机构，或者对分支机构、代表机构疏于管理，造成严重后果的；

（六）从事营利性的经营活动的；

（七）侵占、私分、挪用社会团体资产或者所接受的捐赠、资助的；

（八）违反国家有关规定收取费用、筹集资金或者接受、使用捐赠、资助的。

前款规定的行为有违法经营额或者违法所得的，予以没收，可以并处违法经营额1倍以上3倍以下或者违法所得3倍以上5倍以下的罚款。

第三十四条 社会团体的活动违反其他法律、法规的，由有关国家机关依法处理；有关国家机关认为应当撤销登记的，由登记管理机关撤销登记。

第三十五条 未经批准，擅自开展社会团体筹备活动，或者未经登记，擅自以社会团体名义进行活动，以及被撤销登记的社会团体继续以社会团体名义进行活动的，由登记管理机关予以取缔，没收非法财产；构成犯罪的，依法追究刑事责任；尚不构成犯罪的，依法给予治安管理处罚。

第三十六条 社会团体被责令限期停止活动的，由登记管理机关封存《社会团体法人登记证书》、印章和财务凭证。

社会团体被撤销登记的，由登记管理机关收缴《社会团体法人登记证书》和印章。

第三十七条 登记管理机关、业务主管单位的工作人员滥用职权、徇私舞弊、玩忽职守构成犯罪的，依法追究刑事责任；尚不构成犯罪的，依法给予行政处分。

第七章 附 则

第三十八条 《社会团体法人登记证书》的式样由国务院民政部门制定。

对社会团体进行年度检查不得收取费用。

第三十九条 本条例施行前已经成立的社会团体，应当自本条例施行之日起1年内依照本条例有关规定申请重新登记。

第四十条 本条例自发布之日起施行。1989年10月25日国务院发布的《社会团体登记管理条例》同时废止。

民办非企业单位登记管理暂行条例

（中华人民共和国国务院令第 251 号
1998 年 10 月 25 日）

第一章　总　则

第一条　为了规范民办非企业单位的登记管理，保障民办非企业单位的合法权益，促进社会主义物质文明、精神文明建设，制定本条例。

第二条　本条例所称民办非企业单位，是指企业事业单位、社会团体和其他社会力量以及公民个人利用非国有资产举办的，从事非营利性社会服务活动的社会组织。

第三条　成立民办非企业单位，应当经其业务主管单位审查同意，并依照本条例的规定登记。

第四条　民办非企业单位应当遵守宪法、法律、法规和国家政策，不得反对宪法确定的基本原则，不得危害国家的统一、安全和民族的团结，不得损害国家利益、社会公共利益以及其他社会组织和公民的合法权益，不得违背社会道德风尚。

民办非企业单位不得从事营利性经营活动。

第五条　国务院民政部门和县级以上地方各级人民政府民政部门是本级人民政府的民办非企业单位登记管理机关（以下简称登记管理机关）。

国务院有关部门和县级以上地方各级人民政府的有关部门、国务院或者县级以上地方各级人民政府授权的组织，是有关行业、业务范围内民办非企业单位的业务主管单位（以下简称业务主管单位）。

法律、行政法规对民办非企业单位的监督管理另有规定的，依照有关法律、行政法规的规定执行。

第二章　管　辖

第六条　登记管理机关负责同级业务主管单位审查同意的民办非企业单位的登记管理。

第七条 登记管理机关、业务主管单位与其管辖的民办非企业单位的住所不在一地的，可以委托民办非企业单位住所地的登记管理机关、业务主管单位负责委托范围内的监督管理工作。

第三章 登 记

第八条 申请登记民办非企业单位，应当具备下列条件：

（一）经业务主管单位审查同意；

（二）有规范的名称、必要的组织机构；

（三）有与其业务活动相适应的从业人员；

（四）有与其业务活动相适应的合法财产；

（五）有必要的场所。

民办非企业单位的名称应当符合国务院民政部门的规定，不得冠以“中国”、“全国”、“中华” 等字样。

第九条 申请民办非企业单位登记，举办者应当向登记管理机关提交下列文件：

（一）登记申请书；

（二）业务主管单位的批准文件；

（三）场所使用权证明；

（四）验资报告；

（五）拟任负责人的基本情况、身份证明；

（六）章程草案。

第十条 民办非企业单位的章程应当包括下列事项：

（一）名称、住所；

（二）宗旨和业务范围；

（三）组织管理制度；

（四）法定代表人或者负责人的产生、罢免的程序；

（五）资产管理和使用的原则；

（六）章程的修改程序；

（七）终止程序和终止后资产的处理；

（八）需要由章程规定的其他事项。

第十一条 登记管理机关应当自收到成立登记申请的全部有效文件之日起 60 日内作出准予登记或者不予登记的决定。

有下列情形之一的，登记管理机关不予登记，并向申请人说明理由：

（一）有根据证明申请登记的民办非企业单位的宗旨、业务范围不符合本条例第四条规定的；

（二）在申请成立时弄虚作假的；

（三）在同一行政区域内已有业务范围相同或者相似的民办非企业单位，没有必要成立的；

（四）拟任负责人正在或者曾经受到剥夺政治权利的刑事处罚，或者不具有完全民事行为能力的；

（五）有法律、行政法规禁止的其他情形的。

第十二条 准予登记的民办非企业单位，由登记管理机关登记民办非企业单位的名称、住所、宗旨和业务范围、法定代表人或者负责人、开办资金、业务主管单位，并根据其依法承担民事责任的不同方式，分别发给《民办非企业单位（法人）登记证书》、《民办非企业单位（合伙）登记证书》、《民办非企业单位（个体）登记证书》。

依照法律、其他行政法规规定，经有关主管部门依法审核或者登记，已经取得相应的执业许可证书的民办非企业单位，登记管理机关应当简化登记手续，凭有关主管部门出具的执业许可证明文件，发给相应的民办非企业单位登记证书。

第十三条 民办非企业单位不得设立分支机构。

第十四条 民办非企业单位凭登记证书申请刻制印章，开立银行账户。民办非企业单位应当将印章式样、银行账号报登记管理机关备案。

第十五条 民办非企业单位的登记事项需要变更的，应当自业务主管单位审查同意之日起 30 日内，向登记管理机关申请变更登记。

民办非企业单位修改章程，应当自业务主管单位审查同意之日起 30 日内，报登记管理机关核准。

第十六条 民办非企业单位自行解散的，分立、合并的，或者由于其他原因需要注销登记的，应当向登记管理机关办理注销登记。

民办非企业单位在办理注销登记前，应当在业务主管单位和其他有关机关的指导下，成立清算组织，完成清算工作。清算期间，民办非企业单位不得开展清算以外的活动。

第十七条 民办非企业单位法定代表人或者负责人应当自完成清算之日起 15 日内，向登记管理机关办理注销登记。办理注销登记，须提交注销登记申请书、业务主管单位的审查文件和清算报告。

登记管理机关准予注销登记的，发给注销证明文件，收缴登记证书、印章和财务凭证。

第十八条 民办非企业单位成立、注销以及变更名称、住所、法定代表人或者负责人，由登记管理机关予以公告。

第四章　监督管理

第十九条　登记管理机关履行下列监督管理职责：

（一）负责民办非企业单位的成立、变更、注销登记；

（二）对民办非企业单位实施年度检查；

（三）对民办非企业单位违反本条例的问题进行监督检查，对民办非企业单位违反本条例的行为给予行政处罚。

第二十条　业务主管单位履行下列监督管理职责：

（一）负责民办非企业单位成立、变更、注销登记前的审查；

（二）监督、指导民办非企业单位遵守宪法、法律、法规和国家政策，按照章程开展活动；

（三）负责民办非企业单位年度检查的初审；

（四）协助登记管理机关和其他有关部门查处民办非企业单位的违法行为；

（五）会同有关机关指导民办非企业单位的清算事宜。

业务主管单位履行前款规定的职责，不得向民办非企业单位收取费用。

第二十一条　民办非企业单位的资产来源必须合法，任何单位和个人不得侵占、私分或者挪用民办非企业单位的资产。

民办非企业单位开展章程规定的活动，按照国家有关规定取得的合法收入，必须用于章程规定的业务活动。

民办非企业单位接受捐赠、资助，必须符合章程规定的宗旨和业务范围，必须根据与捐赠人、资助人约定的期限、方式和合法用途使用。民办非企业单位应当向业务主管单位报告接受、使用捐赠、资助的有关情况，并应当将有关情况以适当方式向社会公布。

第二十二条　民办非企业单位必须执行国家规定的财务管理制度，接受财政部门的监督；资产来源属于国家资助或者社会捐赠、资助的，还应当接受审计机关的监督。

民办非企业单位变更法定代表人或者负责人，登记管理机关、业务主管单位应当组织对其进行财务审计。

第二十三条　民办非企业单位应当于每年3月31日前向业务主管单位报送上一年度的工作报告，经业务主管单位初审同意后，于5月31日前报送登记管理机关，接受年度检查。工作报告内容包括：本民办非企业单位遵守法律法规和国家政策的情况、依照本条例履行登记手续的情况、按照章程开展活动的情况、人员和机构变动的情况以及财务管理的情况。

对于依照本条例第十二条第二款的规定发给登记证书的民办非企业单位，登记管理机关对其应当简化年度检查的内容。

第五章　罚　则

第二十四条　民办非企业单位在申请登记时弄虚作假，骗取登记的，或者业务主管单位撤销批准的，由登记管理机关予以撤销登记。

第二十五条　民办非企业单位有下列情形之一的，由登记管理机关予以警告，责令改正，可以限期停止活动；情节严重的，予以撤销登记；构成犯罪的，依法追究刑事责任：

（一）涂改、出租、出借民办非企业单位登记证书，或者出租、出借民办非企业单位印章的；

（二）超出其章程规定的宗旨和业务范围进行活动的；

（三）拒不接受或者不按照规定接受监督检查的；

（四）不按照规定办理变更登记的；

（五）设立分支机构的；

（六）从事营利性的经营活动的；

（七）侵占、私分、挪用民办非企业单位的资产或者所接受的捐赠、资助的；

（八）违反国家有关规定收取费用、筹集资金或者接受使用捐赠、资助的。

前款规定的行为有违法经营额或者违法所得的，予以没收，可以并处违法经营额1倍以上3倍以下或者违法所得3倍以上5倍以下的罚款。

第二十六条　民办非企业单位的活动违反其他法律、法规的，由有关国家机关依法处理；有关国家机关认为应当撤销登记的，由登记管理机关撤销登记。

第二十七条　未经登记，擅自以民办非企业单位名义进行活动的，或者被撤销登记的民办非企业单位继续以民办非企业单位名义进行活动的，由登记管理机关予以取缔，没收非法财产；构成犯罪的，依法追究刑事责任；尚不构成犯罪的，依法给予治安管理处罚。

第二十八条　民办非企业单位被限期停止活动的，由登记管理机关封存其登记证书、印章和财务凭证。

民办非企业单位被撤销登记的，由登记管理机关收缴登记证书和印章。

第二十九条 登记管理机关、业务主管单位的工作人员滥用职权、徇私舞弊、玩忽职守构成犯罪的，依法追究刑事责任；尚不构成犯罪的，依法给予行政处分。

第六章 附 则

第三十条 民办非企业单位登记证书的式样由国务院民政部门制定。

对民办非企业单位进行年度检查不得收取费用。

第三十一条 本条例施行前已经成立的民办非企业单位，应当自本条例实施之日起1年内依照本条例有关规定申请登记。

第三十二条 本条例自发布之日起施行。

基金会管理条例

（中华人民共和国国务院令第400号
2004年3月8日）

第一章 总 则

第一条 为了规范基金会的组织和活动，维护基金会、捐赠人和受益人的合法权益，促进社会力量参与公益事业，制定本条例。

第二条 本条例所称基金会，是指利用自然人、法人或者其他组织捐赠的财产，以从事公益事业为目的，按照本条例的规定成立的非营利性法人。

第三条 基金会分为面向公众募捐的基金会（以下简称公募基金会）和不得面向公众募捐的基金会（以下简称非公募基金会）。公募基金会按照募捐的地域范围，分为全国性公募基金会和地方性公募基金会。

第四条 基金会必须遵守宪法、法律、法规、规章和国家政策，不得危害国家安全、统一和民族团结，不得违背社会公德。

第五条 基金会依照章程从事公益活动，应当遵循公开、透明的原则。

第六条 国务院民政部门和省、自治区、直辖市人民政府民政部门是基金会的登记管理机关。

国务院民政部门负责下列基金会、基金会代表机构的登记管理工作：

（一）全国性公募基金会；

（二）拟由非内地居民担任法定代表人的基金会；

（三）原始基金超过2000万元，发起人向国务院民政部门提出设立申请的非公募基金会；

（四）境外基金会在中国内地设立的代表机构。

省、自治区、直辖市人民政府民政部门负责本行政区域内地方性公募基金会和不属于前款规定情况的非公募基金会的登记管理工作。

第七条 国务院有关部门或者国务院授权的组织，是国务院民政部门登记的基金会、境外基金会代表机构的业务主管单位。

省、自治区、直辖市人民政府有关部门或者省、自治区、直辖市人民政府授权的组织，是省、自治区、直辖市人民政府民政部门登记的基金会的业务主管单位。

第二章　设立、变更和注销

第八条　设立基金会，应当具备下列条件：

（一）为特定的公益目的而设立；

（二）全国性公募基金会的原始基金不低于800万元人民币，地方性公募基金会的原始基金不低于400万元人民币，非公募基金会的原始基金不低于200万元人民币；原始基金必须为到账货币资金；

（三）有规范的名称、章程、组织机构以及与其开展活动相适应的专职工作人员；

（四）有固定的住所；

（五）能够独立承担民事责任。

第九条　申请设立基金会，申请人应当向登记管理机关提交下列文件：

（一）申请书；

（二）章程草案；

（三）验资证明和住所证明；

（四）理事名单、身份证明以及拟任理事长、副理事长、秘书长简历；

（五）业务主管单位同意设立的文件。

第十条　基金会章程必须明确基金会的公益性质，不得规定使特定自然人、法人或者其他组织受益的内容。

基金会章程应当载明下列事项：

（一）名称及住所；

（二）设立宗旨和公益活动的业务范围；

（三）原始基金数额；

（四）理事会的组成、职权和议事规则，理事的资格、产生程序和任期；

（五）法定代表人的职责；

（六）监事的职责、资格、产生程序和任期；

（七）财务会计报告的编制、审定制度；

（八）财产的管理、使用制度；

（九）基金会的终止条件、程序和终止后财产的处理。

第十一条 登记管理机关应当自收到本条例第九条所列全部有效文件之日起60日内，作出准予或者不予登记的决定。准予登记的，发给《基金会法人登记证书》；不予登记的，应当书面说明理由。

基金会设立登记的事项包括：名称、住所、类型、宗旨、公益活动的业务范围、原始基金数额和法定代表人。

第十二条 基金会拟设立分支机构、代表机构的，应当向原登记管理机关提出登记申请，并提交拟设机构的名称、住所和负责人等情况的文件。

登记管理机关应当自收到前款所列全部有效文件之日起60日内作出准予或者不予登记的决定。准予登记的，发给《基金会分支（代表）机构登记证书》；不予登记的，应当书面说明理由。

基金会分支机构、基金会代表机构设立登记的事项包括：名称、住所、公益活动的业务范围和负责人。

基金会分支机构、基金会代表机构依据基金会的授权开展活动，不具有法人资格。

第十三条 境外基金会在中国内地设立代表机构，应当经有关业务主管单位同意后，向登记管理机关提交下列文件：

（一）申请书；

（二）基金会在境外依法登记成立的证明和基金会章程；

（三）拟设代表机构负责人身份证明及简历；

（四）住所证明；

（五）业务主管单位同意在中国内地设立代表机构的文件。

登记管理机关应当自收到前款所列全部有效文件之日起60日内，作出准予或者不予登记的决定。准予登记的，发给《境外基金会代表机构登记证书》；不予登记的，应当书面说明理由。

境外基金会代表机构设立登记的事项包括：名称、住所、公益活动的业务范围和负责人。

境外基金会代表机构应当从事符合中国公益事业性质的公益活动。境外基金会对其在中国内地代表机构的民事行为，依照中国法律承担民事责任。

第十四条 基金会、境外基金会代表机构依照本条例登记后，应当依法办理税务登记。

基金会、境外基金会代表机构，凭登记证书依法申请组织机构代码、刻制印章、开立银行账户。

基金会、境外基金会代表机构应当将组织机构代码、印章式样、银行账号以及税务登记证件复印件报登记管理机关备案。

第十五条 基金会、基金会分支机构、基金会代表机构和境外基金会代表机构的登记事项需要变更的，应当向登记管理机关申请变更登记。

基金会修改章程，应当征得其业务主管单位的同意，并报登记管理机关核准。

第十六条 基金会、境外基金会代表机构有下列情形之一的，应当向登记管理机关申请注销登记：

（一）按照章程规定终止的；

（二）无法按照章程规定的宗旨继续从事公益活动的；

（三）由于其他原因终止的。

第十七条 基金会撤销其分支机构、代表机构的，应当向登记管理机关办理分支机构、代表机构的注销登记。

基金会注销的，其分支机构、代表机构同时注销。

第十八条 基金会在办理注销登记前，应当在登记管理机关、业务主管单位的指导下成立清算组织，完成清算工作。

基金会应当自清算结束之日起 15 日内向登记管理机关办理注销登记；在清算期间不得开展清算以外的活动。

第十九条 基金会、基金会分支机构、基金会代表机构以及境外基金会代表机构的设立、变更、注销登记，由登记管理机关向社会公告。

第三章　组织机构

第二十条 基金会设理事会，理事为 5 人至 25 人，理事任期由章程规定，但每届任期不得超过 5 年。理事任期届满，连选可以连任。

用私人财产设立的非公募基金会，相互间有近亲属关系的基金会理事，总数不得超过理事总人数的三分之一；其他基金会，具有近亲属关系的不得同时在理事会任职。

在基金会领取报酬的理事不得超过理事总人数的三分之一。

理事会设理事长、副理事长和秘书长，从理事中选举产生，理事长是基金会的法定代表人。

第二十一条 理事会是基金会的决策机构，依法行使章程规定的职权。

理事会每年至少召开 2 次会议。理事会会议须有三分之二以上理事出席方能召开；理事会决议须经出席理事过半数通过方为有效。

下列重要事项的决议，须经出席理事表决，三分之二以上通过方为有效：

（一）章程的修改；

（二）选举或者罢免理事长、副理事长、秘书长；

（三）章程规定的重大募捐、投资活动；

（四）基金会的分立、合并。

理事会会议应当制作会议记录，并由出席理事审阅、签名。

第二十二条 基金会设监事。监事任期与理事任期相同。理事、理事的近亲属和基金会财会人员不得兼任监事。

监事依照章程规定的程序检查基金会财务和会计资料，监督理事会遵守法律和章程的情况。

监事列席理事会会议，有权向理事会提出质询和建议，并应当向登记管理机关、业务主管单位以及税务、会计主管部门反映情况。

第二十三条 基金会理事长、副理事长和秘书长不得由现职国家工作人员兼任。基金会的法定代表人，不得同时担任其他组织的法定代表人。公募基金会和原始基金来自中国内地的非公募基金会的法定代表人，应当由内地居民担任。

因犯罪被判处管制、拘役或者有期徒刑，刑期执行完毕之日起未逾5年的，因犯罪被判处剥夺政治权利正在执行期间或者曾经被判处剥夺政治权利的，以及曾在因违法被撤销登记的基金会担任理事长、副理事长或者秘书长，且对该基金会的违法行为负有个人责任，自该基金会被撤销之日起未逾5年的，不得担任基金会的理事长、副理事长或者秘书长。

基金会理事遇有个人利益与基金会利益关联时，不得参与相关事宜的决策；基金会理事、监事及其近亲属不得与其所在的基金会有任何交易行为。

监事和未在基金会担任专职工作的理事不得从基金会获取报酬。

第二十四条 担任基金会理事长、副理事长或者秘书长的香港居民、澳门居民、台湾居民、外国人以及境外基金会代表机构的负责人，每年在中国内地居留时间不得少于3个月。

第四章 财产的管理和使用

第二十五条 基金会组织募捐、接受捐赠，应当符合章程规定的宗旨和公益活动的业务范围。境外基金会代表机构不得在中国境内组织募捐、接受捐赠。

公募基金会组织募捐，应当向社会公布募得资金后拟开展的公益活动和资金的详细使用计划。

第二十六条 基金会及其捐赠人、受益人依照法律、行政法规的规定享受税收优惠。

第二十七条 基金会的财产及其他收入受法律保护，任何单位和个人不得私分、侵占、挪用。

基金会应当根据章程规定的宗旨和公益活动的业务范围使用其财产；捐赠协议明确了具体使用方式的捐赠，根据捐赠协议的约定使用。

接受捐赠的物资无法用于符合其宗旨的用途时，基金会可以依法拍卖或者变卖，所得收入用于捐赠目的。

第二十八条 基金会应当按照合法、安全、有效的原则实现基金的保值、增值。

第二十九条 公募基金会每年用于从事章程规定的公益事业支出，不得低于上一年总收入的70%；非公募基金会每年用于从事章程规定的公益事业支出，不得低于上一年基金余额的8%。

基金会工作人员工资福利和行政办公支出不得超过当年总支出的10%。

第三十条 基金会开展公益资助项目，应当向社会公布所开展的公益资助项目种类以及申请、评审程序。

第三十一条 基金会可以与受助人签订协议，约定资助方式、资助数额以及资金用途和使用方式。

基金会有权对资助的使用情况进行监督。受助人未按协议约定使用资助或者有其他违反协议情形的，基金会有权解除资助协议。

第三十二条 基金会应当执行国家统一的会计制度，依法进行会计核算，建立健全内部会计监督制度。

第三十三条 基金会注销后的剩余财产应当按照章程的规定用于公益目的；无法按照章程规定处理的，由登记管理机关组织捐赠给与该基金会性质、宗旨相同的社会公益组织，并向社会公告。

第五章　监督管理

第三十四条 基金会登记管理机关履行下列监督管理职责：

（一）对基金会、境外基金会代表机构实施年度检查；

（二）对基金会、境外基金会代表机构依照本条例及其章程开展活动的情况进行日常监督管理；

（三）对基金会、境外基金会代表机构违反本条例的行为依法进行处罚。

第三十五条 基金会业务主管单位履行下列监督管理职责：

（一）指导、监督基金会、境外基金会代表机构依据法律和章程开展公益活动；

（二）负责基金会、境外基金会代表机构年度检查的初审；

（三）配合登记管理机关、其他执法部门查处基金会、境外基金会代表机构的违法行为。

第三十六条 基金会、境外基金会代表机构应当于每年 3 月 31 日前向登记管理机关报送上一年度工作报告，接受年度检查。年度工作报告在报送登记管理机关前应当经业务主管单位审查同意。

年度工作报告应当包括：财务会计报告、注册会计师审计报告，开展募捐、接受捐赠、提供资助等活动的情况以及人员和机构的变动情况等。

第三十七条 基金会应当接受税务、会计主管部门依法实施的税务监督和会计监督。

基金会在换届和更换法定代表人之前，应当进行财务审计。

第三十八条 基金会、境外基金会代表机构应当在通过登记管理机关的年度检查后，将年度工作报告在登记管理机关指定的媒体上公布，接受社会公众的查询、监督。

第三十九条 捐赠人有权向基金会查询捐赠财产的使用、管理情况，并提出意见和建议。对于捐赠人的查询，基金会应当及时如实答复。

基金会违反捐赠协议使用捐赠财产的，捐赠人有权要求基金会遵守捐赠协议或者向人民法院申请撤销捐赠行为、解除捐赠协议。

第六章　法律责任

第四十条 未经登记或者被撤销登记后以基金会、基金会分支机构、基金会代表机构或者境外基金会代表机构名义开展活动的，由登记管理机关予以取缔，没收非法财产并向社会公告。

第四十一条 基金会、基金会分支机构、基金会代表机构或者境外基金会代表机构有下列情形之一的，登记管理机关应当撤销登记：

（一）在申请登记时弄虚作假骗取登记的，或者自取得登记证书之日起 12 个月内未按章程规定开展活动的；

（二）符合注销条件，不按照本条例的规定办理注销登记仍继续开展活动的。

第四十二条 基金会、基金会分支机构、基金会代表机构或者境外基金会代表机构有下列情形之一的，由登记管理机关给予警告、责令停止活动；情节严重的，可以撤销登记：

（一）未按照章程规定的宗旨和公益活动的业务范围进行活动的；

（二）在填制会计凭证、登记会计账簿、编制财务会计报告中弄虚作假的；

（三）不按照规定办理变更登记的；

（四）未按照本条例的规定完成公益事业支出额度的；

（五）未按照本条例的规定接受年度检查，或者年度检查不合格的；

（六）不履行信息公布义务或者公布虚假信息的。

基金会、境外基金会代表机构有前款所列行为的，登记管理机关应当提请税务机关责令补交违法行为存续期间所享受的税收减免。

第四十三条 基金会理事会违反本条例和章程规定决策不当，致使基金会遭受财产损失的，参与决策的理事应当承担相应的赔偿责任。

基金会理事、监事以及专职工作人员私分、侵占、挪用基金会财产的，应当退还非法占用的财产；构成犯罪的，依法追究刑事责任。

第四十四条 基金会、境外基金会代表机构被责令停止活动的，由登记管理机关封存其登记证书、印章和财务凭证。

第四十五条 登记管理机关、业务主管单位工作人员滥用职权、玩忽职守、徇私舞弊，构成犯罪的，依法追究刑事责任；尚不构成犯罪的，依法给予行政处分或者纪律处分。

第七章　附　则

第四十六条 本条例所称境外基金会，是指在外国以及中华人民共和国香港特别行政区、澳门特别行政区和台湾地区合法成立的基金会。

第四十七条 基金会设立申请书、基金会年度工作报告的格式以及基金会章程范本，由国务院民政部门制订。

第四十八条 本条例自2004年6月1日起施行，1988年9月27日国务院发布的《基金会管理办法》同时废止。

本条例施行前已经设立的基金会、境外基金会代表机构，应当自本条例施行之日起6个月内，按照本条例的规定申请换发登记证书。

社会组织评估管理办法

（中华人民共和国民政部令第39号
2010年12月20日）

第一章　总　则

第一条　为了规范社会组织评估工作，制定本办法。

第二条　本办法所称社会组织是指经各级人民政府民政部门登记注册的社会团体、基金会、民办非企业单位。

第三条　本办法所称社会组织评估，是指各级人民政府民政部门为依法实施社会组织监督管理职责，促进社会组织健康发展，依照规范的方法和程序，由评估机构根据评估标准，对社会组织进行客观、全面的评估，并作出评估等级结论。

第四条　社会组织评估工作应当坚持分级管理、分类评定、客观公正的原则，实行政府指导、社会参与、独立运作的工作机制。

第五条　各级人民政府民政部门按照登记管理权限，负责本级社会组织评估工作的领导，并对下一级人民政府民政部门社会组织评估工作进行指导。

第二章　评估对象和内容

第六条　申请参加评估的社会组织应当符合下列条件之一：

（一）取得社会团体、基金会或者民办非企业单位登记证书满两个年度，未参加过社会组织评估的；

（二）获得的评估等级满5年有效期的。

第七条　社会组织有下列情形之一的，评估机构不予评估：

（一）未参加上年度年度检查；

（二）上年度年度检查不合格或者连续2年基本合格；

（三）上年度受到有关政府部门行政处罚或者行政处罚尚未执行完毕；

（四）正在被有关政府部门或者司法机关立案调查；

（五）其他不符合评估条件的。

第八条 对社会组织评估，按照组织类型的不同，实行分类评估。

社会团体、基金会实行综合评估，评估内容包括基础条件、内部治理、工作绩效和社会评价。民办非企业单位实行规范化建设评估，评估内容包括基础条件、内部治理、业务活动和诚信建设、社会评价。

第三章 评估机构和职责

第九条 各级人民政府民政部门设立相应的社会组织评估委员会（以下简称评估委员会）和社会组织评估复核委员会（以下简称复核委员会），并负责对本级评估委员会和复核委员会的组织协调和监督管理。

第十条 评估委员会负责社会组织评估工作，负责制定评估实施方案、组建评估专家组、组织实施评估工作、作出评估等级结论并公示结果。

复核委员会负责社会组织评估的复核和对举报的裁定工作。

第十一条 评估委员会由 7 至 25 名委员组成，设主任 1 名、副主任若干名。复核委员会由 5 至 9 名委员组成，设主任 1 名、副主任 1 名。

评估委员会和复核委员会委员由有关政府部门、研究机构、社会组织、会计师事务所、律师事务所等单位推荐，民政部门聘任。

评估委员会和复核委员会委员聘任期 5 年。

第十二条 评估委员会和复核委员会委员应当具备下列条件：

（一）熟悉社会组织管理工作的法律法规和方针政策；

（二）在所从事的领域具有突出业绩和较高声誉；

（三）坚持原则，公正廉洁，忠于职守。

第十三条 评估委员会召开最终评估会议须有 2/3 以上委员出席。最终评估采取记名投票方式表决，评估结论须经全体委员半数以上通过。

第十四条 评估委员会可以下设办公室或者委托社会机构（以下简称评估办公室），负责评估委员会的日常工作。

第十五条 评估专家组负责对社会组织进行实地考察，并提出初步评估意见。

评估专家组由有关政府部门、研究机构、社会组织、会计师事务所、律师事务所等有关专业人员组成。

第四章 评估程序和方法

第十六条 社会组织评估工作依照下列程序进行：

（一）发布评估通知或者公告；

（二）审核社会组织参加评估资格；

（三）组织实地考察和提出初步评估意见；

（四）审核初步评估意见并确定评估等级；

（五）公示评估结果并向社会组织送达通知书；

（六）受理复核申请和举报；

（七）民政部门确认社会组织评估等级、发布公告，并向获得3A以上评估等级的社会组织颁发证书和牌匾。

第十七条 地方各级人民政府民政部门应当将获得4A以上评估等级的社会组织报上一级民政部门审核备案。省级人民政府民政部门应当在每年12月31日前，将本行政区域社会组织等级评估情况以及获得5A评估等级的社会组织名单上报民政部。

第十八条 评估期间，评估机构和评估专家有权要求参加评估的社会组织提供必要的文件和证明材料。参加评估的社会组织应当予以配合，如实提供有关情况和资料。

第五章 回避与复核

第十九条 评估委员会委员、复核委员会委员和评估专家有下列情形之一的，应当回避：

（一）与参加评估的社会组织有利害关系的；

（二）曾在参加评估的社会组织任职，离职不满2年的；

（三）与参加评估的社会组织有其他可能影响评估结果公正关系的。

参加评估的社会组织向评估办公室提出回避申请，评估办公室应当及时作出是否回避的决定。

第二十条 参加评估的社会组织对评估结果有异议的，可以在公示期内向评估办公室提出书面复核申请。

第二十一条 评估办公室对社会组织的复核申请和原始证明材料审核认定后，报复核委员会进行复核。

第二十二条 复核委员会应当充分听取评估专家代表的初步评估情况介绍和申请复核社会组织的陈述，确认复核材料，并以记名投票方式表决，复核结果须经全体委员半数以上通过。

第二十三条 复核委员会的复核决定，应当于作出决定之日起15日内，以书面形式通知申请复核的社会组织。

第二十四条 评估办公室受理举报后，应当认真核实，对情况属实的作出处理意见，报复核委员会裁定。裁定结果应当及时告知举报人，并通知有关社会组织。

第二十五条 评估委员会委员、复核委员会委员和评估专家应当实事求是、客观公正，遵守评估工作纪律。

第六章 评估等级管理

第二十六条 社会组织评估结果分为5个等级，由高至低依次为5A级（AAAAA）、4A级（AAAA）、3A级（AAA）、2A级（AA）、1A级（A）。

第二十七条 获得评估等级的社会组织在开展对外活动和宣传时，可以将评估等级证书作为信誉证明出示。评估等级牌匾应当悬挂在服务场所或者办公场所的明显位置，自觉接受社会监督。

第二十八条 社会组织评估等级有效期为5年。

获得3A以上评估等级的社会组织，可以优先接受政府职能转移，可以优先获得政府购买服务，可以优先获得政府奖励。

获得3A以上评估等级的基金会、慈善组织等公益性社会团体可以按照规定申请公益性捐赠税前扣除资格。

获得4A以上评估等级的社会组织在年度检查时，可以简化年度检查程序。

第二十九条 评估等级有效期满前2年，社会组织可以申请重新评估。

符合参加评估条件未申请参加评估或者评估等级有效期满后未再申请参加评估的社会组织，视为无评估等级。

第三十条 获得评估等级的社会组织有下列情形之一的，由民政部门作出降低评估等级的处理，情节严重的，作出取消评估等级的处理：

（一）评估中提供虚假情况和资料，或者与评估人员串通作弊，致使评估情况失实的；

（二）涂改、伪造、出租、出借评估等级证书，或者伪造、出租、出借评估等级牌匾的；

（三）连续2年年度检查基本合格的；

（四）上年度年度检查不合格或者上年度未参加年度检查的；

（五）受相关政府部门警告、罚款、没收非法所得、限期停止活动等行政处罚的；

（六）其他违反法律法规规定情形的。

第三十一条 被降低评估等级的社会组织在2年内不得提出评估申请，被取消评估等级的社会组织在3年内不得提出评估申请。

第三十二条 民政部门应当以书面形式将降低或者取消评估等级的决定，通知被处理的社会组织及其业务主管单位和政府相关部门，并向社会公告。

第三十三条 被取消评估等级的社会组织须在收到通知书之日起 15 日内将原评估等级证书、牌匾退回民政部门；被降低评估等级的社会组织须在收到通知书之日起 15 日内将评估等级证书、牌匾退回民政部门，换发相应的评估等级证书、牌匾。拒不退回（换）的，由民政部门公告作废。

第三十四条 评估委员会委员、复核委员会委员和评估专家在评估工作中未履行职责或者弄虚作假、徇私舞弊的，取消其委员或者专家资格。

第七章 附 则

第三十五条 社会组织评估经费从民政部门社会组织管理工作经费中列支。不得向评估对象收取评估费用。

第三十六条 社会组织评估标准和内容、评估等级证书牌匾式样由民政部统一制定。

第三十七条 本办法自 2011 年 3 月 1 日起施行。

民政部关于印送境外基金会代表机构2009年年度检查事项公告的通知

（民函〔2010〕16号　2010年1月18日）

各境外基金会代表机构业务主管单位：

根据《基金会管理条例》和《基金会年度检查办法》的规定，我部将对登记的境外基金会代表机构进行2009年年度检查。现将《关于境外基金会代表机构2009年年度检查事项的公告》印送你们，并就有关事项通知如下：

一、请你单位适时将《关于境外基金会代表机构2009年年度检查事项的公告》通知所主管的境外基金会代表机构，督促其按时参加年度检查。

二、参检境外基金会代表机构须登录中国社会组织网，填报年度工作报告。该报告须送你单位初审。根据《基金会管理条例》的规定，我部受理境外基金会代表机构年度工作报告的截止日期为2010年3月31日，请你单位及时初审。

三、对在初审过程中发现的问题，请及时通报我部。

关于境外基金会代表机构2009年年度检查事项的公告

根据《基金会管理条例》和《基金会年度检查办法》，我部对境外基金会代表机构实施2009年年度检查。现将有关事项公告如下：

一、凡在2009年12月31日前在我部登记的境外基金会代表机构，均须参加2009年年度检查。

二、参加年检的境外基金会代表机构须登录中国社会组织网（http://www.chinanpo.gov.cn），点击“网上办公”中“境外基金会代表机构”的“年检网上填报”栏目，进入境外基金会代表机构网上办事大厅，登陆后，再点击“网上填报”即可填写年度工作报告。网上报送成功后，请将年度工作报告打印成纸质文本，与年度注册会计师审计报告一并送交业务主管单位初审，并于2010年3月31日前送交我部民间组织管理局。

三、年检结果将在中国社会组织网公告。境外基金会代表机构在结果公布后的10日内持登记证书（正、副本）原件到我部民间组织管理局加盖年检印章。

四、根据《基金会管理条例》和《基金会信息公布办法》的规定，我部指定《中国社会报》和《公益时报》为基金会、境外基金会代表机构公布年度工作报告的媒体。境外基金会代表机构应当于年检结果公告后30日内，将年度工作报告摘要在《中国社会报》或《公益时报》上公布。年度工作报告全文由我部在中国社会组织网上公布。

《中国社会报》联系电话：010－66061778；《公益时报》联系电话：010－65953695－1815。

民政部关于做好基金会 2009 年年度检查工作的通知

（民函〔2010〕25 号　2010 年 1 月 28 日）

各省、自治区、直辖市民政厅（局），新疆生产建设兵团民政局：

按照《基金会管理条例》的规定，基金会应当于每年 3 月 31 日前向登记管理机关报送上一年度工作报告，接受年度检查。为了做好基金会 2009 年年度检查工作，现将有关问题通知如下：

一、各地开展基金会年检应当统一采用修订的 2009 年基金会年度工作报告格式文本和审计报告格式文本（见附件），并继续采用全国基金会管理系统进行年检的网上申报和审查。

二、公募基金会在计算 2009 年公益事业支出比例时，上年度总收入中应当扣除上年收入中时间限定为上年不得使用的限定性收入，并加上于上年解除时间限定的净资产。

三、2008 年经民政部门批准开展汶川地震抗震救灾募捐，或其章程规定的宗旨和业务范围中有救灾职能的公募基金会，2009 年公益支出比例应当检查以下三个方面：

（一）2009 年当年实际公益支出比例。

（二）扣除为汶川地震所接收捐赠部分以后的 2009 年公益支出比例，即：

1. 调整后的上年度总收入 = 上年度实际收入合计 - 上年收入中时间限定为上年不得使用的限定性收入 + 于上年解除时间限定的净资产 - 上年度为汶川地震所接收的捐赠。

2. 调整后的本年度公益支出 = 本年度实际公益支出 -2009 年当年用于汶川地震抗震救灾和灾后重建的公益支出。

（三）为汶川地震所接收捐赠的 2009 年使用比例，即：2009 年当年实际用于汶川地震抗震救灾和灾后重建的支出，占该基金会在 2008 年年度工作报告中所申报的 2009 年计划使用金额的比例。

四、各地要做好 2009 年年检情况的分析工作，在 2009 年 6 月 1 日前向我部报送基金会年检情况分析报告、基金会基本情况统计表和基金会财务情况统计表（格式见附件），并将电子版发送至 shendongliang@mca.gov.cn 或 lijingjing@mca.gov.cn。

附件：1. 基金会年度工作报告格式文本（略）
2. 基金会年度审计报告建议格式文本（略）
3. 基金会年检情况分析报告格式（略）
4. 基金会基本情况统计表（略）
5. 基金会财务情况统计表（略）

民政部关于印送基金会 2009 年年度检查事项公告的函

（民函〔2010〕33 号　2010 年 1 月 28 日）

各基金会业务主管单位：

按照《基金会管理条例》和《基金会年度检查办法》的规定，基金会应当于每年 3 月 31 日前向登机管理机关报送上一年度工作报告，接受年度检查。现将《民政部关于基金会 2009 年年度检查事项的公告》印送你们，请及时通知所主管的基金会，督促其按时参加年度检查。根据有关规定，基金会逾期不参加年检的，由登记管理机关给予行政处罚，并由财政、税务部门取消其税收减免资格。请各业务主管单位配合我部的年检工作，及时完成基金会年检的初审，以便于基金会在 3 月 31 日前向我部报送年度工作报告。

民政部关于基金会 2009 年年度检查事项的公告

根据《基金会管理条例》和《基金会年度检查办法》的规定，我部对基金会实施 2009 年年度检查。现将有关事项公告如下：

一、凡在 2009 年 12 月 31 日前在我部登记的基金会均须参加 2009 年年度检查。

二、年检网上填报系统将于 2010 年 2 月 1 日启动，参加年检的基金会须登陆中国社会组织网，在网页右侧的“网上办公”平台中找到基金会专栏，点击“网上填报”，进入后输入用户名、密码即可填写年度工作报告。网上报送成功后，请将年度工作报告打印成纸质文本，与年度注册会计师审计报告一并送交业务主管单位初审，并于 2010 年 3 月 31 日前送交我部民间组织管理局。

2009 年年度工作报告和年度审计报告格式（见附件）与上年比均有修改，填写时请加以注意。

三、公募基金会在计算 2009 年公益事业支出比例时，上年度总收入中应当扣除上年收入中时间限定为上年不得使用的限定性收入，并加上于上年解除时间限定的净资产。

四、年检结果将在中国社会组织网公告。基金会在结果公布后的10日内持法人登记证书（正、副本）原件到我部民间组织管理局加盖年检印章。

五、根据《基金会管理条例》和《基金会信息公布办法》的规定，我部指定《中国社会报》和《公益时报》为我部登记基金会公布年度工作报告的媒体。基金会应当于年检结果公告后30日内，将年度工作报告摘要在《中国社会报》或《公益时报》上公布。年度工作报告全文由我部在中国社会组织网上公布。

附件：1. 基金会年度工作报告格式文本（略）

2. 基金会年度审计报告建议格式文本（略）

国家文物局 民政部 财政部 国土资源部 住房和城乡建设部 文化部 国家税务总局 关于促进民办博物馆发展的意见

（文物博发〔2010〕11 号　2010 年 1 月 29 日）

各省、自治区、直辖市文物局、民政、财政、国土资源、住房和城乡建设、文化厅（局、委）、国家税务局、地方税务局：

民办博物馆是为了教育、研究、欣赏的目的，由社会力量利用非国有文物、标本、资料等资产依法设立并取得法人资格，向公众开放的非营利性社会服务机构。进入新世纪以来，文化体制改革逐步深化，民办博物馆发展迅速。但是由于民办博物馆在我国还是一个新事物，尚处于探索阶段，还存在着准入制度不完善、扶持政策不健全、管理运行不规范、社会作用不明显等问题，严重制约了民办博物馆的健康发展。

为贯彻党的十七大关于推动社会主义文化大发展大繁荣的精神，落实中央关于深化文化体制改革的总体部署，进一步调动社会力量参与文化遗产保护和社会主义先进文化建设的积极性，现就积极鼓励、大力支持民办博物馆发展提出以下意见：

一、高度重视，积极促进民办博物馆健康发展

（一）民办博物馆来自于民间、成长于民间、服务于民间，是我国经济社会持续稳定发展大背景下公民文化需求增长的必然结果，是具有文化普及鲜明特色的公共文化服务机构，是动员全社会广泛参与，共同构建公共文化服务体系，促进文化大发展、大繁荣，建设和谐社会的一支重要力量。

（二）各地、各有关部门要切实提高对支持民办博物馆发展重要性的认识，明确和坚持积极鼓励，大力支持，正确引导，依法管理的指导思想，将民办博物馆纳入国民经济和社会发展规划，纳入博物馆事业发展规划，因地制宜，分类指导，制定符合各地民办博物馆发展的目标、措施和

相关政策，支持、鼓励和引导民办博物馆的科学发展。民政、财政、国土资源、住房城乡建设、文化、税务、文物等行政部门和行业组织要加强协调，形成合力，加强调查研究，对民办博物馆在创办、开放、发展中遇到的具体困难和问题，给予必要的关注，及时帮助切实解决，保障民办博物馆健康发展。

二、加强扶持，为民办博物馆创造良好的发展环境

（三）规范民办博物馆准入制度。加快出台《博物馆条例》，完善博物馆管理基本制度体系，明确民办博物馆与公立博物馆同等的法律地位。文物、民政行政部门制定民办博物馆登记管理办法，细化民办博物馆准入标准，完善审批程序，健全民办博物馆准入制度。依照《中华人民共和国文物保护法》等法规的规定，加强对拟申办民办博物馆藏品来源合法性和真实性审查，明确博物馆对藏品的合法所有权。鼓励社会力量兴办填补博物馆门类空白和体现行业特性、区域特点的专题性博物馆。兴办民办博物馆应符合城乡规划。对符合设立条件的民办博物馆，要按照《民办非企业单位登记管理暂行条例》和《博物馆管理办法》等有关规定，及时审核和给予登记注册。要加强对民办博物馆凭证执业、依法办馆的监督，按照法律法规和规章的规定，做好民办博物馆的登记、年检、执业和监督管理工作。要开展经常性的执法检查活动，严厉打击非法办馆行为，坚决取缔无证执业，规范竞争行为，营造公平有序的发展环境，保障合法博物馆的正当权益。

（四）切实帮助解决民办博物馆的馆舍与经费保障问题。推广民办公助、公建民营等形式，在有条件的地区，建立政府对民办博物馆单位的资助机制。各地可利用在布局结构调整后闲置的房产，支持民办博物馆发展。可在旅游景区和文化产业园区内规划建设民办博物馆，为民办博物馆提供馆舍和基础设施运行保障。对符合国家《划拨用地目录》规定的非营利性民办博物馆的建设用地，经县级以上人民政府批准，可以划拨方式供地。民办博物馆建设必须贯彻节约集约用地的原则，严格执行《博物馆建设用地指标》的规定，严禁改变博物馆用地的土地用途，不得以划拨土地使用权抵押。民办博物馆因故终止的，其用地由国家依法收回后继续作为博物馆建设用地。协调金融机构为符合条件的民办博物馆提供贷款。鼓励企业、事业单位、社会团体以及个人等社会力量向民办博物馆提供捐赠。鼓励民办博物馆依托藏品、展览研发推广博物馆文化产品。民办博物馆在接收捐赠、门票收入、非营利性收入等方面，可按照现行税法规定享受有

关优惠政策。

（五）加强对民办博物馆的专业指导和扶持。文物行政部门要积极探索新形势下民办博物馆的管理体制、机制和办法，根据民办博物馆自愿办馆、自筹资金、自负责任、自主管理的特点，通过法规、政策、标准、评估、督导等措施为博物馆的目标管理和质量管理提供服务。民办博物馆在行业准入、等级评定、人员培训、职称评定、科研活动、陈列展览，以及人才、学术的交流、合作、奖励、政府政策信息服务等方面，与国有博物馆一视同仁，同等待遇。对具有门类特点、行业个性或地域文化、民族（民俗）唯一性的民办博物馆，以及致力于抢救濒危文化遗产、填补某领域文化空白或稀缺的新建民办博物馆，给予必要和适当的倾斜性扶持。鼓励国有博物馆对民办博物馆的藏品保护、陈列展览、科学研究等业务活动实施帮扶。加强博物馆行业协会建设，制定行业规范，鼓励民办博物馆加入行业协会，促进行业自律。

（六）努力形成有利于民办博物馆健康发展的社会舆论氛围。要充分利用广播、电视、报纸、网络等媒体，大力宣传政府鼓励、支持、引导民办博物馆发展的方针政策，宣传民办博物馆在社会主义先进文化建设中的重要地位和作用，宣传民办博物馆中涌现出的先进典型，扩大民办博物馆的影响。对优秀民办博物馆以及在民办博物馆事业方面作出突出贡献的单位和个人，给予表彰。

三、依法办馆，全面提高民办博物馆的质量

（七）建立健全民办博物馆内部管理制度。文物、民政行政部门要把民办博物馆纳入质量监管体系，通过评估定级和年度检查、考评等方式，指导民办博物馆严格遵守国家相关政策法规和技术标准规范以及国际博物馆协会职业道德准则，健全以理事会（董事会）、监事会为核心的法人治理结构，完善博物馆章程和发展规划，依法自我管理、科学运行，承担相应的社会义务。要落实民办博物馆的法人财产权，对举办者和其他投资者投入民办博物馆的藏品、资产、国有资产、受赠的财产、收取的费用以及办馆积累，应当分别登记建账，并依法享有法人财产权。民办博物馆存续期间，对博物馆所有资产依法享有占有、使用、收益和处分的权力，任何组织和个人不得侵占和非法干涉。

（八）规范民办博物馆的藏品管理。藏品是博物馆赖以生存的物质基础，保障藏品安全并充分发挥其社会作用是博物馆的基本义务。民办博物馆应当依照《中华人民共和国文物保护法》、《博物馆管理办法》、《博物

馆藏品管理办法》等法规和国际博物馆协会职业道德准则要求，加强藏品收集，建立、健全藏品收藏、保护、研究、展示等相关规章制度，建立健全藏品总账、分类账及每件藏品的档案，并报所在地市（县）级文物行政部门备案。民办博物馆处置无保存价值的藏品，以及民办博物馆终止时的藏品处置，必须进行严格的评估，并报所在地省级文物行政部门审批。民办博物馆不再收藏的藏品应优先转让给其他博物馆收藏。处置藏品所得应当用于博物馆收藏新的藏品、改善藏品保管条件和博物馆日常维护等用途。

（九）切实加强民办博物馆展示服务工作。民办博物馆要落实“以质量求生存、以特色求发展”的办馆理念，加强人才队伍建设，加强科学研究，大力提升展示服务水平。要把博物馆的特色和品牌建设作为直接关系民办博物馆生存的大事来抓紧抓好，满足社会对优质博物馆文化资源的需求。文物行政部门要加强对民办博物馆陈列展览、社会教育和服务活动的指导，严格基本陈列内容审查，抵制低俗之风。民办博物馆要完善开放服务制度，开展进校园、进社区活动，纳入当地旅游线路，开展博物馆文化旅游活动。根据公平、择优的原则，采用公开招标和政府购买服务的方式，支持民办博物馆参与公共文化服务体系和国民教育体系建设。对于社会服务功能发挥良好、成绩突出的民办博物馆，可按规定命名为爱国主义教育基地和青少年教育基地。鼓励民办博物馆积极参与对外文化交流。

民政部关于表彰全国先进社会组织的决定

（民发〔2010〕16 号　2010 年 2 月 4 日）

近年来，社会组织建设和管理取得了很大成绩，社会组织发展迅速，布局得到调整，结构不断优化，质量逐步提高，已经成为一支不可忽视的社会力量。社会组织的健康发展，对激发社会活力、反映公众诉求、化解社会矛盾、应对自然灾害、推进慈善事业等都起到了不可替代的作用。特别是在抗击雨雪冰冻灾害、抗震救灾和灾后重建、服务北京奥运会、应对金融危机期间，各类社会组织各尽所长，发挥了重要作用。

为充分肯定社会组织在构建社会主义和谐社会中作出的显著成绩，进一步引导社会组织发挥积极作用，民政部决定，授予中国企业联合会等 595 个社会团体、民办非企业单位和基金会“全国先进社会组织”称号。这次表彰的全国先进社会组织遵纪守法，组织机构健全，内部制度完善，运作程序规范，党团组织发挥作用，社会责任感强，社会公信度高，在经济和社会发展中发挥了积极作用，树立了良好的形象。

希望受到表彰的社会组织珍惜荣誉，再接再厉，不断创造新经验，取得新成绩，作出新贡献。希望全国各级各类社会组织向受到表彰的先进社会组织学习，自觉承担起服务国家、服务社会、服务人民的责任，与时俱进、开拓创新、提升能力、诚信自律，在科学发展观的指导下，为全面建设小康社会、加快构建和谐社会作出新的更大的贡献。

附件：全国先进社会组织名单（略）

民政部关于对评估为3A以上等级的全国性行业协会商会 基金会和民办非企业单位授牌的决定

（民发〔2010〕21号 2010年2月10日）

根据《全国性民间组织评估实施办法》的规定和民政部有关社会组织评估的要求，民政部于2009年8月开始，分别组织了第二批行业协会商会、第三批基金会和首批民办非企业单位的等级评估工作，经过自评、评估专家小组考察初评、评估委员会审核终评，评估工作已经全部完成。民政部决定，对评估为3A以上等级的全国性行业协会商会、基金会和民办非企业单位予以授牌。

附件：评估为3A以上等级的全国性行业协会商会、基金会、民办非企业单位名单（略）

民政部关于做好全国性社会团体2009年年度检查工作的函

（民函〔2010〕46号　2010年3月2日）

各全国性社会团体业务主管单位：

现将《全国性社会团体2009年年度检查事项公告》印送你们，该公告已登载在中国社会组织网（www. chinanpo. gov. cn），请告知所主管社会团体，并督促其于2010年5月31日前将全部年检材料报送我部，逾期我部将不予受理。希望各业务主管单位尽快完成初审工作，以便所主管社会团体按法律规定期限及时向我部报送年检材料。为了表彰和鼓励在评估中取得好成绩的社会团体，我部将在2009年年度检查中对获得4A、5A等级的社会团体简化手续，请予以支持。

全国性社会团体2009年年度检查事项公告

根据《社会团体登记管理条例》有关规定，民政部将实施2009年度全国性社会团体年度检查。现将有关事项公告如下：

一、年度检查的范围

凡在2009年12月31日以前经民政部批准登记成立的全国性社会团体、跨省级行政区域社会团体，均应参加年度检查。

在全国性行业协会商会评估中获得4A、5A等级的社会团体（发现问题的社会团体除外），2009年年度检查中只需完成网上填报步骤（网上填写年度工作报告书，点击提交，显示已提交数据库即可），不需向民政部报送纸质材料，民政部将直接给予年检合格结论，并在《社会团体法人登记证书（副本）》加盖年检印鉴。

二、年度检查的时间和程序

社会团体应于2009年5月31日前按以下程序完成年度工作报告书的填写、报送工作。

（一）网上填报。2009 年 3 月 17 日起登录“中国社会组织网（www. chinanpo. gov. cn）”，在首页右侧“网上办公”栏目“社会团体”下方点击“网上填报”，按照系统提示输入用户名和密码登录。

（二）报送材料。社会团体完成网上填报并提交数据库后，将年度工作报告书打印成 A4 大小纸质文本一份，报业务主管单位初审同意并加盖业务主管单位印章后，连同《社会团体法人登记证书（副本）》复印件，送交民政部民间组织登记服务大厅（北京市东城区东安门大街 55 号王府世纪 505 房间）。报送材料的截止日期为 2009 年 5 月 31 日，逾期不予受理。

三、年度检查的结论和审查标准

社会团体年度检查的结论分为“合格”、“基本合格”、“不合格”。

1. 社会团体在 2009 年度遵守社会团体登记管理法规，依照核准章程开展活动，无违法违规行为的，年度检查结论确定为合格。

2. 社会团体有下列情形，情节较轻的，年度检查结论确定为基本合格；情节严重，影响恶劣的，年度检查结论确定为不合格：

1）未按照规定办理登记或者备案手续的；

2）未按照章程规定时间召开会员（会员代表）大会、理事会、常务理事会或未按期换届的；

3）负责人超龄、超届任职的；

4）擅自修改章程或者未按规定申请章程核准备案的；

5）办理变更登记或者备案时弄虚作假的；

6）违反证书、印章管理规定的；

7）违反或超出章程规定宗旨和业务范围开展活动的；

8）未按照登记管理机关批准登记的名称开展活动的；

9）在 2009 年度不能正常开展业务活动的；

10）擅自设立分支机构、代表机构，或者对分支机构、代表机构疏于管理，造成严重后果的；

11）向分支机构、代表机构、办事机构收取或变相收取管理费用的；

12）分支机构、代表机构财务管理存在问题的；

13）出现违法违规收费行为的；

14）违反规定接受和使用捐赠、资助，或者违反规定使用票据的；

15）违反规定举办评比达标表彰项目，或者向举办对象收取费用的；

16）不具备法律规定社会团体法人基本条件的；

17）年度工作报告书内容与实际情况不符的；

18）受到相关部门通报批评或处罚的；

19）拒不接受或者不按照规定接受登记管理机关监督检查的；

20）侵占、私分、挪用社会团体资产的；

21）其他违反国家法律法规政策规定和社会团体章程行为的。

年度检查不合格的社会团体和未参加年度检查的社会团体，民政部将视情节给予行政处罚。

四、财务审计

为加强对社会团体财务监督，今后每年社会团体年度检查的财务审计将按社会团体登记证号尾数的单双号交替进行。2009年年度检查，登记证号尾数为双号的社会团体，除提交年度工作报告外，还须同时提交审计机构出具的财务审计报告。社会团体在接受审计时，应当将其设立的全部分支机构、代表机构财务合并进行审计。

审计机构名单见附件。住所设在京外的社会团体，可以委托名单以外有资质的审计机构进行财务审计。

五、年度检查结果公告和年检盖章

社会团体年度检查的结果将在“中国社会组织网”、《中国社会报》公告。社会团体应当自“中国社会组织网”公告之日起60日内，持《社会团体法人登记证书（副本）》到民政部加盖年检印鉴。

社会团体逾期未加盖年检印鉴且无正当理由的，视同不按照规定接受登记管理机关监督检查处理。

附件：审机机构名单（略）

民政部关于印送民办非企业单位2009年年度检查事项公告的函

（民函〔2010〕81号　2010年4月9日）

各民办非企业单位业务主管单位：

现将《民办非企业单位2009年年度检查事项公告》印送你们，请尽快转发所管民办非企业单位，并根据《民办非企业单位登记管理暂行条例》和《民办非企业单位年度检查办法》的规定，做好初审工作，如发现问题，请及时通报我部。请督促民办非企业单位于2010年5月31日前将全部年检材料报送我部，按时参加年度检查，逾期不予受理。

民办非企业单位2009年年度检查事项公告

根据《民办非企业单位登记管理暂行条例》和《民办非企业单位年度检查办法》的有关规定，民政部将对民办非企业单位实施2009年年度检查。现将有关事项公告如下：

一、凡在2009年9月30日以前经民政部登记成立的民办非企业单位，均应参加年度检查。

二、参检民办非企业单位应于2010年5月31日前按如下程序完成年度工作报告书的填写、报送工作。

（一）网上填报。登录中国社会组织网（http：//www. chinanpo. gov. cn），在右侧“网上办公”栏目内“民办非企业单位”下方点击“网上填报”进行年度工作报告书填报。网上填报登录的用户名为民办非企业单位中文全称，密码为民办非企业单位证号的数字部分+组织机构代码（两个号码连写，中间不加任何字符，例如：2001852300015-7）。民办非企业单位可自行修改密码，之后可使用修改后的密码登录。

（二）报送材料。民办非企业单位网上填报成功后，将《民办非企业单位年度检查报告书》打印成纸质文本（一式三份，A4纸型），经业务主管单位初审并盖章后，附《民办非企业单位登记证书（副本）》、社会审计机构出具的审计报告（一式三份），于2010年5月31日前送交民政部民间组织管理局，已经取得执业许可证的民办非企业单位，还应当提交执业许可证副本，逾期不予受理。

三、年检结论和审查标准。

民办非企业单位年检结论分别为“合格”、“基本合格”、“不合格”。

民办非企业单位在2009年度遵守民办非企业单位登记管理法规，按照章程开展活动，无违法行为的，年检结论确定为合格。

民办非企业单位有下列违反《民办非企业单位登记管理暂行条例》等规定的情形之一，由登记管理机关责令改正，情节轻微的，确定为“年检基本合格”；情节严重的，确定为“年检不合格”：

（一）违反国家法律、法规和有关政策规定的；

（二）违反规定使用登记证书、印章或者财务凭证的；

（三）本年度未开展业务活动，或者不按照章程的规定进行活动的；

（四）无固定住所或必要的活动场所的；

（五）内部管理混乱，不能正常开展活动的；

（六）拒不接受或者不按照规定接受登记管理机关监督检查或年检的；

（七）不按照规定办理变更登记，修改章程未按规定核准备案的；

（八）设立分支机构的；

（九）财务制度不健全，资金来源和使用违反有关规定的；

（十）现有净资产低于国家有关行业主管部门规定的最低标准的；

（十一）侵占、私分、挪用民办非企业单位的资产或者所接受的捐赠、资助的；

（十二）违反国家有关规定收取费用、筹集资金或者接受使用捐赠、资助的；

（十三）年检中隐瞒真实情况，弄虚作假的。

民办非企业单位已不具备法律规定的成立必备条件的，确定为年检不合格，并限期改正。

四、年检结果将在中国社会组织网、中国社会报上公告。

五、年检结论确定为不合格的民办非企业单位，民政部将视情节给予相应行政处罚。

民办非企业单位不参加年检的，将给予相应的行政处罚。

国家工商行政管理总局 教育部 人力资源和社会保障部 公安部 民政部 关于对以戒除网瘾为名侵害未成年人合法权益的教育培训机构进行排查整治的通知

（工商个字〔2010〕77号 2010年4月12日）

各省、自治区、直辖市工商行政管理局、教育厅（局）、人力资源和社会保障（人事、劳动保障）厅（局）、公安厅（局）、民政厅（局），新疆生产建设兵团教育局、人事局、劳动保障局、公安局、民政局：

去年发生的南宁“戒网训练营”事件，中央和国务院领导高度重视，并作出重要批示。为深入贯彻落实中央领导的批示精神，国家工商行政管理总局、教育部、人力资源和社会保障部、公安部、民政部决定，自2010年4月至9月，在全国范围内对以戒除网瘾为名侵害未成年人合法权益的教育培训机构（以下简称“戒除网瘾”等教育培训机构）进行排查整治。现就有关问题通知如下：

一、充分认识排查整治行动的重要性与必要性

未成年人权益保护问题，事关广大人民群众的切身利益，事关未成年人健康成长，各地、各部门一定要站在构建社会主义和谐社会和以人为本、关注民生、为未成年人健康成长创造良好的社会环境的高度，充分认识开展排查整治的重要意义。要从南宁“戒网训练营”事件中认真吸取教训，结合本地实际，举一反三。要进一步增强责任感、使命感和紧迫感，以对党、对人民、对未成年人高度负责的精神，扎扎实实地开展排查整治，抓出成效。

二、工作目标

通过排查整治，进一步加强对“戒除网瘾”等教育培训机构的登记和

监督管理，规范机构行为。

（一）全面排查，摸清底数，规范“戒除网瘾”等教育培训机构主体资格。依法取缔无合法资质的“戒除网瘾”等教育培训机构。

（二）严厉打击“戒除网瘾”等教育培训机构和人员执业中的违法犯罪行为。

（三）规范“戒除网瘾”等教育培训机构对未成年人开展培训、教育、训练等的执业行为，提高执业服务质量。

（四）规范广告宣传，依法查处“戒除网瘾”等教育培训机构的违法广告行为。

（五）制定、完善关于“戒除网瘾”等教育培训机构管理的政策措施，提高依法行政水平和监管能力。

三、组织领导及部门职责

为有效防止类似事件的出现，必须建立责任明确、配合到位的联动协作机制，按照“谁审批、谁管理、谁负责”的原则实施治理。

排查整治行动由国家工商总局牵头组织，教育部、人力资源和社会保障部、公安部、民政部参加。各地要结合本地实际，明确排查整治重点，周密安排部署。

（一）工商部门要做好牵头工作，负责起草行动方案，协调推进相关工作；建立信息沟通、协调通报和例会制度，掌握各部门工作进展；协调并负责向国务院办公厅及地方政府领导汇报工作进度和向社会发布相关信息，公布排查整治行动取得的成果、典型案件查处情况。

要依法严把市场主体准入关。对以营利为目的，未取得相关部门许可，擅自开办“戒除网瘾”等教育培训机构的依法查处取缔。加强广告管理，规范广告宣传，依法查处“戒除网瘾”等教育培训机构的违法广告行为。

（二）教育部门要加强“戒除网瘾”等教育培训机构的审批和管理工作，对存在问题的要及时予以纠正，令其限期整改；问题严重的要按照有关规定严肃处理，追究有关责任人的责任；对未经批准擅自举办“戒除网瘾”等教育培训活动的，要会同有关部门依法予以取缔，维护办学秩序。

（三）人力资源社会保障部门要严格依照《民办教育促进法》及其实施条例要求，加强对各类职业技能培训机构和技工院校的监管。要督导职业技能培训机构和技工院校围绕促进就业和技能人才培养，组织开展各类职业技能培训。严禁开展“戒除网瘾”训练等与办学定位和办学方向不符的办学行为或合作项目。一经发现，将予以严肃查处。

（四）公安部门要依法查处“戒除网瘾”等教育培训机构在开展培训、教育、训练等活动中的违法犯罪行为，积极配合有关部门开展联合执法行动，对阻碍执法人员依法执行职务的，要依法予以处理。

（五）民政部门要依法对民办非企业单位进行注册登记，加强监督管理和执法检查。对不以营利为目的，未取得相关部门许可，擅自开办的“戒除网瘾”等教育培训机构依法查处取缔。了解掌握辖区内登记的“戒除网瘾”等教育培训机构的相关情况，及时会同有关部门查处、打击违法违规行为。

四、排查整治的工作步骤

（一）动员部署阶段（2010 年 4 月）。按照本通知的要求，结合本地实际，制定具体的实施方案，加强宣传，进行动员和部署。要向当地政府汇报此次排查整治行动，建立健全工作机制，为行动的顺利开展提供组织保障。

（二）排查摸底阶段（2010 年 5 月）。各部门要按照排查整治实施方案和工作职责，对本地区“戒除网瘾”等教育培训机构的办学许可证件、营业执照或登记证书办理情况进行集中清理核查，摸清底数，统一汇总到工商部门。要摸清机构的具体位置，培训、教育或训练内容、规模大小及负责人信息，并登记造册。

（三）集中整治阶段（2010 年6 月至8 月）。各部门要按照排查整治实施方案和工作职责认真开展整治工作，在本辖区内组织联合检查，严厉查处取缔无合法资质的“戒除网瘾”等教育培训机构及违法广告。对整治和检查中发现的问题，要责令限期整改；对大案要案要做到案件调查清楚，依法查处到位，责任追究到位。

（四）督查总结阶段（2010 年 9 月）。国家工商行政管理总局、教育部、人力资源社会保障部、公安部、民政部等五部门将组成督查组，对各地开展排查整治的情况进行重点督查，并对全国工作情况进行全面总结。

五、工作要求

按照整治和规范相结合、排查整治和日常监管相结合的原则，加强制度建设，立足建立长效机制。要通过排查整治，认真分类梳理、归纳总结，积极探索完善管理“戒除网瘾”等教育培训机构的有效模式和方法，扎实推进对机构管理工作的制度化、规范化、程序化、法治化建设。

要畅通渠道，加强情况报告。各地、各部门要严格情况报告制度，分阶段报送排查整治工作进展情况；重大案件、事件、信息和其他重要问题及时报告。

请于2010年4月30日以前，报送排查整治部署情况、组织机构建设情况、联系人、联系电话；于2010年9月底前，将排查整治工作总结和《全国“戒除网瘾”等教育培训机构排查整治统计表》报国家工商总局个体私营经济监管司，联系电话：（010）88650804；传真：68050284；电子邮箱：zongjugetisi@ sina. com。

附件：全国“戒除网瘾”等教育培训机构排查整治统计表（略）

国家发展改革委 工业和信息化部 公安部 监察部 民政部 财政部 国土资源部 环境保护部 住房和城乡建设部 交通运输部 审计署 国家质量监督检验检疫总局 国务院纠正行业不正之风办公室 国家预防腐败局关于开展治理和规范涉企收费工作的通知

（发改价检〔2010〕794 号　2010 年 4 月 15 日）

各省、自治区、直辖市及计划单列市、副省级省会城市、新疆生产建设兵团发展改革委、物价局、深圳市市场监督管理局、工业和信息化主管部门、公安厅（局）、监察厅（局）、民政厅、财政厅、国土资源部、环保局、住房城乡建设厅（委、局）、交通运输厅、审计厅、检验检疫局、质量技术监督局、纠风办：

党中央、国务院历来高度重视减轻企业负担工作，1997 年，中共中央、国务院印发了《关于治理向企业乱收费、乱罚款和各种摊派等问题的决定》（中发〔1997〕14 号），经过连续的集中清理整顿，取得了明显成效。但近几年来，涉企乱收费的现象有所反弹：一些地方越权出台涉企收费政策，擅自增加涉企收费项目、提高收费标准、扩大收费范围；部分事业单位、行业协会、市场中介组织等依附行政权力强制收取经营服务性收费；有些地方政府部门乱收费问题屡禁不止，严重损害企业发展活力，危及中小企业生存，广大企业反映强烈。为贯彻落实国务院领导重要批示和全国纠风工作会议精神，按照国务院办公厅《关于制定治理和规范涉企收费措施的分工意见》，决定在全国范围内开展治理和规范涉企收费工作，现将有关问题通知如下：

一、统一思想，充分认识开展治理和规范涉企收费工作的重要意义

治理和规范涉企收费是今年经济工作的重要任务，也是中央纪委纠正行业不正之风专项治理工作的重点之一，这项工作对于营造良好企业发展环境、促进国民经济平稳较快发展、加强通胀预期管理、推进经济发展方式转变都具有十分重要的意义。各地要从实践“三个代表”重要思想，贯彻落实科学发展观，构建社会主义和谐社会的高度，充分认识治理和规范涉企收费工作的重要性。要高度重视、认真部署、精心组织，增强做好工作的责任感和紧迫感，切实把这项工作抓紧抓好，促使涉企收费行为进一步规范，企业负担明显减轻。

二、加大力度，做好治理和规范涉企收费各项工作

各地区、各有关部门要坚持标本兼治、综合治理的方针，在深入调研、摸清底数的基础上，紧紧围绕规范涉企收费行为这一中心，积极开展工作。

（一）认真清理涉企行政事业性收费

省级财政、价格主管部门要按照职责分工，对涉企收费的现状进行摸底调查，查清收费种类、标准、范围、数额和依据。认真清理本行政区域内涉企行政事业性收费项目及收费标准，对于不符合收费管理规定的、不符合当前实际情况的收费项目一律取消，对过高的收费标准要坚决降低。清理完成后保留的涉企行政事业性收费项目要报送财政部、国家发展改革委审核。

（二）规范涉企经营服务性收费

各级价格主管部门要对事业单位、社会团体相关涉企经营服务性收费进行全面清理。各省级价格主管部门要根据本地区实际，尽快制定本行政区域内的经营服务性收费管理办法，健全管理制度，规范收费行为，减轻企业负担。

（三）严格社会团体入会与收费管理

社会团体收取会费，应严格按照民政部、财政部《关于调整社会团体会费政策等有关问题的通知》（民发〔2003〕95号）和《关于进一步明确社会团体会费政策的通知》（民发〔2006〕123号）的规定执行。除法律、行政法规另有规定之外，严禁强制入会。各级价格、财政、民政部门要对社会团体涉企收费项目、收费标准进行合理性审查，必要时组织听证，对不合理的涉企收费项目和标准予以取消和调整。

（四）加快推进行业协会、市场中介组织与行政部门脱钩

各级纪检监察机关要组织协调有关职能部门对挂靠政府部门的行业协会、市场中介组织存在的突出问题进行整改，积极稳妥做好政府与行业协会、市场中介组织脱钩工作，切实推进政府部门与行业协会、市场中介组织做到组织分开、场所分开、工作分开、经济分开，切断政府部门与行业协会、市场中介组织的利益联系，打破垄断，促进中介服务市场的有序竞争。

（五）切实加大对涉企收费的监督检查力度

各级价格、财政部门要切实加强对涉企收费的监管，组织开展涉企收费专项检查，重点对涉及企业收费较多的质量监督检验检疫、国土、住房城乡建设、交通、环保等部门收费开展检查，对发现的乱收费问题按照有关规定严肃查处，责令将多收费用退还给企业，无法退还的违规收入收缴财政；开展行业协会、市场中介组织收费检查，规范行业协会、市场中介组织涉企收费秩序；各级民政、财政部门和社会团体业务主管单位要加强对社会团体会费的监督检查，坚决纠正强制入会行为。

（六）积极开展减轻企业负担专项治理

各级纪检监察机关要严肃查处涉企乱收费的违规违纪问题，要督促配合有关部门，按照十七届中央纪委第五次全会和全国纠风工作会议的部署，坚决纠正加重企业负担的不正之风，对于情节严重、性质恶劣和顶风违纪向企业乱收费的单位，要严肃追究有关责任人员的责任。各级发展改革、价格、财政、工业和信息化部门要全面落实《国务院关于进一步促进中小企业发展的若干意见》（国发〔2009〕36号），切实减轻中小企业税费负担。国务院减轻企业负担部际联席会议要进一步深入研究新形势下减轻企业负担工作，督促检查已出台的各项惠企政策的落实。

三、落实责任，切实加强对治理和规范涉企收费工作的领导

开展治理和规范涉企收费工作，政策性强，工作难度大。各地区、各有关部门应密切配合，求真务实，确保治理和规范涉企收费工作取得实效。

（一）加强领导和协调配合

按照国务院办公厅《关于制定治理和规范涉企收费措施的分工意见》，国家发展改革委负责治理和规范涉企收费工作的统筹协调，督促各部门抓好落实，并及时汇总报告各项工作完成情况。各省、自治区、直辖市价格主管部门要会同各有关部门向政府领导同志汇报治理和规范涉企收费工作，切实加强领导。要加强协调和配合，建立联动机制，充分发挥各部门

的职能作用，在明确分工的基础上通力合作，共同推动治理和规范涉企收费工作深入开展并取得实效。

（二）制定工作方案

各地区、各有关部门要按照本通知要求，制定具体工作方案，明确任务目标要求，确定阶段工作重点和完成时限，将各项任务落实到人头。国务院有关部门将适时组织联合督查，对治理和规范涉企收费工作的开展情况、存在的问题进行督导检查，督促各地区、各有关部门把工作落到实处。

（三）建立健全长效机制

中央和省级财政、价格部门要严格执行新增涉企行政事业性收费项目需报经财政部、国家发展改革委同意的规定，定期向社会公布行政事业性收费项目目录。各级价格、财政、审计部门要严格涉企收费登记制度、企业缴费登记卡制度，完善政府购买服务制度、收费公示制度、政府部门收费审计制度。各部门要加强内部收费管理和审计监督，完善自我约束机制，要对照涉企收费中存在的问题查遗补缺，健全涉企收费管理制度，建立预防、监督、惩处相结合的长效机制。

（四）加强舆论宣传和社会监督

各地区、各有关部门要通过新闻媒体、政府网站等及时向社会公布清理涉企收费项目、降低收费标准的政策文件，曝光典型违法案件；畅通企业投诉渠道，加强社会监督；宣传治理规范涉企收费工作的进展情况，认真听取企业对减负工作的建议，提升企业战胜困难的信心。社会团体、市场中介组织要公开收费项目、收费性质、收费标准以及经营服务性收费项目的具体服务内容，接受社会监督。

（五）认真做好工作总结

各省级价格主管部门要会同有关部门将工作的组织情况、取得的成效、存在的问题、下一步的工作措施和建议进行总结，于2010年12月31日前将书面总结报告报送国家发展改革委（价格监督检查司），省级其他各主管部门也要按照隶属关系将工作情况分别上报国家主管部门。

民政部关于开展全国性行业协会商会 基金会和民办非企业单位评估工作的通知

（民函〔2010〕93号 2010年4月26日）

各全国性行业协会商会、基金会、民办非企业单位业务主管单位：

根据《全国性民间组织评估实施办法》和《民政部关于推进民间组织评估工作的指导意见》的要求，为加快推进社会组织评估工作，推动社会组织健康有序发展，我们在总结近年社会组织评估工作的基础上，决定开展2010年全国性行业协会商会、基金会和民办非企业单位的评估工作。现将有关事项通知如下：

一、评估范围

（一）2008年12月31日前在民政部注册成立，2009年度年检合格，符合评估条件，未参加过评估的全国性行业协会商会（部分基础条件差、内部治理不规范或主要业务活动未开展的行业协会商会可暂缓参加2010年度评估，经改进后参加2011年度评估）均应参加评估。

（二）2008年12月31日前在民政部注册成立，2009年度年检合格，符合评估条件的基金会和民办非企业单位均须参加2010年度评估。符合评估条件未参加评估的基金会和民办非企业单位，列为无评估等级基金会或民办非企业单位。

二、评估内容

按照分类评定的原则，全国性行业协会商会、基金会实行综合评估，评估指标内容包括基础条件、内部治理、工作绩效和社会评价。民办非企业单位实行规范化建设评估，评估指标内容包括基础条件、内部治理、业务活动和诚信建设以及社会评价。

三、时间安排

（一）2010年7月15日前，参加评估的全国性行业协会商会、基金会和民办非企业单位填写评估申报表，对照评估指标和评估材料目录，准备申报材料进行自评，并将申报材料装订成册（正副本各一份），报民政部民间组织服务中心。

（二）2010 年 7 月至 10 月底，民政部民间组织服务中心根据报送材料的时间，及时安排评估专家组对参评单位进行实地考察和初评。

（三）2010 年 11 月底前，评估委员会审核初评结果，确定评估等级并公示。

四、评估材料

全国性行业协会商会、基金会和民办非企业单位的评估申报表、评估指标、评估材料目录以及社会评价调查表，可于 5 月 20 日前，到民政部民间组织服务中心领取或登录中国社会组织网（www. chinanpo. gov. cn）下载。

五、开展社会组织评估工作，是促进社会组织健康发展的重要举措，也是完善改进政府管理模式的重要手段，对于推动社会组织的组织建设、制度建设和能力建设，增强社会组织服务社会的功能都具有十分重要的意义。请各业务主管单位积极动员，广泛宣传，精心组织，督促所管全国性行业协会商会、基金会和民办非企业单位积极参加本年度的评估工作，实现所管行业协会商会（已参评的行业协会商会除外）参评率达到 60% 以上。

六、各全国性行业协会商会、基金会和民办非企业单位应高度重视，提高认识，积极参加，按照《全国性民间组织评估实施办法》的规定和本通知的要求，做好材料准备和自评等各个阶段的工作，如实提供有关情况和资料，按时报送评估材料。

民政部办公厅关于校友会登记有关问题的复函

（民办函〔2010〕110 号　2010 年 5 月 11 日）

江苏省民政厅：

你厅《关于可否登记外省区市高校校友会的请示》（苏社管〔2010〕14 号）收悉，经研究，答复如下：

一、成立校友会，应按照我部的有关规定从严掌握。确有必要的，可以成立全国性校友会；其他各类学校一般不宜在外省（自治区、直辖市）成立校友会。

二、登记了全国性校友会的学校，原则上不再成立地方校友会。确有需要的，可以在地方设立代表机构。

国家发展改革委 财政部 民政部 关于治理规范社会团体收费的通知

（发改价格〔2010〕1182号 2010年5月30日）

中央和国家机关有关部委、直属机构，各省、自治区、直辖市发展改革委、物价局、财政厅（局）、民政厅（局）：

为贯彻落实国务院领导重要批示和全国纠风工作会议精神，进一步规范社会团体收费行为，根据国务院办公厅《关于制定治理和规范涉企收费措施意见的分工》，决定在全国范围内开展社会团体收费治理规范工作。现将有关问题通知如下：

一、治理规范的政策措施

治理规范社会团体（以下简称“社团”）收费的范围，包括社团收取涉及企业的会费、行政事业性收费和经营服务性收费等各种收费。

（一）坚决取缔各种乱收费

根据《价格法》和国家有关收费管理规定，下列收费行为一律取缔。1. 将会费与行政许可或行政职能挂钩强制收取的；2. 强制企业加入协会、学会等社团并收取会费的；3. 利用（借用）行政权力和垄断地位强制服务并收费或只收费不服务的；4. 违反规定擅自将行政事业性收费转为经营服务性收费收取的；5. 违反国家政策规定强制办班、培训、评比以及开展资格认证、组织考试并收取费用的；6. 违反规定以保证金、抵押金、集资、捐赠、赞助等形式变相收费的；7. 违反规定向所属分支机构、代表机构、办事机构收取或变相收取管理费用的；8. 违反法律法规的其他收费行为。

（二）严格规范社团收费行为

社团收取会费应当严格执行有关法律法规和政策规定，制定或修改会费标准，须经会员大会（会员代表大会）半数以上表决通过。社团依据法律、行政法规规定履行或代行政府职能的收费，作为行政事业性收费管理，应报经省级以上财政、价格主管部门批准。社团按照自愿有偿原则提供服务的收费，作为经营服务性收费管理，其中，对存在垄断的服务实行政府定价或政府指导价，应报经所在地价格主管部门按规定的权限和程序，明确收费项目、收费范围和收费标准；对其他服务实行市场调节价，收费标准由社团自主确定或与委托人协商确定。

治理规范社团收取行政事业性收费和经营服务性收费的具体政策措施，按《财政部 国家发展改革委关于清理规范涉企行政事业性收费的通知》（财综［2010］32号）和《国家发展改革委关于治理规范经营服务性收费的通知》（发改价格［2010］877号）的有关规定执行。

（三）加强社团收费收入管理

社团应当建立独立的财务制度，不得将社团经费与业务主管单位及所属单位经费混管，不得将社团收入作为业务主管单位行政经费或业务费开支，不得用于弥补行政经费不足或发放行政机关工作人员各项补贴。社团收取会费应使用财政部门印（监）制的社团会费票据。社团收取行政事业性收费应到指定价格主管部门办理《收费许可证》，并购领和使用中央和省两级财政部门统一印制的财政票据，收费收入按规定缴入国库，支出通过部门预算安排。社团收取经营服务性收费应到指定税务部门购领和使用税务发票，依法纳税。

二、治理规范的职责分工和实施步骤

各部门负责所管理社团的收费自查工作，提出治理规范的意见报同级价格、财政、民政部门审核。全国性和跨省区社团收费由国家发展改革委、财政部和民政部负责治理规范；省级价格、财政、民政部门负责本行政区域内社团收费的治理规范工作，要研究提出治理规范的具体方案，并组织实施。为保证治理规范工作取得实效，本次治理规范工作分三个阶段进行：

（一）自查自清阶段（6月底前）

全国性和跨省区社团的业务主管单位要对社团的现有收费进行全面摸底调查，查清收费种类、标准、范围、数额和依据，并对每项收费研究提出取消、调整和保留的意见，连同《全国性和跨省区社团涉企收费情况登记表》（附表一），于6月底前报国家发展改革委、财政部、民政部。省级价格、财政、民政部门要采取多种方式深入调查研究，全面掌握了解社团收费的具体情况，确定治理规范工作的重点和需要着重解决的问题，并组织好自查自清工作。

（二）集中审核阶段（8月底前）

中央和省级价格、财政、民政部门要按照本通知规定的政策措施，结合自查自清情况，按照职责分工对社团的收费项目、收费标准逐一进行合理性审查，必要时组织听证，对不合理的收费项目和标准予以取消和调整。治理规范工作结束后，各级价格、财政、民政部门要按照职责分工，将重新规范的收费项目、收费标准、收费频次、收费范围以及相关政策措施，通过政府网站和新闻媒体向社会公布。

（三）重点检查阶段（9月底前）

各级价格主管部门要组织开展社团收费的监督检查，督促落实治理规范的各项政策措施。要根据治理规范情况确定检查的重点领域、重点单位和重点收费，严肃查处各种乱收费行为。民政部门要将此次检查结果作为社团年检的重要依据，体现在年检结论中。对情节恶劣，性质严重的典型案例要通过新闻媒体公开曝光，并追究有关责任人员的责任。

三、治理规范的工作要求

开展治理规范社团收费工作，涉及面广、政策性强，各部门、各地区要高度重视，周密部署，确保治理规范工作取得实效。中央和国家机关各部门要指定专门司局负责本部门所管理社团收费的自查自清工作，规范各单位的执收行为。各级价格、财政、民政部门要深入调查研究，突出工作重点，切实解决当前社会反映强烈的社团乱收费问题。同时，要建立健全监督管理制度，规范社团收费行为。

各省、自治区、直辖市价格主管部门会同财政、民政部门要将此次治理规范工作情况，包括取消的收费项目、降低的收费标准、涉及的收费金额和制定的政策措施等情况，连同《社团收费治理规范情况汇总表》（附表二），于9月1日前报国家发展改革委、财政部、民政部。

附表：一、全国性和跨省区社团涉企收费情况登记表（略）

二、社团收费治理规范情况汇总表（略）

中共中央纪委 监察部 民政部 财政部 审计署关于印发《社会团体“小金库”专项治理实施办法》的通知

（中纪发〔2010〕28号 2010年6月12日）

各省、自治区、直辖市和新疆生产建设兵团纪委、监察厅（局）、民政厅（局）、财政（财务）厅（局）、审计厅（局），中央和国家机关各部委纪检组（纪委）、监察局，中央纪委各派驻纪检组，监察部各派驻监察局、监察专员办公室，中央直属机关纪工委，中央国家机关纪工委：

根据《中共中央办公厅、国务院办公厅印发〈关于深入开展“小金库”治理工作的意见〉的通知》（中办发〔2009〕18号），中央纪委、监察部、民政部、财政部、审计署制定了《社会团体“小金库”专项治理实施办法》。现印发给你们，请结合实际，认真贯彻执行。

社会团体“小金库”专项治理实施办法

根据《中共中央办公厅、国务院办公厅印发〈关于深入开展“小金库”治理工作的意见〉的通知》（中办发〔2009〕18号，以下简称《意见》）精神，现就社会团体“小金库”专项治理工作制定实施办法如下。

一、专项治理的范围

此次专项治理范围包括依法在民政部门登记管理的社会团体和公募基金会。

社会团体是指按照《社会团体登记管理条例》（中华人民共和国国务院令第250号）规定，由中国公民自愿组成，为实现会员共同意愿，按照其章程开展活动的非营利性社会组织。

公募基金会是指按照《基金会管理条例》（中华人民共和国国务院令第400号）规定，面向公众募捐，利用自然人、法人或者其他组织捐赠的财产，以从事公益事业为目的成立的非营利性法人。

二、专项治理的内容

凡社会团体和公募基金会违反法律法规及其他有关规定，应列入而未列入符合规定的单位账簿的各项资金（含有价证券）及其形成的资产，均属于“小金库”。重点是2008年以来各项“小金库”资金的收支数额，以及2007年底“小金库”资金滚存余额和形成的资产。对设立“小金库”数额较大或情节严重的，应追溯到以前年度。

社会团体和公募基金会“小金库”主要表现形式包括：

1. 隐匿会费收入设立“小金库”；

2. 截留行政事业性收费设立“小金库”；

3. 截留捐赠收入设立“小金库”；

4. 用资产处置、出租收入设立“小金库”；

5. 以会议费、劳务费、培训费等名义或以假发票、假合同等手段套取资金设立“小金库”；

6. 虚列其他支出转出资金设立“小金库”；

7. 以其他形式设立“小金库”。

三、专项治理的步骤

此次专项治理工作至2010年底基本结束，采取自查自纠和重点检查相结合的方式，分四个阶段进行。

（一）动员部署（截至2010年7月底）

各地区各部门要站在深入贯彻落实科学发展观和推进反腐倡廉建设的高度，把专项治理工作摆上重要议事日程，深入做好思想发动、方案制定和组织部署工作。要充分发挥舆论宣传作用，多形式、多层次、多角度地宣传治理工作的重要意义、工作内容和政策规定，营造良好的社会舆论氛围，动员和支持群众监督。

（二）自查自纠（截至2010年9月底）

各地区各部门要按照《意见》和本办法要求，结合实际，细化具体实施方案，及时有效组织开展自查自纠工作，做到不走过场、不留死角。

纳入专项治理范围的社会团体和公募基金会，要按照《意见》和本办法要求，抓紧制定具体工作方案，认真扎实组织自查；自查面必须达到100%。对自查中发现的各种问题，必须自觉纠正，把问题解决在自查自纠阶段。各社会团体和公募基金会负责人对本单位自查自纠情况负完全责任。自查自纠工作结束后，各社会团体和公募基金会要向业务主管单位上报自查自纠总结报告，并填报《社会团体和公募基金会“小金库”自查自纠情况报告表》(见附件1)。各社会团体和公募基金会负责人、财务负责人要在报告表上签字确认，以承诺所报告情况的真实性和全面性。

各业务主管单位可根据需要对主管的社会团体和公募基金会开展内部检查。各地区各部门专项治理日常工作机构要根据《社会团体和公募基金会“小金库”自查自纠情况报告表》，汇总填列《社会团体和公募基金会“小金库”自查自纠情况统计表》(见附件2)，并逐级上报。各省（自治区、直辖市)、新疆生产建设兵团、全国性社会团体和公募基金会的业务主管单位专项治理日常工作机构于2010年10月15日前将自查自纠总结报告和统计表报送中央治理“小金库”工作领导小组办公室。

（三）重点检查（截至2010年11月底）

在自查自纠基础上，各级专项治理领导机构组织开展重点检查。重点检查面不得低于纳入治理范围单位总数的5%；重点领域和重点单位检查面不得低于20%。

重点检查的范围主要包括三个方面：从社会团体的类型看，要将行业性社会团体作为检查重点；从社会团体和公募基金会与政府部门的关系看，要将有政府资助特别是有财政拨款、有政府购买服务项目、履行或代行政府职能特别是有行政事业性收费项目的社会团体和公募基金会作为检查重点；从日常监管及治理工作的情况看，要将有举报线索、社会各界反映强烈、财务会计工作基础薄弱、工作走过场以及过去监督检查存在问题的社会团体和公募基金会作为检查重点。

重点检查报告、工作总结及《社会团体和公募基金会“小金库”重点检查情况统计表》（见附件3）要逐级汇总上报。各省（自治区、直辖市)、新疆生产建设兵团专项治理日常工作机构汇总后，于2010年12月15日前报送中央治理“小金库”工作领导小组办公室。

（四）整改落实（截至2010年12月底）

各地区各部门要针对治理工作中发现的问题，制定整改措施并抓好落实。一方面，要督促各社会团体和公募基金会对自查发现的问题纠正到位；另一方面，要针对重点检查发现的问题统一处理、处罚、处分标准和尺度，依纪依法处理“小金库”问题，严肃追究责任单位和责任人员的责任。在整改过程中要强化源头治理，完善制度，建立防治“小金库”的长效机制。

各省（自治区、直辖市）、新疆生产建设兵团、各全国性社会团体和公募基金会的业务主管单位专项治理日常工作机构要将专项治理工作情况形成书面报告，于2011年1月15日前报中央治理“小金库”工作领导小组办公室。

四、专项治理的处理原则

对专项治理中发现的“小金库”，要严格按照“依纪依法，宽严相济”的原则进行处理。

（一）对自查发现的问题从轻从宽处理。凡自查认真、纠正及时的，对责任单位可从轻、减轻或免予行政处罚，对有关责任人员可从轻、减轻或免予处分。对自查出的“小金库”，要如数转入符合规定的单位账簿，依法进行财务、税务等相关处理。各业务主管单位对所主管的社会团体和公募基金会进行的内部检查，视同自查。

（二）对被查发现的“小金库”，除依法进行财务、税务等相关处理外，还要对责任单位和责任人员依法予以行政处罚，并依纪依法追究责任。

对设立“小金库”负有责任的领导人员和其他直接责任人员中的共产党员，依照《设立“小金库”和使用“小金库”款项违纪行为适用〈中国共产党纪律处分条例〉若干问题的解释》，严肃追究责任。对设立“小金库”负有责任的领导人员和其他直接责任人员中由国家行政机关任命的，依照《设立“小金库”和使用“小金库”款项违法违纪行为政纪处分暂行规定》，严肃追究责任。

对违反《社会团体登记管理条例》和《基金会管理条例》及相关规定的，按照登记管理机关处理处罚的有关程序和具体规定，依法给予处理处罚。

（三）对在专项治理工作中走过场的单位，要给予通报批评并责令整改；对问题严重的，要依据党纪政纪和有关法律法规追究责任。

（四）对在专项治理工作中弄虚作假、压案不查、对抗检查、拒不纠正、销毁证据、突击花钱、打击报复举报人的，或在重点检查中发现“小金库”数额巨大、情节严重的，要按照有关规定从重处理。对涉嫌犯罪的，移交司法机关依法处理。

（五）《意见》下发后再设立“小金库”的，对其主要领导、分管领导和直接责任人要严肃处理，按照组织程序先予免职，再依据党纪政纪和有关法律法规追究责任。

（六）对在专项治理工作中发现的其他违反法律法规的问题，按国家有关法律法规进行处理。

五、专项治理的工作要求

（一）加强组织领导，建立工作机制

此次专项治理在党中央、国务院的领导下，统一部署实施。中央治理“小金库”工作领导小组增列民政部为成员单位，牵头制定具体实施办法，组织协调社会团体和公募基金会“小金库”治理工作。各地区各部门要根据今年“小金库”治理工作任务，及时调整充实专项治理领导机构成员，进一步健全领导体制，切实加强对“小金库”治理工作的组织领导。要建立分级负责、分口把关的工作机制，按照谁主管、谁负责的原则，落实业务主管单位治理工作责任。

（二）完善协调机制，形成工作合力

各级专项治理工作领导机构要按照工作分工，建立起分工明确、运转顺畅、配合有力的专项治理工作协调机制。各级纪检监察机关要依照有关纪律规定，严肃查处违纪违规案件；各级组织部门要按照有关政策规定对相关责任人员及时作出组织处理；各级民政部门要加强对业务主管单位的组织协调，做好业务指导和政策解释工作，依法进行有关问题的处理处罚和责任追究；各级财政、审计部门要做好重点检查工作的组织实施和对违反财政、财务、会计法律法规问题的处理处罚工作；各级宣传、公安、税务、人民银行等其他成员单位要按照既定分工履行好各自职责。各级专项治理日常工作机构要及时明确政策规定和工作要求，强化组织协调和工作落实，促进形成治理工作合力。

（三）坚持分类指导，突出工作重点

社会团体类型多、领域分布广、收入规模差距大，公募基金会面向公众、社会影响广、资金规模大。各级专项治理工作领导机构要结合本地区本部门的实际，针对不同特点的社会团体和公募基金会有重点地进行分类指导。要特别注重自查自纠和整改落实阶段的督促指导，总结推广好的经验做法，促进治理工作深入开展；对工作组织领导不力、自查自纠和整改落实不到位的，及时给予批评并责令整改。

（四）注重统筹兼顾，实施综合治理

各地区各部门在组织部署专项治理工作中，要注重统筹兼顾，实施综合治理，巩固社会组织学习实践科学发展观活动成果，促进发挥社会团体和公募基金会在经济社会发展中的积极作用。具体要与加快社会团体和公募基金会管理体制改革相结合；与清理乱收费、减轻企业负担等治理工作相结合；与理顺社会团体及公募基金会和业务主管单位资产财务关系相结合；与党政机关事业单位“小金库”治理工作相结合。同时，治理工作要与民政年检评估、财政监管、审计监督和税务稽查等日常监管工作相结合，建立常态工作机制，实现综合工作成效。

（五）拓宽举报渠道，落实奖励政策

各级专项治理日常工作机构要设立并公布举报电话、举报信箱，注意发挥网络举报作用，拓宽举报渠道。要认真做好举报的受理工作，建立举报登记和查处督办制度，指定专人负责，做到件件有交代、事事有着落。要认真执行信访工作保密制度，切实保护举报人的合法权益，对打击报复举报人的，依纪依法从严惩处。对举报有功的单位和个人，根据查实的设立“小金库”金额，给予3% －5% 的奖励，奖金最高额为10 万元，由同级财政负担。

（六）强化源头治理，构建长效机制

各地区各部门在推进专项治理工作中，要注重源头治理，坚持标本兼治、纠建并举的原则，深入剖析产生问题的原因、找准问题症结，加强防治社会团体和公募基金会“小金库”的调查研究；要从推进改革、完善政策、健全制度、改进监管等方面入手，巩固治理工作成果，建立和完善社会团体和公募基金会防治“小金库”的长效机制，切断“小金库”资金来源。

附件：1. 社会团体和公募基金会“小金库”自查自纠情况报告表（略）
2. 社会团体和公募基金会“小金库”自查自纠情况统计表（略）
3. 社会团体和公募基金会“小金库”重点检查情况统计表（略）
4. 填表说明

附件4

填表说明

为提高社会团体和公募基金会“小金库”专项治理报表统计工作的科学性、准确性和完整性，现对专项治理报表填列工作说明如下。

一、《社会团体和公募基金会“小金库”自查自纠情况报告表》（附件1）

（一）凡规定治理范围内的社会团体和公募基金会，在自查结束后，不论有无“小金库”问题，都要填报《社会团体和公募基金会“小金库”自查自纠情况报告表》，经单位负责人和财务负责人签字后，上报给业务主管单位，由业务主管单位日常治理机构汇总后逐级报送各级专项治理日常工作机构。

（二）表头填列自查单位的单位名称、单位性质（社会团体或公募基金会）、登记管理机关及业务主管单位。

（三）本表由九项组成。

第一项自查基本情况，其中：“2008 年至今政府资助收入金额”按实际收到补助资金填列，政府资助收入包括财政拨款和业务主管单位补助资金；其他各项“是”填“1”，“否”填“0”。

第二项 2007 年底“小金库”资金滚存余额和资产原值，资产原值按取得时价格（价值）填列。

第三项 2008 年至今“小金库”资金来源合计，按实际发生数填列。

第四项 2008 年至今“小金库”资金支出合计，按支出实际发生数填列，其中：“弥补费用”指弥补符合《民间非营利组织会计制度》规定开支项目和标准，按事业单位管理的社会团体和公募基金会要符合省级以上财政部门规定开支范围和标准的费用支出；购置资产支出包括购置固定资产、有价证券、股权债权、对外投资等支出；期末存在的资产原值是指用“小金库”资金购置形成的，自查时仍然存在的固定资产、有价证券、股权债权、对外投资等资产原值。

第五项期末“小金库”资金滚存余额和资产原值，填列截至自查时“小金库”资金滚存余额和资产原值。

第六项“小金库”主要表现形式，该项下的各种形式设立的“小金库”合计金额应与自查发现“小金库”问题金额一致。

第七项自查发现“小金库”及纠正情况，“小金库”个数计算方法为：一个账户为一个“小金库”，由个人管理或固定地点存放的现金、有价证券、固定资产权证、股权和债权凭证等资产，按照管理人或存放地点的数量确定“小金库”个数；“纠正处理”指已完成财务、税务等处理。

第八项自查发现“小金库”处理情况，按应纠正处理和已纠正处理的实际情况填列。

第九项自查处罚通报情况，受行政处罚人数和单位数按民政、财政、审计等行政执法机关处罚的人数和单位数填列；受组织处理人数按组织部门处理的人数填列；受党纪政纪处理人数按纪检监察机关处理人数填列。

（四）本表第五项期末“小金库”资金滚存余额和资产原值应等于第二项加上第三项减去第四项再加上第四项下期末存在的资产原值。

二、《社会团体和公募基金会“小金库”自查自纠情况统计表》（附件2）

（一）此表由各级专项治理日常工作机构和业务主管单位根据所主管的社会团体和公募基金会上报的《社会团体和公募基金会“小金库”自查自纠情况报告表》填制，并逐级汇总上报。

（二）此表共九项，其中第一项为自查基本情况，由各级专项治理日常工作机构和业务主管单位根据所属单位自查上报情况填写。第二至第九项填列方法与《社会团体和公募基金会“小金库”自查自纠情况报告表》相应项目相同。

三、《社会团体和公募基金会“小金库”重点检查情况统计表》（附件3）

（一）此表由中央治理“小金库”工作领导小组办公室组织的重点检查小组和地区各级专项治理日常工作机构根据重点检查情况填报或汇总填报。

（二）此表共九项，其中第一项为重点检查基本情况，根据重点检查单位基本情况填报。第二至第九项填列方法与《社会团体和公募基金会“小金库”自查自纠情况统计表》相应项目相同。

四、其他说明

（一）附件1－3中填列“其他”项目的必须在备注中予以说明。

（二）“账户”包括以单位或个人名义开立的银行账户及在证券公司、保险公司、基金公司、期货公司、信托公司、财务公司等金融机构开立的有账号和户名的账户。

（三）“小金库”中有外币的，按照截至自查或重点检查时的汇率折算成人民币。

（四）附件1－3等报表格式可登陆财政部网站（网址：http：//www.mof.gov.cn）下载中心栏目下载。

五、报送要求

（一）《社会团体和公募基金会“小金库”自查自纠情况统计表》（附件2）由各省（自治区、直辖市）、新疆生产建设兵团、全国性社会团体和公募基金会的业务主管单位专项治理日常工作机构于10月15日前报送中央治理“小金库”工作领导小组办公室（通信地址：北京市海淀区紫竹院路45号鑫正大厦，邮政编码100089，业务主管单位属中央和国家机关的可通过文件交换到财政部；联系电话：010－68412765、68411317，传真：010－68411317，下同）。

（二）《社会团体和公募基金会“小金库”重点检查情况统计表》（附件3）由各省（自治区、直辖市）、新疆生产建设兵团专项治理日常工作机构及中央治理“小金库”工作领导小组办公室组织的重点检查组于12月15日前报送中央治理“小金库”工作领导小组办公室。

（三）为便于计算机汇总，不得随意变更报表格式。

（四）在报送书面报表的同时，报送以光盘存储的电子文档。

工业和信息化部 国家发展和改革委员会 公安部 监察部 民政部 财政部 住房和城乡建设部 交通运输部 审计署 国务院国有资产监督管理委员会 国家质量检验检疫总局 国务院法制办公室 国务院纠正行业不正之风办公室关于2010年减轻企业负担专项治理工作的实施意见

（工信部联运行〔2010〕291号 2010年6月21日）

国务院有关部门，各省、自治区、直辖市和新疆生产建设兵团工业和信息化主管部门、发展改革委、公安厅（局）、监察厅（局）、民政厅（局）、财政厅（局）、建设厅（局）、交通运输厅（局）、审计厅（局）、国资委（局）、物价局、检验检疫局、质量技术监督局、法制办、纠风办、减轻企业负担领导小组（联席会议）：

按照十七届中央纪委第五次全会、国务院第三次廉政工作会议要求和全国纠风工作会议部署，今年在全国集中开展减轻企业负担专项治理工作（以下简称专项治理）。现提出如下实施意见：

一、指导思想和总体目标

以邓小平理论和“三个代表”重要思想为指导，全面贯彻落实科学发展观，紧紧围绕服务经济和社会发展的中心任务，全面清理涉企收费，治理各种摊派等加重企业负担的问题，严肃查处和纠正损害企业合法权益的违规违纪行为。通过专项治理，取消不合法涉企收费项目，降低过高的收费标准，规范行业协会、市场中介组织涉企服务和收费行为，杜绝向企业乱收费、乱拉赞助和各种摊派行为，落实各项惠企政策措施，推进减轻企业负担工作法制建设，建立减轻企业负担工作长效机制，为企业健康发展营造良好的外部环境。

二、主要任务

(一) 治理和规范涉企收费

一是清理涉企行政事业性收费。对于不符合收费管理规定和实际情况的收费项目一律取消，对过高收费标准要坚决予以降低。二是规范涉企经营服务性收费。对事业单位、社会团体相关涉企经营服务性收费进行全面清理，制定涉企经营服务性收费管理规定，规范收费行为。三是加大对涉企收费的监督检查和查处力度。重点对涉企收费较多的质量监督检验检疫、国土、住房城乡建设、交通、环保等部门收费和行业协会、市场中介组织收费开展专项检查，对乱收费问题按照有关规定严肃查处。此项工作按照国家发展改革委等 14 个部门《关于开展治理和规范涉企收费工作的通知》（发改价检〔2010〕794 号）的总体部署，以及国家发展改革委《关于治理规范经营服务性收费的通知》（发改价格〔2010〕877 号），财政部、国家发展改革委《关于清理规范涉企行政事业性收费的通知》（财综〔2010〕32 号），国家发展改革委、财政部、民政部《关于治理规范社会团体收费的通知》（发改价格〔2010〕1182 号）文件要求组织实施。

(二) 清理和纠正向企业摊派、索要赞助和无偿占用企业人财物等行为

（1）纠正和查处向企业乱摊派、乱集资以及强行向企业拉广告和索要赞助等行为；（2）纠正和查处强制向企业摊派订购书报刊物、音像制品和强制企业参加不必要的会议、培训、会展、学术研讨、技术考核等；（3）纠正和查处强制企业加入协会、学会、研究会等；（4）纠正和查处机关、事业单位及其工作人员到企业报销各种费用；（5）纠正和查处未经出资人机构审核同意，强行要求国有企业捐赠、捐献等行为。

(三) 督促落实各项惠企政策措施

各地区、有关部门要认真梳理、汇总并向社会公布党中央、国务院和地方政府应对金融危机的各项惠企政策措施，各地减轻企业负担专项治理领导机构要组织开展对各项惠企政策落实情况的检查，对于未落实的政策措施，要查明原因，明确责任，督促落实。

(四) 建立减轻企业负担长效机制

各级政府要进一步健全减轻企业负担工作领导体制和工作机制，加快企业减负工作法制化、制度化建设，完善涉企收费政策措施，加强涉企收

费审批、收缴及使用管理，严格涉企收费公示、登记制度，进一步完善政府部门减轻企业负担情况的审计制度，健全企业特别是中小企业负担监督制度，标本兼治，加强源头治理，积极探索减轻企业负担的长效治理机制。

三、实施步骤

专项治理工作从2010年5月启动，到2010年12月31日前结束，分四个阶段进行：

（一）启动部署（至6月底）

1. 成立专项治理工作领导小组。成立由工业和信息化部牵头，发展改革委、财政部、监察部、国务院纠风办、审计署、公安部、交通运输部、住房城乡建设部、民政部、质检总局、国务院法制办、国务院国资委等部门参加的减轻企业负担专项治理工作领导小组（以下简称部际领导小组），负责专项治理工作指导和组织协调。部际领导小组下设办公室，负责日常具体工作。

2. 召开全国电视电话会议，进行减轻企业负担专项治理工作动员部署。

3. 各地区、各有关部门要贯彻落实全国专项治理电视电话会议精神，结合本地区、本部门实际，建立相应组织机构和工作机制，制订专项治理工作方案，完成工作动员和工作部署。于7月上旬向部际领导小组办公室报送有关贯彻落实情况及专项治理工作方案。

（二）自查自纠（7月—8月底）

各地区要按照工作方案，以查基层单位、查薄弱环节、查突出问题为重点，开展自查自纠工作。梳理各项惠企政策措施，检查落实情况和存在的问题，纠正乱收费、乱拉赞助和各种摊派等加重企业负担的行为，对负担较重企业的负担情况进行调研评估和根源分析，建立相关制度，并认真填报《减轻企业负担专项治理情况统计表》（见附件）。于8月底以前形成书面汇报材料，连同统计表，报送部际领导小组办公室。国务院各有关部门负责本部门及所属单位和社会团体的自查自纠工作，并对本系统的专项治理工作进行指导。

对自查自纠阶段的工作，各地区、各有关部门要加强工作指导和督促检查，及时处理或解答企业反映的问题。

（三）检查整改（9月—10月底）

在自查自纠工作的基础上，各地区、各有关部门要组织开展对专项治理工作情况的检查。重点对本地区、本部门企业反映强烈的问题治理工作进行检查。通过检查，总结经验，发现问题，督促整改。

部际领导小组在各地区、各有关部门检查的基础上，进行抽查。适时推广和宣传典型经验；对抽查中发现的问题，要督促整改；对其中严重违规违纪行为，要严肃查处；对典型案件，要公开曝光。

（四）总结报告（11 月—12 月底）

各地区、各有关部门对开展专项治理工作情况进行总结，内容包括：工作组织情况、取得成效、存在问题、下一步工作措施和建议，于 11 月底前报送部际领导小组办公室。部际领导小组在汇总各地区、各有关部门情况的基础上，全面总结专项治理工作，提出进一步做好企业减负工作的意见和建议，于 12 月底前上报国务院和中央纪委。

四、工作要求

（一）提高认识，加强领导

各地区、各有关部门要从应对国际金融危机、贯彻落实科学发展观、建设社会主义市场经济体制、巩固党的执政基础、构建社会主义和谐社会的高度，充分认识开展减轻企业负担专项治理工作的重要意义，增强政治意识、大局意识和责任意识，将专项治理工作列入本地区、本部门的重要议事日程，加强工作组织和政策指导，确保各项工作落到实处。各地要充分发挥减轻企业负担工作机构的作用，做到统一安排，统一部署。

（二）明确责任，注重配合

专项治理工作采取自上而下、条块结合、各负其责的方式进行。按照“谁主管、谁负责”的原则，工业和信息化部要做好统筹协调、监督检查、信息和情况通报等组织工作。国务院有关部门要按照职能和各自承担的牵头任务或负责的工作，及时组织制定配套实施办法，指导本系统开展专项治理各项工作。各社会团体业务主管单位负责所属社会团体的治理工作。各地领导小组要在当地政府的领导下，统一部署，明确分工，建立健全成员单位责任制度，相互协调，密切配合，发挥成员单位职能的合力作用。

（三）突出重点，分类指导

要把减轻中小企业负担作为企业减负工作的重点，认真贯彻落实《国务院关于进一步促进中小企业发展的若干意见》（国发〔2009〕36 号）有关规定，努力为中小企业的发展创造宽松环境。要认真做好企业负担调查分析工作，针对不同性质的增加企业不合理负担、侵害企业合法权益问题，进行分类指导，尤其注重探索解决导致企业不合理负担的深层次问题，从源头上、制度上提出改进的措施办法，实现标本兼治。

（四）发现问题，及时处理

各地区、各有关部门要组织开展对本地区、本部门专项治理的检查工作。部际领导小组在各地区、各有关部门自查的基础上，组织开展专项检查。各级纪检监察机关要加大案件查处力度，严肃查处损害企业利益的违规违纪问题。各地对违规违纪问题要限期纠正，处理结果要逐级上报。对于顶风违纪的单位，要追究有关人员的责任。对于情节严重、性质恶劣的典型案件，要向社会公布。

（五）加强宣传，营造氛围

部际领导小组建立专项治理情况信息交流制度，指导各地开展工作。国务院各有关部门和各地领导小组要及时上报阶段任务完成情况，重要情况随时上报。部际领导小组办公室不定期编发《减轻企业负担工作简报》，通报交流专项治理工作进展情况和有关经验。各地区、各有关部门要加强专项治理工作的宣传，通过新闻媒体、政府网站等形式，引导社会各界积极关注、主动参与专项治理工作，充分发挥社会舆论监督作用，形成全社会齐抓共管的局。

附件：减轻企业负担专项治理情况统计表（略）

民政部　国家档案局关于印发《社会组织登记档案管理办法》的通知

（民发〔2010〕101号　2010年7月15日）

各省、自治区、直辖市民政厅（局）、档案局，计划单列市民政局、档案局，新疆生产建设兵团民政局、档案局：

为了加强社会组织登记档案的规范化管理，根据《中华人民共和国档案法》及《社会团体登记管理条例》、《民办非企业单位登记管理暂行条例》和《基金会管理条例》等有关法律、法规，民政部、国家档案局共同制定了《社会组织登记档案管理办法》。现印发给你们，请遵照执行。

社会组织登记档案管理办法

第一条　为加强社会组织登记档案的规范管理，充分发挥社会组织登记档案的作用，根据《中华人民共和国档案法》、《社会团体登记管理条例》、《民办非企业单位登记管理暂行条例》和《基金会管理条例》等有关规定，制定本办法。

第二条　本办法所称社会组织登记档案是指县级以上人民政府民政部门在依法为社会团体及其分支（代表）机构，基金会及其分支（代表）机构，境外基金会代表机构以及民办非企业单位办理申请筹备成立、成（设）立登记、变更登记、注销登记、备案、章程核准、年度检查和行政处罚等工作中形成的具有查考、利用价值的各种文件材料。

第三条　社会组织登记档案工作由县级以上人民政府民政部门分级负责，在业务上接受同级档案行政管理部门和上级民政部门的监督和指导。

第四条　县级以上人民政府民政部门档案管理机构应当对社会组织登记档案实行集中统一管理，指定专职（或兼职）人员负责社会组织登记档案管理工作，建立并完善社会组织登记档案的管理制度，确保社会组织登记档案的完整、准确、系统、安全和有效利用，并逐步实现社会组织登记档案的信息化管理和服务。

第五条　社会组织登记管理业务机构应当在行政许可、行政审批、行政处罚、监督管理相关事项办理完毕后30个工作日内完成归档工作。档案管理机构（人员）在接收归档的文件材料时，必须认真核对清点，检查文件材料是否齐全、完整，符合规定要求的，予以接收，并办理交接手续。(文件材料归档范围参见本办法附件)

第六条 社会组织登记档案按照一个社会组织一档的原则，归档文件材料以"件"为单位进行整理。一般以一份文件为一件，正文与附件为一件，传真件应当复印并与原件为一件，请示与批复各为一件，一次上报的多份表格，每份表格可为一件。

一个社会组织的所有文件材料按照形成的时间顺序排列，每份文件应当用无酸纸套或档案袋等以有利于保管和利用的方式加以固定，并按排列顺序依次装入档案盒保存。

第七条 社会组织登记档案分为社会团体类、民办非企业单位类、基金会类三类。

第八条 各类社会组织登记档案按照社会组织登记证号的顺序进行排列。

第九条 档案管理机构应当建立社会组织名录等检索工具。

第十条 社会组织登记档案要有专门的地点存放，要配备必要的保管装具，并设有防火、防盗、防渍、防有害生物等安全设施，确保档案的安全保管。档案管理机构要定期检查档案的保管状况，发现问题及时解决。

第十一条 社会组织登记档案保管期限定为永久。

第十二条 社会组织登记档案应当在社会组织注销之日起满10年后向同级国家综合档案馆移交。

第十三条 社会组织登记档案的利用应当按照下列规定执行：

（一）社会组织登记档案的形成单位因工作需要，履行有关手续后可以利用本单位形成的社会组织登记档案；

（二）人民法院、人民检察院、公安机关、国家安全机关等部门因工作需要，持单位介绍信可以利用相关的社会组织登记档案；

（三）社会组织业务主管单位因工作需要，持单位介绍信可以利用其主管的社会组织的登记档案；

（四）社会组织因工作需要，持单位介绍信可以利用本组织的登记档案；

（五）律师根据案情的需要，自行调查取证的，凭律师执业证书和律师事务所证明，可以利用与承办法律事务有关的社会组织登记档案；当事人和除律师以外的其他诉讼代理人根据案情的需要，持受理案件的法院出具的证明材料及本人有效证件，可以利用与诉讼事务有关的社会组织登记档案；

（六）其他单位、组织凭单位介绍信，公民凭个人有效身份证明可以查询公开的社会组织的登记事项；

（七）对涉密档案的利用，应当遵守国家有关规定，并按保密程序审批；

（八）档案管理机构应当根据档案所记载的内容，为利用者出具社会组织登记证明。

第十四条 档案管理机构应当配备计算机管理社会组织登记档案，实行社会组织登记纸质档案和电子档案的分别保管，提高档案利用效率，维护档案的完整与安全。

第十五条 使用电子计算机办理社会组织登记、备案、年检等工作所形成的电子文件的归档，参照《电子文件归档与管理规范》（GB/T18894－2002）要求进行整理归档。

第十六条 省级人民政府民政部门可以根据实际情况会同同级人民政府档案行政管理部门制定本办法实施细则。

第十七条 本办法自发布之日起施行。

附件：

社会组织登记文件材料归档范围

一、社会团体登记文件材料归档范围

（一）社会团体筹备成立文件材料：登记管理机关准予社会团体筹备成立的文件；筹备成立申请书；业务主管单位批准筹备成立的文件；章程草案；捐资文件；验资证明、住所使用权证明；发起人和拟任负责人基本情况材料、身份证明材料；其他材料。

（二）社会团体成立登记文件材料：登记管理机关准予社会团体成立的文件；社会团体成立登记申请书；业务主管单位审查同意的文件；社会团体法人登记申请表；社会团体法定代表人登记表；会员大会或会员代表大会通过并经业务主管单位审查同意的章程；社会团体章程核准表；住所使用权证明；会长（理事长）、副会长（副理事长）、秘书长备案表及其身份证明、理事会（常务理事会）名册、会员名册；其他材料。

（三）社会团体设立分支（代表）机构登记文件材料：登记管理机关

准予社会团体设立分支（代表）机构登记的文件；社会团体分支（代表）机构登记申请表；设立社会团体分支（代表）机构与社会团体住所不在一地的，其设在地民政部门同意在当地设立的意见；申请登记专项基金管理机构所提交的捐赠协议书、理事会纪要及其专项基金管理办法；其他材料。

（四）社会团体变更名称登记文件材料：登记管理机关准予社会团体变更名称的文件；社会团体变更名称登记申请表；业务主管单位同意变更名称的文件；社会团体章程核准表；修订后的章程及其章程修订说明；其他材料。

（五）社会团体变更法定代表人登记文件材料：登记管理机关准予社会团体变更法定代表人的文件；社会团体变更法定代表人登记申请表；社会团体法定代表人登记表；前任法定代表人任职期间的财务审计报告；拟任法定代表人身份证明；其他材料。

（六）社会团体变更业务主管单位登记文件材料：登记管理机关准予社会团体变更业务主管单位的文件；社会团体变更业务主管单位登记申请表；原业务主管单位同意变更的文件；新业务主管单位同意作为该社会团体业务主管单位的文件；其他材料。

（七）社会团体变更住所登记文件材料：登记管理机关准予社会团体变更住所的文件；社会团体变更住所登记申请表；新住所证明（房产单位出具的证明或买卖合同复印件或租赁合同复印件）；其他材料。

（八）社会团体变更活动资金文件材料：登记管理机关准予变更活动资金的文件；社会团体变更活动资金登记申请表；验资证明；其他材料。

（九）社会团体变更业务范围文件材料：登记管理机关准予社会团体变更业务范围的文件；社会团体变更业务范围申请表；其他材料。

（十）社会团体分支（代表）机构变更文件材料：登记管理机关准予社会团体分支（代表）机构变更的文件；社会团体分支（代表）机构变更申请表；住所变更到登记地以外地区的，其所在地民政部门出具的同意在当地设立的意见；其他材料。

（十一）社会团体及其分支（代表）机构备案文件材料：社会团体组织机构代码证书（复印件）；税务登记证书（复印件）；社会团体印章式样；银行开户证明（复印件）；社会团体办事机构备案表；社会团体办事机构注销备案表；社会团体负责人变动申请表、社会团体负责人备案表及其身份证明；社会团体分支（代表）机构负责人备案表；社会团体会费标准备案材料；其他材料。

（十二）社会团体章程修订及其核准文件材料：社会团体章程核准表；经核准的社会团体章程；章程修订说明；其他材料。

（十三）社会团体年检文件材料：社会团体年度工作报告书；其他材料。

（十四）社会团体注销登记文件材料：登记管理机关准予社会团体注销登记的文件；社会团体注销登记申请书；业务主管单位同意注销登记的文件；社会团体法人注销申请表；社会团体清算审计报告；社会团体清算报告书；其他材料。

（十五）社会团体分支（代表）机构注销登记文件材料：登记管理机关准予社会团体分支（代表）机构注销登记的文件；社会团体分支（代表）机构注销申请表；其他材料。

（十六）行政处罚文件材料：行政处罚决定书；行政复议决定书；行政诉讼判决（裁定）书；其他材料。

二、基金会登记文件材料归档范围

（一）基金会设立登记文件材料：登记管理机关准予基金会设立登记的文件；基金会设立登记申请书；业务主管单位同意设立登记的文件；基金会法人登记申请表；基金会法定代表人登记表；基金会章程及章程核准表；原始基金捐赠文件及验资证明；住所使用权证明；理事、监事备案表及其身份证明，基金会专职工作人员情况；其他材料。

（二）基金会设立分支（代表）机构文件材料：登记管理机关准予基金会设立分支（代表）机构的文件；基金会分支（代表）机构登记申请表；基金会分支（代表）机构负责人登记表；设立基金会分支（代表）机构与基金会住所不在一地的，其设在地民政部门同意在当地设立的意见；其他材料。

（三）基金会变更名称登记文件材料：登记管理机关准予基金会变更名称的文件；基金会变更名称登记申请表；业务主管单位同意变更名称的文件；修订后的章程；其他材料。

（四）基金会变更法定代表人登记文件材料：登记管理机关准予基金会变更法定代表人的文件；基金会变更法定代表人登记申请表；基金会法定代表人登记表；拟由外国人及香港、澳门、台湾居民担任的基金会法定代表人的公证、认证材料；前任法定代表人任职期间的财务审计报告；其他材料。

（五）基金会变更业务主管单位登记文件材料：登记管理机关准予基金会变更业务主管单位的文件；基金会变更业务主管单位登记申请表；原

业务主管单位同意变更的文件；新业务主管单位同意作为该基金会业务主管单位的文件；其他材料。

（六）基金会变更类型登记文件材料：登记管理机关准予基金会变更类型的文件；基金会变更类型登记申请表；验资证明；其他材料。

（七）基金会变更住所文件材料：登记管理机关准予基金会变更住所的文件；基金会变更住所登记申请表；新住所证明（房产单位出具的证明或买卖合同复印件或租赁合同复印件）；其他材料。

（八）基金会变更原始基金数额文件材料：登记管理机关准予基金会变更原始基金数额的文件；基金会变更原始基金登记申请表；原始基金捐赠文件及验资证明；其他材料。

（九）基金会变更公益活动的业务范围文件材料：登记管理机关准予基金会变更公益活动业务范围的文件；基金会变更公益活动业务范围登记申请表；其他材料。

（十）基金会分支（代表）机构变更文件材料：登记管理机关准予基金会分支（代表）机构变更的文件；基金会分支（代表）机构变更申请表；住所变更到外地的，其所在地民政部门出具的同意在当地设立的意见；其他材料。

（十一）基金会备案文件材料：基金会组织机构代码证书（复印件）；基金会税务登记证书（复印件）；基金会印章式样；基金会银行开户证明（复印件）；基金会理事、监事变动备案表及其身份证明；基金会办事机构备案表；基金会办事机构注销备案表；基金会银行账户、税务登记和组织机构代码的注销资料复印件；重大事项备案材料；其他材料。

（十二）基金会章程修订及其核准文件材料：基金会章程；基金会章程核准表；章程修订说明；其他材料。

（十三）基金会年检文件材料：基金会年度工作报告书；财务审计报告；其他材料。

（十四）基金会注销登记文件材料：登记管理机关准予基金会注销登记的文件；业务主管单位同意注销登记的（文件）；基金会法人注销申请表；基金会注销登记申请书；基金会清算报告书；基金会清算审计报告；其他材料。

（十五）基金会分支（代表）机构注销登记文件材料：登记管理机关准予基金会分支（代表）机构注销登记的文件；基金会分支（代表）机构注销申请表；其他材料。

（十六）行政处罚文件材料：行政处罚决定书；行政复议决定书；行

政诉讼判决（裁定）书；其他材料。

三、境外基金会代表机构登记文件材料归档范围

（一）境外基金会代表机构设立登记文件材料：登记管理机关准予境外基金会代表机构设立的文件；境外基金会设立代表机构的申请报告；业务主管单位同意境外基金会设立代表机构的文件；境外基金会设立代表机构申请书；境外基金会代表机构登记事项表；其他材料。

（二）境外基金会代表机构变更名称文件材料：登记管理机关准予境外基金会代表机构变更名称的文件；境外基金会代表机构登记事项表；境外基金会代表机构变更名称申请书；其他材料。

（三）境外基金会代表机构变更负责人文件材料：登记管理机关准予境外基金会代表机构变更负责人的文件；境外基金会代表机构登记事项表；境外基金会代表机构变更负责人申请书；离任负责人任职期间的财务审计报告；境外基金会代表机构负责人的公证、认证材料；其他材料。

（四）境外基金会代表机构变更业务主管单位文件材料：登记管理机关准予境外基金会代表机构变更业务主管单位的文件；境外基金会代表机构登记事项表；境外基金会代表机构变更业务主管单位申请书；新业务主管单位同意作为该境外基金会代表机构业务主管单位的文件；其他材料。

（五）境外基金会代表机构变更住所文件材料：登记管理机关准予境外基金会代表机构变更住所的文件；境外基金会代表机构登记事项表；境外基金会代表机构变更住所申请书；其他材料。

（六）境外基金会代表机构变更业务范围文件材料：登记管理机关准予境外基金会代表机构变更业务范围的文件；境外基金会代表机构登记事项表；境外基金会代表机构变更业务范围申请书；境外基金会章程中有相应业务规定的证明材料；其他材料。

（七）境外基金会代表机构备案文件材料：境外基金会代表机构备案表；境外基金会代表机构组织机构代码证书（复印件）；税务登记证书（复印件）；印章式样；境外基金会银行开户证明（复印件）；境外基金会代表机构副代表备案书；境外基金会代表机构工作人员备案书；境外基金会代表机构章程变动备案书；其他材料。

（八）境外基金会代表机构年检文件材料：境外基金会代表机构年度工作报告书；其他材料。

（九）境外基金会代表机构注销登记文件材料：登记管理机关准予境外基金会代表机构注销登记的文件；境外基金会代表机构注销登记申请书；境外基金会代表机构清算报告；其他材料。

（十）行政处罚文件材料：行政处罚决定书；行政复议决定书；行政诉讼判决（裁定）书；其他材料。

四、民办非企业单位登记文件材料归档范围

（一）民办非企业单位成立登记文件材料：登记管理机关准予民办非企业单位成立登记的文件；民办非企业单位成立登记申请书；业务主管单位的批准文件；住所使用权证明；验资证明；拟任法定代表人或单位负责人（理事会负责人、执行机构负责人）基本情况及其身份证明；民办非企业单位法人登记申请表；民办非企业单位法定代表人登记表；民办非企业单位章程及其核准表；其他材料。

（二）民办非企业单位变更名称登记文件材料：登记管理机关准予民办非企业单位变更名称的文件；民办非企业单位变更名称登记申请书；民办非企业单位变更名称登记申请表；业务主管单位同意变更名称的文件；其他材料。

（三）民办非企业单位变更法定代表人登记文件材料：登记管理机关准予民办非企业单位变更法定代表人的文件；民办非企业单位变更法定代表人登记申请表；民办非企业单位法定代表人登记表；前任法定代表人任职期间的财务审计报告；拟任法定代表人的基本情况和身份证明；其他材料。

（四）民办非企业单位变更业务主管单位登记文件材料：登记管理机关准予民办非企业单位变更业务主管单位的文件；民办非企业单位变更业务主管单位登记申请表；原业务主管单位同意变更的文件；新业务主管单位同意作为该民办非企业单位业务主管单位的文件；其他材料。

（五）民办非企业单位变更住所登记文件材料：登记管理机关准予民办非企业单位变更住所的文件；民办非企业单位变更住所登记申请表；新住所证明（房产单位出具的证明或买卖合同复印件或租赁合同复印件）；其他材料。

（六）民办非企业单位变更开办资金登记文件材料：登记管理机关准予民办非企业单位变更开办资金的文件；民办非企业单位变更开办资金登记申请表；验资证明；其他材料。

（七）民办非企业单位变更业务范围登记文件材料：登记管理机关准予民办非企业单位变更业务范围的文件；民办非企业单位变更业务范围申请报告；其他材料。

（八）民办非企业单位备案材料：民办非企业单位组织机构代码证书（复印件）；税务登记证书（复印件）；印章式样；银行开户证明（复印

件)；民办非企业单位内设机构备案表；民办非企业单位内设机构注销备案表；民办非企业单位负责人变动申请表；民办非企业单位负责人备案表；其他材料。

（九）民办非企业单位章程或合伙协议修订及其核准文件材料：登记管理机关对民办非企业单位章程或合伙协议核准文件；民办非企业单位章程或合伙协议；业务主管单位审查同意的文件；修订后的章程或合伙协议及其修订说明；其他材料。

（十）民办非企业单位年检文件材料：民办非企业单位年度工作报告书；财务审计报告；其他材料。

（十一）民办非企业单位注销登记文件材料：登记管理机关准予民办非企业单位注销登记的文件；注销登记申请书；业务主管单位同意注销登记的文件；民办非企业单位法人注销申请表；民办非企业单位清算报告书；会计师事务所出具的民办非企业单位清算报告；其他材料。

（十二）行政处罚文件材料：行政处罚决定书；行政复议决定书；行政诉讼判决（裁定）书；其他材料。

民政部办公厅关于体育类社会团体规范财务账户问题的函

（民办函〔2010〕163 号　2010 年 7 月 21 日）

国家体育总局办公厅：

你局《关于体育类社会团体开立银行账户问题的函》（体人字〔2010〕130 号）收悉。你局在我部登记的体育社团中有 78 个未按照规定设立财务会计账簿和银行账户，占总数的 85%。我们认为：根据《社会团体登记管理条例》等有关法规规定，全国性体育社团依法应当具备法人条件，要有 10 万元以上的活动资金，同时须设置会计账簿和银行账户，依法进行会计核算。社会团体不设账、不开户或者与事业单位账户混为一体，登记管理机关无法了解其财务收支情况和业务活动状况，造成监管盲区，必将面临各方面对其诚信度的质疑，不符合“政社分开”的社会组织发展趋势，也不利于体育社团的社会化发展。

多年来，国家体育总局依法履行业务主管单位职责，积极培育发展体育社团，成绩有目共睹。希望今后总局一如既往重视和支持社会组织管理工作，根据党的十七大提出的加强社会组织建设和管理的有关精神，结合体育事业发展的大政方针，按照《民法通则》和《社会团体登记管理条例》规定的法律原则，以加强体育社团独立法人地位为核心，循序渐进地推进体育社团管理体制改革，依法明确赋予体育社团相关职能，充实其业务范围，切实转变目前“政社不分”的状况。

经研究，我部认为，对于目前部分体育社团没有会计账簿和银行账户的问题，应本着实事求是、分类指导、循序渐进的方式予以解决。具体意见如下：

一、凡是以社团名义发生收支的，应当以社团名义申请开立银行账户，使用规范的财务凭证，如实编制财务会计报告。

二、建议非奥运项目的体育社团设立会计账簿和银行账户，依法进行会计核算。

三、建议对不属于“一套人马两块牌子”的体育社团，督促其依法规范财务管理，开立社团银行账户；对于“一套人马两块牌子（或多块牌子）”的社团，要说明详细情况，尽快提出改进方案和时间安排。

今后，我部在审批登记、年度检查、社会组织评估等各项工作中，将把按规定设置会计账簿和开立银行账户的情况，作为判断社会团体能否正常开展活动的重要依据。

财政部 国家税务总局 民政部关于公益性捐赠税前扣除有关问题的补充通知

（财税〔2010〕45号 2010年7月21日）

各省、自治区、直辖市、计划单列市财政厅（局）、国家税务局、地方税务局、民政厅（局），新疆生产建设兵团财务局、民政局：

为进一步规范公益性捐赠税前扣除政策，加强税收征管，根据《财政部 国家税务总局 民政部关于公益性捐赠税前扣除有关问题的通知》（财税〔2008〕160号）的有关规定，现将公益性捐赠税前扣除有关问题补充通知如下：

一、企业或个人通过获得公益性捐赠税前扣除资格的公益性社会团体或县级以上人民政府及其组成部门和直属机构，用于公益事业的捐赠支出，可以按规定进行所得税税前扣除。

县级以上人民政府及其组成部门和直属机构的公益性捐赠税前扣除资格不需要认定。

二、在财税〔2008〕160号文件下发之前已经获得公益性捐赠税前扣除资格的公益性社会团体，必须按规定的条件和程序重新提出申请，通过认定后才能获得公益性捐赠税前扣除资格。

符合财税〔2008〕160号文件第四条规定的基金会、慈善组织等公益性社会团体，应同时向财政、税务、民政部门提出申请，并分别报送财税〔2008〕160号文件第七条规定的材料。

民政部门负责对公益性社会团体资格进行初步审查，财政、税务部门会同民政部门对公益性捐赠税前扣除资格联合进行审核确认。

三、对获得公益性捐赠税前扣除资格的公益性社会团体，由财政部、国家税务总局和民政部以及省、自治区、直辖市、计划单列市财政、税务和民政部门每年分别联合公布名单。名单应当包括当年继续获得公益性捐赠税前扣除资格和新获得公益性捐赠税前扣除资格的公益性社会团体。

企业或个人在名单所属年度内向名单内的公益性社会团体进行的公益

性捐赠支出，可按规定进行税前扣除。

四、2008 年 1 月 1 日以后成立的基金会，在首次获得公益性捐赠税前扣除资格后，原始基金的捐赠人在基金会首次获得公益性捐赠税前扣除资格的当年进行所得税汇算清缴时，可按规定进行税前扣除。

五、对于通过公益性社会团体发生的公益性捐赠支出，企业或个人应提供省级以上（含省级）财政部门印制并加盖接受捐赠单位印章的公益性捐赠票据，或加盖接受捐赠单位印章的《非税收入一般缴款书》收据联，方可按规定进行税前扣除。

对于通过公益性社会团体发生的公益性捐赠支出，主管税务机关应对照财政、税务、民政部门联合公布的名单予以办理，即接受捐赠的公益性社会团体位于名单内的，企业或个人在名单所属年度向名单内的公益性社会团体进行的公益性捐赠支出可按规定进行税前扣除；接受捐赠的公益性社会团体不在名单内，或虽在名单内但企业或个人发生的公益性捐赠支出不属于名单所属年度的，不得扣除。

六、对已经获得公益性捐赠税前扣除资格的公益性社会团体，其年度检查连续两年基本合格视同为财税〔2008〕160 号文件第十条规定的年度检查不合格，应取消公益性捐赠税前扣除资格。

七、获得公益性捐赠税前扣除资格的公益性社会团体，发现其不再符合财税〔2008〕160 号文件第四条规定条件之一，或存在财税〔2008〕160 号文件第十条规定情形之一的，应自发现之日起 15 日内向主管税务机关报告，主管税务机关可暂时明确其获得资格的次年内企业或个人向该公益性社会团体的公益性捐赠支出，不得税前扣除。同时，提请审核确认其公益性捐赠税前扣除资格的财政、税务、民政部门明确其获得资格的次年不具有公益性捐赠税前扣除资格。

税务机关在日常管理过程中，发现公益性社会团体不再符合财税〔2008〕160 号文件第四条规定条件之一，或存在财税〔2008〕160 号文件第十条规定情形之一的，也按上述规定处理。

中央创先争优活动领导小组转发《关于在社会组织党组织和党员中深入开展创先争优活动的指导意见》的通知

（2010年8月30日）

各省、自治区、直辖市党委创先争优活动领导小组，中央和国家机关各部委、各人民团体创先争优活动领导小组（指导小组），新疆生产建设兵团党委创先争优活动领导小组，中管金融机构、部分国有重要骨干企业、部分高等学校党委（党组）：

现将全国社会组织创先争优活动指导小组《关于在社会组织党组织和党员中深入开展创先争优活动的指导意见》转发给你们，请结合实际认真贯彻执行。

中央创先争优活动领导小组

关于在社会组织党组织和党员中深入开展创先争优活动的指导意见

社会组织是我国改革开放和现代化建设的重要力量，是构建和谐社会的重要因素，是党和政府联系人民群众的桥梁和纽带。在社会组织党组织和党员中开展创先争优活动，对于继续深化社会组织学习实践活动整改落实工作，完善长效机制，推动学习实践科学发展观向深度和广度发展；对于加强社会组织党组织建设，充分激发社会组织党组织和广大党员的生机活力，巩固和扩大党的执政基础；对于发挥社会组织功能作用，促进社会组织更好地服务国家、服务社会、服务会员、服务企业、服务群众；对于加强社会组织能力建设，促进社会组织健康发展，具有十分重要的意义。根据《中共中央办公厅转发〈中央组织部、中央宣传部关于在党的基层组织和党员中深入开展创先争优活动的意见〉的通知》（中办发〔2010〕12号）要求，结合社会组织的实际，现就在社会组织党组织和党员中深入开展创先争优活动，提出如下意见。

一、把握目标，明确要求

社会组织党组织和党员深入开展创先争优活动，要紧紧围绕中央提出的“推动科学发展、促进社会和谐、服务人民群众、加强基层组织”的总体要求，按照创建“五个好”（领导班子好、党员队伍好、工作机制好、工作业绩好、群众反映好）先进基层党组织、争做“五带头”（带头学习提高、带头争创佳绩、带头服务群众、带头遵纪守法、带头弘扬正气）优秀共产党员的基本要求，以“加强能力建设，提高服务水平，推动科学发展”为主题，着力“围绕科学发展创先争优、围绕本职工作创先争优、围绕服务群众创先争优、围绕加强基层创先争优”的目标要求，进一步推动基层党组织充分发挥战斗堡垒作用、广大党员充分发挥先锋模范作用，努力在服务经济社会发展的实践中建功立业。

——围绕科学发展创先争优。社会组织党组织和广大党员要围绕建立现代社会组织制度、促进社会组织健康发展献计献策，积极协助管理层理清发展思路，加强自身建设，健全权责明确、运转协调、制衡有效的法人治理结构，提高社会组织自我管理、自我运作、自我发展能力；要针对社会组织非营利性的特点，引导和督促社会组织坚持公益方向，加强自律和诚信建设，提高依照法律、章程开展活动的能力，努力把党组织的政治优势转化为社会组织的发展优势，把党员的先锋模范作用转化为社会组织的发展力量。

——围绕本职工作创先争优。社会组织党员要坚持理想信念，坚定政治立场，增强党性观念，认真参加党组织活动，积极完成党的任务，充分发挥先锋模范作用；要认真学习科学文化知识，努力提高业务技能，成为本职工作的行家里手和岗位标兵；要积极为会员、职工、群众服务，帮助解决实际困难；要严格遵守党的纪律，模范遵守国家法律法规和社会组织内部管理制度；要自觉履行社会责任，积极参加公益活动，发挥影响和带动作用。

——围绕服务群众创先争优。社会组织党组织和广大党员要始终把服务经济社会、服务人民群众作为工作的出发点和落脚点。要积极宣传党的路线方针政策和国家法律法规，引导群众依法表达合理诉求；努力提高在文化教育、医疗卫生、社会福利、劳动就业等与人民群众生活息息相关的领域，创造性地开展社会服务的能力；积极开展志愿服务、结对帮扶等活动，多办实事、多做好事，让职工、会员、群众得到更多实惠。

——围绕加强基层创先争优。社会组织党组织要坚决贯彻党的路线方针政策，坚持正确的政治方向，进一步增强党组织的凝聚力、向心力。要认真落实党组织生活的各项规定，健全党员发展、教育、管理、服务的有效机制，完善党组织工作制度。要肩负起动员群众、宣传群众、团结群众的政治责任，保持与群众的密切联系，更加务实有效地开展党组织工作。要引导和监督社会组织遵守国家法律法规，团结凝聚职工群众，维护各方合法权益，促进社会组织健康发展。

二、强化措施，扎实推进

在社会组织党组织和党员中深入开展创先争优活动，要在“干”、“比”、“评”上下功夫。“干”就是要把基层党组织和党员的劲头聚焦到“干”字上，把功夫下在行动上，引导基层党组织和党员围绕中心工作，立足本职岗位，在日常工作中创先争优，扎实做好每项工作，认真完成每项任务，创造一流业绩；“比”就是要选树可学可比的先进典型，让大家学有榜样、赶有方向，比学习、比工作、比奉献、比诚信，营造比学赶帮超的浓厚氛围，努力形成千帆竞渡、百舸争流的良好局面；“评”就是要运用公开承诺、领导点评、群众评议、评选表彰等有效方式，把创先争优活动与社会组织等级评估工作相结合，充分激发基层党组织和党员的进取心、荣誉感，提升社会组织创先争优的内在动力，形成创先争优的动力机制。要注意把握工作重点，坚持改革创新，统筹协调推进，充分运用学习实践活动的成功经验和有效做法，确保创先争优活动取得实效。

（一）丰富活动载体

要针对社会组织涉及领域广、业务覆盖面宽、工作方式灵活、与会员和群众联系密切、规模大小不一等特点，鼓励和引导社会组织党组织从自身实际出发，找准开展创先争优活动与推动中心工作的结合点，围绕社会组织业务工作和发展目标确定争创主题，精心设计活动载体。活动载体可以与学习实践科学发展观活动的实践载体相衔接，可以与完善社会组织内部治理结构相结合，与提升社会组织评估等级相结合，与发挥社会组织积极作用相结合。要设计党员和群众能够参与、便于参与、乐于参与的活动形式，具体做法要灵活多样、丰富多彩，充分调动党组织和党员创先进、争优秀的内在积极性。

（二）加强分类指导

要坚持区别社会团体、民办非企业单位、基金会的不同类型，实施分类指导。根据不同领域、不同行业社会组织的特点，指导各类社会组织党组织结合实际制定创先争优活动具体方案，督促抓好落实。要区别社会组织规模大小的不同情况，有针对性地进行指导。规模较大、人员较多的社会组织，尤其是全国性和全省性社会组织党组织要发挥好行业带头、行业引领作用；规模较小、人员较少的社会组织，尤其是社区社会组织、农村专业经济协会等基层社会组织党组织要围绕服务群众、服务会员、服务社区开展活动。要区别已建立党组织和未建立党组织社会组织的不同情况，加强工作指导。已建立党组织的，党组织要积极发挥作用，认真组织开展活动；对党的力量比较薄弱、开展创先争优活动比较困难的社会组织，要采取措施加强具体指导。尚未建立党组织的社会组织中的党员，按党员组织关系参加所在城市街道（社区）、乡镇（村）等党组织的创先争优活动。

（三）扩大组织覆盖

要巩固学习实践科学发展观活动成果，继续抓好社会组织党组织组建工作。要探索务实管用、灵活便捷的党组织设置形式，不断扩大党的组织覆盖和工作覆盖。坚持“应建必建、应派必派”的原则，积极创造在社会组织中建立党组织的条件，对符合党组织建立条件的，要及时建立；尚不具备党组织建立条件的，上级党组织要通过选派党建工作指导员等形式，开展党的工作，为党组织建立创造条件。要切实加强入党积极分子队伍建设，及时把政治素质好、业务能力强、群众基础好的员工，特别是高学历、有专长、工作一线的青年骨干作为重点发展对象，不断优化党员队伍结构，发展壮大党的力量。要创新党组织负责人选拔培养方式，选好配强党组织负责人，进一步加强党组织领导班子建设；要不断探索社会组织党组织发挥作用的途径和方法，积极探索社会组织党建工作管理模式，理顺体制，落实责任。

（四）注重典型示范

要把发现、树立、宣传、推广先进典型作为推进创先争优活动的重要抓手。注重挖掘社会组织创先争优活动中涌现出来的先进典型，重点指导培养，大力宣传推广，使不同类型的社会组织党组织、党员都能找到学习榜样。结合开展纪念建党90周年活动，确定一批不同领域、不同行业的先进社会组织典型和党建工作示范点，采取组织先进典型巡回报告、现场观摩学习等形式，发挥好先进示范、典型引路的作用，推动社会组织创先争优活动深入、扎实、有效开展。

（五）带动社会争创

要坚持党内带党外，党员带群众，把社会组织党组织创先进与社会组织创先进有机结合起来，把党员争优秀与带动群众争优秀有机结合起来。要充分发挥社会组织党组织和党员联系群众密切、服务群众直接的特点，广泛吸引职工、会员、群众参与创先争优活动。要积极引导党组织和广大党员围绕中心、立足本职多作贡献，带头当先锋、作表率，以模范行动影响和带动社会组织广泛开展创建先进集体、争当先进个人活动，促进社会组织健康发展。要充分发挥社会组织的桥梁纽带作用，以社会组织的创先争优影响群众、感染群众、带动群众，努力在全社会形成创先争优的良好风气，形成学习先进、争当先进、赶超先进的生动局面，使创先争优成为全社会的价值取向和共同行动。

三、精心组织，加强指导

创先争优活动是中央部署的一项重大政治任务，要精心组织，周密部署，明确领导责任，细化工作任务，加强协调配合，强化督促检查，形成正确导向，切实把创先争优活动抓实抓好。

（一）加强组织领导

社会组织创先争优活动的领导关系根据党组织隶属关系确定，由各级党委（党组）负责领导。民政部门要加强对社会组织创先争优活动的指导，成立指导机构，安排专人负责具体组织指导工作。业务主管单位负责所主管社会组织创先争优活动的组织实施工作，要把社会组织创先争优活动摆上重要议程，精心组织、周密部署，抓好动员、指导和督促工作，把社会组织创先争优活动与本单位、本系统的创先争优活动有机结合、共同推进，确保中央关于创先争优活动的要求落到实处。社会组织党组织具体负责本单位创先争优活动的组织落实，要制定活动实施方案，党组织负责人为创先争优活动第一责任人，党员行政负责人要带头参加、积极支持开展创先争优活动。

（二）搞好协调配合

各级社会组织创先争优活动指导小组要主动、及时地向当地党委汇报创先争优活动的进度、问题和对策，争取当地党委的重视与支持。要加强与上级创先争优活动指导小组的联系和沟通，及时反映创先争优活动中的重要情况，把当地党委的领导与上级创先争优活动指导小组的指导有机结合起来，扎扎实实地搞好指导工作。民政部门和业务主管单位要高度重视，加强协调，密切配合，发挥各自作用，把做好日常业务工作和指导创先争优活动结合起来，相互促进，相互推动。

（三）抓好督促检查

各级社会组织创先争优活动指导小组要加大对创先争优活动的督查工作力度，采取召开座谈会、现场检查、经常性督查、随机抽查等方式，了解进展情况，总结交流经验，研究解决问题，防止走过场，确保各项工作落实到位、取得实效。要及时关注活动中出现的新情况新问题，进行分析研究，提出指导性意见。民政部门要把社会组织党组织和党员开展创先争优活动情况作为社会组织等级评估的重要内容，予以重点考评。

（四）加强舆论宣传

要充分发挥报刊、广播、电视、互联网以及现代远程教育网络、党员电化教育、党建信息网的作用，采取党员群众喜闻乐见的方式，大力宣传创先争优活动的重要意义、总体要求和主要内容；大力宣传社会组织开展创先争优活动中创造的好经验好做法，大力宣传先进社会组织党组织和优秀共产党员的先进事迹，特别要注意宣传群众身边的先进典型，用身边事教育身边人，营造浓厚的社会氛围，形成正确的舆论导向。

各省、自治区、直辖市和新疆生产建设兵团党委制定的本地区社会组织开展创先争优活动实施意见和活动情况，要及时告全国社会组织创先争优活动指导小组。

关于贯彻落实《中央创先争优活动领导小组转发〈关于在社会组织党组织和党员中深入开展创先争优活动的指导意见〉的通知》的通知

（社创先发〔2010〕1号　2010年9月16日）

各省（自治区、直辖市）、新疆生产建设兵团社会组织创先争优活动指导小组，各全国性社会组织业务主管单位：

为贯彻落实《中央创先争优活动领导小组转发〈关于在社会组织党组织和党员中深入开展创先争优活动的指导意见〉的通知》（创先发〔2010〕13号）精神，推动社会组织创先争优活动扎实开展，确保活动取得实效，现将有关要求通知如下：

一、提高思想认识

深入开展创先争优活动，创建先进基层党组织、争做优秀共产党员，是党的十七大和十七届四中全会提出的重要任务，是学习实践活动的延展、继续和深化，是加强党的基层组织建设的一项重要的经常性工作，也是推动社会组织科学健康发展，提高党员干部能力素质的有效途径和载体。各地各单位要切实提高思想认识，增强做好指导工作的责任心和使命感。要紧紧围绕中央提出的“推动科学发展、促进社会和谐、服务人民群众、加强基层组织”的总体要求，按照创建“五个好”先进基层党组织、争做“五带头”优秀共产党员的基本要求，着力“围绕科学发展创先争优、围绕本职工作创先争优、围绕服务群众创先争优、围绕加强基层创先争优”的目标要求，改革创新，狠抓落实，务求实效。

二、切实加强领导

创先争优活动要按照党组织的隶属关系确定领导关系，坚持“党委统一领导，组织部门牵头抓总，民政部门条条指导，业务主管单位负责组织，社会组织党组织具体实施”的工作机制。民政部门要加强指导，成立专门指导机构，抽调精干得力人员，专门负责具体指导工作。业务主管单位应统筹协调，组织实施好这项活动。要结合实际建立联系点、示范点，指导小组成员要到联系点、示范点和基层单位进行调研指导，加强具体指导。

三、搞好分类指导

要坚持区别社会团体、民办非企业单位、基金会的不同类型，实施分类指导；区别社会组织规模大小的不同情况，有针对性地进行指导；区别已建立党组织和未建立党组织社会组织的不同情况，加强工作指导。指导工作要突出重点，主要是已建立党组织的社会组织，人数较多、规模较大的社会组织，工商服务类、农业及农村发展类、科教文卫体类、公益慈善类等重点领域的社会组织，对本行业、本领域、本地区经济社会发展具有较大影响的社会组织，以点带面，全面推进。

四、抓好先进典型

各地各单位要在去年受到表彰的600个全国先进社会组织中选择党建工作基础扎实、创先争优活动富有特色、社会影响良好的社会组织作为典型重点培育，建立典型库，使不同类型、不同领域、不同层级都有学习的先进典型。还要结合新的形势和新的实践，与时俱进，培育新的典型。要重视舆论引导，发挥报刊、广播、电视、互联网、手机短信平台的作用，搭建多种形式的信息宣传平台，形成正确的舆论导向，营造学习先进、崇尚先进、争当先进的良好氛围。

五、强化督促检查

要建立健全督导、激励、考核、评价制度，重点考评党组织组建率和党的工作覆盖面、创先争优活动示范点和先进典型、党组织和党员承诺兑现情况。要抓好经常性督查和随机抽查，定期巡视督查，防止把创先争优活动讲在嘴上、写在纸上、挂在墙上，搞华而不实的形式主义。要定期研究解决创先争优活动中出现的倾向性问题，把指导工作做得更加扎实。

六、加强信息报送

为全面及时了解掌握全国开展社会组织创先争优活动情况，各地各单位应及时提供有关情况。对于重大活动、突出典型要做到一事一报、即时上报。同时，建立信息月报制度，各地各单位每月24日前上报本月社会组织创先争优工作进展情况，包括领导同志和指导小组成员活动情况，深入联系点情况，社会组织开展活动的特色做法、鲜活经验，存在的问题，以及社会组织党建工作情况（包括党组织数量、应建已建率、新成立党组织数量、新发展党员数量、入党积极分子情况）等。

关于贯彻落实十七届五中全会精神切实推动社会组织创先争优活动深入开展的通知

（社创先发〔2010〕2号　2010年12月10日）

各省（自治区、直辖市）、新疆生产建设兵团社会组织创先争优活动指导小组，各全国性社会组织业务主管单位：

党的十七届五中全会审议通过了《中共中央关于制定国民经济和社会发展第十二个五年规划的建议》，确定了“十二五”期间我国经济社会发展的目标任务和重大举措，指明了今后一个时期全党创先争优活动的方向和主题。为贯彻落实十七届五中全会精神，推动社会组织创先争优活动向广度和深度开展，现将相关要求通知如下：

一、提高思想认识，加强组织领导

党的十七届五中全会是我国即将完成“十一五”规划、进入全面建设小康社会的关键时期召开的一次重要会议。学习贯彻五中全会精神，是全党当前和今后一个时期的一项重要政治任务。我们要认真学习领会五中全会精神，把思想和行动统一到中央要求上来。通过组织学习，使基层党组织和广大党员准确把握国内外形势的新变化新特点，进一步增强机遇意识和忧患意识；准确把握“十二五”时期发展的主题，进一步增强创先争优服务科学发展的自觉性和坚定性；准确把握“十二五”时期发展的主线，进一步增强创先争优推动加快转变经济发展方式的主动性和有效性；准确把握“十二五”时期的目标任务和重大举措，进一步找准创先争优活动的切入点和着力点；准确把握全会对党的建设和创先争优活动提出的新要求，进一步增强全面深入推进创先争优活动的责任感和使命感。要加强组织领导，按照五中全会精神对社会组织深入开展创先争优活动作出更贴近实际的安排和部署。要经常关注活动进展情况，抓调研、出题目，听汇报、作点评，加大工作力度，落实领导责任。

二、理顺党建体制，扩大组织覆盖

十七届五中全会对党建工作提出新要求，要结合社会组织管理工作实际，创新党建机制模式，以创先争优活动为契机，在各级民政部门设立社会组织党工委，解决党建工作体制不流畅、责任主体不明确等问题，理顺党组织管理体制，明确责任分工，为社会组织党建工作提供体制保证。要积极探索在社会组织和党员数量较多的业务主管单位设立或明确社会组织党建工作机构，理顺关系，落实责任，形成党委领导、组织部门抓总、社会组织党工委牵头、业务主管单位具体负责的社会组织党建工作机制。要加强社会组织党工委工作制度建设，制定工作规则，明确工作程序，确定职能范围，建立运行机制，使党工委的各项工作规范条理、有章可循。要建立健全党组织工作制度，探索建立党组织工作职责制度、专兼职党员组织生活制度、党员教育管理服务制度以及联系服务群众制度。要建立完善党建与业务工作联动机制，结合社会组织登记、年检和评估工作，实施社会组织登记注册与党组织建设同步审批、自身建设与党建工作同步考核、等级评估和党建水平直接挂钩。要结合社会组织特点，坚持“应建必建、应派必派”的原则，探索务实管用、灵活便捷的党组织设置形式和工作方式，扩大党的组织覆盖。

三、围绕中心工作，创新活动载体

要以十七届五中全会精神为指导，密切联系当前形势，围绕中心工作，创新活动载体，引导社会组织在加快转变经济发展方式、提升经济增长效益、保障和改善民生、促进社会公平正义、营造和谐稳定社会环境等方面发挥作用。要针对社会组织涉及领域广、业务覆盖面宽、工作方式灵活、与会员和群众联系密切等特点，鼓励和引导社会组织从实际出发，找准开展创先争优活动和推动中心工作结合点，创新活动载体，确保活动实效。要鼓励和引导社会组织进企业，深入一线调查研究，查找制约发展难题，谋划企业发展思路，提升企业经济效益；要鼓励和引导社会组织进农村，传播科技文化知识，推动农民兴办实业，扶持农村经济组织发展壮大，提高农民物质文化生活水平；要鼓励和引导社会组织进社区，宣讲相关政策法规，提供就业技能培训，为困难家庭排忧解难，创建文明和谐社区。

四、树立先进典型，加大宣传力度

在学习贯彻十七届五中全会精神，积极开展创先争优活动中，要注意发现先进、树立典型、扩大宣传，示范带动、典型引路，让先进和优秀成为各级党组织和广大党员的自觉追求，激发创先争优的精神动力和创新活力。要着重在去年受到表彰的600个全国先进社会组织中选择党建工作基础扎实、创先争优活动富有特色、社会影响良好的社会组织作为典型重点培育，建立典型库，使不同类型、不同领域、不同层级都有学习的先进典型。要充分发挥报刊、广播、电视、互联网以及现代远程教育网络、党员电化教育、党建信息网的作用，采取党员群众喜闻乐见的方式，大力宣传先进社会组织党组织和优秀共产党员的先进事迹，特别要注意宣传群众身边的先进典型，用身边事教育身边人，积极营造浓厚氛围，形成正确舆论导向，营造学习先进、崇尚先进、争当先进的良好氛围。

五、注重工作结合，扎实有效推进

要坚持用十七届五中全会精神指导社会组织创先争优，搞好工作结合，扎实有效推进。社会组织创先争优，要与社会组织能力建设相结合，引导社会组织立足自身建设，完善内部治理，规范财务管理，加强自律和诚信建设，建立权责明确、民主决策、民主管理、民主监督的制度体系，提高自主运作、独立运转能力，培育一批服务好、能力强、公信力高、影响力大的品牌社会组织，增强服务社会功能。要与社会组织队伍建设相结合，规范用人制度，加大培训力度，完善保障和激励机制，建立健全一套培养、吸引、使用、评价、激励社会组织人才队伍的制度体系，打造高素质的专业化、职业化队伍。要与营造社会组织发展环境相结合，加大社会组织培育和宣传力度，研究政府转移职能相关政策，探索建立政府购买服务制度，推动建立公共财政对社会组织的资助和奖励机制，落实税收优惠政策，为社会组织发展提供良好政策环境。要与健全社会组织监督管理制度相结合，改进和加强年检工作，建立完善社会组织评估机制，加强执法监察力度，发挥社会舆论监督作用，提高管理效能，维护经济社会和谐稳定。

民政部关于增加社会组织行政处罚统计指标的通知

（民函〔2010〕235号　2010年9月19日）

各省、自治区、直辖市民政厅（局），新疆生产建设兵团民政局：

为进一步完善社会组织行政管理工作，加强社会组织行政执法统计，从2010年起，在民政事业发展统计指标中增加行政处罚案件起数统计指标，其下一级指标包括：警告、限期/责令停止活动、撤销登记，以及并处罚款、没收违法经营额或者违法所得的案件起数。行政处罚案件起数为警告、限期/责令停止活动、撤销登记案件起数三者之和。指标的具体解释如下：

行政处罚数：指本年度民政部门依据《社会团体登记管理条例》、《民办非企业单位登记管理暂行条例》、《基金会管理条例》，对社会团体、民办非企业单位、基金会（含境外基金会代表机构）作出行政处罚并且已经结案归档的案件起数。

警告数：指本年度民政部门依据《社会团体登记管理条例》、《民办非企业单位登记管理暂行条例》、《基金会管理条例》，对社会团体、民办非企业单位、基金会（含境外基金会代表机构）作出警告处罚的案件起数。

限期/责令停止活动数：指本年度民政部门依据《社会团体登记管理条例》、《民办非企业单位登记管理暂行条例》、《基金会管理条例》，对社会团体、民办非企业单位、基金会（含境外基金会代表机构）作出限期/责令停止活动处罚的案件起数。

撤销登记数：指本年度民政部门依据《社会团体登记管理条例》、《民办非企业单位登记管理暂行条例》、《基金会管理条例》，对社会团体、民办非企业单位、基金会（含境外基金会代表机构）作出撤销登记处罚的案件起数。

没收违法经营额或违法所得数：指本年度民政部门依据《社会团体登记管理条例》、《民办非企业单位登记管理暂行条例》，对社会团体和民办非企业单位作出其他行政处罚时予以并处没收违法经营额或违法所得处罚的案件起数。

罚款数：指本年度民政部门依据《社会团体登记管理条例》、《民办非企业单位登记管理暂行条例》，对社会团体和民办非企业单位作出其他行政处罚时予以并处罚款处罚的案件起数。

社会组织行政处罚是社会组织管理工作的重要组成部分，加强对社会组织行政处罚情况的统计是登记管理机关掌握社会组织管理工作情况、评估社会组织发展态势、总结社会组织管理经验的重要依据，对于各级登记管理机关更好地把握全局、推进工作、促进社会组织科学发展具有十分重要的意义，各单位要切实增强统计意识，强化统计责任，充分发挥统计职能作用，为民政工作提供更加全面、准确、快捷的信息服务，进一步提高民政统计工作的整体水平。

财政部 国家税务总局 民政部关于公布2009年度第二批 2010年度第一批公益性捐赠税前扣除资格的公益性社会团体名单的通知

（财税〔2010〕69号 2010年9月30日）

各省、自治区、直辖市、计划单列市财政厅（局）、国家税务局、地方税务局、民政厅（局），新疆生产建设兵团财务局、民政局：

根据《财政部 国家税务总局 民政部关于公益性捐赠税前扣除有关问题的通知》（财税〔2008〕160号）精神，现将经民政部初步审核，财政部、国家税务总局会同民政部联合审核确认的2009年度第二批、2010年度第一批获得公益性捐赠税前扣除资格的公益性社会团体名单，予以公布。

附件：1. 2009年度第二批获得公益性捐赠税前扣除资格的公益性社会团体名单（略）

2. 2010年度第一批获得公益性捐赠税前扣除资格的公益性社会团体名单（略）

国家发展改革委 财政部 民政部 关于公布取消和停止社会团体部分收费及有关问题的通知

（发改价格〔2010〕3034 号 2010 年 12 月 27 日）

中央和国家机关有关部委、直属机构，各省、自治区、直辖市发展改革委、物价局、财政厅（局）、民政厅（局）：

为进一步规范社会团体收费行为，根据 2010 年国务院办公厅《关于制定治理和规范涉企收费措施的分工意见》和《国家发展改革委、财政部、民政部关于治理规范社会团体收费的通知》（发改价格〔2010〕1182 号）要求，我们对中央各部门所管理社会团体（以下简称“社团”）的收费情况进行了审核，决定公布取消和停止社团部分收费。现将有关问题通知如下：

一、自 2011 年 1 月 1 日起，在全国统一取消和停止社团部分收费，具体项目见附件。各社团收取与本通知公布取消和停止相类似费用的，也应于 2011 年 1 月 1 日起一律取消或停止。

二、各有关部门应督促所管社团严格执行本通知规定，对公布取消和停止的收费项目，不得以任何理由拖延或拒绝执行。对公布取消的收费不得以其他名目变相继续收取；对公布停止的收费，按现行政策规定确需继续收取的，应履行相关报批手续，未经财政部、国家发展改革委批准，不得恢复收取。各省、自治区、直辖市价格、财政、民政部门要加强对本行政区域内社团收费的监督管理，坚决查处各种乱收费行为，对典型案件要公开曝光，并追究责任人员的行政责任。

三、各社团根据法律、行政法规规定履行或代行政府职能，以及提供垄断性服务，需实施收费的，应严格按照《国家发展改革委、财政部、民政部关于治理规范社会团体收费的通知》（发改价格〔2010〕1182 号）要求和相关制度规定，履行报批程序。各社团未经批准收取行政事业性收费，以及涉及行政审批前置条件的检验、检测、评估（或评价、评审）、审计、鉴定、认证、考试、培训等服务性收费，一律按乱收费查处。

附件：取消和停止的社团收费项目（略）

天津市人民政府办公厅转发市民政局拟定的《天津市社会团体规范化建设指导意见》的通知

（津政办发〔2010〕2号　2010年1月20日）

各区、县人民政府，各委、局，各直属单位：

市民政局拟定的《天津市社会团体规范化建设指导意见》已经市人民政府同意，现转发给你们，请照此执行。

天津市人民政府办公厅

2010年1月20日

天津市社会团体规范化建设指导意见

为贯彻落实党中央、国务院关于社会组织发展的有关要求，进一步推动我市社会团体加强自身建设，提升社会团体公信力，发挥社会团体在政治、经济、文化、社会各领域的重要作用。现就我市社会团体规范化建设提出以下指导意见：

一、指导思想

以邓小平理论和“三个代表”重要思想为指导，全面贯彻落实科学发展观，按照党中央、国务院关于加强各类社会组织自身建设，提高自律性和诚信度的有关要求，完善社会团体以章程为核心的法人治理结构，健全内部管理制度，规范换届工作，建立以社会团体评估为核心的外部监督机制，引导社会团体不断规范自身行为，增强服务社会的能力，提高公信力和影响力，逐渐成为促进经济发展和社会稳定的积极力量，为天津科学发展、和谐发展、率先发展作出应有的贡献。

二、具体内容

（一）建立健全组织机构

1. 会员大会。会员大会是社会团体的最高权力机构，会员数量较多的，可按一定比例在会员中选举代表组成会员代表大会，代行会员大会职权。会员代表应以民主的方式产生，具体办法和名额分配由理事会或常务理事会决定。

会员大会（或会员代表大会）须有2/3以上的会员（或会员代表）出席方能召开，其决议须经到会会员（或会员代表）半数以上表决通过后生效。会员大会（或会员代表大会）每届最长不超过5年。

2. 理事会。理事会是会员大会（或会员代表大会）的执行机构，由会员大会（或会员代表大会）选举的理事组成，在会员大会（或会员代表大会）闭会期间领导社会团体开展日常工作，对会员大会（或会员代表大会）负责。理事会每年至少召开一次会议。

理事人员较多的，可以设常务理事会，人数不能超过理事的1/3。

3. 监事（或监事会）。监事（或监事会）是社会团体的监督机构，由会员大会（或会员代表大会）选举产生，监督理事会和常务理事会的工作情况、社会团体财务管理情况等。

监事会一般由3人（或5人）组成，监事不得兼任该社会团体理事及社会团体领导职务。监事（或监事会）每届任期最长不超过5年，连任不超过两届。

社会团体应逐步设立监事或监事会，切实完善社会团体监督机制。

4. 社会团体负责人。社会团体负责人是指担任会长（理事长）、副会长（副理事长）、秘书长等领导职务的人员，由理事会选举和罢免。社会团体负责人的年龄一般不超过70岁，连任不得超过两届。因特殊原因确需突破任职资格和条件提名负责人人选的，换届选举前应以书面形式报业务主管单位和登记管理机关批准同意。届内达到规定任职年龄的社会团体负责人，一般应退出领导职位。

根据中共中央、国务院关于党政机关领导干部不兼任社会团体领导职务的有关规定，各级国家机关县（处）级以上领导干部，不得兼任社会团体领导职务（含社会团体分支机构负责人），因特殊需要确需兼任的，必须按干部任免权限进行审批，并按照拟任职社会团体的章程履行规定程序。

行业性社会团体的会长（理事长）、法定代表人的任免须经会员大会

（或会员代表大会）通过方能生效。行业协会的机构、人事、财务应当与国家机关、人民团体、事业单位和其他社会团体相分离，国家机关工作人员不得兼职行业协会工作。

5. 社会团体法定代表人。社会团体的法定代表人一般应由会长（理事长）担任。因特殊情况需由副会长（副理事长）或秘书长担任的，应报业务主管单位审查并经登记管理机关批准同意后方可担任，并在章程中写明。

社会团体的法定代表人不得同时担任其他社会团体的法定代表人。

6. 分支机构、办事机构。社会团体分支机构是社会团体的组成部分，不具有法人资格，应当按照其所属社会团体的章程所规定的宗旨和业务范围，在该社会团体授权的范围内开展活动、发展会员。对外开展活动应使用“XX 会 XX 分会（或专业委员会）”的全称。

社会团体设立分支机构的，应制定分支机构管理办法和活动规则，其分支机构不得再设立分支机构。社会团体不得设立地域性的分支机构。

社会团体要加强秘书处等办事机构的设置，吸引更多的人才加入到社会团体工作。要加强社会团体负责人和工作人员的培训，逐步建立知识化、专业化、年轻化、职业化的社会团体工作者队伍，提高社会团体按照法律、法规、政策进行规范化运作的能力。

（二）完善社会团体章程

章程是社会团体区别于其他社会组织的主要特征，社会团体的章程应当载明社会团体的名称、地址、宗旨、业务范围以及民主的组织管理制度和财产管理制度等内容，应当符合法律、法规规定，代表全体会员意愿。

社会团体对章程进行修改的，应在报告会员大会（或会员代表大会）审议前，书面征求业务主管单位和登记管理机关意见。章程修改经会员大会（或会员代表大会）审议通过后，社会团体应按照社会团体登记管理条例规定，及时报业务主管单位和登记管理机关核准。社会团体修改章程未履行规定程序的，登记管理机关不予受理章程核准。未经核准的章程，不能作为社会团体开展活动的依据，社会团体不应擅自发布。

（三）规范社会团体换届工作

社会团体应依章程规定按期换届，以保障组织机构的健全。换届程序应体现公正、公平、公开的原则。

召开换届大会（即会员大会或会员代表大会）10 日前，社会团体应将换届相关材料报业务主管单位和登记管理机关审查，确认符合换届条件后方可召开。

换届大会结束后 30 日内，社会团体应将换届有关材料（加盖社会团体印章）报业务主管单位审查后，向登记管理机关备案并办理有关变更手续。

社会团体因特殊情况需提前或延期换届的，应事先以书面形式报业务主管单位和登记管理机关批准同意，但延期申请最长不超过一年。

（四）完善内部管理制度

社会团体要逐步完善自律机制，建立健全各项内部管理制度，包括民主决策、会员管理、岗位管理、工资管理、档案证章管理等制度，随时掌握会员情况，吸收与业务开展相适应的工作人员，与专职工作人员签订用工合同，执行社会保险政策，档案证书印章由专人管理，交接手续完备。

完善财务管理制度。社会团体要按照《财政部民政部关于认真贯彻实施〈民间非营利组织会计制度〉的通知》（财会〔2004〕17 号）及国家财务管理方面的相关规定，合理配备会计人员，规范设置会计账目，建立社会团体内部会计控制制度、财务管理办法和资产管理制度，定期向理事会报告财务状况，接受监督。

严格执行社会团体会费备案制度。社会团体制定、修改会费标准，应按照民政局、财政局《关于进一步明确社会团体会费政策有关问题的通知》（津民发〔2006〕86 号、财综联〔2006〕57 号）要求，经会员大会（或会员代表大会）审议通过后，向业务主管单位、登记管理机关和财政部门备案。

建立重大活动报告制度。社会团体举行重大活动的，要按照市社会团体管理局《关于社会团体重大活动事先报告制度有关问题的通知》（津社字〔2002〕16 号）要求，在举办活动 3 日前经业务主管单位审查后，向登记管理机关备案。

社会团体要严格遵守和执行各种规章制度，在法律、法规及社会团体章程规定的范围内开展活动，不断提高规范化运作水平。

（五）提升工作能力

1. 拟定工作规划。社会团体应根据自身特点，制定长期发展规划（如三年或五年规划），做好社会团体年度工作计划和工作总结，有计划有步骤地开展工作。

2. 增强服务功能。社会团体要从服务经济社会发展和滨海新区开发开放的大局出发，把增强服务功能作为社会团体发展的第一要务，充分利用自身优势，不断拓展服务范围和方式，积极发挥桥梁和纽带作用。

3. 加强诚信建设。社会团体要不断增强公益意识，根据自身特点广泛开展社会公益服务活动，树立公益形象，不断提高社会影响力和诚信度。同时，社会团体要积极引导会员单位开展诚信活动，提高本行业或领域整体的社会诚信度。

三、规范化建设评价体系

为了检验社会团体规范化建设的成果，要完善外部监督机制，逐步建立年检、评估、评比表彰相结合的规范化建设评价体系。

（一）年检

年检是业务主管单位和登记管理机关依据社会团体登记管理条例对社会团体实施监督管理的重要手段，是社会团体日常管理工作的有效补充。社会团体应严格按照业务主管单位和登记管理机关的要求，对照年检项目认真规范自身行为，按时上报年检材料，履行年检手续。对逾期不办理年检或连续 2 年年检不合格的社会团体，由市社会团体管理局执法大队按照有关规定作出处理。

（二）评估

社会团体评估是指依照一定的程序，根据相关指标体系，对社会团体进行全面、综合的分析和评判，是创新社会团体管理工作的一项重要举措，是推进社会团体监管方式向培育与监管并重方向转变的重要手段。由登记管理机关、业务主管单位、政府有关部门、社会审计机构和有关专家组成评估委员会和评估小组，通过审查被评估单位的申报材料和到被评估单位实地考察等形式，依据具体的评估指标和评分细则，从基础条件、内部治理、工作绩效、社会评价四个方面对社会团体进行评价。评估结果分五个等级，评估期限为 3 年。评估结果将会与社会团体接受公益性捐赠税前扣除、政府购买社会团体服务和社会团体评优等工作挂钩。

（三）评比表彰

社会团体评比表彰工作，树立典型，宣传先进，是激励社会团体不断进步的重要手段。根据《天津市社会团体登记管理规定》（2002 年市人民政府令第 61 号）中对我市作出突出贡献的社会团体给予表彰的规定，采取社会团体自荐和业务主管单位推荐相结合的方式，对诚信守法、严格自律、作用突出、社会认可的社会团体给予褒奖，树立优秀典型，打造品牌单位，逐渐形成比学先进、争当先进的良好风气，提高我市社会团体的整体水平。

四、具体要求

全市社会团体要把加强自身规范化建设列入重要议事日程，加强领导，统筹规划，对照查找自身存在的差距，有针对性地制定本社会团体加强规范化建设的工作计划和目标措施，并有计划、分步骤的落实，不断提高规范化运作水平。

各社会团体业务主管单位要按照指导意见的要求，利用社会团体换届和年检、评估等日常监管手段，加强对所属社会团体的监督管理，指导社会团体严格按照各种规定开展工作，促进其健康发展，为我市经济社会发展发挥更大的作用。

河北省社会团体登记管理办法

（河北省人民政府令〔2010〕第1号　2010年2月11日）

《河北省社会团体登记管理办法》已经2010年2月10日省政府第52次常务会议讨论通过，现予公布，自2010年4月1日起施行。

省长　陈全国
2010年2月11日

河北省社会团体登记管理办法

第一章　总　则

第一条　为依法保障公民的结社自由，规范社会团体行为，促进社会团体健康发展，根据《社会团体登记管理条例》（以下简称《条例》）及国家其他有关规定，结合本省实际，制定本办法。

第二条　本办法适用于本省行政区域内社会团体的登记管理工作。

第三条　县级以上人民政府民政部门是本级人民政府的社会团体登记管理机关，依法负责社会团体的登记管理工作。

县级以上人民政府有关部门和县级以上人民政府授权的组织是有关行业、学科或者业务范围内社会团体的业务主管单位，依法对社会团体进行业务指导和管理，并协助本级民政部门实施社会团体的登记管理工作。县级以上人民政府对授权的组织授权期限为5年。

财政、税务、工商行政管理和质量技术监督等有关部门应当按规定的职责，协助本级民政部门实施社会团体的登记管理工作。

第四条　社会团体的登记管理实行业务主管单位和民政部门双重负责的管理体制。

第五条　县级以上人民政府应当加强对社会团体登记管理工作的领导，鼓励、扶持社会团体发展，规范、引导社会团体的行为，支持其依法开展活动，并及时协调解决社会团体发展中的重大问题。

第六条 社会团体可以投资设立与其宗旨相适应的企业法人或者非法人的经营机构。但利用国有资产投资设立的，应当依法报财政部门审批。

社会团体设立企业法人或者非法人的经营机构，应当报民政部门备案。

第二章 管 辖

第七条 全省性社会团体的登记管理工作，由省民政部门负责；设区的市、县（市、区）的社会团体的登记管理工作，分别由设区的市、县（市、区）民政部门负责；乡镇、街道的社会团体的登记管理工作，由县（市、区）民政部门负责。

第八条 跨行政区域社会团体的登记管理工作，由所跨行政区域共同的上一级民政部门负责。

第九条 民政部门、业务主管单位与其管辖的社会团体的住所不在一地的，可以委托社会团体住所地的民政部门、业务主管单位负责委托范围内的监督管理工作。

委托部门或者单位对委托事项应当出具委托书，并对被委托部门、单位实施的委托范围内的行政行为承担法律责任。

第三章 成立登记

第十条 申请筹备成立社会团体的发起人应当不少于五人；单位作为发起人的，应当不少于三个；个人和单位共同作为发起人的，应当不少于五个。

第十一条 社会团体的名称应当符合下列规定：

（一）与社会团体的业务范围、会员分布和活动地域一致；

（二）与已经登记社会团体的名称有明显区别；

（三）不得使用注销、撤销时间不足 3 年的社会团体或者被取缔组织的名称；

（四）学术性社会团体一般以学会或者研究会命名，行业性社会团体一般以工业协会、行业协会、同业公会或者商会命名，专业性社会团体一般以协会或者促进会命名，联合性社会团体一般以联合会或者联谊会命名；

（五）《条例》的其他有关规定。

第十二条 申请筹备成立社会团体，发起人应当向民政部门提交下列材料：

（一）发起人签署的筹备申请书；

（二）业务主管单位出具的同意筹备成立社会团体的文件；

（三）会计师事务所出具的验资报告；

（四）场所的所有权或者使用权证明；

（五）发起人、拟任负责人的基本情况和身份证明；

（六）参照国务院民政部门制定的《社会团体章程示范文本》起草的章程草案。

第十三条 发起人应当自收到业务主管单位同意筹备成立社会团体的文件之日起 3 个月内，向民政部门提出筹备成立社会团体的申请；逾期向民政部门提出申请的，应当取得业务主管单位重新签署的同意筹备成立社会团体的文件。

第十四条 民政部门受理筹备成立社会团体的申请后，应当自收到全部有效材料之日起 60 日内作出批准或者不予批准的决定，并以书面形式通知发起人及其业务主管单位；不予批准的，应当以书面形式说明理由。

第十五条 社会团体筹备机构应当自民政部门批准筹备之日起设立，并在 6 个月内召开会员大会或者会员代表大会，通过本团体章程，选举产生执行机构、负责人和法定代表人。

会员大会或者会员代表大会应当在有三分之二以上的会员或者会员代表出席时召开，其决议应当经出席会议的会员或者会员代表的半数以上表决通过。

第十六条 社会团体筹备机构未在规定期限内召开会员大会或者会员代表大会的，民政部门应当作出撤销批准筹备成立社会团体的决定。

筹备机构接到民政部门的撤销批准筹备成立社会团体决定后，应当立即停止筹备活动。

停止筹备活动后，应当及时清退筹集的资金和其他款物。无法清退的，上缴民政部门依法处理。

第十七条 完成筹备成立社会团体工作后，筹备机构应当向民政部门提交下列材料，申请办理社会团体成立登记手续：

（一）成立登记申请书；

（二）业务主管单位出具的同意成立社会团体的文件；

（三）会员大会或者会员代表大会通过的章程；

（四）理事会、常务理事会的组成人员名单和会员名单；

（五）省民政部门规定的其他材料。

第十八条 民政部门接到筹备机构提交的材料后，应当依法进行审查，对符合条件的发放《社会团体法人登记证书》；对不符合条件的，应当以书面形式说明理由。

第十九条　社会团体可以依法设立分支机构、代表机构。分支机构、代表机构的名称应当冠以本团体的全称。分支机构的规范名称为专业委员会、分会或者工作委员会；代表机构的规范名称为代表处、联络处或者办事处。

第二十条　社会团体可以按章程规定设立办事机构。设立办事机构，应当经业务主管单位审查同意，并报民政部门备案。

第四章　变更登记与注销登记

第二十一条　社会团体需要变更名称、住所、宗旨、业务范围、活动地域、法定代表人、活动资金、业务主管单位，以及分支机构、代表机构的名称、住所、业务范围和主要负责人等事项的，应当经业务主管单位审查同意后，向民政部门申请进行变更登记、变更备案（以下统称变更登记）。

第二十二条　社会团体申请变更登记，应当向民政部门提交下列材料：

（一）法定代表人签署的变更登记申请书；

（二）理事会或者常务理事会关于变更事项的决议；

（三）业务主管单位出具的同意变更的文件；

（四）按规定填写的社会团体变更登记表。

社会团体变更下列事项的，除依照前款规定执行外，还应当依照本款规定分别提交相关材料：

（一）变更名称，提交章程修改草案、财务审计报告和债权债务证明；

（二）变更住所，提交新住所的所有权或者使用权证明；

（三）变更宗旨、业务范围和活动地域，提交章程修改草案和修改章程的说明；

（四）变更法定代表人，提交财务审计报告和拟任法定代表人的基本情况、身份证明；

（五）变更活动资金，提交会计师事务所出具的验资报告；

（六）变更业务主管单位，提交该社会团体新的业务主管单位和原业务主管单位分别出具的同意变更的文件；

（七）变更分支机构、代表机构，提交拟变更后机构的名称、住所、业务范围、主要负责人的基本情况和身份证明及联系方式等材料。

第二十三条 社会团体应当按章程规定的期限，对理事会、常务理事会和负责人进行换届改选，并自换届改选之日起30日内，将有关会议决议、新任负责人的基本情况和身份证明及有关财务审计报告，报业务主管单位和民政部门备案。

第二十四条 办理变更登记后，社会团体应当及时更换《社会团体法人登记证书》。其中变更名称的，还应当按规定更换社会团体印章、银行账户名称和组织机构代码证书。

第二十五条 社会团体有《条例》第二十一条规定情形之一的，应当在依法完成清算工作后，向民政部门申请注销登记、注销备案（以下统称注销登记）。

第二十六条 社会团体办理注销登记前，应当向质量技术监督部门和银行办理相关手续。社会团体设立企业法人的，在办理注销登记前还应当向工商行政管理部门和税务部门办理相关手续。

第二十七条 社会团体申请注销登记，应当向民政部门提交下列材料：

（一）法定代表人签署的注销登记申请书；

（二）按章程规定召开的关于申请注销登记的会议决议；

（三）业务主管单位出具的审查文件和财产清算报告书；

（四）按规定填写的社会团体注销登记表。

第二十八条 社会团体撤销分支机构、代表机构的，应当由其理事会或者常务理事会作出决定，经业务主管单位审查同意后，在30日内向民政部门办理注销登记手续，并上缴社会团体分支机构或者代表机构的印章和《社会团体分支（代表）机构登记证书》。

第二十九条 社会团体注销或者被撤销后的剩余财产按章程规定处理；章程规定不明确的，由业务主管单位决定用于资助业务主管单位主管的其他社会团体或者资助有关公益性事业。

社会团体注销或者被撤销后的剩余国有资产应当依法处理。

社会团体注销或者被撤销后的剩余财产，任何单位和个人不得侵占、私分或者违反规定挪作他用。

第三十条 社会团体及其分支机构注销或者被撤销后，其原负责人不得作为发起人以同一宗旨重新申请成立相同、近似的社会团体或者分支机构。

第五章　监督管理

第三十一条　民政部门在社会团体登记管理工作中应当履行下列监督管理职责：

（一）负责社会团体的成立、变更、注销登记或者备案；

（二）对社会团体实施年度检查；

（三）对社会团体违反《条例》和本办法的行为进行监督检查，并依法给予行政处罚。

第三十二条　业务主管单位应当确定机构或者人员负责社会团体的具体管理工作，并对所属社会团体履行下列监督管理职责：

（一）监督、指导社会团体遵守法律、法规、规章和国家政策，依据章程开展活动；

（二）负责社会团体的筹备申请、成立登记、变更登记和注销登记前的审查；

（三）根据本级人民政府的授权，监督管理社会团体的财务、资产、人事管理工作和对外交往、接受捐赠等活动；

（四）负责社会团体年度检查的初审；

（五）协助民政部门和其他有关部门查处社会团体的违法行为；

（六）会同有关部门指导社会团体的财产清算事宜。

第三十三条　社会团体在银行只能开立一个基本存款账户。基本存款账户只能用于本团体业务活动范围内的资金收付和现金支取，不得出租、出借或者转让给其他单位和个人使用。

第三十四条　社会团体会费标准的制定、修改，应当经会员大会或者会员代表大会讨论，并经出席会议的会员或者会员代表的半数以上表决通过。

社会团体收取会员会费，应当使用省财政部门、民政部门统一监制的社会团体会费收据。

第三十五条　社会团体应当按规定向民政部门提交年度工作报告，接受年度检查。

对社会团体进行年度检查不得收费。

第三十六条　国家机关担任县（处）级以上职务的在职干部一般不得兼任社会团体负责人。因特殊情况确需兼任的，应当按照干部管理权限申报，经批准后兼任，并不得领取兼职报酬。

前款规定的社会团体负责人，包括社会团体的会长（理事长、主席）、副会长（副理事长、副主席）、秘书长，分会会长（主任委员）、副会长（副主任委员），不包括名誉职务、常务理事和理事。

第三十七条 社会团体应当建立健全财务管理制度，按规定进行财务核算，并接受民政部门、财政部门和审计机关的监督。

第六章 法律责任

第三十八条 民政部门和业务主管单位有下列情形之一的，对其直接负责的主管人员和其他直接责任人员，依法给予处分：

（一）不按规定的条件和期限办理社会团体登记、备案和相关审查手续的；

（二）不依法履行对社会团体的监督管理职责的；

（三）对社会团体违反《条例》和本办法的行为不依法处理的；

（四）其他玩忽职守、滥用职权、徇私舞弊的行为。

第三十九条 违反本办法第十六条第二款、第二十一条、第二十九条第三款和第三十五条第一款规定的，由民政部门依照《条例》和有关规章的规定予以处罚。

第四十条 违反本办法第六条第二款、第十六条第三款、第二十三条和第二十八条规定的，由民政部门予以警告，责令限期改正；逾期不改正的，处以五百元以上一千元以下的罚款。

第七章 附 则

第四十一条 本办法自 2010 年 4 月 1 日起施行。

江苏省慈善事业促进条例

（2010 年 1 月 21 日江苏省第十一届人民代表大会
常务委员会第十三次会议通过）

第一章　总　则

第一条　为了弘扬慈善文化，规范慈善活动，保障慈善活动当事人的合法权益，促进慈善事业健康发展，根据《中华人民共和国公益事业捐赠法》等法律、行政法规的规定，结合本省实际，制定本条例。

第二条　本省行政区域内的慈善活动适用本条例。

红十字会、基金会的慈善活动，法律、法规已有规定的，从其规定。

公民、法人和其他组织的慈善志愿服务活动，依照《江苏省志愿服务条例》的规定进行。

第三条　本条例所称慈善活动，是指公民、法人和其他组织以捐赠财产或者提供服务等方式，自愿、无偿开展的扶老、助残、救孤、济困、赈灾等活动。

本条例所称慈善组织，是指依法登记成立，以慈善为唯一宗旨的非营利性社会组织。

第四条　发展慈善事业，应当遵循政府推动、民间运作、社会参与、各方协作的方针。

鼓励和支持公民、法人和其他组织开展慈善活动。

第五条　地方各级人民政府应当支持慈善事业发展，将其作为社会保障体系建设和精神文明建设的重要内容，纳入国民经济和社会发展规划。

第六条　县级以上地方人民政府民政部门负责本行政区域内慈善事业的发展和监督管理工作。

县级以上地方人民政府民政部门应当会同有关部门，依法对慈善组织的慈善活动、内部管理等进行监督。

第七条　公民、法人和其他组织应当依法开展慈善活动，不得违背社会公德，不得损害公共利益和他人的合法权益。

第八条　公民、法人和其他组织可以对慈善活动进行监督，可以向有关行政主管部门和慈善组织反映情况、提出意见和建议。

第二章　慈善组织

第九条　公民、法人和其他组织可以依法申请成立慈善组织。

第十条　慈善组织根据本组织的条件和能力，在下列范围内开展慈善活动：

（一）减轻突发事件造成的损失和影响；

（二）帮助困难群体改善生活和健康状况；

（三）帮助残疾人等特殊群体实现基本的生存和发展权利；

（四）支持经济薄弱地区发展教育、文化、卫生等社会事业；

（五）符合慈善宗旨的其他活动。

第十一条　慈善组织应当依法设立理事会、监事会，实行民主管理、民主监督。

慈善组织依法自主管理、自我发展，其内部事务不受任何组织和个人的非法干涉。

第十二条　慈善组织受赠的财产及其增值为社会公共财产，受国家法律保护，不得私分、侵占、挪用和损毁。

慈善组织应当建立受赠财产的管理制度，保障慈善财产的安全。

第十三条　慈善组织开展慈善活动，可以根据实际需要，列支必要的工作经费和工作人员的工资。

慈善组织应当厉行节约，降低工作成本，除必要的工作经费和工作人员的工资外，慈善组织受赠的财产及其增值应当全部用于慈善事业。

第十四条　慈善组织应当依法建立健全财务管理制度，按照国家规定设置会计账簿，设立独立账户，实行专户管理，独立核算，并接受审计监督。

第十五条　慈善组织应当每年向社会公布下列信息，接受社会监督：

（一）法定代表人、理事会、监事会和办事机构的基本情况；

（二）慈善财产状况，慈善募捐和受赠财产的使用和管理情况；

（三）实施慈善项目以及开展其他重大活动的情况和效果；

（四）年度工作报告、财务报告和审计报告；

（五）工作经费和工作人员工资的列支情况；

（六）法律、法规和章程规定的其他内容。

捐赠人要求查询前款规定信息的，慈善组织应当提供。

第十六条　慈善组织终止，应当按照章程规定的程序表决通过，经业务主管单位同意后，向登记管理机关申请注销登记。慈善组织终止前，应当成立清算组织，在政府有关部门的指导下，清理债权债务。终止后的剩余财产，按国家有关规定，用于发展相关慈善事业或者转入其他慈善组织，并向社会公告。

第十七条 建立慈善组织评估制度，促进慈善组织规范管理，提高社会公信力。具体评估办法由省人民政府民政部门制定。

鼓励慈善组织自愿申请评估。

第三章 慈善捐赠和募捐

第十八条 捐赠人捐赠的财产，应当是其有权处分的合法财产。

捐赠人有权约定其捐赠财产的使用方向、实施项目和受益人。受赠人应当按照约定的用途使用捐赠财产，不得擅自改变捐赠财产的用途。

捐赠人有权查询其捐赠财产的使用情况，提出意见和建议。

第十九条 捐赠人捐赠的物品应当具有使用价值，符合安全、卫生、环保等标准；捐赠批量产品的，应当提供产品质量检验证书或者相关证明材料。

捐赠人捐赠知识产权等无形资产的，应当提供有关证明。

对捐赠财产的价值需要进行评估的，应当由专业评估机构进行。

第二十条 慈善组织和其他组织对捐赠人的个人信息应当依法保密。未经捐赠人同意，不得向社会公开。

捐赠人对捐赠行为、捐赠财产和其他有关事项要求保密的，受赠的慈善组织和其他组织应当保密。

第二十一条 本条例所称慈善募捐，是指本条第二款、第三款规定的组织（以下称具有募捐主体资格的组织）基于慈善宗旨面向社会开展的募集捐赠活动。

慈善组织和法律、行政法规规定可以开展慈善募捐活动的组织在其宗旨、业务范围内开展慈善募捐活动。

前款规定以外的其他组织依照本条例规定取得慈善募捐活动许可证后，可以在特定的时间和地域范围内以规定的方式开展慈善募捐活动。

为帮助特定对象在本单位或者本社区等特定范围内开展的互助性募捐活动，不需要经过行政许可。

第二十二条 申请慈善募捐许可的组织应当具备下列条件：

（一）依法登记成立的公益性社会团体和公益性非营利的事业单位；

（二）具备开展慈善募捐活动和救助的能力；

（三）决策、执行、信息公开制度健全规范；

（四）财务管理符合法律、法规和规章的规定。

第二十三条 申请慈善募捐许可的组织应当在开展募捐活动之前，向拟开展募捐活动地区的县级地方人民政府民政部门提交组织登记证书、募捐活动申请书、募捐活动计划、所募款物用途的说明以及法规、规章规定的其他材料。

跨行政区域开展慈善募捐活动的，应当向所在行政区域的共同上级地方人民政府民政部门申请许可。

民政部门应当于收到申请材料之日起十五个工作日内作出是否许可的决定。准予开展慈善募捐活动的，应当向申请人核发慈善募捐活动许可证。许可证应当载明开展募捐活动的组织名称、募捐活动的地域、期限等内容。不予许可的，应当书面通知申请人，并说明理由。

第二十四条 具有募捐主体资格的组织可以开展社会募捐、协议募捐、定向募捐、网络募捐、公益信托、冠名基金等形式的慈善募捐。

在发生重大或者特别重大突发事件时，县级以上地方各级人民政府可以要求相关组织面向社会开展定向慈善募捐。

第二十五条 开展慈善募捐应当遵循自愿、无偿的原则，不得摊派或者变相摊派。

第二十六条 具有募捐主体资格的组织在开展慈善募捐前，应当将组织登记证书或者慈善募捐活动许可证等能够证明具有募捐主体资格的材料，以及募捐的目的、时间和地点、方式、救助对象、使用范围以及其他有关事项在媒体上或者通过其他有效方式向社会公告。

具有募捐主体资格的组织接受捐赠后，应当向捐赠人出具合法、有效的凭证。

募捐结束后十五日内，具有募捐主体资格的组织应当将募捐情况向社会公告。

募捐所得使用计划执行完毕后三十日内，具有募捐主体资格的组织应当将其使用情况向社会公告，并报所在地的民政部门备案，同时接受审计监督。

第二十七条 以义演、义赛、义卖、义拍等方式开展慈善捐赠的，应当会同具有募捐主体资格的组织进行，并向社会公告。义演、义赛、义卖、义拍等方式取得的收入，扣除必要的成本开支后，应当及时全部移交具有募捐主体资格的组织。

第四章　慈善救助和服务

第二十八条　慈善救助应当符合慈善组织的宗旨，根据法律、法规的规定或者与捐赠人约定的合法方式开展。

慈善组织开展救助活动，应当坚持公开、公平、公正，规范救助程序，提高服务水平和工作效率，及时发放救助款物。

第二十九条　慈善组织应当制定年度救助计划。每年救助总支出不得低于上一年总收入的百分之七十。

慈善组织应当建立救助档案，确保救助工作规范有序、有效开展。

第三十条　慈善组织应当建立项目管理制度，根据实际情况确定救助项目，对项目实施进行跟踪监督。

与捐赠人约定的项目实施后，慈善组织应当及时向捐赠人反馈结果。

第三十一条　慈善组织应当制定突发事件应急响应预案，在突发事件发生时配合地方各级人民政府及其有关部门做好救助工作。

第三十二条　慈善组织运用专业器材实施救助项目的，应当组织捐赠人或者生产、销售单位做好安装、调试和操作培训等后续服务工作。

第三十三条　慈善组织应当尊重被救助人的人格尊严，保护被救助人的隐私。

第三十四条　对慈善事业做出较大贡献的公民，其本人或者家庭生活遇有困难时，可以向当地慈善组织提出救助申请，慈善组织应当优先给予救助。

第三十五条　慈善组织以外的其他组织开展慈善救助和服务活动的，按照本章的有关规定执行。

第五章　扶持和奖励

第三十六条　地方各级人民政府应当根据本地经济社会发展状况，制定促进慈善事业发展的政策和措施，引导、扶持慈善事业发展。

县级以上地方各级人民政府应当建立由有关国家机关、社会团体和慈善组织参与的慈善工作协调机制。

第三十七条　地方各级人民政府应当建立表彰激励制度，对慈善事业发展有突出贡献、社会影响较大的公民、法人和其他组织予以表彰。

省人民政府设立“江苏慈善奖”，每两年表彰一次。

第三十八条　地方各级人民政府对于慈善组织及其实施的捐赠和慈善救助项目，可以给予适当补贴或者其他支持。

第三十九条 县级以上地方各级人民政府文化、教育、卫生、公安、税务、新闻出版、广播电视、城市管理等有关部门应当积极为慈善活动提供服务。

第四十条 各级工会、共产主义青年团、妇女联合会、残疾人联合会以及其他社会组织，应当支持和参与慈善活动，共同促进慈善事业发展。

居民委员会、村民委员会应当支持和协助慈善组织开展慈善活动。

第四十一条 会展场所、体育场馆、车站、码头、机场、公园、商场等公共场所应当为慈善活动提供便利。

第四十二条 慈善组织按照国家规定享受税收优惠。

公民将其所得中捐赠慈善事业的部分按照国家规定从应纳税所得中扣除。

法人和其他组织捐赠财产用于慈善事业，按照国家规定享受税收优惠。

税务部门应当简化办事程序，方便捐赠人办理有关减免税手续。

第四十三条 境外向慈善组织捐赠的财产和慈善组织进口用于慈善事业的专业器材，按照国家规定减征或者免征进口关税和进口环节增值税。

第四十四条 对慈善事业做出突出贡献的法人和其他组织，地方各级人民政府及其有关部门应当从政策、资金等方面提供优先支持和服务。

第四十五条 县级以上地方人民政府应当建立慈善事业发展信息统计制度，定期向社会公布慈善信息统计资料。

第六章 慈善文化建设

第四十六条 在全社会倡导正确的慈善观，培育全民的慈善意识和社会责任感。

慈善文化建设应当继承中华民族优秀慈善文化传统，吸收国际先进慈善文化成果。

第四十七条 地方各级人民政府应当将慈善文化建设纳入社会主义精神文明建设规划，列入文明城市、文明社区、文明单位的建设内容。

地方各级人民政府及其有关部门应当扶持和鼓励弘扬慈善文化的文学艺术创作和活动。

第四十八条 国家机关、社会团体、企业事业单位和公民应当积极参与慈善文化建设，繁荣慈善文化，创造有利于慈善事业发展的社会环境与氛围。

慈善组织应当加强慈善文化建设，重视培养慈善事业人才。

第四十九条 报刊、广播、电视、互联网等媒体应当积极开展慈善公益宣传，普及慈善知识，传播慈善文化。

第五十条 学校应当通过多种形式向学生传授慈善知识，培养慈善理念。

高等院校、社会科学研究机构应当加强慈善文化建设的研究。

第五十一条 每年十一月第一个星期为江苏慈善周。

第七章 法律责任

第五十二条 慈善组织有下列情形之一的，由县级以上地方人民政府有关主管部门按照各自职权责令改正，予以警告；情节严重的，撤销登记；构成犯罪的，依法追究刑事责任：

（一）未按法律、法规和章程规定使用财产的；

（二）不履行信息公布义务或者公布虚假信息的；

（三）以营利为目的进行活动的；

（四）以慈善名义进行与慈善宗旨无关的活动的；

（五）泄露捐赠人、被救助人个人信息或者隐私，造成严重后果的；

（六）其他违反法律、法规的行为。

第五十三条 具有募捐主体资格的组织擅自改变所募捐财产用途的，由县级以上地方人民政府民政部门责令改正，予以警告。拒不改正的，经征求捐赠人的意见，由县级以上地方人民政府民政部门将该财产交由其他慈善组织管理。

第五十四条 具有募捐主体资格的组织有下列情形之一的，由县级以上地方人民政府民政部门责令停止违法活动，予以警告，并责令返还募捐的财产，不能返还的，由县级以上地方人民政府民政部门将该财产交由其他慈善组织管理：

（一）进行与其宗旨、业务范围无关的募捐的；

（二）超越规定期限或者范围进行募捐的；

（三）摊派或者变相摊派的。

第五十五条 未经许可擅自开展慈善募捐活动的，由县级以上地方人民政府民政部门予以制止，责令返还募捐的财产，不能返还的，由县级以上地方人民政府民政部门将该财产交由其他慈善组织管理；构成犯罪的，依法追究刑事责任。

第五十六条 假借慈善名义骗取钱财的，由县级以上地方人民政府公安机关依法给予治安管理处罚；构成犯罪的，依法追究刑事责任。

第五十七条 私分、挪用或者侵占慈善财产尚未构成犯罪的，由县级以上地方人民政府有关主管部门责令退还，并对直接责任人员处以二千元以上一万元以下罚款；构成犯罪的，依法追究刑事责任。

依照前款追回、追缴的捐赠财产，应当用于原捐赠目的和用途。

第五十八条 地方各级人民政府有关部门及其工作人员有下列行为之一的，根据情节给予行政处分；构成犯罪的，依法追究刑事责任：

（一）不履行对慈善活动监管职责，造成严重后果的；

（二）非法干涉慈善组织内部事务，严重妨碍慈善组织正常活动的；

（三）挪用慈善财产的；

（四）有其他失职、渎职行为的。

第八章　附　则

第五十九条 境外人员和组织向本省公民、法人和其他组织进行慈善捐赠的，参照本条例执行。

第六十条 本条例自2010年5月1日施行。

关于进一步加强新社会组织党的建设工作的意见（试行）

（云组通〔2010〕38 号　2010 年 5 月 14 日）

为深入贯彻党的十七大、十七届四中全会精神，切实加强新社会组织党的建设工作，按照中组部、中央学习实践活动领导小组下发的《关于在深入学习实践科学发展观活动中建立健全新社会组织党组织的意见》（学组发〔2009〕51 号）和《中共云南省委办公厅关于加强全省新经济组织和新社会组织党的建设工作的意见》（云办发〔2009〕4 号）的要求，结合实际提出如下意见：

一、高度重视加强新社会组织党建工作

新社会组织是继党政部门、企业和事业单位等传统组织之后出现的社会组织。改革开放以来，我省新社会组织快速发展，已成为推进改革、发展经济、维护稳定、促进和谐的重要力量。与新社会组织迅速发展的形势相比，新社会组织的党建工作已不相适应。认真贯彻党的十七大、十七届四中全会精神，切实加强和改进新社会组织党建工作，把党组织和党的工作更加有效地覆盖到这一领域，把新社会组织更好地团结和凝聚在党组织的周围，对于加强党对新社会组织的领导，巩固党的执政基础，促进新社会组织自身建设，更好地服务全省经济社会发展，具有十分重要的意义。

加强新社会组织党建工作的指导思想是：坚持以邓小平理论和“三个代表”重要思想为指导，深入贯彻落实科学发展观，以在新社会组织中建立党组织为基础，以深入开展创先争优活动和充分发挥党组织、党员作用为重点，努力探索具有云南特色的新社会组织党建新路子，不断扩大党的组织和工作覆盖面，全面加强新社会组织党的建设工作，为新社会组织健康发展提供坚强的组织保证。

二、全面落实新社会组织党建工作各项任务

各级党组织要高度重视新社会组织党建工作，采取有力措施，确保新社会组织党建工作各项任务落到实处。

（一）加大党组织组建力度

切实抓好新社会组织党组织组建工作，不断扩大党的组织和工作覆盖面。凡专职工作人员（指与新社会组织签订劳动合同，领取工资性收入的职业工作人员）中有3名以上正式党员的新社会组织，都要建立党的基层组织；党员人数接近或超过50名的，应建立党总支；接近或超过100名的，可建立基层党委。正式党员不足3名的，可与同一业务主管单位所属的其他新社会组织、内设机构、事业单位等联合建立党组织。尚不具备建立党组织条件的，要通过输送党员，成立工会、共青团、妇联等群众组织等形式，为建立党组织创造条件。力争在2010年内，基本实现具备条件的新社会组织全部建立党组织，有5名以上专职工作人员的新社会组织有党员；到2012年，基本实现有专职工作人员的新社会组织80%有党员。

（二）选好配强党组织负责人

注重把党性强、业务精、热爱党务工作、有一定组织领导能力和党务工作经验的新社会组织党员行政负责人或举办者、出资人、管理者，推选到党组织书记岗位上来。对新社会组织内部无合适书记人选的，可由业务主管单位党组织选派、推荐。党组织书记工作变动时，要随缺随补；新社会组织辞退或解聘党组织书记，应事先征得业务主管单位党组织的同意。新社会组织应根据专职党组织书记的责任和贡献给予合理报酬。对不胜任工作的党组织书记要及时调整。

（三）积极稳妥地做好发展党员工作

按照“坚持标准、保证质量、改善结构、慎重发展”的方针，认真抓好新社会组织入党积极分子的培养、教育和管理。注重在优秀管理者和业务骨干中发展党员，努力把那些思想政治素质好、业务水平高、有群众威信的优秀分子吸收到党的队伍中来，积极稳妥地发展符合条件的新社会组织负责人入党。充分发挥工会、共青团、妇联组织的作用，通过群团组织推优，培养和发展党员，不断壮大党员队伍。

（四）强化党员管理

按照“凡进必登、凡登必核”的管理办法，全面掌握新社会组织中党员基本情况。建立党组织后，专职工作人员申的党员要及时转移正式组织关系；在新社会组织申工作3个月以上的兼职工作人员党员，要及时转移临时组织关系，实行党员双重组织活动管理，以原单位组织关系为主，在原党组织缴纳党费，同时参加新社会组织党组织的活动，切实做到哪里有党员哪里就有党组织，哪里有党组织哪里就有健全的组织生活和党组织作用的充分发挥。

（五）努力提高党员队伍特别是党组织负责人的整体素质

各级组织部门和业务主管单位党组织，要强化对新社会组织党员的培训，不断提高他们的政治业务素质和工作能力水平。每年至少要对新社会组织党员进行一次集中培训，其中党组织书记培训时间累计不得少于3天，其他党员培训时间累计不得少于2天。同时，要充分运用远程教育、电化教育、网络和短信等平台，开展经常性的教育培训。

（六）创新党组织的活动方式，充分发挥党组织和党员作用

采取“小型、业余、灵活、有效”的方式，积极探索党组织和党员发挥作用的有效途径，使党组织的活动为新社会组织所需要，为管理者所信赖，为党员所欢迎，为员工所拥护。要结合创先争优活动，深入开展“为社会作奉献、为党旗增光彩；争当岗位能手、争当员工标兵、争当守纪模范”的“两为三争当”主题实践活动。通过设立党员创业先锋岗、党员责任区等行之有效的做法，团结凝聚职工群众，维护各方合法权益。新社会组织业主要保证党组织活动时间，党员因开展党的工作或参加上级党组织活动需要占用工作时间，应给予合理安排。

三、切实加强对新社会组织党建工作的领导

各级党组织要明确责任，按照“谁主管、谁负责”的原则，切实加强对新社会组织党建工作的领导。

（一）进一步明确管理体制

按党组织隶属关系进一步理顺新社会组织党组织管理体制，明确责任主体。各级地方党委要加强领导，组织部门负责牵头抓总。各级直属机关党工委（党委）负责督促各业务主管单位抓好所属新社会组织党建工作。各级民政部门要发挥好登记机关的作用，切实加强分类指导和督促检查，会同业务主管单位抓好新社会组织党的建设。党组织关系隶属行业主管单位或行业协会的，以行业主管单位或行业协会党组织管理为主，所在街道、社区党组织应加强区域管理；党组织关系隶属地方的，以属地管理为主，教育、卫生、住房和城建、社科联、科协等行业主管单位和律师、注册会计师等行业协会党组织应加强行业指导。所属新社会组织较多的业务主管单位及人民团体，应将机关党委（总支、支部）改为直属单位党委（总支），承担新社会组织党建工作职能，进行归口管理。

（二）切实加大指导力度

各州（市）、县（市、区）乡镇（街道）党委和业务主管单位党组织要

建立健全新社会组织党建工作联系制度，确保每个新社会组织都有联系单位。全面建立党建工作指导员制度，向新社会组织派驻党建指导员，指导和帮助新社会组织开展党建工作。各级组织、民政部门要紧紧抓住重点行业和重点单位，着力培育一批示范点，影响和带动各行业新社会组织党建工作。

（三）建立考核机制

要建立新社会组织党建工作责任制。从2010年起，要把业务主管单位抓新社会组织党建工作情况纳入党建目标责任制考核，把抓新社会组织党建工作的成效作为领导班子和领导干部考核考察的重要内容。各类评比表彰活动，要为新社会组织党组织、党务工作者安排适当比例。

（四）努力创造工作条件

按照中组发〔2000〕10号和云办发〔2009〕4号文件要求，各级党委、政府要建立新社会组织党建工作经费稳定投入机制。采取财政拨一点、业务主管部门给一点、党费返还一点的办法，保障新社会组织党建工作的正常开展。业务主管单位要按照新社会组织每个党员每年50元拨付党建工作经费；有经济条件的新社会组织，在税收政策规定的范围内，可按职工工资总额0.5%至2%列支“职工教育经费”用于党员教育活动，据实在税前扣除。有条件的新社会组织应为党组织提供活动场所，不具备条件的由业务主管单位提供活动场所。加大新社会组织党建工作宣传力度，在全社会营造重视和支持新社会组织党建工作的良好氛围。

甘肃省人民政府办公厅关于印发《甘肃省加强社会组织执法监察工作意见》的通知

（甘政办发〔2010〕205 号　2010 年 11 月 24 日）

各市、自治州人民政府，省政府各部门，中央在甘各单位：

《甘肃省加强社会组织执法监察工作意见》已经省政府同意，现予印发，请认真贯彻执行。

甘肃省加强社会组织执法监察工作意见

为促进全省社会组织规范、有序、健康发展，根据《社会团体登记管理条例》（国务院令第 250 号）、《基金会管理条例》（国务院令第 400 号）、《民办非企业单位登记管理暂行条例》（国务院令第 251 号）和《取缔非法民间组织暂行办法》（民政部令第 21 号）等法规、规章，结合全省实际，就加强社会组织执法监察工作，提出如下意见：

一、充分认识加强社会组织执法监察工作的重要性

社会组织包括社会团体、基金会、民办非企业单位，是政府连接市场和社会的桥梁与纽带。党的十七大提出要“重视社会组织的建设和管理”，学习实践科学发展观活动也对社会组织党建工作提出了很高的要求。随着经济转轨、社会转型和政府职能转变，我国社会组织发展迅速，在提供公共服务、反映社会诉求、促进经济社会协调发展方面发挥了重要作用。我省社会组织也在维护社会稳定，推动甘肃经济发展，促进社会和谐等方面作出了积极的贡献。但是，我省社会组织仍然处于成长发展阶段，其自律机制还不够健全，在监督管理方面还存在内容缺失、形式缺位和执法监察不到位的问题，致使一些社会组织出现违章经营、违规办事和违法活动等现象，个别社会组织强收超收会费，随意摊派、评比、培训，甚至未经登记就擅自以社会组织名义开展活动。这些问题严重影响了社会组织的声誉

和形象，干扰了经济社会发展正常秩序。因此，在大力培育发展社会组织、完善社会组织自律机制建设的同时，必须进一步加大监督管理和执法监察力度，建立全方位、多层次、多渠道的社会组织协同执法监察机制。

二、社会组织执法监察的基本要求和主要形式

（一）基本要求。深入贯彻落实科学发展观，坚持培育发展与监督管理并重的方针，建立政府统一领导、民政部门牵头、相关部门配合的社会组织执法监察工作格局。完善监察制度，健全执法程序，规范执法行为，加大执法监察力度，严厉打击违法社会组织和社会组织的违法行为，维护社会组织合法权益，促进社会组织健康发展，充分发挥其在服务全省经济发展中的积极作用。

（二）主要形式。社会组织执法监察工作由民政部门牵头组织实施，采取日常监管、年度检查、执法监察等形式开展。

1. 日常监管。在日常管理中，登记管理机关和业务主管单位要切实履行职责：登记管理机关负责社会组织的成立、变更、注销的登记或者备案；对社会组织实施年度检查；对社会组织违法、违规问题进行监督检查，对社会组织违法、违规的行为给予行政处罚。业务主管单位负责社会组织筹备申请、成立登记、变更登记、注销登记前的审查；监督、指导社会组织遵守宪法、法律、法规和国家政策，依照其章程开展活动；监督检查社会组织运行管理；负责社会组织年度检查的初审；参与针对所属社会组织的联合执法检查活动，协助登记管理机关和其他有关部门查处所属社会组织的违法行为；会同有关机关指导社会团体的清算事宜。

2. 年度检查。登记管理机关和业务主管单位要把年度检查作为加强社会组织执法监察工作的重要内容，重点检查社会组织依法开展业务活动、制度建设和资产管理等方面的情况。对在年检中发现的问题，要督促追踪限期整改；对违反行政管理秩序、问题严重的，应依据有关法律、法规、规章给予行政处罚；对承担民事责任或构成犯罪的应移交司法机关处理。

3. 执法监察。由登记管理机关牵头、业务主管单位和有关部门参加，联合对社会组织实施执法监察，包括同级部门之间联合执法监察和上下级之间的联合执法监察。执法监察包括专项执法监察和联合执法监察。专项执法监察指对社会组织某一领域或管理工作中存在的某一突出问题进行的执法监察。在开展社会组织执法监察时，全省各级政府相关职能部门要积极配合，把社会组织执法监察工作与自身业务工作结合起来，针对社会组织出现的违法违规行为，按照各自职能分工，采取有力措施，坚决予以

查处。

三、社会组织执法监察的范围和内容

（一）范围。主要包括省、市、县三级登记管理机关依法登记注册的社会组织；未经登记擅自以社会组织名义开展活动的非法组织等。

（二）内容。主要查处社会组织以下违法、违规行为：

1. 申请登记时弄虚作假、骗取登记和不按照规定办理变更登记的；

2. 擅自设立分支机构、代表机构，或者对分支机构、代表机构疏于管理，造成严重后果的；

3. 涂改、倒卖、出租、出借社会组织登记证书和出租、出借社会组织印章的；

4. 违反自愿入会原则，强制企事业单位或个人入会的；

5. 超出章程规定的宗旨和业务范围进行活动和从事营利性经营活动的；

6. 违反自愿原则强制收取、搭车收取会费，违规使用会费或违规使用会费票据的；

7. 违反国家有关规定收费、筹资，接受或使用捐赠、资助款物的；

8. 侵占、私分、挪用社会组织资产的；

9. 有偷税漏税行为的；

10. 违反有关规定，乱摊派、乱评比的；

11. 拒不接受或者不按照规定接受日常监督管理的；

12. 超期不年检、不换届，领导干部违规兼职的；

13. 其他违法、违规行为。

四、社会组织执法监察协同部门的责任分工

除登记管理机关和业务主管单位以外，其他协同部门的职责分别是：

发展改革（物价）部门：负责社会组织收费许可证的办理，依法查处社会组织的乱收费行为。省发展改革委会同省财政厅负责收费标准的审批和收费项目的审核。

教育部门：配合做好对民办教育机构的执法监察及社会组织执法监察的相关工作。

公安部门：负责社会组织的印章刻制及收缴非法刻制的社会组织印章。协同查处社会组织的违法活动和取缔非法社会组织，维护联合执法监察工作中的治安秩序。

监察部门：负责查处社会组织有关规定中涉及国家公务人员的违规违纪行为。

财政部门：负责对社会组织提出税收优惠政策以及提供和管理财政票据，并对社会组织收费行为及执行财政部《民间非营利组织会计制度》（财会〔2004〕7号）情况进行监督检查，查处社会组织乱收费行为。省财政厅会同省发展改革委负责收费项目的审批和收费标准的审核。

人社部门：配合做好对民办职业培训机构的执法监察及社会组织执法监察的相关工作。

审计部门：负责对资产来源于政府部门拨款或者社会捐赠、资助的社会组织进行审计监督，并对政府部门有特殊要求的社会组织进行财务审计，查处违法、违规使用资金行为。

国税和地税部门：负责社会组织税务登记办理及税收征缴工作，支持社会组织税款统一代征代缴，为社会组织提供税务发票。查处社会组织的偷税、漏税行为。

工商部门：负责社会组织设立经济实体的审批工作，落实其公益性活动收费减免优惠政策；负责对社会组织广告活动的监督管理，依法查处虚假广告。

质监部门：负责社会组织的组织机构代码申办、变更、注销登记，负责社会组织机构代码的年检、查询与日常监管。

新闻出版部门：负责对社会组织出版物的出版、印刷或复制、发行等活动实施监督管理；查处社会组织违禁出版物和出版、印刷、复制、发行中的违法、违规活动。

外事部门：负责社会组织涉外活动的审批，境外非政府组织在我省开展活动的监督管理。

人民银行：负责社会组织资金账户的开设管理工作，查处社会组织的违规结算账户。

五、加强对社会组织执法监察工作的组织领导

全省各级政府要把社会组织的执法监察纳入重要议事日程，及时研究，明确相关任务，建立健全执法监察的长效机制。

（一）建立社会组织执法监察工作联席会议制度。省、市州、县市区建立社会组织执法监察工作联席会议（以下简称“联席会议”）制度。省联席会议由省政府分管领导担任总召集人，省政府分管秘书长和省民政厅厅长担任副召集人，相关协同部门分管负责人为成员。其主要职能是：通

报社会组织执法监察工作情况，研究解决协同执法监察中的重要问题。

（二）建立联络员和兼职执法监察员制度。联席会议成员单位指派1名工作人员作为联络员，具体负责社会组织执法监察联络工作，并确定2名以上，具有执法资格的兼职执法监察工作人员，明确责任，配备必要的执法监察技术设备，履行执法监察职能。

（三）建立责任追究制度。各有关部门要密切配合，各司其职，严格执法，既要防止不作为，又要避免乱作为。对在社会组织执法监察中不认真履行职责或玩忽职守、滥用职权、造成严重后果的，将依法依纪追究有关部门和工作人员的责任。

（四）落实执法监察工作经费。全省各级政府和有关部门要 重视社会组织管理和执法监察机构建设，在工作人员和工作经费 等方面给予支持。全省各级财政要把社会组织日常管理、执法监 察经费按照属地社会组织数量确定额度、纳入预算。省级财政要 加大社会组织培育、执法监察装备投入力度。

（五）严肃查处社会组织违法违规行为。各行政职能部门和业务主管单位依据《中华人民共和国行政处罚法》和相关行政法规有关规定，对违法、违规的社会组织和直接责任人给予相应处罚。社会组织触犯了《社会团体登记管理条例》、《基金会管理条例》、《民办非企业单位登记管理暂行条例》和《取缔民间非法组织暂行办法》等法规、规章，视情节轻重，由登记管理机关分别给予警告、罚款、责令改正、限期停止活动、撤销登记、没收违法所得和非法财物等处罚。对未经登记或已撤销登记擅自以社会组织名义进行活动的非法社会组织要坚决予以取缔。社会组织有关人员构成犯罪的，由司法机关依法追究刑事责任。

附件：甘肃省社会组织执法监察工作联席会议成员名单（略）

关于印发《关于开展社会组织党组织百日集中组建活动的指导意见》的通知

（新社创组〔2010〕4号　2010年7月2日）

伊犁哈萨克族自治州社会组织创先争优活动指导组，各地州市社会组织创先争优活动指导组，各区级社会组织：

开展社会组织党组织百日集中组建活动，是社会组织创先争优活动的一项重要内容和基本任务。现将《关于开展社会组织党组织百日集中组建活动的指导意见》印发给你们，务请各地各单位给予高度重视，并结合各自实际，认真贯彻落实。

新疆维吾尔自治区社会组织创先争优活动指导组

2010年7月2日

关于开展社会组织党组织百日集中组建活动的指导意见

党的十七届四中全会《决定》要求，加大在各类新社会组织中建立党组织力度，实现党组织和党的工作全社会覆盖。中共中央、国务院《关于推进新疆跨越式发展和长治久安的意见》要求，提高新社会组织等基层组织中党组织的组建率。开展社会组织等基层组织党组织百日集中组建活动，是贯彻落实党的十七届四中全会和中央新疆工作座谈会精神的一项重要举措，是当前自治区社会组织深入开展创先争优活动的一项首要工作任务。根据自治区党委组织部、民政厅等四个部门《关于开展非公有制经济组织和新社会组织党组织百日集中组建活动的通知》（新组电明字〔2010〕83号）精神，就在社会组织中开展党组织百日集中组建活动，提出如下指导意见。

一、指导思想

以邓小平理论和“三个代表”重要思想为指导，深入贯彻落实党的十七届四中全会、中央新疆工作座谈会和自治区党委七届九次全委（扩大）会议以及自治区社会组织创先争优活动动员会议精神，以科学发展观为统领，以创先争优活动为契机，解放思想，开拓创新，集中力量，分类指导，全面推进社会组织党组织组建工作，努力实现党的组织和党的工作全覆盖，使社会组织在推进新疆跨越式发展和长治久安的伟大实践中发挥更大作用、创造新的业绩。

二、基本原则

1. 坚持突出重点、分类指导，“先大后小、先易后难”，各地可选择规模较大、从业人员较多的社会组织先行；

2. 坚持社会组织党组织组建工作与工会、共青团和妇联等群众组织建设工作紧密结合，与创先争优活动紧密结合，与“热爱伟大祖国、建设美好家园”主题教育紧密结合，互相促进，务求实效；

3. 坚持把建立党的组织、开展党建工作与社会组织的申报登记、年度检查工作同步推进。

三、任务目标

从2010年7月开始，用100天时间集中开展社会组织党组织组建工作，努力实现党的组织和党的工作在社会组织全覆盖的目标。具体目标是：

1. 建立健全地州市、县市区社会组织党建工作领导体制和工作机制，做到责任明确，有部门有专门力量具体抓；

2. 符合单独建立党组织条件的社会组织全部单独组建，选好配强党组织书记；暂不具备单独组建条件的，明确单位主管关系和党员服务管理等关系，使这些单位和党员都参与创先争优、创建先进集体和先进个人活动。抓紧在行业协会、学会、商会和民办学校等各级各类社会组织中建立党组织，做到哪里有社会组织，哪里就有党的组织。

3. 同步抓好社会组织工会、共青团和妇联等群众组织组建工作。已建立党组织的社会组织，健全工会、共青团和妇联等群众组织；暂不具备建立党组织条件的，先行组建工、青、妇组织，依托工、青、妇组织开展党的工作。要统筹开展党组织和工、青、妇组织活动。提倡党组织书记与工会主席“一肩挑”。

4. 加强社会组织培养入党积极分子和发展党员工作，坚持标准和程序，把更多符合条件的优秀分子吸收到党组织中来。

四、实施步骤

根据自治区百日集中组建活动要求，原则上分动员摸底、集中组建、巩固提高三个阶段进行，各阶段在时间上没有严格界限，可合并进行，也可压茬开展。

（一）动员摸底阶段（7月上旬至中旬）

一是通过召开社会组织负责人会议、实地察看、日常登记管理、党组织建设经验介绍等多种方式，对在社会组织中集中开展党组织组建活动进行宣传动员。二是对各级社会组织的数量规模、运营状况、党员及党组织、群众组织建设及党建工作状况等情况进行全面摸底调查。三是根据调查摸底的情况，研究制定切实可行的组建工作方案。在此阶段，各社会组织要真实、准确、完整填报《社会组织基本情况调查表》，制定具体的组建方案；各地要认真统计填写《社会组织基本情况汇总表》，制定有针对性的组建方案，于7月15日前报自治区社会组织创先争优活动指导组。

（二）集中组建阶段（7月中旬至9月上旬）

针对不同情况，实行不同的组建方式。一是对符合建立党组织条件的社会组织，在主管部门党组织或上级党组织指导下，抓紧把党组织全部建立起来。特别是要加大行业协会、学会、商会和民办学校等各级各类社会组织中建立党组织的力度，推广在农民专业合作社、专业协会、产业链等人员相对集中点建立党组织的做法，切实做到社会组织党组织全覆盖。二是对不符合单独组建和派员组建条件的，明确单位主管关系、党员服务管理等关系，可实行挂靠所在地乡镇（街道）、村组（社区）建党组织。三是对于规模较大、员工较多，而党员人数较少的，可通过选聘等方式引入优秀党员员工，或实行派员组建，即选派党建工作指导员暂时指导开展党的工作，一个指导员可联系一个或多个单位。为了加强管理，党支部书记由本单位党员中产生。四是坚持标准和程序，加强社会组织培养入党积极分子和发展党员工作。要注意在优秀青年中特别是在少数民族优秀青年教师、大学生中发展党员，不断巩固党的阶级基础，扩大党的群众基础。五是采取社会组织推荐、上级选派、社会招聘等多种办法，切实选好配强党组织书记。

（三）巩固提高阶段（9月中旬至下旬）

一是开展社会组织党组织书记党务知识培训和工作经验交流，推广好的做法和有效措施。二是按照中共中央、国务院《意见》关于“把团结各族群众推动发展、促进和谐、反对分裂、维护稳定作为基层党组织的重大政治责任”，党的十七届四中全会《决定》关于“新社会组织中的党组织要围绕贯彻党的方针政策、引导和监督遵守国家法律法规、团结凝聚职工群众、维护各方合法权益、促进健康发展等职能探索发挥作用的途径和方法”等要求，进一步加强和改进社会组织党建工作。三是结合社会组织党组织和党员开展创先争优活动，以健康发展、发挥作用为主题，以“四有四自觉”为实践载体，以“五模范”为目标任务，在社会组织党组织和广大党员中营造学先进、赶先进、作贡献、当表彰的良好风气，更好地发挥党组织的战斗堡垒作用，激发党员的奋进动力和创造活力。四是做好百日集中组建活动的查漏补缺和总结上报工作，确保工作善始善终、完成任务。

五、组织领导

百日集中组建活动时间紧、任务重、难度大，要充分认识社会组织党组织组建工作的重要性、复杂性和艰巨性，切实加强对百日集中组建工作的领导。社会组织党建工作实行党委领导、组织部门牵头、行业职能部门指导的领导体制；并由各级民政部门负责，成立社会组织党工委，指导全区社会组织的党建工作。其他行业主管部门依托内设机构建立党组织，由分管领导任党组织书记，指导本行业包括社会团体、民办非企业单位、基金会等各类社会组织党建工作。各地州市、县市区要积极争取抓紧完善社会组织党建工作领导体制，切实做到责任明确，有部门有专门力量具体抓。各地各单位对百日集中组建活动要按照全覆盖的目标要求深入研究、抓紧部署，结合实际认真研究制定具体可行的实施方案，提出组建时间表，分配好任务，落实好责任，采取组建销号的办法，确保组建工作任务按时完成。要加强督导指导，实行社会组织党组织集中组建活动周报和月报通报制度。各地各单位要将组建工作信息及总结及时报自治区社会组织创先争优活动指导组。

新疆维吾尔自治区行业协会管理办法

（新疆维吾尔自治区人民政府令第164号
2010年8月19日）

《新疆维吾尔自治区行业协会管理办法》已经2010年8月18日自治区第十一届人民政府第14次常务会议讨论通过，现予公布，自2010年10月1日起施行。

自治区主席　努尔·白克力
2010年8月19日

新疆维吾尔自治区行业协会管理办法

第一章　总　则

第一条　为了规范行业协会的组织机构和行为，促进行业发展，发挥行业协会在经济建设和社会发展中的作用，根据国务院《社会团体登记管理条例》和有关规定，结合自治区实际，制定本办法。

第二条　本办法所称行业协会是指经依法登记成立，由同一行业经济组织（含个体工商户）自愿组成，实行行业服务和自律管理的非营利性社会团体法人。

第三条　行业协会的宗旨是为会员提供服务，维护会员的合法权益，保障行业公平竞争，沟通会员与政府、社会之间的关系，促进行业健康有序发展。

第四条　行业协会遵循自主办会的原则，实行自愿入会、自理会务、自筹经费的管理机制。

第五条　行业协会的机构、人事、财务应当与行政机关、人民团体、企（事）业单位相分离。

现职国家公务员和依法参照国家公务员制度管理的人员不得在行业协会兼职；因特殊情况确需兼职的，应当按照国家有关规定办理审批手续并不得领取兼职报酬。

第六条　行业协会开展活动不得损害国家利益、社会公共利益和会员合法权益。行业协会依照法律、法规、规章及其章程开展活动，任何组织和个人不得干涉。

第七条　县级以上人民政府及其部门对适宜于行业协会行使的职能，除法律、法规、规章规定由行政机关实施的外，应当逐步委托给符合条件的行业协会实施。

有关国家机关委托行业协会开展业务活动或者提供服务的，应当向该行业协会支付相应费用，所需资金列入本机关预算，由本级财政予以保障。

第二章　设立和登记

第八条　行业协会按照国民经济行业分类标准、产品分类标准设立，或者按照经营方式、经营环节、服务类型设立。

第九条　设立行业协会的条件，除按照国务院《社会团体登记管理条例》执行外，还应当符合下列规定：

（一）具有三个以上在本地取得营业执照，并在本行业连续开展经营活动二年以上的经济组织（含个体工商户）作为发起人；

（二）名称应当标明所属行业和地域；

（三）组织机构、拟任法定代表人符合本办法的规定；

（四）有与其业务活动相适应的专（兼）职工作人员。

第十条　县级以上人民政府民政部门是行业协会的登记管理机关，依法对行业协会进行监督管理。

行业协会设立、变更、注销登记的审批权限和程序按照国务院《社会团体登记管理条例》的规定执行。

登记管理机关可以对申请设立行业协会的必要性、宗旨、业务范围等情况举行听证。

第十一条　行业协会可以依据行业内具体分工或者相关业务领域的分类设立分支机构、代表机构；行业协会设立分支机构、代表机构的，应当依法办理登记手续。

第三章　会员与组织机构

第十二条　行业协会实行单位会员制。行业协会吸收与行业协会有关的教学、科研、技术推广机构入会的，其比例不得超过会员总数的百分之十。

第十三条 行业协会的会员享有下列权利：

（一）自愿入会、退会；

（二）参加会员大会；

（三）选举权、被选举权；

（四）提出议案权；

（五）表决权、监督权；

（六）法律、法规、规章以及章程规定的其他权利。

第十四条 行业协会的会员履行下列义务：

（一）遵守章程；

（二）缴纳会费；

（三）执行会员大会或者会员代表大会的决议；

（四）维护行业协会合法权益；

（五）法律、法规、规章以及章程规定的其他义务。

第十五条 行业协会由全体会员组成会员大会；会员较多的，可以依照章程推选代表组成会员代表大会。会员大会或者会员代表大会是行业协会的最高权力机构。

第十六条 会员大会或者会员代表大会行使下列职权：

（一）制定、修改章程，报登记管理机关审查核准；

（二）选举和罢免会长或者理事长、副会长或者副理事长、理事、监事；

（三）制定会费标准；

（四）审议、批准理事会提交的工作计划、工作报告和财务预决算报告；

（五）审议理事、会员代表提交的议案；

（六）按照章程对会员作出处理决定；

（七）决定行业协会的解散和清算；

（八）章程规定的其他职权。

第十七条 行业协会设理事会。理事会由会长或者理事长、副会长或者副理事长以及理事组成，并由会员大会或者会员代表大会选举产生。理事人数较多的可以设常务理事会。

理事任期由章程规定，但每届任期不得超过五年，可以连选连任。

理事会对会员大会或者会员代表大会负责，依照章程和会员大会或者会员代表大会的决议履行职责。

第十八条 行业协会的会长或者理事长是行业协会法定代表人。会长或者理事长应当符合下列条件：

（一）连续从事本行业工作三年以上，具有相应专业知识和组织协调能力；

（二）社会信用记录良好；

（三）身体健康，年龄一般不超过六十五周岁；

（四）没有兼任其他社会团体的法定代表人；

（五）法律、法规、规章规定的其他条件。

第十九条 行业协会设秘书长。秘书长是行业协会的专职管理人员，在理事会领导下负责处理行业协会的日常工作。秘书长由会长或者理事长提名，理事会决定聘任，也可以按章程规定的其他方式产生，但秘书长不得与会长或者理事长来自同一经济组织。

行业协会秘书处为其常设办事机构。秘书处工作人员实行聘用制或者单位会员派驻制。

第二十条 行业协会应当与聘用的工作人员签订劳动合同，并为其交纳社会保险费。单位会员派驻行业协会的工作人员享受原单位待遇不变。

行业协会专职工作人员申报专业技术资格的，按照自治区有关职称申报、评审规定执行。

第二十一条 行业协会设监事会或者监事的，监事由会员大会或者会员代表大会选举产生。行业协会的会长、理事长、副会长、副理事长、理事、秘书长不得兼任监事。

监事任期由章程规定，但每届任期不得超过五年，可以连选连任。

监事会、监事对行业协会的业务活动和财务管理等实施监督，并向会员大会或者会员代表大会报告工作。监事列席理事会、常务理事会会议。

第二十二条 行业协会的经费来源：

（一）会员交纳的会费；

（二）在章程规定范围内开展服务的收入；

（三）从事有关国家机关委托的事务所获得的经费；

（四）接受的资助和捐赠；

（五）其他合法收入。

第二十三条 行业协会的会费标准根据为会员提供服务所需的合理开支和会员的承受能力确定，会费标准应当经会员大会或者会员代表大会半数以上代表同意，并报登记管理机关备案。

第二十四条 行业协会的资产受法律保护，任何单位和个人不得侵占、私分或者挪用。

行业协会会员退会或者被开除时，不得要求行业协会退还已交纳的会费及资助、捐赠的资产。

第二十五条 行业协会经费支出应当遵守法律、法规和有关财务制度，并按照行业协会章程的规定执行。

行业协会应当建立健全财务管理和监督制度，并对所属分支机构、代表机构的财务实施统一管理。

行业协会在每一会计年度应当制作财务预决算报告，提交会员大会或者会员代表大会审议通过，并在依法年检时报登记管理机关备案。

行业协会应当接受会员、监事、资助人、捐赠人对经费收支和财务会计报告情况的查询，并确保相关资料真实、完整。

第四章 职 能

第二十六条 行业协会以行业自律、行业协调、行业服务为基本职能，根据章程和本行业具体情况，开展下列活动：

（一）开展行业调查研究，向政府及其部门反映行业、会员诉求，提出行业发展和立法等方面的意见和建议，参与制定行业标准、行业发展规划、行业准入条件；

（二）建立健全行业自律机制，制定行规行约，规范自我管理行为，协调会员关系，维护行业公平竞争秩序；

（三）推动行业诚信建设，制定并组织实施行业职业道德准则和规范，开展行业诚信行为评价与考核；

（四）根据授权进行行业统计，收集、发布行业信息；

（五）依照国家有关规定创办报刊和网站，开展国内外经济技术交流与合作；

（六）组织行业人才、技术、管理、法规等培训，开展法律、政策、技术、管理、市场等咨询服务；

（七）参与行业资质认证、新技术和新产品鉴定及推广等相关工作；

（八）依照国家有关规定组织举办本行业的各种交易会、展览会等；

（九）参与协调对外贸易争议，组织会员企业开展反倾销、反补贴和保障措施的调查、应诉、申诉等相关工作；

（十）组织会员参与社会救援、救灾和其他社会公益活动；

（十一）组织开展保障会员合法权益的活动；

（十二）实施有关国家机关委托的工作。

第二十七条 行业协会不得实施下列行为：

（一）强行要求入会或者在会员之间实行歧视性待遇；

（二）向会员违规收费、强行摊派；

（三）从事以营利为目的的经营活动或者在会员中分配行业协会的财产；

（四）通过制定行规行约或者以其他方式垄断市场，妨碍公平竞争，损害消费者、非会员组织的合法权益或者社会公共利益；

（五）滥用权力，阻碍、限制会员开展正当的经营活动或者参与其他社会活动；

（六）未经政府及其部门委托，擅自进行公共管理、服务活动；

（七）危害社会稳定，宣扬邪教、迷信，破坏民族团结；

（八）法律、法规、规章禁止实施的其他行为。

第二十八条 行业协会会员违反章程或者违反诚信准则、质量规范、服务标准，进行不正当竞争，损害消费者合法权益和行业整体形象的，行业协会可以采取警告、通报批评、限期整改、开除会员资格等自律措施。

第五章 监督管理

第二十九条 登记管理机关应当对行业协会的组织机构运作、业务活动开展、人事财务状况等进行定期评估，依法加强业务指导和监督管理，并向行业或者社会定期公布监督检查的有关情况。

第三十条 行业协会理事及监事换届或者变更法定代表人时，应当进行财务审计。资产来源属于政府资助或者社会捐赠的，应当接受财政、审计行政部门的监督。

第三十一条 行业协会违反本办法规定，应当承担法律责任的，依照国务院《社会团体登记管理条例》和有关法律、法规、规章的规定执行。

第三十二条 登记管理机关的工作人员玩忽职守、滥用职权、徇私舞弊的，由其主管部门或者行政监察机关依法给予行政处分；构成犯罪的，依法追究刑事责任。

第六章 附 则

第三十三条 为农业种植、养殖、生产、加工、销售等提供服务的农村专业经济协会，参照本办法执行。

第三十四条 本办法自 2010 年 10 月 1 日起施行。本办法施行前设立的行业协会，应当自本办法施行之日起一年内依照本办法进行规范。

深圳市人民政府办公厅关于印发《深圳市社会组织发展规范实施方案》（2010—2012年）的通知

（深府办〔2010〕19号　2010年3月17日）

各区人民政府，市政府直属各单位：

《深圳市社会组织发展规范实施方案（2010—2012年）》已经市政府同意，现予印发，请认真组织实施。

深圳市人民政府办公厅

深圳市社会组织发展规范实施方案

（2010—2012年）

为贯彻落实《珠江三角洲地区改革发展规划纲要》、《深圳市综合配套改革总体方案》、《民政部深圳市人民政府推进民政事业综合配套改革合作协议》和《关于进一步发展和规范我市社会组织的意见》（深办〔2008〕66号），促进我市社会组织的培育发展和规范管理，特制定本实施方案。

一、工作要求

（一）政社互动

结合我市行政管理体制改革及事业单位改革，建立新型的政社关系，完善公共治理结构，创新社会治理方式，构建公共产品的多元供给体系。新增的社会管理和公共服务事项，凡可委托社会组织承担的，向符合条件的社会组织购买服务；将政府各职能部门不再行使和可交由社会组织承担的职能事项，转移或委托给社会组织承担；将事业单位可由社会组织承担的社会管理和公共服务事项，转移或委托给社会组织承担。

（二）突出重点

根据社会组织的活动领域及其功能作用，有计划、有重点地培育和发展一批在社会管理和公共服务中能够发挥积极作用的社会组织。我市社会组织近期发展的重点领域为工商经济、社会福利、公益慈善类社会组织和社区社会组织，以及非公募基金会。

（三）培育发展

加快建设公共服务型政府的步伐，为社会组织的发展创造空间；创新社会组织登记管理体制，降低登记门槛；完善政府和社会组织沟通协调机制；加大政府投入，创新财政扶持社会组织的方式；构建社会组织公共服务平台；完善支持社会组织发展的法规和政策，为社会组织发展和发挥作用提供法律和政策保障。

（四）规范管理

建立健全政府各职能部门的分工合作机制，形成市、区、街道联动的监管体系，监督社会组织依照法律、法规、规章及其章程规范运作，明确社会组织作为独立民事主体的责任。

（五）分步实施

根据社会经济发展状况和人民群众的需要，对社会组织进行整体谋划，按照分类、分批、分步实施的原则科学推进。

二、目标与措施

（一）构建明晰的责任体系

工作目标：优化社会组织管理体制，明确政府各职能部门职责和社会组织责任。

具体措施：

1. 市、区民政部门是社会组织的登记管理部门。负责社会组织的成立、变更、注销登记；对社会组织开展的活动进行日常监督和年度检查；对社会组织的违法行为视情节依法给予警告、责令改正、限期停止活动、撤销登记等行政处罚；对非法社会组织依法予以取缔；负责直接登记的社会组织的党建工作。

2. 市、区相关部门是社会组织的业务主管单位，由民政部门直接登记的社会组织对应的部门为业务指导单位。业务指导单位应将社会组织纳入行业管理，通过提出建议、发布信息、制定导向性政策等方式对社会组织进行指导；通过转移职能、资金扶持、购买服务等方式支持社会组织发展；协助登记管理部门及其他有关部门查处社会组织的违法行为；会同有关部门指导社会组织的清算事宜。业务主管单位除履行上述职责外，还应负责社会组织成立、变更、注销登记前的审查；负责社会组织年度检查的初审；负责社会组织党建工作。

党政领导干部原则上不得兼任社会组织（包括分支机构和境外社会组织）领导职务，因工作需要兼任者，先按干部管理权限审批，再依有关程序办理兼职手续。

3. 相关部门在规定职责范围内承担对社会组织的监督管理责任：

公安消防部门依法承担社会组织的消防监督管理责任。

公安部门依法承担社会组织的治安管理责任。

市场监管部门依法承担社会组织的食品安全监督管理、价格监督检查责任。

财政部门依法负责监督管理社会组织财务制度的执行情况。

税务部门依法负责检查监督社会组织贯彻执行国家税收法律、法规和规章的情况。

统计部门依法负责社会组织的统计监察管理工作。

国家安全部门、公安部门依法负责对社会组织涉及国家安全的活动进行调查、防范、制止。

外事部门依法负责社会组织涉外交往活动的审批备案和规范监督管理工作。

其他职能部门按照各自职责范围承担对社会组织监督管理责任并实施监督管理。

4. 社会组织是独立民事主体，依法承担独立民事主体的相关责任。应建立健全以章程为核心的内部管理制度，依章程规定的宗旨和业务范围进行活动；按照规定接受年度检查和办理变更登记；不得侵占、私分、挪用组织资产或所接受的捐赠、资助；不得违反国家有关规定收取费用、筹集资金或者接受、使用捐赠、资助；不得从事营利性经营活动；加强对分支机构、代表机构的管理。

（二）深化登记管理制度改革

1. 建立社会组织直接登记制度。

工作目标：对工商经济、社会福利和公益慈善类社会组织实行直接登记。在总结经验的基础上，逐步扩大社会组织实行直接登记管理的范围。

具体措施：

（1）除法律法规、政策文件规定须由政府有关部门在登记前进行前置审批的社会组织外，工商经济、社会福利类和公益慈善类社会组织的申请人可直接向登记管理部门申请登记。登记管理部门接到申报材料后，可向有关业务指导单位征询意见，也可委托专业机构提出评估意见，有关意见可作为审批的依据，并在规定期限内作出准予登记或不予登记的书面决定。

（2）社会组织不得危害国家统一、安全、民族团结和社会稳定；不得损害国家利益、社会公共利益以及其他社会组织和公民的合法权益；不得违背宪法、法律法规和社会道德风尚。严格控制以特定人群为主体或业务宽泛、不易界定的社会组织。

2. 启动社会组织备案制度。

工作目标：启动社区社会组织备案制，逐步形成布局合理、覆盖广泛、服务到位、满足人民群众不同需要的社区社会组织体系。

具体措施：

（1）出台《深圳市社区社会组织登记和备案管理暂行办法》，对街道（或社区）范围内由自然人、法人和其他社会组织自愿组成，并在街道（或社区）范围内开展活动，但尚不具备登记条件的社区社会组织实行备案管理。社区社会组织申请人在具备活动场所和章程草案的情况下可自愿向备案管理部门申请备案。

（2）区民政部门是社区社会组织的备案管理部门。备案管理部门在收到申请人全部有效材料后，在规定期限内出具同意或不同意备案的意见书。

3. 探索开展异地商会、基金会、跨省区行业协会商会的登记工作。

工作目标：规范异地商会的登记工作。根据国家有关部门的授权，探索开展基金会、跨省区行业协会商会登记管理试点。

具体措施：

（1）出台《深圳市异地商会登记管理暂行办法》，并规范异地商会的登记工作。

（2）启动基金会的登记管理试点工作，发挥现有公募基金会的作用，大力培育非公募基金会，探索开展在深涉外基金会的登记工作，制定相关登记管理细则。

（3）探索开展跨省区行业协会商会的登记试点工作。通过备案，允许我市登记的行业协会商会根据行业发展的需要，在自愿的基础上，吸收跨省区会员并开展跨省区活动。

（4）加强深惠莞行业协会的合作交流，建立跨区域、多层级合作交流机制。开展深惠莞三地信息交流和互通，建立登记管理部门的联席制度和同行业组织的联盟。

（三）探索培育发展新模式

1. 发展支持型社会组织。

工作目标：整合社会资源，建立支持型社会组织体系，对社会组织予以能力建设、资源和智力支持，培育社会组织发展，引导社会组织提供公益服务。

具体措施：

（1）发展服务支持型社会组织，提供场地、项目策划和管理等支持；通过福利彩票公益金购买公益项目，探索公益创投运作模式，鼓励服务支持型社会组织开展促进中小型社会组织成长、为从事公益事业的社会组织提供服务以及其他有利于公益事业发展的活动、进行促进公益慈善事业可持续发展的交流、合作工作。

（2）发展资金支持型社会组织，推进基金会特别是非公募基金会的发展，鼓励其支持社会组织开展公益活动；引导基金会申请公益捐赠税前扣除资格；研究制定基金会资金募集、使用、监督适度分离又有效衔接的制度，推进基金会规范化建设。

（3）发展智力支持型社会组织，联合科研机构，整合学术资源，开展多种形式的学术交流和研讨活动，加强对社会组织理论和实践研究，指导社会组织专业化管理和队伍建设。

（4）发挥深圳市社会组织总会的综合平台作用，承接政府部门和事业单位委托的关于社会组织的法规起草、政策研究、专业评估等事项，开展社会组织孵化、培训和能力提升等工作。

2. 建设和完善社会组织孵化基地。

工作目标：启动“社会组织孵化实验基地”，探索运行机制和孵化模式。推进社会组织孵化基地项目建设。

具体措施：

（1）启动“社会组织孵化实验基地”，以场地、资金、能力建设等优惠政策方式吸引社会组织入驻，提供后勤保障服务、管理咨询服务以及信息、网络、培训等支持。重点对支持型社会组织以及工商经济、社会福利、公益慈善类社会组织和社区社会组织中具有发展潜力的组织进行孵化，统一管理、统筹资源、优化流程。社会组织在孵化实验基地内，接受为期一年的指导、相互交流、承接政府及社会项目、培育领军人物，扶持品牌建设，期满后迁出孵化实验基地自行发展；加快“深圳市社会组织孵化基地”项目建设；总结、完善并复制实验基地的运作模式，打造社会组织的公共服务平台。

（2）优化社会组织孵化流程。建立规范的“接受申请—筛选评估—入壳—孵化—出壳—跟踪辅导”六阶段孵化程序，提供一站式、人性化、便捷化服务。

3. 培育社区社会组织综合服务机构。

工作目标：在具备条件的社区进行试点，取得经验后逐步推广。

具体措施：

（1）探索建立依托社会组织管理社会组织的新模式，增强社区社会组织自治能力，逐步形成有效的社区社会组织自治网络。

（2）鼓励成立或改造整合一批社区社会组织综合服务机构，为社区社会组织提供培育、发展、服务、评估、预警等综合性服务，如活动指导、政策咨询、党建、人力资源管理、培训业务咨询等。

（3）通过政府购买服务等方式，将社区社会组织备案咨询收件、信息反馈及数据统计工作等社会管理职能交给社区社会组织综合服务机构，协助政府对各个领域的社区社会组织进行精细化管理。

（四）完善配套发展政策

1. 完善各项扶持政策。

工作目标：全面落实《关于进一步发展和规范我市社会组织的意见》（深办〔2008〕66号）。完善促进社会组织发展的配套政策。

具体措施：

（1）民政部门牵头出台《关于支持社会组织在人才工作中发挥作用的若干措施》，通过委托、授权、购买服务等多种方式，探索社会组织在人才工作中发挥重要作用的途径。建立健全社会组织人才培养体系。拓展培训渠道，党校、行政学院、高等院校及其他社会培训机构等面向社会组织开展专项培训；人力资源保障部门会同民政等部门，进一步完善适应社会组织及其专职人员特点的人员流动、入户、职称评定、档案管理、人才招聘、职业能力建设、权益保障等政策，形成有利于社会组织人才培育的发展和激励机制，促进社会组织人才队伍职业化、专业化。

（2）税务部门整理相关税收政策，落实与社会组织相关的税收优惠政策；加大对已有税收优惠政策的宣传和普及工作；让社会组织了解税收政策，配合税务管理。

（3）财政、民政部门出台《深圳市行业协会商会发展专项经费管理使用暂行办法》，大力资助行业协会开展公共服务、人才培训和合作交流，承接政府委托的各种工作。

2. 促进社会组织依法参政议政。

工作目标：努力争取在人大代表、政协委员中增加社会组织代表比例、数量。探索社会组织依法参政议政渠道，扩大社会组织对公共事务的参与。

具体措施：

（1）积极探索社会组织参政议政的新渠道，争取在党代表、人大代表和政协委员中增加社会组织的比例和数量。

（2）探索建立重大行业决策征询行业协会商会意见的制度及重大公共决策社会组织参与和利益表达机制。

（3）在行业协会商会试行建立行业发言人制度，发布相关行业涉及公共利益的重要信息，成为政府发言人制度的有益补充，扩大行业协会商会影响力。

（五）健全监督管理机制

工作目标：全面建立社会组织等级评估制度。初步形成监管主体多元化、监管措施多样化和监管程序规范化的社会组织监管机制。健全社会组织自律机制，提高社会组织的自身能力和社会公信力。

具体措施：

1. 全面开展社会组织等级评估，建立科学的评估指标和完善的评估体系，加强对社会组织的激励和监督。建立评估机制，将评估结果作为政府向社会组织购买服务的重要依据。

2. 打造社会组织阳光工程，建立健全社会组织自律机制，提高自我约束能力。社会组织应普遍建立规范运作、诚信执业、公平竞争、信息公开、奖励惩戒、自律保障等六项机制；建立以章程为基础的约束机制和行为准则；完善内部治理结构；加强财务收支、社会捐赠、服务收费和使用等制度建设；切实落实涉外活动报告制度；通过培训、持证上岗等多种方式加强社会组织专职人员队伍建设，加强社会组织内部的党群组织建设，树立社会形象，提升公信力。

3. 完善社会监督机制。建立社会组织信息公开制度，接受社会监督：社会组织的事务，涉及公众利益的，要在新闻媒体公告；其他重要事务，要在登记管理部门指定的网站公开；内部事务，要在社会组织内部公开；建立公众监督机制，强化新闻媒体的舆论监督作用，规范社会组织的行为；允许和鼓励公民、特别是捐赠人对社会组织的章程、组织机构、活动情况和财务管理等相关情况进行监督。

4. 建立由登记管理部门、业务主管单位、业务指导单位以及相关职能部门组成的联席会议制度；建立民政、税务、市场监管、人事劳动、公安、外事、银行等相关部门的社会组织法人数据库信息共享系统，形成协同监督、齐抓共管的责任机制；将年检工作与日常监督、绩效管理、信用建设、执法查处结合起来，加强对社会组织的年度检查报告书审核，委托专业机构对社会组织的财务状况进行抽样检查，提高社会组织年检效力；业务主管单位、业务指导单位会同登记管理部门共同制定不同类型社会组织的行业标准；登记管理部门制定社会组织分类指导目录和分类章程示范文本，促进社会组织健康发展。

三、保障机制

（一）加强领导，逐级落实

成立由主管副市长任组长的登记管理部门、业务主管单位、业务指导单位及相关职能部门的会商制度，研究制定我市社会组织发展的战略方针，决策社会组织发展的重大事项，协调和监督社会组织管理体制改革工作的开展，加强社会组织管理队伍建设。

（二）明确职责，加强协调

本实施方案涉及的市、区各职能部门要制定所负责工作的具体实施计划，做到领导到位、责任到位、资金到位、协调到位、落实到位。

（三）公众参与，各界联动

鼓励和支持公众参与有益社会组织发展的行动，切实保障人民群众知情权、参与权和监督权。定期邀请人大、政协对我市社会组织管理体制改革工作进行监督和视察。积极发挥新闻舆论的监督作用。

深圳市人民政府办公厅关于印发《深圳市推进政府职能和工作事项转移委托工作实施方案》的通知

（深府办〔2010〕20 号　2010 年 3 月 17 日）

各区人民政府，市政府直属各单位：

《深圳市推进政府职能和工作事项转移委托工作实施方案》已经市政府同意，现予印发，请认真组织实施。

深圳市人民政府办公厅

深圳市推进政府职能和工作事项转移委托工作实施方案

为配合我市行政管理体制改革，充分发挥社会组织在承接政府相关职能和工作事项中的作用，实现政府相关职能和工作事项规范有序地转移委托以及承接，根据《关于进一步发展和规范我市社会组织的意见》（深办〔2008〕66 号）要求，制定本实施方案。

一、总体目标

进一步转变政府职能，打造服务型政府。凡是社会能够自主解决、市场机制能够自行调节、行业组织能够自律解决的事项，都要转移委托出去，实现政府相关职能和工作事项规范有序地转移委托及有效承接，确保各项业务的连续性和服务质量，增强政府对公众需求的回应性，提高政府社会管理、公共服务的效能和水平。

二、基本原则

（一）规范有序、平稳过渡原则。

（二）目标明确、分步实施原则。

（三）全面开放、竞争择优原则。

（四）费随事转、合约管理原则。

（五）强化监管、绩效评估原则。

三、范围和分类

政府转移职能或委托事项的范围是：

我市机构改革中，政府各相关部门“三定方案”明确不再承担和不直接办理的工作事项。相关转移职能或委托事项可分为两类：

第一类：政府部门不再承担，转由社会和市场自行办理的职能和工作事项。

第二类：政府部门继续提供，但委托社会和市场办理的职能和工作事项。

四、转移委托的步骤和要求

（一）对第一类职能和事项，政府部门主动退出，社会组织可以自行决定参与和提供服务，政府各部门按各自职能依据法律、法规、规章进行监管。

（二）对第二类职能和事项，由政府各相关部门通过转变工作方式，以政府购买服务和政府资助的方式委托社会组织办理。具体步骤和要求如下：

1. 政府相关部门发布转移委托工作事项的信息。

政府各相关部门作为事项委托单位，对本部门需转移委托的工作事项，于每年 11 月 20 日前编制《政府职能和工作事项转移委托表》，逐项列明受托单位应具备的具体标准和条件、履行该事项的具体要求、委托时限、经费标准和来源等，并通过本部门网站统一向社会发布，接受社会组织申请。

2. 社会组织向政府相关部门申请承接政府工作事项。

全国性、广东省和深圳市各相关社会组织应自政府各相关部门发布委托的工作事项信息后 1 个月内，根据委托事项的性质和本组织的实际，向发布信息的政府部门提出承接申请，并填写《社会组织承接政府工作事项申请表》（附件 1）。

政府各相关部门作为委托单位，可在上述社会组织范围以外推荐其他省市的优秀社会组织，参与承接政府相关工作事项。

3. 政府相关部门确定受托单位。

转移委托工作事项的政府各相关部门应组成专家评审小组，在受理社会组织申请的1个月内对参与申请的社会组织进行资格审查，并根据转移委托工作事项的性质，以及承接主体的实际，按照公开、公平和择优的原则，通过公开招标或竞争性谈判或采用单一来源采购等方式确定受托单位。拟定受托单位后应向社会进行为期5天的公示。对纳入政府采购目录的工作事项的采购按照我市现行的政府采购有关规定进行。

4. 签订《委托协议书》。

确定受托单位后，政府各相关部门与受托单位签订《委托协议书》(附件2)。《委托协议书》一式五份，委托单位、受托单位各一份，并报市编制部门、市财政部门和市民政部门各备案一份。

本次机构改革，政府各部门“三定方案”明确需要转移委托的各项工作事项，应于2010年5月底前按上述步骤和要求完成转移和委托，并确保各项工作的连续性。

五、监督管理与绩效评估

（一）委托、受托双方签署《委托协议书》后，政府各相关部门应对受托单位承办工作进行全程指导和监督检查，确保工作的质量和效益。

（二）某一工作事项完成后，受托单位必须按照《委托协议书》的要求，做好承办工作情况总结，并附相关说明材料。

（三）政府各相关部门应制定《委托事项评估办法》，当《委托协议书》中协议生效时限到期后，政府各相关部门应组成评估小组或引入社会评估机构按照《委托事项评估办法》的规定，听取各受托单位完成工作情况的汇报，审核受托单位提供的工作情况总结和有关说明材料，对受托单位完成工作的绩效进行评估验收。

六、加强领导，明确职责

（一）市政府成立政府职能转移和承接工作联席会议，加强工作的领导和统筹协调。联席会议由分管市领导召集，市财政委、编办、民政局(民间组织管理局)、监察局（纠风办）、审计局、法制办，以及涉及委托职能和事项的其他政府部门的有关领导组成。联席会议办公室设在市民政局。

（二）各相关部门的职责如下：

1. 市编办：负责对政府部门新增或转移委托职能的性质界定和分类。

2. 市财政委：负责建立政府委托职能和事项专门账户并落实各职能部

门的相关费用；负责统筹安排全市各类资金（公益金）在政府委托职能和事项中的使用。

3. 委托职能和事项的政府各相关部门：作为委托职能和事项的责任主体，负责做好工作事项的转移和委托工作，严格把关，做到信息公开、程序透明；掌握本领域中能够承接的社会组织和市场机构的情况；制定《委托事项评估办法》，加强对受托单位的业务指导、监督，做好工作绩效评估。

4. 政府采购中心：配合政府各相关部门做好纳入政府采购目录的工作事项的政府采购工作，包括组织公开招标、邀请招标、竞争性谈判、询价采购、单一来源采购等。

5. 市监察局（纠风办）：对政府各相关部门需要转移或委托的事项、受托单位的确定，委托的标准和程序，转移和委托后的指导、监督和评估等情况进行监督检查，并将各部门完成职能转移和委托工作的情况纳入政府行政绩效评估内容，确保政府职能转移和承接工作的公开、公平和公正。

6. 市民政局（民间组织管理局）：负责政府职能转移和承接工作联席会议办公室日常工作；科学安排用于向社会组织购买服务的福利彩票公益金和行业协会商会发展专项经费；加大力度培育发展社会组织，加强社会组织的监督管理、能力建设和自律管理；加快社会组织的评估工作，提高社会组织的信誉度和公信力；将社会组织完成政府委托事项的工作情况纳入年度检查和评估指标体系。

七、其他

（一）对社会组织或市场尚不成熟的领域设定 1－3 年指导期，政府各相关部门应制定扶持政策，培育、鼓励社会组织有效承接职能。

（二）由政府相关部门通过福利彩票公益金等财政性资金资助、培育试行两年以上、考核评估合格并经市政府同意作为公共服务项目列入部门年度预算的工作事项参照本实施方案执行。

（三）政府职能和工作事项向社会组织以外的其他机构转移委托参照本实施方案执行。

（四）政府各相关部门可根据本实施方案和部门实际，制定具体实施方案，细化相关文书等。

（五）政府转移职能和工作事项的购买服务经费按照《深圳市扶持社会组织发展实施方案》执行。

附件：1.《社会组织承接政府工作事项申请表》示范文本（略）

2.《委托协议书》示范文本（略）

·第二编·

重要讲话和论述

在全国先进社会组织表彰暨社会组织深入学习实践科学发展观活动总结大会上的讲话

全国社会组织学习实践活动指导小组组长
民政部党组书记、部长　李学举

2010年2月26日

同志们：

农历新春伊始，我们在这里召开会议，隆重表彰社会组织先进单位，总结社会组织深入学习实践科学发展观活动，进一步统一思想，明确思路，安排工作，这对于促进我国社会组织健康发展、发挥社会组织积极作用具有十分重要的意义。中共中央政治局委员、国务院副总理回良玉同志对这次会议十分重视，专门给大会发来贺信，全国人大周铁农副委员长在百忙当中亲临指导，体现了党和国家对社会组织的高度重视和殷切期望，也是对我们工作的巨大鼓舞和激励。中央深入学习实践科学发展观活动领导小组办公室有关负责同志，中央国家机关有关部门的负责同志专程出席会议，并向受到表彰的先进单位发奖授牌，体现了各个部门对社会组织工作的高度重视和大力支持。刚才，595个社会组织获得了全国先进社会组织的荣誉称号，184个学习实践活动先进单位受到了表彰，他们是全国42万多个社会组织的杰出代表，他们的先进事迹值得我们很好学习。4个先进社会组织的发言，内容丰富、事迹突出，值得广大社会组织学习借鉴。在此，我代表民政部和全国社会组织深入学习实践科学发展观活动指导小组，向受到表彰的先进单位表示热烈的祝贺！向与会代表并通过你们向辛勤工作在全国社会组织战线上的同志们致以诚挚的问候！向多年来关心支持我国社会组织事业的各位领导、同志和社会各界人士表示衷心的感谢！

党中央、国务院历来高度重视社会组织工作。党的十六届三中、四中、五中、六中全会和党的十七大，都对社会组织工作提出明确要求。特别是党的十七大郑重提出了“重视社会组织建设和管理”的新任务，党的十七届二中全会提出要“更好地发挥公民和社会组织在社会公共事务管理中的作用，更加有效地提供公共产品”。党的十七届四中全会，对社会组织党的建设提出了明确要求。胡锦涛总书记、温家宝总理等中央领导多次参加社会组织的活动，对社会组织工作作了许多重要指示，为我国社会组织工作和发展指明了方向。

近年来，各级民政部门、业务主管单位和相关职能部门认真贯彻落实中央精神，解放思想，开拓进取，做了大量卓有成效的工作。着力加强政策法规建设，先后出台一系列促进社会组织科学发展的法规和规章，在社会组织发展规划、财政税收、社会保障、党的建设、人才队伍等诸多方面健全配套政策，优化社会组织发展环境。着力加强分类指导，有重点地培育扶持适应经济社会发展需要的行业协会商会、公益慈善类社会组织、民办非企业单位、城乡基层社区社会组织和农村专业经济协会，社会组织布局结构更加合理。着力加强规范管理，开展诚信自律活动，推行信息公开制度，推进社会评估工作，规范年度检查，开展专项治理，加强行政执法，社会组织规范化建设有新的进步。着力加强体制机制创新，推进政社分开，建立现代社会组织制度，开展行业协会改革试点，建立改革创新观察点，改进和完善管理体制，探索城乡社区社会组织备案制度，支持综合配套改革试验地区先行先试。着力加强登记管理机关和业务主管单位自身建设，加强管理力量，提升管理效能，提高服务水平，形成了登记管理机关和业务主管单位分工合作、相关部门协同配合的双层多方综合管理体制。经过努力，在建立与我国经济社会发展需要相适应、布局合理、结构优化、功能到位、作用明显的社会组织发展体系方面取得新进展，在构建充满活力、富有效率、有利于社会组织健康发展的体制机制方面取得新突破，在形成党委领导下的政府管理、社会监督和社会组织自律相结合的管理格局方面迈出新步伐，为经济社会协调发展、构建社会主义和谐社会作出了积极贡献。

社会组织建设所取得的显著成绩和丰硕成果，是在党中央、国务院的正确领导下，认真践行邓小平理论和“三个代表”重要思想，深入贯彻落实科学发展观的结果，是各部门、各地区积极推进、大力支持的结果，也是广大社会组织自立自强、努力工作的结果。自2004年首届全国先进社会组织表彰大会之后，广大社会组织争先创优，掀起了学先进、赶先进的热潮，又涌现出了一大批先进社会组织。这些社会组织来自全国各行各业，尽管组织形式各异，规模大小不同，但都取得了优异成绩，作出了突出的贡献。他们的工作业绩，反映了社会组织发展进步的足迹，展现了社会组织的时代特征，蕴含着丰富的内涵，具有鲜明的特点。

一是坚持把贯彻党的路线方针政策、遵守国家法律法规作为根本准则。他们讲政治，把握正确的政治方向，坚持党的领导，坚持有中国特色社会主义道路。始终与党中央保持一致，与党同心同德，以贯彻党的路线方针政策为己任。他们顾大局，自觉承担社会责任，从汶川大地震抗震救灾到奥运会志愿服务，从促进经济发展到维护社会和谐稳定，从应对金融危机到保障民生，从国际交往到两岸交流，发挥独特优势和作用，成为党和政府的有力助手，展现了民间社会的巨大力量。他们守法纪，模范遵守国家法律法规，认真执行各项规章制度，承担法人责任，履行法人义务，自觉维护社会公共秩序，大力践行社会主义核心价值观，努力弘扬社会公平正义，体现了先进社会组织的优秀本色。

二是坚持把服务国家、服务社会、服务会员作为根本宗旨。在经济领域，他们积极参与行业规划、反映行业诉求、促进行业自律、调解贸易纠纷、维护市场秩序、健全社会信用体系，成为加快转变经济发展方式、促进行业可持续发展的“助推器”。在社会领域，他们提供文化教育、医疗卫生、社会福利、劳动培训等服务，吸纳社会人员就业，弥补公共服务不足，满足人民群众的公共服务需求。在公益慈善领域，他们团结社会各界人士，吸纳民间资金，开展减贫济困、安老抚幼、扶弱助孤、助学助医等公益活动，弘扬了慈善文化，推动了慈善事业发展。在城乡基层领域，他们扎根基层，心系百姓，传达政府政策，反映群众心声，活跃文化生活，成为和谐社区建设的重要力量。

三是坚持把自我约束、自我管理、自我发展作为根本方向。他们坚持民主办会、科学决策，以章程为核心，健全法人治理结构，完善民主制度，提高决策的科学性和有效性。他们坚持整合资源，拓展服务，承接政府职能和项目，获取财政支持；开展社会服务，获取服务收入；募集社会资金，获取社会捐赠；服务会员，获取会费收入，实现资金效益最大化，打造出一批参与广泛、富有影响的“品牌项目”和“精品工程”。他们坚持规范行为，诚信自律，依法开展活动，广泛推行承诺服务，严格执行国家财经纪律，自觉维护职工权益，以诚信为立身之本，以自律为生存之道，把社会效益摆在首位，自觉接受政府和社会的监督，树立了良好的社会形象。

四是坚持把班子和队伍建设作为根本保障。他们努力加强班子建设，严格民主程序，完善民主选举、科学决策、依法管理的各项制度，形成了团结协作、坚强有力的领导班子；他们努力加强队伍建设，严格要求、严格管理、严格教育，优化激励机制，提高专业素质，形成了作风优良、素质过硬的专业队伍；他们努力加强志愿者队伍建设，培育公益精神，传播公益理念，吸引、凝聚了一大批甘于奉献、乐于助人的志愿者，为社会组织的发展奠定了人才基础。

总之，这些先进社会组织所体现出来的特点和精神，是中国特色社会组织建设的宝贵财富。我们相信，在先进社会组织的示范和带动下，社会组织的社会地位将进一步提高，社会影响进一步扩大，社会形象进一步提升，社会作用进一步发挥。

同志们!

根据党的十七大部署，从 2008 年 9 月开始，全党分批开展深入学习实践科学发展观活动。在第一批、第二批学习实践活动开展的基础上，中央决定，社会组织参加第三批学习实践活动，民政部牵头成立指导小组。中央学习实践活动领导小组高度重视社会组织学习实践活动。习近平同志先后多次召开社会组织学习实践活动座谈会、到社会组织进行专题调研，作出重要指示、批示。李源潮同志在活动之初就亲临民政部调研，就社会组织搞好学习实践活动提出明确要求。中央学习实践活动领导小组和中组部有关领导多次到民政部具体指导，进行专题研究，下发一系列指导文件，对学习实践活动精心部署，周密安排。各业务主管单位高度负责，真抓实干，领导所属社会组织扎实开展学习实践活动。各级党委认真贯彻中央精神，紧密结合实际，精心组织实施。各级民政部门和指导小组成员单位切实履行职责，工作认真，指导有力，推动学习实践活动不断深入。

按照中央要求，民政部成立了全国社会组织学习实践活动指导小组，吸收有较多社会组织的水利部、文化部、卫生部、体育总局、共青团中央、中国科协、中华全国供销合作总社等 7 个业务主管单位参加，组成办公室和 6 个巡回指导组，对全国 23. 3 万个参学社会组织进行指导。在学习实践活动的三个阶段，指导小组先后召开 4 次全国会议，召开了 218 次各类指导小组会、调研会和片区会，先后派出 35 批巡回指导小组，到 28 个省（区、市）检查，下发 8 个文件，编发 97 期简报，编印并免费发放学习材料，推广了一批先进典型单位的学习经验，有力地指导和推动学习实践活动深入开展。

社会组织单独作为一个组织类别，整体参加全国性重大学习教育活动在我党还是第一次。社会组织不仅数量种类多，分布范围广，人员结构松散，而且党建基础薄弱，组织落实难度大，是第三批学习实践活动的重点、难点。为确保活动开展起来并且取得实际效果，在广泛调查、深入研究基础上，指导小组提出了要“加强党的建设、加强自身建设、充分发挥作用”的三项任务，突出了“学习内容符合实际、活动方式简便易行、组织活动分类指导、工作方法统筹协调”等四项要求，确定了影响较大、规模较大的社会组织作为学习实践活动的两类重点，提出了实现“党的建设有新突破、自身建设有新加强、功能作用有新发挥”的三个目标，确定了带任务下去巡视、带情况回来汇报的巡回指导方法，建立了“党委统一领导、民政部门条条指导、业务主管单位具体落实”的社会组织学习实践活动的工作机制，确定了“培育发展、科学管理、自身建设、党的建设”四个方面的长效机制研究探索。

在各级党委和领导小组的正确领导下，在各业务主管单位大力支持下，经过各级指导小组和广大社会组织共同努力，这次学习实践活动取得了丰富的成果，实现了预期目标。主要成效体现在以下几个方面：

——思想认识上有新提高。这次学习实践活动，是社会组织发展历程中参加人数最多，规模最大的一次当代马克思主义的学习教育活动。全国社会组织共有约132万名党员、6万余个党组织参加了第三批学习实践活动。通过学习实践活动，社会组织广大党员特别是党员负责人进一步加深了对科学发展观的理解，进一步按照科学发展观要求解放思想，转变不适应、不符合科学发展要求的思想观念，在本单位要不要科学发展、能不能科学发展、怎么样科学发展等重大问题上形成共识，贯彻落实科学发展观的自觉性、坚定性明显增强。社会各界对新时期社会组织的地位、作用、功能有了新认识，为社会组织发展营造了良好氛围。

——党建工作取得新突破。各地各单位自始至终把党建工作摆在首要位置，创新党建工作方式，规范党建工作制度，扩大党组织覆盖面，基本实现社会组织党组织应建尽建。据调查统计，社会组织中符合建立党组织条件的有6.82万个，其中在学习实践活动之初，已建党组织的有2.56万个，党组织组建率为37.5%；到目前为止，通过学习实践活动，全国各地新增党组织3.57万个，社会组织党组织数达6.13万个，组建率由学习实践活动之前的37.5%提高到89.8%，比学习实践活动之初提高了一倍多。上海、广东、安徽、新疆、福建、河北等地的社会组织党组织实现全覆盖，四川、重庆、山西、云南、新疆生产建设兵团等地社会组织党组织覆盖率也有大幅提高。全国新增党员1.82万名，社会组织党员总数达132.6万名。为了理顺社会组织党建管理体制，广东、宁夏、山东、海南等地依托登记管理机关，成立了省级社会组织党工委，黑龙江成立了省级社会组织党建工作领导小组，还有部分省（区、市）正在筹划成立相关机构，形成了登记管理与党建管理的合力。

——自身建设有了新加强。在学习实践活动中，各地社会组织把自身建设作为重点，突出制度建设，在内部管理的六个方面完善健全制度。按照边学边改、边整边改的要求，普遍解决了一批长期没有解决的突出问题，广大干部职工和服务对象从中得到了实惠，领导班子作风有了很大的改善，专业人员队伍面貌焕然一新，内部制度进一步完善，有力推动了社会组织可持续发展。江西省深入开展“以提高一个能力建设为核心、以完善三项制度为抓手、以强化五种意识为途径、以发挥七个方面作用为重点”的活动，强化社会组织自身建设。四川省把完善社会组织内部治理结构列入全省各级登记管理机关目标考核内容，督促加强社会组织能力建设。浙江省把“自律诚信建设”活动范围逐步扩大到全省社会组织，全面推行承诺服务制度。天津市在社会组织中探索设置公益岗位，提供资金支持，既缓解了高校毕业生就业压力，又提高了社会组织工作人员素质。福建省制定社会团体票据电子化管理制度，对社会团体经费收支实行网上运作，规范票据使用和收费行为。湖南、陕西、贵州等地出台社会组织规范化建设意见，河南、内蒙古、甘肃、青海等地坚持秘书长和财务人员培训制度，着力提高社会组织工作人员职业道德和业务素质。

——功能作用有了新发挥。在学习实践活动中，广大社会组织紧密结合当前经济发展形势，围绕保增长、保民生、保稳定的目标，精心设计载体，突出实践特色，增强活动效果。江苏、黑龙江、吉林、广西等地积极开展“结对帮扶促民生”、“送服务、树形象”等主题实践活动，精心实施“爱心工程”、“双带工程”、“和谐工程”，组织社会组织党员干部、业务骨干深入乡镇（企业）、社区等基层单位开展各种公益活动，着力帮助基层、企业和服务对象解决突出问题，提升了社会组织的社会形象。中国抗癌协会实施“全国农村妇女乳腺癌检查、肿瘤规范化诊疗推广、肿瘤预防科学传播”三项惠民工程，福建漳州市水仙花协会用科学发展的理念落实惠农举措，依托标准化生产延伸产业链，带动更多的农民增加收入，水仙花年产值1亿多元，带动其他产业增加产值4个多亿。据不完全统计，学习实践活动开展以来，公益类、服务类社会组织开展公益项目、惠民活动30多万个（项），直接受益群众600多万人次，学术类社会组织提出政策性意见建议20多万条，经济类社会组织为会员企业提供资金、技术、管理等方面帮助，创造经济效益300多亿元。

——长效机制有了新探索。在学习实践活动中，登记管理机关、业务主管单位以及社会组织围绕“健康发展、发挥作用”的总课题，在“培育发展、科学管理、自身建设、党的建设”等四个方面，加强长效工作机制探索。广东省将双重管理体制改革从行业协会推进到异地商会和公益性社会组织，建立政府职能转移和购买服务机制。上海市将社会组织作为社会建设的重要内容，制定了“1+7”的扶持配套政策，着力构建社会组织发展、管理、党建三位一体建设新格局。湖北省积极推动在武汉城市圈和省本级取消行业协会、公益性社团和基金会业务主管单位。安徽省抓住建设合芜蚌自主创新综合配套改革试验区机遇，在试验区推进行业协会管理体制改革，取消业务主管单位前置审批，加强综合指导与管理。北京市2009年对承担政府转移职能的社会组织给予补贴3.16亿元，还从彩票公益金和财政资金拿出1亿元向社会组织购买居家养老服务，招聘1000名大学生到公益性社会组织就业。辽宁省积极协调有关部门，初步形成了社会组织人事管理、工资福利、税务登记、规范收费等方面的解决方案。海南海口市进一步转变政府职能，推进社会建设重心下移、社会服务重心前移，制定了一揽子培育发展社会组织的政策措施，为社会组织营造良好外部环境。

总之，这次学习实践活动是党的最新理论成果在社会组织领域的一次大普及，是以科学发展观指导社会组织健康发展的一次大实践，是提升社会组织党员干部推动科学发展的一次大培训，必将对我国社会组织全面科学发展起到积极而深远的影响。

同志们！

当前，我国正处在改革开放和现代化建设的关键时期，经济建设、政治建设、文化建设、社会建设以及生态文明建设全面推进，工业化、信息化、城镇化、市场化、国际化深入发展，为我国社会组织发展提供了新的机遇，提出了新的要求，这也意味着我国社会组织将进入新的发展时期。这就更加需要重视和发挥社会组织的积极作用，更加需要激发和调动广大社会组织的积极性和创造性，更加需要深刻把握社会发展规律，建设具有中国特色的社会组织。我们要高举中国特色社会主义伟大旗帜，以邓小平理论和“三个代表”重要思想为指导，深入贯彻落实科学发展观，进一步统一思想，提高认识，创新发展模式，完善扶持政策，健全体制机制，加强党组织建设，建立现代社会组织制度，推动社会组织与经济社会协调发展，努力开创中国特色社会组织建设新局面。

（一）统一思想，提高认识

思想是行动的先导，认识是工作的基础。解决思想和认识问题，是社会组织科学健康发展的首要前提。统一思想，提高认识，就是要站在经济发展的高度看社会组织的积极作用。社会组织不仅是国民经济的重要组成部分，对经济发展有直接的贡献作用，还对资源配置、平衡利益等方面有积极的调节作用，对市场行为、经济秩序有重要的规范作用，被公众称为转变经济发展方式、促进行业可持续发展的“催化剂”和“助推器”。统一思想，提高认识，就是要站在构建和谐社会的高度看社会组织的积极作用。社会组织是社会服务和社会管理的重要力量，对扩大公共服务，保障和改善民生有重要补充作用，对解决社会矛盾、反映群众诉求，维护社会稳定有“缓冲器”和“调节器”的作用，也是健全党委领导、政府负责、社会协同、公众参与社会管理格局，推进社会管理体制创新的重要方面。统一思想，提高认识，就是要站在扩大党的执政基础的高度看社会组织的积极作用。社会组织的会员和服务对象遍及城乡，涉及各行各业，具有广泛的群众基础，是党和政府联系不同方面、不同利益人民群众的桥梁和纽带，为党更加紧密地联系群众，更广泛地团结和凝聚各方面积极力量，增强自身活力，提供了新的途径和方式，是新时期巩固和加强党的执政能力建设的重要领域。统一思想，提高认识，就是要站在增强我国国际竞争力的高度看社会组织的积极作用。应对日趋激烈的国际竞争，适应我国对外开放的新格局，不仅需要依靠政府和企业的力量，而且需要社会组织扮演重要角色，充分发挥他们不可替代的作用。

（二）培育扶持，依法管理

一手抓培育扶持，一手抓依法管理，这是社会组织建设内在统一、缺一不可的两个方面，是社会组织健康发展的重要保证。培育扶持，依法管理，就是要加强社会组织法制建设，全面修订出台社会团体、民办非企业单位和基金会三个条例，推动行业协会等单项立法，不断提升社会组织的法律地位和社会地位。培育扶持，依法管理，就是要深入研究政府向社会组织转移职能的政策体系，推动各部门、各级政府与社会组织开展多层次合作，推动建立公共财政对社会组织的资助和奖励机制，落实税收优惠政策，解决困扰社会组织发展的突出问题。培育扶持，依法管理，就是要健全监管机制，切实改变“重登记，轻管理”的倾向，改进和加强以年度检查、社会评估、信息公开为主要内容的日常管理，坚持依法行政，完善执法程序，维护社会组织合法权益，查处社会组织违法违规活动和非法组织，不断提高行政执法水平。

（三）健康发展，发挥作用

促进社会组织健康发展，充分发挥社会组织积极作用，是社会组织工作的出发点和落脚点。健康发展，发挥作用，就是要围绕经济社会发展的需要，大力发展公益性社会组织，提高公共服务水平；有序发展基金会，培育公益慈善功能；发展社区群众活动团队，引导开展群众文体活动；改革发展行业协会，增强服务经济的功能；引导发展学术团体，培育学术规范和交流服务功能。健康发展，发挥作用，就是要加强自身建设，发挥社会组织的优势和长处，增强服务能力，建立权责明确、协调运转、有效制衡的法人治理结构，完善民主选举、民主决策、民主管理、民主监督的制度体系，增强自主运作、独立运转能力，提高获取社会资源的能力，争取涌现一批服务好、能力强、公信力高、影响力大的品牌社会组织。健康发展，发挥作用，就是要广开举贤荐能之路，建立健全一套培养、吸引、使用、评价、激励社会组织人才队伍的制度体系，打造一支高素质的专业化、职业化队伍，培养一批政治上靠得住、工作上有本事、作风上过得硬、人民群众信得过的领导干部。

（四）加强党建，巩固成果

加强社会组织党组织建设是巩固学习实践活动成果的必然要求，也是促进社会组织健康发展的重要保证。加强党建，巩固成果，就是要不断扩大社会组织中党的组织和党的工作覆盖面，凡是符合党组织建立条件的，必须建立；尚不具备党组织建立条件的，上级党组织要通过选派党建工作指导员等形式，为党组织建立创造条件。加强党建，巩固成果，就是要充分发挥社会组织党组织作用，围绕贯彻党的方针政策、引导和监督遵守国家法律法规、团结凝聚职工群众、维护各方合法权益、促进健康发展等方面，积极探索社会组织党组织发挥作用的途径和方法。加强党建，巩固成果，就是要理顺体制，落实责任，继续完善社会组织党建工作领导体制，探索在各级民政部门设立社会组织党工委，创新党建工作机制。

（五）强化领导，创新工作

社会组织的健康发展离不开坚强的领导和创造性的工作。强化领导，创新工作，就是要加强改进党对社会组织的领导，把握社会组织建设发展方向，帮助解决发展中的困难和问题，为社会组织创造良好的环境。强化领导，创新工作，就是要明确分工，落实职责。民政部门、业务主管单位和相关职能部门要各负其责，齐抓共管，形成推进社会组织建设与管理的合力。有条件的地方，可以探索建立以民政部门为牵头单位的社会组织工作协调机制。强化领导，创新工作，就是要大胆实践，敢于探索，推进社会组织发展模式和管理体制创新，鼓励各地将中央要求与本地实际相结合，努力探索，先行先试，为全国社会组织改革发展提供经验。

同志们！

站在新的历史起点上，建设有中国特色社会组织，需要有新的认识，新的理念，新的措施促进社会组织健康发展，发挥作用。让我们在以胡锦涛为总书记的党中央领导下，高举中国特色社会主义伟大旗帜，解放思想，改革创新，努力探索中国特色社会组织建设和发展道路，为社会组织在我国经济、政治、文化、社会的建设中发挥更大作用而努力。

在全国社会组织创先争优活动推进会上的讲话

全国社会组织创先争优活动指导小组组长
民政部党组书记、部长 李立国

2010年9月28日

同志们：

今天，我们在这里召开全国社会组织创先争优活动推进会，主要任务是贯彻落实中央创先争优活动领导小组转发的《关于在社会组织党组织和党员中深入开展创先争优活动的指导意见》精神，分析前一阶段活动开展情况，交流典型经验，部署下一阶段指导工作。中组部组织二局副局长李博同志在百忙中专门到会进行指导。刚才，工业和信息化部、浙江、湖南、宁夏民政厅和中国渔业互保协会5个单位作了发言，谈得很好。他们的做法各具特色，富有成效，希望大家认真学习借鉴。下面，我讲几点意见。

一、社会组织创先争优活动进展情况

全国社会组织创先争优活动启动以来，在各级党委和领导小组的正确领导下，在各级指导小组的具体指导下，各地各单位认真贯彻中央的总体部署和要求，层层进行动员，制定实施意见，明确争创主题，精心设计载体，创先争优活动迅速展开，社会组织领域呈现出党组织履职尽责创先进、党员立足岗位争优秀的生动局面，阶段性成效明显。概括前一阶段活动情况，有以下几个特点：

（一）领导重视，组织得力

根据中央要求，民政部成立了全国社会组织创先争优活动指导小组，抽调精干力量组建了指导小组办公室，围绕重点问题进行了深入调研，制定了创先争优活动指导意见和相关制度。各地普遍成立了由民政厅（局）长担任组长的指导小组，切实加强组织领导，全面深入推进创先争优活动。河北、宁夏、浙江、湖南、山东、福建、海南等地纷纷召开社会组织创先争优活动动员会、促进会或座谈会，制定指导意见和实施方案，及时

进行部署。重庆市分级分类建立领导干部社会组织创先争优活动联系点1000多个，领导同志带头参加联系点活动，深入一线，靠前指挥。辽宁实行“一名领导牵头、一个班子负责、一个社会组织协调、一套措施落实、一个时限完成”的“五个一”工作机制，坚持定期检查、定期通报、定期评估。天津市确定一批社会组织创先争优活动示范观察点，建立了联络员制度，每周收集一次活动情况，每月组织一次信息通报会，及时掌握活动进展情况。安徽、山西、甘肃、江西等地认真组织，精心筹划，大力推进本地社会组织创先争优活动。各全国性社会组织业务主管单位积极履行职责，深入动员，加强领导。工业和信息化部高度重视，确定了60家社会组织作为联系点、信息点和典型示范点，定期交流，分类指导，有力推动本系统社会组织开展好创先争优活动。住房和城乡建设部专门召开了社会组织党组织负责人创先争优活动动员大会，提出了争创主题，建立了督查制度。交通运输部直属机关党委与社团党总支一起研究创先争优活动方案，确定重点内容，进行联合把关。水利部、商务部、农业部、国资委、银监会等单位理顺所属社会组织党建体制，注重将创先争优与业务工作结合起来，加大工作指导力度。

（二）主题鲜明，载体丰富

各地按照深入开展创先争优活动的要求，找准结合点和切入点，确定活动主题，精心设计载体，突出实践特色，增强活动效果。北京市以社会组织服务民生行动为重要载体，开展评出先进社会组织党组织、评出品牌社会组织；比出优秀共产党员、比出服务民生公益之星的“双评双比”活动。宁夏围绕“强化组织、提升能力、推动发展”主题，开展创建先进基层党组织、创建先进社会组织，争做优秀党员、争做优秀会员和会员满意、群众满意、政府满意、社会满意的“双创、双争、四满意”活动，通过全区325个社会组织党组织的创先争优活动辐射带动全区4377个社会组织创先争优。吉林组织社会组织开展了比发展，看带动能力，促进社会组织蓬勃发展；比规范，看基础工作，促进行业健康有序；比服务，看群众反映，促进社会组织服务功能提升的“三比、三看、三促”活动。河南安阳市个体私营经济协会围绕中心工作，精心设计了两个活动载体，在党组织中开展创建“五有”先进党组织活动，即有阵地、有保障、有制度、有活动、有作为；在党员中开展“党员商户亮身份、诚信经营做表率”活动。福建社会组织党组织和广大党员把抗洪救灾作为创先争优主战场，集中开展“三见”活动，做到赈灾捐赠，灾情面前见真情；投身一线，重任面前见责任；发挥作用，有位之中见作为，在完成急难险重任务中创先争优，展现风采。

（三）公开承诺，确保实效

各地引导社会组织推行公开承诺制度，广泛接受会员和群众监督，保证创先争优活动取得实效。湖南对社会组织党组织和党员开展公开承诺进行了专题部署，提出“量力承诺、尽力践诺、努力兑诺”，确保承诺惠及群众。长沙市温州商会提出了援建两所希望小学的公开承诺，长沙县青松老年公寓提出了把每位老人当成亲生父母来孝敬的公开承诺，并将党组织和党员的公开承诺张贴在醒目位置。重庆对承诺事项不贪大求全，要求党组织的承诺事项在10条左右，党员的承诺事项在5条左右，承诺事项实行一年一定、一月一诺，并向群众公布，接受群众评议。目前，已有85.6%的社会组织党组织、77.3%的党员确定了承诺事项。河南采取“党组织亮旗帜、党员亮身份、班子亮承诺”的办法，接受服务对象和党员群众的监督，不断完善承诺内容、示诺形式、问诺措施、评诺标准。江苏、青海、甘肃等地对社会组织的承诺事项，采取通过会员大会、报刊广播、手机短信、宣传橱窗等多种渠道向会员和群众进行公开，明确责任人，规定完成时限，逐项抓落实。湖北省浙江企业联合会选择100名品学兼优、家庭贫寒的学生作为资助对象，承诺帮其完成学业。各级指导小组、社会组织登记管理机关与业务主管单位加强协调配合，加大督查党组织和党员个人践诺履诺的力度，定期抽查，组织点评，确保得到群众认同，让群众满意。

（四）注重党建，扩大覆盖

各地进一步巩固学习实践科学发展观活动成果，在创先争优活动中继续抓好社会组织党建工作，采取多种方式，创新组织设置，扩大党的基层组织覆盖面，为开展创先争优活动提供组织保障。广东、山东、宁夏、海南等地在成立省一级社会组织党工委的基础上，采取有力措施将这一党建管理模式推进到市县一级。宁夏社会组织党工委在全区性业务主管单位成立了社会组织党委或党总支，广东成立了社会组织团工委和妇工委，实现了党建带群建。广西、陕西等地也正在积极争取依托民政部门成立社会组织党工委。上海积极探索“以民管民”枢纽式党建工作模式，建立健全联合会党组织，较好地理顺了联合会党委与所辖协会党组织的关系；青岛市根据专兼职领导班子和工作人员党员人数、社会组织性质等实际情况，按照“先易后难、先大后小、先点后面”的原则，采取单独组建、联合组建、挂靠组建等方式推进基层党组织建设，党组织覆盖率大幅提高。河北开展了“千名社会组织党组织书记党建工作述职活动”和“万名党员重温入党誓词活动”。新疆把提高党组织覆盖面作为创先争优活动的第一个战役，集中开展社会组织党组织百日组建活动，规定凡是符合党组织建立条件的，必须建立，努力实现党组织和党的工作全覆盖。贵州把9至12月作为集中组建党组织的攻坚阶段，明确责任，整体推进。浙江省台州市果品产销协会建立“协会党支部+会员党员”的工作模式，不断扩大党的工作覆盖。在基层社会组织党组织中，“党员责任区”、“党员示范岗”、“党员诚信经营户”等党建品牌创建活动积极展开。

（五）培育典型，加强宣传

各地在创先争优活动中，注重典型的培育、树立，注重通过舆论宣传，发挥典型的示范、引领作用。北京围绕社会组织公益服务品牌、规范化建设品牌、文化建设品牌等方面，选树一批服务好、能力强、公信力高、影响力大的品牌社会组织。湖北在省本级118个社会组织党组织中选择了10个党组织作为社会组织创先争优活动示范单位。宁夏提早选树典型，目前已选树了50个优秀基层党组织、100名优秀党员和10个党建示范点，作为创先争优活动先进典型进行重点指导培育。黑龙江建立了全省社会组织典型库，目前已储备了200余个各类社会组织典型。宁波市开展了社会组织服务社会创先争优百佳创新案例评选活动，深入挖掘社会组织在服务社会中的典型经验和优秀个案，总结提炼社会组织创先争优的活动成果。内蒙选择一些基础条件好、党建工作扎实的社会组织分类选树，进行重点培育，使每个区县、每个行业都有1至2个先进典型。云南、四川、广西、陕西等地充分利用电视、报刊、网络、内部刊物、活动简报、学习专栏等，大力宣传先进社会组织创先争优活动的动态，宣传社会组织党组织和优秀共产党员的先进事迹，扩大先进典型的影响力、吸引力和说服力。

总的看，全国社会组织创先争优活动开局良好，推进顺利，成效明显。但也存在一些问题和不足，主要表现在：一是社会组织创先争优活动进度不够平衡，少数地区、部分业务主管单位重视不够，宣传动员不充分。二是活动载体缺乏吸引力，一些地方活动载体设计与社会组织自身实际贴得不紧，特色不鲜明。三是社会组织党建管理体制不够顺畅，社会组织党组织隶属关系复杂，管理责任不明确，落实力度不大。这些问题，需要我们认真研究解决。

二、扎实推进社会组织创先争优活动深入开展

在社会组织党组织和党员中开展创先争优活动，与其他领域和行业开

展活动有许多不同。社会组织种类繁多、规模大小不一、隶属关系复杂，党组织的地位作用、党员的思想状况也有所不同。同时，社会组织党组织覆盖面不宽、工作基础薄弱。要使创先争优活动扎实推进，取得实效，必须进一步统一思想，提高认识，明确主题，把握重点，从实际出发，创造性地开展工作，推进创先争优活动全面深入开展。

（一）深化思想认识

深入开展创建先进基层党组织、争做优秀共产党员活动，是党的十七大和十七届四中全会提出的重要任务，是加强党的基层组织建设的一项重要的经常性工作，也是促进社会组织健康发展、发挥作用的有力举措。我们要认真学习贯彻胡锦涛总书记和习近平同志等中央领导关于创先争优活动的重要指示精神，不断深化思想认识。开展创先争优活动，是巩固和拓展学习实践科学发展观活动的重大举措，对于将活动期间创造的成功经验制度化、长效化，继续深化社会组织学习实践活动整改落实工作，完善长效机制，具有十分重要的意义。开展创先争优活动，是社会组织健康发展、发挥作用的有效途径，对于发挥社会组织党组织和党员的先锋模范作用，把党的政治优势转化为科学发展优势，把党的组织活力转化为科学发展动力，保证社会组织健康发展、发挥作用具有重要的作用。开展创先争优活动，是巩固和扩大党的执政基础的固本工程，对于加强社会组织党的建设，密切社会组织同党的联系，把广大会员和群众团结凝聚在党的周围，及时把社会组织中的优秀分子吸收到党的队伍中来，不断为我们党补充新鲜血液，巩固党的执政基础具有重要意义。

（二）把握工作重点

社会组织党组织和党员深入开展创先争优活动，要紧紧围绕中央提出的“推动科学发展、促进社会和谐、服务人民群众、加强基层组织”的总体要求，按照创建“五个好”先进基层党组织、争做“五带头”优秀共产党员的基本要求，以指导小组确定的“加强能力建设，提高服务水平，推动科学发展”为主题，推动基层党组织充分发挥战斗堡垒作用、广大党员充分发挥先锋模范作用，努力在服务经济社会发展的实践中建功立业。具体来说，要把握以下重点：一是要在科学发展上创先争优。社会组织党组织和广大党员要围绕建立现代社会组织制度、促进社会组织健康发展献计献策，积极协助管理层理清发展思路，加强自身建设，健全权责明确、运转协调、制衡有效的法人治理结构，提高社会组织自我管理、自我运作、自我发展能力；要针对社会组织非营利性的特点，引导和督促社会组织坚持公益方向，加强自律和诚信建设，提高依照法律、章程开展活动的能力，努力把党组织的政治优势和党员的先锋模范作用转化为社会组织发展的力量源泉。二是要在本职岗位上创先争优。本职岗位是党组织和党员创先进、争优秀的实践平台。社会组织党员要坚持理想信念，坚定政治立场，增强党性观念，认真参加党组织活动，积极完成党的任务，充分发挥先锋模范作用；要认真学习科学文化知识，努力提高业务技能，成为本职工作的行家里手和岗位标兵；要积极为会员、职工、群众服务，帮助他们解决实际困难；要严格遵守党的纪律，模范遵守国家法律法规和社会组织内部管理制度；要自觉履行社会责任，积极参加公益活动，发挥影响和带动作用。三是要在服务群众上创先争优。社会组织党组织和广大党员要始终把服务经济社会、服务人民群众作为创先争优活动的出发点和落脚点。要积极宣传党的路线方针政策和国家法律法规，引导群众依法表达合理诉求；努力提高在文化教育、医疗卫生、社会福利、劳动就业等与人民群众生活息息相关的领域，创造性地开展社会服务的能力；积极开展志愿服务、结对帮扶等活动，多办实事、多做好事，让职工、会员、群众得到更多实惠。四是要在队伍建设上创先争优。社会组织党组织要促进建立健全一套培养、吸引、使用、评价、激励社会组织人才队伍的制度体系，逐步推进管理层的职业化和专业化，建立一支爱岗敬业的专职工作人员队伍和志愿者队伍。要研究、探索社会组织人事档案、职称评定、岗位培训、入籍立户、社会保障、工资福利等相关政策，解决社会组织及从业人员实际困难，为社会组织培养吸纳专业人才创造条件。

（三）抓住关键环节

创先争优活动是学习实践活动的延展和深化，但和学习实践活动还有不同的地方。学习实践活动是集中性教育活动，创先争优活动是经常性的实践活动。在社会组织中开展实践活动，更要紧贴实际情况，抓住关键环节，注重统筹协调推进。一要细化争创目标。中央提出“五个好”党组织和“五带头”党员的标准是按照党章要求，根据实践的新要求提出来的，是对全体社会组织党组织和党员的普遍要求。社会组织要结合实际，把“五个好”党组织和“五带头”党员的目标要求落实到不同的工作岗位上。各社会团体、民办非企业单位、基金会要根据不同层级、不同类型的基层党组织和不同岗位、不同能力的党员提出不同要求，确立不同的创先争优具体目标。要结合岗位特点，提出好记、好评、好做的争创目标，便于大家对照检查、查找差距、明确努力方向，推动工作落实。二要选好活动载体。要针对社会组织涉及领域广、业务覆盖面宽、工作方式灵活、与会员和群众联系密切、规模大小不一等特点，鼓励和引导社会组织党组织从自身实际出发，找准开展创先争优活动与推动中心工作的结合点，围绕社会组织业务工作和发展目标确定争创主题，精心设计活动载体。活动载体可以与学习实践科学发展观活动的实践载体相衔接，可以与完善社会组织内部治理结构相结合，与提升社会组织评估等级相结合，与发挥社会组织积极作用相结合。要设计党员和群众能够参与、便于参与、乐于参与的活动形式。载体不要局限于一个，只要有利于活动开展、有助于推动工作，都可以设计。具体做法要灵活多样、丰富多彩，充分调动党组织和党员创先进、争优秀的内在积极性。三要推行公开承诺。公开承诺，是创先争优活动的明确要求和规定动作，也是创先争优活动的有力抓手。要动员社会组织党组织和广大党员从三个方面作出公开承诺：第一是向上一级党组织作出承诺，党组织和党员要重点围绕达到目标、落实内容及保证措施向上一级党组织作出承诺；第二是向群众、会员和服务对象作出承诺，围绕争创目标，突出为群众办实事、办好事，向群众、会员和服务对象作出承诺；第三是党组织和党员之间要作出双向承诺，党组织要突出为党员提供成长与发展的良好环境向党员作出承诺，党员要突出为所在党组织创建先进党组织做贡献向党组织作出承诺。公开承诺必须目标明确、体现先进、内容具体、切实可行，把群众的意愿和需求作为承诺的重要内容和依据，力求承诺事项惠及群众。

（四）*着力加强党建*

开展创先争优活动，是加强社会组织党的建设的重要方式，也为加强社会组织党的建设提供了新的动力。在创先争优活动中，要不断扩大党在社会组织中的组织覆盖和工作覆盖，增强工作条件，多方面积极开展党的活动。一要建立健全党组织。坚持“应建必建、应派必派”的原则，积极创造在社会组织中建立党组织的条件，对符合党组织建立条件的，要及时建立；尚不具备党组织建立条件的，上级党组织要通过选派党建工作指导员等形式，开展党的工作，为党组织建立创造条件。要切实加强入党积极分子队伍建设，及时把政治素质好、业务能力强、群众基础好的员工，特别是高学历、有专长、工作一线的青年骨干作为重点发展对象，不断优化党员队伍结构，发展壮大党的力量。二要创新党建工作方式。要创新党组织负责人选拔培养方式，选好配强党组织负责人，进一步加强党组织领导班子建设。领导班子主要成员出缺的，要抓紧配齐。对不胜任工作的党组织负责人要及时调整。要创新社会组织党建工作管理模式，借鉴已有的经验，积极探索在各级民政部门设立同级党委派出的社会组织党工委，探索在社会组织和党员数量较多的业务主管单位设立或明确社会组织党建工作机构，理顺体制，落实责任。社会组织已建立党组织的，专职工作人员中的党员要及时转移正式组织关系。业务主管单位或所在地党组织对社会组织党组织和党员开展创先争优活动无场所等实际困难应及时帮助解决。三要充分发挥党组织作用。要围绕贯彻党的方针政策，履行社会服务职能，维护员工合法权益，促进社会组织健康发展等方面，积极探索社会组织党组织发挥作用的途径和方法。

三、加强组织领导，进一步加大指导工作力度

这次创先争优活动，时间跨度长、标准要求高，领导重视，群众期待，对活动的组织领导和指导工作都提出了很高的要求。各级民政部门、各业务主管单位一定要高度重视，精心筹划，严密组织，确保创先争优活动有计划、有步骤、按阶段顺利开展，务求取得实效。

（一）要落实工作责任

社会组织创先争优活动的领导关系根据党组织隶属关系确定，由各级党委（党组）负责领导。按照中央要求，民政部成立了由我担任组长、姜力同志为副组长的全国社会组织创先争优活动指导小组，办公室设在部民间组织管理局，具体负责创先争优活动的指导工作。各级民政部门要进一步完善指导机构，充实指导力量，要有专人负责具体组织指导工作。各级指导小组要突出工作重点，注重经常性研究，加强面上指导，充分履行职责。业务主管单位负责所主管社会组织创先争优活动的组织实施工作，要把社会组织创先争优活动摆上重要议程，切实抓好指导和督促工作，把社会组织创先争优活动与本单位、本系统的创先争优活动有机结合、共同推进，确保中央关于创先争优活动的要求落到实处。社会组织党组织具体负责本单位创先争优活动的组织落实，要制定活动实施方案，党组织负责人为创先争优活动第一责任人，党员行政负责人要带头参加、积极支持开展创先争优活动。民政部门和业务主管单位要高度重视，加强协调，密切配合，发挥各自作用，把做好日常业务工作和指导创先争优活动结合起来，相互促进，相互推动。

（二）要坚持分类指导

要根据社会团体、民办非企业单位、基金会的不同特点，指导各类社会组织党组织结合实际制定创先争优活动具体方案，增强开展活动的针对性。要区别社会组织不同规模加以指导，对规模较大、人员较多的社会组

织，尤其是全国性和全省性社会组织党组织要发挥好行业带头、行业引领作用；规模较小、人员较少的社会组织，尤其是社区社会组织、农村专业经济协会等基层社会组织党组织要围绕服务群众、服务会员、服务社区开展活动。要区别社会组织党组织建立的不同情况加以指导，对已建立党组织的，要引导党组织积极发挥作用，认真组织开展活动；对党的力量比较薄弱、开展创先争优活动比较困难的社会组织，要采取措施加强具体指导；尚未建立党组织的社会组织中的党员，按党员组织关系参加所在城市街道（社区）、乡镇（村）等党组织的创先争优活动。

（三）要抓好督促检查

要采取召开座谈会、现场检查、经常性督查、随机抽查等方式，定期了解进展情况，研究解决问题，防止把创先争优活动讲在嘴上、写在纸上、挂在墙上，搞华而不实的形式主义。要建立一套督导、考核、评价、激励制度，重点考评创先争优示范点、党组织和党员承诺兑现情况，以及党组织建设情况。要及时关注创先争优活动中出现的新情况新问题，进行分析研究，提出指导性意见。民政部门要把社会组织党组织和党员开展创先争优活动情况作为社会组织等级评估的重要内容，予以重点考评。

（四）要加强舆论宣传

要充分发挥报刊、广播、电视、互联网以及现代远程教育网络、党员电化教育、党建信息网的作用，采取党员群众喜闻乐见的方式，大力宣传创先争优活动的重要意义、目标要求和活动内容，大力宣传社会组织开展创先争优活动中创造的好经验，大力宣传先进社会组织党组织和优秀共产党员的先进事迹，特别要注意宣传群众身边的先进典型，用身边事教育身边人，积极营造浓厚氛围，形成正确舆论导向。全国社会组织创先争优活动指导小组办公室要定期编发活动简报，中国社会组织网、《中国社会报》、《中国民政》也要开设专栏，刊发相关信息。各地各单位应及时提供相关信息，对重大活动、突出典型、每月活动进展情况等要做到及时上报、及时反映。

同志们，在社会组织党组织和党员中深入开展创先争优活动，意义深远，影响重大，是各级民政部门、业务主管单位和广大社会组织党组织肩负的重要责任。希望大家以今天的会议为契机，在取得阶段性成果的基础上，进一步增强责任感和使命感，以高度负责的态度、良好的精神状态、务实的工作作风，不断将创先争优活动引向深入，推动我国社会组织健康发展迈向新台阶！

深化改革　科学发展
促进行业协会在国民经济中发挥更大作用

民政部部长　李立国

2010 年 10 月 10 日

同志们：

今天我们在这里召开全国行业协会改革发展经验交流会，目的是总结各地贯彻《国务院办公厅关于加快推进行业协会商会改革和发展的若干意见》所取得的成绩，交流经验，分析形势，研究部署推动行业协会改革发展的任务和措施。下面，我讲三点意见：

一、我国行业协会改革发展取得了显著成效

改革开放以来，伴随着社会主义市场经济体制的逐步确立和行政管理体制改革的深化，我国行业协会长足发展，已经成为社会主义现代化建设的重要力量。党中央、国务院始终高度重视行业协会。党的十六届三中全会提出“按市场化原则规范和发展各类行业协会、商会等自律性组织”，明确了行业协会的发展方向。十六届四中全会提出行业协会要“提供服务、反映诉求、规范行为”，明确了行业协会的基本职能。十六届六中全会提出“发挥行业协会、学会、商会等社会团体的社会功能，为经济社会发展服务”，明确了行业协会的社会作用。特别是 2007 年国务院办公厅发布的《关于加快推进行业协会商会改革和发展的若干意见》，对行业协会改革发展的指导思想、职能拓展、体制改革、自身建设和规范管理等方面提出了具体要求，是指导我国行业协会改革发展的纲领性文件。党中央、国务院这些大政方针，为我国行业协会的改革发展奠定了基础，指明了方向，行业协会改革和发展迈上新台阶。

（一）扶持发展有了新举措

按照党中央和国务院的有关要求，各地各部门积极采取措施，为促进行业协会发展和发挥作用创造较好的政策条件。一是出台政策法规。据不完全统计，目前已经有 24 个省、自治区、直辖市和计划单列市出台了促进

行业协会改革发展的规范性文件，有20个具有立法权的地方制定了相关地方性法规或地方政府规章。二是制定发展规划。各地各部门对行业协会功能作用的重视日益提高，许多地方将行业协会纳入经济社会发展整体规划，为行业协会发展和发挥作用提供了更加广阔的舞台。广东将包括行业协会在内的社会组织纳入《珠江三角洲地区改革发展规划纲要》；深圳将行业协会发展纳入“建设中国特色社会主义示范市”的总体规划；上海、北京等地在制定有关行业和社会事业发展规划时，专门强调发挥行业协会的作用。浙江省、全国供销总社还专门制定了“十二五”期间行业协会发展规划。三是转移政府职能。河北、重庆、江苏等地配合新一轮政府机构改革出台专门政策，按照宏观调控、市场监管、社会管理和公共服务的基本定位，转变政府职能，逐步将公民、法人和其他组织能够自主解决、市场机制能够自行调节、社会组织通过自律能够实现的职能转移出去，把行业统计分析、预测预警、信息发布等适合行业协会承担的职能依法赋予行业协会，既充实了行业协会的职能，也促进了政府职能的转变。国务院各组成部门在这一方面也作出了表率。工业和信息化部、商务部、水利部、农业部、交通运输部、住房城乡建设部、民用航空局、银监会等部门根据各自所管行业协会的特点，将部分行业管理、协调和服务等职能转移给行业协会，取得了较好的效果。四是探索政府购买服务方式。上海、天津、浙江、安徽、深圳等地积极建立政府向行业协会购买服务机制，通过项目招标、公开竞标等方式，引导行业协会发挥自身特点和优势，为企业和社会提供多元化公共服务。在地方积极探索的同时，中央编办、财政部、发展改革委等中央和国务院部门也着手研究政府向行业协会购买服务相关政策。五是完善相关配套政策。近年来，民政部配合财政部、税务总局、人力资源和社会保障部等部门出台了关于社会团体收费、财务制度、税收优惠、工伤和养老保险等方面的政策。各地民政部门与其他部门密切合作，共同制定了一些扶持行业协会发展的地方性政策，行业协会发展的政策环境得到明显改善。

（二）体制改革有了新突破

广东省于2006年率先对行业协会双重管理体制进行了突破性改革，登记方式上，由经业务主管单位同意再申请登记，调整为可到登记管理机关申请直接登记；管理机制上，由登记管理机关和业务主管单位为主，转变为多个相关部门依法各司其职、综合监管。登记管理体制改革后，行业协会发展呈现出新的局面，许多因找不到业务主管单位而无法成立的行业协会现在得以登记，同时避免了行业协会成为政府部门的附属机构，全省行业协会实现了“五自四无”，即“自愿发起、自选会长、自筹经费、自聘人员、自主会务”和“无行政级别、无行政事业编制、无行政业务主管部门、无现职国家机关工作人员兼职”。此外，北京、上海、天津、河北、海南、安徽、湖北、大连等地或整体推进，或局部试点，对登记管理体制进行了不同程度的改革。在探索行业协会管理体制改革的同时，各级登记管理机关按照中央的有关精神，大力推动行业协会从职能、机构、工作人员、财务等方面与政府部门分开。目前，天津、河北、上海、浙江、广东、重庆等6省市完成了行业协会与行政主管部门脱钩工作，另有10个省市正在进行中。登记管理体制的改革和政会分开工作的推进，激发了行业协会的活力和创造力。

（三）规范管理有了新提高

在培育发展的同时，各地登记管理机关不断加强监督管理的力度，调节和规范行业协会行为。一是法人治理结构不断健全。一些地方根据本地行业协会的特点，制定了行业协会章程示范文本和内部治理指引，指导行业协会建立健全内部管理制度，完善会员（代表）大会、理事会议事和选举制度，扩大民主自治的范围。国资委、商务部、交通运输部等业务主管单位制定了所管行业协会选举、人事等方面的制度，促进了所管行业协会内部治理的完善。二是日常监管得到加强。各级登记管理机关不断完善年检工作，强化执法监察，提高日常监管的效力。3年来，民政部向年检中发现问题的全国性行业协会发出改进建议书或整改通知书193件，处理行业协会违规案件73起，对纠正行业协会不规范行为、净化行业协会发展环境起到了重要作用。各行业协会业务主管单位也认真履行了登记、年检的初审职责和日常监管职责，把好了规范行业协会行为的第一道关。三是监督管理手段不断创新。按照部里统一指导，各地建立了“政府指导、社会参与、独立运作”的行业协会评估机制，研究制定科学可行的评估指标，组建评估组织，探索第三方评估。一些地方加强对评估结果的运用，将评估结果与政府转移职能、购买服务、税收优惠等政策相结合，较好地发挥了评估的导向、激励、约束作用。目前全国已有25个省、区、市开展了评估工作，另有9个省按计划部署启动。民政部已对128个全国性行业协会进行了评估。评估工作创新了监督管理的手段，有效动员了社会监督力量，增强了行业协会的公开性和透明度，同时树立了一批以5A级行业协会为代表的典型，促进了行业协会加强自身建设、提高服务水平。四是专项治理取得成效。2007年以来，国务院开展了“清理评比达标表彰活动”、“清理规范各类职业资格相关活动”、“规范行业协会、市场中介组织服务和收费行为”、“ 治理小金库”、“治理和规范涉企收费”、“减轻企业负担”等专项治理工作。各级登记管理机关与有关职能部门及行业协会业务主管单位密切配合，积极落实各项专项治理工作要求，行业协会行为得到规范。

政策措施的完善和管理工作的改进，使得我国行业协会一直保持着良好的发展态势，呈现以下特点：一是持续快速发展。改革开放以来，我国行业协会每年以 10% 到 15% 的速度增长，已从恢复登记时的不足 1000 个发展到 2009 年的近 7 万个，20 年间增长了 70 倍，大大高于其他社会团体的增长速度。二是产业覆盖面广。伴随产业链的延伸和市场发育的不断成熟，行业协会逐步向细小行业和新兴行业延伸，产生了一些依据产品设立的行业协会。行业协会的分工更加细致、辐射面更广。仅全国性行业协会的分支机构，已由 2004 年的 1343 个增长到目前的 3459 个。三是规模不断扩大。截至 2009 年底，仅全国性行业协会就拥有会员企业 298. 2 万个；总资产 168. 8 亿元，其中净资产 145. 7 亿元；总收入 63. 2 亿元。行业协会会员涵盖了不同所有制、不同经济规模、不同组织形式的企业，绝大多数规模大、在行业内有重要影响的企业都加入了相应的行业协会。四是组织形态多样。在传统行业协会发展的同时，以地缘为纽带的异地商会应运而生，以农产品为纽带的农村专业经济协会大量涌现，这些新型组织在服务地方经济发展和团结带领农民致富奔小康方面发挥了重要的作用。

广大行业协会顺应时代要求，不断加强自身建设，努力为经济社会发展服务，各项工作取得了新的成绩。一是服务政府，指导协调行业发展。行业协会积极参与行业发展规划的制定，落实中央经济政策，当好政府的参谋助手。特别是在应对国际金融危机的挑战中，行业协会认真研究国内外行业形势，为政府制定产业政策和经济振兴方案出谋划策，维护了国内产业利益。中国机械工业联合会、中国物流与采购联合会等行业协会主动开展全行业经济形势调查，积极向有关部门和国务院汇报情况，献计献策，为经济回升向好作出了应有的贡献，受到了国务院领导同志的赞扬。二是服务社会，积极承担社会责任。行业协会倡导会员企业履行社会责任，在实现低碳发展、促进节能减排、加强劳动保护、构建行业诚信等方面发挥着重要作用。在抗击低温雨雪冰冻灾害，支援四川汶川、青海玉树抗震救灾和甘肃舟曲抢险救灾，支持北京奥运会等重大事件中，行业协会大力组织会员企业捐款捐物、提供服务，显示了行业协会的社会责任感。三是服务行业，促进行业规范发展。行业协会制定并组织实施职业道德准则，建立和完善行业自律性的惩罚机制和争议调解机制，维护公平竞争的市场环境；研究行业共性问题，向政府有关部门表达行业诉求；搭建行业交流与合作平台，推广先进技术和产品，发布行业预警；积极应对国际贸易争端，代表行业企业提出反倾销、反补贴调查应诉、申诉，为维护我国企业在国际市场竞争中的合法权益发挥了不可替代的作用。中国对外承包工程商会建立健全境外劳务突发事件处理机制和境外安全预警机制，为保障对外承包工程合作和外派劳务的顺利开展提供了重要支持。四是服务会员，提供多元化服务。行业协会积极研究市场动态，建设行业公共服务平台，发布市场信息，开展国内外经济技术交流与合作，举办培训、咨询、展览、营销等活动，帮助企业提高员工素质、改善经营管理、开拓国内外市场，为企业做大做强提供了有力支撑。

回顾近年来的工作，我们认识到，促进行业协会改革发展，必须坚持服从、服务于全面建设小康社会、构建和谐社会的大局；必须适应市场经济体制发展，遵循市场经济规律；必须坚持改革创新，以改革促发展，以创新求突破，破除各类体制机制障碍；必须处理好政府、行业协会、企业三者的关系，形成三者既各司其职又相互支持的局面；必须坚持培育发展和监督管理并重。

二、坚持行业协会改革发展的市场化方向

当前，我国发展仍处于可以大有作为的重要战略机遇期，既面临难得的历史机遇，也面对诸多可以预见和难以预见的风险挑战，我国行业协会改革发展站在新的历史起点。一方面，经济全球化深入发展，国际经济贸易交流增多，行业协会发展空间进一步增大；另一方面，行政管理体制改革继续深化，社会管理体系创新发展，一些企业个体力不能及、市场机制无法调节、政府又不便管理的事务需要行业协会承担。特别是，中央强调要以加快转变经济发展方式为主线，坚持把经济结构战略性结构调整作为加快转变经济发展方式的主攻方向，要在今后五年实现经济平稳较快发展，经济结构战略性调整取得重大进展，这对行业协会改革发展提出了更加迫切的要求。无论是完善市场经济体制，维护良好市场环境，还是解决行业共性问题，实现产业结构优化升级；无论是促进对外贸易增长和调处贸易纠纷，推动内外均衡发展，还是强化社会责任，加深区域经济交往，推动经济社会协调发展，都需要行业协会健康发展、发挥独特作用。广大行业协会要认真把握机遇，勇于迎接挑战，努力为保持经济平稳较快发展、促进社会和谐稳定贡献力量。

面对新的形势和要求，我国行业协会的发展还存在不少问题，离社会

主义市场经济的需要还有很大的差距，突出表现为：有的行业协会行政化倾向严重，过度依赖政府，政会不分，企业和行业认同度不高；一些行业协会人员老化，缺乏知识化、专业化人才，自我发展和为会员服务的能力不足；部分行业协会内部治理不完善，缺乏应有的民主议事机制和自律约束机制。同时，政府职能转变不到位，相关法规不健全，扶持政策不完善，行业协会发展空间受到限制。对这些问题，我们要高度重视，以发展的眼光看待问题，以改革的方式解决问题。

当前和今后一个时期，推进行业协会改革发展，就是要以邓小平理论和“三个代表”重要思想为指导，全面贯彻科学发展观，解放思想，开拓创新，按照完善社会主义市场经济体制的总体要求，坚持市场化方向，深化体制机制改革，完善政策措施，使行业协会在促进经济长期平稳较快发展和社会和谐稳定发挥更大作用。

——坚持市场化方向，就是要根据市场需要设立行业协会。行业协会是市场经济发展的产物，企业是设立行业协会的主体，市场经济的需要推动了行业协会的产生、发展、壮大。政府应当尊重市场主体自发、自愿设立行业协会的意愿，坚持市场主导、企业发起、政府引导、政策规范，凡是符合当地经济社会发展需要，由当地行业企业自主发起的行业协会，只要符合政策规定，就应当因势利导，创造条件，培育扶持。要切实推进政会分开，规范政府行为，减少行政干预，尊重行业协会法人地位，加强政会良好互动关系。鼓励行业协会在市场经济中磨练，鼓励企业家办会，支持行业协会依法设立、民主管理、规范行为、自律发展。登记管理机关要从市场经济实际出发，围绕转变发展方式，调整经济结构，促进包容性增长，大胆探索、先行先试，分类培育、因地制宜，适当调整政策措施，改革行业协会登记管理体制，实现行业协会与当地经济社会发展互相协调、互相促进。

——坚持市场化方向，就是要牢固树立为市场主体服务的宗旨。行业协会是行业企业为了共同发展而自愿联合起来的互益性组织，提供良好服务是行业协会存身立命的根本所在，也是增强行业影响力、凝聚行业企业力量、赢得会员支持拥护的根本途径。行业协会要通过良好的服务，吸引更多的企业，赢得更多的认同，增强壮大实力，不断扩大影响力，实现“服务促进发展，发展提升服务”的良性循环。要深入调查研究行业发展动态，做好行业产业创新发展规划，掌握行业运行趋势，充分发挥桥梁纽带作用，及时向企业提供行业发展和政府宏观调控的信息，向政府提出行业发展政策的建议，提高行业发展科技含量和创新能力，建设行业技术共性研究平台，促进产学研相结合，增强共性、核心技术突破能力，增强行业企业间集成创新能力，实现行业发展由要素驱动向创新驱动转变，促进行业企业组织结构优化，强化产业核心竞争力，促进区域经济优势互补。认真研究国际经济和贸易形势，发挥我国产业在全球经济中的比较优势，提高行业利用外资水平，协助企业优化对外贸易结构，引导企业有序到境外投资合作，积极参与全球经济治理和区域合作，参与国际产业标准和贸易规则的形成和制定，帮助企业解决国际贸易纠纷。坚持“自律、服务、协调”的自身定位，公开、公平、公正处理行业事务，采取协商、协作、协同、协调的方法，取得会员的支持和理解，密切会员企业关系，促进行业健康发展。

——坚持市场化方向，就是要遵循市场经济规律运作行业协会。行业协会作为市场经济的产物和活动主体之一，必须遵循价值规律、供求规律、竞争规律等市场经济的基本规律。行业协会办得好不好，取决于企业的评价，只有不断提高服务的质量、提升服务的社会效益，使会员企业价值能得到更好地实现，行业协会才能得到会员企业的认可。行业协会要向政府宏观调控部门积极反映行业诉求，积极参与到政府宏观调控政策的形成、制定和落实过程，促进市场配置资源机制发挥更大作用，引导优势资源向战略性新兴产业转移；认真研究行业供求关系变化，加强监测预测预警，促进行业生产和需求的相互协调。要尊重利用竞争和价值规律，加强行业协调，规范会员行为，维护公平竞争，提高本行业与上下游产业的合作谈判整体能力，推广先进科技，推动管理创新，降低全行业管理成本，提升全行业市场竞争力。同时，行业协会自身发展也受竞争规律支配，企业选择加入或是不加入行业协会，选择加入这个或那个行业协会，是以行业协会的作用为转移的。在客观存在的竞争中，行业协会适者生存，优胜劣汰。要加强自身建设，以创新挖掘潜力、以服务赢得会员，提高协会自身竞争力。此外，市场经济中，各市场主体之间相互平等。政府部门要公平立法、公正执法，营造一个行业协会有进有出、有序竞争的良好环境。行业协会在坚持非营利性质的前提下，应遵循合作双方平等尊重、有偿服务等价互换的原则，服务政府、服务会员和服务其他市场主体。

——坚持市场化方向，就是要不断拓展行业协会的功能。随着我国市场经济体制的逐步完善，政府承担的一些具体管理服务职能逐步转移给社会组织，其中有些需要行业协会来承接。行业协会要加强能力建设，不断拓展服务功能。在为会员做好服务的同时，要更加注重社会公共利益和其他社会群体的合法权益。要以大局为重，大力宣传党和国家方针政策，协助政府做好宏观调控，落实产业政策，发挥协会在跨区域合作中的独特优势，促进要素流动，引导产业有序转移。要将行业企业赋予的权力与承接的政府转移职能有机结合，立足于引导服务，落实在协调自律，建立健全公平、规范、透明的行业准入标准，推进形成良好的市场经济秩序。要严格遵守民主程序，凝聚行业共识，构建和谐劳动关系，维护行业利益，加强行业自律，推动行业诚信建设，实现行业有序发展。要树立回报社会的理念，超越行业本位意识，宣传绿色、低碳发展观念，鼓励行业企业加强资源节约和管理，引导会员企业关注民生，履行社会责任，支持公益慈善事业。

三、全面推进行业协会改革和发展

按照市场化方向和原则推进我国行业协会改革发展要着力做好以下几方面工作：

（一）形成与市场经济相适应的行业协会发展格局

正确认识和利用市场规律，合理运用行政管理手段，加强和改进行业协会登记工作。要建立竞争和退出机制，进一步完善行业协会评估体系，提高评估工作的效能。通过行业协会有序竞争和优胜劣汰，提升整体素质和服务水平。顺应行业企业发展趋势和自发需求，对优势产业、新兴产业、外向型产业成立的行业协会要鼓励支持，对业务萎缩、运转失灵、服务缺位、名存实亡的行业协会要自然淘汰。要适应产业发展态势，鼓励产业密集区的同类行业协会加强合作、交流，形成行业服务和自律的区域集聚效应。允许具有产业、产品和市场优势的经济发达地区和城市将地方性的行业协会依法上升为区域性的行业协会。争取到“十二五”末期，全国各类行业协会会员数量在现有基础上大幅度增加，会员产值比重大幅度提升。先进制造业、现代服务业、高新技术产业、现代农业、创意产业等重要领域的行业协会得到良好发展。培育一批在国内外有广泛影响力的行业协会，形成门类齐全、层次不同、覆盖广泛、作用明显的行业协会发展格局。

（二）健全现代行业协会内部治理制度

行业协会要加强自身建设，不断完善以章程为核心的内部管理制度，实现会长自选、经费自筹、人员自聘、会务自主。一要建立权责明确、有效制衡的法人治理结构，健全会员（代表）大会、理事会、监事会等制度，做到民主选举、民主决策、民主管理、民主监督。二要建立诚信自律机制，行业协会要确保会员的知情权，维护会员的合法权益。鼓励行业协会建立服务承诺制度，向社会公开服务和收费项目与标准。倡导行业协会充实信息公开内容，接受会员和社会监督。三要加强人才建设，引导行业协会建立健全人才培养、吸引、使用、评价、激励机制，以事业吸引人才、用感情留住人才、依制度使用人才，促进行业协会人才队伍的专业化、职业化、知识化、年轻化。四要加强党组织建设，建立健全党组织，创新党建工作方式，充分发挥党组织的作用。目前正在开展的创先争优活动，为加强行业协会党组织建设提供了新的动力，要以此为契机，积极探索行业协会党组织发挥作用的途径和方法，不断提高党建工作水平，提升协会工作能力。争取到“十二五”末期，全国行业协会基本实现内部制度健全、民主机制完善、法人治理结构清晰、职能作用发挥明显；普遍接受社会评估；党的基层组织健全并发挥作用；人才纳入各级政府人才发展规划，从业人员素质显著提高。

（三）完善行业协会法律政策体系

要本着积极审慎、与时俱进的精神，加强我国行业协会法律政策体系的建设。一要加快制定行业协会的法律法规。在立法过程中，要注意总结各地成功的实践经验，学习借鉴经济发达国家的有益做法，鼓励有条件的地方率先出台地方性法规。二要推动政府转移职能，将政府转移职能与深化行政管理体制改革、事业单位改革有机结合起来，通过制度化的方式，有计划、分步骤地将市场能够自行解决、适合行业协会承担的职能转移给行业协会。三要完善财政扶持发展政策，加大政府购买行业协会服务的力度，鼓励有条件的地方探索设立专项财政基金，探索建立行业协会孵化基地，切实解决行业协会参与公共服务所面临的资金、场所等困难，帮助行业协会提升能力建设水平。四要探索建立政府与行业协会对话、沟通、协调机制以及行业重大决策意见征询制度，畅通信息交流渠道，促进政府各职能部门与行业协会在产业政策、产业规划、行业服务等方面协商合作。五要会同有关部门，进一步完善财政、税收、社会保障等相关政策。争取到“十二五”末期，行业协会的社会保障、税收优惠、人事管理、政府购买服务等政策不断完善，基本形成较为完善的行业协会法律政策体系。

（四）建立科学的行业协会管理体制

行业协会管理体制的改革，一定要有利于行业协会的长远发展、科学发展。一要推进行业协会登记管理体制的改革试点。各地可以根据当地经济社会发展的实际需要，探索建立登记管理机关依法登记管理，有关部门依照法定职责实施监管，各司其职、协同配合的综合监管体系。凡是试点的地方，一定要实事求是、因地制宜。试点不是单纯取消业务主管单位的作用，而是要加强各部门综合管理的力量。登记管理机关要加强同行业主管单位、市场监管部门和社会管理部门的协调配合，充分发挥发展改革、财政、税务、质检、工商、外事、公安、纪检监察等职能部门以及农业、工业和信息化、商务、建设、交通运输、水利、旅游、金融等行业主管部门的作用，形成行业协会管理的合力。现有管理体制下的各业务主管部门要根据业务领域继续发挥对行业协会业务活动的指导作用，引导行业协会发挥积极作用。二要切实做好政会分开。要落实民政部会同监察等部门部署的行业协会“脱钩”工作，加强与纪检监察、发展改革、财政等部门的合作，充分运用登记、年检、评估等手段，督促行业协会在人员、职能、财务和办公场所等方面与政府及其部门、企事业单位彻底分开，实现行业协会无行政级别、无行政事业编制、无现职国家机关工作人员兼职，使行业协会享有决策、人事、财务等方面的自主权。行业协会业务相关部门依法依规行使职权，不干预协会内部事务。三要探索新型行业协会登记管理方式。加强对异地商会、农村专业经济协会的培育、引导和规范，加强对跨区域行业协会、同业公会、产业联盟等新兴组织的政策研究。四要加强监督管理。完善年度检查制度，确保监督管理工作常态化、制度化；加强执法监察工作，查处行业协会违法违规行为，取缔非法行业协会。继续做好各项专项治理工作，制止行业协会不正之风，推动行业协会各项改革的深化。五要提高登记管理工作的信息化水平。加强登记管理信息系统建设，建立覆盖行业协会登记管理工作各环节的信息化网络，充分运用信息技术为登记管理工作提供决策支持，提高登记管理工作的科学化水平。争取到“十二五”末期，初步形成与社会主义市场经济体制相适应的行业协会登记管理体制；基本完成行业协会政会分开工作；建立以年度检查和执法监察为主要内容的日常管理制度；基本建成覆盖全国各省、自治区、直辖市登记管理机关的行业协会信息采集和分析系统。

同志们，行业协会的改革和发展，关系到完善社会主义市场经济体制和构建社会主义和谐社会宏伟目标的实现，任务艰巨，责任重大，使命光荣。希望大家进一步统一思想，提高认识，锐意改革，科学发展，准确把握我国行业协会发展的规律，努力开创行业协会工作的新局面，为促进我国经济社会发展作出更大的贡献！

在海南省社会组织工作暨表彰先进会议上的讲话

民政部副部长
全国社会组织学习实践活动指导小组副组长　姜　力

2010 年 3 月 18 日

同志们：

今天，海南省在这里隆重召开会议，回顾五年来全省社会组织工作，总结社会组织深入学习实践科学发展观活动，表彰荣获先进称号的社会组织，会议开得很好，很成功。海南省委、省政府对社会组织工作非常重视，省委副书记于迅同志亲临大会指导，副省长符跃兰同志作了重要讲话。在此，我代表民政部和第三批社会组织学习实践活动指导小组，向获得表彰的先进单位表示热烈的祝贺！向辛勤工作在社会组织战线上的全体海南省工作人员表示亲切的慰问！向关心支持海南省社会组织发展的省委、省政府及有关单位的各位领导、同志和各界人士表示诚挚的感谢！

刚才，苗建中厅长全面回顾了五年来海南省社会组织工作，部署了下一阶段的工作任务；黄栋国副厅长详细总结了社会组织深入学习实践科学发展观活动的主要做法、具体成效和巩固发展的思路；海南省医药保健品行业协会、省安全生产协会各自介绍了富有海南特色、值得学习借鉴的先进经验。符跃兰副省长就社会组织健康有序发展、功能作用发挥作了重要讲话，讲话内涵丰富，针对性、实践性都很强，值得认真学习领会并在工作中加以贯彻实行。

近年来，全国社会组织管理部门坚持以邓小平理论和“三个代表”重要思想为指导，深入贯彻落实科学发展观，围绕大局，服务中心，改革创新，社会组织工作取得了积极进展。我们启动《社会团体登记管理条例》、《民办非企业单位登记管理条例》和《基金会管理条例》等基础性法规修改，研究制定行政执法、税收优惠等一系列支架性政策措施，健全社会组织评估体系，改进年检工作管理，完善执法监察工作制度，政策法规和规范化建设取得新成果；各地进一步推进政社分开，加大政府购买服务力度，探索建立社会组织发展基金和孵化基地，制定人事管理、工资福利、税务登记等一揽子培育发展政策，社会组织发展环境有了新优化；各地努力构建以法人地位明确、治理结构完善、筹资渠道稳定、制约机制健全、管理运行科学为主要内容的现代社会组织制度，构筑以民主选举、民主决策、日常管理、财务管理、诚信自律、信息公开等六项制度为核心的社会组织内部制度体系，特别是社会组织科学发展观学习实践活动开展以来，新建党组织1.8万个，党组织覆盖面由活动前的37.5%提高到89.8%，普遍解决了一批长期没有解决的突出问题，社会组织能力建设迈上新台阶。通过各方的共同努力和社会组织登记管理干部的辛勤工作，社会组织的社会地位进一步提高，社会影响进一步扩大，社会形象进一步提升，社会作用进一步发挥，截至2009年底，全国登记社会组织已近42.5万个，其中社团23.5万个，比上年增长6.8%，民办非企业单位18.8万个，比上年增长5.6%，基金会1780个，比上年增长11.5%。

与全国社会组织发展的良好局面相适应，海南省从2005年召开全省先进社会组织表彰会以来，在省委、省政府的正确领导下，夯实基础，锐意进取，大胆创新，各方面取得了很好的成绩。在社会组织发展环境方面，以培育扶持为重心，创新登记方式，社会组织发展迅速，数量达海南建省之初13年的总和，社会组织结构格局进一步改善。同时，社会组织登记管理部门坚持以依法管理为手段，制定社会组织档案管理、名称事先核准、重大活动报告等多项制度，进行清理乱评比、乱表彰、乱收费行为等专项治理，启动评估程序，加强年度检查，规范化建设进一步提升。在社会组织自身建设和作用发挥方面，社会组织以诚信建设为抓手，实行信息公开，开展服务承诺，服务于海南生产发展、生活富裕、生态良好的科学发展的能力和水平有了很大提高，已经成为海南建设开放之岛、绿色之岛、文明之岛、和谐之岛的一支重要力量。在社会组织党的建设方面，党的组织和工作覆盖面不断扩大，社会组织用科学发展观指导工作、指导实践的自觉性、坚定性大幅增强，去年更设立了社会组织党工委，理顺了党建工作管理体制，使科学发展观的学习和实践有了体制上的保障，为其他省份树立了榜样。

借此机会，我就社会组织工作和巩固发展学习实践活动成果，谈几点看法，供同志们参考。

（一）统一思想，提高认识

刚刚结束的全国人大十一届三次全会通过的《政府工作报告》，专门提出“要动员社会力量参与社会管理和公共服务”，社会组织是社会力量的主体部分，是政府、企业之外参与社会管理和提供公共服务的“第三部门”。多年来社会组织的工作实践证明，一个地方社会组织发展好坏与当地政府的重视程度密切相关。我们要充分认识社会组织在全面推进社会主义经济建设、政治建设、文化建设、社会建设和生态文明建设中的重要意义，准确把握社会组织对于加快经济发展方式转变和经济结构调整、改善民生和促进社会和谐稳定、开展国际民间交流和实现全方位外交的重要作用，把社会组织工作摆在更加突出的位置，加强组织领导，掌握新的情况，研究具体问题，解决实际困难。当前，海南社会组织管理部门尤其是要紧紧抓住全省贯彻落实《国务院关于推进海南国际旅游岛建设发展的若干意见》这个机遇，主动出击，积极争取，把社会组织纳入经济社会发展总体规划。

（二）优化环境，加大扶持

社会组织的发展，培育是重要前提，扶持是基本手段。目前海南社会组织总体而言，规模小、实力弱、能力不强，加大扶持力度具有更重要意义。要勇于创新，敢于探索，充分利用海南是全国最大的经济特区这一政策优势，借鉴国内外先进经验，大胆实践，探索改革完善社会组织管理制度，落实税收优惠政策，实现政社分开，完善社会组织评估体系，推进社会组织承接政府转移职能工作，解决专职工作人员社会保障、职称评定、职业建设等制约社会组织发展的突出问题。同时，根据海南实际，建立社会组织发展基金和综合性服务基地，重点发展有利于服务型经济、开放型经济、生态型经济的行业协会和商会，大力发展有利于特色旅游及相关服务业转型升级的第三产业类社会组织，积极发展有利于热带现代农业进步、城乡一体化进程的农村专业经济协会和基层社会组织，加快发展有利于改善民生、营造文明和谐社会环境的社区和公益慈善类组织。

（三）增强实力，做优做强

社会组织健康发展、发挥作用，自身建设是根本。社会组织要借鉴、吸收国际社会组织管理和运作经验，提高服务政府、服务会员、服务社会的能力，通过优质服务，获得政府、会员和社会的支持；要进一步完善现代社会组织制度，始终以章程为核心，健全法人治理结构，着重抓好选举、决策、日常管理、财务管理、诚信自律、信息公开制度等六方面的制度建设；要特别重视队伍建设，建立健全一套培养、吸引、使用、评价、激励社会组织人才队伍的制度体系，通过理念感召，吸引人才，通过较好待遇，留住人才，巩固提高领导班子的领导能力和决策水平，逐步培养发展职业化、专业化人才队伍，团结凝聚乐于助人、甘于奉献的志愿者队伍。

（四）加强党建，扩大成效

党的建设是社会组织自身建设的重要内容。社会组织学习实践科学发展观活动虽然结束了，但科学发展观学习和实践仍须长期坚持，并贯穿于社会组织工作的各个方面。要推广省级社会组织党工委成立的做法，建立完善省市县社会组织党工委工作体制，不断扩大社会组织中党的组织和党的工作覆盖面，凡是符合党组织建立条件的，都要建立党的组织；尚不具备党组织建立条件的，上级党组织要通过选派党建工作指导员等形式，为党组织建立创造条件。要探索党组织的功能定位，发挥党员和党组织在社会组织中的先锋模范作用和战斗堡垒作用。总之，要在新的、良好的工作条件下，实现海南省社会组织党建工作有新的跨越。

（五）强化自身，加强队伍

社会组织工作是新形势下民政工作的重要生长点，是公共服务体系的重要组成部分，也是推进社会管理体制改革创新的重要方面，社会组织管理政治性、业务性都很强。民政部门要积极争取当地党委和政府在机构、编制、经费等方面的支持；要努力改变过去“重登记、轻管理”的局面，坚持“培育扶持与监督管理并重”，配齐配强社会组织工作力量，确保有专门的机构、人员和经费，要不断加强政策法规、业务知识培训；同时，要推进社会组织信息化建设，建立社会组织信息管理系统，完善法人数据库，提高工作效率；要重视窗口服务，公开工作制度和工作流程，规范文明用语和接待行为，树立民政干部的良好形象。

同志们，党的十七大和全国人大十一届三次全会对中国特色社会组织工作提出了新的更高要求，需要我们付出新的更辛勤的努力。希望海南省在已取得的成绩基础上，更上一层楼，为建设中国特色社会组织事业提供更丰富的经验、更鲜活的做法，取得更好的成效。

谢谢大家。

在甘肃省检查调研“小金库”治理工作时的讲话

民政部副部长　姜　力

2010 年 7 月 21 日

为了贯彻落实全国“小金库”治理工作经验交流电视电话会议精神，6 月 8 日中央治理“小金库”工作领导小组召开了第五次会议，具体研究安排了今年的“小金库”治理工作。按照会议的要求，由我带队到甘肃省对“小金库”治理情况开展检查调研工作。主要任务就是贯彻落实去年底贺国强同志在听取“小金库”治理阶段性工作汇报时的重要指示，以及何勇同志在今年电视电话会议上的讲话精神，督促落实党政机关和事业单位“小金库”治理“回头看”工作，全面了解社会团体和国有及国有控股企业治理工作进展情况，调研防治“小金库”长效机制的构建情况，听取搞好“小金库”治理工作的意见和建议。

刚才，周多明同志全面介绍了甘肃省“小金库”治理工作进展情况，兰州市以及省农牧厅、省质监局等同志关于本地区本部门“小金库”治理工作情况的介绍，并与省民政厅、省国资委等有关同志就今年的“小金库”治理工作进行了交流。总体感到甘肃省的“小金库”治理工作领导重视、组织有序、措施得力，取得了较好的阶段性成效。主要有以下几个特点：一是强化组织保证，健全工作机制。省里及时成立了由省委常委、常务副省长冯健身同志任组长、省直相关部门为成员的治理“小金库”工作领导小组，并结合今年治理工作重点，及时调整充实领导小组成员单位；全省各级建立了主要领导过问、分管领导挂帅、主要部门全程参与、相关部门联合办公的组织领导体制和工作机制，营造了纵横联动、齐抓共管的工作格局，保证了治理工作的有序进行。同时，甘肃省将治理“小金库”工作完成情况作为年度廉政考核的重要依据，实现了重要工作亲自部署、重大问题亲自过问、重要环节亲自协调，保证治理工作落实到位。二是创新工作思路，狠抓自查自纠。加强业务培训，提高工作人员业务素质，确保自查自纠工作质量，省治理办举办了两期业务培训班，各地市也进行了业务培训；坚持群众参与，注重抓好举报工作，针对举报的特殊性，对奖励举报办法细化出了“三个明确、四项原则”；强化督查落实，省治理办建立了“每周一督查”制度，深入实地开展现场督查，对问题和矛盾比较突出的地方和部门，进行重点督促检查。三是突出工作重点，实现综合治理。坚持重点突破、全面推进的原则，紧紧抓住自查自纠和重点检查两个关键环节，将治理工作与清理乱收费乱罚款、规范津贴补贴、加强行政事业单位财务管理、惠农资金管理使用、扩大内需政策落实情况检查等工作相结合，统筹兼顾、相互促进，提高了“小金库”治理的综合成效。四是注重制度建设，完善长效机制。从省市到部门重视制度建设，针对检查发现的管理、制度等方面的薄弱环节和漏洞，从深化改革、完善预算编制、国有资产管理以及财政资金管理等方面入手建章立制，规范管理，创新财务管理方式，进一步建立健全财政监督制约机制，有效推进了“小金库”源头治理工作。这些做法为做好“小金库”治理工作提供了很好的借鉴，希望在今后的工作中继续坚持，不断丰富完善。

2009 年 4 月以来，按照两办意见和四委部实施办法的要求，全国党政机关和事业单位开展“小金库”治理工作取得重要阶段性成果。2009 年 12 月，贺国强同志专门听取“小金库”治理工作阶段性情况汇报，对治理工作给予充分肯定，并就继续深入开展治理工作提出明确要求。今年 5 月 21 日全国电视电话会议上，何勇同志在肯定和总结前一阶段“小金库”治理工作取得成效的同时，对今年的“小金库”治理工作做出了全面部署。截至目前，全国党政机关和事业单位共发现“小金库”24537 个，涉及金额 111.27 亿元。全国因设立“小金库”和使用“小金库”款项受到行政处罚 556 人，组织处理 285 人，党纪政纪处分 648 人，移交司法机关处理 248 人。通过深入开展治理工作，基本掌握了党政机关事业单位“小金库”问题的情况，有力遏制了“小金库”滋生的势头，增强了各级党政机关、事业单位及其领导干部厉行节约、艰苦奋斗、廉洁自律的自觉性，保障了国有资产和资金规范、安全、有效运行，促进了党风廉政建设和反腐败工作，受到了人民群众的拥护和好评。

在肯定成绩的同时，我们也要清醒地看到，当前工作进展还不平衡，一些地区和部门存在着“前紧后松”的现象。有的工作积极性、主动性不强，存在畏难心理、观望情绪和消极懈怠思想；有的组织推进力度有所减弱，个别部门存在推诿扯皮现象；有的执纪不严，对发现的问题避重就轻，甚至弄虚作假；有的重治标、轻治本，对长效机制建设重视不够，“小金库”治理的综合效应还没有充分发挥。

全国党政机关和事业单位“小金库”治理工作“回头看”尽管已经布置了一段时间，但目前掌握的数据表明，成效还不十分显著，自查自纠“零申报”和重点检查“零问题”没有得到很好解决，与党中央提出的彻底清理“小金库”的目标要求还有一定差距。

甘肃省也存在自查自纠“零申报”、重点检查“零问题”以及“双零”县区的问题，截至5月28日，全省有42个“零申报”县区，27个“零问题”县区，18个“双零”县区。至6月30日，“零申报”县区减少至20个，“零问题”县区减少至7个，“双零”县区减少至2个，较前期有了很大的改进，但我们仍须高度重视，在下一步工作中，下大气力对此类问题加以研究解决，这也是我们此次检查调研关注的重点问题。

为了贯彻落实中央的决策部署，圆满完成党政机关和事业单位“小金库”治理工作任务，有效开展社会团体和国有企业“小金库”治理工作，我讲几点意见，仅供参考。

一、充分认识继续深入推进“小金库”治理工作的重要性和紧迫性

党中央、国务院历来高度重视“小金库”治理工作。把“小金库”当作妨碍经济健康发展、影响社会和谐稳定、危害党和国家各项事业发展的毒瘤，要求必须坚决清除。党的十七届四中全会明确提出彻底清理“小金库”；中央纪委第四次全会和第五次全会对“小金库”治理工作都做出了具体部署。这些都充分体现了党中央、国务院彻底清理“小金库”的态度和决心。对此，我们要进一步增强政治敏锐性，切实提高对“小金库”治理工作重要意义的认识，要充分认识到治理“小金库”是深入贯彻落实科学发展观、完善社会主义市场经济体制的必然要求，是解决损害群众利益突出问题、推进党风廉政建设和反腐败斗争的重要举措。

按照中央的部署，2010年“小金库”治理工作除继续在党政机关和事业单位深入开展外，还将延伸到社会团体和国有及国有控股企业。党政机关和事业单位治理工作“回头看”上半年要基本结束，社会团体和国有及国有控股企业治理工作今年要基本完成任务。治理工作时间紧迫、任务繁重。很容易出现草率收兵、应付交差的现象。必须加强思想发动、舆论宣传，进一步统一思想、提高认识，明确“小金库”问题的严重危害性和治理工作的极端重要性，加强组织领导，落实工作责任，真正把“小金库”治理工作摆在重要位置。

二、采取更加有力有效的措施，解决“双零”县区问题

从全国来看，未发现“小金库”的县区所占比例较大。这当中确有不少县区的单位财务管理规范，没有“小金库”的情况。但是，这么多县区，一个县区内又有那么多单位，都没有发现“小金库”也是不正常的。贺国强同志和何勇同志都强调要关注自查自纠“零申报”和重点检查“零问题”的现象，要求加强监督检查。按照中央的要求，6月底要完成党政机关和事业单位“小金库”治理工作任务。希望各级治理机构抓紧时间，加大力度，使自查自纠“零申报”和重点检查“零问题”，特别是“双零”的问题得到解决。

一是进一步明确政策规定和工作要求。按照中央“小金库”治理的各项政策规定和工作要求，结合各地区的实际，对解决“双零”问题，从时限要求、工作方式、责任追究等方面，制定更加有效的政策、明确更加具体的要求、采取更加过硬的措施。比如，制定承诺制度、公示制度或通报制度等制度规定，采取集体约谈或逐一约谈等措施。二是进一步拓宽举报渠道。要加大宣传力度，发动群众举报，做好举报事项查处的跟踪、落实和反馈工作，对举报有功人员，要按规定兑现奖励。三是进一步加大检查力度。要切实抓好“零申报”“零问题”地区和部门的监督检查；要加强重点领域、重点行业和重点部门的监督检查；要加强垂直管理单位、执收执罚权比较集中单位的监督检查；要综合考虑举报线索和纪检、监察、财政、审计等监督部门掌握的情况，加强监督检查。四是进一步加大责任追究力度。对确实存在“小金库”问题的“双零”县区要限期整改；整改不到位的要通报批评；工作不负责任、走过场、问题严重的要追究责任。

按照贺国强和何勇同志的要求，凡是自查自纠“零申报”、重点检查“零问题”的地区，上级治理领导机构一律要派出检查组，弄清楚原因，查明白问题。7月底之前对解决“双零”问题形成专题材料向中央治理“小金库”工作领导小组报告，逐一说明各有关县区的情况。中央治理“小金库”工作领导小组将就“双零”县区问题进行通报。

三、加大处理处罚力度，认真抓好整改落实工作

党政机关和事业单位“小金库”专项治理工作已经进入收尾的关键阶段，“小金库”问题的处理处罚和整改落实是这一阶段的重要工作，直接体现关系到治理工作的总体成效。因此，一定要重视处理处罚和整改落实工作，严格执纪执法，加大处理处罚力度，确保治理工作取得实效。各级

治理机构和执法部门要按照《中央单位“小金库”问题处理处罚意见》要求，结合本地实际统一政策、统一尺度、统一标准，加快处理处罚和整改落实的工作进度。依据《设立“小金库”和使用“小金库”款项违纪行为适用〈中国共产党纪律处分条例〉若干问题的解释》和《设立“小金库”和使用“小金库”款项违法违纪行为政纪处分暂行规定》等相关法规，严肃追究负有责任的领导人员和其他直接责任人员的责任，决不能姑息迁就。

四、抓紧安排部署社会团体和国有及国有控股企业“小金库”治理工作

对于各地区而言，今年“小金库”治理工作要在社会团体和金融企业以外的国有企业中全面推开。希望甘肃省各级治理机构要统筹谋划、周密安排，抓紧启动社会团体和国有及国有控股企业“小金库”专项治理工作。

一是加强组织领导。根据今年“小金库”治理工作任务，及时调整充实专项治理领导机构成员，健全工作机制；按照分级负责、分口把关的原则，落实治理工作责任；日常工作机构要按照力度不减、机构不撤、队伍不散的要求，增加人员力量，切实履行职责，认真抓好具体组织实施工作。二是讲求政策统一。今年“小金库”治理工作头绪较多，社会团体和国有及国有控股企业的治理工作，各有关牵头部门承担着重要的组织落实负责，这种情况下要特别注意的是治理工作要在领导小组统一领导下进行，不能互相推诿，更不能政出多门，要保持治理政策的统一和工作原则的一致。三是细化工作方案。结合实际细化工作方案，使工作方案更有针对性、更符合实际；同时抓好组织协调、宣传发动等工作，确保治理工作有序、顺利开展。要把握治理重点，把规模较大、有行政职能的社会团体和公募基金会作为检查重点；把关系国民经济命脉、民生，以及投资管理链条较长的国有及国有控股企业作为检查重点。四是加强督促指导。总结推广经验，促进完善工作，督促各地区各部门按照要求推进治理工作，保证各项工作任务和各阶段工作目标落到实处。

五、积极构建防治“小金库”长效机制

长效机制建设是“小金库”治理工作的根本任务。中央党政机关和事业单位防治“小金库”长效机制研究工作已经稳步开展，9 月底以前要完

成防治“小金库”长效机制课题研究工作。各地区、各部门防治“小金库”长效机制建设工作也要抓紧推进，健全管理制度、加强和改进管理工作。此次调研结束后，要将甘肃的做法和建议反馈给长效机制课题研究组。

社会团体、国有及国有控股企业防治“小金库”长效机制研究工作要按照“边治理、边研究，边总结、边完善”的思路积极推进，与检查、调研相互促进。要以专项治理工作为契机，结合社会团体管理体制改革和企业治理结构完善，建立社会团体和国有及国有控股企业防治“小金库”长效机制。在社会团体方面要研究如何通过年检等完成对社会团体财务管理的监督，解决政府对社会团体公益事业的支持；国有及国有控股企业方面，要研究进一步完善制度，优化企业经营和投资优化环境完善制度。

同志们，今年的“小金库”治理工作时间紧迫、任务繁重、意义重大。我相信，在党中央、国务院的坚强领导和中央领导小组的统一组织下，在甘肃省委、省政府的高度重视和精心组织下，各部门密切配合，扎实工作，甘肃省的“小金库”治理工作一定能够取得更显著的成效。

谢谢大家！

在北京市"政府购买社会组织公益服务项目推介展示暨资源配置大会"上的讲话

北京市副市长　丁向阳

2010 年 7 月 12 日

尊敬的曲部长、各位专家、来自社会、企业、社会组织的同志们：

今天上午，我们在这里召开一个非常重要的会议，一次改革的会议，它是政府转变职能、转变观念、转变作风的一次会议，北京市社会建设、社会组织建设将通过这次会议迈上一个新台阶。当前，首都社会建设进入了一个新阶段，需要政府，需要市民，更需要社会组织的支持和参与。今天会议将在四个方面对北京的社会建设起到积极的作用。一是促进政府转变职能；二是进一步推进北京的社会建设、社会管理和整个社会的发展；三是满足社会居民多样化、个性化、多变性的服务需求；四是进一步推动社会组织的发展。借此机会我向关心首都社会建设的各位领导、各位专家学者表示衷心的感谢！对今天参加会议的各社会组织的负责同志和代表表示诚挚的谢意！下面我讲三个方面的内容：

一、市政府高度重视社会建设，重视社会组织的发展

一是加强社会建设工作。近几年，北京市委、市政府高度重视社会建设，为进一步推进社会建设和社会发展，成立了市委社工委、市社会办，出台了《北京市加强社会建设实施纲要》等 1 +4 文件。在社区管理模式方面提出了社会专业化团队组织建设，建立了社区专职工作者队伍，提出了首都新型社区的管理模式。今年还将出台《志愿者管理办法》和《社会组织管理办法》两个文件，不断完善管理制度体系。二是提出社会组织建设与管理新思路。北京市提出了"一口审批、分类规范、政府监督、扶持发展"的新思路和新理念。实行"一口审批"，解决目前社会组织成立审批较难，时间较长的问题。当前，已经在中关村国家自主创新示范区推进民政部门直接登记，为全市登记体制改革进行试点；实行"分类规范"，

即通过枢纽型社会组织和大的行业协会来管理社会组织，便于社会组织自律和自我监督，更好地为社会和政府服务，更有利于社会组织的发展；实行“政府监督”，即政府对社会组织的行为加强管理和监督，引导和指导社会组织发展；实行“扶持发展”，即政府将通过类似今天会议的形式，政府将拿出预算，逐步以年度、季节性签约的方式，实现政府购买服务。三是加大政府对社会组织扶持力度。今年北京市大概拿出一个亿左右购买社会组织公益服务，扶持、促进有品牌、有信誉、有规模的社会组织发展，使之逐步规范、逐步完善，提高社会组织的服务质量和水平。北京市将陆续通过多种形式和方式来实现政府购买服务向购买社会组织服务方面转移，使北京市购买社会服务，扶持社会组织发展将走向规范化、正规化的发展道路。并逐步通过公开、公正、公平、透明的方式来实现购买服务项目的选定、政府购买资金的监督。

二、社会组织为首都社会建设作出了巨大的贡献

目前北京市登记的社会组织有6900多个，这些社会组织年度收入在100亿以上，从业人员在10万人以上，社会组织已经遍布社会的各个行业和领域，并不断地发展和壮大，为首都的社会建设的各个方面作出了巨大的贡献。在金融危机到来时，很多社会组织伸出援助之手，帮助企业咨询、策划，克服金融危机带来的影响；社会组织深入社区为百姓提供服务、化解基层矛盾、丰富文化生活，为建设和谐社会作出了贡献；在重大灾害出现和贫困人群需要的时候，社会组织开展公益慈善活动，帮助社会作贡献；社会组织积极参与首都北京的重大活动，展现了能力，显现了风采。所以说，正是因为社会组织的出现，正是社会组织伸出的援助之手，正是社会组织的逐步健全、完善和发展壮大，给政府工作提供了很多的帮助，在首都经济社会建设中发挥了重要作用。

三、积极推进社会建设，全面培育社会组织的发展

政府购买服务正在成为现代政府发展的一种趋势，推行政府购买服务既有利于转变政府职能、精简政府机构、提高政府效率，又有利于培育和发展社会服务产业。选择低成本、高质量的服务，创新社会公共服务提供方式，最大限度地为社会提供公共服务，可以填补政府公共福利服务的不足，推进“小政府，大社会”的形成和社会建设的发展。

社会组织拥有与生俱来的组织资源，集结了一个行业、一个领域的力量，社会组织集聚了一批优秀的专家、学者和管理人员，拥有丰富的智力

资源和大量的服务资源，成为加强社区服务，建设和谐社区的有生力量，社会组织通过对社会财富的第三次分配，广泛吸纳民间资本，组织开展各类公益性慈善活动，进行社会互动，发展公益事业，缓解社会矛盾和问题，着力改善民生，促进公平正义，成为公益事业最直接的组织者，社会公益服务的承接者和提供者，但是现在还处于初级阶段，希望社会组织不断加强能力建设和队伍建设，使一大批有品牌、有信誉、有规模的社会组织迅速成长壮大起来。另外，政府还将在社会组织的规范化方面出台一系列标准和规范，促进社会组织规范健康发展。

今年，市区两级政府将投入上亿元购买社会组织公益服务，支持社会组织的发展。今后全市还将逐步提高政府购买社会组织公益服务的资金份额，拿出更多的预算和项目，把社区矛盾调处、心理咨询、残疾人康复、法律援助、为老服务、社区文化建设等方面的项目，交给社会组织去做。并将落实“九养”政策工作与社会组织项目进行对接。通过制度建设、体制和机制建设，逐步将购买社会组织公益服务透明、公开，向社会公布。同时，在管理机关内部建立组织机构，把社区、百姓提出需求纳入到购买项目之中，从政府层面上更加科学地组织社会活动和社会需求项目，实行“市民社区点菜、政府埋单、社会组织运作”，通过这样的方式推进政府购买服务，不断满足社会建设和发展的需要，满足百姓的多样性需求。

站在新的历史阶段，北京将发展定位瞄准建设世界城市的高端形态，提出了更新、更高的奋斗目标。加强首都社会建设既是世界城市建设的基础，也是世界城市建设的前提。我相信，政府购买服务、社会组织服务民生行动和今天大会取得的一系列成果，将会给社会组织建设与发展注入新的活力，使社会组织在促进首都经济社会全面协调发展、建设“人文北京、科技北京、绿色北京”和世界城市作出更大的贡献。

在海南省社会组织工作暨表彰先进会议上的讲话

海南省副省长　符跃兰

2010 年 3 月 18 日

自 2005 年海南省召开表彰全省先进社会组织会议以来，在省委、省政府的正确领导下，在民政部的具体指导、帮助下，在大家共同努力下，全省社会组织健康、有序发展，各类社会组织数量年均增长 16.67%，已经成为党和政府联系人民群众的桥梁和纽带，在我省经济社会生活中发挥着越来越重要的作用。今天，我们召开全省社会组织工作暨表彰先进会议，给获得全国和全省先进称号的海南省企业家协会等 88 个社会团体、民办非企业单位和基金会进行表彰，这是对社会组织在我省经济社会建设中起重要作用的充分肯定，也是有力推动我省社会组织持续、健康发展的一项重要举措。在此，我代表省委、省政府向受到表彰的先进社会组织表示热烈的祝贺！向所有辛勤工作在社会组织战线，并为我省经济社会发展作出积极贡献的同志们表示亲切慰问和衷心的感谢！对长期以来关心、支持我省社会组织工作的同志们表示衷心的感谢！希望受表彰的先进单位珍惜荣誉，发扬成绩，再接再厉，争取更大的进步；同时也希望广大社会组织以先进为榜样，学先进，赶先进，充分发挥各自的特点和优势，为建设海南国际旅游岛，促进海南省经济社会又好又快发展作出更多、更大的贡献。

刚才，建中厅长作了一个很好的工作报告，栋国副厅长对我省社会组织开展深入学习实践科学发展观活动进行了认真总结，并提出了下一步工作思路和意见，我都同意。省医药保健品行业协会等 2 个单位作了典型发言，他们的经验值得其他社会组织学习借鉴。国家民政部姜力副部长和孙伟林局长在百忙之中亲临大会指导，待会还要作重要讲话，希望与会同志认真学习领会并抓好贯彻落实。下面，我就社会组织工作讲四点意见：

一、统一思想，提高认识

我们党和政府历来重视社会组织工作，党的十六大以来先后作出了一系列重要的论述，党的十七大把社会组织摆到了更加突出的位置，一是对传统的非政府组织、非营利组织或者民间组织等统一确认为“社会组织”，纠正了社会上对这类组织存在的片面认识，形成了各方面重视和支持这类组织的共识。二是将社会组织作为“发展基层民主，保障人民享有更多切实的民主权利”的重要形式和载体，提出“发挥社会组织在扩大群众参与、反映群众诉求方面的积极作用，增强社会自治功能”。三是提出了社会组织“建设”新任务，集中反映了我们党在探索和回答社会组织实现什么样的发展，怎样发展等问题上的新成果。四是把社会组织提到全面推进社会主义经济建设、政治建设、文化建设、社会建设“四位一体”的高度。党的十六大、十七大报告进行全面而系统地论述，并且把社会组织作为单独一个组织类别，整体参加学习实践科学发展观活动，这都充分体现了党中央对社会组织工作的高度重视。

实践证明，社会组织在经济社会发展中占有重要的位置，是经济社会发展的重要力量。建中厅长在工作报告中用大量的事实说明了这一点。有些社会组织履行政府赋予的部分行业协调管理职能，在维护企业权益、建立行业规范、加强行业自律、解决贸易纠纷等方面发挥了重要作用；有些乐善好施，扶贫济困，助残敬老，积极参与社会福利和灾害救援，在弘扬中华民族的传统美德、推进了社会公益事业的发展作出了重要贡献；有些深入基层社区，广泛了解群众诉求，积极向党和政府建议献策，在调解社会矛盾、促进人际和谐、密切党群干群关系方面发挥了重要作用；有些充分发挥自身优势，在扩大就业、促进城乡居民增加收入、繁荣社会文化体育卫生事业发展等方面作出了重要贡献；有些积极开展境外民间合作与交流，引进港澳台和国外资金、技术、管理经验，开展经济与文化交流，在港澳台和一些国际事务中发挥了不可替代的作用。各级领导、各有关部门及各类社会组织一定要站在经济发展的高度、站在构建和谐社会的高度、站在扩大党的执政基础的高度、站在增强国际竞争力的高度，充分认识社会组织的积极作用，加深对社会组织的了解，进一步增强做好社会组织工作的责任感和使命感。

二、培育扶持，规范管理

在现代社会中，企业、政府、社会组织等是社会基本组成要素。实践证明，社会组织是把“双刃剑”，管理得好，发展得好，就有利于发展市场经济，有利于推进民主政治，有利于弘扬先进文化，有利于促进社会的和谐与进步；如管理得不好，就会给社会带来不确定乃至不稳定因素。因此，我们必须以高度的政治责任感，必须以积极的态度，采取各种有效措施，在积极培育发展社会组织的同时，加强社会组织的监督管理，以促进社会组织健康有序发展。

一是要做好社会组织发展规划并将其纳入国民经济和社会发展总体规划。科学规划，合理布局，就能够有序发展，否则就会出乱子。各市县、各部门一定要按照科学发展观的要求，围绕国际旅游岛的建设，结合本地区、本部门经济和社会发展的总体规划，制定本地区、本部门社会组织的专项发展规划，特别是要结合各自特色产业、产品的特点，做好各类专业经济协会发展的规划，力争在一定时间内形成门类齐全、结构优化、布局合理的社会组织体系。

二是进一步优化社会组织发展的政策环境。我省社会组织起步较晚，发展总量比较小，需要我们优化政策环境，加快发展。比如，在准入登记的政策上，我们要大胆改革创新。在不违反现有的《社会团体登记管理条例》、《民办非企业单位登记管理暂行条例》和《基金会管理条例》的基础上，可参照其他省的做法，探讨将个别领域社会组织的业务主管单位改为业务指导单位，采取直接登记制，取消业务主管单位批准的前置条件，解决社会组织找业务主管单位难的问题，为社会组织成立登记创造宽松环境。要深入研究政府向社会组织转移职能的政策体系，认真贯彻国务院办公厅《关于加快推进行业协会商会改革发展的若干意见》精神，通过政府向社会组织购买服务的方式，把一些政府不该管，也管不好的公共管理事务交给社会组织来履行，使社会组织既有事干，也有经济来源。

三是重点扶持培育一批具有我省特色的社会组织。发展社会组织要从实际出发，要从经济建设和社会发展的需要，要从构建和谐社会的需要，要从当前我省建设国际旅游岛的需要出发，以稳定社会、发展经济为目标，确定发展重点，目前要重点培育和发展一批服务旅游岛建设、服务“三农”的行业性、服务社会管理的基层性、服务弱势群体的公益性社会组织，突出国际旅游岛产业、突出热带高效农业，如香蕉、西瓜、芒果、瓜菜、橡胶等专业经济协会，社区的各种服务性组织，以及为扶贫济困等公益事业而设立的各种慈善组织。同时要尽快建立政府资助机制，制定优惠政策，开辟融资渠道，推动重点社会组织快速发展。

四是进一步规范社会组织的管理。发展与管理是一个相辅相成，相互作用的关系。发展是前提，管理是手段，管理是为了更好更快的发展。一味追求发展，而忽视管理，社会组织就会陷入一个无序发展的状态，也就不可能发挥应有的作用。因此，我们既要充分认识新时期社会组织的地位和作用，努力创造促进社会组织健康发展的良好环境和条件，也要科学地分析我省社会组织面临的困难和问题，采取有效措施加强管理。要建立社会组织社会监督机制，加强社会组织外部管理，规范社会组织的行为；要建立健全社会组织的各项管理制度，通过自律与诚信建设，提升社会组织的公信度；要建立评估机制，加强年度检查，优胜劣汰，努力塑造社会组织良好形象，不断提高社会组织自我服务、自我管理、自我约束、自我发展的能力。

三、正确引导，发挥作用

充分发挥社会组织在经济社会发展中的积极作用，是社会组织建设与管理的出发点和落脚点，也是社会组织建设与管理成效的检验标准。从政府的层面上，要积极的引导，给社会组织发挥作用的空间和舞台，充分利用社会组织这个载体，发挥社会组织在经济、政治、文化、社会建设和对外交流中不可替代的作用。从社会组织的层面上，要充分利用自身的资源，发挥自身的优势，为政府、为社会、为群众提供服务，发挥应有的作用，社会组织有为才有位，才能真正为社会所接受、为人民所认可、为政府所支持。

一是要充分发挥社会组织的桥梁纽带作用。社会组织作为有别于政府、企业的“第三部门”，来自于民间，扎根在基层，最贴近群众，既是各自会员的利益代表，也是各自会员的代言人，反映的呼声和意见，具有一定的代表性，所以，各级政府部门要善于利用这一沟通渠道，通过社会组织收集群众的呼声和意见。社会组织要充分发挥桥梁和纽带作用，深入群众、深入基层调查研究，收集、分析、整理企业和群众的意见，及时向政府有关部门反映，使政府部门随时了解社会各方面的情况，听到群众的呼声，做出符合实际，合乎民意的决策，从而拉近政府与企业、政府与公民的距离，紧密党群干群关系。

二是要充分发挥社会组织的组织协调作用。社会组织是社会建设的重要力量，各级政府部门要充分利用社会组织具有行业指导、自律、协调和监督的功能，协调各方面的关系，化解各方面的矛盾，促进经济发展，社会和谐。社会组织要发挥组织协调作用，通过制定行规行约，行业自律规则，规范本组织成员的行为，使市场竞争在公平、公正、公开的环境下有序进行，促进社会资源的有效配置和整合。

三是要充分发挥社会组织乐善好施的作用。社会组织尤其是慈善总会、基金会等公益性社会组织，积极开展各种募捐活动，筹集资金，发展社会公益事业，扶持弱势群体，帮助贫困群众，支持贫困学生，不但弥补了政府用于社会救助资金的不足，同时也缓和了社会矛盾，使全社会处处充满着爱。所以，各级政府部门要大力支持这些组织的活动，发挥这些组织善于筹措慈善资金，开展公益事业的作用，逐步扩大社会公平的覆盖面，缩小贫富差距过度悬殊，促进社会和谐发展。社会组织要积极开展活动，动员社会各方资源，广泛筹措善款，推动公益事业的发展。

四是要充分发挥社会组织人才优势的作用。社会组织汇聚各类优秀人才，拥有资源、技术、信息等多方面优势，在科技教育、文化体育、卫生保健、环境保护、法律援助、行业管理、社区建设、农村经济等诸多领域具有很强的能量储备。各级政府部门要积极引导和支持社会组织结合自身业务特点，找准方位，扬长避短，把社会效益放在首位，开展形式多样的社会服务活动，把社会组织的聪明才智挖掘出来，发挥作用。社会组织要把为会员服务、为行业服务、为社会服务、为政府服务为己任，发挥“人才库”、“智囊团”的作用，积极向各级政府部门建言献策，当好政府的参谋和助手；要发挥“信息库”、技术力量强的作用，为会员提供信息服务和技术服务；充分发挥自身优势，为经济社会的发展进步多作贡献。

五是要充分发挥社会组织广泛交流的作用。社会组织具有社会性、广泛性、活跃性和渗透性的特点，通过与国外非政府组织进行合作等方式，开发、引进和利用国外的知识、技术以及资本，不但促进了友谊，也促进了经济的发展，在国际交流与交往中起到了政府无法替代的作用。各级政府部门应鼓励社会组织积极参与国际合作和国际非政府组织间的活动，以促进我省与世界各国的友好往来，让世界了解海南，让海南走向世界。社会组织要把握海南建设国际旅游岛这个契机，加强对外交往，学习国外的先进技术和先进管理经验，为建设国际旅游岛多作贡献。

四、强化领导，创新工作

社会组织工作是新时期民政工作的新亮点，也是加强社会建设的一项重要工作，要切实加强和改进党对社会组织工作的领导。

一是要把社会组织工作摆上民政工作的重要议事日程。社会组织建设与管理，是一项政治性、政策性很强的工作。各级分管领导和民政部门主要领导，要高度重视这项工作，亲自听取有关工作汇报，及时地了解和掌握社会组织管理工作中的新动向，定期或不定期研究新情况、新问题，着力解决社会组织管理工作中存在的各种实际困难和问题。积极争取当地党委和政府领导的理解、重视和支持，将社会组织纳入经济和社会发展总体规划。

二是要整合力量、形成合力。社会组织工作，涉及方方面面，是一项复杂的社会系统工程。各级民政部门一定要转变工作作风，在协调上多下工夫，整合各方面的力量和资源，形成促进社会组织发展和加强社会组织管理的整体合力。既要加强各级民政部门之间在分级管理前提下的协调配合，实现上下联动、相互支持，又要加强不同民政职能部门之间的协作，特别是在编制少、人员缺、经费紧的基层民政部门，更要实现人力、物力、财力的合理调配、有机整合。民政部门、业务主管单位和相关职能部门及相关社会组织要各负其责，齐抓共管，形成推进社会组织工作的合力。

三是要主动研究社会组织发展的有关政策措施。要认真分析新形势，主动顺应新形势，解放思想，转变观念，正确认识和接受新的事物、新的实践，多谋新思路，多想新办法，多出新举措，积极完善扶持社会组织发展的政策措施。要主动分析研究当前社会组织建设与管理中遇到的各种问题，把握规律，找到症结，积极推动管理体制、运行机制的创新，不断开创社会组织新发展和管理工作上水平的新局面。

四是建立健全社会组织科学发展长效机制。刚才黄栋国副厅长总结了五个半月以来我省社会组织开展深入学习实践科学发展观活动的情况。社会组织能否科学发展直接影响到社会组织的整体作用的发挥。要在社会组织开展深入学习实践科学发展观活动的基础上，逐步建立起社会组织科学发展的长效机制，切实巩固和扩大学习实践活动的成果，全力推动社会组织在我省经济社会发展和国际旅游岛建设中发挥积极的更大的作用。

国际旅游岛建设为我们描绘了美好的蓝图，指明了前进的方向，让我们在省委、省政府的正确领导下，深入贯彻落实科学发展观和全国、全省“两会”精神，进一步统一思想，提高认识，抢抓机遇，用好用足国务院赋予海南建设国际旅游岛的各项政策，不断创新发展模式，完善扶持政策，健全体制机制，充分发挥社会组织的积极作用，为构建和谐海南，为促进我省经济社会又好又快发展而努力奋斗！

在新疆第三届社会组织发展高峰论坛暨首届慈善论坛上的讲话

新疆维吾尔自治区副主席、党委政法委副书记，新疆慈善总会会长
贾帕尔·阿比布拉

2010 年 12 月 7 日

各位代表、同志们：

新疆第三届社会组织发展高峰论坛暨首届慈善论坛，是在全疆上下认真贯彻落实党的十七届五中全会、中央新疆工作座谈会和自治区党委九届七次全委（扩大）会议精神，全力推进新疆跨越式发展和长治久安的新形势下召开的。在此，我代表新疆维吾尔自治区党委、人民政府和新疆慈善总会，向前来参加“新疆第三届社会组织发展高峰论坛暨首届慈善论坛”的各位代表、以及北京师范大学壹基金公益研究院院长王振耀先生、清华大学创新与社会研究中心主任、副教授、法学博士邓国胜先生表示热烈的欢迎！同时对本次论坛的组织单位自治区社会组织发展促进会、新疆 MBA 企业家协会，承办单位新疆红石慈善基金会及支持和赞助此次论坛的单位表示衷心的感谢！

改革开放以来，新疆社会组织发展取得显著成绩，特别是通过学习实践科学发展观活动和创先争优活动的开展，又有新的进展，在我区经济社会生活中发挥着越来越重要的作用。党中央、国务院和自治区党委、人民政府历来高度重视社会组织工作，在社会发展的各个时期，都对社会组织工作和发展提出明确要求，为我区社会组织事业指明了前进的方向。近年来，各级民政部门、业务主管单位和相关职能部门认真贯彻落实党中央、国务院和自治区党委、人民政府的有关精神，解放思想，开拓进取，着力加强政策法规建设，开展体制机制创新，坚持分类指导，加强管理力量，推进规范化建设，在建立布局合理、结构优化、功能到位、作用明显的社会组织发展体系方面取得新进展；在构建充满活力、富有效率、有利于社会组织健康发展的体制机制方面取得新突破；在形成党委领导下的政府管理、社会监督和社会组织自律相结合的管理格局方面迈出新步伐，为经济

社会协调发展、构建社会主义和谐社会作出了积极贡献。

党的十七大指出：我们国家现行制度的社会保障体系由四个方面组成——社会保险、社会救助、社会救济、社会慈善。由此可见，公益慈善事业是社会保障事业的重要组成部分。社会保障体系健不健全，事关改革开放成果能不能惠及到广大人民群众。当前我国社会保障体系还处在起步发展阶段，要认识到，今天的慈善，已经不是以往的慈善，今天的慈善理念应立足当地、面向外围、展望世界、做大做强，切实让每一个应该得到帮助的人，都能够得到帮助，这是党和政府构建和谐社会的一个重要的渠道和必不可少的手段。新时期、新阶段，党中央审时度势、高瞻远瞩，作出了推进新疆跨越式发展和长治久安的重大决策，使我们迎来了千载难逢的历史性发展机遇，为贯彻落实中央新疆工作座谈会精神，自治区党委七届九次全委（扩大）会议，确定了实现新疆跨越式发展和长治久安的指导思想、目标任务和战略选择，明确指出：要以现代文化为引领，以科技、教育为支撑，加速新型工业化、农牧业现代化、新型城镇化进程；加快改革开放，打造中国西部区域经济的增长极和向西开放的桥头堡，建设繁荣富裕和谐稳定的美好新疆。新疆经济社会各项事业已经站在新的历史起点上，呈现出跨越式发展的蓬勃生机和广阔前景。但是，由于历史、自然、发展落后等多方面因素的影响，新疆加快发展、维护稳定的任务依然十分繁重，依然面临着诸多困难和问题，城乡困难群众数量相对较大，贫困程度较深。希望通过这次论坛，进一步启迪我们的思想，动员更多社会组织和社会力量参与公益慈善事业。

当前，我国正处在改革开放和现代化建设的关键时期，经济建设、政治建设、文化建设、社会建设、生态文明建设和党的建设全面推进，工业化、信息化、城镇化、市场化、国际化深入发展，为我国社会组织发展提供了新的机遇，提出了新的要求。这就更加需要重视和发挥社会组织的积极作用，更加需要激发和调动广大社会组织的积极性和创造性，更加需要深刻把握社会发展规律，努力开创中国特色社会组织事业新局面。

一是统一思想，提高认识。就是要站在经济发展、构建和谐社会和扩大党的执政基础的高度看社会组织的积极作用。社会组织不仅对经济发展有直接的贡献作用，还对资源配置、平衡利益等方面有积极的调节作用，对市场行为、经济秩序有重要的规范作用，对扩大公共服务，保障和改善民生有重要补充作用，对解决社会矛盾、反映群众诉求，维护社会稳定有“缓冲器”和“调节器”的作用，是新时期巩固和加强党的执政能力建设的重要领域，是应对日趋激烈的国际竞争，适应我国对外开放的新格局的重要角色。

二是培育扶持，依法管理。就是要加强社会组织法制建设，深入研究政府向社会组织转移职能的政策体系，推动各部门、各级政府与社会组织开展多层次合作。就是要健全监管机制，改进和加强以年度检查、社会评估、信息公开为主要内容的日常管理，坚持依法行政，不断提高行政执法水平。

三是健康发展，发挥作用。就是要围绕经济社会发展的需要，大力发展公益性社会组织，有序发展社区群众活动团队，改革发展行业协会，引导发展学术团体，争取涌现一批服务好、能力强、公信度高、影响力大的品牌社会组织。就是要广开举贤荐能之路，建立健全一套培养、吸引、使用、评价、激励社会组织人才队伍的制度体系，打造一支高素质的专业化、职业化队伍，培养一批政治上靠得住、工作上有本事、作风上过得硬、人民群众信得过的领导干部。

四是加强党建，巩固成果。就是要不断扩大社会组织中党的组织和党的工作覆盖面，积极探索社会组织党组织发挥作用的途径和方法，继续完善社会组织党建工作领导体制，探索在各级民政部门设立社会组织党工委，创新党建工作机制。

五是强化领导，创新工作。就是把社会组织纳入经济社会发展规划和政府绩效考核目标，为社会组织创造良好的环境。就是要明确分工，落实职责，形成民政部门、业务主管单位和相关职能部门各负其责，齐抓共管的工作合力。就是要大胆实践，敢于探索，推进社会组织发展模式和管理体制创新，鼓励各级登记管理机关多谋新思路、多想新办法、多出新举措。

同志们，做好新形势下我区社会组织和公益慈善的发展和管理工作意义重大。让我们高举邓小平理论和“三个代表”重要思想伟大旗帜，以科学发展观为指导，紧密团结在以胡锦涛同志为总书记的党中央周围，紧紧围绕发展与稳定两大主题，为建设更加繁荣、富裕、和谐、稳定的社会主义新疆而努力奋斗！

·第三编·

工作综述

2010年北京市社会组织建设与管理工作综述

北京市社会团体管理办公室

2010年，北京市社会组织登记管理机关在市委、市政府的坚强领导下，在民政部的有力指导下，全面贯彻党的十七届五中全会精神，落实科学发展观和大民政理念，推进社会组织管理体制机制创新，加大社会组织培育发展和监督管理力度，组织开展社会组织服务民生行动，在直接登记体制、备案登记体制、政府购买服务体制、资源配置体制等建设上取得了重点突破，各项工作任务圆满完成。

一、促进科学发展，实施登记管理体制创新

一是探索社会组织管理服务体制创新。按照“依法审批、分类规范、政府监督、扶持发展”的基本方针，草拟了《北京市社会组织服务管理实施办法（试行）》，针对社会组织的设立登记、管理监督、作用发挥、培育发展等方面的问题，提出了一系列改革创新意见。北京市社会组织总量突破7000大关，达到7212个，与去年相比增长5.2%。

二是推进中关村社会组织登记管理改革试点。落实国务院以及市委、市政府《关于建设中关村国家自主创新示范区的若干意见》文件精神，实行部市合作，将社会组织直接登记、冠名和跨区域吸收会员开展活动等创新措施写入《中关村国家自主创新示范区条例》，拟定并经由中关村领导小组批准下发执行《中关村国家自主创新示范区社会组织改革创新试点工作意见》，制定《中关村国家自主创新示范区社会组织登记管理办法（试行）》，启动了中关村社会组织的直接登记。截至2010年底，已有中关村数字内容产业协会、中关村工业设计产业协会等5家社会组织按照直接登记的方式进行了登记。

三是启动社区社会组织备案。贯彻落实《北京市城乡社区社会组织备案工作规则（试行）》，充分发挥区、街道、居委会三级组织和96156工作平台在城乡社区社会组织备案工作中的作用，拓展社会组织管理工作领域，形成基层组织备案工作管理体系。目前，已有8219个社区社会组织进

行了备案登记。

四是大力培育社工服务机构。按照民政部《关于促进民办社会工作机构发展的通知》精神，加强社工职业化、专业化建设，积极培育民办社工服务机构发展。目前，北京市已登记民办社工服务机构50个，初步形成了近千人的社工服务队伍。

五是实施年检工作改革。重新定位年检功能，增加了642项年检数据项，强化了年检的依法监督管理、社会组织再登记、公益项目计划性管理、启动服务民生行动、数据统计分析等功能，初步形成了以年检为起搏器的大登记体制框架。选择专业机构对年检数据进行分析，形成了《2009年度社会组织发展1+3报告》。与市人力资源和社会保障局联合下发《关于做好2010年全市民办职业技能培训学校年检工作有关问题的通知》，解决民办职业技能培训学校年检问题。与市科委联合对市级25家科技类民办非企业单位进行联合年检，提高了年检效率和服务水平。北京市5305家社会组织上报年检材料，5041家社会组织完成年检，与2009年相比，社会组织年检率提高了4.51%。

六是建立退出机制。加强对社会组织的监督管理，拟定了《社会组织退出机制工作的指导意见》、《社会组织监督管理工作行政约谈制度》等规范性文件，建立起比较完善的社会组织退出机制制度体系。对连续不参加年检的社会组织启动退出机制，核准撤销51家市级社会组织，并上交局执法部门履行相应法律程序。

七是推进社会组织评估工作。制定评估考核标准，完善评估指标体系，委托专门中介机构，对182家市级社会组织进行评估，共评定出3A级以上社会组织168家，其中5A级社会组织26家，4A级社会组织67家，3A级社会组织75家。

二、完善政策制度，加大社会组织培育扶持力度

一是建立政府购买服务制度。制定《关于开展政府购买社会组织公益服务项目的意见》和《政府购买社会组织公益服务合同文本》。组建购买服务组织管理机构和专家评审委员会，制定了政府购买项目评审、资质审查、契约管理、资金管理、绩效评估和管理监督的工作流程和模式，明确了全额购买、成本购买、资助补贴和项目奖励的购买方式，初步形成了政府购买服务的组织管理体系。

二是落实社会组织税收减免政策。会同市财政局、市国税局、市地税局认定了113个公益性社会组织公益性捐赠税前扣除资格，扩大了享受公

益性捐赠税前扣除资格的社会组织数量。认真组织贯彻财政部、国家税务总局《关于非营利组织免税资格认定管理有关问题的通知》、《关于非营利组织企业所得税免税收入问题的通知》等相关文件精神，协调财税部门为符合条件的社会组织申请了免税资格。

三是区县政府加大社会组织扶持力度。东城区、西城区、海淀区政府分别投入100万元、960万元、2000万元，以公益招标或购买服务的方式对社会组织给予扶持。街道、社区也积极整合资源，出资金、出设施、出资源、认领社会组织项目。东城、宣武、海淀、石景山、房山共出台了9项社会组织扶持、鼓励政策，社会组织的发展环境得到进一步优化。

三、推进社会管理创新，组织开展社会组织服务民生行动

围绕扶贫救助、扶老助残等十大领域，开展社会组织服务民生行动，取得了良好的社会反响和工作成果，得到了部市局领导、全国各省市管理机关、广大社会组织和社会各界的充分肯定和好评。

一是建立社会动员新体制。充分发挥政府在社会管理创新中组织动员、调动资源、凝聚力量的职能，发动北京市1867个社会组织申报了2736个项目，筹集社会资金22.98亿元，组织动员社会组织工作人员、会员和志愿者近50万人参与公益活动，惠及人群998万人次。

二是建立公益项目计划性管理体制。把年检与服务民生行动紧密结合，社会组织在参加年检的同时申报服务民生项目，对申报项目进行计划性安排，统一组织实施。

三是建立政府购买服务体制。使用500万元财政资金，对132个公益服务项目进行了购买。与北京电视台合作开展了“政府购买服务——社会组织公益项目大赛”系列节目，扩大服务民生行动影响力。

四是建立资源配置机制。推动社会组织之间按照不同需求，进行供需调剂、项目链接、支持力量援助，进行内部资源配置，社会组织服务民生行动项目得到了资金支持、智力支持、专业支持、设施支持。召开“政府购买社会组织公益服务项目推介展示暨资源配置大会”，推介展示社会组织公益项目。全市各级政府和社会各界参与社会组织资源配置923个项目，涉及金额达1.12亿元。

五是建立公益项目动态化监管机制。对社会组织公益项目运作实施了包括专项监管，契约管理，项目监管和第三方评估的动态化监管，对政府购买的项目和资金使用进行了第三方评估，促进社会组织诚信自律建设和服务承诺落实，带动了社会监督机制的形成。

四、狠抓折子工程落实，推进各项专项工作稳步开展

一是落实各项折子工程任务。2010 年北京市社团办共承办市政府折子工程、重要实事和局折子工程等任务 12 项。办党委对折子工程高度重视，明确主管领导、牵头处室和责任人，加强部门协调、跟踪进展、定期督导、按时上报，各项工作全部提前完成。

二是规范社会组织收费和“小金库”专项治理工作。贯彻落实民政部、国家发改委等六部委《关于规范社会团体收费行为有关问题的通知》和中央纪委、监察部、民政部、财政部、审计署《社会团体“小金库”专项治理实施办法》文件精神，召开社会组织业务主管单位、登记管理机关和局管社会组织工作会议，有序开展工作。

三是圆满完成社会组织学习实践科学发展观活动。按照中央和市委学习实践活动指导小组的具体部署，有序推进，顺利完成整个学习实践活动的全部任务，并得到了习近平副主席的充分肯定，市民政局、东城区和顺义区民政局以及三家社会组织被评为全国社会组织学习实践活动先进单位。

四是深入开展创先争优活动。按照中央和市委关于开展创先争优活动的统一部署，制定《关于在全市社会组织党组织和党员中深入开展创先争优活动的指导意见》和《中共北京市社团办委员会关于在党组织和党员中深入开展创先争优活动的实施方案》，全面部署创先争优工作，提出“双评双比”、树立典型、专项活动的工作推进方式，形成党建工作“北京模式”。在机关内部实施“一评一比”，评选出 12 名先进星级个人、6 个先进党支部，有力地推动了机关创先争优活动的开展。

五、加强自身建设，着力提升科学管理水平

围绕“党员作风建设年”，加强机关自身队伍建设。

一是加强思想建设。深入开展解放思想大讨论，紧密结合工作实际，组织开展不同层次的理论学习活动和工作总结会、业务研讨会、工作务虚会、交流座谈会，从推进社会组织建设与管理事业发展的六个方面充分解放思想。充分发挥首都智力优势，成立社会组织建设与发展专家委员会，提出了构建“中国特色、北京特点、大民政特质”首都社会组织建设与管理体系的工作目标，不断形成推动发展的新思路、新措施。

二是转变机关职能。推动工作重心从登记型向建设型转变，重新规划各处室职能设置。通过设立社会组织登记处，集中登记职能，使其他管理

处室能够腾出精力，承担起扶持培育、政策研究、监督管理与组织实施等工作职能。积极改进审批决策方式，社会组织的审批等重大事项全部通过办公会决定，保证了各项决策的民主性和科学性，提高了决策水平和决策效率。

三是加强区县社团办的调研和指导。办领导带队分别到区县调研指导社会组织建设与管理工作及服务民生行动工作落实情况，了解各区县社会组织发展状况和存在的问题，进行认真研究。召开全市社会组织建设与管理工作会及多次业务工作专项会议，对区县工作进行指导，形成市区联动、协调一致的工作合力。

四是加大信息宣传工作力度。以社会组织管理创新为重点，由被动宣传向主动宣传、“系统内”宣传向“走出去”宣传转变，围绕服务民生行动和资源配置大会等重大活动，综合利用多种方式，建立与新闻媒体的广泛联系，扩大社会组织工作的影响。

2010年天津市社会组织建设与管理工作综述

天津市社会团体管理局

一、社会组织创先争优活动扎实开展

一是及时成立领导机构。根据天津市委和民政部的要求，市社团局牵头成立了由市民政局局长张中华同志担任组长，业务主管单位和部分社会组织代表参加的社会组织创先争优活动指导小组。抽调精兵强将成立了指导小组办公室，建立联络员制度，设立二十余个创先争优活动联络点，每周收集一次工作进展情况，每月组织一次信息交流通报会。

二是召开会议，组织落实。市社团局召开了市属社会组织代表参加的动员会，组织学习文件精神，转发相关文件，确保创先争优活动工作落到实处。各区县民政局根据市社会组织创先争优领导小组的安排，及时召开会议部署工作，南开、东丽、宁河等8个区县登记管理机关认真找准结合点和切入点，确定活动主题，精心设计载体，突出活动特色，增强争创效果。

三是切实加强对创先争优活动的指导。确定了一批重点领域的社会组织为全市创先争优活动示范单位观察点，建立联络员制度，每周收集一次工作进展情况。制定下发《关于在民办非企业单位党组织和党员中开展创先争优活动的通知》，召开了部分业务主管单位联席会，沟通情况，相互配合，共抓共管。

四是坚持以承诺推动工作开展。组织引导社会组织以承诺为起点、以践诺为关键，以评诺为推动。突出为社会和群众办实事，切实把创先争优活动办成群众满意工程。通过开展创先争优活动，涌现了一批以天津市山西商会、华夏未来文化基金会、天津市天正司法鉴定中心、天津华兴医院和南开区个体劳动者协会等为代表的创先争优活动先进典型。

二、积极推动滨海新区管理体制机制建立完善

为充分利用好滨海新区先行先试的政策优势，2010 年 4 月，市社团局印发了《关于天津市滨海新区社会组织登记管理工作的意见》。《意见》明确，滨海新区可以直接审批设立行业协会和副省级异地商会；民办非企业单位可以直接向登记管理机关申请登记；滨海新区可自行确定社区社会组织登记（备案）管理办法等。《意见》的制定和实施，赋予滨海新区登记管理机关更大的登记管理权限，更好地推动社会组织与滨海新区经济社会协调同步发展。

2010 年 11 月，市社团局有关处室与滨海新区民政局以对话会形式，集中研究探讨滨海新区社会组织登记管理和体制机制建设等问题，并就如何发挥好塘、汉、大三区现有登记管理机关作用和在滨海新区开展公益创投和建立社会组织“孵化器”等问题进行了深入调研，形成了基本思路。

三、社会组织培育发展取得新进展

一是制定下发《天津市社会团体规范化建设指导意见》。为推进全市社会团体规范化建设，以市政府名义转发《天津市社会团体规范化建设指导意见》。《意见》对社会团体组织机构、内部制度建设，以及换届、年检、评估等工作做了规定。目前，全市各级登记管理机关按照文件的要求，积极推动各级社会团体在工作中贯彻落实。

二是推动社会组织规范有序发展。在充分调研并征求有关部门意见基础上，制定《天津市行业协会五年（2011－2015 年）发展规划》。《规划》在调整行业协会现有结构，优化布局，提升改造现有行业协会基础上，提出了今后在金融改革、航空航天、新能源新材料、电子商务、生物医药、文化创意、生态农业等领域重点培育发展行业协会的工作目标。与市发改委联合下发了《关于天津市行业协会成立登记现场审批有关问题的通知》，在全市行业协会审批工作中，已全部实现了现场办理审批。

建立了登记管理机关与各业务主管单位的联席会议制度，并适时召开了与市科委、市人保局、市文广局、市房管局、市体育局等部门的沟通会，就今后如何做好社会组织登记、日常管理培训问题进行深入沟通，实现了管理资源的共享。

三是注重培育和发挥基层社会组织作用。制定下发了《关于社会组织开展“和谐稳定、干净整洁”社区“大干 300 天”活动的通知》，各区县积极引导社会组织，广泛开展义务劳动、咨询服务日、居民义诊、文体展

示等各项活动。截至2010年10月，参加该项活动的社会组织近千家，开展形式多样、内容丰富的文体展示活动近120场。其中，和平区组织了全区62个社区，进行了6个专场形式展示，吸引3万多人参加活动，丰富了群众的文化生活，充分调动了群众参与社区建设的积极性。

四是坚持调查研究，为民办单位管理打下坚实基础。市社团局有关处室组织开展了树典型的调研活动。通过一系列的走访调研、座谈汇总和成果展示，树立了一批热心公益活动、管理规范、制度健全、具有良好社会形象和公信力的典型单位，推广了一批先进单位的经验。为充分发挥社会组织在社区建设中的作用，组织专人深入社区居委会和居家养老服务中心进行调研，就政府如何购买社区社会组织服务和政府购买服务方式进行探讨，草拟《关于大力推进公益性社会组织为社区建设发挥作用和承接政府购买服务的指导意见》，为今后社会组织参与社区建设提供政策指导和保障。

四、注重自身建设，不断提高规范化管理水平

一是积极推动社会组织规范化建设评估工作。制定了《天津市民办非企业单位规范化建设评估标准》、《关于开展天津市民办非企业单位规范化建设评估准备工作的通知》和《天津市民办非企业单位评估实施办法》，为2011年全面启动民办非企业单位规范化建设评估工作做好前期准备。社会团体规范化建设评估试点在南开区社会团体正式启动，市社团局指定专人负责指导并参与评估工作，从而带动全市各区县社团评估试点工作全面展开。

二是认真完成2009年年检工作。全市各级登记管理机关按照“提高效率、严格把关、方便群众”原则，按时完成2009年度社会组织年检工作。截至2010年5月31日，全市应参加年检的社会组织3984个，其中年检合格的3501个，基本合格340个，不合格转交执法大队31个，年检合格率达96.4%。

三是依法行政，做好窗口登记审批工作。全市各级登记管理机关认真贯彻落实市政府《关于深化行政审批制度改革推进审批服务再提速的实施意见》，2010年在集中抓好审批再提速工作的同时，进一步强化服务意识，提高服务质量，提升人员素质，不断提高行政效率。截至2010年12月，全市各级登记管理机关共办理社会组织成立登记157家，其中，社会团体63家，民办非企业单位98家，基金会5家；办理变更登记418项，注销登记96家。

五、加强法制建设，不断提高执法水平

一是开展全市社会组织规范管理工作检查。从 2010 年 9 月开始，市社团局在全市开展了社会组织规范管理工作检查，采取听汇报、查档案等形式，对区县登记机关的登记审批程序、档案管理和应急处置预案建立情况进行检查。另外，执法部门还及时召开了区县座谈会，对制定的《天津市社会组织行政告诫暂行办法》和《天津市社会组织突发事件应急处置预案》进行宣传推动。

二是及时查处未参加年检的社会组织。执法部门采取归口管理，分类负责，责任到人，相互配合的查案形式，对 12 个社会团体给予撤销登记行政处罚，6 个社会团体给予行政告诫；9 个民非单位给予撤销登记行政处罚，3 个民非单位给予行政告诫。通过对违规社会组织及时进行处罚，体现了社会组织管理工作的严肃性。

三是圆满完成联合国气候大会在津安保工作。2010 年联合国气候大会在天津召开。市社团局安排专人负责大会社会组织的安保工作。与会人员克服了时间紧、任务重和人手不足的困难，与公安、国家安全等部门紧密协作，密切关注国内外社会组织的动向。及时对出现的问题进行快速处理，确保了大会在津圆满举办。会后，市社团局被评为 2010 年联合国气候大会安保先进单位。

四是进行社会团体“小金库”自纠自查工作。全市各级登记管理机关积极协助财政、审计和纪检监察部门，对全市社会团体开展了“小金库”专项治理工作。共抽查各类社会团体 540 余家，均未发现社会团体私设“小金库”和违规乱收费情况。通过专项治理工作，进一步严肃了社会团体财经纪律，确保了资金的合理使用。

六、管理队伍建设迈出新步伐

一是管理力量得到加强。成立了中共天津市社会团体工作委员会，负责对全市社会组织党建工作的领导。市社团局下设党工委办公室，负责日常工作。另外，为加强社会组织法制建设，社团局新设法制监督处，负责全市社会组织法制建设、基金会管理以及涉外和驻津全国性社会组织管理工作。

二是坚持抓好各级登记管理机关自身建设。围绕提高各级登记管理机关自身建设，广泛开展了以评估示范建设、执法规章程序运用等内容的业务培训，深入区县检查督导，促进各级登记管理机关不断改进工作，努力

打造一支思想作风正、业务知识精、职业操守高的干部队伍。

三是理论宣传工作扎实推进。市社团局完成的《天津市社会组织建设与管理工作调研报告》，被市政法委《政法理论》刊发；异地商会管理工作经验在《中国社会报》头版刊发；滨海新区的《滨海新区社会组织发展报告》被评为民政理论论文一等奖。理论研究和宣传工作的加强，为社会组织发展提供了智力支持和良好的舆论氛围。

2010年河北省社会组织建设与管理工作综述

河北省民间组织管理局

2010年，在河北省民政厅党组的正确领导下，民间组织管理局开拓创新，锐意进取，扎实推进，奋力争先，全省社会组织管理工作取得了显著成绩，为河北省经济社会发展和构建和谐河北发挥了重要作用。

一、正常开展日常登记工作

截至2010年底，全省共登记社会组织共计14261个，其中社会团体8954个，民办非企业单位5284个，基金会23个。

二、继续抓好社会组织学习实践科学发展观活动

社会组织学习实践科学发展观活动取得显著成绩，全省社会组织党组织覆盖率由原来的13%上升到52%；全省社会组织专职工作人员中的53705名党员全部纳入党组织的管理中；河北省社会组织党组织建设应建必建率达到100%；2010年2月26日，在全国社会组织系统学习实践科学发展观活动表彰大会上，省民政厅被评为“全国社会组织学习实践科学发展观活动指导工作先进单位”，河北省17个社会组织被评为“全国先进社会组织”。

三、开展全省性经济类行业协会评估

2010年1月14日，发布了《关于确认146家全省性经济类行业协会评估等级、对获3A以上等级协会授牌的决定》（冀民〔2010〕6号），对15家5A级协会、24家4A级协会、21家3A级协会、54家2A级协会、32家1A级协会的评估结果予以确认，对获得3A以上评估等级的协会予以授牌、颁发证书。全省经济类社会组织的自身建设、服务社会功能、社会公信力得到有力提升。

四、出台《河北省社会团体登记管理办法》

2010年2月10日河北省人民政府第52次常务会议审议通过《河北省社会团体登记管理办法》，并以河北省人民政府令〔2010〕第1号公布，自2010年4月1日起施行。《河北省社会团体登记管理办法》的出台，为我省社会团体的培育发展和监督管理工作提供了政策法规依据。

五、开展法制宣传活动

狠抓了《河北省社会团体登记管理办法》的宣传和贯彻落实，2010年4月，举办了两期共计400余人的政策培训班，组织人员到基层宣讲法规，解读法规。全省社会组织登记管理人员和从业人员的法制意识明显提高。

六、做好年检工作

2010年3月15日，下发了《关于对省属社会团体进行2009年度检查的通知》、《关于对省属民办非企业单位进行2009年度检查的通知》、《关于对基金会进行2009年度检查的通知》，社会组织日常管理和监察工作全面开展。经统计，有853家省属社会组织参加了2009年度年检，其中社会团体680家，民办非企业单位154家，基金会19家，总参检率为90.9%。年检工作推动了社会组织健康发展。

七、改善社会组织发展环境

2010年10月，根据财政部《关于公益性捐赠税前扣除有关问题的通知》（财税〔2008〕160号）和民政部办公厅《关于印发基金会公益性捐赠税前扣除资格审核工作实施方案的通知》（民办发〔2009〕10号）文件，制定了《河北省基金会公益性捐赠税前扣除资格审核工作实施方案》（冀民〔2010〕98号），为河北省利用税收手段培育和管理基金会，促进基金会健康发展提供了良好环境。

八、认真指导社会组织开展创先争优活动

2010年5月25日，河北省社会组织创先争优活动指导组第一时间召开社会组织创先争优活动动员大会，制定《关于在全省社会组织党组织和党员中深入开展创先争优活动的实施方案》，全省社会组织创先争优活动全面启动 。6月23日和12月14日，河北省社会组织创先争优活动指导组两次召开全省社会组织创先争优活动推进会，总结经验，部署工作。11月

25 日，制定出台《全省社会组织党组织和党员中开展争创“双百”活动实施方案》，即在全省社会组织党组织和党员中开展“夺取百面优胜红旗、争做百名模范之星”活动。此项活动受到民政部领导的高度重视，并在全国范围内推广。开展创先争优活动以来，社会组织的党组织建设、内部机制建设、诚信自律建设和法制建设迈上新台阶，在推动全省科学发展、促进社会和谐、服务人民群众、加强党组织建设的实践中作出了积极贡献。

九、做好社会团体“小金库”专项治理工作

2010 年 6 月 23 日和 9 月 16 日，分别召开了河北省社会团体“小金库”专项治理动员工作会议和推进会议。会上，省民政厅党组成员、纪检组长、监察专员邓小社同志作了重要讲话，对社会团体“小金库”专项治理工作提出建设性的意见和建议。2010 年全省共组织了 6875 个社会团体和公募基金会参加检查并初见成效。自查自纠阶段，查出“小金库”问题 11 个，涉及违规资金 42.81 万元。重点检查阶段，查出“小金库”问题 6 个，涉及金额 172.5 万元。省属社团发现“小金库”1 个，查出“小金库”资金 5.5 万元，其他违规资金 1810.8 万元。通过自查自纠和重点检查，社会团体财务制度逐步健全和规范。

十、举办“河北省社会组织管理和执法监察培训班”和“河北省社会组织创新与发展论坛”

2010 年 7 月 10－11 日和 7 月 22 日，在秦皇岛分别举办了“河北省社会组织管理和执法监察培训班”和“河北省社会组织创新与发展论坛”，邀请民政部领导、著名专家学者就社会组织执法监察程序、执法监察的内容和社会组织的创新发展做了精彩的授课，效果良好。广大社会组织通过培训和参加论坛活动，开阔了视野，更新了知识，掌握了方法。同时，全省社会组织登记管理机关依法行政意识也得到较大提升。

2010 年山西省社会组织建设与管理工作综述

山西省民间组织管理局

2010 年，山西省社会组织管理工作围绕年初重点工作目标，以加强社会组织管理为核心，以依法行政、加强行政审批效能建设为重点，以社会组织学习实践活动、创先争优活动和社团“小金库”专项治理、减轻企业负担、社会组织评估等工作为抓手，努力推动社会组织登记、管理、服务上新台阶。

一、2010 年重点工作完成情况

（一）加强对行业协会等社会组织的监管工作，规范其服务和收费行为

一是针对部分行业协会等社会组织运作不规范的行为，于 6 月中旬下发《关于加强社会组织管理工作的通知》。要求社会组织及其业务主管单位共同努力，做好以下工作：规范社会组织章程的修订与核准；加强社会组织民主程序的监督；认真审核社会组织负责人的任职资格与条件；健全社会组织负责人备案制度，规范法定代表人任职；加强社会团体会费标准的备案管理。这一通知是山西省近年来社会组织管理方面的一份重要文件，在全国也属创新。其间，我们组织检查组深入有关市县，检查文件的贯彻落实情况和社会组织管理工作。

二是积极开展社会团体“小金库”专项治理工作。根据中央精神和省委部署，从 7 月份开始，在省“小金库”治理领导小组的领导下，我们开展了省直社会团体“小金库”专项治理工作。全省检查范围包括省直 877 家社会团体和 16 家公募基金会以及市县登记的 5000 余个社会团体。为完成这项任务重、专业性强、时间跨度长的工作，我们先后三次召开各市民政部门或省直业务主管单位参加的工作会议动员、部署、安排，并举办或会同有关部门举办了两期培训班，分成 4 个检查组到各市督导，及时组织社团和公募基金会进行自查自纠。目前，这项工作已经进入重点检查阶段，即将于 2011 年 1 月中旬结束。

三是配合有关部门开展了减轻企业负担专项治理工作。从6月开始，我们配合省经信委，针对社会组织涉企收费进行了专项治理。期间，坚决处理行业协会指定服务、强制服务以及乱收费、高收费、价格欺诈等企业反映强烈的问题，会同有关部门严肃查处了省道路安全协会等社团违规收费等典型案件。其间，我们组织了4路检查组，分赴11个市、30多个县的80余个社团，检查、督促专项治理工作。

四是纠正了个别地方社团登记管理工作中的违规行为。接到大同市民政局反映市委有关部门强令市、县、乡、村四级成立农民权益保障促进会的信息后，我们及时采取措施，对当地有关部门强制农民建立垂直领导的社团组织的行为依法予以纠正。

五是采取措施，解决社会组织负责人超届超龄等问题。11月初，我们以局长吴建强同志的名义，致信各有关社团和基金会领导，就超届、超龄或者同时担任其他社会组织负责人等问题，向有关退休的省领导和厅局领导作了入情入理的政策说明，已得到有关领导的热情响应。

（二）深化分类管理，支持社会力量兴办民办社会事业、公益慈善类、城乡基层社会组织，完成社区社会组织培育发展试点

2010年，为支持发展公益性组织，我们会同财政、国税、地税等部门，认定两批共6家基金会的税前扣除资格。企业或者个人向这些基金会捐赠，将可享受税前扣除的待遇。我们还深入太原、晋中等地，就社区社会组织培育发展作了试点，取得了成功经验。年内，新登记社会组织47家。其中，社团25家，民办非企业单位18家，基金会4家。

（三）针对异地商会管理制定有针对性的措施，加快社会组织管理法制建设

结合山西省实际，在广泛征求意见的基础上，制定出台了规范性文件《山西省异地商会登记管理办法》。这是继广东省后第二家出台类似管理办法的省份。该《办法》对进一步规范异地商会登记管理工作，更好地发挥其提供服务、反映诉求、规范行为和推进区域经济合作交流，将起到积极作用。

（四）启动社团评估工作

根据《民政部关于推进社会组织评估工作的指导意见》精神，在去年基金会评估试点工作的基础上，于2010年4月下发了《关于开展社会组织评估工作的通知》，并制定了省直社会组织评估办法，在全省社会团体、民办非企业单位中全面开展社会组织评估工作。目前，已收到80多家省直社会组织的申报材料，正在抓紧进行实地评估等工作。

（五）完善年检和重大事项报告制度，查处非法社会组织和社会组织的违法行为

目前，2010年社会组织年检工作已基本完成，除去即将注销或撤销的社会组织，社团、民非参检率达到99%，高于往年同期，基金会参检率为100%。年检工作较之往年有三个显著变化。一是更注重时效性，大部分年检材料在2日内就完成审核。二是年检工作实行政务大厅“一站式服务”，年检材料的领取、接收、退档都在大厅进行，以方便广大群众办事。年检期间保证有2人值守大厅。三是把年检工作和社会组织评估、规范涉企收费、社会组织工作人员参加养老保险、社会组织能力建设调查等工作结合起来，保证了工作的统筹协调。2010年对年检不合格或基本合格的基金会作了注销、警告等处理，维护了基金会管理法规的严肃性。同时，按照省厅要求，各市普遍建立了社会组织重大事项报告制度。

二、社会组织发展、服务等其他工作

（一）圆满结束社会组织学习实践科学发展观活动

全省社会组织学习实践科学发展观活动至2010年2月底结束。其间，基本实现党组织应建尽建。全省新增党组织126个，社会组织党组织数达到191个，组建率由学习实践活动之前的31%提高到88%。全省新发展党员1130名，找到流动党员3000余名。2010年3月2日，山西省民政厅在太原召开全省社会组织学习实践活动总结暨表彰大会，对学习实践活动的成果进行了总结，对活动中涌现出的36个先进单位和33个指导工作先进单位进行了表彰，标志着这项工作圆满结束。其间，山西省的做法受到中央检查组的肯定，被人民网、腾讯网、黄河新闻网、山西电视台等多次报道。

（二）积极开展社会组织创先争优活动

根据中央精神和省委、省政府的部署，在民政部门登记的社会组织中开展了社会组织创先争优活动。山西省民政厅及时成立了指导小组，制定了《省直社会组织争先创优活动方案》。2010年8月18日，在长治市襄垣县召开了全省社会组织创先争优工作会议，就活动进行了部署。此后，举办了创先争优与能力建设培训班，省直200余家行业协会和基金会参训；2010年12月3日，以民间组织联合会的名义，组织省直17家行业协会和商会，就充分发挥社会组织作用、稳定市场秩序、稳定物价向全省行业协会和商会发出倡议。省内主要新闻媒体如山西日报、山西晚报等就此作了

深度报道。我们还出版了两期《山西省社会组织工作信息》“社会组织创先争优活动专刊”，以加强创先争优活动的宣传。从10月20日开始至11月上旬，组成4个检查组，对各市和各业务主管单位社会组织创先争优活动进行了督导和检查。

（三）规范行政服务窗口

为切实加强行政服务窗口规范化建设，山西省民间组织管理局对政务大厅进行了改造，购置了新的办公桌椅和文件柜，完成了电子监察系统的设置，并做到行政审批流程上墙、服务人员职责上墙。目前，已按省政府效能办的要求，接受审批流程的网上实时监控。

2010 年内蒙古自治区社会组织建设与管理工作综述

内蒙古自治区民间组织管理局

2010 年的社会组织登记管理工作，在内蒙古自治区民政厅党组的正确领导和国家民间组织管理局的大力支持下，坚持以信息化建设为突破口，一手抓培育发展，一手抓监督管理，圆满完成了年度各项工作任务，工作的质量和成效有了明显提高。主要工作情况如下：

一、日常工作规范有效

坚持按政策、按规定、按程序办事，热情为社会组织和群众提供服务，较好地完成了社会组织申请登记、变更备案、税前扣除和咨询服务等工作。一年来，全区共新登记社会组织 953 家，其中自治区本级新登记社会组织 110 家，及时办理了 300 余家社会组织变更手续，审查备案材料 650 余份，为 8 家社会组织办理了税前扣除资格，没有出现任何遗漏，服务对象比较满意。2010 年，全区共有社会组织 8330 家，其中社会团体 5666 家，民办非企业单位 2596 家，基金会 68 家，与 2009 年相比，净增 511 家，增长率为 6.1%。

二、重点工作明显突破

经过长期争取和多方努力，利用民政部把自治区作为社会组织信息化建设试点单位的契机，与北京紫光软件系统有限公司签署协议，经过反复论证、研讨和测试，完成了《内蒙古自治区社会组织管理信息系统》和《内蒙古自治区社会组织年检系统》研制工作。2010 年 6 月底，组织 300 余家社会组织工作人员进行了网上年检培训。从 9 月 1 日起，年检系统已正式投入使用，真正实现了自治区本级社会组织的网上年检。截至 2010 年底，年检工作基本结束，本级应参加年检 992 家，已参加年检 892 家，年检合格率达到 90% 以上。《内蒙古自治区社会组织管理信息系统》正处在调试验收阶段。这两个系统的上马，为全区社会组织实现网上管理提供了可能，自治区社会组织信息化建设迈上了一个新台阶。

不少社会组织反映，实行网上年检，既方便了工作，又节约了成本，确实是为社会组织办了一件好事实事。

三、大项工作进展顺利

一是社会组织创先争优活动全面展开。根据民政部和自治区党委的要求，及时成立了自治区创先争优活动指导小组，制定了《自治区社会组织创先争优活动方案》，组织召开了社会组织创先争优活动动员大会，确保了活动顺利起步、扎实推进。实际工作中，坚持高标准严要求，指导部分社会组织制定了活动方案，完善了活动计划，督促社会组织开展了党员公开承诺活动，保证了创先争优活动进入思想促进阶段，得到了自治区创先争优领导小组的肯定。

二是社会组织评估工作起步良好。2010 年上半年，制定了《自治区社会组织评估工作办法》和《实施细则》，成立了自治区社会组织评估领导小组，并对全区社会组织参与评估进行了部署。7 月份，以基金会为试点，组织人员深入 5 个盟市，对 20 余家基金会自评情况进行了检查。通过评估，增强了各基金会抓好自身建设的责任感和使命感，基金会建设的整体水平有了明显提高。

三是社会团体"小金库"专项治理工作高标准完成。按照自治区的要求，制定了自治区《社会团体"小金库"专项治理方案》，克服了大多社会团体对统计系统不懂不会、人员联系不上及消极应付等困难，组织督促自治区本级 476 家社会团体进行了认真的自查自纠，得到了自治区"小金库"治理领导小组的好评。

在完成上述工作的同时，还完成了对境外非政府组织在自治区活动情况的调研、企业减负检查、自治区"十二五"期间社会组织建设规划等工作。2010 年 11 月底，还组织部分盟市民管局（科）长赴广东、福建等地进行了学习考察，开阔了视野、拓宽了思路，收到了明显成效。

2010年辽宁省社会组织建设与管理工作综述

辽宁省民间组织管理局

2010年，辽宁省民间组织管理局认真贯彻党中央、国务院和中共辽宁省委、省政府的有关方针政策，落实国家民间组织管理局、省民政厅的工作部署，践行科学发展观，大力加快社会组织改革创新步伐，努力促进了社会组织健康有序的发展。截至2010年末，全省社会组织数量达到2.5万个，同比增长了7.8%。其中社会团体1.2万个，同比增长4.6%；民办非企业单位1.3万个，同比增长12%；基金会37个，同比增长13.5%。

一、围绕中心，服务大局，全面落实学习实践科学发展观和社会组织创先争优活动

一是圆满完成实践科学发展观活动。在中共辽宁省委学习实践活动领导小组的领导下，省民政厅、省财政厅、省司法厅成立了辽宁省社会组织学习实践活动指导小组，按照党中央和省委的工作部署，创新学习方式，突出实践特色，圆满地完成了各阶段的活动任务，取得了满意成效。辽宁省社会组织学习实践科学发展观活动得到了国家民政部的充分肯定。中央电视台、人民日报、辽宁电视台等多家新闻媒体给予正面宣传报道。中央学习实践活动领导小组将辽宁省开展的主题活动专门制发了一期简报呈报中央领导。省本级、大连市、鞍山市、朝阳市被国家评为社会组织学习实践活动指导工作先进单位。

二是社会组织创先争优活动取得新成效。辽宁省社会组织创先争优活动指导小组结合实际，充分调动社会组织的积极性，按计划落实创先争优活动各项任务，成效显著。沈阳市制定了《社会组织“结对帮扶促民生”活动实施方案》，举办了社会组织党支部与贫困户的结对帮扶签约仪式。大连筛选了100家市级先进性社团与70家农经协和30家社区社会组织对接扶贫。《中国社会报》头版头条刊载了《鞍山市主题活动推进社会组织科学发展上水平》文章。本溪市组织社会组织开展了“关爱职工、服务社

会”活动、“关爱在身边”和“反哺社会”行动，主动参与捐资助学、帮扶济困。朝阳市开展了“依托农经协优势，多部门联手推动农村整村整组扶贫”的特色活动载体。葫芦岛市个体协会在争先创优活动中开展了“融资扶企”工程，与银行与担保公司合作，为449户个体会员发放贷款2.33亿元。通过创先争优活动，社会组织党建工作得到明显加强。全省社会组织中已经建立党组织3983个，占社会组织总数的15.3%，其中新建党组织906个；共有党员12.4万名，其中新发展党员356名。初步实现了党组织和工作在社会组织中的100%覆盖。

二、分类指导，突出重点，社会组织培育发展取得新成绩

（一）加快行业协会发展

一是统筹规划，优化了行业协会的结构和布局。增强行业协会的地域代表性和业务代表性，扩大了覆盖面。确立了行业协会的准入标准体系，规范了准入、退出和竞争机制。二是努力创新，改革了行业协会管理体制。经过试点和总结经验，推广了“协会指导协会”的发展模式，创新了管理方式，针对行业协会的自身特点和工作目标，改进了行业协会的管理规定，更加有利于行业协会的科学发展。三是多措并举，优化了行业协会的发展环境。完善了行业协会登记管理的制度体系和运行机制，优化了行业协会的管理程序，加快了行政审批流程，推行了政府购买服务制度。2010年省本级实现了政府向行业协会购买服务金额1900万元。

（二）促进农村专业经济协会快速发展

继续深入开展农经协扶贫。一方面以多种方式促进农经协做大做强。以行业的会员为点，以行业为线，以服务经济社会为面，既实现会员的快速富裕、又推进行业的快速发展，又利用协会辐射社会的效应，促进地方经济崛起，实现点线面的全面可持续发展。全省各类社会组织与农经协结对3310对，帮扶资金和送电脑、传真机等物资合计2243万元，无偿提供图书4.6万余册，开展技术培训和科技咨询7.62万余人次。另一方面争取资金通过农经协开展扶贫活动。帮扶工作覆盖农村2万余贫困户，使4万人受益，有2300多户农村低保户、贫困户脱贫。

（三）扶持公益性社会组织壮大

从发展慈善事业，构建和谐社会的高度，积极扶持基金会和公益性社会组织。鼓励个人和企业以自有资产从事慈善事业。针对一些企业发起成立基金会找业务主管单位难的问题，辽宁省民政厅主动承担了2个基金会

的业务主管单位职能，解决了基金会登记难问题。2010年，成立了6个基金会，总注册金超过了2000万元。

（四）鼓励社会力量兴办民办非企业单位

在加强民办非企业单位自律诚信建设的同时，加大了培育发展力度。本溪市开展了文化类民办非企业单位直接登记试点工作，将业务主管单位变为业务指导单位，将实现成立民办艺术表演团体、文化活动中心、美术馆、艺术研究所等可不再到文化主管部门进行前置审批，直接到民政部门进行登记。省本级着重培育了民办培训教育机构，2010年共登记25家民办教育机构，总体上基本满足了从幼儿教育到高等教育不同层次的教育需求。

三、完善自律，改进管理，社会组织规范化迈上新台阶

一是社会组织人才队伍建设成绩显著。建立了一个规划，两种途径，三项任务，四个目标，五个主体、六类措施的“123456”社会组织人才发展规划体系。即按照科学发展观的要求进行统一规划，通过完善社会组织人才管理体制和创新社会组织人才工作机制两种途径，抓住“吸引”、“培养”、“用好”人才三个环节，整合党委、政府、社会组织、公众和市场五个主体的力量，实施公开招聘、权益保障、孵化基地、对口帮扶、加强党建、提高地位等六项措施，努力实现培养和造就规模大、结构优、布局合理、素质优良的社会组织人才队伍的工作目标。目前，辽宁省社会组织人才资源总量已经达到42万人，与2000年比，增长了236%。社会组织主要负责人接受高等教育的比例达到87%，接受社会组织有关政策专业培训的比例为100%。

二是行业协会商会的评估取得初步成果。为规范行业协会商会的组织建设和社会活动，加快推进行业协会商会的改革和发展，辽宁省下发了《关于开展行业协会商会评估工作的通知》，按照分级管理、分类评定、客观公正、循序渐进的原则，组织有关专家学者和评估机构，从基础条件，组织建设、工作绩效、社会评价等方面对省本级行业协会进行了评估。经社会组织自愿申报、自检自查、评估组实地考评、评估委员会审核、社会公示等步骤，省级第一批35家获得3A以上的社会组织被授予牌匾。全省各地参照省厅的做法，相继开展了评估工作，大连市在全国评估工作经验交流会上介绍了工作经验。截至年底，沈阳市评出3A以上社会组织14家、大连53家。

三是全面开展社会团体“小金库”治理工作。代省纪委起草了《关于

印发〈辽宁省社会团体“小金库”专项治理工作实施方案〉的通知》，安排部署了全省社会团体小金库的治理工作，并召开了社会团体“小金库”专项治理工作协调会。此项工作主要针对隐匿会费，截留行政事业性收费，截留捐赠收入，以会议费、劳务费、培训费等名义或以假发票、假合同等手段套取资金，虚列其他支出等形式设立的“小金库”进行专项整治。

四是社会组织执法监察检查力度逐步加强。加大了查处非法组织和违法社会组织的力度，对违反《社会团体登记管理条例》有关规定的违法、非法的社会组织及时进行了处罚。2010 年全省共撤销了 86 个社会团体，130 个民办非企业单位；注销了 89 个社会团体，101 个民办非企业单位。为加强对社会组织的管理，在报纸和网站上公告了所有社会组织年检合格或不合格的信息，对未参加和年检不合格的社会组织进行了通报。此外，通过勘验办公场所、参加社会组织会议等方式，深入了解社会组织情况，实行及时指导、动态管理。通过处罚和教育，提高了社会组织的守法意识，树立了社会组织执法工作的权威。

四、努力创新，狠抓落实，难点工作取得新突破

一是社区社会组织有了突破性进展。按照“打造中心型服务基地，建立网络化服务体系，完善全方位服务功能，探索建立覆盖社区全体成员、服务主体多元、服务功能健全和管理水平较高的四位一体的社区服务模式”的基本思路，将发展社区社会组织与强化社区，与维护社区稳定结合，与提高服务能力，与整合社区资源，与提升社区品位，与突出志愿者队伍六个方面相结合。针对社区社会组织的不同特点，搭载有效平台，发展形式多样的社区社会组织。如沈阳市铁西区投资 3000 万建立了社区社会组织的孵化基地，大连市西岗区列 50 万专项资金扶持社会组织人才队伍的发展，鞍山市实现了“社区活动社团化，社区服务民非化”。

二是社会组织吸纳就业、扩大影响开创新局面。2010 年 1 月，“辽宁省新社会组织促进就业大型人才招聘会”正式召开。此次招聘会由省民政厅、省军区政治部主办，省内各市民政局协办，辽宁人才市场承办，省内有关社会组织参加，招聘主要对象为省内高校应往届毕业生、军队退役士兵、士官，兼顾有生产、营销、管理工作经验的专业人员。招聘会提供展位 220 个，招聘岗位 3000 余个。招聘方和求职者均免费参会，招聘单位 318 个，参加人员 3.8 万人次，当日意向签约 4000 人。以此活动为标志，全省社会组织人才队伍建设工作得到重视和加强，社会组织作用影响力进

一步扩大，社会组织人才队伍素质明显提高。

三是大力推进了政府向社会组织购买服务。按照政府职能转变和事业单位改革的要求，政府各部门对各自承担的职能进行了全面的梳理和分解，明确了政府职能转移领域，划定可以转移给社会组织的职能范围，逐步将行业管理与协调性职能、社会事务管理与服务性职能、技术服务性职能与市场监督等职能通过授权、委托及其他适当方式依法转移给有相应资质的社会组织。转移给社会组织承担的职能，根据社会组织的评估等级，结合提供服务的数量和质量，依据标准进行审核后，按照“谁委托，谁付费”的原则，通过公开竞争、协议购买、项目资助和定向委托等政府购买服务的方式向符合条件的社会组织购买。政府购买服务部分特殊事项在一定时期实行定向购买服务。

五、把握机遇，争取主动，登记管理机关自身建设得到新加强

一是开展文明服务窗口创建工作。在省直机关开展的文明服务窗口创建活动中，省民间组织管理局被辽宁省直属机关精神文明建设委员会选入全省93个文明服务窗口创建单位，并被列入到11家重点单位之一。我们制定了《辽宁省民间组织管理局文明服务规范》，完善了各项内部制度，补充了硬件设施，美化办公环境；工作人员强化了服务意识，提升了服务水平，提高了办事效率。各项措施落实效果明显，得到了社会组织肯定和赞扬，有的社会组织专程送来锦旗和表扬信，省民管局被称为“社团之家”。

二是社会组织信息化建设取得新成效。有重点、有步骤地推进了信息化建设，辽宁省社会组织网得到进一步完善，全年点击率超过20万次，发布重要信息400余条，登载政策文件23篇，各类公告公示内容百余条。目前，社会组织登记、变更、注销等流程及相关资料都可以在辽宁社会组织信息网上查询和下载，实现了社会组织足不出户就可以在辽宁省社会组织网上完成所有相关材料的下载。辽宁社会组织信息网上还公布了局长信箱，建立了疑难问题热线，基本建成了有效、广泛的信息沟通渠道。为进一步建立覆盖全省的信息化管理平台，实现管理与服务信息化、财务管理信息化，经过充分调研和论证，省民政厅已经正式向省经济和信息化委员会申请辽宁省社会组织业务管理与服务信息化建设立项。

三是社会组织宣传建设得到加强。建立了通讯员制度，明确了专人负责全省社会组织信息的收集及上报工作，通过辽宁社会组织信息网向社会公布，同时将各市宣传绩效公布在网上。

2010 年吉林省社会组织建设与管理工作综述

吉林省民间组织管理局

2010 年，吉林省社会组织管理工作坚持“培育发展与监督管理并重”的方针，截至年底，全省社会组织已发展到 18544 个，其中：法人社会团体 5246 个、民办非企业单位 3094 个、基金会 36 个、农村专业经济协会 5140 个、社区社团 5028 个。社会组织工作人员总数达到 100760 人。

社会团体按活动地域划分，省级社团有 620 个，市级社团有 1645 个，县级社团有 2981 个。民办非企业单位按性质划分，法人形式的有 1502 个，合伙形式的有 41 个，个体形式的有 1551 个。这些社会组织遍布城乡，涉及社会生活的各个领域，初步形成了门类齐全、层次不同、覆盖广泛的社会组织体系，成为推动经济发展、促进社会和谐的一支重要力量。

一、切实加强社会组织党的建设

一是圆满完成社会组织学习实践科学发展观活动。落实“党委统一领导、民政部门指导、业务主管单位具体落实”的工作机制，突出“学习内容符合实际、活动方式简便易行、组织活动分类指导、工作方法统筹协调”的要求，在学习实践活动期间，组织巡回指导组先后 50 多批次到各市（州）、社会组织单位检查指导工作。全省社会组织共有 6 万多名党员、2500 多个党组织参加了第三批学习实践活动。通过学习实践活动，各地新增党组织 2058 个，党组织组建率由学习之前的 7% 提高到 90%，党支部的战斗堡垒作用和党员的先锋模范作用进一步增强。长春市民政局、吉林市昌邑区民政局被民政部评为学习活动指导工作先进单位，吉林省广东商会、长春市一诺眼病研究所被评为学习活动先进单位。

二是深入开展社会组织创先争优活动。成立了吉林省社会组织创先争优工作领导小组，确立了工作机制，下发了活动实施意见。通过举办培训班，对省直社会组织负责人进行了开专门辅导。召开了创先争优活动推进会，总结阶段活动成果，分析存在的问题，推广了省中医药学会等单位的活动经验。按照省委创先争优活动领导小组关于推行“五个具体化”的要求，制定了《社会组织党组织和党员创先争优考评标准》。培育了11个社会组织创先争优活动典型，并在全省推广。启动了全省社会组织“三比、三看、三促”活动，社会组织积极参与服务民生，取得了良好效果。在全国社会组织创先争优活动交流会上，吉林省作了《创新活动方式，突出活动特色，充分发挥社会组织服务民生的功能作用》的典型发言，受到民政部和中组部的好评。

二、深化社会组织体制机制改革

一是贯彻落实省政府《关于加快推进行业协会商会改革发展的实施意见》，以优化行业协会发展布局，提高行业协会整体素质和服务能力为主线，以推进政会分开，明确协会职能，加强自身建设为突破，在全省全面开展了行业协会商会改革工作。目前全省各级各类行业协会已普遍充实了行业自律、行业协调、行业服务、行业维权等各项职能，积极开展了与政府机关脱钩工作，正在逐步走上法制化、民主化、市场化和规范化的发展轨道。

二是开展了社会组织评估工作。在省级社会组织中开展了基金会的全面评估和行业协会评估试点。成立了由专家学者、业务主管单位工作人员、专业会计师组成的评估专家组，通过下发文件，审查材料，现场考核等方式，对省级上报自评材料的13家基金会、8家行业协会进行了实地考察和评审。最终确定5A级基金会1家，4A级基金会2家，3A级基金会10家，5A级行业协会4家、4A级行业协会4家。其中基金会评估覆盖面达到了44.8%。初步建立了对社会组织的公正评价体系，引导社会组织积极发挥应有社会作用。

三是大力培育发展外埠商会。围绕长吉图开发开放，在长春市、吉林市、延边州下放外埠商会审批权限，为充分发挥外埠商会在招商引资、推动地方经济发展中的重要作用提供了政策支持。目前，吉林省已有省级外埠商会10个，“十一五”期间，省级各外埠商会已经累计在吉林省投资近5000亿元，年均投资近1000亿元，占吉林省年均固定资产投资额的23.3%。年均上缴利税160多亿元，占吉林省年均税收的33.8%。为吉林省提供了30多万个就业岗位，占就业岗位总数的2.4%，为吉林省经济发展作出了积极贡献。

三、发挥社会组织加强和创新社会管理的作用

各行业协会、商会充分发挥行业自律、行业维权等方面作用，维护了

会员的合法权益，规范了行业发展；各学术类社会组织充分发挥理论研究、学术交流等方面作用，促进了信息流通，加快了理论成果向现实生产力转化；各社区社会组织积极开展自助互助、志愿服务等活动，促进了社区和谐、提高了社区居民幸福感。

四、引导社会组织提供公共服务

着眼人民群众普遍关心的教育、医疗、文化活动、娱乐健身等问题，积极促进民办非企业单位的发展。全省民办非企业单位在教育培训、医疗卫生、文化体育、节能环保等方面每年向社会提供大量优质服务，已成为公共服务的重要补充。引导社会组织开展公益慈善服务。在2009年吉林省遭受特大洪灾后，全省社会组织向灾区捐款捐物4.3亿元，为夺取抗洪救灾的胜利作出了积极贡献。长春一诺眼科医院为优抚对象、贫困患者免费做白内障手术5985例，其他眼病手术868例，总扶贫资金达945万元，为上千名贫困患者解除了病痛。

2010年黑龙江省社会组织建设与管理工作综述

黑龙江省民间组织管理局

一、创新机制，登记管理工作成果明显

为了创新登记管理工作，2010年，分别在哈尔滨和佳木斯市建立了引导社会组织发挥作用和自身建设观察点，目前均取得了阶段性成果：哈尔滨市总结出了农村专业经济协会的发展模式，制定了《社会组织服务民生活动方案》；佳木斯市制定了《社会组织建设标准》。本年度还建立了社会组织典型库，目前已收录200多个，此做法被民政部确定为黑龙江省民政厅2010年工作亮点之一。锐意探索，审批成立了商务领域第一家民办非企业单位，开黑龙江省历史之先河。

二、严格规范，执法工作取得突破

2010年度，全省社会组织行政执法工作又取得了新成绩，3月底，出色地完成了国家民间组织管理局工作组对黑龙江省社会组织行政执法工作的检查指导，大庆市、佳木斯市的行政执法工作得到了部局的高度认可。在部局的推荐下，大庆市的做法于5月份在成都召开的全国社会组织行政执法培训会上作为典型进行了推广。2010年还在省民政厅法规处的指导下，积极稳妥地处理了关于对黑龙江省司法鉴定人协会的举报事件。

三、认真调研，政策指导力度不断加大

为全面巩固社会组织学习实践科学发展观活动的党建成果，建立社会组织党建工作长效机制，民间组织管理局牵头与省委组织部组成调研组，先后深入到齐齐哈尔、大庆、绥化等地开展了专题调研，在形成调研报告的基础上，形成了《关于切实加强社会组织党的建设工作的意见》并已上报省委组织部。同时，《关于行业协会政会分开的指导意见》业已形成初稿，并已上报省纪委纠风办。截至2010年12月20日，全年共发规范性文件10个，主要在社会组织年检、档案管理、宣传工作、涉企收费、税前扣

除等诸多方面进行了规范。

四、同心协力，学习实践活动圆满结束

2010年初，全力做好学习实践活动的收尾工作并取得理想结果：黑龙江省在全国率先成立了社会组织学习实践活动领导小组；齐齐哈尔市、伊春市在全国率先出台了地市级社会组织党建政策文件，佳木斯市、鸡西市率先在全国成立了地市级社会组织党工委；中央电视台新闻联播先后报道哈尔滨市机动车驾驶员协会等3家社会组织的学习实践活动。2010年2月，黑龙江省被民政部评为社会组织学习实践活动指导工作先进单位。

五、多措并举，社会组织信息宣传成绩突出

2010年，黑龙江省民间组织网全面升级，更趋于专业化。全年在《黑龙江日报》、《黑龙江经济报》、《中国社会报社会组织周刊》、《社团管理研究》上发表信息宣传及理论文章28篇。2010年12月7日，《黑龙江经济报》以“开拓进取、创先争优、优民惠民、服务社会”为主题，通版展示社会组织典型风采。

六、积极引导，助推社会组织发挥作用

2010年11月，召开了全省行业协会改革与发展经验交流会，全面总结工作，确定了行业协会的市场化发展方向。通过推广经验与典型，为全省行业协会有效发挥作用提供了参照。12月，召开了省属异地商会座谈会，听取意见和建议，畅通信息传递渠道，引导异地商会在招商引资方面发挥独特作用。在省民间组织管理局的大力引导下，省属社会组织取得了骄人成绩：省金属材料流通协会会长李和被评为2010年度全国劳动模范；省药理学会会长杨宝峰荣获首届“全国十佳优秀科技工作者”称号；省超声医学工程学会会长田家玮、省抗癌协会会长庞达分别荣获“全国百名优秀科技工作者”称号；省区域经济学会助推黑龙江寒地冬小麦种植，实现了高寒地区的“两冬三作”。

七、严格落实，“小金库”治理进展顺利

按照民政部和省纪委、省审计厅、省财政厅的统一部署，在省财政厅的具体指导下，积极稳妥地在社会团体和基金会中开展了“小金库”清理工作。成立了指导机构，制定了实施方案，积极协调省直业务主管单位，率先在全省召开了专题部署会。年内，按照省治理“小金库”工作领导小

组的要求，按时完成了规定的任务。

八、精心谋划，创先争优活动开局良好

按照民政部、省委的部署，于2010年8月份启动了社会组织创先争优活动。省直13个部门联合组成领导小组，制定了指导意见，编发了12期工作简报，召开了专题座谈会和视频会，引导省粮食行业协会等11家社会组织通过视频会、《黑龙江经济报》发出倡议，号召全省社会组织积极投入到创先争优活动中去，从而促进了社会组织典型的带动作用，引领了全省社会组织创先争优活动的健康发展。

九、依法行政，日常工作稳步推进

全年共受理并完成社会组织登记113项、社会组织变更登记73项，注销登记2项，社会组织年检816个，全部做到规范合理，保质保量。2010年，在省纪委关于规范权力运行及省政府法制办关于行政审批的检查工作中，民间组织管理局工作得到了高度肯定。在重点个案审批上，坚持大局观，体现民生主旨，在基金会等公益组织审批上特事特办，全年共审批基金会14个，数量明显上升，是2009年同期的近3倍。

此外，还有多项工作得到了省纪委与民政部的认可与表扬：2010年2月26日，全国社会组织管理工作会上，黑龙江省作为6个发言省份，作了典型经验介绍；5月份，省纪委常委、省纠风办到省民政厅检查行业协会工作及调研行业协会预防腐败问题，省民政厅高质量地完成了纪委工作组的迎检及调研工作，汇报全面翔实，省纪委给予高度肯定；7月30日，全国社会组织评估工作经验交流会上，黑龙江省作为6个省市之一发言，交流了主要做法与成效；10月10日，五常大米协会、省医药行业协会在全国行业协会改革与发展经验交流会上分别介绍了典型经验。

2010年上海市社会组织建设与管理工作综述

上海市社会团体管理局

2010年，上海市新增社会组织629家，其中社会团体119家、民办非企业单位497家、基金会13家。全年注销社会组织231家。至年底，上海市共有社会组织9900家，其中社会团体3560家、民办非企业单位6225家（含涉外民办非企业单位34家）、基金会115家。

一、积极服务世博

通过向全市社会组织发倡议书，推出社会组织参与世博专题栏目，开展社会组织服务世博先进事例征集等形式，引导社会组织积极参与世博、服务世博。各级各类社会组织积极响应号召，市拥军优属基金会出资慰问安保驻沪部队，组织全国102名著名烈士家属看世博；市信息服务行业协会与156家行业协会携手开展迎世博600天企业诚信建设活动，建设“上海市互联网违法违规信息举报中心”；上海音速青年志愿服务中心为多场世博专场活动提供应急保障服务，该“城市应急支援”项目在“迎世博倒计时300天”世博会志愿者大型公益晚会上展示。支持成立了世博会上海企业联合馆管理中心、上海闸北临汾社区世博人家服务中心等直接为成功办博服务的新兴社会组织。建立了信息网络安全联动机制和本市社会组织涉外安保工作联络机制，对各类涉博情况实行“零报告”制度。

二、开展社会组织创先争优活动

根据中央和上海市委的部署和要求，自2010年7月起，市区两级社会组织登记管理机关指导全市社会组织深入开展以“世博先锋行动”为主题的系列活动。市社团局与市社会工作党委、市委统战部等部门一起，组成了市“两新”组织创先争优活动指导小组，研究制定了工作方案，组织召开了动员会议，建立了创先争优活动联系点，开展了社会组织党建情况调查，开辟了专题网页。目前，社会组织创先争优各项活动仍在积极有序推进中。

三、贯彻落实市社会建设工作会议精神

2009年11月，上海市首次召开了社会建设工作会议。市委办公厅、市政府办公厅印发了《关于进一步加强本市社会组织建设的指导意见》，明确了上海市社会组织工作的总体目标、建设重点、扶持措施等重要内容。为落实大会要求，市社团局积极组织传达学习和贯彻大会精神，召开专题学习和工作会、年度工作会议，局领导作客“中国上海”门户网站在线访谈节目，解读大会精神。在做好学习宣传的基础上，一方面对文件提出的具体任务进行分解，明确落实的时间和牵头部门；另一方面，对于一时难以落实的任务和目标，写入社会组织发展的“十二五”规划，逐步推进，逐项落实。与此同时，积极指导区县组织召开社会建设工作会议，出台社会组织发展与管理的具体措施，把大会精神落到实处。目前，团市委、市妇联已明确将社会组织列入评比表彰范围。

四、完成企业协会政社分开

按照市委、市政府的要求，2009年9月，市社团局以“坚持科学发展观，促进企业协会完善内部治理”为主题，以“增强企业协会自主办会能力和社会公信力”为着力点，组织落实企业协会政社分开工作。截至2010年6月，本市纳入政社分离改革的524家企业协会（市级108家、区县416家）基本实现了协会与政府机关“人员、机构、财务、资产”的“四分开”工作，在协会任职的335名处级以上和243处级以下公务员退出了企业协会。通过政社分开，理顺了企业协会与政府及其部门的关系，为企业协会依法自主办会、民主办会，健全内部治理机制，促进社会公信力和自身能力建设，促进政府及其部门的服务和管理，打下了较好的基础。韩正市长对此专门作出批示，认为“很好”，要求“完善机制，巩固成果”。

五、推动行业协会改革发展

2010年7月，上海市人大十三届十二次会议发布了《关于修改〈上海市促进行业协会发展规定〉的决定》，并于2010年11月1日正式施行。修订后的《规定》对行业协会的直接登记、政社分开、规范化建设、人员职业化发展、建立退出机制等一系列关系行业协会改革发展的重要问题作出了明确规定，这是继2002年本市行业协会立法之后的又一重要举措。为了认真贯彻实施修订后的《规定》，市社团局召开了行业协会负责人会议，举办了行业协会秘书长培训班和行业协会发展论坛，进行了广泛的宣传，

并启动了《上海市促进行业协会发展规定实施细则》的调研和起草工作，以及研究行业协会、商会实行直接登记管理的具体办法。

六、探索社会组织孵化基地建设

市民政局以福利彩票公益金为依托，以公建民办的形式，创立了上海市社会创新孵化园，通过政府、社会组织和社会企业的跨界互动合作，培育社会创新项目，孵化社会创新组织，探索社会创新的机制、模式和方法。该园于2010年7月5日正式开园，总建筑面积1600平方米。民政部部长李立国、市委副书记殷一璀等领导出席开园仪式并宣布开园。媒体称之为“上海加强社会建设的重要成果”、“播下社会创新的种子”。目前，市社会创新孵化园已孵化了一批社会组织和社会创新项目。

七、拓展社会组织发展资源

为突破制约社会组织发展的资源瓶颈，缓解社会组织经费紧张问题，一方面通过落实公益性捐赠资格认证工作，鼓励社会捐赠，为社会组织发展积极开源；另一方面继续推行工资基金管理，减轻社会组织税收负担，努力为社会组织发展节流。为此，市民政局协同有关部门联合印发了《关于转发〈财政部 国家税务总局 民政部关于公益性捐赠税前扣除有关问题的补充通知〉和本市实施意见的通知》，进一步细化和明确了本市社会组织公益性捐赠税前扣除资格申请、受理、审核和公益性捐赠票据的管理规定。2010年共认定享有公益性捐赠税前扣除资格的社会组织51家。至2010年底，全市累计有99家社会组织享有公益性捐赠税前扣除资格，其中基金会89家，社会团体10家。同时，继续推进工资基金管理，使社会组织比照事业单位进行税前列支，减轻了社会组织的税收负担。2010年参加工资基金管理的5000多家社会组织减少税负3000多万元。此外，通过工资基金管理，还提高了社会组织工作人员的收入，规范了社会组织的财务管理。

八、推进社会组织规范化建设评估

规范化建设评估是促进社会组织健康发展的创新举措。为了不断推进和完善社会组织规范化建设评估，采取了五项措施。一是扩大了评估范围，对3家涉外社会组织开展了评估试点。二是探索开展了枢纽性社会组织建设的评估。三是加强了评估工作的指导服务工作，指导上海市体育总会对所属体育类专业性社会组织开展规范化建设评估。四是建立了社会组织规范化建设评估专家库，增加了税务、会计、法律等专业领域的专家和学者。五是开展社会组织第三方评估调研，探索实践了第三方评估。目前，社会组织规范化建设评估已被列入上海市社会诚信体系建设重要内容，并与相应的奖励和政策优惠挂钩。

九、开展社会团体“小金库”治理和涉企收费清查工作

根据中央和上海市的统一部署和要求，组织对全市社会团体和公募基金会开展了治理“小金库”工作。制定工作实施方案，召开了工作布置会议，组织对60家社会组织（56家社会团体，4家公募基金会）进行了抽查，抽查结果显示，本市社会组织财务管理总体情况比较良好。根据国务院领导重要批示和全国纠风工作会议精神，下发《关于本市治理和规范涉企收费工作的通知》，联合有关部门对社团收费合理性、必要性进行了调研，进一步规范社会团体收费行为。

十、改进社会组织登记管理工作

按照行政审批制度改革的要求，为了更好地服务社会、服务社会组织，改进了登记管理和服务工作。目前，本市市、区两级民办非企业单位登记时限由60天缩减为30天。进一步优化网上办事平台，增加了网上信息采集、短信发布、信息服务和交流功能。对社会组织业务信息管理系统进行了升级改造，增强了信息的全面性和权威性。

十一、规范社会组织执法监督工作

为加强和改进业务工作管理，提升依法管理和服务水平，组织编写和出版了供社团管理工作人员学习和使用的《社会组织行政执法实务参考手册》，内容涵盖登记、年检、执法工作的政策法规和操作规程及工作要求。国家民间组织管理局孙伟林局长亲自为该书作序，认为该书不仅对上海社会组织的行政执法工作具有很强的规范和指导作用，而且对全国同行具有重要的参考和借鉴意义。修订了供社会组织管理预警网络人员使用的《预警网络信息员手册》；编写了用于向社会宣传的《社会组织知识宣传手册》。社会组织监察工作有序推进。2010年市社团局共受理各类违规案件17起，办结17起。

十二、印发《关于进一步加强本市社会组织建设的指导意见》

2011年4月29日，市委办公厅、市政府办公厅解密下发了《关于进

一步加强本市社会组织建设的指导意见》。该《意见》充分肯定了社会组织发展的重要意义和重要作用，明确了加强社会组织建设的指导思想和总体目标，提出分类指导社会组织建设和加强社会组织分类管理的基本思路以及分类扶持社会组织发展的重点环节。在文件的指导思想中，明确提出了“尊重社会组织主体地位”，确定了“发展是前提，建设是核心，培育监管是基本手段，发挥社会组织积极作用是根本目的”的基本思路。文件提出了未来5年社会组织建设的总体目标，即：基本形成与本市经济社会发展相协调、结构合理、功能完善的社会组织发展新格局；基本形成监管有力、引导有方、民主自律的社会组织管理新格局；基本形成组织健全、覆盖全面、工作有效的社会组织党建新格局。这是上海市级层面制定的第一个关于社会组织建设的综合性指导文件。

2010年江苏省社会组织建设与管理工作综述

江苏省社会组织管理局

2010年，江苏省围绕"建立健全长效机制，促进社会组织科学发展"总体要求，以推进党建带动为龙头，以建立评估机制为抓手，以规范执法监察为支撑，以深化培育扶持为突破，继续推进社会组织发展与管理的同步创新。截至2010年底，全省共登记社会组织34718个，其中社会团体18857个，民办非企业单位15551个，基金会310个；全省共登记农村专业经济协会3831个，备案1257个；登记社区社会组织5119个，备案26701个。全省社会团体、基金会数量居全国第一位，民办非企业单位数量居全国第二位（其中民办高校登记总量50个，位列全国第一）。

一、改革创新，逐步完善社会组织管理机制

（一）社会组织党建工作成效明显

2010年上半年社会组织学习实践活动圆满收官。各级坚持以党建带社建、以社建促党建原则，认真贯彻省委组织部82号文件精神，进一步推进党的组织覆盖和工作覆盖。在全国先进社会组织表彰暨社会组织深入学习实践科学发展观活动总结大会上，全省25家社会组织被授予"全国先进社会组织"称号，5家社会组织被授予"社会组织深入学习实践科学发展观活动先进单位"称号，省民政厅等3家单位被授予"社会组织深入学习实践科学发展观活动指导工作先进单位"称号。下半年社会组织创先争优活动开局良好。省、市、县（市、区）都普遍成立了社会组织创先争优活动指导小组及办公室，建立了联系点制度、情况月报制度、先进典型报告制度、督促检查制度以及联络员制度等五项工作制度。层层召开推进会，进一步统一思想、明确重点，推动社会组织创先争优活动有力有序开展。选树了扬州市温州商会、南京凤凰母语教育科学研究所、爱德基金会、无锡灵山慈善基金会等一批先进典型。省民政厅及扬州市的经验做法在民政部召开的社会组织创先争优活动座谈会上进行了交流。

（二）行业协会改革扎实推进

无锡市出台了《无锡市政府购买行业协会商会公共服务实施办法的通知》、《无锡市行业协会商会承接政府有关职能实施意见的通知》，与发改委一起组织召开了政府职能向社会组织转移签约仪式，有12家社会团体与政府6个部门签订了职能转移合约。扬州市以解决突出问题为切入点，开展行业协会脱钩工作以及规范行业协会市场中介服务和收费行为专项治理工作，明确要求2010年5月底前，64个行业协会完成脱钩任务。淮安市计划用三年时间分步骤完成行业协会综合改革，实现行业协会机构、人员、财务、职能与党政机关“四脱钩”。

（三）异地商会登记管理逐步规范

省民政厅出台了《江苏省异地商会登记管理暂行办法》，明确异地商会登记到县（市、区）一级，坚持“一地一会”，确保异地商会规范发展。苏州市对全市24个异地商会及市工商联所属14个二级商会进行科学整合，帮助二级商会按社会团体设立规程进行筹备。南京、常州、泰州、盐城等市联合相关部门分别出台了关于异地商会登记管理工作的意见。徐州市先后在北京、上海、深圳、新疆申办并设立了徐州商会。截至2010年底，全省共注册登记异地商会72家。

二、培育扶持，逐步推动社会组织健康发展

（一）发展社会组织孵化基地

指导各地建立社会组织孵化基地，推动公益领域社会组织良性发展。截至2010年底，全省各级已建（在建）社会组织孵化基地29个。南京市在率先建立的爱德社会组织培育中心的基础上，玄武、鼓楼、雨花台、白下等四个区相继建立了社会组织孵化中心。苏州市依托社区平台，建立了草根组织培育基地和青年社会组织孵化基地。扬州市民政局、工商联联合下发文件，共同建立扬州市行业协会（商会）培育促进中心。

（二）完善培育扶持政策

省人大出台《江苏省慈善事业促进条例》，开创了慈善事业地方立法的先河。江苏省基金会突破300家，被民政部评为全国社会组织管理十件大事之一。联合省科技厅制定了《江苏省科技类民办非企业单位登记审查与管理办法》，明确了科技类民非单位性质和业务范围，进一步规范了科技类民非单位的设立程序和相关管理制度。南京市“社区社会组织备案工作”，入围了2010年1月份“第五届中国地方政府创新奖”。建邺区推出

"百万彩虹计划"，甄选出20个"服务民生"项目，由政府对每个项目投入1－5万元进行扶持，鼓励社会组织积极参与公共服务。无锡市确定八大战略新型产业，新批准了物联网、服务外包、工业设计、文化产业等一批新型行业协会及民非单位。泰州市政府办出台《关于加强全市社会组织培育发展和监督管理工作的意见》，强调在社会组织培育发展和监督管理工作的八个方面取得突破。扬州市民政局与发改委等部门筹备成立行业协会发展基金，对行业协会加强扶持。南通市将社区社会组织纳入制度化、规范化发展轨道，全年共培育发展社区社会组织2500多家。

（三）优化社会组织发展环境

认真做好公益性社会团体和基金会捐赠税前扣除资格认定工作，联合省财政、省国税、省地税定期召开资格认定会议。全省共有33家社会团体和259家基金会取得捐赠税前扣除资格，极大地调动了社会公益捐赠的积极性。积极开展社会组织公益服务活动。扬州市组织"百家社会组织服务新农村建设行动"，采取送服务下乡和结对帮扶等形式，鼓励社会组织为新农村建设出资、出智、出力。南通市组织35家社会组织开展"奉献爱心、回报社会"主题公益活动，就与人民群众生活密切相关的内容进行广场咨询和服务。

三、依法行政，逐步加大社会组织监管力度

（一）社会组织评估有序开展

出台了《江苏省社会组织评估管理办法》，制定了学术性社团、行业性社团、基金会和民办非企业单位评估评分细则，组建专家库、评估委员会及复核委员会，形成组织健全、程序完备、操作规范、运转协调的评估工作机制。严格按照自评、初审、审核、终评等程序开展评估工作。召开全省社会组织评估与公信力建设大会，对首批10家被评为3A以上等级的省属社会组织进行授牌。南京市民政局联合教育局完成32家学历教育机构的督导评估工作。苏州市召开了各市（区）民政局分管领导、部分市属社会组织业务主管单位代表、70多家市属行业协会代表和市社会组织评估委员会成员参加的专题会议。无锡市制定了体育类社会团体和民办非企业单位评估标准。

（二）执法监察能力水平有所提高

出台了《江苏省社会组织登记管理机关实施行政处罚程序规定》，规范了执法程序，细化了行政处罚各阶段、各环节的执法程序，为各级登记

管理机关规范行使职权提供了制度保障。针对日常管理存在的问题，制定了《江苏省省属社会组织日常监督管理职能委托办法》、《江苏省民政厅主管的社会组织管理办法》等规范性文件。以贯彻执行财政部《民间非营利组织会计制度》为抓手，按照抽查和定点检查相结合的原则，委托会计师事务所对10家基金会进行财务审计，促进社会组织规范开展财务活动。圆满完成年度检查，对年检不合格的社会组织及时作出整改决定，全省社团注（撤）销数857个、民非注（撤）销数724个。

（三）各类专项治理工作有力推进

省民政厅作为省“小金库”治理领导小组成员单位，按照职责分工，制定《江苏省社会团体“小金库”专项治理实施办法》，指导开展全省社会团体和公募基金会“小金库”专项治理工作。配合搞好公共信用信息采集（省信用办牵头）、综合治税（政府办牵头）、行业协会涉企收费（发改委牵头）、企业减负（经信委牵头）等专项治理工作，联合省物价局、财政厅下发《贯彻〈关于治理规范社会团体收费的通知〉的意见》。参与依法整治以戒除网瘾为名的教育培训机构工作，对全省范围内以戒除网瘾为名侵害未成年人合法权益的教育培训机构进行排查整治。

2010年浙江省社会组织建设与管理工作综述

浙江省民间组织管理局

2010年，浙江省社会组织管理工作按照民政部和省委省政府的统一部署，在省民政厅党组的正确领导下，以科学发展观为指导，坚持“培育发展与监督管理并举”的工作方针，加快社会组织培育发展力度，深入开展社会组织学习实践活动和创先争优活动，积极承办“小金库”治理工作，取得了明显成效。回顾2010年工作，主要抓了以下几个方面：

一、加强社会组织培育和管理

（一）认真做好社会组织行政审批和日常监管事务

截至2010年底，全省社会组织总数为28937个，其中社会团体14870个，民办非企业单位13878个，基金会189个。比上一年度新增社会组织1154个。积极落实省政府要求，进一步推动行政审批网上办理，省本级已基本实现社会组织行政审批业务网上申报和预审，全年网上办理业务量已达400余件。同时，为进一步规范社会组织行政处罚行为，提高行政执法水平，省本级制定印发了《社会组织常见违法行为行政处罚裁量细化标准(试行)》，对38个行政处罚事项的裁量因素和幅度进行了细化量化。

（二）全面完成社会组织年度检查工作

全省约有2.7万个社会组织参加了2009年度检查工作，参检率约为97%。省本级在年检中，本着便捷、高效的原则，积极推行上门年检、按业务主管单位集中年检和当场办结、当场领证等措施，获得了有关单位的好评；完成了因机构改革而涉及的近200个社会团体业务主管单位变更手续；加强了对社会组织党建方面的检查内容，设计增添了相关表格；对基金会全面推行网上年检，网上申报率达到100%；对社会团体、民办非企业单位和基金会的年检数据进行录入和整理，并完成了年检分析报告；加强年检中的行政执法力度，要求年检结论为基本合格的社会组织在3个月内完成相关整改，并对部分社会组织违反法律法规的行为，根据情节轻重，给予了警告或撤销登记的行政处罚。

（三）加强社会组织规范管理

一是举办了两期社会团体能力建设培训班，400余名社会团体负责人参加了培训，并出版发行了《行业协会管理手册》，加强了社会团体自身建设，提升了其服务能力和服务水平。二是继续全面推动社会组织评估工作，修订完善了行业性、学术性和联合型社会团体评估指标，继续扩大参与评估的社会组织类别，不断加大评估工作力度。截至2010年底，全省已有876个社会组织获得了评估等级，其中获得3A等级以上的625个。

（四）改善社会组织发展环境

一是扎实推进公益性捐赠税前扣除资格和非营利组织免税资格认定工作。2010年以来，浙江省251个社会组织核准获得公益性捐赠税前扣除资格，调动了社会公益性捐赠的主动性和积极性。此外，另有一批社会组织向有关部门提出了非营利组织免税资格申请并获得了批准。二是加快推进政府职能转移和向社会组织购买服务工作，首次开展了省本级福利彩票公益金资助民办社工机构公益服务项目试点工作，确定资助项目13个，资助经费200万元。三是推动设立社会组织发展基金会，指导帮助台州市成立了全国第一个社会组织发展基金会，已筹措资金690万元，着重资助社会组织公益项目，促进社会组织规模化、品牌化。

二、全面完成指导社会组织深入学习实践科学发展观活动工作

根据中央和省委的统一安排，在2009年的基础上，继续做好学习实践活动整改落实和“回头看”等相关工作。精心组织开展以“百项服务惠民生、千万善款送温暖、万个组织进社区”为主要内容的“百千万送服务活动”。全省参加活动的社会组织达3.3万个（次），受惠群众达324万余人次。在民政部“全国先进社会组织表彰暨社会组织深入学习实践科学发展观活动总结大会”上，浙江省共有杭州市民政局等3个登记管理机关、开化县诚信商会等30个社会组织受到表彰，数量居全国前列。2010年3月，召开了全省社会组织学习实践活动总结视频会议，对为期半年的指导工作进行全面总结。目前，全省社会组织党组织已达2905个，专职工作人员中党员数21000余名，其中新增党组织230个，新增党员847名。社会组织党的建设、自身建设、服务能力得到了加强。

三、深入开展社会组织“诚信服务先锋”创先争优活动

按照民政部和省委要求，浙江省各级民政部门及时牵头成立指导小组、制定指导方案、召开动员大会进行全面部署，抓好联系点建设、督查点评等重点环节，营造浓厚氛围，注重发挥优势，勇于探索创新，充分利用社会组织扎根基层、联系阶层广泛、专业人才集中、社会资源丰富的优势，推动社会组织“诚信强、党建强”双品牌建设，在社会组织党组织和党员中大力开展“双角色双争优”活动，积极参与社会服务，扎实做好服务基层、服务企业工作，切实提高公信力、凝聚力和竞争力。2010 年 11 月 11 日，省委常委、组织部长、省委创先争优活动领导小组组长蔡奇同志在省委创先争优活动《简报》第 148 期《突出主题 勇于探索 省民政厅在创先争优活动中扎实推进社会组织科学发展》一文上作出批示：民政厅充分发挥主管部门作用，做到社会组织创先争优与科学发展齐头并进，有关做法值得肯定。

四、积极承办社会团体“小金库”专项治理工作

按照中央部署，依法在民政部门登记管理的社会团体和公募基金会列入今年“小金库”专项治理范围。浙江省纳入此次专项治理工作的社会组织总数约 1. 44 万个。工作开展以来，浙江省各级民政部门及时组织学习传达，广泛开展动员部署，配合各地“小金库”治理办做好调研摸底工作。省民政厅多次与省治理办研究制定工作方案，向省政府汇报社会团体“小金库”治理工作进展情况，提出有针对性的思路和对策建议，并会同省纪委、监察厅、财政厅、审计厅印发了《浙江省社会团体“小金库”专项治理实施办法》，对社会团体“小金库”治理工作进行了全面规范。截至 2010 年底，经各级民政部门的大力联系督促，全省社会团体自查自纠工作已基本结束，有效推动了“小金库”专项治理工作的顺利开展。

在民政部和国家民间组织管理局的关心和指导下，2010 年浙江省社会组织工作取得了新进展。在新的一年里，我们将继续探索社会组织管理服务模式，完善促进公益类社会组织发展政策措施，引导和支持社会组织参与公共服务和社会管理，推动社会组织健康有序发展。

2010年安徽省社会组织建设与管理工作综述

安徽省民间组织管理局

2010年，安徽省社会组织建设与管理工作紧紧围绕党委政府中心工作，在服务社会经济发展大局中扎实推进，在改革创新中重点突破，在统筹兼顾中抓好落实，全省社会组织建设与管理工作取得了新的进展。

一、认真指导，努力推进社会组织党的建设

根据中央和省委的统一部署，2009年9月至2010年3月，全省各级民政部门认真牵头抓好社会组织深入学习实践科学发展观活动指导工作，圆满完成了中央和省委部署的光荣任务。全省各级民政部门紧紧围绕“推进科学发展、加速安徽崛起”的活动主题和“加强党的建设，加强自身建设，发挥功能作用”的总体目标，切实加强组织领导，及时成立指导机构，制定指导工作方案，丰富活动载体，突出实践特色，精心组织实施，注重实际效果。全省965个社会组织党组织及其6500多名党员积极参加学习实践活动，实现了学习实践活动全覆盖。各地积极探索党建工作新模式，通过选派党建工作指导员，采取单建、联建、挂建、帮建等方式，将分散的1500多名党员，按照行业、系统、地域等隶属关系，纳入到各级、各部门、各单位的党组织进行管理，新建党组织638个，发展新党员362名，比学习实践活动前分别提高了4.77%和0.31%，实现了社会组织党建工作全覆盖。全省各级指导组对每个阶段都进行了认真总结和动员部署，加强监督指导，先后深入社会组织巡回指导工作400多次，组织召开各类会议500多次，举办专题培训、讲座、报告会等40多场，建立联系点40多个，通过各类媒体宣传典型65个，印发学习文件汇编、辅导材料1000多册，编发学习实践活动简报300多期，送发宣传学习材料近万份，实现了学习实践活动指导工作全覆盖。在全国、全省社会组织学习实践活动总结表彰大会上，有27个单位荣获学习实践活动先进单位，分别受到了中央和省指导小组的表彰。

2010年10月以来，全省各级民政部门认真组织指导社会组织开展创

先争优活动。一是健全组织、明确任务。省和各市成立了社会组织创先争优活动指导小组，民政部门主要负责人担任组长，组织、人社等有关部门负责人为成员。省委领导小组及时转发了省指导小组《关于在全省社会组织党组织和党员中深入开展创先争优活动指导工作的实施意见》，各市指导小组在同级党委的领导下，结合实际，认真制定指导工作意见，明确活动的目标任务，有序开展指导工作。二是召开会议，全力推进。省指导小组召开了全省社会组织创先争优活动推进会，省直70多个业务主管单位负责人、各市民政局和民间组织管理局负责人参加了会议。会后，省科协、省文化厅、省交通厅等部分业务主管单位和各市指导组召开了专题会议，进行了再动员再部署，全面开展了社会组织创先争优活动。三是突出重点，深入指导。省社会组织创先争优活动指导小组抓点促面，深入指导，印发了《关于建立全省性社会组织创先争优活动指导工作联系点制度的通知》，建立了10个联系点，开展了联系点的对接和指导工作。四是紧扣主题，扎实推进。各地突出创新发展主题，推进党的建设，完善长效机制，彰显活动特色。淮北市围绕主题，从“早、建、实、浓、管”入手，在全市社会组织中开展创先争优“建立一流支部、带一流队伍、育一流作风、练一流本领、创一流业绩”的活动，全市187个党组织、8240名党员，立足岗位，突出创先争优，服务经济社会发展，开展科技活动周，送科技下乡20多次，受益群众1500人次；协助有关部门招商引资194.15亿元；化解社会矛盾，预防群体上访31起。巢湖市指导小组协同市委组织部开展了社会组织党组织“集中组建月”活动，新建党组织64个，在全市81个社会组织党组织创先争优活动中，“突出一个主题，发挥两个作用，设计三个载体，坚持四项制度”，即：以服务大建设创先进，促进新发展争先锋为主题，发挥党组织的战斗堡垒和党员的先锋模范作用，争当“五个模范”优秀党员、创建“五个好”先进党组织、“五项达标”先进社会组织，坚持工作调度制度、提示制度、督查制度、联系点制度，扎实推进创先争优活动深入开展。淮南市开展了“优质诚信服务，真诚回报社会”的创先争优主题活动，组织20家民办非企业单位深入农村集镇为民服务，受到广泛好评。五是加强宣传，建立制度。为了及时掌握活动开展情况，全省建立了信息联络员制度，加强宣传工作力度，充分利用报刊网站等媒体，广泛宣扬社会组织在创先争优活动中的先进典型和经验做法。省指导小组办公室在《安徽社会组织》专刊及信息网上开辟专栏，并先后编辑8期《简报》，宣传我省社会组织创先争优活动的好做法好经验。

二、改革创新，积极拓展社会组织发展空间

继续推进合芜蚌社会组织改革创新试点。安徽省加强督查指导，组织经验交流，积极推动合芜蚌三市进一步落实省委、省政府批转的改革行业协会管理体制为重点的15项措施，参照省颁布的五个方面40个配套文件，有序开展改革创新工作。合肥、芜湖、蚌埠三市社会组织改革创新不断深化，初步实现了以行业协会、公益性社会组织、基层社会组织登记管理制度的新突破。目前，三市已实行行业协会直接审批登记，取消了前置审批，改业务主管单位为业务指导单位；实行政会分开，现有248个行业协会与政府有关部门“四分离”，使行业协会管理体制更科学，运行机制更顺畅，实现了由“政府主导，自上而下”向“政府指导，自下而上”的转变，形成了行业协会新型发展模式。改革效果已初步体现，合肥市坚持“四无”和“五自”的民间化、社会化改革方向，全市129家行业协会全部完成了与政府部门在机构、人事和财务等方面的脱钩工作，大大拓展了行业协会自主发展空间。芜湖、蚌埠市把培育发展行业协会和基层社会组织作为支持承接产业转移、推动“工业强市”、创新社会管理战略实施，以政府购买服务的方式，资助新组建的工业类行业协会和公益性社会组织，其中芜湖市购买服务资金约810万元。蚌埠市改过去政府一个相关部门业务主管为多个相关部门业务指导，为行业协会争取政府支持提供体制机制保障。

在推进合芜蚌社会组织改革创新试点的同时，拉开了皖江城市带10市社会组织改革发展的序幕。2010年，安徽省在征求省直有关部门和皖江10市意见的基础上，经省政府同意，印发了《关于支持皖江城市带承接产业专业示范区建设推进社会组织管理改革创新的意见》。皖江城市带各市普遍进行了改革创新动员，马鞍山、铜陵、池州、安庆、滁州等市围绕支持承接产业转移示范区建设，研究以行业协会为主的社会组织改革发展措施，把改革创新作为今后一个时期社会组织管理的重点，有计划地推进改革创新工作。

三、培育扶持，不断推进社会组织发展和管理

全省坚持突出重点，加强分类指导，积极扶持发展经济社会发展急需的经济类、公益类、服务类社会组织，大力推进行业协会和基层社会组织建设，形成了以行业协会、农村专业经济协会、社区和公益性社会组织为重点的社会组织发展格局。

一是制定和落实扶持政策。省民政厅抓住合芜蚌试验区、皖江城市带示范区建设契机，推动省委、省政府在出台的社会组织改革发展文件中，明确政府职能依法转移、有序委托相关行业协会和政府购买社会组织服务等一系列扶持政策，从省级福彩公益金中安排资金以公益项目形式，资助基层社会组织发展。芜湖市委、市政府出台的文件规定，凡政府及部门委托、授权社会组织的服务事项，都须通过购买服务的形式实现。市民政部门带头先行先试，现用于购买社会组织服务的资金总额达361.58万元。蚌埠市民政局制发了《关于福彩公益金用于支持基层社会组织助老助残的通知》，规定每年按福彩公益金2%的比例，支持基层社会组织开展助老助残等公益活动。同时，省和各地积极落实有关社会组织财税减免的政策。省民政厅协同省财政、税务部门制发并实施了社会组织接受公益性捐赠税前扣除资格确认工作，经省民管局初审和联合有关部门会审，有12个基金会获得了捐赠税前扣除资格，促进了社会力量参与公益事业积极性。

二是推进社会组织评估工作。根据民政部要求，为促进社会组织健康有序发展，省民政厅制发了评估工作指导意见和实施办法，从社会组织基础条件、组织建设、工作绩效、社会评价四个方面制定了评估指标体系，先后在基金会、公益性社团中开展了评估工作。同时指导铜陵市开展行业协会评估试点。省本级有近百家社会组织参加了评估，其中36家基金会有7家被评定为3A以上等级，完成了71家公益性社团的初评工作。铜陵市政府印发了《铜陵市社会组织评估管理暂行办法》，明确了评估工作的程序、经费、奖励政策等措施，探索建立“政府指导、社会参与、独立运作”的第三方评估机制，在市本级32家行业协会中开展了评估工作，有7家给予授级，其中有2家荣获3A级，调动了社会组织参评的积极性，促进了社会组织建设和发展。巢湖市探索民政部门与相关部门联合开展评估工作的做法，借助市科协的力量，在市本级29个市学术性社会团体中开展了评估工作，有8个社会团体荣获3A以上授级。

三是宣传和表彰先进典型。为进一步推动基层社会组织建设，省民政厅自下而上开展了创先争优活动，2010年3月在全省社会组织学习实践活动总结暨基层社会组织先进表彰大会上，总结交流了基层社会组织发展和管理经验，授予95个社区社会组织和农村专业经济协会为“全省先进基层社会组织”，有17个单位、29人分别被授予“全省基层社会组织管理先进单位”、“全省基层社会组织管理先进工作者”称号；同时指导省民间组织联合会，在省本级社会组织中开展了“百优社会组织”评选活动。黄山、滁州等市还组织评比活动，表彰了72个先进社会组织、示范行业协会。阜阳、淮南、池州等市还组织了基层社会组织发展经验交流会，激励了社会组织自律自强、服务社会的积极性，促进了社会组织发展和管理。各地充分利用新闻媒体，大力宣扬先进典型，提高社会组织服务社会的认知度和影响力。省民管局和合肥、淮北、安庆、黄山市民管机构负责人张志贵、朱世凯、周哲红、曾新文分别被《中国社会报》授予“全国信息宣传先进单位”、“先进个人”。

四、依法行政，切实加强社会组织监督管理

社会组织登记管理涉及面极广、政治敏感很强，既是各级政府行政管理的重要窗口，又是社会经济发展的积极因素。省委、省政府高度重视社会组织管理工作，从2008年开始已连续3年把社会组织建设和管理列为省委常委会重点事项之一，每年进行考核督查。全省各级民政部门坚持依法行政，服务管理，建立健全规章制度，不断提高管理工作水平。一是加强领导，建立坚强有力的管理协调机制。省及各市成立民间组织管理工作领导小组，组长、副组长由党委和政府领导担任，党委、政府相关各部门负责为成员，各部门各单位密切协作、齐抓共管，有力地促进了全省社会组织健康有序发展。二是健全机构，强化登记管理机关自身建设。部分市、县进一步加强了登记管理机构的建设，合肥、铜陵、淮北、宿州等市民管机构负责人均为副县级机构，巢湖市所辖各县（区）均建立了副局级登记管理机构。三是建章立制，完善社会组织法规政策体系。2009年以来，安徽省草拟了《安徽省行业协会管理办法》，积极争取纳入地方立法计划。制定出台了《安徽省社会组织管理行政执法工作规则》、《社会团体、基金会、民办非企业单位涉外活动报告制度》、《基金会备案制度》、《公益性捐赠税前扣除资格确认实施办法》等一系列规范性文件，进一步完善了社会组织管理法规政策体系。四是服务为先，便民利民。全省各级登记管理机关以效能建设为抓手，推进政务公开、增强工作透明度、树立窗口形象、热情做好服务，探索“一次性办结”、“一站式服务”等工作模式。加强宣传和信息化建设，努力办好《安徽社会组织》一刊一网，公开行政审批项目、办事指南，开设网上下载服务项目，组织力量编写了《社会组织管理法规选编》，加强对社会组织登记管理方针政策、法律法规的宣传工作，力求行政审批项目告知更加明了，为社会组织培育发展做好服务。五是依法行政，严格社

会组织监管措施。严格按照三个《条例》规定和行政审批程序、制度，做好登记服务工作。省和各市加强年检执法工作。省民政厅实行了服务“窗口”普检与重点实地抽检相结合，淮北市采取“四上门”服务方式展开年检，宣城、亳州、六安、淮南、安庆等市实施部门联动年检，取得较好成效。

2010年福建省社会组织建设与管理工作综述

福建省民间组织管理局

截至2010年底，全省经民政部门登记的社会组织15261个，其中经济类2698个，科学研究类2754个，社会事业类4959个，慈善类557个，综合类4293个。分布情况如下：（1）社会团体10782个。按活动区域划分，其中全省性社团899个、设区市社团2636个、县级以下社团7247个。（2）基金会112个。其中公募基金会19个、非公募型基金会93个。（3）民办非企业单位4367个。其中民办高校（含独立学院）32个、民办中小学（含中职学校）387个，在校生40多万人。

一、有序有效，扎实推进全省社会组织创先争优活动

福建省民政厅党组对社会组织创先争优活动高度重视，及时成立省社会组织创先争优活动指导小组，由厅长马跃征任组长，副厅长周瑛任副组长，成员由省经社联、省科协、省社科联、省住房和城乡建设厅、省文化厅、省委农办、省人力资源和社会保障厅、省体育局、省工商联等9个所辖社会组织数量较多的成员单位有关领导组成，形成了齐抓共管、协调联动、坚强有力的工作格局。

选准载体，搭建社会组织发挥作用平台，确定社会组织中的党组织以“讲诚信、严自律、重服务、树形象、促发展”为主题，开展争创“三个五”活动。福建省社会组织在创先争优活动，受到中央有关媒体的报道，2010年9月29日《人民日报》第4版、人民网、中央创先争优活动领导小组办公室“创先争优网”均给予报道。2010年10月18日《中国社会报》头版也给予大篇幅报道。

在急险重任务中“见真情、见责任、见有为”，2010年6月13日以来，特大暴雨持续袭击福建省闽西北地区，全省社会组织党组织和党员广泛开展“灾情面前见真情、重任面前见责任、有位之中见有为”的“三见”活动。全省2300多家社会组织，共为灾区捐款1300万元。涌现出南平市民爆行业协会会长、爆破高级工程师李永光，龙岩市水利学

会等一大批优秀共产党员和社会组织，他们冒着生命危险排险除难，灾后重建，有位有为。

扩大社会组织党的覆盖面，2010年做好“百日集中组建”工作，进一步明确“百日集中组建”的工作目标任务。采取超常规办法、超常举措、超常力度，打好百日集中组建攻坚战。迅速建立信息报送、反馈制度，形成省、市、县、乡民政工作部门迅速便捷、协调顺畅的信息网络体系。据统计，各级指导小组成员深入社会组织238个，加强工作督促。在新社会组织准入上，对筹备成立社会团体，要求必须同时上报筹备成立党组织的情况。百日集中组建以来，已有20家批准筹备设立的省级社会组织被要求重新核定是否符合党组织建立条件，通过集中组建，在全省社会组织中建立党组织793个。

二、依法行政，深入推进专项治理工作

进一步规范社会组织的发展培育工作，形成高效运作、多部门协作的专项治理格局。全年累计收到网上申报登记审批申请的有215件，符合政策规定的有189件，已办结189件，办结率100%。今年共批准筹备成立登记省级社会组织共105个，其中，社会团体78个、基金会13个、民办非企业单位14个；办理各类变更登记269个，注销登记3个，有效提升了社会组织管理和服务质量。

深入推进行业协会侵害群众和企业利益问题专项治理工作。建立专项治理联席会议制度，主动会同和配合省纪委、省监察厅、省物价局、省财政厅等省直机关单位，督促和推动各项专项治理工作迅速开展。根据《福建省2010年企业治乱减负和企业权益保护工作意见》，制定《实施方案》，牵头组织开展依法查处社会团体利用行政机关委托进行指定服务、强制服务乱收费的行为。

全面展开社会团体“小金库”专项治理工作。根据《中共中央办公厅国务院办公厅印发〈关于深入开展“小金库”治理工作的意见〉的通知》精神，按照中共中央纪委、监察部、民政部、财政部、审计署《关于印发〈社会团体“小金库”专项治理实施办法〉的通知》要求，结合我省实际，启动了“小金库”专项治理工作，制定了《福建省社会团体“小金库”专项治理工作实施方案》，召开了“福建省社会组织创先争优活动暨专项治理工作座谈会”，对“小金库”专项治理工作进行了部署。

三、分类指导，全面落实脱钩工作

对行业协会的脱钩工作，甄别分类，建立台账，采取一会一方案的方式，扎实推进。全省1739家行业协会（其中省级登记的有146家，设区市登记的有530家，市、县、区登记的有1063家）与行政主管部门实现职能分开、机构分设和财产分置；有1678家行业协会与行政主管部门实现了人员分离，占全省行业总数的96.5%。全省共清理出党政机关干部担任行业协会领导职务共1194人，其中，任会长的361人、任副会长的363人、秘书长345人、担任副秘书长等其他职务的125人。

四、完善程序，积极推行等级评估工作

积极探索建立政府指导、社会参与、独立运作的社会组织综合评估机制。设立社会组织评估委员会，委员由有关政府部门、业务主管单位、研究机构和社会组织推荐，并建立或委托相应的评估机构，对社会组织的基础条件、组织建设、工作绩效、社会评价等方面进行综合评估。全省已经有1495家行业协会结合换届或专门召开会员代表大会，采取无记名投票的方式进行了“三项评估”，其中全省性136家。

完善综合评价体系，制定《福建省社会组织评估暂行办法》，从基础条件、组织建设、工作绩效、社会评价等四个方面对社会组织进行综合评判。参加这次评估的全省性行业协会及经济类社团共129家（其中行业协会80家，联合性社团48家），占全省性经济类社团总量的70%左右。经评估委员会审定，共评出5A级11个，4A级38个，3A级69个，2A级11个。

五、先行先试，促进闽台两岸社会组织交流合作

积极推动福建省社会组织对台交流合作，福建省海外交流协会、福建省海外联谊会、福建省海外妇女联谊会、福建省同胞联谊会、福建省金门同胞联谊会、福建省姓氏源流研究会等许多社会组织发挥“五缘”优势，积极与台湾民间组织加强联系互动，加强闽台以及与海外华侨华人新生代和新华侨华人的联系，推进闽台经贸合作、文化交流和直接往来向多层次、宽领域、常态化方向发展，促成投资合作项目，增进了两岸同根同源的认同。全年我省单独组团赴台参访的民间组织达300多批次，参与人员1万余人次，同时也接待了众多来闽参访的台湾人士。2010年5月1日，在台湾台中县召开的第二届海峡百姓论坛，省姓氏源流协会组织大陆20多

个姓氏团体500多人参加了论坛大会，与台湾的宗亲会400多人进行直接的沟通，研究交流姓氏源流、文化传承，推动闽台姓氏族谱对接工作。2010年6月20日，与中华公共事务管理学会（台湾）、省社科联、厦门大学台湾研究院等联合举办“两岸民间社团交流合作研讨会”，两岸近30个社团和有关机构负责人及专家学者共70余人出席会议，加深了闽台两岸人民的感情，密切了两岸的寻根认同。以我省重点商品出口基地为基础，成立福建省电子信息产品出口基地商会、福建省船舶出口基地商会、福建省家具及装饰品出口基地商会等15个基地商会，全方位推动福建省重点商品出口工作。

六、建立健全长效机制，营造良好工作氛围

完善工作机制，会同省委组织部下发《关于切实加强社会组织党的建设工作的意见》，为加强全省社会组织党的建设提供指导性文件。下发《关于进一步加强社会组织内部管理制度建设的通知》，要求社会组织“完善民主选举制度、规范民主决策制度、健全日常管理制度、严格财务管理制度、推行诚信自律制度、落实信息公开制度、建立重大活动备案报告制度、规范评比达标表彰制度”等8项制度，进一步规范社会组织运行。

加强廉洁文化建设，下发《福建省民政厅关于在社会组织中加强廉洁文化建设的通知》，积极推进社会组织廉洁文化建设的考评工作。全省社会组织积极制定廉洁文化公约，开展群众喜闻乐见的文体活动、墙报等，营造氛围。充分运用网站、报刊杂志等媒介，开辟社会组织廉洁文化宣传教育阵地，推进廉洁文化创建活动，形成崇尚廉洁的舆论环境和文化氛围。

2010年江西省社会组织建设与管理工作综述

江西省民间组织管理局

2010年，在江西省民政厅党组的正确领导和分管厅领导的精心指导下，民间组织管理局坚持以科学发展观为指导，深入贯彻落实党的十七届三中、四中、五中全会精神，不断加强学习，树立高效廉洁的机关作风，以提高为社会组织服务水平为重点，以改革创新社会组织管理方式为动力，进一步加强社会组织建设和管理、提升服务能力、优化服务环境，为江西省社会组织健康、快速、有序发展，做出了新的努力。

一、圆满完成社会组织学习实践科学发展观活动指导任务

在2009年工作基础上重点开展了以下工作：召开了指导小组第三次扩大会议，深入推进社会组织学习实践活动的最后阶段的各项工作；开展了全省性的巡回检查指导，帮助社会组织落实整改，解决实际问题416件，为群众办好事实事4331件；结合春节走访，对省民政厅领导联系点（乐平、芦溪）学习实践活动予以资助，补助资金9万元；组织实施了全省社会组织“满意度”测评，全省参评社会组织满意率平均达98%；召开了全省学习实践科学发展观活动总结表彰会，对全省50个社会组织、11个指导机构进行了表彰。在这次学习实践活动中，江西省有13个社会组织获得“全国先进社会组织”光荣称号，2个设区市获得“学习实践活动指导先进单位”、3个社会组织获得“学习实践活动先进单位”，1个协会入选省委先进典型巡回报告团，赴各地市巡回演讲。

二、积极争取《江西省行业协会管理办法》出台

一是广泛征求意见。将《办法》发往各设区市和省直有关业务主管单位征求意见。二是开展专题调研。组织人员到宜春、吉安、新余等设区市及所属部分县（市区）进行调研，召集当地登记机关、部分业务主管单位和社会组织座谈，多方听取意见。三是认真梳理修改。对反馈的意见进行了逐条整理，在此基础上，报省民政厅党组会讨论通过。四是加强沟通协

调。在第一时间组织材料上报，进入省法制办运作程序；并积极配合省法制办，通过媒体进行宣传、广而告之，赴部分设区市、县调研，广泛征求意见。

三、大力推进城乡社会组织备案登记工作

一是试点先行。选择南昌、吉安、九江市部分街道社区进行社区社会组织试点工作，发掘典型、培养骨干、摸索经验。二是制定政策。出台了《江西省培育发展和规范管理社区社会组织的指导意见》，提出了江西省社区社会组织建设的重要意义、目标任务、基本要求、主要措施。三是调查研究。组织力量深入开展了城乡社区社会组织专题调研，了解社区社会组织发展现状、存在问题，帮助解决实际困难和提出相关对策。并与高校（师大、财大）学者合作，形成调研论文2篇，其中1篇入选民政厅政策理论研究自选课题。四是组织培训。与中国民促会合作，举办了全省社区社会组织能力建设培训，邀请国家民间组织管理局、上海人大代表以及国内专家、学者到会演讲，着力提升社区社会组织能力建设。五是现场推进。通过召开全省社区社会组织现场推进会、社区社会组织成果展示会、社区社会组织管理工作座谈会等一系列活动，交流经验、展示成果、打造精品，以典型示范和舆论宣传相结合，着力推进社区社会组织发展。六是全面铺开。不断扩大社区社会组织培育发展与备案登记覆盖面，制定了并实现了2010年各设区市社区社会组织备案登记500个的目标。到目前为止，全省备案登记社区社会组织8005个。

四、全面完成社会组织登记和年检工作

截至2010年底，全省登记注册的社会组织10712个，其中，社会团体6797个，民办非企业单位3890个，基金会25个。社会组织按行业分类，包括科技与研究732个、生态环境211个、教育3000个、卫生861个、社会服务1490个、文化729个、体育630个、法律144个、工商业服务610个、宗教147个、农业及农村发展973个、职业及从业者组织392个、其他793个。完成省属社会组织的设立、变更、注销等事项152件，其中新注册登记社会团体27个，民办非企业单位17个，基金2个；审核办理社会组织的住所、名称、法定代表人、注册资金等变更事项106件，其中社会团体80个，民办非企业单位25个，基金会1个。完成省属社会组织年检617个（应检数771个，参检率80%），其中，社会团体475个，基金会19个，民非单位123个。对不合格的社会组织，下达整改通知书18份。

在办理上述事项工作中，我们严格按照效能建设的要求以及行政审批的有关规定，做到了公开承诺、文明服务、规范服务、严格执法。

五、参与协调多项社会组织专项治理工作

包括社会团体“小金库”专项治理工作、规范社会组织涉企收费、减轻企业负担专项治理、行业协会专项治理“回头看”等。其中：社会团体“小金库”专项治理工作已经完成自查自纠阶段工作，正在组织实施重点检查。全省纳入治理范围的5193个社会团体、11个公募基金会，共查出“小金库”78个，涉及金额1501万元，其中：自查自纠发现“小金库”35个，涉及金额592万元；重点检查查出“小金库”43个，涉及金额909万元。在规范社会组织涉企收费专项治理工作中，全省共清理取消了7项社会团体收费，降低了3项收费标准，涉及收费金额152.01万元。行业协会专项治理工作成效明显，实现了行业协会与业务主管单位全面脱钩，并认真组织了“回头看”，对其与业务主管单位脱钩情况，问题整改以及服务和收费情况，长效机制建立情况进行了检查。在2010年10月全国行业协会改革发展经验交流会上，我省就行业协会管理工作作了书面经验交流，省银行业协会作了讨论发言。

六、指导推动全省社会组织争先创优活动深入开展

根据省委《关于在全省党的基层组织和党员中深入开展创先争优的实施意见》，迅速成立了社会组织争先创优活动指导小组；结合江西省的实际，制定了《关于在全省社会中深入开展创先争优活动的指导意见》，明确了目标、任务和要求，《意见》以省委创先争优领导小组名义印发；下发了《关于开展社会组织创先争优活动巡回指导工作的通知》，对部分全省性社会组织和设区市进行了实地督导；筹备召开了全省街道社区和社会组织创先争优活动推进会；开展了全省先进社会组织评选活动，全省180个社会组织获得了先进表彰；加大了舆论宣传力度，以指导小组名义编辑活动《简报》18期。

七、不断提升创业服务水平

一是开展创业服务活动。按照创业服务年的要求，认真抓好了民间组织管理局全体成员的学习、动员和部署，全局同志进一步统一了思想，强化了工作作风建设；制定了《民管局开展创业服务年活动实施方案》，明确了具体目标任务，公开了服务承诺。二是优化服务环境。认真梳理了新

中国成立以来江西省社会组织相关文件，按失效、废止和有效等进行了归类；制定了民间管理局内部工作规范和业务流程，进一步明确工作人员各自工作职责。三是提供管理服务。营造民办高校发展环境，配合江西省产权交易所，为民办高校股权质押提供服务；创新工作理念，提出社会组织管理服务于鄱阳湖生态经济区建设的先行先试工作思路；积极争取中国民促会所属美国环保协会合作项目，围绕鄱阳湖生态经济建设，组织相关社会组织培训，提升社会组织服务环保事业的能力和发挥积极作用。四是规范档案管理。严格按照行政许可的要求，加强对各类资料的保存和归档工作，在全省2010年优秀行政执法案卷评选中，选送的“《赣州机械技工学校申请设立登记案卷》、《江西应用技工学校申请设立登记案卷》”分获三等奖。五是强化信息宣传。利用“一网一刊”平台（“江西社会组织网”和《江西社会组织》杂志），加强江西省社会组织宣传报道，充分展示社会组织风采。

2010年山东省社会组织建设与管理工作综述

山东省民间组织管理局

2010年，山东省坚持“培育发展和监督管理并重”的方针，加快社会组织培育发展，加强规范化管理，积极拓展社会组织党建工作，为全省经济社会全面发展作出了积极贡献。到2010年底，全省所有县（市、区）全部建立社会组织党工委。全省在册社会组织共有46467个，其中社会团体17252个、民办非企业单位29155个，基金会60个。

一、精心组织，加强指导，全省社会组织学习实践科学发展观活动取得重大成果

按照中央和省委的统一部署，组织社会组织认真开展并完成分析检查、整改落实和回头看各阶段工作任务，取得了重大成果。一是社会组织自身建设得到加强。把学习实践活动作为社会组织发展自己的重要机遇，以科学发展为主线，完善社会组织治理结构，提升服务能力，提高人员素质，加强规范制度建设，广大社会组织自身建设不断加强。二是开拓社会组织党建工作。学习实践活动中积极创新社会组织党建模式，宣传推广高密成立社会组织党工委的经验，为省委提供科学决策依据，使社会组织党建工作上升为省委决策，依托省民政厅成立了山东省委社会组织工作委员会，下设办公室。同时，社会组织党建政策，也得到地方各级党委的重视和广大社会组织的普遍赞同。社会组织学习实践活动为社会组织党建工作的发展提供良好开端。三是科学发展的理念初步树立。在学习实践活动中，我们因势利导，适时制定出台了《关于建立完善社会组织科学发展长效机制的意见》，将科学发展的理念注入社会组织发展的每个环节，成为了社会组织健康发展的不竭动力。因山东省社会组织学习实践活动组织、指导工作有力，省民政厅和济南市、青岛市、临沂市被评为全国社会组织学习实践科学发展观活动先进单位，7个社会组织被评为全国学习实践活动先进社会组织。为发展巩固学习实践成果，省社会组织学习实践指导小

组，对50个全省学习实践活动先进指导单位和100个社会组织进行了表彰。

二、改革创新，确保社会组织培育发展和监督管理工作健康发展

按照确立的“严格执法、热情服务、规范程序、廉洁自律、创新管理、促进发展”的工作思路，采取积极措施，分类指导，支持社会组织发展，强化服务功能，提升服务水平，扎实推进全省社会组织改革发展。2010年初，在民政部的表彰中，山东省有33个社会组织被评为全国先进社会组织。省民政厅对全省412个先进社会组织进行了表彰。

（一）积极稳妥地推进行业协会商会改革发展

立足行业发展，尊重市场规律，推进重组、整合，优化行业协会的结构和布局。与党政机关实现职能、人员、财务、住所“四分开”的行业协会达到70%以上，领导干部兼职过多的问题得到有效控制，民间化进程明显加快，功能作用发挥明显加强。

（二）培育扶持基层社会组织发展

按照“一级登记（备案），三级管理”的双轨制管理模式，降低门槛，简化手续，优先扶持发展农村专业经济协会和社区社会组织等基层社会组织。依托社区中心，建立基层社会组织的孵化基地，促进基层社会组织发展。全省各级已注册登记社区社会组织10682个，办理备案手续12127个。注册登记农村专业经济协会5900个，办理备案4100个。

（三）创新社会组织管理工作

坚持依法行政，实行分类管理。一是采取授权等方式适当扩大社会组织业务主管单位的范围，把公益救助类非公募基金会的业务主管单位下放到市民政局。二是落实《山东省异地商会管理暂行办法》，加强对异地商会规范化管理。三是以加强黄河三角洲高效生态经济区社会组织建设为契机，深化社会组织工作改革。根据民政部、山东省政府合作协议精神，加快建立社会组织改革创新观察点和实验区，建立培育发展机制，加大培育措施，积极社会组织登记管理体制改革，尽快建立适应推进黄河三角洲生态区建设的社会组织体系，并以此引领全省社会组织改革走向深入。

（四）加强监督管理工作，严格执法监察，扎实开展专项治理工作

一是严肃查处社会组织乱收费等扰乱经济秩序问题，与纪检、财政等部门积极配合，开展“小金库”专项治理工作，开展反洗钱活动，配合财

政厅开展规范使用财政收费票据的治理工作；二是加强与纪检、组织、公安、银行等部门的协调配合，建立了非法社会组织和社会组织违法活动的联合查处机制；三是与纠风办等相关部门一同规范社会组织评比表彰行为。四是与省外办联合，对涉外社会组织和在鲁活动境外社会组织进行摸底。全年各级共同努力，查处社会组织的违法行为，取缔非法社会组织，较好地净化了社会组织发展环境。

（五）开展社会组织管理发展调研工作

通过调研，研究解决工作中遇到的重点难点问题。省民政厅组织人员深入13个市、30多个县（市、区）就行业协会改革、社会组织登记管理、基层社会组织培育发展等关键问题进行了专项调研，还分别配合中央办公厅和省委政策研究室，开展了政策性调研，为下一步深化改革提供科学依据。

三、加强社会组织党建工作，为社会组织健康发展提供有力的政治保障

2010年2月，省委决定依托省民政厅成立省社会组织党工委，标志着社会组织党建工作进入了新阶段。党工委成立后，认真履行职责，锐意开拓创新，强化工作措施，推进了全省社会组织党建工作的顺利开展。

（一）探索建立社会组织党建工作新体制

一是推动各级加快建立社会组织党工委。实行周调度、月通报制度，加强对各市组建工作的督导检查。各市、县民政部门与组织部门密切配合，认真研究方案，做好组建工作。截至2010年11月底，全省17个市、140个县（市、区）全部建立了社会组织党工委。二是加强党工委工作机构建设。经积极争取，省编办批准设立了省社会组织党工委办公室，为省民政厅内设处级机构，增加两名处级干部职数。济宁、青岛、烟台、日照等市参照省里做法设立了党工委办公室，增配了领导职数，其中济宁、烟台市增加了行政编制。三是积极探索建立业务主管单位社会组织党建工作机构。根据中央、省委有关精神，经深入调研论证，研究提出了在业务主管单位设立社会组织党委（总支）的意见。经省委组织部审核同意，先后批准成立了省煤炭工业局、省社科联、省经济和信息化委、省科协等4个业务主管单位社会组织党委。潍坊、滨州、济宁、高密等市、县也就建立业务主管单位社会组织党委（总支）做了积极探索，进一步理顺了党建管理体制，促进了党建工作任务落实。

（二）推动社会组织党建工作取得新进展

一是抓好社会组织党组织组建工作。各级各单位采取单独建、联合建等多种形式，加大社会组织党组织组建力度，全省新审批社会组织党组织137个，有效扩大了社会组织党的组织覆盖。指导新成立的业务主管单位社会组织党委，对社会组织党组织设置形式进行探索创新。省社科联社会组织党委在兼职人员有3名以上正式党员的38个社会组织中建立党支部30个、联合党支部2个，党组织覆盖面达到100%。省科协社会组织党委出台了加强社会组织党建工作的意见，明确规定学会领导班子与秘书处中的专兼职党员超过3人的必须建立党组织。二是积极抓好党员教育管理工作。各地对社会组织党员组织关系管理、发展党员程序、党费收缴管理等方面做了积极探索。全省选派19名社会组织党组织书记参加了基层党建示范培训班。滨州市建立了社会组织党工委党校，加强对社会组织党员的教育培训。做好发展党员工作，东营、泰安、烟台、潍坊等市在社会组织中培养入党积极分子140多名。

（三）认真组织社会组织开展创先争优活动

按照省委的部署和要求，加强对社会组织创先争优活动的领导和指导。一是加强组织领导。各级成立了社会组织创先争优活动领导小组及办公室，制定了实施意见和相关工作制度，召开会议进行了动员部署。有关业务主管单位把社会组织创先争优活动纳入本部门、单位创先争优活动的总体安排，统筹抓好落实。省经济和信息化委、省司法厅、省财政厅、省卫生厅、省煤炭工业局、省体育局、省社科联、省科协等部门制定了实施方案，专门作出部署。二是创新活动载体。确定以“服务社会比奉献、促进和谐争先锋”为载体，引导全省社会组织党组织和党员争做“齐鲁兴业先锋”。各地立足实际，找准结合点和切入点，确定活动主题，设计活动载体。济南市提出以“抓基层、打基础、创一流、争上游”为目标，引导社会组织“争做泉城先锋”；青岛市引导社会组织“争做和谐兴业的岛城先锋”。三是抓好公开承诺和领导点评。制发关于开展承诺、践诺、评诺的实施意见，引导社会组织党组织和党员进行公开承诺，认真践诺，并组织做好领导点评工作。四是注重典型示范。建立了联系点制度，各级建立社会组织创先争优活动领导小组成员联系点1618个；建立了全省社会组织典型档案库，培育各类社会组织典型192个，较好地发挥了示范引导作用。五是加强督促检查。建立创先争优活动月报告制度，通过调度会、汇报会、实地调研等方式，及时调度掌握情况。潍坊市、滨州市制定了考核办法，对活动开展情况进行量化考核。六是抓好舆论宣传。建立了信息报送制度，通过编发简报、开设网站专栏等形式，及时通报情况、交流经验，营造了浓厚的活动氛围。省委创先争优活动简报刊发了社会组织创先争优活动的做法；全国社会组织创先争优活动领导小组编发山东省简报13期，是各省市最多的；《中国社会报》3次在头版头条报道山东省社会组织党建和创先争优的做法。

（四）深入开展社会组织党建调研普查工作

组织各级社会组织党工委、民政部门、业务主管单位，采取发放调查表、听汇报、座谈交流、实地走访等方式，对社会组织党建工作的现状、存在的问题及对策进行了调研，基本摸清了全省社会组织党组织和党员队伍的状况，建立了台账，为社会组织党建工作的开展打下了良好基础。

（五）加强社会组织党工委工作制度建设

各级社会组织党工委把制度建设作为打基础的一项重要工作，普遍制定了工作规则，建立了相关的工作制度和工作运行机制，使各级社会组织党工委的各项工作有了遵循。

2010年河南省社会组织建设与管理工作综述

河南省民间组织管理局

2010年，河南省社会组织建设与管理工作紧紧抓住社会组织创先争优活动这一契机，加强社会组织党组织建设，坚持培育发展与管理监督并重，统筹规划，狠抓落实，全省社会组织建设和管理工作成效明显。

一、认真抓好社会组织日常登记工作

依据《社会团体登记管理条例》、《民办非企业单位登记管理暂行条例》和《基金会管理条例》规定，通过进一步规范省级社会组织登记审查制度，简化社会组织登记申报材料，完善《河南民间组织信息网》服务功能，为社会组织提供方便快捷的优质服务，共办理社会组织各种登记手续337件，其中办理社会团体筹备41个，社会团体成立登记36个，社团分支（代表）机构登记47个，社会团体及其分支机构变更登记53个；民办非企业单位成立登记89个，民办非企业单位变更登记42个；基金会设立登记13个，基金会分支（代表）机构登记12个，基金会变更登记4个。

二、认真抓好社会组织日常监督管理工作

一是加强和改进了社会组织年检工作。根据民政部有关要求，我们把强化年检作为加强对社会组织监督管理的重要手段，通过下发年检通知，明确2010年重点检查内容，召开省直有关业务主管单位协调会议，切实抓好了社会组织年检工作。截至2010年11月底，共年检省级社会组织928个，其中社会团体630个，民办非企业单位264个，基金会34个。实现网上对基金会进行年检工作，通过完善基金会年检报告材料，建立基金会网上填报系统和信息管理系统，组织专项业务技能培训，使基金会年检工作取得了良好效果，不仅改进了基金会年检方式方法，提高了年检效率和质量，也为统计、分析和开发基金会有关信息发挥了基础性作用。

二是加强了对社会组织的日常监督和指导。积极参加省级社会组织各种活动，通过参加活动，及时了解掌握了社会组织的活动情况，有针对性

地开展了指导工作。

三是抓好了对非法、违法民间组织的查处工作。2010 年以来，我们积极会同公安、安全等部门，依法查处注销登记违法社会组织 2 个，促进了社会组织健康发展。

三、积极推进了行业协会的改革与发展

认真贯彻落实《河南省人民政府关于加快推进 2009 年重点改革的指导意见》（豫政〔2009〕28 号）和《河南省人民政府办公厅关于行业协会商会改革与发展的实施意见》精神，积极推进全省行业协会商会的改革与发展，充分发挥行业协会商会服务于河南省经济社会建设的作用。一是印发了《关于行业协会商会与党政机关脱钩的实施意见》（征求意见稿），明确规定了行业协会商会与党政机关脱钩的指导思想、基本原则、主要目标、脱钩的范围和内容、工作步骤、相关事项、脱钩工作的保障措施，有力推进了行业协会的改革与发展。二是于 2010 年 11 月份召开了全省行业协会改革发展研讨会，对省直相关部门的业务负责人进行培训，听取 14 家省直单位关于行业协会改革发展的意见建议，邀请知名的学者、教授举办了讲座，同时对全省行业协会改革发展工作进行了部署，提出了要求。全省各地、各部门正在结合当地实际，有条不紊地开展工作，有的已取得了初步成效。

四、认真组织开展社会组织深入学习实践科学发展观活动

根据中央、省委有关要求和民政部具体安排，通过成立机构、调查摸底、制定方案、动员部署、巡回指导等工作，在全省社会组织中认真开展了学习实践科学发展观活动，目前全省深入学习实践科学发展观活动正在按计划全面有序展开，并取得了明显成效。各参学社会组织通过精心组织学习培训、联系实际开展讨论、深入实地调研走访等，进一步提高了对科学发展观的理解和认识，增强了社会服务意识，转变了工作作风，推进了党建工作，加强了党对社会组织的领导。

五、积极做好社会团体“小金库”专项治理工作

积极组织协调好全省社会团体“小金库”专项治理工作，同时还抓好厅属社会团体和公募基金会的“小金库”治理工作，从 2010 年 5 份月开始在全省 10290 个社会团体和 30 个公募基金会中深入开展“小金库”专项治理工作。

一是积极行动，密切配合。召开全省社会组织管理服务工作会议，传达学习了关于“小金库”治理工作的相关会议精神，对社会团体“小金库”专项治理工作进行了专题的安排部署；召开厅机关各处室和厅属事业单位主要负责人参加的专题会议，对“小金库”专项治理自查自纠工作进行了回头看；召开全省社会团体“小金库”专项治理工作推进会，对治理工作进行再动员再部署。同时民间组织管理局还抽调一名副局长和两名管理工作经验丰富的同志充实到省治理“小金库”工作领导小组办公室协助工作。

二是明确责任落实，强化监督指导。配合省纪委、省监察厅、省财政厅和省审计厅，印发了《河南省社会团体“小金库”专项治理实施办法》(豫纪发〔2010〕20号)，明确全省社会团体、公募基金会“小金库”专项治理工作，按照谁领导、谁管理、谁负责的原则，归口管理，实行分级制和业务主管单位负责制。配合省治理“小金库”办公室下发了《河南省社会团体“小金库”专项治理自查自纠实施方案》(豫治金办〔2010〕8号)，明确了治理范围、内容、步骤和治理政策及工作要求。制定出台了《河南省民政厅关于开展社会团体“小金库”专项治理工作实施方案》，明确规定了专项治理工作的具体方法、步骤。同时，设立举报电话、举报信箱，建立举报登记和查处督办制度，指定专人负责，定期将各社会团体和公募基金会的基本情况在厅机关进行公布。

三是把握关键，突出重点。民间组织管理局将行业性社会团体中有财政拨款、有政府购买服务项目、履行或代行政府职能，有行政事业性收费的社会团体和公募基金会的作为治理的关键环节；将有举报线索、社会各界反映强烈、财务会计基础薄弱、工作走过场以及过去监督检查存在问题的社会团体和公募基金会列为重点治理范围。加强对隐匿会费收入，截留行政事业性收费，截留捐赠收入，用资产处置、出租收入，以会议费、劳务费、培训费和咨询费等名义或以假发票、假合同等手段套取资金，虚列其他支出转出资金等方式而设立的“小金库”进行重点治理。

六、认真做好全省社会组织创先争优工作

一是制定方案，健全机构。配合省委组织部下发了《关于印发〈省委组织部、省民政厅关于在全省社会组织党组织和共产党员中深入开展创先争优活动的实施意见〉的通知》，明确了社会组织开展创先争优活动的总体目标、基本原则、主要内容、具体要求、方法步骤。制定下发了《关于加强社会组织党建工作的实施意见》(征求意见稿）有力推进党的执政能

力建设和党的先进性建设，切实加强党对社会组织的领导，扩大了党在社会组织中的组织覆盖和工作覆盖，促进了社会组织健康发展。成立了河南省社会组织创先争优活动领导小组和办公室，对全省社会组织开展创先争优活动进行协调和指导。建立了联络点、情况月报、先进典型报告、督察检查、联络员等制度，由业务主管单位指定专职人员负责创先争优活动工作，确保活动的有效开展。

二是深入调研，摸清底数。民间组织管理局结合社会组织年检工作，采取电话询问、发邮件、上门调查等方式，对全省社会组织党组织情况和党员情况展开调查，基本摸清了社会组织中党组织情况和党员数量。目前，全省经民政部门注册登记的 18455 个社会组织，已建立党组织的 831 个，党组织关系在社会组织中的党员人数达 5143 人。

三是广泛动员，营造氛围。采取召开动员大会、书面通报、互联网发布、发送电子邮件等多种方式，对创先争优活动进行动员部署，为创先争优活动的思想发动工作提供了保障；在河南民间组织信息网等专业网站上开设社会组织创先争优活动专题，及时上传更新活动动态、文件资料、调研心得、工作简报等，为活动开展营造良好的活动氛围，有效保证了创先争优活动取得预期效果。

四是丰富载体，创新工作。将创先争优活动与社会组织年检工作相结合，将社会组织党组织建设和党员情况纳入年检工作内容予以督促指导，通过年检工作加强对社会组织规范管理，进一步推动活动的开展；将创先争优活动与规范社会组织财务管理工作相结合，通过做好社会组织“小金库”整治工作，进一步规范社会组织财务收支行为，杜绝乱开支、乱收费；将创先争优活动与社会组织登记审批工作相结合，把社会组织党建工作作为登记前置条件，要求前来登记的社会组织，符合建立党组织条件，必须先建立党组织后再办理审批手续。

2010年湖北省社会组织建设与管理工作综述

湖北省民间组织管理局

2010年，湖北省社会组织建设与管理工作在湖北省民政厅党组的正确领导下和相关处室的大力支持下，按照国家民间组织管理局的要求和《2010年全省民政工作要点》及年初制定的工作计划，坚持以十七大及十七届四中、五中全会精神为指导，全面贯彻落实科学发展观，扎实工作，圆满完成了全年的目标任务。

一、依法登记，规范管理，确保社会组织健康有序发展

（一）依法登记

截至2010年12月底，全省依法登记的社会组织21963个，其中社会团体10225个，民办非企业单位11691个，基金会47个。全省社会组织党组织4197个，其中社团1736个（省直97个）、民办非企业单位2456个（省直71个），基金会5个。

（二）规范管理

一是认真开展社会组织年检工作。为了做好社会组织年检工作，专门召开了业务主管单位联络员会议，以会代训，让业务主管单位配合做好年检工作。

二是加大社会组织执法监察力度。根据群众举报和日常管理中发现的问题，共对58个全省性社会组织违规行为进行了查处，对群众举报的4个违规违纪或擅自以社会组织名义进行活动的非法组织进行了调查处理。

三是积极开展民办非企业单位规范化建设评估工作。根据民政部《关于推进民间组织评估工作的指导意见》（民发〔2007〕127号），我们认真制定评分标准，规定评估办法，正在准备开展民办非企业单位等级评估工作。通过资料审核、财务审计、现场检查、评估专家委员会评审等方式，对自愿报名参加评估的28家民办非企业单位进行等级评估，从而促进社会组织评估体系建设，规范社会组织行为，提高社会组织社会公信力。

四是继续推进我省行业协会管理体制改革。根据经济社会发展的需要，积极推进行业协会一元化管理，凡是业务范围明确而又无法确定业务主管单位的，一律实行一元化管理。同时对行业协会实行人、财、物、办公场地和职能五分离。

五是积极配合省减负办对减轻企业负担专项治理工作进行了检查，圆满地完成了省减负办交给的各项任务。同时，积极配合省物价局、省纠风办对行业协会、社团收费情况进行了专项检查。

六是与财政厅联合开展社会团体“小金库”专项治理清理检查。通过宣传动员、自查自纠、重点清查三个阶段，共对70个社团和公募基金会进行重点检查，有力促进社团和基金会制度化、规范化建设。积极参与修改《省人民政府关于进一步加强企业安全生产工作的意见》，贯彻落实有关企业安全生产工作的部门分工安排。

二、提升能力，强化措施，不断提高社会组织管理和服务水平

一是全面实行行政审批网上办理。按照省监察部门的要求，省级社会组织审批工作全部进入“省级机关行政审批绩效电子监察系统”和“省级行政审批工作平台”，到目前为止，均能在法定的时间内办理完毕，没有出现系统外循环和事后补办的现象。

二是帮助公益类社会组织获得税前扣除资格。积极做好与省财政厅、省国家税务局、省地方税务局落实国家相关税收优惠政策，为社会组织发展创造良好的政策环境。截至2010年底，湖北省共有60家公益性社会团体和基金会被认定具备公益性捐赠税前扣除资格。

三是不断完善法规制度。根据部省共建协议中的责任分工的有关内容，我们在认真调研的基础上，研究制定出台了《武汉城市圈城乡社区社会组织登记备案管理办法》。

三、巩固社会组织学习实践科学发展观活动成果，进一步推进社会组织党的建设

通过采取有效措施使符合建立党组织条件的社会组织党建工作全覆盖。一是对已成立的社会组织，在年检时将专职人员中3人以上党员的是否建立党组织作为一票否决；二是对新成立的社会组织，在成立登记时将专职人员中3人以上党员的是否建立党组织作为成立的必备条件；三是对于专职人员中不满3名党员的必须由业务主管单位指定党建联络员。使符

合建立党组织条件的社会组织党建覆盖率达到100%。

四、深入调研，认真回复，及时办理其他工作

一是加强调查研究，起草了《省委办公厅省政府办公厅关于大力培育发展社会组织充分发挥其作用的决定》（以下简称《决定》）。先后赴广东、深圳、北京、安徽、上海等地进行学习考察和到本省部分地市及省本级社会组织进行调研座谈，借鉴外地的一些好的作法并根据本省实际进行了认真研究，起草了《省委办公厅省政府办公厅关于大力培育发展社会组织充分发挥其作用的决定》。

二是对省委、省政府有关部门及民政部的征求意见稿能及时进行认真研究，提出修改意见。

三是对社会组织党建工作进行了调研。根据省委组织部统一部署和厅党组的安排，通过问卷调查、召开座谈会、实地考察、查询统计资料等方式，对全省社会组织的党建工作进行了深入调研。撰写了《社会组织党员队伍建设现状调查及思考》的调研报告。报告中认真分析了党建工作存在的问题，并为下一步加强社会组织党建工作提出了建议，得到了省委组织部的好评。

四是认真办理政协委员和人大代表的提案和建议。2010年收到政协委员和人大代表的提案和建议4件，按要求和时限进行了答复和见面，满意率100%。

五是强化自身建设，提高服务水平。一方面针对已有的社会组织信息网站存在技术不足的问题，各社会组织在进行网上年检时十分不方便，社会组织的意见较大。为了加强社会组织的信息化管理，我们已对现行网络进行了升级，切实满足社会组织网上年检、信息发布、查询统计、数据管理等方面的需要。另一方面考虑到社会组织工作人员及登记管理机关工作人员变动频繁，我们已对省直业务主管部门联络员、省管社会组织负责人和各级登记管理机关工作人员进行业务知识培训，开展了考察和学习交流活动，提高社会组织自身能力和登记管理机关服务能力。

五、精心准备，加强指导，扎实推进社会组织党组织和党员创先争优活动

按照中央和省委的统一部署，由民政部门牵头负责全省社会组织党组织和党员开展创先争优活动的指导工作。以民管处为主组建工作专班，在

指导小组办公室集中办公。2010 年 6 月 18 日，省指导小组召开了全省社会组织党组织和党员创先争优活动动员会，指导小组组长谢松保厅长对社会组织党组织和党员创先争优活动进行了全面动员和部署。围绕重点问题进行了深入调研，制定了创先争优活动指导意见和相关制度。2010 年 10 月 21 日，召开了全省社会组织创先争优活动推进会暨经济发展形势报告会，指导小组长谢松保厅长对前段工作作了总结，对后段工作作了部署。省委组织部副部长、省委创先争优活动领导小组成员、办公室主任胡志强和全国社会组织创先争优活动指导小组办公室副主任、国家民间组织管理局巡视员廖鸿到会进行指导并作重要讲话，会上 4 个单位作了发言。

2010 年湖南省社会组织建设与管理工作综述

湖南省民间组织管理局

2010 年，在湖南省民政厅党组的正确领导下，全省各级民管部门紧紧围绕《湖南省社会组织管理局 2010 年工作要点》，深入开展学习创先争优活动，落实创先争优的要求，开拓创新，积极进取，较好地完成了各项工作任务。

一、认真履行工作职责，努力完成各项业务工作

（一）不断规范社会组织登记，社会组织总量稳步增长

通过加强社会组织培育力度，积极发展行业协会和公益慈善类社会组织，适度放开异地商会、校友会登记，全省社会组织取得较快发展，社会组织结构不断优化。到 2010 年底，全省全年新增社会组织 1407 个，同比增长 9.18%，社会组织总量达 15918 个，其中社团 10386 个，民非 5411 个，基金会 121 个。一是坚持依法依规，严格审核把关成立。全省各级民管部门坚持按照三个《条例》和相关法律法规政策的要求，认真审查新成立社会组织的合法性和必要性，对有必要成立的社会组织主动上门，指导发起人依法依规草拟章程、研究会费标准、酝酿领导班子、发展会员、召开第一次会员代表大会等筹备工作，确保了社会组织依法依规成立。二是完善相关政策，营造良好发展环境。创新社会组织登记制度，积极探索公益慈善类社会组织直接登记，明确了慈善类（非公募）基金会由省民政厅做业务主管单位。积极参与制定《湖南省政府服务规定》，为社会组织的健康可持续发展积极争取政策支持。转发了《关于公益性捐赠税前扣除有关问题的补充通知》，受理基金会的捐赠税前扣除资格申请，审批确认了第二批获得公益性税前扣除资格的 16 家基金会。制定了校友会登记的相关政策，配合省经协办，制定并提请省委省政府出台了《中共湖南省委湖南省人民政府关于加强湖南异地商会建设支持湘商发展的意见》，规范发展我省异地商会。株洲以市政府办名义出台了《关于印发进一步规范行业协会发展和管理意见的通知》，衡阳市出台了《关于做好社区社会组织登记

管理和培育发展工作的通知》，常德市对市级行业协会和无前置审批程序的民非取消了业务主管单位，对找不到主管单位又确实必须成立的社会组织直接登记。郴州市由市委办、市政府办出台了《市级领导在社会团体（行业协会）兼任职和车辆使用管理暂行规定》。三是加强部门协作，共同推动发展。完善社会组织双重管理体制，加强与社会组织业务主管单位的联系沟通，充分发挥社会组织登记管理机关和业务主管单位各自职责，形成合力，共同推进社会组织发展。目前，省经信委、省住建厅、省科协、省社科联、省卫生厅、省科技厅、省体育局、省工商联等单位均已明确了一个处室，集中负责所属社会组织的登记管理。四是积极请示汇报，统一理解把握政策。在登记过程中，对把握不准的政策及时请示，如有服务对象申请成立“困难党员帮扶基金会”，及时向民政部进行请示，取得民政部的答复，来指导今后的工作。

（二）加强社会组织监督管理，社会组织健康有序发展

一是依法开展了年度检查。开展社会组织年检是民间组织管理部门的一项法定职责，也是加强对社会组织监督管理的一个重要手段。2010 年，参检的省本级社会组织达到了 987 家，占应检社会组织的 91.7%，其中年检合格的社会组织有 897 个，年检合格率为 90.88%，社会组织年检率和合格率同比分别提高 3 个百分点和 2.5 个百分点。常德通过集中年检和上门年检，年检率提高近 10 个百分点，衡东县对社会组织年检实行百分制量化考核。二是继续加强了日常监管。针对社会组织日常监管不够的问题，2010 年，省民管局适时出台了《关于社会团体登记管理有关问题的通知》（湘民办函〔2010〕123 号），对社会组织换届工作的审核、章程的修订及核准、负责人任职资格和条件的审核、会费标准的备案管理等十个方面的问题进行了明确。三是逐步形成了长效机制。及时总结社会组织监督管理取得的一些好经验好做法，以制度的形式形成长效机制。长沙、衡阳、岳阳、永州都制定了社会团体内部管理若干制度示范文本，岳阳市委市政府办制定了《岳阳市市直社会团体管理办法》和《岳阳市 232 家市直社会团体整顿规范实施意见》，形成了社会组织监督管理的长效机制。

（三）严格社会组织行政执法，有效维护社会和谐稳定

根据年初执法工作安排，结合我省社会组织管理工作实际，加大了对非法社会组织和社会组织违法行为的查处力度，全年全省撤销社会组织 341 个，查处非法社会组织 163 个。一是加强了执法能力建设。细化了社会组织行政处罚裁量权基准，制定规范了行政执法程序和行政执法文书，

安排两名负责执法工作的同志参加了民政部成都执法培训班，进一步提高行政执法能力。二是加大了查非处非力度。对非法社会组织做到了发现一起，查处一起。全年省民管局对3家未经登记擅自开展活动的社会组织进行查处，及时纠正并撤销了1个越级登记的基金会，对33个违规社会组织150多人次进行了约谈；对47个有违规行为的社会组织进行了行政处罚；对严重违法、违规的22个社会组织作出了撤销登记的行政处罚。衡阳市以教育为主，增加处罚前行政指导的比重，全年撤销21个社会组织，查处5例非法社会组织。邵阳市制定出台了《关于进一步规范社会组织行政执法工作的通知》。三是推广了执法经验。在全省推广社会组织行政约谈制度，规范执法文书。通过在衡阳、益阳等地的实践，大家反映都比较好。

二、理顺协调好与有关部门的工作关系，扎实推进专项工作

（一）圆满完成了社会组织学习实践科学发展观活动

我们按照党中央和省委的统一部署，积极发挥指导职责，着力在加强“两个建设一个作用”上下工夫，在探索建立科学发展长效机制上做文章，取得了实实在在的成效，得到了民政部和省委的肯定。湖南省有5个单位被民政部授予全国社会组织学习实践活动先进，省委常委、省委组织部长黄建国批示“省社会组织学习实践活动指导小组和各级民间组织管理机关对社会组织学习实践科学发展观活动很重视，抓得紧、工作实、效果好。”

（二）扎实开展了社会组织创先争优活动

创先争优活动启动以来，我们按照中央和省委有关要求，加强指导力度，推动社会组织创先争优活动的开展。一是成立指导机构，加强分类指导。5月份，省民政厅成立了湖南省社会组织创先争优活动指导小组及办公室，制定了社会组织创先争优指导意见，组织召开了全省社会组织党组织和党员创先争优活动动员视频会，对社会组织党组织和党员创先争优活动进行全面动员和部署。二是强化信息宣传，坚持以点带面。充分利用中国社会组织网、中国社会报社会组织周刊、湖南省民间组织信息网以及湖南日报等媒体，大力宣传社会组织创先争优活动。三是抓住关键环节，认真公开承诺。把社会组织党组织和党员开展公开承诺作为指导工作的重要抓手，强化各项措施，着力提高承诺质量。引导社会组织党组织和党员量力承诺，尽力践诺，努力兑诺。我省公开承诺的经验，在中国社会报社会组织周刊头版头条刊发，并被全国社会组织创先争优活动指导小组全文刊发简报，在全国社会组织创先争优推进会上，我省作了典型发言。四是落

实领导点评，确保有的放矢。对联系点长沙市温州商会、长沙县青松老年公寓以及湖南省浙江商会、湖南省五金机电商会、益阳市中心城区客货运输与物流协会开展创先争优进行了点评，引导全省社会组织学先进、赶先进。

（三）积极开展社会团体小金库治理和涉企收费治理工作

加强了与近90家社会组织业务主管单位的联系，积极协调好与社会组织及其业务主管单位的关系，形成社会组织工作的合力，共同推动社会组织工作。根据省委、省政府治理社会团体“小金库”工作、治理涉企收费等工作，湖南省民政厅成立了湖南省社会团体专项治理“小金库”工作领导小组及其办公室。半年来，领导小组和办公室配合省专项治理办广泛开展了动员部署、自查自纠、重点检查和督促整改落实等工作，并组织四个检查组从10月份到11月份对46个社会团体、10个基金会两年半来的财务情况进行了检查。从中发现并梳理了数十条财政财经违规违纪，并督促他们进行了整改，得到了社会组织的肯定和赞赏。省委常委、省纪委书记许云昭评价我省社团治理“小金库”工作“积极主动、攻坚克难，取得了显著成效”。

三、加强自身能力建设，夯实登记管理工作基础

一是着力提高业务能力。不断加强政治学习，时刻牢记全心全意为人民服务的宗旨，自觉践行“以民为本、为民解困、为民服务”的民政工作理念，保持了正确的政治方向。同时，加强业务知识学习，积极组织全省民管部门参与民政部组织的培训7次，并到长沙、株洲、湘潭、衡阳、常德、岳阳对民管工作人员和社会组织负责人开展了专题培训，培训人数近5000人。二是加强社会组织登记管理平台建设。进一步加大宣传工作，完成了湖南省社会组织信息网站的改版升级工作，并利用这一平台，加强了对社会组织工作的宣传。同时，积极向省发改委、省科技厅立项，争取了38万元资金建设湖南省社会组织登记管理系统。目前，系统已进入修改完善阶段。三是完成档案整理。转发了民政部和国家档案局《社会组织档案管理办法》，并组织力量对近几年省本级社会组织档案进行了清理整顿，社会组织档案管理工作进一步规范。

2010年广东省社会组织建设与管理工作综述

广东省民间组织管理局

2010年广东省社会组织改革力度较大、成效较好的有以下五个方面：

一、创新社会组织管理体制

（一）深化行业协会改革进展情况

广东省深化行业协会改革发展，充分发挥行业协会在经济建设和公共服务等方面的积极作用。截至2009年年底，经全省各级民政部门依法登记成立的行业协会共1825个，其中全省性行业协会210个。全面实现行业协会的民间化、自治化和市场化，民政部多次推广广东省的经验，2010年10月在广东省召开全国行业协会改革发展经验交流会。全省性行业协会中，由龙头企业负责人、有威望的企业家担任会长的占90.7%，聘请会上或本经济领域有威望、有能力的专职人员担任秘书长的占70%以上。行业协会的自身建设得到加强。目前全省性行业协会已涵盖全省企事业单位41395个，平均拥有单位会员204个，其中广东省美容美发化妆品行业协会会员2021个。全省性行业协会平均总资产128.4万元，净资产103.5万元，年收入110.8万元，其中服务性收入和会费收入占77.4%，政府购买服务收入占4.9%。全省性行业协会有独立办公场所占85.7%，平均办公场所面积112.6 m^2，比改革前增加面积约45%。已有163个全省性行业协会设立网站（网址），163个拥有会刊，其中8个拥有公开发行的刊物。

（二）积极探索异地商会管理体制改革

为加强异地商会登记管理工作，充分发挥异地商会在推动两地经济社会发展中的桥梁纽带作用，经省政府法制办审核同意，省民政厅于2009年10月下发《广东省民政厅关于异地商会登记管理的暂行办法》（以下简称《办法》），在《广东省人民政府公报》公布，自2009年12月1日起施行。《办法》参照行业协会改革的经验，将业务主管单位改为业务指导单位，实行政会脱钩，将异地商会的登记范围扩大到地级市（包括外省地级市及本省地级市），将异地商会的登记管理权限下放至地市级民政部门，推行异地商会的民间化和自主性，加强异地商会的内部治理和规范运作。广东省民政厅还于2010年3月出台《关于异地商会登记管理的指导意见》（以下简称《指导意见》），进一步就异地商会登记管理难以把握的有关问题提出指导意见，确保异地商会的登记质量和代表性，促进异地商会资源整合。《办法》和《指导意见》的出台得到了外省市在粤企业的欢迎和支持，全省各级登记管理机关接受咨询要求成立地级市异地商会的咨询超过60批次，许多民间已自发成立的异地商会性质组织、广东省工商联下设的异地商会性质组织，纷纷向民政部门要求办理合法登记手续，希望走规范登记管理的发展路子。至2010年10月，全省共登记成立异地商会53个，其中在省民政厅登记的异地商会30个，在各地市民政局登记的异地商会23个。

（三）大力推进公益服务类社会组织管理体制改革

为贯彻落实《部省协议》关于要"简化社会组织登记手续。社会组织的成立，除另有规定外，可以探索直接向当地民政部门申请登记"的要求，2009年12月经广东省政府法制办同意，正式印发《广东省民政厅关于进一步促进公益服务类社会组织发展的若干规定》（以下简称《规定》），并在《广东省人民政府公报》上公布。《规定》参照行业协会改革的经验，将公益服务类社会组织的业务主管单位改为业务指导单位，简化了登记程序，降低了登记门槛，推进民间化治理。根据该《规定》，除需要政府有关部门许可以外的基金会、民办非企业单位、公益性社会团体的成立登记，均可以直接向民政部门申请。《规定》一出台，得到了媒体和广大群众的重点关注，《南方日报》做了专访，全国各大门户网站、公益网站、省内各大报纸都刊登了这一消息，中央电视台新闻频道也做了相关报道。《规定》实施以来，社会人士自发成立公益服务类社会组织热情高涨，纷纷通过电话或来人咨询成立事项相关事宜。2010年，直接向省民政厅申请成立的公益性社会组织超过100个，其中基金会37个，民办非企业单位35个，公益类社团30多个。2010年6月，出台了《广东省民政厅关于公益性社会团体的登记指导意见》，该指导意见明确公益性社会团体的认定标准和登记管理细则，将更好地提升公益性社团的登记质量。未来几年，广东省公益服务类社会组织将以每年15%以上的比例增长。

二、创新社会组织管理制度

（一）初步建立现代行业协会管理制度，促进社会组织规范运作

2007年，广东省民政厅制订并印发了行业协会商会民主选举制度、会

员大会或会员代表大会制度、理事会制度、监事会或监事制度、财务管理制度、印章和文件管理制度、重大活动备案报告制度、信息披露制度、分支（代表）机构管理制度、法定代表人述职制度等十项现代行业协会管理制度，以此促进行业协会按照科学的法人治理结构，规范自身管理。从目前情况看，十项管理制度的建立为规范行业协会的运作提供了制度依据，起到非常重要的作用。目前已有90%的全省性行业协会按照示范文本制定了制度。

（二）推进社会组织诚信自律建设

2010年进一步推进社会团体、行业协会自律和诚信建设。按照广东省党风廉政建设领导小组《关于省直单位落实2010年党风廉政建设和反腐败工作部署分工的通知》，2010年5月，会同省监察厅、省纠风办、省治贿办和省工商局等部门，草拟了《关于进一步深化开展行业协会商会防治腐败工作的意见》。目前，全省社会团体中，已规范章程的占80.5%；已信息披露的占76.7%；已健全财务制度占81%；已承诺服务占80.1%；已有90%的行业协会制定了行规行约；85%的职称类社团组织制定了行业规范。广东省社会组织自律工作已成为全省纠风工作的一个品牌。

（三）推进社会组织人才队伍建设

为促进社会组织专职工作队伍职业化、专业化，近年来，广东省试行建立专职工作人员通过培训持证上岗制度，通过对社会组织负责人和专职工作人员进行轮训，全面提高社会组织的自主能力、自律能力、发展能力、管理能力和服务能力。到目前为止，分别在清华大学、广州等地举办10余次培训，共300多个社会组织，1000多名社会组织从业人员参加培训。其中，2010年4月，在北京清华大学举办为期5天的“提升社会组织女性领导力”高级研修班，成为清华大学自开办继续教育以来全国首期社会组织女性研修班。

（四）积极开展社会组织等级评估工作

为加强社会组织的全面建设，帮助社会组织提升服务能力和社会公信力，广东省建立了社会组织等级评估制度，规定社会组织必须达到3A及以上的等级，才能承担政府转移的职能和接受政府购买服务；才能申报有关税收优惠政策。对长期处于低等级的，实行淘汰制。两年来，广东省成立了省社会组织评估中心，建立了评估专家库，设立了评估委员会。并经省政府法制办审查同意出台了《广东省民政厅关于社会组织评估管理的暂行办法》和评估指标体系，明确了社会组织的评估对象、评估程序、管理职责、等级设置、评估结果管理和法律责任。到目前为止，全省共完成185家社会组织评估，其中行业协会165家，基金会20家。

（五）开展社会团体小金库清理专项工作

2010年8月10日，广东省民政厅会同省纪委、省财政厅、省审计厅召开了全省社会团体小金库清理工作会议，对这项工作进行了全面部署，工作进展顺利。截至2010年9月，广东省民政厅负责汇总共计305家社会团体的“小金库”自查自纠情况，占全省性社会团体和公募基金会总数的1/3，自查自纠率达到100%。其中，3个社会团体发现“小金库”，金额106.257万元。11月，广东省治理“小金库”专项工作办公室在广东省民政厅召开重点检查进点见面会，开始为期1个半月的重点检查，分别对51家社会组织的财务状况进行了检查，现已完成了自查自纠工作和重点检查阶段，进入整改落实阶段。全省各地也积极深入开展社会团体的“小金库”清理专项工作。

（六）进一步推进社会组织执法规范化建设

为抓好社会组织执法规范化建设，广东省民政厅出台了《广东省社会组织登记管理机关实施行政处罚程序规定》和执法文书，并已在2010年10月1日正式施行。《程序规定》是指导广东省开展社会组织执法工作的政策性文件，是各级登记管理机关依法行政的主要依据之一。2010年8月10日，专门召开了全省社会组织执法工作会议，总结交流经验，部署今后工作任务，将对我省社会组织执法工作有力的推进。2010年以来，全省处理非法和违法违规社会组织108个，有力促进了我省社会组织的健康发展。

三、积极探索扶持社会组织发展的政策措施

2010年以来，广东省积极探索扶持社会组织的政策措施。一是推进政府职能转移和购买服务。目前，我省社会组织中，已承接政府转移职能的占15%，其中行业协会占41%；已接受政府购买服务的占9%，其中行业协会占25%。例如，近年来151个全省性行业协会承担了政府委托、转移的职能524项，共获得政府补助3193.4万元。深圳、广州等市在政府转移职能和购买服务中取得较大突破。深圳市2010年出台《深圳市推进政府职能和工作事项转移委托工作实施方案》，从市产业创新基金中划拨2000万元，支持行业协会参与社会管理和公共服务，同时每年投放2000万元福利彩票公益金扶持社区养老机构。二是探索建立政府扶持基金和孵化基地。广州设立了社会组织发展专项基金，由市福利彩票公益金立项安排

500 万元作为启动资金，首先用于培育 50 个公益性社会组织、资助 50 个公益项目；社会组织培育基地也已揭牌成立，基地可提供 4000 平方米场地，满足约 60 个公益服务类社会组织需要。深圳市安排 2500 万元作为专项资金向社会组织购买公益服务；深圳市社会组织孵化实验基地于 2005 年立项，占地 11483 平方米，总建筑面积 48500 平方米，项目总投资估算为 1.7 亿多元，建设成为深圳市政府培育、发展、服务社会组织的标志性公共服务平台，目前该基地已正式启动，有 6 家不相同服务对象的社会组织进驻。三是广东省民政厅与广东省省情调研中心合作，开展社会组织依法参政议政的专题调研，调研报告向省委建议，将社会组织列为人大代表、政协委员中的一个界别，分配一定比例的党代表、人大代表、政协委员名额，由社会组织登记管理机关按照代表（委员）名额、条件和程序组织推荐；重大行业决策，必须征求相关社会组织的意见。该调研报告得到省政协主席黄龙云同志亲自批示。四是完成社会组织公益性捐赠税前扣除审查工作。根据广东省财政厅、省国税局、省地税局、省民政厅《转发财政部 国家税务总局 民政部关于公益性捐赠税前扣除有关问题的通知》（粤财法〔2009〕60 号）的有关规定，在全省开展第二批社会团体公益性捐赠税前扣除资格认定工作，经省财政厅、省国税局、省地税局、省民政厅联合审核，18 家社会团体和 41 家基金会获得资格确认。五是协调省财政厅、省国税局、省地税局，争取将全省性社会组织非营利性的资格认定直接报省财政厅、省国税局、省地税局改为由省民政厅统一进行初审后再由省财政厅、省国税局、省地税局和省民政厅联合复审认定。

四、认真组织全省社会组织开展“创先争优”活动

根据广东省委创先争优活动领导小组的部署，2010 年 7 月，广东省以民政厅和省社会组织党工委名义下发了《关于印发〈广东省社会组织党组织和党员开展创先争优活动的实施方案〉的通知》，对全省社会组织开展创先争优活动进行了部署。2010 年 9 月底，以广东省社会组织党工委、团工委、妇工委联合发出《关于在全省社会组织中开展“服务亚运当先锋”活动的通知》，号召全省社会组织党工委、团工委、妇工委要高度重视，认真组织、广泛动员社会组织和单位会员、个人会员以及社会组织专职人员，积极行动起来，以实际行动投身到“服务亚运当先锋”活动中，大力推动形成全民支持亚运的浓厚氛围。积极响应省委、省政府的号召，积极动员社会组织开展“扶贫济困日”捐赠活动，专门召开了部分社会组织捐赠动员会，现场认捐 8200 万元。同时加强对各地市的组织和指导，使社会组织“扶贫济困日”捐

赠活动取得了很好的效果。据不完全统计，全省性社会组织共捐赠1.7亿元。

五、创新社会组织党建模式

广东省在社会组织党建工作方面先行先试，2009年3月，经省委组织部批准，广东省社会组织党工委挂牌成立。目前，已有广州、惠州、肇庆、汕头、茂名、韶关、湛江、揭阳、潮州、东莞、珠海、云浮、阳江、汕尾等14个地级以上市和博罗县等28个县（市、区）成立了社会组织党工委。在创新社会组织党建工作的同时，广东省还率先成立了省社会组织团工委、省社会组织妇工委和省社会组织纪工委。目前，筹备成立省社会组织工会工作委员会仍在进行中。

2010年广西壮族自治区社会组织建设与管理工作综述

广西壮族自治区民间组织管理局

2010年，广西壮族自治区社会组织管理工作，以科学发展观为统领，以深入开展学习实践科学发展观和争先创优活动为契机，全面推进社会组织党的建设、自身建设和能力建设，初步形成了规范有序、健康和谐发展的新格局。截至2010年底，全区登记的社会组织达13136个，其中，社会团体8820个，民办非企业单位4294个，基金会22个，比上一年增长11.2%。社会组织覆盖了社会经济、社会福利、社会服务各个领域，为广西城乡经济社会发展注入了新的生机和活力，已经成为推动广西经济社会发展的一支重要力量。

一、圆满结束了社会组织学习实践科学发展观活动

从2009年10月至2010年3月，广西各级民政部门按照中央和自治区的统一部署，用半年时间，组织全区社会组织78686名党员深入开展学习实践科学发展观活动，完成了动员部署、分析检查、整改落实等各个阶段的任务。通过这项活动，进一步扩大了社会组织党组织覆盖面，党组织战斗堡垒作用也得到进一步增强，全区涌现出一批先进典型，其中有23个社会组织被评为全国先进社会组织，受到国家民政部表彰。有336个社会组织荣获自治区学习实践科学发展观活动先进单位或自治区先进社会组织，受到自治区民政厅表彰。

二、全面启动了社会组织党组织创先争优活动

自2010年6月以来，各级社会组织登记管理机关按照中央和自治区的统一部署，层层成立领导机构，制定实施方案，通过召开不同形式的推进会、下发指导意见、建立联系点等方式，广泛发动社会组织党员开展创先争优活动，取得了显著的成效。

一是党组织建设实现了全覆盖。各级按照自治区党委组织部安排，大力开展党组织组建百日攻坚活动，经过艰苦努力，全区组建党组织1574

个，实现了社会组织党组织组建率100%。柳州市、桂林市工作抓得紧，仅用两个月时间就解决了社会组织党组织应建未建的问题，率先在全区实现了社会组织党组织全覆盖。

二是党建管理体制取得了新突破。各地抓住时机，结合实际，着力推进党建管理体制的创新。河池市、钦州市从上至下成立了社会组织党工委，并在社会组织中较多的业务主管单位和行业协会设立社会组织党委或党总支，在符合条件的社会组织设立党支部，形成各级党委领导、组织部门抓总、党工委具体负责、社会组织党组织落实的党建管理体制新格局。此外，贵港、崇左、桂林等市也在积极谋划成立社会组织党工委。

三是服务民生取得了新成效。各级把服务民生作为创先争优活动的重要内容，积极引导社会组织党组织和党员开展形式多样的服务民生主题活动。贵港市桂平黎明医院、贺州市广济医院党支部坚持组织党员开展义检义诊、扶贫帮困、关爱社会等活动，使社会困难群众获得了实惠。玉林市水产畜牧协会党支部积极为会员做好服务工作，组织生产基地农户和销售公司员工大力开展“讲诚信、创品牌”活动，使“金大叔”等商标在短期内成为全国知名品牌。协会成了“企业之家”，被称赞为“政府的好助手、生产的好帮手、市场的好推手、农户的好管家”。南宁、梧州、百色、北海、贺州、来宾、防城港等市社会组织党组织在开展服务民生的主题活动中也涌现出一批先进典型。

三、顺应形势，抓住机遇，大力培育发展社会组织

随着中国——东盟博览会永久落户南宁、北部湾经济区开放开发上升为国家发展战略，特别是中国——东盟自由贸易区的建成，我区进入了社会组织快速发展时期，为了适应新形势的变化，各级民政部门把培育发展新型社会组织作为一项重点工作来抓。

一是积极营造舆论氛围。2010 年 11 月，自治区民间组织管理局、广西民间组织发展促进会创办了《广西社会组织》这一刊物，面向全区社会组织、党政机关和全国同行发行，有效地扩大了社会组织的影响力。各地社会组织登记管理机关，也通过建立信息网站、编辑简报、新闻媒体等载体，大力宣传社会组织，为社会组织发展创造良好的环境。

二是创新工作方式。各级社会组织登记管理机关从本地经济发展以及改革发展稳定大局出发，重点培育发展行业协会、商会和社区医疗、家政服务、慈善公益类社会组织。如玉林市登记管理机关主动与市招商局、工商联、台办、侨联密切联系，对涉及新兴产业、支柱产业、优势产业的行

业协会、商会，特别是参加玉博会的社会组织加快审批速度，2010 年全市新成立行业协会、商会 22 个；南宁市登记管理机关抓住地方经济社会大发展的良好时机，大力培育发展了李宁体育园等 9 个有较大影响和知名度的公益类社会组织；此外，柳州、桂林、北海、贵港、钦州、贺州、河池等地也先后成立了一大批专业经济协会和基层社会组织，有力促进了当地经济的发展。

三是落实相关扶持政策。自治区民政厅《关于进一步加强基层社会组织建设和管理的若干意见》下发后，各地认真抓好贯彻落实，降低门槛、简化手续，对基层社会组织全面实行备案制度，把 8860 多个不够登记条件的草根类社会组织纳入了规范管理的范围。2010 年年内，全区异地商会总数达到 36 家，新增加异地商会 16 家，比上一年增长了 40 %，这些新成立的异地商会为广西经济发展注入了新的生机和活力，对广西经济社会发展起到重要的作用。

四是做好窗口服务工作。各级民政部门把政务服务和政务公开作为打造“服务型政府”的工程来抓，选强配齐工作人员，优化行政审批流程，充分授权“窗口办结”，最大限度地减少行政审批环节，落实了自治区“一站式服务、窗口式办理、阳光下操作”的要求，实现了行政审批的集中监管。目前，全区 14 个市、97 个县（市、区）民政局所有审批项目全部进入政务服务中心集中办理；72% 的单位已落实“审批、管理、监督”三分离，并充分向窗口授权；100% 的受理事项在承诺时限内办结；群众对行政审批工作满意率达到 99. 8%。实现了“廉洁、规范、便民、高效”的服务宗旨，极大地方便了群众，树立了良好的政府形象。

四、着力加强对社会组织监督管理

一是认真抓好社会组织年检工作。针对全区社会组织数量多、年检任务重的实际，2010 年年初，自治区民政厅及时发出《通知》，对年检工作早安排、早部署，并规定了完成任务的时限，截至 6 月 30 日，广西应年检的社会组织 10110 个，实际已完成 9988 个，占应完成任务的 98. 8%。通过年检对 112 家不符合登记条件的社会组织进行了注销，对 368 家存在问题的社会组织发出了《整改通知书》，使问题得到了较好解决。

二是严格规范社会组织行为。为贯彻中央的有关指示精神，自治区物价局、财政厅、民政厅联合下发了《关于治理规范社会团体收费的通知》（桂价费〔2010〕214 号），重点对社会团体、市场中介组织收费项目进行专项治理检查，要求各级业务主管单位采取“自查、检查、抽查”相结合的方式，切实解决社会组织中收费不规范行为。全区通过治理取消了涉及建设、公安、交通等5个社团主管单位的15个收费项目，涉及收费金额725.96万元；降低涉及新闻出版、交通等3个社团主管单位的5个收费项目的收费标准，涉及收费金额50.08万元，有效规范了社会团体的收费行为和财务管理，促进了社会团体自律机制建设。

三是依法查处非法社会组织。各级民政部门联合当地教育、卫生、科技、公安等部门，采取统一行动，对一些非法社会组织依法进行了查处。据统计，2010年全区各地共对783所未经登记就擅自招生的民办幼儿园、小学、民办医疗机构等进行专项查处，其中对62所不具备办学条件和23所不具备医疗条件的社区医疗组织依法进行了取缔，有效地促进了社会组织健康发展。

五、采取切实措施，加强社会组织队伍能力建设

为了提高社会组织队伍管理能力，2010年8月自治区民政厅和自治区统战部联合举办了2期行业协会、商会会长秘书长培训。9月，自治区民政厅又和自治区财政厅联合举办了2期社会组织会计人员培训班，880多人参加了培训。各市、县根据业务的需要也大力开展了培训工作。据统计，全区共举办各种培训117期，参加培训4937人。通过培训，社会组织管理队伍的人员思想素质明显提高，业务能力明显增强，对加强自身建设起到了良好的作用。

2010 年海南省社会组织建设与管理工作综述

海南省民间组织管理局

2010 年，海南省社会组织建设与管理工作在省委省政府的正确领导下，在民政部的有力指导下，认真贯彻党的十七大精神，继续深入学习实践科学发展观，积极开展创先争优活动，坚持培育发展和监督管理并举，勤奋工作、推动创新，社会组织建设与管理取得了较好的成绩。全省全年新增加登记各类社会组织 298 个，其中：社会团体 106 个，民办非企业单位 185 个，基金会 7 个；截至年底，全省共登记各类社会组织 2797 个，其中：社会团体 1613 个，民办非企业单位 1156 个，基金会 28 个。

一、召开全省社会组织工作暨表彰先进会议

2010 年 3 月 18 日，经省政府同意，召开了全省社会组织工作暨表彰先进会议。全省社会组织工作会议每五年一次，这次会议全面总结了五年来全省社会组织工作取得的成绩，分析指出了存在的问题和面临挑战，对未来五年的工作进行了部署，会议对取得优异成绩的 88 个社会组织进行了表彰。会议还对全省社会组织深入开展学习实践科学发展观活动进行了全面总结。

二、社会组织党建工作取得突破

2009 年，根据党中央的统一部署，在省委的领导下，在民政部的指导下，全省社会组织党组织和广大党员深入开展学习实践科学发展观活动，学习实践活动取得了实实在在的成效，得到了省委学习实践活动领导小组的肯定，被中央社会组织学习实践活动指导小组评为先进指导协调单位。2010 年 2 月 15 日，经省委同意，省委组织部批准成立了中共海南省社会组织工作委员会，社会组织党建工作从管理体制上有了新的突破。

省社会组织党工委成立后，把加强社会组织党组织建设作为首要任务来抓，努力提高党组织在社会组织中的覆盖面。截至年底，全省共有各类社会组织 2797 个，有 142 个社会组织建立了党组织，建立各类党组织 333

个，其中建立党委9个、党总支38个、党支部281个、联合党支部5个，比党工委成立前增加党组织85个，占应建党组织的70％。社会组织共有党员约9621名，其中党组织关系在社会组织的有3883名。此外，省社会组织党工委还积极指导各市县建立社会组织党工委，目前，三亚市、儋州市建立了社会组织党工委，海口市、文昌市正在申报中。

三、积极开展创先争优活动

继社会组织深入开展学习实践科学发展观活动之后，省社会组织党工委积极组织社会组织开展创先争优活动。创先争优活动紧扣“发挥作用，服务社会，服务群众”这一主题，狠抓社会组织开展结合实际选载体、公开承诺见实效活动。为推动社会组织创先争优活动的开展，省社会组织党工委加大社会组织开展“创先争优”活动宣传力度，于2010年6月，先后在《海南日报》刊登了题为“让党旗在社会组织中高扬”、“开展‘创先争优’活动，加强社会组织党建”的报道，大篇幅地报道了我省社会组织党组织和党员的先进事迹；在海南电视台新闻综合频道，连续报道了我省五家社会组织党组织和五位社会组织党员代表的先进事迹。通过媒体系列报道，展示了社会组织党建工作的成果，激发了社会组织“创先争优”活动的热情，形成了以党建促创建、以创建带党建的活动氛围，较好地推动了创先争优活动的开展。

四、创新管理，推动社会组织健康有序发展

2010年9月，省民间组织管理局赴广东学习调研，学习广东在创新社会组织管理，推动社会组织健康有序发展中的成功经验。通过学习调研，向政府草拟了“关于改革创新社会组织登记管理体制的若干意见”。该“意见”有两个突出亮点：一是简化社会组织登记管理程序和引入竞争机制。除法律、行政法规规定须由有关部门在登记前进行前置审批的社会组织外，工商经济类、社会福利类、公益慈善类社会组织的申请人均可直接向社会组织登记管理机关申请登记。根据行业发展需要，适度突破行业协会“一业一会”的规定，同一地区“一业一会”还是“一业多会”由登记管理机关裁定。适度放开异地商会的登记和管理，允许行业协会（商会）根据产业发展需要吸收异地同行会员；二是拓展社会组织发展空间。认真落实国务院办公厅《关于加快推进行业协会商会改革和发展的若干意见》（国办发〔2007〕36号），对政府部门承担的公共服务和社会管理职能，凡可由社会组织承接的事项，应当通过公开、公正、公平的原则，转移或

委托给经评估获得3A级以上的相应的社会组织承接，并实行“费随事转”，政府部门购买社会组织服务的资金，列入政府部门年度预算。

五、开展基金会评估，部署行业协会商会评估工作

根据海南省省级社会组织评估实施办法和基金会评估工作方案，完成了全省基金会评估工作。全省参加此次基金会评估的共有7家，评出5A级基金会1个（海南省青少年希望基金会），4A级基金会3个（海南三亚南山功德基金会、海南省琼剧基金会、海南大学教育基金会），3A级基金会3个（海南省见义勇为基金会、海南省李惠智教育基金会、海南改革发展研究基金会）。全面部署了省级行业协会商会评估工作，制定了省级行业协会商会评估工作方案和评估标准，召开了评估工作动员会，举办了评估标准细则培训班，成立了省级行业协会商会评估委员会和评估专家组，对申请参加评估的省级行业协会商会进行了资格审查，最终确定了25家为参评单位。

六、开展规范行业协会服务和收费行为专项治理

根据省委办公厅、省政府办公厅印发的《海南省2010年党风廉政建设和反腐败工作实施意见》（琼办发〔2010〕12号）的要求，由省民政厅牵头，省纠风办、省工商局、省物价局配合，开展了严格规范行业协会、市场中介组织、公共服务行业服务和收费行为工作，共对省级169家行业协会的服务和收费行为进行了专项检查。专项检查分为“宣传发动、自查自报；部门审查、综合情况；重点检查、集中整治；建章立制、规范管理”四个阶段进行，重点抽查了25家受检单位，对检查出的问题做到不掩盖不放过，坚持边查边改和限期整改，取得了较好的专项治理效果，推动了行业协会规范建设，提升了行业协会的服务能力和社会公信力。

七、承办国家民间组织管理论坛

为全面贯彻落实《国家中长期人才发展规划纲要（2010－2012）》，推进社会组织建设工作上档次、上水平，国家民间组织管理于2010年11月23至24日，在海口举办了“社会组织人才队伍建设论坛”。论坛接待了来自12个省市民间组织管理局代表，参会人数85名。论坛采取专家发言、部分单位代表经验交流、讨论《关于加强社会组织人才队伍建设的若干意见》和实地考察海南省社会组织人才队伍建设情况的形式，取得了较好的效果，达到了预期目的。

2010年重庆市社会组织建设与管理工作综述

重庆市民间组织管理局

2010年，在重庆市民政局的领导下，民间组织管理局围绕年初确定"规范管理年"的工作主线，经全体同志的共同努力，积极采取有效措施，使各项工作都取得了新的成效。

一、社会组织数量有新变化

截至2010年年底，全市社会组织登总量达到9057个（比上年增长9.27%）。其中：全市社会团体5016个（比上年增长3.79%）、民办非企业单位4013个（比上年增长10.98%）、基金会28个（比上年增长21.74%）。2010年全市新成立登记社会团体183个、民办非企业单位174个、基金会5个。全市新成立登记农村基层专业经济协会60个（累计达983个）、乡镇稻草援助中心16个（累计达601个）、新备案社区组织15个（累计达715个）。

二、社会组织党建工作有新进展

按照中央和重庆市委第三批学习实践科学发展观活动的统一部署，我们配合市委"两新"工委，积极协调各业务主管单位，共同组织社会团体、民办非企业单位和基金会，全面实施了学习实践科学发展观活动的整改阶段和总结阶段工作，指导社会组织在健全和完善长效机制建设中，着力加大党组织建设工作力度，以党建工程领航，在管理上规范、在方式上引导，在第三批学习实践科学发展观活动中发挥了党组织在社会组织法人治理结构中的战斗堡垒作用，取得了社会组织基层党组织建设的新进展，受到了民政部的表彰。

三、社会组织评估体系建设有新步伐

根据民政部《关于推进社会组织评估工作的指导意见》（民发〔2007〕127号），我们按照《重庆市基金会评估实施办法》（重民发〔2009〕78

号）的规定程序，在广泛征求市财政局、市发展改革委和基金会各业务主管单位等部门意见的基础上，建立了“重庆市基金会评估委员会”及基金会评估专家首批人员库，构建设立了基金会评估工作执行机构。在组织实施6个基金会自愿申报评估工作的同时，我们通过多次征求部分行业协会意见，拟制确定了“重庆市行业协会评估办法”及“评估指标”，为行业协会评估体系建设和提升社会公信力迈出了新步伐。

四、社会组织双重管理体制有新机制

依据社会组织双重管理体制，我们在与市级社会组织业务主管单位沟通并达成一致意见的基础上，首次建立了“业务主管单位社会组织管理工作联络员制度”，明确了各业务主管单位日常工作的联系人和具体工作职责，密切了登记管理机关与业务主管单位的日常联系，强化了各自的工作职责和双重联动工作机制，实现了社会组织双重管理体制的机制化。

五、指导区县业务工作有新成效

加强对区县登记管理业务指导是我们2010年工作重点之一。2010年，我们先后组织力量，深入到万州区、渝中区、沙坪坝区、江北区、九龙坡区、大渡口区、合川区、大足县等区县，对各地登记管理业务工作和社会组织培育扶持进行了广泛的调查研究，针对调研项目和登记管理中出现的相关问题，向区县登记管理机关提出了相应的指导意见，切实提高了区县的业务工作能力，并要求各区县登记管理机关立足于“五个重庆”建设的需要、立足于当地党委和政府的中心工作，切实抓好社会组织的培育发展和日常监管工作，为社会组织营造良好的生存发展空间，进一步发挥社会组织的积极作用。

六、年检及行政处罚工作有新突破

根据社会组织年度检查工作制度的要求，我们对社会团体、民办非企业单位、基金会3类“年检报告书”及报表内容进行了修订，适应了客观反映社会组织的年度工作情况的需要。组织力量主动到社会组织相对集中的业务主管单位，采取上门集中年检方式，为社团提供方便，又提高了年检率。2010年我们首次对名存实亡的、应换届而未换届的、连续3年以上未接受年检或年检不合格的全市性社会团体、民办非企业单位进行了全面清理，按照行政执法的相关程序和要求，启动实施了向22个业务主管单位和60个拟予撤销处置的社会团体发出处罚通知书，并于2010年11月16

日在《重庆日报》上发布《重庆市民政局行政处罚决定书送达公告》，对“重庆企业家艺术家联谊会”等51个连续3年及其以上未接受年检或年检不合格的全市性社会团体予以了撤销行政处罚。全市依法查处84个违规民间组织，通过警示一批、教育一批，净化了重庆市民间组织发展环境。

七、登记审批统一接件办理有新制度

按照市民政局的统一部署，我们协同市局办公室行政审批大厅实施了社会组织筹备、成立、变更、注销登记审批事项的统一接件受理制度，与行政审批大厅接件办理实行了无缝衔接的工作机制，实现了接件、办件分离程序的规范化。同时，我们对市民政局公众信息网上的“社会组织”管理板块的内容进行了全面清理和重新整理，并严格按照《行政许可法》的规定，将“社会组织”的有关行政许可的事项、依据、条件、数量、程序、期限以及需要提交的全部材料的目录和示范文本等在网上面向社会公示，既为社会公众和“社会组织”申办各项登记提供了方便，又主动、公开地接受了社会的广泛监督，确保了社会组织行政审批的公开、公正和透明。

八、登记管理岗位职责有新规范

我们结合市民政局机关党委统一组织开展的基层党组织创先争优活动，通过制定“民间组织管理局岗位职责”，对民间组织管理局全体工作人员按登记、管理、执法三大类业务工作进行了合理分工，明确了各岗位职责及工作衔接，强化了各岗位的工作任务，增强了各岗位的工作效率和工作责任心，从制度上保障了创先争优“一讲、二评、三公示”的全面实施。

九、“小金库”专项治理有新尝试

按照重庆市治理“小金库”工作领导小组的统一部署，我们积极协调市纪委、市监察局、市财政局、市审计局等部门，认真拟制社会团体和公募基金会“小金库”专项治理工作方案，分别对58个全市性社会团体、16个公募基金会、34个区县实施了“小金库”治理重点检查和督导检查工作，通过纠正会计核算不规范、核算科目设置不完整、使用核算科目不准确等问题的尝试，从整体上引导社会团体和公募基金会加强了财务核算的规范管理工作。

十、推进行业协会建设有新部署

为了传达贯彻民政部全国行业协会改革发展经验交流会议精神，报经重庆市政府同意，市民政局于 2010 年 12 月 24 日在维景酒店由局长刘涛主持召开了“全市性行业协会工作会议”。副局长袁天长代表市民政局作了行业协会的工作报告，总结近年来重庆市各部门贯彻落实国务院办公厅国办发〔2007〕36 号文件取得的成效，研究部署了贯彻落实民政部广州会议精神和推动行业协会改革发展的任务和措施；市商业委员会、市火锅协会、市房地产开发协会、市律师协会在会上进行了经验交流发言，彰显了行业协会健康发展和成效显著的风貌；市政府副秘书长丁先军出席会议并代表市委常委、常务副市长马正其同志作了重要讲话，充分肯定了重庆市行业协会改革与发展的成绩，强调了新形势下加强行业协会建设的重要意义，明确提出了进一步做好行业协会改革与发展工作的总体要求，为我们在新形势下开创行业协会工作新局面指明了方向。

2010年四川省社会组织建设与管理工作综述

四川省民间组织管理局

2010年，四川省民间组织管理工作在国家民间组织管理局的关心和指导下，认真学习领会党的十七届五中全会精神，以科学发展观为统领，以分类指导为出发点，以制度改革为突破口，以扶持培育为主旋律，以规范发展为中心，以社会组织管理创新为基础，圆满完成了2010年的各项任务。通过构建发展、建设、服务、监管四位一体的工作体系，充分发挥社会组织在经济社会发展中的积极作用，社会组织管理工作迈上了新台阶。

一、促进社会组织发展

（一）社会组织保持较快发展态势

2010年全年全省共登记社会组织2097个，注销、撤销1950个，变更登记1347项次。全省社会组织总量为24246个，其中社会团体15065个，民办非企业单位9104个，基金会77个，占全国社会组织总数43.1万个的5.6%。省级社会组织达1377个（社团950个，民办非企业单位350个，基金会77个），省级以下社会组织22869个（社团14115个，民办非企业单位8754个）。2010年省级社会组织应检1192个，实检1112个，年检率为93%。全省共有20366个社会组织参加了年检，年检率达90%。

（二）社区社会组织发展迅速

按照年初制定目标计划，指导各地开展社区社会组织发展工作，全省各市、州在360个社区新登记或备案社区社会组织1841个。积极研究社区社会组织的培育发展措施，在成都市锦江区、武侯区等地试点区财政拨专项经费对符合条件的社区社会组织进行资金扶持，通过政府购买服务的方式为社区提供公共服务的新模式。

（三）积极培育农村基层社会组织

优先发展农村基层社会组织，新登记注册农村专业经济组织419个。充分发挥他们在建设社会主义新农村等方面的特殊作用。通过加强调研，总结经验，创新发展手段，加大政策扶持力度，在广安、南充等市探索建立政府资金支持的农村互助社新型机制。积极参与全省农民专业合作经济组织“万人帮扶行动”资阳市试点工作，专题研究登记管理新办法，开展重点帮扶。

二、社会组织党建工作取得新进展

（一）社会组织深入学习实践科学发展观活动圆满结束

按照中央和省委的统一部署，全省社会组织深入学习实践科学发展观活动于2010年2月底基本结束。全省14995个社会组织、31384名党员、5034名社会组织非党负责人参加了学习实践活动。各级民政部门在省委学习实践活动领导小组的坚强领导和省民政厅社会组织学习实践活动指导小组的指导下，精心安排，认真实施，整个活动健康有序开展，取得明显成效。绵阳、宜宾、凉山等是州在民政部门成立了社会组织党工委。在民政部召开的学习实践活动总结大会上，绵阳市和宜宾市民政局被授予“全国社会组织深入学习实践科学发展观活动指导工作先进单位”，四川省浙江商会等5家社会组织被授予“全国社会组织深入学习实践科学发展观活动先进单位”。同时，四川省共有23个社会组织获得了“全国先进社会组织”的荣誉称号。省民政厅也召开了四川省先进社会组织表彰暨社会组织深入学习实践科学发展观活动总结大会，对全省社会组织深入学习实践科学发展观活动进行了总结，对151个先进社会组织给予了表彰。

（二）积极开展社会组织创先争优活动

按照省委、省委创先争优活动领导小组的统一部署和要求，成立了省社会组织创先争优活动指导小组，制发了《全省社会组织创先争优活动指导意见》，指导各级民政部门和省级各业务主管单位开展社会组织创先争优活动，各级民政部门也相应成立了市州社会组织创先争优活动指导小组并出台了活动指导意见，提出了活动要以树立“四个新形象”为载体，以“六有建设”为目标，确保社会组织党组织创先争优活动见实效。为圆满完成创先争优活动阶段性工作，对省级社会组织统一制发了“创先争优活动基层党组织承诺书”、“创先争优活动领导干部廉政承诺书”和“创先争优活动个人岗位承诺书”，要求省级社会组织党组织和领导干部在创先争优活动中践行承诺。通过创先争优活动的开展，党组织覆盖率实现超30%的目标，达31.3%。

三、社会组织管理有新突破

（一）积极探索社会组织评估工作

对2009年基金会评估试点工作进行了经验总结，在成都召开四川省社会组织评估试点工作总结暨基金会评估授牌大会，省级社会组织业务主管单位代表、各市（州）民政局民管科长、全省基金会代表和其他社会组织代表参加会议。与会领导向获得3A（含3A）以上评估等级的22家基金会颁发了奖牌和等级证书。正着手编制对行业协会商会的评估标准和方案。

（二）开展行业协会商会改革和发展工作

为贯彻《国务院办公厅关于加快推进行业协会商会改革和发展的若干意见》，积极配合省发改委开展调研，代省政府起草完成了《四川省人民政府办公厅关于加快推进行业协会商会改革和发展的意见》（代拟稿）。

四、社会组织依法管理再上台阶

（一）社会组织惩治和预防腐败体系建设向纵深发展

将社会组织自律与诚信建设工作和社会组织行为失信惩戒制度作为长效机制进行建设。按照《关于开展全省社会组织自律与诚信建设活动的通知》和《四川省社会组织行为失信惩戒制度》的要求，在社会组织中普遍建立健全法人治理结构、内部管理体制和承诺服务制度，完善社会监督体系。全省已有75%的省级社会组织完善了法人治理结构，建立健全内部规章制度，90%的省级社会组织制定并落实了行为失信惩戒制度的具体措施。

（二）规范社会团体收费行为再出新规

针对一些社会团体乱收费现象，会同省发改委和省财政厅出台了《关于贯彻〈国家发展改革委、财政部、民政部关于治理规范社会团体收费的通知〉的通知》。对社会团体各类收费行为及举办评比达标表彰活动进行了规范，有效促进了社会团体健康有序地发展。全省各级社会组织登记管理机关按照文件的统一部署和要求，认真组织开展了清理规范社会团体收费和规范涉企收费工作。

（三）清理社会团体“小金库”工作取得阶段性成果

按照省“小金库”治理领导小组的要求，与省纪委、省监察厅、省财政厅、省审计厅联合出台了《四川省社会团体“小金库”专项治理实施办法》和《全省性社会团体“小金库”专项治理具体实施方案》。成立了社会团体“小金库”专项治理办公室，召开专题动员会，对社会团体“小金库”专项治理工作进行了安排，各社会团体业务主管单位与所主管的社会团体和公募基金会负责人签订了自查责任承诺书。重点检查阶段对全省2468个社团和公募基金会进行了检查，其中省本级950个社团，共发现存在“小金库”的社团52个，涉及金额368.13万元。对检查出的问题，将在整改落实阶段依纪依法进行查处，并探索建立防治“小金库”的长效机制。截至2010年年底，全省共发现存在“小金库”的社团115个，涉及金额1127.12万元。

2010年贵州省社会组织建设与管理工作综述

贵州省民间组织管理局

一、优化程序，提高行政审批效率

（一）缩短行政审批时限

按照贵州省委开展“三个建设年”（环境建设年、作风建设年、项目建设年）活动以及提高行政审批效率的有关要求，省民政厅将社会团体筹备、民办非企业单位成立登记、基金会成立登记的审批时限由60日缩减至30个工作日，社会团体成立登记、社会组织变更登记、社会组织注销登记的审批时限由30日缩减至15个工作日，社会团体分支（代表）机构、基金会分支（代表）机构成立登记审批时限由60日缩减至20个工作日，社会组织设立内设机构事项备案调整为即办即走。

（二）探索建立事前行政指导制度

针对社会组织发起人普遍不尽熟悉社会组织有关政策法规、提交的申请材料难以一次符合要求的现状，省民间组织管理局联合业务主管单位，变坐等为上门，变被动为主动，在拟成立的社会组织提出申请前，主动约请3名以上主要发起人进行座谈，听取情况介绍，了解成立动机和目的，论证其成立必要性。实地查看办公活动场所，考察其正常运转可行性，同时沟通申办程序、提交材料、工作须知等，节省了发起人的时间，提高了新成立社会组织的质量。

截至2010年底，贵州省各级民政部门共登记社会组织6562个。其中，社会团体4602个，民办非企业单位1945个，基金会15个（其中公募基金会14个、非公募基金会1个）。

二、建章立制，规范管理服务行为

（一）探索建立公正客观的社会组织评估体系

省民政厅成立由财税、社会学、法学、经济学、公共管理学等方面专家组成的评估委员会，组建评估工作办公室，组织中介审计机构参与的基础上，选择发挥作用明显、组织机构健全、内部制度完善、业务主管单位重视的13家行业协会和基金会作为试点，采取专家评审与专业机构评估相结合的方式开展了首次全省性社会组织评估工作。省人大、政协领导出席授牌大会并向评定为3A以上等级的社会组织颁发了证书牌匾。通过开展评估工作，创新了社会组织管理体制机制。

（二）完善年检工作机制

2010年年初，省民政厅向市州地民政局、全省性社会组织及其业务主管单位发出通知，明确规定年检的对象、时间、步骤和内容，要求各级各类社会组织如实填写《年检报告书》，进行财务审计，主动、按时报送年检材料，并要求各级登记管理机关集中时间、人员、精力，按照完善制度、依法行政、规范操作的原则，重点从政治方向、业务活动、财务管理、组织机构等方面开展年检工作。同时，将社会组织党建工作情况、行业协会商会与行政机关政会分离情况纳入年检内容。通过采取以上措施，年检率大幅提高，年检效果明显增强。

（三）探索建立双报双推制度

省民政厅与省委组织部联合下发《关于在创先争优活动中切实做好社会组织党组织集中组建工作的通知》，制定党建工作情况统计表册，在社会组织申请登记中，要求发起人填写《社会组织（筹）党建工作情况表》，作为发起成立必须提交的材料之一，督促新建社会组织尽早建立党的基层组织。在年检工作中，要求填写《社会组织党建工作情况表》，动态掌握社会组织党建工作情况，督促符合条件的社会组织早日健全自身党建工作。推行双报双推制度，有力促进了社会组织党建工作，巩固了社会组织学习实践活动成果。黔东南州成立贵州省首个社会组织党工委，为社会组织党建工作提供坚实的组织保障。

（四）加强与业务主管单位的沟通联系

为认真贯彻落实社会组织“双重负责”管理体制，加强登记管理机关与业务主管单位的沟通联系，进一步落实职责分工，省民政厅主动邀请省发改委等19家全省性社会组织业务主管单位召开座谈会，通报近年来全省登记管理工作情况以及下一步工作安排，介绍对社会组织开展业务指导和日常监管情况。2010年1－2月，黔西南州民政局联合职能部门和业务主管单位对100家民办非企业单位进行了全面清理整顿。

三、完善制度，促进社会组织健康发展

（一）完善社会组织内部管理制度

为提高社会组织规范运作能力，促进社会组织健康发展，省民间组织管理局研究制定出台《社会团体会员大会（会员代表大会）示范议程》、《社会组织成立大会示范议程》、《社会组织重大活动报告申报表》等各种示范表格和程序。同时，对一些遇到困难和问题的社会组织，直接上门调研、上门服务，了解它们活动开展情况、内部建设情况以及困难和问题，提出指导性意见建议，帮助解决实际问题。

（二）加强业务培训

针对部分社会组织活动开展不活跃、内部管理不规范、财务制度较混乱等实际情况，省民间组织管理局组织70多家社会组织负责人和会计人员参加业务培训，并请省财政厅专家讲授民间非营利会计制度知识，对参加培训的财会人员颁发了结业证书。参加培训后，社会组织会计人员可不再参加当年会计继续教育。针对近几年来贵州省社会组织数量迅速增长，登记管理工作中的新情况新问题层出不穷，以及社会组织登记管理工作任务不断拓展，登记管理工作的政策性、法规性、专业性越来越强的实际情况，省民间组织管理局组织各级登记管理人员围绕社会组织当前形势、发展态势、存在问题以及创先争优、“小金库”专项治理、评估、日常登记、执法监察等内容进行培训。

（三）倡导社会组织开展公益慈善活动

2010年年初，贵州省遭遇特大旱灾，人民群众的生产生活受到严重影响的情况。省民间组织管理局及时通过发传真、打电话等方式，倡议社会组织积极行动起来，在行业内组织捐款捐物，帮助灾区人民渡过难关。据不完全统计，省慈善总会收到的来自社会组织的捐款达70万元。7月，省民间组织管理局联合贵阳市民间组织管理局在《贵州都市报》上共同发出倡议，以“服务‘三创一办’（创建“国家卫生城市”、“国家环境保护模范城市”、“全国文明城市”，协办2011年第九届全国少数民族传统体育运动会）、关注民生民利、弘扬社会公益”为主题，倡议全省性社会组织和贵阳市社会组织立即行动起来，充分发挥自身优势，积极开展公益活动，大力支持贵阳市“三创一办”活动。铜仁地区民政局在全区行业协会中组织开展“满意在铜仁”主题活动，行业协会服务质量和社会公信力明显增强。

四、履行职责，积极做好各项专项工作

（一）认真组织开展社会组织创先争优活动

根据中央和省委的安排部署，省民政厅及时成立全省社会组织创先争优活动指导小组及办公室，制定实施方案，召开工作推进会，全面调查摸底，广泛深入动员，举办党务培训，积极推进活动深入开展。与省委组织部联合下发集中组建社会组织党组织的通知，明确集中开展组建工作的时间、方法、步骤和具体要求，力争社会组织党组织应建率达100%、社会组织党的工作覆盖率达100%。集中创建思路，民政部部长李立国在全国社会组织创先争优活动推进会上给予了充分肯定。截至2010年底，全省建立社会组织党组织202个，覆盖率从学习实践活动结束时的2.6%提高到3.2%。

（二）认真组织开展社会团体“小金库”专项治理工作

根据中央和省委省政府的要求，制定工作方案以省治理领导小组名义下发各地、各业务主管部门，成立以分管副厅长为主任的省社会团体“小金库”专项治理工作办公室，承担办公室日常事务，及时召开工作推进会，全面部署，深入动员。在专项治理工作中，贵州省共发现社会团体“小金库”23个，违规设立“小金库”账户15个，涉及“小金库”违纪金额133.89万元。已纠正处理“小金库”17个，撤销“小金库”账户9个。

2010年云南省社会组织建设与管理工作综述

云南省民间组织管理局

云南省位于祖国西南边陲，边境线长、民族众多，为适应经济社会发展的需要，我们不断加快社会组织发展，探索和创新管理体制，始终坚持培育发展和监督管理并重的方针，立足云南实际，加大调研力度，制定相关鼓励和支持政策，为社会组织的发展营造宽松环境。近年来，我省社会组织数量大幅增加，内部治理结构逐步完善，服务社会的作用得到进一步发挥。截至2010年12月31日，全省共有社会组织12636个，其中社会团体9180个，民办非企业单位3418个，基金会38个。

一、社会组织培育发展实现新突破

（一）云南省社会组织布局日益合理，结构进一步优化，质量进一步提升

一是围绕省委、省政府确定的重点产业，围绕推动泛珠三角地区经济合作和东、中部省份与云南经济社会互补性发展，积极支持成立登记行业协会和异地商会。2010年，全省异地商会为云南省招商引资911亿元，云南省社会组织累计捐赠抗旱救灾款物8000多万元，其中21个省级异地商会捐赠资金160万元，为受灾群众解决一些实际困难和问题，发挥了社会组织应有的积极作用。二是针对民办非企业单位整体上数量较少、发展较慢、行业分布不够合理的状况，积极支持和鼓励社会力量兴办民办非企业单位，加快推进民办非企业单位的改革与发展。2010年，新登记的省级民办非企业单位占社会组织登记总数的50%；三是针对基金会数量少、规模小、筹资能力较弱、慈善救助水平不够高的问题，积极开展工作，支持和引导大型企业或企业集团发起成立公益慈善类基金会。2010年登记4个公募基金会和4个非公募基金会，占2010年以前登记总量的1/3。四是认真贯彻落实《关于社会组织登记有关问题的通知》，与业务主管单位密切配合，规范社会组织入口审批关，社会团体权威性、代表性、广泛性普遍提高，民办非企业单位整体实力有了较大提升，基金会行政色彩逐步弱化。

（二）登记服务工作不断创新

针对新一轮政府机构职能改革后，部分社会组织业务主管单位发生变化的实际，将变更登记或换证的事项由业务主管单位统一提交登记管理机关进行现场集中办结，改变了多层次、单一报、分头办的方法，改进了服务方式。实行行政审批项目集中办理，对涉及行政审批项目采取一个窗口对外服务，将行政审批项目、办理时限、办理流程等在便民服务大厅及民政厅网站进行公示，印制了办理指南、办理须知等便民服务资料，方便了申请人，提高了工作效率。

（三）依法行政体制日益健全

一是制作了社会组织登记和章程审核注意事项和社会组织申请登记（筹备）提交材料初步审查意见告知表，以书面形式一次性告知申请人需要提交或补充的材料；二是制定了《云南省民政厅征求拟筹备/成立社会组织意见表》，就社会组织登记过程中的有关问题向业务主管单位、相关单位及社会组织征求意见，确保行政许可程序合法；三是进一步理清了社会组织成立、变更、注销登记法律关系；四是定期清理超过筹备期限未办理成立登记手续的社团，敦促限期办理相关手续；五是将核准的社会组织章程在网上进行公示；六是聘请了法律顾问，为行政许可审批过程中碰到的法律问题及时提供专业的法律咨询意见，确保依法行政。

二、社会组织监督管理有了新举措

（一）坚持培育与惩罚并重原则，加强执法监察工作，积极开展全省名存实亡社会组织的清理整顿，社会组织发展环境得到进一步优化

根据民政部“要高举执法监察大旗”的要求，积极组织指导全省各级民政部门开展社会组织清理整顿，加强依法办会法制意识，健全了组织机构，理顺了关系，化解了内部矛盾，规范了组织行为，净化了培育发展环境。全省各级民政部门共清理出长期不开展活动、两年及以上不参加年检的社会组织 407 个，并进行了行政处罚和规范整顿。其中，撤销登记 84 个，注销和拟注销登记 208 个，进行警告、责令改正、行政约谈等行政处罚 115 个。

（二）创新工作方法，开展上门联合年检服务，年检工作取得实效

积极学习借鉴发达省市做法，统一了全省年检内容，分别形成了三类社会组织制式的年检重点内容，进一步规范统一年检标准；实行一会一表年检收件回执制和一次性书面告知制，首次实行向逾期未参检组织递发

《限期年检告知书》并向业务主管单位通报情况，进一步规范年检程序和提升年检服务质量；与长期从事社会组织财务审计业务的会计师事务所高级财会人员，共同研究制作了社会组织年检审计情况说明书和审计报告示范文本，协商会计师事务所义务轮流派员协助年检，进一步规范了社会组织财务制度。积极开展社会组织上门联合年检服务，打破常规“坐等年检”方式，主动出击，一线服务。在省级选择社会组织数量较多、有一定代表性和影响力的 6 个业务主管的社会组织，首次推行上门年检“一揽子”服务，由业务主管单位预约时间、组织安排、提供场地、先行初审，登记管理机关按计划上门年检，现场办结，并提供到期换证、受理公益性组织税前扣除申请、现场出具非营利组织免税初审意见等服务，同时还进行现场业务指导，上门年检覆盖率达 36%；现场办结率占参检社团数的 32%。

（三）积极筹备成立了云南省三方社会组织评估服务中心，建立了社会组织评估专家人才库，拓展了社会组织服务平台

为推动云南省社会组织综合社会评估工作，2010 年 5 月登记成立了“云南省三方社会组织评估服务中心”，建立了由社会组织登记管理机关、业务主管单位、党政有关部门、科研院校、中介组织、媒体、社会组织代表组成的 242 名社会组织评估专家人才库，为独立第三方开展社会组织评估、推动政府向社会组织购买公益性服务等方面的创新探索和培育发展为社会组织服务的支持性社会组织等提供了有效服务平台。

（四）多措并举推动社会组织创先争优活动，社会组织党建工作取得实效

坚持“强化领导、突出特点、提高能力、服务群众、彰显功能”的思路和要求，采取积极有效措施，扎实推进社会组织创先争优深入开展。一是加强组织领导，健全工作机构，完善工作机制，配齐配强队伍，为活动开展提供强力保障。二是坚持“统”、“分”结合，突出“两为三争当”主线，社会组织创先争优活动特色鲜明。三是细化争创目标、选好活动载体、推行公开承诺、树立先进典型、抓住关键环节。通过社会组织创先争优活动，全省社会组织党组织建设取得明显成效，党组织成立率占应建党组织的社会组织 91.9%，社会组织决策能力、服务能力全面提升，社会社会影响力大幅提高，社会公益资源聚集力增强。认真组织全省社会团体“小金库”专项治理工作。成立了由 9 个省级业务主管单位组成的云南省社会团体“小金库”专项治理工作指导小组及办公机构，组织召开了“全省社会团体‘小金库’专项治理工作省、州（市）、县（区）三级视频会

议”，制定下发了《云南省社会团体“小金库”专项治理工作实施方案》，组织社会团体与业务主管单位、业务主管单位与各级社会团体“小金库”专项治理工作指导小组签订了双重责任承诺书，两次举办州（市）民管科长及相关工作人员参加的社会团体“小金库”专项治理培训班，稳步推进全省社会团体“小金库”专项治理工作。全省应纳入治理的7098个社会团体和22个公募基金会全部进行了自查自纠，自查发现有“小金库”的社会团体7个，金额40.16万元。2010年，省委组织部、省民政厅联合下发了《关于进一步加强社会组织党的建设工作的实施意见（试行）》进一步推进了全省社会组织党建工作。自开展“创先争优活动”以来，省属社会组织新成立党组织14个，新发展党员81名，社会组织党组织建设和作用取得了良好成效。

三、在滇境外非政府组织管理建立了新制度

近年来，云南省委、省政府高度重视境外非政府组织管理与服务工作，为规范在滇境外非政府组织管理工作，进一步促进和保护境外非政府组织与省内相关组织的交流合作与正当交往，2009年12月29日，省政府办公厅下发了《云南省规范境外非政府组织活动暂行规定》（云政办发〔2009〕274号），并于2010年1月1日正式实施。该规定是结合云南省省情所作的地方性政策，也是我国首个公开颁布对境外非政府组织实施管理服务的地方性规定。备案工作坚持管理有序、发挥作用的原则，通过“组织身份备案”、“项目合作备案”和“业务指导单位”具体指导的方式，既解决了境外非政府组织在滇开展项目活动的合法化问题，又积极保护和促进了我省有关组织与境外非政府组织之间的交流合作。按照规定要求，云南省民政厅认真履行自身职责，积极宣传政策，制作和完善相关配套表格和程序，开展咨询，全面推进备案服务工作。境外非政府组织也认真准备申报材料，完善相关手续，积极申请备案。截至2010年12月31日，云南省民政厅已为22个境外非政府组织在滇代表机构办理了备案手续，发放了备案批准文件及《备案通知书》，为在滇境外非政府组织与省内有关组织开展交流合作提供了保障，对进一步支持和鼓励境外非政府组织引进更多的国外先进资金和技术，与省内有关组织开展项目合作，促进云南省经济社会发展和对外合作交流发挥了积极作用。

四、社会组织信息化建设有了新发展

经过多年的努力，云南省社会组织监督管理信息系统第一期工程获得

云南省发改委和省财政厅立项批准，并于2009年开始建设，2010年11月完成了验收，12月开展全省登记管理机关人员数据库录入培训。该系统建立了我省社团、民非、基金会三类组织的登记管理系统、信息资源库和在滇境外非政府组织数据库，该系统投入使用后，将实现全省社会组织基本信息的统一采集和管理，将为云南省社会组织培育发展与监督管理工作服务。

五、购买社会组织服务探索有了新起点

2010年，省民政厅积极开展省本级福利彩票公益金购买社会组织服务探索试点工作，按照福利彩票公益金“扶老、助残、救孤、济困、赈灾”的使用宗旨，确定了云南教育基金会扶贫支教帮困助学、临沧市桑嘎艺术学校和临沧市华洋养猪协会扶助沧源县龙乃村困难老党员家庭、香格里拉县藏东培训中心藏区特困农村青年就业培训、云南省扶贫基金会扶贫济困项目、云南三益文化国防基金会困难优抚对象住房等救助、云南省老龄事业发展基金会为“五老”解决住房困难、云南省志愿者协会社区“空巢”老人生活照料补助等9个项目，共投入资金513万元。通过灵活多样的购买服务方式实现了政府帮助困难群众解决最切实、最直接的需求，大大提高了福利彩票公益金资助公益项目的社会效益和使用效率，进一步促进了公益性社会组织的快速发展，为云南经济社会发展和构建富裕、民主、和谐云南服务。

2010年西藏自治区社会组织建设与管理工作综述

西藏自治区民间组织管理局

2010年，西藏自治区各级社会组织认真学习贯彻落实中央第五次西藏工作座谈会精神，开展了形式多样的“创先争优活动”和“效能建设年活动”，为加强和创新社会管理工作，各级社会组织加强内部管理，制定和出台了行之有效的规章制度，积极参加年度检查，及时进行社团换届和变更注册。

一、加强登记管理，实行宽进严管

2010年，西藏自治区采取一般性社会组织成立条件降低门槛的办法，对要求成立社会组织的自然人、法人和其他组织提供方便。我们的主要做法是，首先有意愿发起社会组织的自然人、法人和其他组织，讲解条例和相关政策规定，讲清需要提交文件和所具备的条件、法律责任等，避免浪费发起人的时间、人力和资源。按照不同区别，对一般性行业社会团体降低门槛，对敏感性较强的社会团体慎重登记、严格审查，其次是为发起人提供参谋服务。比如：将要成立的社会团体名称、章程、内部管理制度等方面。新成立12个社会团体，其中基金会1个，登记率100%。

二、加强社团专项治理，强化法人责任

根据《关于印发规范行业协会、市场中介组织服务和收费行为专项治理工作的实施意见的通知》、中央专项治理“小金库”办公室和自治区“小金库”专项治理办的要求，对我区的社会团体、基金会进行了全面自查自纠，同时在自治区“小金库”治理办的带领下对自治区级社会团体和基金会进行了复查和抽查。在检查督导中发现部分社会团体存在社会团体账户管理不严、会计制度履行不规范、资金管理混乱等问题。其中，有些社会团体将自己的账户用来为其他单位存放“小金库”，严重影响了社会团体诚信和自律。在过去的一年中，自治区民间组织管理局派工作人员赴各个社会团体进行监督指导29人次。其中参加会员代表大会6人次，参加

换届会5人次，年会12人次，其他会议6人次，有效监督和加强了社会团体活动情况和开展工作情况，为突破“零”现象奠定了基础。同时，民间组织管理局会同相关部门形成了联系机制，为打击非法社会组织，保护合法社会组织的权益打下了基础。

社会组织登记管理工作是登记管理部门的重要日常工作。2010年，民间组织管理局共依法注册登记自治区本级社会组织15家（基金会2家），批准筹备5家，依法注销登记1家。各地（市）注册登记5家。接待咨询130多人次。

截至2010年6月31日，应参加年检的自治区级社会组织189家中，172家按时参加了年检，年检合格率达到89.2%。对17家无故不参加年检的社会团体，在全区范围内进行了通报批评，并提出整改意见。在年内西藏自治区地理学会、野生动物保护学会、新闻摄影学会、卫生系统思想政治工作研究会、中西医结合学会、西藏大学科协、集邮协会、教育基金会等及时调整社会团体组成人员，重新登记法人代表，及时召开换届会议。

从这次年检资料和近年登记管理的情况来看，自治区级社会组织整体状况良好，一是自治区级社会组织数量增长呈持续、稳步的态势，类型分布较为合理，与我区经济社会的发展相适应；二是规模逐步扩大，经济实力有所增强；三是内部治理结构不断完善，行为更加规范；四是能力建设逐渐加强，作用日益显现；五是区内外合作与交流较为活跃。

2010年度，共办理自治区本级社会组织换证、变更事项66件，接待前来咨询171人次，编报社会组织信息15篇。

在日常监督管理中，民间组织管理局积极派员参加新成立登记，社会团体换届、召开会员大会或理事会的各种活动和会议，在会上督促社会组织的工作，特别是对社会组织基层党组织建设、社会团体的活动经常化等方面提出了建议意见。

三、社会组织开展活动情况

2010年，援助西藏发展基金会“育人工程”项目在各方面的大力支持和努力下，不论是在资助额度上，还是相关的社会效益而言都取得了十分显著的成效。2010年，筹资100多万元，资助363名贫困生，引起了很大的社会反响，深受广大西藏老百姓的好评。

在中央统战部的指导下，经西藏自治区党委统战部的通力协调，2010年援助西藏发展基金会与河北远洋运输集团顺利签订了关于每年捐资100万元，连续四年资助我区贫困学生的捐资助学协议。2010年是实施该协议的第一年，经过层层筛选和考核，最终363名来自西藏贫困农村家庭和城市贫困居民家庭的贫困生获得了该基金会2010年度“育人工程——助学行动”之“高彦明援藏助学金”。

河北远洋运输集团董事局主席高彦明先生一直以来关心祖国边疆少数民族地区教育事业的发展和稳定，在蓬勃发展企业的同时，时刻关注祖国落后民族地区的发展和稳定，以实际行动支持民族团结，维护祖国统一。他的慷慨捐助，使西藏广大边远贫困家庭的孩子们在迷茫中看到了希望，使他们深深感受到了来自祖国内地的一片爱心，充分体会到了祖国大家庭的温暖，充分感受到了民族团结的重要性。

援助西藏发展基金会、青少年基金会等社会组织开展“育人工程”活动，捐资助学达800余名贫困生，同时开展了贫困地区送医送药、医疗救助、矫正康复等活动，受到了当地政府和群众的好评。

2010年4月16日，西藏餐饮业协会在玉树发生地震后及时开展了“商务爱心粥棚”活动，他们组织拉萨的餐饮企业和会员单位在16日晚上立即组织会员单位召开动员大会，将赶赴灾区救援情况作了说明，各餐饮单位展现出很高的积极性，踊跃捐款捐物，报名参加玉树灾区救援。18日，经过大家的努力，组织5000斤大米、2000斤面条和方便食品、蔬菜及其他赈灾物资8吨多分装5辆汽车，由协会会长褚立群女士带队赈灾团一行15人开始前往灾区出发，行程3000公里后，20日下午到达玉树地震灾区，他们马不停蹄地组织搭建帐篷和灶台准备为灾民做饭。在为灾民做饭的7天里，救援队坚持每天工作13个小时以上，不间断地为13000余人次灾民提供饮食，涌现出了许许多多的好人好事，许许多多的感人事迹。

西藏医学会等卫生类社会团体也及时组织救援队分赴玉树灾区进行紧急卫生救援。

西藏房地产业协会进一步强化内部制度，聘请专职人员，加强协会秘书处工作。2010年，组织会员培训《物权法》知识、《物业服务星级评选标准》知识，对全区房地产企业、物业管理市场展开调查，建立信息数据库；规范和整顿西藏房地产广告，举办房地产展销会。

西藏餐饮业协会、美容美发协会、银行业协会等行业协会开展了形式多样的技能培训和技能竞赛，使扩大了社会团体的影响力，会员之间加强了团结、增加了友谊，服务会员、服务社会作用得到了发挥。

总之，西藏的社会组织数量少、规模小，规范化、正规化、法制化程度不高，社会性不强。但是，现有的社会组织开展活动比以往活跃，作用较以往凸显，特别是服务公众、服务社会趋势明显，公益活动参与率比以往更加积极。

2010年陕西省社会组织建设与管理工作综述

陕西省民间组织管理局

2010年民间组织管理局在陕西省民政厅党组的正确领导下，依据年初制定的岗位目标责任，围绕学习实践科学发展观，坚持培育发展与监督管理并重，有机统一发展、监督、执法、服务，不断推进社会组织管理体制机制创新，促进社会组织健康、有序、可持续性发展。

一、主要目标任务完成情况

（一）加强社会组织管理，完善社会组织自律机制建设

一是实施了社会组织的年度检查工作。共检社会组织834个，其中社团557个，民非245个，基金会32个，年检率为77%。对1年或2年未参加年检的社会组织进行了通报批评，拟对29家三年或三年以上未参加年检的社会团体予以撤销。二是开展了社会团体"小金库"专项治理工作。制定了《陕西省社会团体"小金库"专项治理实施办法》，召开了全省社会团体"小金库"专项治理工作安排布置会，组织了培训会，各社会组织已完成自查自纠，目前会同财政厅对省本级40家社会组织进行重点检查。三是对民办院校招生行为进行专项整治。会同省教育厅、省人社厅、省公安厅、省工商局、省广电局、省物价局组成联合督察组，赴西安市、咸阳市和宝鸡市对民办院校招生行为进行专项整治督察。四是创新制定了社会组织审批考察制度。先实地考察，再批办，既保证了社会组织的数量，又保证了质量。

（二）加强社会组织党建工作，提升社会组织能力建设

一是总结和巩固社会组织开展深入学习实践科学发展观活动成果，表彰了52家"社会组织深入学习实践科学发展观活动先进单位"和15个"社会组织深入学习实践科学发展观活动指导工作先进单位"，对下一步巩固和加强社会组织党建工作提出了具体要求。二是开展了全省社会组织创先争优活动的指导工作，由民政厅牵头成立了全省社会组织创先争优活动

指导小组，制定下发了《关于在全省社会组织党组织和党员中深入开展创先争优活动的指导意见》，全省社会组织创先争优活动稳步推进。

（三）落实社会组织优惠政策，促进社会组织发展

一是转发了财政部、国家税务总局、民政部《关于公益性捐赠税前扣除有关问题的补充通知》，明确了陕西省的操作办法。二是会同省财政厅、省国税局、省地税局联合对4家基金会公益性捐赠税前扣除资格进行了认定，对基金会接受公益性捐赠工作落实了优惠政策，为公益慈善类社会组织的发展提供了更加广阔的空间。

（四）改进社会组织管理，促进社会经济发展

一是完成《关一天经济区社会组织管理工作措施》和《“十一五”陕西省社会组织管理工作总结和“十二五”规划》意见稿。二是出台了贯彻落实了《2010年深入推进社会管理创新任务分工》意见，成立省民政厅深入推进三项重点工作领导小组，明确了分工，落实了责任。

（五）坚持培育发展，做好各类登记工作

一是办理了省本级社会组织各类登记187件，其中，社团筹备成立26个，成立登记18个，变更登记42个，注销登记1个，社团分支机构成立登记10个；民非成立登记27家，变更登记41家；基金会设立登记12家，变更登记4家，注销登记1家，分支机构设立登记5个。二是改版民间组织管理局网站及进一步完善档案数据库建设。三是按期办结了省政协委员关于社会组织发展的议案2件。

二、存在的问题

（一）登记管理机关力量薄弱

日益繁重而艰巨的工作任务和当前薄弱的社会组织管理力量之间的矛盾严重制约着社会组织管理的改革创新，也严重制约着社会组织健康科学发展的需求。目前全省社会组织管理工作人员编制数为42人，人均管理约300个社会组织。陕西省目前的社会组织管理机构建设、人员状况、管理手段和业务经费等方面已远远不能适应当前社会组织管理的需要，也很难保证对社会组织日常服务和管理工作基本的质量要求。

（二）执法监察工作难以到位

日益繁重而紧迫的执法监察任务和当前无执法监察机构人员经费的矛盾，严重损害了社会组织管理的执行力和公信力，影响了社会组织发展的正常秩序，制约了陕西省社会组织又快又好健康发展。目前省民政厅只是

在民间组织管理局加挂了执法监察局的牌子，全省并无专人负责社会组织执法监察工作，由于无专设机构和人员以及相应的经费支持，严重影响了此项工作的有效开展。

（三）社会组织党的建设工作未纳入统一部门管理

长期以来，审批单位监管业务活动不管组织活动，主管单位负责班子建设不管党的建设，不能充分发挥党对社会组织的政治指导，很难保证社会组织健康发展。

三、几点建议

一是加强社会组织党组织建设，建立社会组织党建工作长效机制。各级登记管理机关应设立社会组织党的建设工作委员会，依托社会组织管理机关，加强社会组织党的建设，凝聚社会组织中党员的力量，充分发挥党组织和党员在社会组织中的先锋模范作用。

二是加强社会组织管理机构建设，充实社会组织执法监察队伍。保证各级社会组织登记管理机关有机构、有编制、有人员、有经费、有手段。从而适应贯彻落实科学发展观的要求和我省社会组织蓬勃发展的需求。

2010 年甘肃省社会组织建设与管理工作综述

甘肃省民间组织管理局

2010 年，在民政部的精心指导和甘肃省民政厅党组的正确领导下，甘肃省民间组织管理局按照加强分类指导，坚持培育发展、监督管理并重的方针，努力提升甘肃省社会组织建设和管理水平，进一步加强社会组织党组织建设、自律诚信和能力建设，增强社会组织服务社会的服务功能和作用，较好地完成了全年工作任务。

一、积极培育发展社会组织

坚持培育发展与监督管理并重，以行业协会、农村专业经济协会和公益、慈善类社会组织为发展重点，积极扶持特色产业、现代农业等相关领域的社会组织，对符合登记条件的及时给予登记，对于暂时达不到登记条件的进行备案，积极指导，努力提升发展总量。2010 年共办理全省性社会组织登记事项 39 件，其中：办理登记社会团体 17 个、民办非企业单位 21 个、基金会 1 个；接待办事、来访人员 1400 余次，总体反映较好。

二、进一步加大了社会组织的规范管理工作

一是继续推行社会团体、民办非企业单位、基金会登记前的名称核准制度，申请事项通过政务大厅公开受理。二是坚持现场核查制度。对申请成立的社会组织，必须事先进行实地察看，考察办公场地、设备等必要的条件。三是推动建立健全社会组织的法人治理机构，规范理事会制度和换届选举制度。凡是社会组织成立会议，登记管理机关都要派员到会监督其通过章程、选举产生理事及领导机构成员，完善理事会和换届选举制度，明确其权利和义务。四是推行社会组织联络员制度。明确要求社会组织必须确定一名联络员，保持与登记管理机关的经常性联系。五是进一步规范了社会组织收费行为。与甘肃省发改委、甘肃省财政厅、甘肃省地方税务局联合制定下发了《关于在全省开展治理规范社会团体收费的通知》、《关于公益性捐赠税前扣除有关问题的通知》。实行会费议决制度，要求社会

组织会费标准制定都必须经会员代表大会表决通过方能实施。强调社会组织的非营利约束机制，依照核准的章程所开展的服务性收入，必须按照规定申领票据，依法纳税。严格实行财务审计制度，有效加强了社会组织的财务、资产管理。

三、加大社会组织日常监管和执法监察力度

2010年年初，印发通知对全省性社会组织年检作了统一部署，当年全省性社会组织参加年检的共460个，其中社团310个，民办非企业单位137个，基金会13家，年检合格率达到95%以上。协调省政府办公厅，于2010年11月24日下发了《甘肃省加强社会组织执法监察工作意见》（甘政办发〔2010〕205号），建立了社会组织执法监察工作联席会议制度，省级社会组织执法经费得到了落实。

四、加强社会组织党建调研，在社会组织党组织和党员中全面开展创先争优活动

2010年5月初，根据省委组织部领导关于加强社会组织党建工作的批示要求，在分管副厅长的带领下，省民政厅组成三路工作组对全省部分市、县进行了社会组织党建情况调研，之后形成了专题调研报告上报甘肃省委组织部，提出了设立社会组织党工委等方面的建议。甘肃省社会组织创先争优活动自2010年4月26日启动以来，在省委创先争优活动领导小组精心安排、悉心指导下，各级社会组织党组织高度重视，加强领导，稳步推进，许多地方活动呈现出载体丰富、进展顺利、效果明显的良好局面。一是省上成立了省社会组织创先争优活动领导小组，14个市（州）和省属89个社会组织业务主管单位也都相继成立了领导机构，出台了活动实施方案。二是省社会组织创先争优活动领导小组在广泛调研基础上，结合社会组织实际，提出了全省社会组织以“坚守诚信服务、争创一流业绩”的响亮主题，并确定了“学法规，讲诚信，作表率”的活动载体。通过社会组织创先争优活动积极鼓励支持市州在民政部门设立社会组织党工委，武威、定西2市已经在市县两级成立社会组织党工委。

五、全面推进社会团体“小金库”专项治理工作

根据中央和甘肃省的部署要求，省民政厅牵头开展了社会团体“小金库”治理工作，与省纪委、省监察厅、省财政厅、省审计厅联合下发《甘

肃省社会团体“小金库”专项治理实施办法》。通过积极的工作，截至2010年底，全省共查出“小金库”39个，占全省社会团体和公募基金会6969个的0.4%，涉及金额529.68万元。在小金库治理过程中，我们从推进改革、完善政策、健全制度、改进监管等方面入手，建立和完善了社会团体和公募基金会防治“小金库”的长效机制。

六、狠抓社会组织清理规范工作

近年来，全省社会组织快速增长，但部分社会组织也存在一些突出问题，主要是：1. 不按照章程规定超出业务范围开展活动；2. 内部制度不健全，管理混乱；3. 多年不参加年检，业务主管单位和登记管理机关联系不上，已名存实亡，导致社会组织数量“水分”过大。针对这些问题，2010年9月20日，省民政厅在《甘肃日报》刊登了清理省级社会组织公告，要求2010年未参加年检和未办理登记手续取得法人资格擅自开展活动的培训学校等社会组织，于2010年10月20日以前到民间组织管理局办理相关手续，否则将会同业务主管单位依照相关法规予以撤销或依法取缔。2010年底清理规范已初现成效，一是部分多年未年检的社会组织前来参加年检；二是省属各业务主管单位对违规活动、不参加年检的社会组织提出了清理意见。

七、加快建立评估机制，促进社会组织的健康发展

根据民政部《社会组织评估管理办法》，民间组织管理局已着手成立省级评估委员会，积极争取经费、制定标准，并计划在5年内完成省属社会组织的第一轮评估工作。

八、成立了甘肃省社会组织促进会大会

2010年4月13日召开了近200个会员参加的第一次会员代表大会成立了甘肃省社会组织促进会。促进会成立后，在引导和促进社会组织规范运作、健康发展方面起到了积极的作用。

2010年青海省社会组织建设与管理工作综述

青海省民间组织管理局

根据青海省民政厅2010年民政工作要点任务分解方案，2010年，民间组织管理局注重抓基础、抓大事、抓急事，集中精力，牵头三项大的活动，果断处理两大历史遗留问题，建立两项制度，创新一个工作亮点，服务一个重点，整体推进各项工作。

一、工作完成情况

（一）牵头三项大的活动

一是精心指导社会组织深入开展学习实践科学发展观活动。按照省委的统一安排部署，指导社会组织认真抓好学习实践活动各阶段的工作，对社会组织向社会作出的35项承诺，逐个进行监督落实，并指导社会组织新建党组织19个，同时积极向省委申请设立社会组织党工委。二是认真组织开展社会组织创先争优活动。在搞好本支部的创先争优活动的同时，着重指导全省社会组织开展创先争优活动。设立了社会组织创先争优活动办公室，抽派了两名工作人员，协调落实了经费，为社会组织党组织购买了学习资料。利用不同方式进行了动员部署，制定下发了《实施方案》和《指导意见》，深入社会组织进行调研指导，向社会组织下发了调查统计表和调查问卷。目前，全省共有2480个社会组织，215个党组织，1336个党员参加了社会组织创先争优活动。同时将创先争优活动与社会组织评估工作相结合，列入评估参照指标。并发现典型，及时向省委创先办筛选推荐了三个先进单位和两名先进个人。三是主动协调财政等部门认真抓好社会组织“小金库”专项治理工作，提出了实施意见，进行了动员部署，开展了相关方面的培训。为了紧密配合三项活动，我们利用《青海社会组织》杂志登载了有关活动方案、简讯，还在青海民间组织网上进行了宣传。另外，根据上级有关部门的安排，抽调专门人员配合省发展和改革委员会开展社会组织涉及企业收费清理工作和规范治理社会团体会费收取工作。

（二）果断处理两大历史遗留问题

一是发票管理问题。2009年全省民政年终工作大检查中，基层民政部门普遍反映，省民间组织管理局多年来一直将相关社会组织发票交由省个体私营经济协会代管，导致发票管理使用混乱，不利于民政部门监管。对此，我们在与省个私协（包括省工商局）充分做好沟通，并在征求省税务局、省财政厅意见的基础上，果断将社会组织发票管理权收回民间组织管理局，并完善了发票管理使用办法，基层民政部门普遍反映良好。二是积极协调民和县民政局依法对三川发展促进会进行撤销登记。三川发展促进会因长期拒不接受监管，多次违规开展非法活动，曾多次被民和县民政局警告并限期停止活动，但该会依然我行我素，严重影响了政府的权威，损害了社会组织的形象。对此，我们曾会同省外事办、公安厅等部门多次与该县交涉，民间组织管理局两次致函、两次派人现场进行监督处理，最终由登记管理机关民和县民政局对三川发展促进会作出了撤销登记的处罚，并在《青海日报》进行了公告，净化了社会组织发展环境。外交部对于此举给予了“行动果断，措施得力”的肯定。

（三）科学建立境外非政府组织管理联席会议制度和违规社会组织负责人诫免谈话制度

根据青海省实际，积极与公安、安全、外事等部门建立了境外非政府组织联席会议制度。结合管理工作中遇到的问题，建立了违规社会组织负责人诫勉谈话制度。针对发现的问题，及时约见违规社会组织负责人进行诫勉谈话，督促其立即改正。2010年，共进行谈话200余人次。两项制度的建立，进一步加强了社会组织管理工作，规范了社会组织行为。

（四）创新一个工作亮点

社会组织评估工作是民政部门的一项新任务。在评估过程中，我们注重结合青海实际，坚持把委托“第三方”评估与登记管理机关监督有机结合起来，制定了《评估暂行办法》和《评估指标》，建立了社会组织评估专家库。同时把社会组织评估工作纳入全省社会信用体系建设之中，并严格按照相关程序对123个社会组织进行了等级评定。此项工作得到了民政部的充分肯定，民政部在新疆召开的全国社会组织评估工作经验交流会上，青海省作了典型发言，近期的《中国社会报》对我省的经验介绍也在第一版作了全文登载。

（五）服务一个重点，即全力支持玉树抗震救灾工作

玉树地震灾害发生后，按照省民政厅党组的安排，迅速动员全局人

员积极参与抗震救灾工作。有2位已批准休假的同志主动推迟了假期，先后有3人赴玉树抗震救灾第一线参加现场救灾战斗，其他人员也都在不同岗位积极主动地参与救灾工作。同时，主动协调民政厅领导，以省社会组织发展促进会和慈善总会的名义在《青海日报》上向社会组织发出捐赠倡议，并及时组织社会组织集中举办了一次为玉树地震灾区捐赠活动，筹集救灾款物共计1000余万元。既有力地支持了灾区，又增强了社会组织的社会责任。

（六）举办两期有特色的社会组织业务培训

一是开展了社会组织财务人员专业培训。为帮助社会组织加强内部财务管理。4月份，我们会同省财政厅举办了一期约有近200人参加的全省性社会组织财务人员培训班。此次培训班的一个特点和创意是：将培训纳入财务人员继续教育内容，由民间组织管理局会同省财政厅会计处、省注册会计师协会确定授课内容，邀请省财经学院的教授进行专业授课，同时由常年从事社会组织财务审计的同志进行难点重点讲解，从而使培训更具人性化、个性化，增强了培训内容的针对性和可操作性。二是开展了登记管理干部和社会组织负责人的业务培训。此次培训与以往的培训有多个不同：一是管理者与被管理者同班培训；二是与民政厅中心组学习相结合，吸收厅处级干部听大课；三是邀请了国家民间组织管理局相关处室负责人进行授课，并进行了现场答疑；四是座谈交流与问卷调查相结合。从内容到形式，都充分考虑到培训的针对性和实际效果，进一步提高了参训人员的业务水平，得到了大家的一致好评。

（七）依法开展社会组织年检工作

根据国务院《社会团体登记管理条例》、《民办非企业单位登记管理暂行条例》和《基金会管理条例》规定，及时组织制定了《关于开展2009年度社会组织年度检查实施意见》，对全省性社会团体、基金会和民办非企业单位实施年度检查。主要检查社会组织的遵纪守法、机构设置、人员变动、财务运作、业务活动等情况。目前共完成了548个省级社会组织的年检工作，年检率为93%，年检合格率为95%。

（八）组织编制农村牧区党员干部远程教育电教片

根据省民政厅统一安排，由民间组织管理局负责编写农村牧区专业经济协会电教片。经过三次讨论和修改，已在省电视台完成了第一次录制工作。另外，在认真调研的基础上，制定了《全省城乡社区社会组织备案管理办法》。

（九）努力办好一刊一网

一刊一网即《青海社会组织》期刊和青海民间组织信息网，为社会组织发展提供了智力支持和良好的舆论氛围。

（十）加强对境外非政府组织的管理

结合青海省实际，在建立联席会议制度的基础上，采取灵活多样的管理方式，科学管理在我省活动的境外非政府组织。一是在玉树抗震救灾期间，我们会同当地民政、外事等部门，重点对参与抗震救灾的社会组织进行调研，并进行了政策宣传，督促其遵纪守法，积极开展有利抗震救灾、灾后重建和维护灾区民族团结、促进灾区社会稳定的救助活动，坚决杜绝违法违规行为。二是根据掌握的情况，及时约见有问题的社会组织，认真讲解有关政策，责令其立即停止相关活动，依法开展活动。三是在年检过程中对重点社会组织进行针对性的审查，及时发现问题，立即进行纠正，防患于未然。

（十一）认真指导民间组织服务中心开展各项工作

根据年初安排的工作计划，及时指导并督促民间组织服务中心按时完成各项任务。

2010年宁夏回族自治区社会组织建设与管理工作综述

宁夏回族自治区民间组织管理局

一、培育发展与监管情况

近年来，在宁夏回族自治区党委、政府正确领导下，全区各级民政部门、各业务主管单位改革创新、强化监管，各类社会组织优化管理、提升服务，登记数量从2005年年底的1463个，增加到2010年年底的11929家，初步形成了与宁夏经济社会发展相适应、门类齐全、层次不同、覆盖广泛的社会组织发展体系。2010年，我区社会组织固定资产总值达到14.7亿元，年收入20.5亿元，解决就业人员达33000人。截至2011年6月底，全区在各级民政部门登记注册的社会组织3565家，社会组织党组织397个，覆盖社会组织695家，党组织组建率11.1%，组建覆盖率19.5%。

（一）发展环境逐步改善

从2006年底至今，自治区党委、政府先后出台了《关于加快社会中介组织发展的意见》、《关于加强新社会组织党建工作的意见》、《关于加快推进行业协会商会改革和发展的实施意见》、《关于促进我区民办非企业单位发展的若干意见》和《关于加强和创新社会管理的若干意见》等文件，搭建起了宁夏社会组织建设的政策框架，对解决社会组织发展中遇到的困难和问题，加快全区社会组织健康有序发展起到了十分重要的作用。同时，开展了公益救济性捐赠税前扣除，为社会组织提供了税前支持，优化了社会组织发展环境，对公益性社会组织的快速发展起到积极的推动作用；各地结合实际，先后出台了培育发展社会组织的规范性文件，营造了社会组织健康发展的良好环境，有力促进了社会组织与经济社会发展的良性互动。

（二）监督管理不断创新

坚持培育发展与监督管理并重，健全社会组织监管体系，取得了新进展。一是着力创新社会组织管理体制，抓好民政部在宁夏试点省区改革创新，率先在非公募性基金会和教育、职业技能培训、卫生等领域的民办非企业单位中开展民政部门直接登记试点工作，为探索由民政部门统一登记，各司其职，协调配合，分级负责，依法监管社会组织管理体制奠定了基础。二是着力推进行业协会商会改革，本着精简高效的原则，推进政会职能分开，整合社会组织资源，强化内部民主管理，激发社会组织创造力，为推进行业协会商会改革积累了经验。积极探索社区社会组织培育发展新途径，降低门槛、简化手续，促进社区社会组织快速发展。完善行业协会6+x制度，探索制定了全区行业协会、商会6+x内部管理制度示范文本。组织对行业协会商会进行等级评估，进一步推进行业协会商会健康发展。三是着力加强社会组织执法监察，加强社会组织执法培训。加大年检和执法力度，出台了《宁夏社会组织年检暂行办法》，对150多个全区性社会组织发出限期整改通知书或予以注销、撤销。会同有关部门，深入开展了清理和规范评比达标表彰活动和社会团体“小金库”专项治理工作，树立了法律法规的权威性，规范了社会组织行为。联合自治区财政厅，对全区社会团体财务管理工作进行了集中整治，更换了社会团体收费许可证，从源头上制止了乱收费行为。四是着力开展社会组织评估工作，进一步完善社会组织自律机制和外部监督机制，形成了分类组织评估标准体系，推动了社会组织自身建设。2010年，自治区筹措200多万元，对评定为3A等级以上的农村专业经济协会给予了以奖代补奖励。大力培育发展公益慈善类社会组织，指导成立了宁夏燕宝慈善基金会等20多个公益性社会组织。

（三）功能作用日益彰显

重点领域社会组织特别是行业协会、商会、农村专业经济协会、民办非企业单位，围绕经济发展主题，积极配合政府工作，在规范市场秩序、开展行业自律、制定行业标准、调解行业纠纷、开展招商引资等方面发挥了积极的作用，已经成为社会事业的有效载体、经济发展新的增长点、解决就业问题的重要渠道。宁夏881家经济类社会组织，围绕当地经济发展，积极配合政府工作，在规范市场秩序、开展行业自律、调解行业纠纷等方面发挥了积极作用。754家民办非企业单位运用灵活、高效的市场机制，在科教文卫等领域向社会提供多样化服务，成为社会事业的有效载体和参与社会管理服务的有力助手。738家民办非企业单位，总资产达8.2亿元，年收入达4.6亿元。从业人员达21500多人。扩大了科技、教育、文化、体育、社会福利等公共服务，促进了社会事业发展。26家基金会充分利用民间资金，积极参与宁夏“黄河善谷”建设，协助政府参与扶贫济困、助学助医等公益活动，成为社会管理和公共服务的有益补充。628 个学术团体，聚集了宁夏上万专家学者，广泛开展学术交流和理论研究，促进了科技创新和文化繁荣。基层服务性、群众性社会组织快速发展，经民政部门登记的农村专业经济协会有 1259 个，社区社会组织 8480 个，适应了建设新农村和城市工作重心下移、基层服务不断增长的新要求。各类社会组织在抗震救灾中发挥了积极作用，据不完全统计，各类社会组织仅汶川地震捐款达 1000 多万元。

二、党建工作情况

宁夏自治区社会组织工委于 2010 年元月份成立后，按照“一年夯实基础、两年巩固提高、三年实现跨越”的总体工作思路，紧紧围绕“加强社会组织党的建设、强化社会组织自身建设、推进社会组织科学发展”的工作目标，以构建“发展、监管、党建”三位一体的工作机制为抓手，积极探索，勇于创新，社会组织党建工作得到进一步加强，有力推动社会组织健康发展。

（一）抓机遇，为社会组织党建注入活力和动力

党中央、宁夏自治区党委历来高度重视社会组织党的建设。把社会组织单独作为一个组织类别，整体参加学习实践科学发展观和创先争优活动，为加强社会组织党建工作提供了极好的机遇。我们紧紧抓住这一历史机遇，在全区社会组织中深入开展学习实践活动和创先争优活动，大力促进社会组织党建工作发展。2010 年年初，在全区深入开展学习实践活动进入第二、三阶段，我们分阶段深入市县（区）、有关业务主管单位和社会组织中检查指导学习实践活动开展情况，工委主要领导先后 3 次带队深入社会组织进行调研，4 次组织召开全区社会组织学习实践活动推进会、座谈会和总结会。指导建立健全了加强社会组织建设的长效机制，积极探索社会组织基层党组织设置形式，加强基层党组织建设，不断扩大党在社会组织的组织覆盖和工作覆盖。第三批学习实践活动期间，国家副主席、中央深入学习实践科学发展观活动领导小组组长习近平同志对宁夏“以学习实践活动为契机”加强社会组织党建工作作出批示，给予了充分肯定。宁夏民政厅也被全国社会组织学习实践活动指导小组、民政部评为学习实践活动指导工作先进单位。

（二）抓突破，创新社会组织党建工作管理体制

我们在深入区内外调研的基础上，积极向自治区党委建言献策，先后

提出依托登记管理机关和业务主管单位成立社会组织工委、党委的建议，宁夏自治区党委及党委办公厅先后发文，在全国率先批准成立自治区社会组织工委，率先批准在全区性社会组织业务主管单位成立社会组织党委（党总支）。纵向上，实现了自治区、市、县（区）三级社会组织工委工作体制全覆盖；横向上，指导全区性社会组织业务主管单位成立社会组织党委（党总支），形成各级党委领导、组织部门抓总、社会组织工委牵头、业务主管单位具体负责的社会组织党建工作体制。健全党建工作制度。建立自治区社会组织工委与工、青、妇联席会议制度。依托登记管理机关成立社会组织党工委，是社会组织党建工作的重大创新和突破。中共中央《关于在全党开展深入学习实践科学发展观活动的总结报告》充分肯定了这一做法，指出“许多地方依托登记管理机关，成立社会组织党工委，创新了社会组织党组织管理体制，理顺党组织隶属关系”。在全国有关社会组织工作会议上，这一创新得到高度重视，被称为社会组织党建的“宁夏模式”。

（三）抓重点，全面推进社会组织创先争优活动深入开展

宁夏自治区党委部署创先争优活动后，我们立即传达学习中央、自治区会议精神，研究贯彻落实措施。及时深入全区 27 个市、县（区）、10 个全区性社会组织业务主管单位和 100 家社会组织，围绕发展、党建、创先争优活动等情况进行调研，及时成立自治区社会组织创先争优活动领导小组，制定实施意见。围绕“强化组织、提升能力、推动发展”的活动主题，确定了以创建先进基层党组织、创建先进社会组织，争做优秀党员、争做优秀会员，努力实现会员满意、群众满意、政府满意、社会满意的“双创、双争、四满意”活动载体，召开会议全面部署创先争优活动。指导各市、县（区）社会组织工委、各全区性社会组织业务主管单位按照要求，创新载体，深入开展活动。建立督查制度和领导联系点制度，加强督促指导。把树立、推广典型作为推进创先争优活动的重要抓手，在全区选树了 50 个优秀基层党组织、100 名优秀党员和 10 个党建示范点，作为创先争优活动先进典型进行重点指导培育，发挥他们的示范带动作用。2010 年 9 月 28 日，宁夏社会组织创先争优活动的做法在全国社会组织创先争优活动推进会上作了大会交流。11 月 30 日，我们又召开了全区社会组织创先争优活动观摩推进会，组织现场观摩和经验交流，对下一阶段创先争优活动进行了安排部署。2010 年，紧紧围绕贯彻落实自治区“十二五”发展目标任务，在全区社会组织中广泛开展以“服务企业、促进发展；服务农村、促进增收；服务社区、促进和谐；服务民生、促进保障”为主要内容

的“四服务四促进”主题实践活动，组织引导社会组织在推动黄河金岸、生态移民、“黄河善谷”建设、促进社会和谐中创先争优。深入推进创先争优活动节点工作，指导全区社会组织基层党组织和党员开展公开承诺、领导点评和民主评议活动。制定下发了《全区社会组织创先争优考核实施办法》。组织召开了全区社会组织创先争优活动理论研讨会。宁夏自治区社会组织工委先后在全国社会组织创先争优活动座谈会和全区创先争优工作座谈会上作了交流发言。积极开展选树典型活动，广泛宣传先进典型事迹。组织召开了全区社会组织庆祝建党 90 周年表彰大会，对 56 个全区先进社会组织、30 个社会组织先进基层党组织、60 名优秀党员和 20 名党务工作者进行了表彰奖励。

（四）抓基础，努力提升社会组织党建工作水平

按照加强社会组织基层党组织建设的新要求，认真分析全区社会组织基层党组织的实际，对一些重点难点问题进行专题调研，采取单独组建、联合组建、挂靠组建等多种方式，创新组织设置，理顺组织关系，力争做到应建尽建，真建实建。我们提出工委委员所在单位既是党建工作联系点，也是党建工作责任区，实行划区包片、责任到人。各级社会组织党组织把广大员工群众和会员团结在党组织周围，建立健全社会组织党建工作长效机制，确保所建党组织“建得起、立得住、运行好”。全区社会组织党组织组建率由 2010 年年初的 6% 上升到 19.5%，社会组织党组织应建尽建率达到 100%。召开了“开放组织设置、开放结对共建、开放组织生活、开放党员教育、开放党建资源”的社会组织开放式党建工作观摩推进会。建立宁夏社会组织工委与工、青、妇联席会议制度。组织在全区社会组织中广泛开展了党建工作示范点创建活动，采取自下而上的方法层层组织验收，进一步提升了社会组织党组织整体工作水平。举办了全区社会组织党支部书记培训班，提高社会组织党组织负责人抓党建工作能力。2010 年 6 月下旬，在中国浦东干部学院举办了为期 1 周的宁夏社会组织工委（党委）书记培训班，提高了社会组织党务干部的理论水平和抓党建工作的能力，增强了参与社会管理创新的责任感和使命感。

宁夏社会组织建设和党建工作取得了一定成绩，但还存在一些问题，主要表现在：一是对社会组织在加强和创新社会管理中的作用认识不足，规范引导不够，结构布局不够合理。二是推进政府向社会组织转移职能、购买服务力度不大。三是各级社会组织登记管理机关监管力量薄弱，工作不到位。四是社会组织党建工作基础还比较薄弱，各级工委体制还不够健全。

下一步，我们将认真贯彻宁夏自治区党委《关于加强和创新社会管理的若干意见》和民政部部长李立国年中分析会上的重要讲话精神，发挥社会组织在加强和创新社会管理中的协同作用，研究出台大力培育发展公益性社会组织的意见，完善社会组织扶持政策，推进政府向社会组织购买服务，探索建立社会组织孵化基地，在营造社会组织发展环境上下工夫；全面推进社会组织评估工作，查处取缔违法违规的社会组织，处罚未按时或不参加年检的社会组织，加快形成淘汰退出机制，配合有关部门做好“小金库”专项治理工作，在规范社会组织监管上求实效；把抓基层打基础作为重中之重，不断夯实党建基础，切实加强基层组织建设，扩大党的工作覆盖面，着重围绕迎接党的十八大开展创先争优活动，努力构建发展、监管、党建三位一体长效机制，形成社会组织党建促自建，自建推发展的良好工作局面，推动社会组织科学发展，在加强社会组织党建工作上求突破。

2010年新疆维吾尔自治区社会组织建设与管理工作综述

新疆维吾尔自治区民政厅

2010年在新疆社会组织管理工作中，认真学习贯彻落实中央新疆工作座谈会，自治区党委七届九次、十次全委（扩大）会议精神，依据法律法规和国家有关政策，不断完善监管措施，切实加强管理监督，在发挥加强各类社会组织建设、促进自治区经济社会发展、构建和谐社会等方面，发挥了积极作用。

一、切实推进社会组织党的建设，加强党和政府对社会组织的领导

在巩固和深化社会组织深入学习实践科学发展观活动成果的基础上，深入贯彻落实中央新疆工作座谈会、全国对口支援新疆工作会议和新疆维吾尔自治区党委七届九次全委扩大会议精神，大力推进社会组织建设和创先争优活动开展，提高社会各界对社会组织地位和作用的认识，争取各级党委和政府对社会组织发展改革的重视和支持，探索和创新社会组织党建工作的新机制、新办法。在2010年年初全国民政工作会议暨科学发展观总结表彰会议上，中央社会组织学习实践科学发展观活动指导小组和民政部授予新疆民政厅、和田地区民政局、沙湾县民政局“全国社会组织科学发展活动先进指导单位”称号，授予新疆企业联合会等两个社会组织为参加科学发展观活动的先进单位。11个社会组织被评为全国先进社会组织。2010年6月28日新疆维吾尔自治区召开社会组织争先创优电视电话动员会，对7个获得全国先进社会组织和5个科学发展观先进单位进行了授牌表彰，树立了全区社会组织发展建设的典型。

按新疆维吾尔自治区党委和自治区创先争优活动领导小组的安排部署和总体要求，从6月底开始，用三个多月时间，在自治区社会组织和非公经济组织中开展党组织百日集中组建活动。在各级党委领导下，在各类社会组织，通过单独组建、联合组建、挂靠组建和派员组建等多种方式，全

区共组建基层党组织2466个（其中单独组建党支部328个，临时组建党支部30个，挂靠组建党支部1601个，联合党支部486个），新建工会240余家、共青团组织210余家、妇女组织270余家做到了“关键岗位有党员、维稳一线有党员、困难面前有党员、突击攻关有党员”，基本实现党的组织和党的工作在社会组织的全覆盖，创先争优活动达到初步目的，收到预期效果。

以筹备成立“中共新疆维吾尔自治区社会组织工作委员会”为契机，引导全区社会组织围绕“迎接建党90周年”、“向党的十八大献礼”、“十二五”经济社会发展和贯彻落实新疆工作座谈会精神等内容开展活动，以多出成果、多出亮点、多出经验为目标，不断创新创先争优活动的方式和载体，深入推动全区社会组织创先争优活动扎实的开展。

二、推进社会组织外部环境建设，进一步完善社会组织政策法规体系，引导社会组织发挥积极作用

自治区人民政府颁布了《新疆维吾尔自治区行业协会管理办法》。研究制定行业协会章程示范文本，健全社团组织分支机构、名称、财务会计、档案管理、会议制度等规范的管理制度，修订完善了民办非企业单位《章程》（示范文本），《年度检查报告书》，规范民办非企业单位变更文件、档案保管、董事（理事）会议制度等管理制度，引导社会组织健全民主选举、民主决策、民主管理、民主监督的运行机制。把社会组织进社区作为社会组织管理向城市基层延伸的一个新的增长点，注重调查研究，克拉玛依市制定了《社区社团备案管理办法》，为制定自治区相应政策奠定了基础。鼓励社区志愿者组成各类公益慈善组织，利用社区社会组织植根于民间的优势，整合社会资源，满足社区居民和驻区单位日益增长的物质文化需要和各类服务需求。发挥社区社会组织在拓展社区服务，推进社区自治，促进城乡和谐发展中的积极作用。

三、认真开展社会团体“小金库”专项清查治理工作

会同新疆维吾尔自治区纪委、监察厅、财政厅、审计厅，组织对全区社会团体“小金库”开展专项清查治理工作。据统计，在自治区各级民政部门登记的4856户社会团体（自治区级577户，地州级1245户，县市级3034户）、16户公募基金会，除经各级民政部门确认的658户“三无”社会团体（自治区级80户，地州级91户，县市级487户）未纳入治理，纳

入治理范围的4198户社会团体（自治区级497户，地州级1154户，县市级2547户）、16户公募基金会均开展了自查自纠，自查自纠面达到100%。在自查自纠的基础上，按照“重点检查面不低于治理范围单位总数的5%，重点领域和重点单位检查面不低于20%”的要求，对1583户社会团体（自治区级313户，地州级471户，县市级799户）、12户公募基金会实施重点检查，重点检查面达38%，重点领域检查率达75%。自查出4户社会团体存在“小金库”问题，涉及金额79.87万元，均为区级社会团体，分别对9家重点检查发现问题的单位作出结论和处理决定。

四、坚持培育发展、分类指导、突出重点，推动社会组织有序发展

进一步贯彻落实新疆维吾尔自治区纪委关于清理整顿行业协会乱收费电视电话会议精神，2010年5月底以新民办〔2010〕40号发文《转发自治区发改委关于进一步规范行业协会、市场中介组织收费行为管理的通知》，加强全区社会组织自律诚信建设。

为进一步规范在疆异地商会登记管理工作，制定了《关于规范异地商会登记管理暂行办法》，副厅长雪合来提·买买提尼亚孜在全国行业协会经验交流会上，介绍了自治区推动异地商会发展改革的经验和做法。

选择条件成熟、发展前景广阔的全区性社团进行改革，进一步整合行业资源，降低社团组织运行成本，促进作用发挥。配合自治区人事改革“三定”方案和机构改革，主动与自治区经信委、商务厅联系协调，将原由两系统主管的12家社团进行了变更主管单位等一系列工作，并积极与自治区经信委、建设厅等业务主管单位共同制定方案，推动所属社团的“三脱钩”工作。

充分发挥公益性组织在反映困难群体利益诉求、帮助困难群体消除贫困，改善困境等方面发挥的积极作用。与自治区财政厅、自治区国税局协调，出文下发新民函〔2010〕15号《关于新疆慈善总会等五个组织的公益性捐赠税前扣除资格审查的函》。协助新疆华夏艺术馆举办了《舟曲，我们与您风雨同舟》名家书画大型慈善拍卖会，号召广大群众为舟曲灾民奉献自己的爱心；引导温州商会发起了“爱心托起梦想”慈善捐助活动，帮助新疆贫困大学生顺利完成学业等社会公益活动多次；指导和协助新疆红石慈善基金会承办了“新疆第三届社会组织发展高峰论坛暨首届慈善论坛”大会。

五、加强培训和经验交流，促进管理和服务能力提高

2010年初，分别召开社会团体和民办非企业单位登记管理工作会议，总结2009年度工作，安排部署2010年度主要工作。为有针对性地提高全区社团管理干部、社会组织负责人和专业人员的业务水平、政策素质和工作能力，组织部分社会组织管理的同志到上海、广州、黑龙江等地学习考察民办非企业单位管理经验。有计划地组织开展培训。分别举办了自治区社会组织管理执法培训班、全区性社会团体、基金会改革与发展研讨会、全区性民办非企业单位法人培训和社会团体、民办非企业单位会计培训班等一系列培训。

六、扎实做好登记管理和行政执法工作

2010年全区新登记社会组织728家，其中社团402家，民办非企业单位342家，基金会2家。截至2010年12月，在新疆民政部门登记社会组织共7245家，其中：社会团体4800家，基金会21家。全区性社会组织达到790家，其中：社会团体590家，民办非企业单位178家，基金会22家。认真开展年检工作。针对网上年检无法开展的困难，及时下发了如何开展年检工作的通知，专门修改了年检填报表的内容，简化了程序，方便了填写，确保了年检工作保质保量的完成。社会团体年检合格率达83%，民办非企业单位年检率为93.8%，年检合格率为100%。

认真贯彻落实青岛“全国社会组织管理暨执法监察工作会议”精神。强化执法力度，依法取缔了天山同行中华车友会、开心贝贝幼儿园、童智星幼儿园、南方幼儿园、红星幼儿园等非法社会组织，受民政部民间组织管理局的委托依法对“中国初级卫生保健基金会健康扶贫工程开发中心”驻“新疆维吾尔自治区工作站”进行了查处。

加强对“新疆社会组织网”的维护、管理、组稿和信息发布工作，确保了年检系统安全运行，提高社会组织登记管理工作效率。全年发布各种信息1136条，登陆用户达到14.9万人次。

2010年新疆生产建设兵团社会组织建设与管理工作综述

新疆生产建设兵团民间组织管理局

2010年，新疆生产建设兵团社会组织登记管理工作以科学发展观为统领，坚持培育发展与监督管理并重的方针，突出重点，扎实工作，务实创新，有效促进了社会组织健康、有序、可持续发展，社会组织管理和建设工作走上规范化轨道。

一、社会组织稳步发展

2010年，兵团各级社会组织登记管理机关共审批社会组织37个，其中，社会团体30个、民办非企业单位7个。撤（注）销社会组织10个，其中，社会团体5个、民办非企业单位5个。截至2010年年底，兵团有依法登记的各级各类社会组织971个（社会团体747个、民办非企业单位222个、基金会2个）。其中，兵团本级社会组织113个（社会团体100个、民办非企业单位11个、基金会2个）。

二、社会组织科学发展观活动成效显著

按照中央和兵团党委的要求，兵团社会组织深入开展了第三批学习实践科学发展观活动。兵团共有82个社会组织参加了第三批学习实践活动。召开了座谈会、动员会，统一了思想，提高了认识。成立了组织，制定了方案，保证了学习实践活动的顺利推进。各级各类社会组织紧扣学习实践活动的目标任务，采取多种形式听取职工、会员和服务对象意见，广泛开展走访服务活动。如，农二师在全师范围内开展了“社会组织送服务活动”。积极推进行业协会、商会的党建工作，帮助他们建立党支部。如，积极协调农八师石河子市老街街道党工委和53社区，帮助农八师温州商会建立了党支部。又如，兵团进出口商会注册会员单位186家，全部为从事进出口贸易的民营企业。商会建立党支部后，将这些会员单位的党员由原来的“口袋党员”转入到商会党支部，过上了正常的党组织生活。据统计，全兵团行业协会共建立党组织13个，党员数3282人。在活动中，我

们共出简报9期。农二师民政局、农八师民政局、农八师石河子市中医民族研究所分别获得“全国社会组织深入学习实践科学发展观活动指导工作先进单位”和“全国社会组织深入学习实践科学发展观活动先进单位”。兵团棉花协会、兵团进出口商会、农二师27团养鹅协会、农三师48团果农协会、农八师石河子市25小区社区服务站被民政部表彰为“全国先进社会组织”。

三、社会组织创先争优活动扎实深入

在社会组织党组织和社会组织党员中，深入开展创建先进基层党组织、争当优秀共产党员活动，是巩固和拓展社会组织深入学习实践科学发展观活动成果的重要举措，是加强和改进社会组织党的建设，推动社会组织党组织和党员立足本职、发挥先锋模范作用的一项重要举措和经常性工作。我们成立了兵团社会组织、社区组织创先争优活动指导小组，下发了指导意见，建立了党委组织部门负总责、民政部门牵头、业务主管单位具体实施的活动机制，形成了一把手负总责，一级抓一级，层层抓落实的工作格局。通过集中学习、专题讨论、举办文艺表演，组织参观爱国主义、屯垦戍边教育基地和在社会组织党组织和党员干部中开展“党员先进岗”、“党员联系户”，“一助一”扶贫帮困和“进千家门、知千家情、解千家忧、暖千家心”等实践活动，吸引党组织和广大党员积极参与，使他们在参与中受到教育，得到提高。结合兵团社区建设宣传月活动，在兵团社区社会组织中深入开展以“服务群众、维护稳定、和谐发展”为主题的宣传月活动，通过党员志愿服务、社区党员示范岗等活动发挥党员服务社区居民、建设和谐社区的积极作用。结合党员领导干部、一般党员、离退休党员的岗位特点、个人特长等，分别确定承诺内容，开展了公开承诺。认真做好选树、培育创先争优先进典型工作。向兵团推荐农八师石河子市中医民族医药研究所党支部、农三师四十八团果农协会会长黄金的典型材料，用先进典型引领、激励广大党员干部和职工群众更好地发挥建设大军、中流砥柱、铜墙铁壁作用，推进兵团实现跨越式发展和长治久安作出新的贡献。

四、整合社会组织资源，兵团社会组织促进会正式成立

2010年1月19日，兵团社会组织促进会成立大会暨第一届会员代表大会在乌鲁木齐西虹宾馆举行。兵团党委常委、兵团副司令员哈尼巴提·沙布开出席会议并讲话。来自各师、院（校）领导和兵团本级社会组织以

及会员单位的代表共计200余人参加了会议。大会审议通过了《兵团社会组织促进会章程》（草案）、《兵团社会组织促进会会费管理办法》（草案）、《兵团社会组织促进会会员管理办法》（草案），选举产生了新一届理事会和会长、副会长、秘书长。在成立大会上，兵团社会组织促进会向兵团各类社会组织发出“强化社会责任、共筑和谐社会”的倡议。兵团社会组织促进会的成立，对兵团社会组织的健康发展和增加活力搭建了良好的平台。

五、积极推进行业协会改革和发展

2010年，兵团各级社会组织登记管理机关认真贯彻国务院办公厅《关于加快推进行业协会商会改革和发展的若干意见》精神，积极培育发展行业协会，促进了兵团工商经济的发展。在登记程序上，只要对兵团发展有利，就主动上门为他们牵线搭桥，上门服务，提供方便，办理手续。在管理上，坚持年检、审计和重大活动事先报告等监督制度，既激发了行业协会的活力，又使其规范有序发展。围绕兵团经济建设和市场需要，以维护规范市场方面经济秩序的行业协会为出发点，优先审批发展了一批行业协会。目前，兵团共有行业协会272个，占社团总数的34%。总资产6979.1万元、净资产2025.8万元；专职工作人员176人、兼职工作人员1014人；单位会员35884个、个人会员137617个。

六、执法监察工作得到加强

（一）年检工作全面落实

结合年检，开展了行业协会收费专项检查，会同兵团发改委物价处规范了社会组织使用会费票据和接受捐赠票据的收费行为。2010年，兵团应参检社会团体674个、民办非企业单位196个、基金会2个。通过年检，确定年检合格的社会团体649个，年检合格率96.3%；年检合格的民办非企业单位183个，年检合格率93.4%；年检合格的基金会1个，年检合格率50%。以年检信息专刊的方式，对年检数据进行了统计、分析及上报。对12个社会组织（其中，社会团体8个、民办非企业单位3个、基金会1个）作出限期三个月整改的处罚。

（二）社会团体的“小金库”治理工作扎实推进

兵团民政局作为兵团治理“小金库”工作领导小组成员单位，参与指导全兵团社会团体“小金库”的专项治理工作。调整了局治理“小金库”

工作领导小组，制定了社会团体专项治理实施办法和重点检查工作实施方案，下发工作简报7期。汇总了兵团本级和各师社会团体和公募基金会的各类数据。社会团体“小金库”自查面100%，自查发现有“小金库”违纪单位3个，上缴财政金额为145743.47元。采取听取汇报、座谈、查阅资料、实地查看等方式，采用了突击盘存法、收入核实法、清查票据法、账户核对法、支出核查法、审阅相关资料法、延伸检查法等检查方法，对105家社会团体和公募基金会进行了重点检查。重点检查面20%。通过开展“小金库”专项治理工作，促进了社会团体健康可持续发展。

七、培训工作得到强化

通过以会代训、参加民政部组织的各类培训班等方式，全面提升登记管理人员的业务素质。全年以会代训及培训共6次。先后学习了社会组织评估、行业协会改革发展、社会组织工作动态及相关政策理论，了解了全国性社会组织评估情况和兄弟省市开展社会组织评估工作经验及全国行业协会改革发展的工作经验，实地考察了苏州、无锡、常熟、上海、广州等市的社会组织，通过理论学习和实地参观见学，拓宽了视野，提高了登记管理人员的业务水平和工作能力。依据民政部、国家档案局的要求，与兵团档案局联合下发兵民发〔2010〕111号文件，对全兵团社会组织登记文件材料的归档范围进行了规范。

2010年深圳市社会组织建设与管理工作综述

深圳市民间组织管理局

2010年，深圳市紧紧围绕《民政部、深圳市人民政府推进民政事业综合配套改革合作协议》和中共深圳市第五次党代会的精神，充分利用作为全国、全省社会组织"改革创新综合观察点"的有利机遇，完善运行机制，抓好政策落实，有序开展社会组织建设与管理工作，成效显著。2010年1月，市民间组织管理局申报的"深圳市社会组织登记管理体制改革"项目，从全国358个申报项目中脱颖而出，荣获第五届"中国地方政府创新奖"优胜奖。中央政治局委员、广东省委书记汪洋同志批示："深圳的经验值得重视。""中国地方政府创新奖"奖杯及获奖证书被深圳市博物馆收藏并作为《深圳改革开放史》展览展品。12月，《南风窗》杂志评出2010为了公共利益年度榜，市民间组织管理局与全国总工会一起获得"年度组织奖"。

一、社会组织体制机制有新突破

（一）深化登记体制改革

2010年3月，出台了《深圳市社会组织发展规范实施方案（2010—2012年）》，完善鼓励发展和规范管理的政策体系。10月出台了《深圳市社区社会组织登记与备案管理暂行办法》，全面推动社区社会组织登记备案双轨制。加快制定《深圳市工商经济、社会福利、公益慈善类社会组织登记指南》，规范直接登记流程，并大力推进异地商会、基金会的登记试点。截至2010年12月底，深圳市登记的社会组织4110家，其中社会团体1662家，民办非企业单位2441家，基金会7家。市级社会组织1269家，区级社会组织2841家。年内登记的99家市级社会组织中，有48家社会组织是直接登记的，直接登记率达到了48.5%。诸如深圳壹基金公益基金会、深圳市新能源行业协会、深圳市恩派非营利组织发展中心等一批具有生机活力、符合社会需要的社会组织得以批准成立。还尝试在社会团体的名称中增加字号进行细分，成立了深圳市红十字救援促进会等社会团体。

体制机制的创新促进了社会组织的发展。2010 年 10 月，由深圳市郑卫宁慈善基金会和深圳残友集团组织实施的“残疾人社会企业孵化模式”项目，荣获首届“中国社会创新奖”优胜奖。深圳市钟表行业协会等五家社会组织被评为全国先进社会组织。

（二）推进政府职能转移

出台《深圳市推进政府职能和工作事项转移委托工作实施方案》，明确了政府职能转移的原则、范围和程序要求，提出以竞标和购买服务的方式进行有序对接。市民间组织管理局按《实施方案》要求，对各相关部门推进转移委托工作情况进行调查，形成专题报告报市政府，通过市政府发文督促各相关单位加快转移委托进程及规范程序。据统计，市编办核定的第一批转移委托的 86 项政府职能和工作事项，69 项进行了转移委托，占 80%。其中社会组织成为承接主体。

（三）建立社会组织培育实验基地

2010 年 3 月，市民间组织管理局设立“社会组织培育实验基地”，培育公益组织，研发公益项目，形成公益事业规模效应。对从事环保、助残、儿童服务等 6 家草根公益组织进行为期 10 个月的能力建设，并于 2010 年 12 月底出壳，其中 5 家在我局成功注册。同时，还为 4 家社工机构提供上门服务。

（四）推动社会组织参政议政

在 2010 年党代表、人大代表和政协委员换届中，市民间组织管理局作为单独的推荐单位推荐代表、委员。新换届的党代表、人大代表和政协委员中，社会组织专职工作人员人数成倍增加，其中党代表 4 位，人大代表 5 位，政协委员 10 位，社会组织兼职人员的代表委员人数达 221 名，比上一届增长了 176%。

二、社会组织培育扶持有新发展

（一）召开全市社会组织建设管理工作会议

会议总结过去五年深圳市社会组织建设与管理工作情况，全面部署当前和今后的工作任务。国家民间组织管理局副局长杨岳、深圳市副市长张文出席会议并讲话。

（二）完善社会组织政策法规体系

充分利用特区立法权，积极推进《深圳经济特区行业协会商会条例》的立法工作，完善了草案稿；正式启动《深圳经济特区非营利组织条例》

的立法调研，形成《条例》初稿。开展社会组织发展“十二五”规范课题调研，草拟了《深圳市社会组织发展“十二五”规划》。

（三）以项目资助方式向社会组织购买服务

将福利彩票公益金作为向社会组织购买服务的“种子基金”，探索公益金培育项目，财政预算资金承接成熟项目的机制。通过委托第三方审核评估、专家评审、民政部门把关、社会公示等流程，2010 年以公益金为种子基金共向社会组织资助 75 个公益项目 3500 多万元。

（四）加强社会组织税收服务

一是与国税、地税部门签订了合作框架协议，规范社会组织税务登记，提升社会组织税收服务。二是落实公益捐赠税前抵扣政策，协同市财政委、国税局和地税局做好第二批申报的 10 家社会组织公益性捐赠税前扣除资格审查。三是协助税务部门开展第二批非营利组织免税资格认定，引导社会组织享受税收优惠政策。

（五）推进社会组织人才建设

一是举办了第五期“深圳市社会组织管理人才职业化研修班”，对全市 140 多家公益性社会组织和部分行业协会进行了培训。二是与中国国际民间组织合作促进会举办社会组织内部治理与发展研讨会，协助组织中华慈善百人论坛第二次会议，为社会组织介绍最前沿的政策动态和社会组织内部治理理论。三是组织大学生到社会组织实习。与深圳大学建立联系，推荐实习生到公益组织进行实习，为社会组织储备后备人才。

（六）加强对社会组织的宣传力度

编印了《深圳行业协会状况及行业协会报告·2009》，与深圳商报合作，刊登“社会组织视窗”32 期。

三、社会组织监督管理有新举措

（一）部门联动，形成管理合力

一是市民间组织管理局和市公安局加强协作，共同出台了《关于深化我市社会组织管理服务的通知》，进一步明确了民政、公安部门的职责，成立了市社会组织管理服务领导小组和协调联络工作组，建立了执法联动等七项工作机制。二是市民间组织管理局联合市纪委、监察局、财政委、审计局，深入开展社会团体“小金库”专项治理。对全市 503 家社会团体开展了专项检查，确定 40 家为重点检查单位，委托会计师事务所进行审计，根据发现的问题督促整改。三是市民间组织管理局与市发改委、财政委和市场监督管理局，开展社会团体收费治理规范工作。对社会团体收费情况进行了全面清查。四是市民间组织管理局与市场监督管理局、市监察局、市纠风办联合下发《关于开展市场中介组织防治腐败工作的实施方案的通知》，开展对社会团体防治腐败工作。

（二）深入开展社会组织评估

经过前期准备、自我评估、现场考察和评定审核等多个阶段和环节的工作，完成对22家全市性行业协会的评估工作。评出5A级4家，4A级5家，3A级7家，2A级4家，无A级行业协会商会2家。组织了复核评估委员会，对5家申请复议的行业协会完成了复核工作，确保评估公开、公正、公平。为扩大社会组织评估范围，草拟了全市性公益性、学术性社会团体及科技类民办非企业的评估指标体系。

（三）创新社会组织年检制度

结合深圳机构改革，按照职能转移的要求，将社会组织年检材料的受理和初审工作委托市社会组织办理。严格年检标准，对年检中发现问题的及时要求整改，共对370家年检合格但需改正、97家年检基本合格、7家年检不合格的社会组织发出了改正意见书，指出存在的问题并要求规范，大大提高了社会组织年检效力。同时，将年检结果进行了公告，在社会引起广泛关注，加强了社会监督。

（四）加大执法监察力度

全年共对深圳陕西企（事）业协会等28家家社会组织依法进行撤销登记。对深圳市化学化工行业协会等9家社会组织进行了警告、责令改正。对相关社会组织的处罚在《深圳特区报》上进行了公告，收缴了相关社会组织的登记证书、副本及印章，同时将撤销结果抄送人民银行和组织机构代码中心，防止其继续活动。

（五）做好市民投诉社会组织的信访处理工作

热情解答有关法律问题，耐心接受有关事项询问。接待群众来信来访70多人次。依法依规处理物业管理协会、巾帼居家养老服务社、四季花城“青年中心”等投诉；对市电子商务协会等社会组织存在的问题下发了整改意见书，监督协会做好整改工作；指导家政服务业协会等社会组织做好换届选举工作。

四、完善内部管理有新思路

（一）理顺管理流程

一是市民间组织管理局配合深圳大部制改革，重组了内部管理流程，调整了内设处室，提高管理效能。二是继续对社会组织登记流程进行梳理，使审批流程更加规范、简洁、科学。全年接受社会组织登记咨询来访近5000人次，平均每日电话咨询70多人次。

（二）完善内部管理制度

一是制定《民办非企业单位名称预核准有关规定》、《深圳市社会组织举报投诉案件处理规定》、《深圳市民管局执法监察手册》等规定，制定了规范的执法文书，规定了行政执法时限。二是着手制定《社会组织登记工作指引手册》。

2010年大连市社会组织建设与管理工作综述

大连市民间组织管理局

2010年，大连市民间组织管理局按照部、省工作要求，紧密结合大连市实际，根据民政工作要点，细化民管工作目标任务，以高度的政治责任感指导社会组织开展学习实践活动和创先争优活动，以改革创新精神开展社会组织登记管理工作，按照培育扶持、规范管理、提升能力、发挥作用的基本思路，圆满地完成了全年工作任务。截至2010年底，全市登记备案社会组织6373个（其中社团1376个，民办非企业单位4997个）。

一、改革创新，加快社会组织培育发展

（一）加快培育异地商会健康发展

随着市场经济的深入发展，大连市加快了对异地商会的培育发展，通过精心呵护和逐步培育，在原来3个异地商会的基础上，新批准成立登记了黑龙江商会、河南商会等9家异地商会，对于促进全市的招商引资和对外交流与合作发挥了积极的作用，充分调动异地商人在本地投资热情，促进其有效融入当地经济发展，实现两地经济发展共赢。黑龙江商会成立以来，共引进资金60多亿元，投入加工业、造船业等领域。浙江商会通过招商引资150多亿元，投入港口建设，为全市经济发展、扩大就业等方面贡献了力量。

（二）深化行业协会商会改革与发展

为了加快推进行业协会商会无业务主管单位登记试点工作的进程，扩大行业协会商会试点范围，大连市民间组织管理局主动沟通协调相关部门，积极扶持符合条件要求的行业协会商会。截至2010年底，全市已成立登记了6家无业务主管单位的行业协会。

（三）积极培育扶持非公募基金会有序发展

顺应经济社会发展需要，积极探索非公募基金会培育发展的路径，对有成立基金会愿望的各单位提供多方位服务，研究设立基金会的相关要

件，并一同到省民政厅办理登记手续。一是筹建社会组织帮扶基金会。为解决困扰部分社会组织经费不足难题，积极寻求民间资本注入。目前，社会组织帮扶基金认捐款额已经达到1500多万元，分5年到账，现到账200多万元，该基金会宗旨是帮助农村专业经济协会、城市社区社会组织、公益慈善类社团和民办非企业单位发展，为社会组织帮助社会组织发展提供了新思路。二是建立了大连市永嘉防震减灾慈善基金会。经过积极筹措，多次沟通，现已在省民政厅筹备登记中。该基金会募集到账资金1700万元，宗旨是致力于防御减轻地震灾害，保护人民生命财产安全，保障大连平安建设。

（四）搭建银企合作平台，推动社会组织共谋发展

组织召开行业协会商会会长、秘书长座谈会，集思广益、拓展思路，其中社团负责人提出了许多有益的意见和建议，为新行业协会和困难会员企业的解困和发展提供了决策依据，取得了较好的社会效益。为破解中小企业融资瓶颈，给中小企业提供融资服务，大连市银行业协会积极联系银行机构，搭建银企合作的平台。目前，有17家银行机构和14家行业协会商会建立了融资合作关系，通过这种模式为中小企业授信额度近45亿元，并为410户中小企业发放贷款6.27亿元。

（五）推进社区社会组织进一步发展

为了贯彻落实市政府办公厅下发的《关于加强城市社区社会组织培育发展的指导意见》，进一步推进全市社区社会组织的登记备案制度，适当放宽条件，简化程序进行成立登记。对于尚未达到登记条件的社区社会组织，建立备案制度。西岗区政府下发了《关于扶持社区社会组织发展实施意见》，明确每年政府拨款50万元以上，扶持社区社会组织。为总结推广西岗区社区社会组织培育发展工作的经验，召开了全市社区社会组织发展推进工作现场会。制定出台《大连市社区社会组织备案管理暂行办法》，进一步明确备案条件、备案程序、管理要求及奖励政策，推动我市社区社会组织规范发展。

（六）促进公益性社会组织健康发展

按照民政部《社会团体公益性捐赠税前扣除资格认定工作指引》的规定要求，对大连市慈善总会等11家社会团体报送申请材料进行初审后，会同市财政局、国税局和地税局对其实施联合审定，并按照市政府办公厅《关于市两级慈善总会捐赠税前扣除资格认定工作的会议纪要》，正式确定大连市慈善总会等11家单位为大连市第一批公益性社会团体。今后大连地

区的企业和个人向上述社团进行的公益性捐赠时，准予按照现行税收法律、行政法规及相关政策规定在所得税前扣除。此项工作的实施将对利用税收手段培育、监管和发展公益性社团起到重要的推动作用。

二、积极探索，不断规范社会组织管理

（一）社会组织年检工作顺利进行

对2009年6月底前登记的社会组织实施年度检查，并通过网上进行公告部署。同时，继续实行主动报检和上门年检相结合的年检方式，协调社科联、高工委、体育局等业务主管单位集中对63家社团进行年检。已为326个市级社团和432个市级民非单位办理了年检手续。对活动开展不好的、未按时参加年检的社团进行限期整改或劝其注销，本年度撤销了45家社团和80家民办非企业单位。

（二）实施行业协会商会评估工作

积极探索新的监管方式，建立政府指导、社会参与、独立运作的行业协会商会综合评估体系。制定了切合实际的119项系列指标，评估小组由第三方专业机构组成，委托大连市企业信用研究会等单位参与到评估小组的评估工作，同时组建行业协会商会评估委员会，既保证各阶段独立运作、公平公正，又增强评估工作的真实性。经过三个阶段的评估，圆满完成了市本级82家行业协会商会的评估工作，对获3A级以上评估等级53家行业协会商会颁发牌匾和证书。7月民政部在新疆召开全国社会组织评估工作经验交流会，大连市民间组织管理局在大会上作经验介绍。

（三）开展社会团体“小金库”治理工作

按照上级文件要求，由大连市纪委、监察局、民政局、财政局、审计局共同负责对社会团体私设“小金库”问题的治理工作。制定了《大连市社会团体“小金库”专项治理工作实施方案》，召开了由各社会团体业务主管单位领导、社会团体负责人和区市县民政部门等400余人参加的动员大会，对全市社会团体“小金库”治理工作进行了部署，为确保“小金库”治理工作有序开展奠定了基础。目前，完成了自查自纠409家的各项数据的统计工作，确保了自查自纠覆盖率100%。对80家社团进行重点检查。

三、认真指导，圆满完成社会组织学习实践活动任务

（一）深入开展社会组织学习实践科学发展观活动

从2009年9月至2010年2月，大连市有772个社会组织和6600名党

员参加了学习实践活动，取得了较为显著成效，被民政部评为社会组织学习实践科学发展观活动指导工作先进单位。为切实提高学习实践活动的实效，全面开展“结对帮扶促民生”、“百行百业帮困企”、“为新社会组织和行业发展献计献策”三项主题实践活动，重点做好“结对帮扶促民生”活动，筛选出100家经济基础好、有实力的市级社团与70家有发展前途、急需扶持的农经协和30家有代表性的社区社会组织进行对接帮困，推动农村专业经济协会和社区社会组织建设。市环保产业协会与瓦房店市万家岭果品产销协会结成了“帮扶对子”，市环保产业协会计划在未来两年内，向万家岭果品产销协会捐赠电脑将达到450台，用于万家岭果农的信息化建设。2010年捐赠150台电脑，价值30余万元人民币。目前全市通过结对帮扶，共计提供设施设备184件套、服装130余套、粮食4000余斤，折合人民币50余万元，产生了很大的社会反响。

（二）在社会组织党组织和党员中开展创先争优活动

为巩固和拓展深入学习科学发展观活动成果，按照上级部署，从2010年6月开始，全市在社会组织党组织和党员中广泛开展了创先争优活动，先后经历动员部署、全面争创、点评评议、评选表彰4个阶段。结合此次活动时间跨度长，要求标准高的实际，及时成立了机构、制定印发了《方案》、召开了动员大会，建立了示范点，进行分类指导。取得了阶段性成绩，在市创先争优活动领导小组召开的全市创先争优活动工作推进会上作了经验介绍。

（三）组织参加全省社会组织就业大型人才招聘会

为推进学习实践活动取得实效，发挥社会组织在提供就业岗位方面的积极作用，2010年1月，组织社会组织及会员单位赴沈阳参加全省社会组织促进就业大型人才招聘会。为了做好人才招聘工作，经过多方努力，帮助积极挖掘潜在的用工需求，44家社会组织及其会员单位提供就业岗位400多个，接受求职简历700余份，成为招聘会中参与企业最多，提供岗位最多的地区，不仅为大学生就业及退役士兵安置提供了新的渠道，而且为社会组织吸收优秀人才创造了条件。

2010年青岛市社会组织建设与管理工作综述

青岛市民间组织管理局

2010年，青岛市民间组织管理局全面贯彻党的十七大精神，坚持以科学发展观为指导，紧紧围绕当前经济和社会发展的大局，深入巩固和扩大学习实践活动成果，努力推进社会组织党的建设，大力发挥社会组织积极作用，各项工作任务平稳推进，社会组织管理工作水平不断提高。截至2010年底，全市登记注册社会组织6020家（其中社团1366家，民非单位4654家），另有备案制社区社会组织3000余家。

一、部门配合，市区联动，积极推进社会组织党建工作

2010年4月8日，青岛市社会组织党工委揭牌成立，12个区（市）在组织部门的配合下，也相继建立了社会组织工委。党工委成立后制定了会议制度、工作制度、社会组织党建工作联络员制度等，确定了61个业务主管单位社会组织党建工作的分管领导、责任处室和专兼职人员，编发了《青岛市社会组织党建工作简报》13期。结合社会组织年检工作，摸清了社会组织党建工作底数，按照“一个组织一张表、一个主管部门一本账”的要求，建立起了社会组织党建工作台账，在社会团体、民办学校、民办科研机构等不同行业社会组织党组织中培育典型，抓点带面。

在创先争优活动中，成立了社会组织创先争优活动领导小组，制定下发了实施意见，组织召开了座谈会，向全市社会组织党组织和党员发出倡议，并在市、区（市）两级工委委员中建立了创先争优活动联系点130个。同时，积极会同业务主管单位党组织根据社会组织不同层次、不同类型、不同行业、不同规模等特点，加强具体指导，创新活动载体，搭建活动平台，创建党建品牌。在青岛市“庆祝中国共产党成立89周年‘岛城先锋之歌’文艺演出”中，党工委选送的节目《和谐中国》获二等奖。

二、加大培育，创新管理，努力促进社会组织健康发展

自民政部确定青岛市为“全国城乡基层社会组织改革发展观察点”以

来，不断探索创新，初步形成了“政策推动、项目带动、网络联动、整合发展”的青岛模式，社区社会组织建设和管理工作取得了跨越式发展。7月，中央办公厅调研组来青岛市调研社会组织建设工作并给予了高度评价，中央办公厅秘书局《每日汇报》转发了四方区创建“百姓协会”的做法，民政部参阅件转发了黄岛区加强社会组织的做法，青岛市委办公厅以督查专报形式下发了《市民政局狠抓社区社会组织建设大力促进社会和谐稳定》的经验并向山东省委作了专报。11月，召开了“全市社区社会组织建设与管理经验交流会”，国家民间组织管理局孙伟林局长到会并讲话，充分肯定了青岛的做法。2010年，全市有3家民办非企业单位、2家社区社会组织被评为“全国先进社会组织”，10个社区社会组织的经验做法被中国社会出版社编入《城乡社区社会组织实用手册》一书，王永奎等撰写的《以社区社会组织联动实现社区治理模式创新》获得第三届社会组织创新与发展论坛优秀论文一等奖。

为优化发展环境，推进行业协会改革发展，与市发改委、财政、经信委、编办等部门座谈讨论，完成了《青岛市关于加快推进行业协会改革与发展的意见》（以下简称《意见》）的起草和征求意见工作。该《意见》围绕明确政府职能转移的事项、建立政府购买服务机制、优化行业协会布局结构、完善行业协会管理等方面提出了新的举措，目前待市长办公会审议通过。首次组织编制了青岛市行业协会“十二五”发展规划，并纳入了全市“十二五”国民经济和社会发展规划框架，标志着我市行业协会的发展进入一个新阶段。2010年10月，在全国行业协会改革发展经验交流会上，青岛市作了题为《开拓创新，规范管理，积极推进行业协会改革发展》的交流发言，5家行业协会的典型经验被《全国行业协会改革发展经验交流材料选编》刊登推广。

首次从福彩公益金列支专项资金，启动“十佳社会组织公益项目”评选活动，在全市开展“争创青岛市十佳社会组织公益项目”，并通过新闻媒体进行广泛宣传。其中，《半岛都市报》首次利用5个整版的篇幅进行了的连续报道，对于群众知晓社会组织公益活动，提高民政工作地位，起到了很好的推介作用。

制定下发了《青岛市社会组织评估实施办法》、《行业协会评估指标体系》、《行业协会评估标准细则》等一系列配套文件，按照“政府委托，中介评估，社会监督”模式，完成了对行业协会（商会）的实地考察评估工作，有6个行业协会获得了“5A”级称号，收到了良好效果。

三、强化作风，依法规范，切实提升日常管理服务水平

坚持“依法审批，快捷便民”的服务宗旨，按照“路径最短，程序最简，环节最少”的办事原则，以服务社会组织和办事群众为本，优化登记流程，提高审批效能，实现审批服务“阳光、效率”。全年办理社会组织审批、审核事项1045件，无一起投诉，无一处差错，群众满意率达100%，工作效率比入驻大厅前平均提速达85%以上。在重庆召开的全国社会组织登记管理工作会议上，以《努力践行科学发展观推动社会组织登记工作改革与创新》为题作了交流发言。

为提高年检质量效率，在年检方式方法上有了新的突破，首次实施网上年检预审，《年检报告书》采用网上提报和纸质报送相结合的办法。进一步完善了年检内容，在基本信息部分和党建部分增加了新的内容，为实现网上年检打下了坚实基础。针对年检中部分社会组织存在的突出问题开展了专项行政检查，并不间断地抓好年检问题的跟踪整改。对年检中发现的未换届或换届后未备案的社团给予“行政告诫”，对一年不参加年检的社会组织给予“行政警告”的处罚，对连续两年不参加年检的社会组织给予“撤销登记”的处罚。

围绕社会组织的选举、决策、管理、财务、诚信自律、信息公开等方面，在全面梳理的基础上，进一步制定和完善相关配套制度，开设了信息公开专栏，督促指导社团规范换届，重视社会组织负责人的培训，完成了社会团体“小金库”专项治理工作，逐步形成有利于社会组织“健康发展、发挥作用”的长效机制。

按照现代档案管理的要求，加强了对社团、民非各类档案的整理、归类等工作，通过了市档案局对文书、业务档案管理的年度检查，达到了先进等次，获得山东省档案工作一级先进单位等级。充分发挥好社会组织网站作用，继续保持全省信息工作先进称号，全市民间组织管理系统在各级新闻媒体上发表的宣传信息稿件达930余篇，其中100余篇稿件在民政部和省级报刊上发表，扩大了社会组织管理工作的知名度和影响力。

四、完善机制，强化监管，不断增强执法监察工作能动性

进一步完善“积极执法、规范执法、和谐执法”的工作理念，倡导柔性执法，对社会组织的违法行为，加强法律法规指导，对情节、后果轻微的违法行为坚持教育规范为主、警示为辅进行行政指导。通过强化监管力度，加大对非法社会组织查处力度，全年查处19家非法社会组织，调解和

处理政府信箱投诉和举报 20 余起。

加强了与市公安、市中院、市法制办的横向联动，建立了信息通报制度，定期通报情况，主动争取各方支持。在创建文明城市活动中，积极与公安、工商、通信、体育总会等部门联手，妥善处理了过去的遗留问题，确保活动不出差错。针对群众来电反映的非法办学问题，会同教育、公安、工商、税务等部门，联合查处 15 家非法办学机构。

认真落实《社会组织行政执法自由裁量基准制度》，进一步规范执法程序和方式，制作流程图，保证行政处罚合理性、准确性。对连续两年不年检的 67 家社会组织，按照听证、公告、公示等程序予以撤销，善后工作有序跟进。

2010 年厦门市社会组织建设与管理工作综述

厦门市民政局

2010 年，厦门市民政局社团办在上级的领导下，积极贯彻落实科学发展观和“培育发展与监督管理并重”的方针，努力推进社会组织的规范化建设，使全市社会组织工作有了一个新的发展。

一、社会组织基本情况

截至 2010 年底，厦门市已登记的社会组织（含备案）共有 2279 个，其中：社会团体 893 个（市级 536 个，区级 357 个），含行业性 142 个、学术性 196 个、专业性 130 个、联合性 346 个、社区社会团体 79 个；市级社会团体分支机构 290 个。民办非企业单位有 717 个（市级 164 个，区级 553 个），含教育类 489 个、卫生类 8 个、劳动类 51 个、体育类 31 个、文化类 47 个、科技类 45 个、民政类 32 个、其他类 14 个。备案的社区社会组织 349 个。基金会 21 个、民办大学 9 所（均在省级登记）。

2010 年厦门市民政局社团办同意筹备成立社团 24 个，批准成立登记社团 21 个，批准设立社团分支机构 20 个；办理民办非企业单位名称核准 19 个，批准成立登记民办非企业单位 15 个；注销社团 2 个，民办非企业单位 3 个；办理社团变更登记 54 件、民非单位变更登记 14 件、社团分支机构变更登记 3 个。指导 76 个社团完成换届工作和 37 场次社团筹备、成立大会；参加 145 个社团的理事会、年会等重大活动。日常登记管理工作进展顺利，切实履行了登记机关的管理职责。

二、多方式部署年检，网上预审率大幅提高

通过《厦门日报》、市民政局网站、厦门市网上审批服务系统和中国移动短信平台，发布厦门市社会组织 2009 年度检查通告，全面部署年检工作；采取分段分批和集中年检等方法，提高年检工作效能；继续开展社会组织年度检查网上预审，提高了年检质量和效率。2010 年应参加年检的市级社会组织 593 家，已参加年检 577 家，占应年检数的 97.3%。实行网上

年检共有247家，约占总年检数的44%，比去年翻了一番。

三、行业协会与行政主管部门脱钩工作见成效

积极督促和推进行业协会与行政主管部门在职能、机构、人员、财产四方面脱钩工作。一是与市监察局联合下发《关于印发开展行业协会与行政主管单位脱钩工作情况检查方案的通知》。二是按照工作进度安排，召开脱钩工作进展情况座谈会和脱钩工作督查会议，及时向有行业协会脱钩任务的业务主管单位了解进展情况，并针对脱钩工作中遇到的难点问题提出解决的对策。三是指导社团借换届会员（代表）大会、年会之机开展“三项评估”工作。全市涉及脱钩工作的行业协会138个（其中市级119个、区级19个），已经全部完成四脱钩任务。

四、开展厦门市异地商会评估工作

按照政府指导、社会参与、独立运作的总体要求，制定公开、公平、公正的评估标准，会同厦门市异地商会业务主管单位市经发局，稳妥地推进厦门市异地商会评估工作开展。一是与市经发局联合下发《厦门市民政局关于开展社会组织评估工作的实施意见》、《厦门市民政局关于开展社会组织评估工作的通知》。二是召开厦门市异地商会评估工作动员会议，明确评估工作的具体目标任务和方法步骤。共有21个厦门市异地商会参与评估。三是组织了3个考察小组，用7天的时间，分别到21个申报参与评估的在厦异地商会，进行实地考察评估。四是召开评估委员会会议，对21个异地商会进行星级评定，并在市民政局网站上公示评级结果。

五、认真总结厦门市社会组织深入学习实践科学发展观活动情况

全力指导市新社会组织参加第三批学习实践科学发展观活动，采取详细调查摸底、制定科学方案、充分发动宣传等一系列有力措施，扎实推进总结阶段各项任务的完成，如期进行工作总结并及时上报民政部、省民政厅、市实践科学发展观办公室等上级部门。2月厦门市民政局获得民政部、社会组织深入学习实践活动指导小组授予的“社会组织深入学习实践科学发展观活动指导工作先进单位”称号。

六、稳步推进社会组织创先争优活动

根据福建省民政厅和厦门市委关于在社会组织党组织和党员中深入开

展创先争优活动的统一部署和工作要求，厦门市社会组织党组织和党员创先争优活动有计划地开展，有步骤地持续推进，并已取得初步成效。一是加强领导，成立了厦门市社会组织创先争优活动指导小组。二是制定了《关于在全市社会组织党组织和党员中深入开展创先争优活动的指导意见》，为社会组织基层党组织和党员创先争优活动提供指导依据，确保活动的整体效果。三是围绕“深入学习实践科学发展观，加快厦门发展和海西建设”的主题，确定厦门市社会组织中的党组织以“讲诚信、重自律、树形象、促发展”为主题，开展党组织创建“五个好”、党员争做“五个先锋”活动。四是进一步巩固和加强社会组织党建工作“登记申报、年检年报”制度，下发文件建立社会组织组建党组织工作进展情况旬报制度，积极探索抓好社会组织党建工作新路子。目前，厦门市社会组织中已成立3个党委、2个党总支，29个党支部，9个党小组。

七、较好地完成社会团体“小金库”专项治理工作

根据中央和省里部署，结合厦门市实际情况，市民政局联合市财政局、审计局等部门积极开展社会团体“小金库”专项治理工作，已完成动员部署、自查自纠和重点检查阶段的工作。一是与市纪委、市监察局、市财政局、市审计局联合下发了《厦门市社会团体“小金库”专项治理工作实施方案》；二是召开全市社会团体“小金库”专项治理工作会议，全面进行安排部署；三是认真开展对列入2010年“小金库”专项治理工作的社会团体户数、工作范围和主要经济指标的统计工作；四是成立了三个督导小组，有重点地对部分市级单位“小金库”自查自纠工作进行督促指导；五是扎实做好自查自纠阶段报表的汇总整理工作；六是抽调人员参加重点检查组，通过现场检查、核实取证等方式抽查了全市50个社团，重点检查社团的收入、支出、银行及往来账户、票据等方面情况。从专项治理中发现，大多数社团能遵守财经纪律，未出现私设“小金库”现象，但有少数单位存在一些违规行为，已着手进行查纠。

八、强化社会组织管理的规范化建设

为了进一步加强社会组织规范化管理，社团办草拟了一系列有关文件。如《厦门市民政局关于建立社会组织重大活动报告制度的通知》、《厦门市社会组织重大活动报告制度》、《厦门市民政局关于加强社会组织廉政文化建设的实施意见》、《关于切实加强新社会组织党的建设工作的意见》、《厦门市民政局关于评选2006—2009年度厦门市社会组织先进单位和先进

工作者的通知》、《2006—2009 年度厦门市社会组织先进单位和先进工作者评选表彰活动方案》、《厦门市开展社会团体小金库专项治理工作的实施方案》等。这些文件的陆续出台，推动了厦门市社会组织的规范化建设。

九、做好社会组织宣传报道工作

全年共编辑社会组织工作内刊《厦门社会组织》6 期，为政务公开、宣传政策法规、加强调研、弘扬先进、促进社会组织的沟通交流等提供了平台。有关社会组织工作的信息报道和调研论文，被《中国社会报》、《社会组织周刊》、《社团管理研究》、中国社会组织网、《福建民政》、《厦门民政》等各级报纸、刊物、网站采用 75 篇次，有效地指导、推动了社会组织工作。2010 年 9 月，市民政局被中国社会报社授予“社会组织宣传基地”称号。社团办还积极配合市民间组织促进会做好《社会组织周刊》的征订工作，加强了社会组织刊物的宣传作用。厦门市社会组织的宣传报道及社会组织报刊征订两项工作均走在全省前列。

十、协助有关部门完成调研任务

协助有关部门做好社会组织、境外非政府组织在厦门市活动现状的调研、情况汇总、提供材料等工作；参与厦门大学台湾研究院承办的国家“海峡西岸经济区涉台工作研究”课题调研座谈，交流了厦门市社会组织开展两岸交往活动的重点情况；完成市政法委部署的“深入推进社会管理创新”课题调研并获二等奖。

2010 年厦门市社会组织建设与管理工作虽然取得较大进展，但仍存在一些问题：一是社会组织的违规违法行为仍然存在，如一些社团、民非不按时参加年检。二是登记管理机关人员严重不足，目前人员只能应付咨询、登记事务，如执法检查、档案管理、社会组织评估、热点难点问题的调研等均未能开展。三是缺乏专项经费，有的工作未能如期开展。如社会团体、民办非企业单位的评估工作至今未能启动。四是社会组织执法监察力度不足。五是社会组织建设与管理的先行先试有待进一步开拓。

2010 年宁波市社会组织建设与管理工作综述

宁波市民间组织管理局

2010 年宁波市社会组织管理工作在市委、市政府的领导下，严格按照《社会团体登记管理条例》和《民办非企业单位登记管理暂行条例》依法行政，积极探索管理创新举措，运用培育和监管的基本手段，大力推进社会组织规范化建设和能力建设，充分发挥社会组织在参与社会管理和社会建设中的积极作用，取得了明显成效。主要做了以下几方面工作：

一、积极开展工作调研，推进社会组织管理创新

2010 年，宁波市根据社会组织发展实际，在充分调研的基础上，制定了宁波市社会组织“十二五”期间规划目标，并提出了相应的任务和措施。承办由分管领导牵头负责的宁波市“十二五”社会发展规划编制工作，成立了规划编制小组，召开了由文化、教育、卫生、科技、劳动等部门参加的起草协调会，并多次召开编制小组成员座谈会，研究规划起草工作，明确任务分工，并着手实施规划的编制工作，目前规划已在进入论证报批程序；开展融合性社会组织规范化建设课题调研活动，研究融合组织参与农村基层社会治理工作。研究并制定了宁波市社会组织行政处罚裁量权细化量化参考标准，为社会组织行政处罚提供规范化的操作依据。根据全市社会管理创新综合试点动员大会和市委、市政府《关于开展社会管理创新综合试点的实施意见》（甬党〔2010〕15 号）的要求部署，由宁波市民间组织管理局牵头负责“新社会组织培育管理机制”社会管理创新综合试点项目，建立由民政、综治、公安、安全等部门组成的项目指导组，召开了项目指导组专题会议，研究制定工作方案，分解项目任务，明确了“融合组织规范化建设、公民参与中心建设、探索公益性社会组织直接登记制度、抓好慈善促进条例的推进工作”等创新工作亮点，积极推进社会组织参与社会管理创新工作。召开全市社会组织管理工作会议，推进落实社会管理创新项目试点工作，深化社会组织创先争优活动，传达贯彻全国行业协会改革发展经验交流会精神，进一步明确管理措施。

二、加强日常监管，扎实做好社会组织年检工作

加强社会组织日常监管和指导工作，严格执行社会组织重大活动报告制度。一年来，共指导和监管社会组织成立、换届选举、开展业务等重大活动100余次，重点加强对异地商会、校友会等特殊类型社会组织开展日常活动的监管，引导社会组织依法、依章程开展活动。纠正社会组织违法违规活动，根据举报调查处理市风景园林协会兰花分会违规换届活动。根据中央、省市关于“小金库”治理工作的安排，积极配合财政部门开展社会团体“小金库”治理工作，重点负责市企业家协会等6家社会团体“小金库”的治理检查。配合纪委监察部门建立社会组织效能监测点，开展社会组织效能监测活动。

开展2009年度社会组织年检工作。年初印发了年检通知，召开社会组织年检工作会议，部署年检工作任务，对应列入年检范围的社会团体和民办非企业单位实施了2009年度检查。目前，市级登记的社会组织664个，其中社会团体454个，民办非企业单位210个，全年新增社会团体10个，民办非企业单位13个。2010年市本级社会组织应检611个，其中社会团体应检430家，实际参加年检427家（其中3家未按规定参加年检作出撤销登记的行政处罚），参加年检的单位中合格414家，基本合格9家，不合格4家。市级民办非企业单位应检181家，实际参加年检173家（其中8家未按规定参加年检），应检单位中合格152家，基本合格20家，不合格9家（其中8家未检和1家已检单位为不合格）。参检率为98.2%，合格率达92.6%。这次年检突出了对社会组织依法开展活动、规范运作方面的纠查和督促整改工作。建立了社会组织党建工作督查机制，将社会组织党建和党员情况纳入年检工作范畴，督促和完善社会组织党组织建设和党员信息情况。通过对社会组织年检情况的综合分析，找出社会组织存在的共性问题，指导解决问题的方法，同时也进一步提高了社会组织负责人的法制意识。

三、总结学习实践活动成果，努力抓好创先争优指导工作

社会组织学习实践活动指导工作取得重大成效。2010年2月26日，在全国先进社会组织表彰暨社会组织深入学习实践科学发展观活动总结大会上，宁波市3家社会组织被评为全国先进社会组织，宁波市民政局被授予全国社会组织学习实践活动指导工作先进单位称号。3月19日，市民政局杨雄跃局长在全市社会组织深入学习实践科学发展观活动总结大会上，

充分肯定了宁波市指导社会组织参加学习实践活动所取得的成绩，并对今后工作提出了进一步要求。

学习实践活动后，根据中央和省、市委的统一的安排和部署，从2010年6月份开始，继续由市民政局牵头负责社会组织创先争优活动面上指导工作，并建立了由市民政局牵头，10个业务主管单位参加的社会组织创先争优活动指导小组及其办公室，制定出台了《关于在全市社会组织党组织和党员中深入开展创先争优活动的指导意见》，建立了指导小组成员活动联系点，杨雄跃局长深入社会组织创先争优活动联系点海曙社工协会进行指导调研。制定了社会组织创先争优活动指导检查工作方案，明确检查工作重点。举办了社会组织创先争优辅导培训，组织开展社会组织创先争优“服务社会、服务基层、服务群众”三服务活动，建立了社会组织创先争优活动情况月报制度，并通过编印《活动简报》、《社会组织导刊》创先争优专刊传达活动开展情况、宣传活动典型。树立了海曙社工协会、宁波北仑文化行业协会、市消费者协会、慈溪协和医院等一批创先争优活动的优秀典型。

四、开展公益项目资助活动，提升社会组织服务功能

开展2010年度市本级福利彩票公益金资助社区社会组织公益服务项目活动。在往年资助活动基础上，进一步明确了申报对象和申报条件，并对项目资助活动从项目申报、评审、立项、实施、评估验收等一系列步骤作了更为明确的要求，更加注重资助活动的规范性和透明度，从制度上确保资助活动取得实效。项目资助活动经社区社会组织自主申报，各县（市）区推荐，市民政局举办项目评审等程序，共有35个社区社会组织公益服务项目获得96万元福彩公益金资助。项目评审后，我们及时督促各县（市）区做好资助项目的指导检查，并派出检查组开展资助项目的核查工作。福彩公益金资助社区社会组织公益项目制度的建立，有效激活了社会组织的服务功能，进一步提升社区社会组织服务社会的功能，推进了全市公益性社区社会组织快速发展。

五、着眼社会组织能力建设，提升社会组织规范化建设水平

着眼提高社会组织从业人员素质，加强从业人员队伍建设，组织开展了有针对性的业务培训。分别举办了社会团体工作人员培训、民办非企业单位负责人培训和财会人员会计制度培训。邀请专家学者和实务管理工作者为参训人员授课，提供社会组织互动交流平台。通过培训，进一步提高

了社会组织工作人员的综合素质和能力水平。

开展社会组织评估工作是社会组织持续健康发展的需要，也是改进政府对社会组织监管方式、促进管理科学化和规范化的要求。为此，我们把社会组织评估工作，提升社会组织规范化建设水平作为社会组织管理工作的重要抓手，区别情况，分类指导，积极开展社会组织规范化建设活动。2010 年 9 月，青岛市专门制定了《宁波市社会组织评估暂行办法》，对评估的对象、组织机构、职责、方法和程序、评估等级管理作了明确的规定。建立了评估结果运用机制，评级高低作为政府购买服务和有关优惠政策享受的重要关联因素。同时进一步完善了评估指标体系，编印了评估工作手册，为下一步推进社会组织分类评估工作提供了制度保障。

·第四编·

调研报告

瑞士非政府组织考察报告

孙伟林　刘振国　刘　锋　臧宝瑞

应世界自然基金会邀请，2010年6月27日至7月2日，民政部民间组织管理局局长孙伟林同志率民政部非政府组织考察团赴瑞士访问。考察团访问了瑞士世界自然基金会（WEF）、世界经济论坛（WWF）、瑞士劳工救助组织（SLA）等非政府组织，并与瑞士沃州（Canton de Vaud）政府负责社会事务的官员，以及洛桑大学社会科学系安团（Antoine Kernen）副教授进行了交流座谈。在此基础上，形成了瑞士非政府组织考察报告。

一、国情背景

瑞士位于欧洲中部，国土面积4.13万平方公里，人口750万人（其中外国人占20%）。居民主要讲德语、法语、意大利语和罗曼语。瑞士经济发达，制造业和金融业先进，人均GDP和国民收入居世界前列。1848年瑞士宣布成为联邦制国家。瑞士《宪法》严格限定了联邦的权力范围，组成联邦的26个州有较大的自主权。联邦层面采取立法、司法、行政三权分立的方式设置国家机关，议会内采取多党合作的方式共同执政。重大政治决策采取全民公决的直接民主方式。自1815年维也纳会议以来，瑞士即被国际社会公认为政治和军事上的中立国，未卷入两次世界大战。2002年瑞士全民公决以微弱多数同意加入联合国。但此前加入欧盟的提议则被全民公决否决。

二、政府与非政府组织的关系

独特的政治制度、多元的民族文化、中立的历史传统，使得瑞士在很多方面较为独特。这种独特性也体现在非政府组织管理方面。瑞士没有专门负责非政府组织登记管理的政府机构。除《宪法》和《民法典》外，瑞士没有其他法律法规就非政府组织管理作出规定。因此，瑞士政府对非政府组织采取自由放任政策，只要非政府组织不违法，政府没有干涉非政府组织活动的权力。由于非政府组织可以不登记，因此瑞士政府并不掌握本国非政府组织的数量、规模等信息。但这并不意味着瑞士政府在非政府组织领域完全无所作为。正相反，瑞士联邦政府和州政府在许多重要事务方面，往往需要借助非政府组织的力量。虽然政府没有从财政上培育和支持非政府组织的义务，但实际上，政府机构往往委托实力雄厚的非政府组织协助开展工作，并提供相应的财政支持。以我们到访的沃州为例，沃州公共卫生领域的非政府组织数量很多，其中与州政府有联系的组织约40个。如州政府需要非政府组织提供公共卫生服务，一般不会采取项目招标的方式，而是由州政府在与特定非政府组织协商后直接指定，并为提供服务的非政府组织提供资金支持。虽然部分非政府组织接受政府资助，但其独立性不仅不受政府影响，其主张和倡议反而在很多方面可能与政府政策不同。以我们访问的瑞士劳工救助组织（SLA）为例，该组织在劳工权利方面的一些倡导和主张，与政府政策并不一致，但这并不影响其申请政府项目资助，该组织的年度运作经费约为1600万瑞士法郎，其中约30%来自政府资助，其活动完全依据组织章程自主开展，政府从未插手其具体运作。

近年来，随着非政府组织在国际事务中影响力的扩大，瑞士政府越来越重视与非政府组织，特别是国际非政府组织的交流与合作。作为永久中立国，瑞士吸引了众多国际组织在其境内设立办公机构。早期有一战结束后在日内瓦设立的国际联盟。国际联盟解散后，联合国在原国际联盟所在的万国宫基础上扩建了联合国驻日内瓦总部（UNOG）。世界贸易组织、世界卫生组织等上百个政府间国际组织也选择以瑞士为总部驻地。此外，众多非政府间国际组织，如国际红十字会、国际奥林匹克运动委员会也选择瑞士作为总部或秘书处驻地。2002年，瑞士政府着手开展为国际组织提供便利服务的东道国计划，该计划不仅针对政府间国际组织，也包括非政府间国际组织。非政府间国际组织秘书处较为集中的日内瓦市还专门任命了一位公职人员负责协调非政府组织事务，帮助解决有关非政府组织在瑞士的免税、工作人员就业、提供办公用房补贴等，日内瓦国际会议中心也可向非政府间国际组织无偿提供使用。目前，在瑞士设有总部或办公机构的非政府间国际组织有144个。

三、相关法律

瑞士没有专门的非政府组织法，对非政府组织作出规范的法律主要有两部，即《宪法》和《民法典》。

瑞士《宪法》保障瑞士公民享有结社自由。《宪法》第五十六条规定，“公民有结社的权利，但结社的宗旨和使用的方法丝毫不得违反法律或有害国家。各州法律可规定必要的措施，对滥用此项权利现象进行镇压”。

虽然有关于镇压“违法法律或有害国家”组织的规定，但现实中瑞士公民可基本不受限制地自由结社。任意几个瑞士公民即可自发组建非政府组织，其名称也没有特别限制。在历史上，仅纳粹党等极少数组织在瑞士被禁止成立。

瑞士《民法典》对非政府组织的表述较为集中。第五十二条规定：“1. 团体组织以及有特殊目的的独立机构，在商业登记簿上登记后，即取得法人资格。2. 公法上的团体组织及机构，非经济目的的社团、宗教财团，不需经上述登记”。第六十条规定：“1. 以政治、宗教、学术、艺术、慈善、社交为目的的及其他非经济性的社团，自表示成立意思的章程作成时，即取得法人资格。2. 章程须采用书面形式，并应对社团的目的、财产即组织作出必要的规定”。第六十一条规定：“1. 社团章程已经制定并已设立董事会，社团即有权要求在商业登记簿上登记。2. 社团为达到其目的，从事类似商业的营利行为时，仍有进行前项登记的义务。3. 申请登记，应附具章程及董事会名单”。第八十条规定，“设立财团法人，得有为特别目的而捐助的财产”。第八十一条规定：“1. 财团法人依公证方式或遗嘱方式设立。2. 在商业登记簿上登记，必须依照财团证书进行；必要时，依据监督官厅的命令，亦须呈交管理人员名册”。从上述关于法人、社团法人、财团法人成立方面的规定可以看出，社团取得法人资格的条件不在于是否登记，《民法典》明确了豁免登记的条件（第五十二条2）和应当登记的情形（第六十一条2）。在瑞士，社团性质的非政府组织自形成书面章程即获得法人资格，可以选择登记，也可不登记。而财团法人的成立门槛稍高一些，需要一笔为特定目的捐赠的财产。《民法典》还专门就社团大会、董事会、会员资格等社团内部治理问题作出了详细规定，类似我国的社会团体章程示范文本。

注销和解散社团法人或财团法人同样便利。《民法典》第七十六条规定：“社团可随时根据社团决议解散”。第七十七条规定：“社团无支付能力或不能依照章程组成董事会时，应依照法律解散社团”。第七十八条规定，“社团的宗旨违法或违背善良风俗时，法官须依照主管官厅或利害关系人的起诉，宣告其解散”。第七十九条规定：“社团已在商业登记簿上等登记的，董事会或法官应将解散之事通知登记管理官，以注销登记”。第八十八条规定：“1. 财团法人无法实现其宗旨时，应予解散。2. 财团法人的宗旨违背法律或善良风俗时，法官应解散该财团”。第八十九条规定：“1. 监督官厅及利害关系人有提起解散该财团的诉讼权。2. 财团法人解散，应通知登记官员，以注销登记”。

四、非政府组织作用发挥情况

长期以来，非政府组织在瑞士始终扮演着重要角色。历史上，瑞士就有很多类似现代行会协会和商会性质的同业公会。16世纪，日内瓦制表业以其质量上乘、工艺精良而闻名于世。随着行业规模的扩大，制表工匠决定规范其行业，于1601年创建了"日内瓦制表师协会"，成为世界首家钟表行业协会。此类行业组织在瑞士历史上发挥了重要作用。此外，在出口贸易等众多领域，瑞士也长期依赖行业协会和商会等民间力量，政府的作用反而比较有限。20世纪60年代以来，随着全球公民社会的崛起，不同于以往同业公会性质的其他各类非政府组织在瑞士也获得了长足的发展。如今，瑞士非政府组织数量众多，对瑞士的经济社会发展影响深远。下面，我们就以此次考察团访问的非政府组织，以及活跃在瑞士重要经济社会发展领域的非政府组织为例，介绍非政府组织如何在瑞士运作和发挥积极作用。

瑞士银行业高度发达。在银行业发展中，瑞士银行业协会发挥了重要作用。瑞士银行业监管机构主要有联邦银行委员会、瑞士国家银行，以及瑞士银行业联合会。瑞士银行业的公信力和竞争力更多地来自行业自律，而非政府监督。瑞士银行业联合会是银行业的行业公会，瑞士银行业大量的日常管理监督职能由该机构履行，该组织总部设在巴塞尔，有3700多个会员（其中银行569家），其历史悠久，联系面广，活动频繁，具有相当的权威，其决定对各家银行都有约束力。下设法律、税务、外国债券、资本金审查、瑞士国外财产保护等12个专业委员会，业务涉及银行业各方面。该组织经常举办专业会议和学术活动，对金融界在经营和竞争过程中出现的矛盾进行协调，对金融领域出现的新问题和新情况进行研究并提出解决方案。瑞士银行业联合会的许多会议纪要事后都以《公约》形式公布，成为会员必须遵守的行业规范。

瑞士钟表业享誉全球。保护"瑞士制造"标志成为瑞士钟表业的重要任务。在各钟表业行业组织的努力下，瑞士于1992年制定的《商标及原产地标志保护法》，加强了对违规产品给予民事及刑事惩罚的力度，瑞士海关也对进出口及转口钟表实施更为严格的监管。同年，瑞士钟表协会制定的"表类'Swiss'标识使用条例"对"瑞士制造"及相关标志的使用范围作出了详尽的规定，在维护瑞士钟表的声誉和形象方面起到了重要作用。瑞士特定地区也有其专有的原产地标识，最著名的莫过于"Genève"徽标，代表着瑞士钟表业的最高质量标准。此外，由瑞士钟表联合会（FH）举办的巴塞尔钟表展，已成为国际上最权威的高档钟表和珠宝展览。

在废物循环利用领域，瑞士环保饮料包装协会和瑞士塑料瓶回收协会等非政府组织发挥着不可替代的作用。瑞士环保饮料包装协会代表瑞士环保局收集饮料包装的消费率和回收率信息（瑞士每年消费约 12 亿个塑料瓶，回收约 8.7 亿个）。瑞士塑料瓶回收协会负责对抛弃的塑料瓶进行分类回收。瑞士 85% 的饮料零售商是该组织的会员，该协会在瑞士各地设立了 4 万个回收箱，回收量占全国总回收量的 90%，协会向会员征集每瓶 0.04 瑞郎的回收费用，用于收集、分类、分拣和运输塑料瓶，并向会员和公众提供信息。瑞士废纸收集理论上由地方政府负责，但实际工作则由瑞士纸回收组织、瑞士纸张纸浆和纸板协会、瑞士废纸贸易协会、瑞士瓦楞职业联合会等非政府组织具体运作。

在劳工保护领域，瑞士劳工救助（SLA）等非政府组织发挥着重要作用。瑞士劳工救助成立于 1936 年，是有瑞士联邦工会和瑞士社会党发起的，现有 5000 个会员，其中机构会员 200 个。成立近 75 年来，该组织始终积极倡导劳工权利保护。近年来，该组织积极参与瑞士政府对外发展援助项目，在非洲、中东等地开展发展援助和劳动权利保护工作。瑞士劳动救助的内部治理比较有特色。与国内社团相似，该组织最高权力机构是会员大会、执行机构是董事会、工作机构是秘书处。与国内社团不同之处在于，该组织的各类会员权利义务不同，发起会员瑞士联邦工会和瑞士社会党，各拥有 50 票，6 个分会各有 10 票，地方工会各有 5 票，个人会员每人 1 票。发起会员需要交纳最高 6—7 万瑞郎的会费，机构会员按规模交纳 200—2500 瑞郎会费，个人会员交纳 50 瑞郎会费。

在公共政策制定领域，非政府组织也发挥着重要作用。以立法评估为例。瑞士立法评估主要由 1990 年联邦议会成立的行政控制委员会、1987 年联邦司法和警察部成立的立法评估工作组负责。除公共机构的内部评估外，1996 年成立的政治上中立的瑞士评估协会也开展独立的公正政策评估。该协会现有来自大学、咨询公司、公共机构的成员 380 人。该协会注重加强与政治家和政府官员的联系，使其认识到对公共政策的效率和效果进行评估的必要性，从而使评估结果得到更广泛的应用，目前已成为瑞士立法评估的支柱力量。

此外，我们此次访问的世界经济论坛和世界自然基金会均为各自领域内重要的非政府间国际组织。世界经济论坛及其举办的达沃斯论坛，在政界和商界间搭建了重要的沟通交流平台，影响广泛深远。邀请方世界自然基金会是目前世界上影响力最大的环保组织，具有联合国经济和社会理事会完全咨商地位，在保护生物多样性，降低碳排放，促进可持续发展，保持人类与自然和谐相处方面作出了卓越的贡献。据了解，瑞士本国非政府组织中，有230个具有联合国经济和社会理事会完全咨商地位或专项咨商地位，是国际治理领域中一支不可忽视的重要力量。

五、几点启示

启示一：瑞士政府吸引国际组织和非政府组织的东道国计划值得我国学习借鉴。目前，尚无政府间国际组织将总部设在我国境内，除我国自主发起成立的几十个国际性社会团体外，没有其他非政府间国际组织在我国境内设立总部。北京提出要建设“世界城市”，上海提出要建设国际金融和航运中心，国家要增强中国文化“软实力”，仅仅办好奥运会和世博会是不够的，要充分认识到非政府组织不可替代的独特作用，必须改进法规和制度环境，对政府间国际组织和有影响力的非政府间国际组织形成切实的吸引力。

启示二：瑞士拥有大量具备联合国经济和社会理事会咨商地位的非政府组织。而我国具有联合国经济和社会理事会完全咨商地位的机构仅两个，具有专项咨商地位的仅几十个。这与我国负责任的大国形象不符，更严重滞后于我国经济社会发展。要重视培育扶持非政府组织，让更多非政府组织走出去，参与全球治理，在国际上发出自己的声音。

启示三：社会团体会员的权利义务不必强求一致。我们走访的一些瑞士非政府组织，其会员构成颇为复杂，故而多数因地制宜地根据实际情况，利用章程规定会员权利义务。一般而言，机构会员的会费要比个人会员要高，其投票权也相应更高，而机构会员的投票权也根据规模和影响力以及会费缴纳情况有所区别。目前我国行业协会等社会团体的章程大多规定各类会员投票权完全一致，这不利于社会团体充分调动会员积极性，可以考虑借鉴瑞士一些非政府组织的做法，在章程中对不同类型的会员在权利义务上作出差异性规定。

启示四：由于经济水平、政治制度、法律环境、历史传统不同，瑞士对非政府组织基本采取自由放任、“无为而治”的政策。中国经济发展水平较低，现代意义上的非政府组织作为舶来品，与我国文化、社会和历史传统有较大差异。同时，作为社会主义国家，我国在政治体制和法律制度等诸多方面与瑞士差别较大。制度设计必须适应中国国情。其他国家非政府组织的发展和管理经验，可以学习借鉴，但不可能全盘接受。要以开放的心态吸纳借鉴于我有利的方面，同时也要继续坚持和不断改进有中国特色的非政府组织登记管理模式。

美国非营利组织运作与管理的启示与思考

民政部赴美国代表团

2010 年 10 月 30 日至 11 月 19 日，以民政部民间组织服务中心张树中副主任为团长的代表团出访美国，参加 2010 宾夕法尼亚大学—中国公民社会发展项目。本次培训考察团由民政部和地方部分省市从事非营利组织登记管理的 14 位工作人员组成，针对以基金会为侧重点的非营利组织运作与管理情况，进行了为期三周的学习培训和考察活动。访美期间，代表团聆听了美国专家学者的讲座，与美国政府官员、非营利组织负责人进行了讨论交流，实地考察了部分非营利组织。这次学习培训，达到了预期目的，取得了明显效果，特别是对美国非营利组织，尤其是基金会的运作和管理情况有了较多的了解和把握。本报告分为四个部分：美国非营利组织概况、美国基金会基本情况、值得关注的若干方面、启示和思考。

一、美国非营利组织概况

20 世纪是美国非营利组织飞速发展的时代，非营利组织的数量由 1950 年的大约 5 万个增加到 20 世纪末的 100 多万个。2008 年在美国国内收入局（IRS）税务登记的符合 501（c）条款的非营利组织已多达 151 万多个，总资产 4.34 万亿美元，年收入 1.92 万亿美元，年支出 1.81 万亿美元。其中符合 501（c）（3）条款的公共慈善机构（public charities）95.8 万多家，总资产 2.62 万亿美元，年收入 1.44 万亿美元，年支出 1.34 万亿美元。2008 年度参加志愿活动的美国人提供义工服务 144 亿小时，折合货币价值 2600 亿美元。2009 年度志愿服务进一步得到发展，参加志愿活动的美国人提供义工服务 150 亿小时，折合货币价值 2790 亿美元。

（一）基本定义

非营利组织（non - profit organization），也称为“非政府组织”（non - governmental organization）、“公民社会组织”（civil society organization）、

"慈善组织"（philanthropic organization）、"志愿组织"（voluntary organization）、"免税组织"（tax – exempt organization）、"独立部门"（independent sector）、"第三部门"（the third sector）等。这些概念并不完全相同，外延也不完全重合，但都是涵盖处于政府与市场之间的制度空间，强调相对于政府部门、市场部门而存在的第三种社会力量。目前，"公民社会组织"这一概念正逐步流行。

（二）法人注册登记

非营利组织在各州注册为具有法人资格的非营利组织，具体方法各州不尽相同。非营利组织可以自由选择是否注册，不注册的不具有法人资格。非营利组织注册登记后，获得法人证书。非营利组织的章程要求载明：(1) 所有经营服务收入全部用于宗旨相关的事业；(2) 机构终止时将全部剩余财产转交同类组织；(3) 机构董事长、秘书长的产生方式，举行会议的时间、地点及方式。申请成立非营利组织，只要宗旨合法，章程符合上述规定，一般都可以注册。

（三）免税资格申请

经注册登记的非营利组织向美国国内收入局申请成为具有免税资格的非营利组织。申请表可上网自行下载，需要填写的主要内容包括：(1) 名称、地址；(2) 联系人；(3) 网站地址（如果没有网站，可不填写）；(4) 法人类型；(5) 注册登记的文件；(6) 机构从事活动的业务范围；(7) 最高收入的员工的报酬；(8) 理事是否是关联方；(9) 针对利益冲突的内部规定；(10) 父母、子女、配偶等亲属情况；(11) 非营利组织的前身；(12) 是否参与游说活动（如果参与，要说明如何在法律允许范围内参与游说活动）；(13) 是否与营利性组织有联合活动；(14) 是否有海外活动；(15) 资金来源；(16) 是否是教会组织。此外，申请成立学校、医院等，还需填写其他特殊事项。其中，教会组织免予登记，但自动享有 501（c）(3) 的税收优惠。教会组织获得特殊待遇是由于美国宪法规定了政教分离的原则，如果教会组织的税收优惠需要政府批准，美国人担心政府可能滥用征税权压制它不喜欢的教派。美国政府对非营利组织的优惠政策主要体现在税收优惠特别是联邦税法的优惠上。美国联邦税法对非营利组织的税收优惠分为两个部分：一是对非营利组织自身收入的税收优惠；二是给予向非营利组织捐赠的机构和个人等捐赠者以税收优惠。即个人捐赠依法享有经调整后的毛所得 50% 扣除额的优惠，公司法人捐赠享有经调整后毛所得 10% 扣除额的优惠。对超过当年扣除额的捐赠部分可以在以后的会计年度中顺延抵扣，最长可延至5年。

（四）免税组织类型

符合501（c）条款的免税组织包括501（c）（1）到501（c）（28）共28种类型：（1）依国会议案组成和获得免税权的法人社团；（2）对其他具有免税资格组织拥有财产权的法人社团；（3）为以下目的而成立和运行的组织：慈善、宗教、科学、公共安全试验、文学、教育、促进业余体育竞技或预防虐待儿童、动物；（4）社会福利组织（包括进行游说的组织）和地方雇员协会；（5）劳工、农业和园艺组织；（6）商业联盟、商会、房地产同业会、贸易协会和职业足球协会；（7）社会俱乐部；（8）为其成员提供保险或类似福利的互助团体（兄弟会）；（9）志愿雇员受益人协会；（10）不为成员提供保险的互助团体（兄弟会）；（11）教师退休基金协会；（12）地方慈善人寿保险协会、共有沟渠或灌溉公司以及合作电话公司；（13）墓地公司；（14）信用联盟和共同保险基金；（15）某些小型保险公司；（16）提供农作物融资的法人社团；（17）辅助失业福利信托组织；（18）某些1959年前雇员成立的养老金计划；（19）退伍军人组织；（20）团体法律服务计划；（21）矽肺疾病福利信托；（22）某些ERISA＋信托组织；（23）某些为退伍军人提供保险的组织；（24）某些ERISA［1］信托组织；（25）代理法人社团；（26）给投保困难的人提供医疗保险的会员组织；（27）某些州立工人薪酬组织；（28）国家铁路退休投资基金。上述免税组织自身收入可以享受税收优惠，其中符合501（c）（3）条款的包括公共慈善机构和私营基金会两小类在内的慈善组织还可以享受给予捐赠者以税前扣除的税收优惠政策。一个慈善组织要想获得免税资格，必须满足以下六个方面的要求：（1）必须以非营利为目的，即具有501（c）（3）项下列举的一项或多项目的；（2）其成立完全出于非营利目的；（3）其经营主要为达到规定的非营利目的；（4）不得为个人谋取利益，即不给控制该慈善组织或能对该组织施加实质性影响的人提供任何不适当的利益；（5）不得参与竞选，即不支持或反对任何公共职位候选人；（6）不得参与实质性游说活动，即不对立法进行实质性的支持或反对。美国法律严格禁止慈善组织从事政治选举活动，而且禁止其“主要活动”致力于游说活动或影响立法活动，但允许其参加一些政策倡导活动，如对公共政策的争论表达意见。

（五）日常监督管理

对非营利组织的监督管理主要体现在对非营利性的审查及对其财务活动的监督上，主要目的是防止以欺诈行为骗取免税资格或公众捐赠。一方面，对非营利组织的监督管理是美国国内收入局的职责，其严格审查申请免税资格的非营利组织，每年还会对非营利组织的财务状况进行抽查或突击检查，如经查实有营利行为，其免税资格就会被取消。免税非营利组织需要每年向美国国内收入局报送990表，内容主要是财务状况和经营活动。但年度毛收入低于2.5万美元的公共慈善机构可以不填写990表，而私营基金会无论大小都必须填写990表。如果连续3年不申报，则会取消免税资格。另一方面，州检察官负责对非营利组织的财务状况进行监督，并有权对非营利组织提起诉讼，由法院予以裁决。此外，免税组织必须向社会公开财务状况和活动情况，接受社会监督。联邦法律规定，任何人都有权查看免税组织的原始申请文件及990表等，公众也可以写信给美国国内收入局，要求了解某免税组织的财务情况和内部组织结构。美国政府在过去几年内主要就是在增加透明度方面对非营利组织加强了管理。

（六）收入来源及资助领域

美国非营利组织收入的50%来自提供服务收入，30%来自政府拨款，12%来自捐赠收入，8%来自投资收益。从慈善捐赠角度而言，2009年美国慈善捐赠为3037.5亿美元：（1）个人捐赠2297.9亿美元，占83%（其中包括遗产捐赠238亿美元，占8%）；（2）基金会捐赠384.4亿美元，占13%；（3）公司捐赠141亿美元，占4%。按家庭户数计算，65%的家庭都有捐赠。可见，美国的捐赠收入主要来自普通老百姓。从资助领域而言，3037.5亿美元的善款资助去向如下：（1）宗教领域1009.5亿美元，占33%；（2）教育领域400.1亿美元，占13%；（3）无指定给予领域285.9亿美元，占10%；（4）给基金会的赠予310亿美元，占10%；（5）人类服务领域270.8亿美元，占9%；（6）公共社会福利227.7亿美元，占8%；（7）健康领域224.6亿美元，占7%；（8）艺术文化人文领域123.4亿美元，占4%；（9）国际事务领域88.9亿美元，占3%；（10）环境和动物保护领域61.5亿美元，占2%；（11）基金会对个人资助领域35.1亿元，占1%。可见，如果不计算宗教领域，其他领域的资助金额为2028亿美元。

二、美国基金会基本情况

《世界基金会指南》一书指出：“基金会是一个非政府、非营利的组织，它有自己的资金，由其受托人或董事会管理，旨在资助教育、慈善、宗教等社会公益事业。”基金会虽然不是美国所独有的组织形式，但要论实力之强、领域之广、影响之大，美国为最。

（一）美国对基金会的定义

美国基金会中心对“基金会”的定义是：“非政府的、非营利的、自有资金（通常来自单一的个人、家庭或公司）并自设董事会管理工作规划的组织，其创办的目的是支持或援助教育、社会、慈善、宗教或其他活动以服务于公共福利，主要途径是通过对其他非营利机构的赞助。”

（二）美国基金会的几种类型

根据美国基金会中心的分类，美国主要有社区基金会（Community Foundations）、独立基金会（Independent Foundations）、公司基金会（Corporate Foundations）、运作型基金会（Operating Foundations）等四大类基金会。其中社区基金会属于公共慈善机构；独立基金会、公司基金会、运作型基金会等三类基金会被统称为私营基金会（Private Foundations）。

1. 社区基金会。社区基金会在美国被定义为公众支持的公益慈善机构，社区基金会的存在使美国许多热心公益慈善事业的捐赠人得以建立永久性的慈善基金为改良社区建设社区服务。社区基金会是具有强烈社区意识和地域性的组织，其使命都是在特定地区改良社区生活，为社区服务，所以深受社区中团体、公司及个人的支持。社区基金会在税法中享受美国公共慈善机构待遇。社区基金会管理的基金来源于不同渠道的捐赠，包括来自社区个人、企业、单位的捐赠或遗赠，也包括地方政府的拨款，而法律规定它的资助只能用于本社区。它的工作方式是一边筹款、一边资助社区公益事业。其接收捐款方式很多，如捐款者可以为特定团体、某项事业设立专项基金；亦可以在一定的范围或领域，或者不指定对象而由基金会决定使用的基金；一些仍在世的富人可以同基金会签订协议建立遗赠基金等。社区基金会接受捐赠的数额有大有小，接受捐赠的财物形式种类不一，如房产、股票、古玩等。社区基金会由能代表社区公众利益并熟悉社区情况的公民组成的董事会管理和决定社区基金的使用。美国第一家社区基金会是1914年成立的克利夫兰基金会，这也是世界上第一家社区基金会。目前较大的基金会有纽约社区基金会、克利夫兰基金会、芝加哥社区基金会和马林社区基金会等。

2. 独立基金会。由个人或家族捐资或遗赠设立的独立基金会在美国有着悠久的历史，也是最重要的一种基金会形式。美国最大和最著名的几家基金会，如福特基金会、洛克菲勒基金会、卡内基基金会、比尔与美琳达·盖茨基金会等都属此类，当然也有相当数量的很小型的基金会也属此列。一些国家或有的学者认为，只有这种基金会才称得上是民间基金会。独立基金会的资金来源大多数是个人或家族捐赠，运作方式是给各种机构的项目捐款。根据其捐赠范围，又可分为“一般目的”和“特殊目的”两种。其中有的在捐款的家族指导下运作，被称为家族基金会（Family Foundations）。家族基金会拥有的是私人资产，其工作的侧重点由捐赠人决定。家族基金会的宗旨由捐赠人确立，捐赠人的宗旨往往一致。

3. 公司基金会。公司基金会的资金来源是企业捐赠，但是基金会作为独立机构运作，主要也是通过捐款运作，多数为一般目的，但也不排除与公司业务利益有关的考虑。公司基金会的业务与公司从其本身的资金中所作的直接捐赠在法律上是严格区分的。典型的公司基金会通常会把自己的捐赠范围限定在自己公司开展业务的社区内，当然也有部分会开展国内和国际捐赠项目。公司基金会的大权掌握在公司手里，例如菲利斯摩里斯烟草公司基金会、美国运通基金会、大通银行基金会等。

4. 运作型基金会。运作型基金会的资金来源多为单一的私人或家庭，自己按照既定宗旨运作，资助本部门从事教育、研究及社会公益活动，类似非营利的研究机构。这种基金会类型特殊，有些人不把它们列入基金会之列。美国也是在20世纪60年代末才确认这种类型的组织为基金会的基本类型之一。

根据美国基金会中心提供的统计分析数据，2001年到2008年，美国基金会从61810家发展到75595家。（见《美国基金会发展趋势图》）

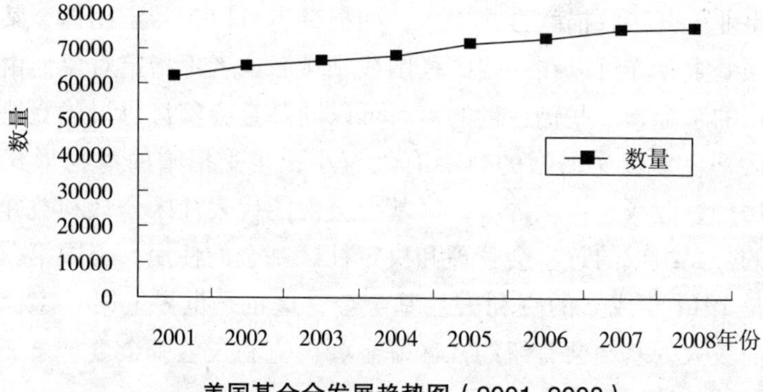

美国基金会发展趋势图（2001-2008）

2008年美国75595家基金会中，社区基金会709家，占1%；独立基

金会67379家，占89%；公司基金会2745家，占4%；运作型基金会4762家，占6%。（见《美国基金会分类图》）

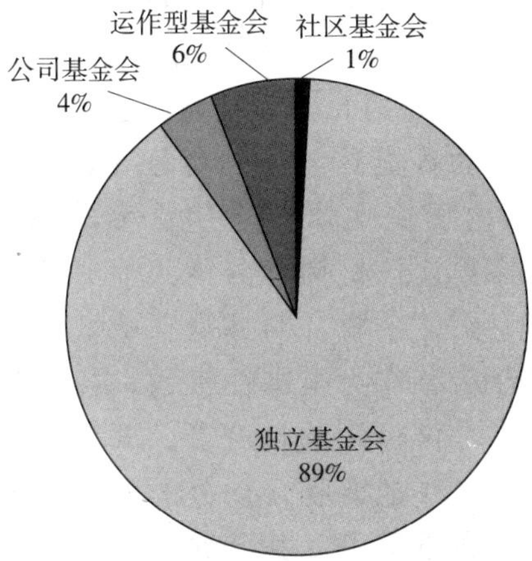

美国基金会分类图（2008年）

三、值得关注的若干方面

美国对非营利组织管理总体上呈现出宽松的特点，通过放松管制，从而使非营利组织蓬勃发展，并在长期的历史岁月中发育了非营利组织自身的联合性、服务性组织。与此同时，美国在部分领域如税收优惠资格的审核方面也加强了监管。在这双重举措下，美国非营利组织健康发展并发挥了积极作用。

（一）放松管制的领域

1. 设置了较低的支出比例标准。对于私营基金会，美国法律规定每年至少要将其资产的5%用于支出。美国认为，5%是一个合理的比例，可以保证基金会通过合理投资就能获得支出所需经费，而不必动用其本金。值得指出的是，一是该资产是指可动用资产，即如果是基金会办公使用的房屋，计算比例时不算做资产；二是该支出是包括公益事业支出和工资福利以及行政办公支出等各项支出。至于在总支出中，公益事业支出和工资福利以及行政办公支出所占比例未作规定。

2. 允许开展项目相关性投资。基金会可以投资与其宗旨相关的项目。例如，基金会可以投资于建设经济适用房的机构，也可以投资于解决残疾人就业的公司，但这方面的投资不能超过20%的比例。25年前，有家机构在费城建设经济适用房，向市政府贷款，但是市政府贷款的条件是可以随时收回这笔贷款。因此，该机构又寻找了一家银行，如果市政府收回贷款，该银行出资贷款，但银行提出的条件是必须支付一笔利息。而该机构又支付不起利息，如何解决这个问题？知道此事后，福特基金会在该银行存款 10 万美元，如果市政府收回贷款，银行必须出资时，则将这 10 万美元作为利息，这样就解决了难题。

3. 自发形成了联合劝募模式。联合劝募（也称“联合之路”，the United Way）的发起是由于企业家不希望许多非营利组织都来募捐，因此将捐款给一个机构，让该机构再分给其他非营利组织。以笔者在费城考察的联合劝募为例，该联合劝募是以费城企业家为会员的商会发起设立的。美国联合劝募作为全国性机构，各地联合劝募以会员形式加入。美国联合劝募是该标识的持有者，开展调研，组织培训，为各地联合劝募提供服务，并把握联合劝募的发展大方向。各地联合劝募在筹资中收取 12.5% 的管理费，用于维持自身运作。各地联合劝募也向美国联合劝募交纳会员费，具体而言，每筹资 1 美元，上交 0.25 美分会费。各地联合劝募与当地的社区基金会的区别在于：联合劝募的捐赠收入大部分是不定向捐赠，而社区基金会大部分的捐赠收入都是定向捐赠。以费城为例，费城社区基金会 80% 的捐赠收入都是定向捐赠。联合劝募也受到私营基金会的资助。例如，盖茨基金会就是联合劝募的捐赠人，盖茨个人名义的捐赠往往是不定向捐赠，而盖茨通过基金会名义的捐赠往往是定向捐赠。盖茨愿意向联合劝募捐赠，这是由于联合劝募所资助的业务领域是盖茨基金会所未能涉及的业务领域。当前，联合劝募模式也受到了挑战。随着网络世界的兴起，捐赠者与非营利组织的沟通成本极大降低，捐赠者认为如果通过联合劝募增加环节、增加成本，他们倾向于直接捐给自己感兴趣的非营利组织。为了应对这一挑战，联合劝募进一步发展自己的优势，即在资助非营利组织的同时，为非营利组织提供培训服务等其他附加服务，使捐赠者的资金使用效率得到提高。

4. 逐步发展了美国基金会中心。该中心于1956 年建立，原名“基金会图书馆中心”，其任务是收集和提供有关这一领域的信息资料以促进对这一领域的了解。其建立的初衷是：冷战时，一些国会议员怀疑部分基金会支持反美活动，因此要求基金会负责人去华盛顿作证词。基金会负责人认为有必要防止这样的事情再次发生，因此建立了“基金会图书馆中心”，其宗旨是让公众对公益慈善组织有更加透明的了解。70年代以后，基金会的自我意识加强，感到有必要联合起来，加强自我研究和宣传。“中心”的作用随之扩大超出图书馆范围，并改为现名。基金会中心与政府签订合约，象征性地每年付款约5000美元到6000美元，获取各基金会填写的990表，并对990表的数据整理后予以公布。整理表格数据是个辛苦的工作，需要从厚厚的990表中提取有用信息，屏蔽个人隐私，因此其他机构都不愿意做。基金会中心目前共有146名员工，64%收入来自服务收费，其他来自基金会的捐助。除了网上提供的免费信息外，其他信息的付费标准从每月20美元到180美元不等。基金会中心也提供收费的培训服务，例如指导慈善组织如何填写项目申请书，如何管理项目资金等。代表团与基金会中心总裁Bradford K. Smith先生交流时，询问他们面临的最大挑战是什么？其回答是，信息公布问题，即还有不少基金会不愿公开其信息或信息公布不充分。在数据库的7.5万家基金会中，仅有1.4万家基金会有详细的财务分析数据。同时，该总裁也指出，由于世界各地差异较大，该中心的收集、整理数据等技术层面的经验是可以学习借鉴的，但整个模式未必能够复制。

（二）加强监管的领域

1. 社会募捐的监管。非营利组织中的公共慈善机构在州注册登记为法人，并在美国国内收入局取得免税资格后，并未自动取得社会募捐资格，还必须在需要开展募捐活动的州申请取得社会募捐资质后，才能在下一年度在该州开展募捐活动，而且这一资格的有效期仅为1年，即下一年度必须继续申请该资格。此外，即使该组织在法人注册登记的州募捐，也必须和在其他州募捐一样，首先申请取得社会募捐资质，有效期也为1年。公共慈善机构每次申请社会募捐资质时都必须汇报前期工作情况。专职募捐人员的工资水平在非营利组织中属于中等水平，允许在年终时给予适当奖励，但不得拿回扣，不得按募捐钱款的工作业绩提成奖励。

2. 关联交易的监管。由于政府认为难以判断交易的合理性，因此禁止私营基金会与个人有关联交易。例如，某基金会刚成立时条件困难，希望使用基金会理事会成员的房屋作为办公场所，如果该基金会是社区基金会，可以按照市场价格支付合理租金；但如果是私营基金会则不允许支付租金，即基金会理事会成员只能免费提供基金会使用。又如，某基金会理事会成员是银行家，则该基金会不能与该银行发生交易。再如，理事会成员有一幅名画，他可以将名画无偿赠予该基金会，但不能卖给该基金会，即使该售价明显低于市场价格。

3. 享受税收优惠的监管。非营利组织的收入是否免税，需要考虑收入来源渠道及其实际控制者。例如，慈善医院与独立开业的私人医生合作，该私人医生在医院租房办公，则医院的房租收入要交税。但如果该私人医生不独立，即该医院能够控制私人医生收入，则医院取得的房租收入可以不交税。又如，某慈善医院建立了一个门诊手术中心，让营利性机构帮助其管理该门诊手术中心。该门诊手术中心如果由医院控制，其收入不用交税。但如果由营利性机构控制，则其收入要交税。同时，捐赠必须是完全捐赠，才能享受税前扣除的优惠。例如，指定用途的捐赠在被完全使用前，不属于完全捐赠，也就不能享受税前扣除优惠，只有当附加条件解除了，才能成为完全捐赠，并享受税前扣除优惠。

4. 检察官的监管。在美国，只有检察官才享有对非营利组织的诉讼权。检察官对非营利组织的监管主要是依托专业人士。在宾夕法尼亚州检察官办公室，有12位公职律师，如果遇到某些案件，超出了这些律师的业务范围，可以再从外部聘请律师，这些律师为检察官提供专业服务，从而增强了检察官提起诉讼的专业水平。虽然非营利组织在作许多决定时，只要理事会会议认为决策合理即可，但是检察官由于拥有对非营利组织的诉讼权，因此甚至可以影响非营利组织的各项决策。例如，在投资决策方面，美国法律规定只要理事会认为合理即可。美国好食巧克力的创始人逝世后，把公司股票都捐赠给了“好食学校”，“好食学校”想把股票卖掉，但“好食”镇居民和“好食”公司员工都不希望公司落入国外公司手中，但他们无权起诉学校，因此他们找到了州检察官。州检察官要求学校证明为什么卖掉股票是一个好的选择，但学校无法证明，因此股票并未卖掉。又如，在薪酬水平方面，美国法律仅规定必须在合理范围内。但几年前，当纽约交易所还属于非营利组织的时候，由于纽约交易所负责人年薪高达1420万美元，纽约首席检察官认为年薪明显不合理，并向法院提起诉讼。纽约交易所为了规避诉讼，将自身从非营利组织转变为营利性组织登记。

（三）发展新趋势

近年来，美国非营利组织发展趋势呈现以下新特点：

1. 非营利组织日益社会化和公共化。非营利组织日益摆脱创始人及其家族的控制和影响，成为具有广泛社会性、公共性的独立组织。例如，1936年，老福特的长子埃兹尔·福特捐资2.5万美元成立福特基金会，宗旨是："接受和管理资金以用于科学、教育与慈善目的，一切为了公众福利，此外无其他目的。"老福特死后，10%的遗产归他的四个儿女，其余90%归福特基金会。20世纪70年代，基金会把老福特捐赠的股票全部卖掉，又重新投资，福特家族成员也不再在基金会中任职，因此该基金会与福特家庭已没有关联，成为独立基金会。目前，该基金会总部300人中，投资人员12人，掌管110多亿美元投资，其中35%资金投资于股票，15%投资于私募股权，20%投资于对冲基金，10%投资于固定收益债券，20%投资于房地产和商品市场，其业务活动更是涉及民主治理、经济公平发展、教育资助以及奖学金、自由言论、城市发展、健康、促进社会公正的慈善项目、可持续发展等诸多领域。而我们考察的亨利鲁斯基金会也由家族基金会变为独立基金会，该基金会没有专职投资人员，其7.5亿美元投资都是外包的。

2. 非营利组织日益具有开创性和探索性。非营利组织通过动员和整合以前尚未被发现的资源，承担了政府或者企业不愿意承担的风险，弥补了政府和市场的失灵。他们的优势是：愿意承担很大的风险；行动快速灵活；尝试不同的解决方式。非营利组织认为，他们应该在新领域进行积极探索，当有了突破、看到希望后，可以进一步推动政府或者企业共同参与或者接手去做。例如，20世纪艾滋病在美国被发现后，没有合适的医疗办法，政府也无所作为，普通民众非常恐慌，艾滋病人受到严重歧视，许多病人死于营养不良。为此，相关的非营利组织应运而生。当时，费城有7个人凑了4000美元，建立了一个为艾滋病人提供营养餐的机构。由于艾滋病人后期饭量很小，该机构研究发明了将营养餐压缩为很小的一块。该机构运作15年来，为艾滋病人提供了500万份营养餐，如果换算为市场价值为5000万美元，而他们都是动员义工帮助其做饭送餐。例如，当地有个厨师的亲属是加州病人，厨师不能帮助他，就改为在费城帮该机构做饭。费城100多辆公务车在中午空闲时帮该机构送餐。由于该机构的营养餐制作精良，好多医院的病人也改为在该机构订餐，这样也就促进费城医院改进了其膳食体系。此后，全美各地成立了30个类似组织，并建立了联合会。在联合会的推动下，医药企业研制新药，政府也介入此领域，资助医学院开展研究，并向低收入国家提供援助，为防治艾滋病事业作出了积极贡献。

3. 非营利组织与营利性组织日益融合。一方面，非营利组织在学习营利性组织，提高运作效率。例如，非营利组织的领导者，许多原先都是企业家或者企业高管，他们已经积累了足够的财富，希望回馈社会、奉献社会，将自己在营利性组织工作的管理经验运用到非营利组织，让公益慈善事业更有效率，让自己的生命更有意义。更进一步的是，一些非营利组织通过举办营利性机构，以营利性机构的利润补贴非营利组织。这些非营利组织举办的营利性机构不用做广告营销就能吸引很多客户，因为客户知道这些收入最终用于公益事业。另一方面，营利性组织在学习非营利组织，追求社会效益。例如，纽约有些糕饼屋，雇佣低收入阶层的妇女，给她们提供就业岗位，这些营利性组织主要是追求社会效益，而不是单纯追求利润最大化，他们仅仅维持正常运作即可。这些营利性组织不同于普通的履行社会责任的企业，被称为社会企业。

四、启示和思考

由于文化传统、国民心理、社会发展模式的差异性，我们在学习过程中，感到中美在非营利组织运作与管理模式方面存在较大差异。但是，美国非营利组织发展历程中的一些经验教训，对于思考我们的社会组织工作，还是有一定的启示和借鉴意义。

（一）社会组织发展与管理的学习借鉴应该立足国情，积极探索中国特色发展之路

各国非营利组织的发展更多取决于其文化传统、风俗习惯等历史文化因素。美国非营利组织的发展更多是由于美国文化崇尚“小政府、大社会”，从立国起便对政府的权力严加限制，这种传统一直延续到当代。当美国遇到社会问题时，就必须通过发展非营利组织解决这些社会问题，形成民间主导的慈善事业。美国一直在通过非营利组织解决政府失灵、市场失灵所产生的社会问题，也有美国学者将其称为仅是做后续修补工作，修补原先的错误。当前美国普通民众中也存在新的思潮，一方面，认为民间主导的慈善事业并非是财富再分配的好方法，例如美国众多名校得到了大量捐款，而穷人实际上更需要这些捐款；另一方面，认为美国在促进就业、解决房地产问题、应对自然灾害等突发事件方面应该进一步加强政府力量，在再分配领域也应该强化政府干预，促进社会公平公正。从这个角度而言，我们不应该生搬硬套，重走美国的老路，而应该立足本国国情，积极探索中国特色发展之路，预防这些社会问题的产生及其激化。

（二）对社会组织工作方针应该是培育发展与监督管理并重，积极发挥社会组织的主体作用

在我们以往的认识中，美国对非营利组织管理是非常宽松的。但从我们的学习考察情况来看，在放松管制的同时，美国在社会募捐、关联交易等领域的监管实际上也很严格。美国通过宽严有度、刚柔并济的具体举措，促使非营利组织日益社会化、公共化，发挥开创性和探索性作用，弥补了政府和市场的失灵。可见，培育发展与监督管理并重应该是我们长期坚持的工作方针。我们进一步贯彻落实该方针的具体举措是，一方面，应该研究在哪些领域做出可操作性的禁止性条款；另一方面，在这些禁止性条款以外，应该允许社会组织有较大的发展和活动空间，从而使其在社会建设领域树立主体地位、发挥主体作用，在经济建设、政治建设、文化建设、生态文明建设等领域发挥更为积极的作用。

（三）对社会组织的培育发展应该更多侧重财税政策的基础性和导向性作用，努力构建政府与社会组织的合作伙伴关系

从美国的财政政策来看，政府将大量社会服务外包给非营利组织，从非营利组织整体而言，20%的非营利组织，其主要收入来源于政府；从非营利组织个体而言，某些非营利组织收入的90%来自政府。从美国的税收政策来看，美国公共慈善机构投资收益免税，私营基金会投资收益的税率也仅仅是1%到2%；民办非营利学校、医院等都具有捐赠税前扣除资格；股权捐赠则根据当天市价，给捐赠者开具捐赠票据用于税前扣除。同时，高额的遗产税也促进了慈善捐赠。可见，我们的财税政策在这些方面都还有很大的改进空间。一方面，政府职能转变、政府购买服务应进一步加大力度、增强可操作性；另一方面，社会组织保值增值、民办非企业单位公益性捐赠税前扣除资格的相关税收优惠政策应研究制定。

（四）对社会组织的监督管理应该坚持政府监管、行业自律、机构内控与社会监督并举，不断加强社会组织的公信力建设

美国通过州政府、国内收入局、检察官、公职律师等对非营利组织加强政府监管。但与此同时，美国联合劝募、基金会中心都体现着在政府监管之外引入行业自律、机构内控和社会监督的理念。政府监管再严格，非营利组织也会“上有政策，下有对策”。而通过加强行业自律、健全内控制度、强化信息公开，才能实现对非营利组织的立体化、全方位、多维度监督。尤其值得关注的是，美国在信息公开方面，对非营利组织的要求和标准高于除上市公司以外的其他企业。非营利组织必须公布该组织工资最

高的5个人的姓名及其年薪，同时，超过法律规定的收入标准的人员姓名及其年薪都要公布。例如，宾夕法尼亚大学的信息公布显示，校长年薪是税前85万美元，某位教授年薪是税前128万美元。实践工作中，美国媒体对非营利组织非常关注，他们上网查询这些组织是否有问题，并对问题组织进行曝光，这比政府监管更为有效。这些都给美国非营利组织形成自觉守法的较大压力，促进非营利组织的健康发展。可见，我们也应该在上述各个方面加大工作力度，尤其是在强化信息公开、加强公信力建设方面应该更加有所作为。一方面，要在加强基金会信息公开的同时，加强社会团体、民办非企业单位的信息公布；另一方面，要在加强对社会组织信息公开的同时，加强对组织负责人和高级管理人员的信息公布；此外，要在政府网站公布社会组织及其负责人和高管信息的同时，也在特定社会组织网站上公布这些信息。

（五）对社会组织建设应强化独立性、竞争性、创新性，逐步加强社会组织能力建设

关于美国非营利组织的发展，代表团印象最深的是他们的独立性、竞争性和创新性。他们强调要尽量与企业、政府保持一定距离，维持平等地位，以便更好地在企业、政府之外发挥应有的作用。例如，福特基金会摆脱了福特家族和福特公司的控制，成为独立基金会。基金会中心强调他们不从政府拿钱，其创始人的想法是，如果拿政府的钱，他们所公布的基金会信息将不会被认为是中立的、公正的。同时，这些非营利组织强调在竞争中求生存，在创新中求发展，其结果是优胜劣汰，资源得到有效配置。美国20%的非营利组织占有80%的资源，提供80%的服务。正是由于这种强烈的独立、竞争与创新意识，促使美国非营利组织积极主动了解公益领域的多元化、个性化需求，及时有效地开展服务活动，表现出其独特优势。与其相比，我们的社会组织的独立性、竞争性、创新性有待提高，能力建设还任重而道远。从分类指导而言，我们应该引导基金会增强筹集资金和保值增值能力，从运作型向资助型转变，参与公益创投与公益招投标，使其成为公益事业的资金提供者；引导民办非企业单位增强参与社会管理和提供社会服务能力，从规模型向效益型转变，实施品牌战略，使其成为公益事业的服务提供者；引导社会团体增强反映诉求和规范行为能力，从粗放型向集约型转变，细化行业领域分工，使其成为公益事业的行动协调者，从而合理分工，专业运作，共同推进社会公益事业发展。从社会组织发展模式而言，我们应该进一步培育公益支持型社会组织，形成公益产业链，推广公益孵化园，复制

公益创新模式，探索社会组织市场化运作机制，完善社会组织联合行动机制，从而推动形成社会领域自我发育、自我成长、自我完善的体制机制和组织体系。

社会发展有其客观规律，社会组织发展也有其客观规律。我们必须尊重客观规律，为所有的社会组织创造一个公平竞争的环境，通过长期历史的选择，大浪淘沙，物竞天择，修炼出基业长青的中国社会组织。

统稿：刘忠祥

执笔：王劲颖　沈东亮

北京市建立政府购买社会组织公益服务长效机制充分发挥社会组织在服务民生行动中的作用

北京市社会团体管理办公室

改革开放以来，我国社会组织发展迅速，逐步成为经济和社会建设的重要组成部分。北京市委、市政府高度重视首都社会组织建设与发展工作，把它作为和谐社会建设的重要内容来抓。2009 年 11 月 3 日，北京市副市长丁向阳在民政部部长李学举来京调研社会组织学习实践活动的座谈会上指出，“要转变政府职能，政府财政每年必须留出预算，通过购买服务的方式鼓励社会服务组织成长”。

一、北京市开展社会组织服务民生行动的背景

近年来，随着首都改革开放的不断深入和市场经济的进一步完善，经济社会结构发生了巨大变化。新形势下，如何动员社会组织参与社会管理和公共服务，充分发挥社会组织在社会建设中的积极作用，是社会组织管理机关需要积极探索的重大课题。我们认识到，社会组织参与社会管理和公共服务，更好地服务社会、服务民生，已具备了多方面的有利条件。

（一）“世界城市”建设对首都社会组织提出了新要求

建设世界城市目标的提出，要求社会组织建设提升到一个新水平、新高度，与城市发展的实际需求相适应，充分发挥社会组织的功能和作用。

（二）政府职能转移为社会组织发挥作用开辟了更大空间

随着政府职能向经济调节、市场监管、社会管理、公共服务的加快转变，政府为单一供给主体的模式，逐渐向以政府合理让渡公共服务空间，社会共同参与的多元化供给模式的转变，社会组织在以改善民生为重点的社会建设中，获取了更大空间和更大作为。据统计，2009 年北京市各级行政部门大力推进政府职能转移，共投入资金 4. 77 亿元，购买社会组织服务 5335 项。

（三）公共服务均衡化发展的新趋势，为社会组织提供了良好机遇

北京人口总量庞大，人员成分复杂，民生需求的多层次多样性的趋势

愈加明显。政府在向市民提供共性的基本公共服务的同时，需要向市场和社会购买服务，满足各类社会群体和人员的个性需求，使全体市民共享发展成果，社会组织开展针对特定人群的社会服务活动，将为推进公共服务均衡化提供有效实现途径。

（四）北京社会组织具备了较强的实力和能力

截至目前，北京市在民政部门登记的社会组织共有7054个，其中社会团体3194个（市级1179个、区县2015个），民办非企业单位3722个（市级239个、区县3483个，基金会138个），备案的社区社会组织约1.16万支。全市社会组织法人总资产达321.31亿元，净资产264.12亿元，年度总收入133.71亿元，总支出112.10亿元，吸纳从业人员12万多人，社会团体会员达1458万个，初步形成了门类齐全、层次不同、覆盖广泛、功能较强的社会组织体系。2009年，北京社会组织开展社会公益活动7.7万次，受益人达2055万人次，公益活动支出10.4亿元，显示出较强的社会服务能力。

二、北京市社会组织服务民生行动概况

（一）全市社会组织服务民生行动总体情况

2010年初，《北京市2010年在直接关系群众生活方面拟办的重要实事》提出购买300项社会组织公益服务项目。为落实好这个任务，北京市民政局组织开展了以社会组织为主体，以民生建设为核心，政府主导、社会参与、贯穿全年的社会组织服务民生行动。行动启动以来，广大社会组织积极响应、踊跃参与，在与民生相关的扶贫救助、扶老助残、医疗卫生、文体科普、妇幼保护、服务三农、法律援助、支教助学、生态环境、促进就业等十大领域开展公益服务活动。

为推进社会组织服务民生行动的开展，市民政局下发了《关于开展社会组织服务民生行动的通知》，成立了领导机构，明确了实施步骤和工作方案。分别召开了全市业务主管单位、登记管理机关、各类社会组织会议进行动员。聘请倪萍、谢军等社会知名人士为形象大使，投放公交车身公益广告，扩大服务民生行动的影响。整个活动共分为五个阶段进行实施。一是项目申报。社会组织在进行年检时，通过“北京市社会组织公共服务平台”将开展的各个活动项目，包括内容、投入、惠及人群等相关情况进行申报。二是项目审核公布。社会组织申报的项目经领导小组办公室审定后，通过“北京市社会组织公共服务平台”向社会公布，全程接受社会监

督。三是项目实施。通过专家评审、社会评审、电视竞标等方式确定政府购买300项社会组织服务项目。进行社会组织内部资源配置，为社会组织开展活动提供支持。四是项目评估。政府对购买项目实施项目监管，选定第三方评估机构和支持性组织对项目进行评估和指导。其他项目通过自我评定、受益人反馈、网络调查方式，对社会组织项目实施情况进行评估，向社会公示评估结果，并记入社会组织信用档案。五是总结表彰。全面总结社会组织服务民生行动，对在社会组织服务民生行动中表现突出的100个先进社会组织和作出突出贡献的200名先进个人予以表彰，并评选出首都“十大最具社会影响力”的社会组织。

2010年7月12日，北京市在北京会议中心召开了“政府购买社会组织公益服务项目推介展示暨资源配置大会”，来自全市的社会组织和各级领导、社会建设领域专家、区县民政局、社会企业和个人等近千人参会，推介展示社会组织公益项目，举办社会组织发展四个系列论坛，将社会组织内部资源与政府、社会资源进行配置。

截至7月底，全市社会组织1846个社会组织共申报项目2706个，并有177个社会组织的231个服务民生项目已正式启动，共投入资金2582万元，58万人次受益。全市各级政府和社会各界参与社会组织资源配置923个项目，其中已经签约并实施的项目有71项，达成合作意向的有227项，正在洽谈之中的有100项，已开始合作的有525项，项目涉及金额达1.12亿元，形成社会组织与政府之间、社会组织之间，资源共享、优势互补、相互促进、共同发展的良好局面。

（二）区县开展社会组织服务民生行动情况

在全市社会组织服务民生行动积极开展的同时，各区县社会组织服务民生行动也开展的如火如荼。东城区政府以公益招投标的方式购买社会组织服务，投入经费100万元，面向全市社会组织发布了为老服务、居家就业、下岗再就业等15类18个项目；宣武区使用福彩公益金购买音像设备、电动自行车、文体用品等物品，对服务民生项目进行支持奖励；海淀区政府投入2000万元，购买社区停车环境优化、居家养老、爱心家园、社区心理支持、社区家政服务等社会组织公益项目。社会组织服务民生行动开展过程中，广泛吸纳社会力量，使社会组织公益服务得到了更多的支持。

社会组织服务民生行动充分发挥了管理机关在社会建设中的主导作用和动员作用。通过搭建公益活动平台，将社会组织公益服务项目进行计划性安排，合理配置资源，统一组织实施。

三、政府购买社会组织公益服务的重要意义

政府购买社会组织公益服务，是政府将为社会发展和人民生活提供公共服务的事项通过合同形式交给有资质的社会组织完成，并根据社会组织提供服务的数量和质量，按照一定标准进行评估后由政府支付费用。开展政府购买社会组织公益服务，通过探索政府购买公共服务机制，能够加强政府力量与社会力量的互动合作，促进行政管理体制改革，加快政府转变职能，打造服务型政府，进一步降低行政成本，提高财政资金使用效率；能够促进社会组织的健康发展，充分发挥各类社会组织在经济社会发展、承接政府转移职能和提供公共服务方面的积极作用，形成政府与社会组织之间新型的合作伙伴关系，形成公共服务供给的社会参与机制，提高公共服务质量。

政府购买社会组织公益服务和社会组织服务民生行动相结合，是我市社会创新的新举措，随着社会组织服务民生行动的不断深入，初步形成了政府合理让渡、规范引导、扶持推进社会组织发展新的体制和机制。

一是探索建立起政府社会动员的新体制、新方式。充分发挥政府在社会建设中的主导作用，引导社会组织公益活动向民生领域发展，通过搭建活动平台，发挥政府组织、动员、调动、凝聚的职能，调动多种资源，给予社会组织有力支持。行动启动以来，全市社会组织积极响应、踊跃参与社会公益服务活动，社会组织服务民生行动为政府社会动员体制探索了新途径、新方式。

二是探索建立社会组织公益项目计划性管理体制。把年检与服务民生行动紧密结合，社会组织在参加年检的同时申报服务民生项目，对申报项目进行计划性安排。

三是探索建立政府购买社会组织公共服务体制。政府购买社会组织公益服务项目，列入了《北京市 2010 年在直接关系群众生活方面拟办的重要实事》，市区县两级政府共出资 1 亿元购买社会组织服务。首先，制定了政府购买服务的制度规范。提出了《关于开展政府购买社会组织公益服务项目试点工作的意见》和《政府购买社会组织公益服务合同文本》，明确了政府购买服务资金管理、购买项目范围、工作程序；明确了购买项目、购买成本、资助补贴和项目奖励的购买方式；明确了政府购买服务项目的监督管理制度。其次，建立了专业化与社会化相结合的评审、监督队伍。组建购买服务组织管理机构，建立项目评审专家委员会、项目监督委员会，对社会组织申报的项目进行遴选，审定、聘请第三方机构进行项目

监管。第三，加大社会监督和宣传力度。与北京电视台合作开展了“政府购买服务——社会组织公益项目大赛”系列节目，使政府购买的项目个个过得硬，接受社会监督，有力地推动了社会组织公益服务活动的开展。政府购买社会组织公益服务项目，对社会组织开展公益服务起到了重要导向作用，极大地调动了社会组织参与服务民生行动的积极性，形成强大的工作推力。

四是探索建立社会组织资源配置机制。除了政府通过购买服务方式给予社会组织扶持之外，还通过整合社会组织内部资源，相互进行资金支持、智力支持、专业支持，提高服务民生行动质量和效果，形成了社会组织与政府之间、社会组织之间资源共享、优势互补、相互促进、共同发展的良好局面，初步建立了社会组织服务民生行动资源配置体制。

五是探索建立社会组织公益项目动态化监管机制。社会组织服务民生行动的开展，丰富了对社会组织公益活动的监管方式，初步形成了对社会组织的动态监管体系。一是专项监管，对政府购买社会组织服务项目进行规范化的项目监管，确保落实到位；二是契约管理，社会组织公益项目与其他社会组织、企业等社会资源进行配置之后，形成了主体之间的契约关系，实现了对项目的契约管理；三是第三方监管，聘请第三方评估机构和受益单位和受益对象信息反馈管理，带动了社会监督机制的形成，促进社会组织诚信自律和服务承诺的真实有效，实现了对社会组织公益项目运作和公益活动的动态化监管。

六是探索建立了政府扶持社会组织发展的长效机制。社会组织服务民生行动的开展，形成了政府组织推动、社会组织积极参与、社会力量协同配合的工作格局。通过政府购买社会组织公益服务，社会组织把政府和企业无力做的公益事务承担起来，成为政府的有力助手，也形成了政府扶持社会组织发展的长效机制。

四、存在的问题

主要有：对政府购买公共服务的认识亟待加强，政府购买社会组织公益服务制度不健全，社会组织自身还没有做好承接政府公益服务项目的准备。

五、建议及对策

政府购买社会组织公益服务项目，是社会组织服务民生行动的重要组成部分，通过政府使用财政资金购买部分社会组织服务民生项目，充分发挥政府的引领和项目的典型示范作用，推进服务民生行动的开展。针对政府购买社会组织公益服务中的困难和问题，我们提出如下建议和对策。

（一）完善制度，构建政府购买社会组织服务政策体系

一是与相关部门研究协商，尽快落实《北京市政府购买社会组织公益服务项目试点工作意见》。为了推进社会组织服务民生行动，市民政局起草了《北京市政府购买社会组织公益服务项目试点工作意见》。《意见》明确政府购买社会组织公益服务项目范围、工作职责、工作程序、社会组织的资质、购买方式。

二是明确将政府购买社会组织公益服务资金纳入财政预算，实行预算式管理。丁向阳副市长在北京市政府购买社会组织公益服务项目推介展示暨资源配置大会明确提出，政府财政要拿出专门资金购买社会组织公益服务项目。要制定相关政策，将购买社会组织公益服务纳入政府财政预算，形成制度，实行预算式管理，使政府购买社会组织公益服务制度化、常态化。

三是完善相关制度，加强监督管理。政府购买社会组织公益服务是一项系统工程，必须制定完善制度和监管措施，有章可循，照章办事。市民政局已经制定了《政府购买社会组织公益服务项目考核管理办法》和《政府购买社会组织公益服务合同文本》，下一步要尽快组建项目评审专家委员会，选定第三方社会组织评估机构，对项目进行全程指导监督。

（二）梳理政府部门职责，确定政府购买社会组织公益服务范围

近年来，在各国公共管理实践中，大多数准公共服务，乃至某些传统意义上的典型纯公共服务都纳入了政府购买公共服务和市场化“外包”的范畴。例如英国的公共服务行业，如环境保护、医疗、社会保障等领域被认为是建立在合同制基础之上的，甚至在监狱管理等国家传统的基本职能领域，合同化外包也占有相当的比重。对于我国公共服务采购的具体内容，在财政部编写的《中华人民共和国政府采购法辅导读本》中指出，“采购人采购的服务主要包括专业服务、技术服务、信息服务、课题服务、运输、维修、培训、劳力等”。借鉴这一思路，我市可以在政府主导之下，结合实际，要求各部门克服包揽社会事务的惯性，认真梳理自身的职责任务，将那些能够交给社会组织来做而且能够做的非常好的公共服务项目拿出来，纳入政府购买公共服务的范畴，交由社会组织来做。

（三）建设服务平台，畅通社会组织参与渠道

目前，北京市社团办正在建设社会组织服务民生资源配置信息管理系

统和社会组织信用信息管理系统。资源配置管理系统，将政府、社会资源进行合理配置、有效对接，使政府和社会资源效益最大化。社会组织信用信息管理系统全面收集全市社会组织的自身建设、能力建设、信用等数据，对社会组织进行全方位的评价评估，作为其参与政府购买社会组织公益服务的重要依据。通过两个信息系统，搭建服务平台，进一步畅通社会组织参与政府购买社会组织公益服务渠道。

（四）加大培育扶持力度，促进社会组织健康发展

通过政府购买社会组织公益服务、落实社会组织税收减免政策等培育社会组织的行政措施，重点培育发展公益性、服务性社会组织。从行业协会改革入手，推动政社分开，拓展社会组织的发展空间。通过这些措施的综合运用，逐渐建立布局合理、结构优化、功能健全、作用到位的社会组织体系，增强社会组织参与服务民生行动和提供公益服务的能力，有力地推动社会组织服务民生行动的深入开展。

关于加强社会组织党建工作的调研报告

天津市社会团体管理局

随着经济的持续发展和社会领域改革的不断深化，推进社会建设，加强社会组织党建工作，已经成为加强党的建设的一个新课题。加强社会组织党建工作是提高党的执政能力、巩固党的执政基础的客观要求，是构建社会主义和谐社会、全面建设小康社会的现实需要。因此，为了进一步加强天津市社会组织党建工作，市社团局通过发放各类调查统计表 4100 多份，电话联系 1000 多次，并先后 23 次走访了社会组织、业务主管单位和区县机关，组织召开 3 次座谈会，对天津市社会组织党建工作进行了调研，进一步掌握了全市社会组织党建工作的基本情况，找出存在的问题，并对下一步如何加强此项工作提出了政策建议。

一、天津市社会组织现状及党建工作的基本情况

随着天津市经济社会的持续发展，社会组织也进入了一个较快的发展时期，在政治、经济、文化、社会方方面面发挥着重要的作用。目前，天津市共有社会组织 4065 家，社会组织中党员有 12158 人，专职工作人员中党员有 4611 人。全市社会组织符合规定已建立党组织的有 329 家。天津市对社会组织党建工作一直非常重视，本着“应建必建”的原则，在社会组织中采取独立建、联合建、挂靠建和指派党建指导员等方式，推动社会组织建立党组织。尤其是在前一阶段开展的社会组织学习实践科学发展观活动中，进一步加大了社会组织党建工作的力度，坚持党委统一领导，积极争取上级部门的支持，注重调动业务主管单位的积极性，召开了天津市新社会组织学习实践科学发展观交流推动会，注重培养典型单位，总结推广了天津市山西商会、天津市自行车行业协会、天津市和平区南营门街新社会组织和业务主管单位市政府交流合作办公室等单位的先进做法，社会组织党建工作取得了初步效果。

二、社会组织党建工作存在的问题

从调研掌握的情况来看，天津市社会组织党建工作存在以下几个方面

的问题。一是对社会组织党建工作的认识有所偏差。目前社会上存在一种观点，认为社会组织是松散型的组织，党建工作没必要抓，社会组织党建工作会影响社会组织正常工作的开展。二是党组织覆盖率较低，不能适应社会组织发展的速度和规模。天津市社会组织种类繁多，规模不一，同时除行业协会外，学术性等其他类型社会组织以及区县的部分社会组织都存在工作人员兼职较多，党组织关系在原单位，认为没必要将组织关系转移到社会组织或转移到社会组织有困难的情况，社会组织党组织覆盖率较低。三是党建工作管理体制不健全，指导管理不到位。天津市新社会组织分属近100个业务主管单位管理，情况复杂。有的业务主管单位对社会组织党建工作职责不清，投入力量不足，自身党的工作部门和社会组织管理部门缺乏协调，具体工作不到位。同时全市没有归口领导机构统筹协调社会组织党建工作，民政部门作为社会组织党建工作的指导单位，协调沟通的工作难度较大。

三、加强社会组织党建工作的对策措施

社会组织党建工作是市场经济条件下党建领域的新拓展，是新时期党的建设的新课题。加强社会组织党建工作必须以科学发展观为指导，解放思想，实事求是，根据社会组织的实际情况，加强领导，整体推进。

（一）统一思想，提高对社会组织党建工作重要性的认识

要从坚持、加强和改善党的领导，巩固党的执政地位和政权基础的高度，充分认识加强社会组织党建工作的重要意义。通过各种途径宣传加强社会组织党建工作的重要性，使包括各级民政部门、业务主管单位和社会组织在内的全社会统一思想、提高认识，进一步明确加强社会组织党建工作是社会组织更好的承担社会职能、经济职能、发挥作用的需要，是把我社会组织正确的政治方向，维护社会稳定的需要，是巩固党的执政地位的需要。

（二）加强领导，健全社会组织党建工作管理体制

为了改变天津市目前没有归口领导机构统筹协调社会组织党的工作的现状，完善社会组织党的工作管理体制，切实落实“党委统一领导、民政部门牵头指导、业务主管单位具体负责”的工作机制，建议成立天津市社会组织党工委作为市委的派出机构，机构设在市民政局，负责牵头指导全市新社会组织党的工作。机构设置专门工作人员负责社会组织党建工作，加强对社会组织中党员的有效管理，协调各有关业务主管单位加强社会组

织党建工作。

（三）发挥业务主管单位的作用，形成工作合力

各社会组织的业务主管单位对社会组织党的建设负有义不容辞的责任，在加强社会组织党建工作中具有重要作用。如市政府合作交流办、市建交委、市民政局，作为各自领域的社会组织的业务主管单位，充分重视社会组织党建工作。市政府合作交流办根据实际情况培育出异地商会党建工作的5种新模式；市民政局向所属新社会组织下发了《关于在社会组织中建立党组织的有关规定》；市建交委在具备建立党组织条件的8个社会团体全部建立了党组织。下一步，要进一步推广典型单位的做法，增强其他业务主管单位对加强社会组织党建工作重要性的认识，调动其加强社会组织党建工作的积极性，使其协调好自身党的工作部门和社会组织管理部门的工作，切实承担起社会组织党建工作职责。

（四）积极探索社会组织党建工作有效途径，提高覆盖率

针对社会组织党建工作存在的问题，要不断创新载体、改进方式，按照“有利于党员管理，有利益增强组织活力，有利于组织业务发展”的原则，积极探索推进社会组织党建工作有效途径。一是因地制宜，多措并举。按照社会组织的不同情况，采取独立建、联合建、挂靠建和指派党建工作指导员等方式实现了党组织的全覆盖。对凡是有3名以上党员的社会组织，按照党章规定，必须建立党组织；对正式党员不足3人的，可在统一业务主管单位下，按业务相近、地域相邻等原则，建立联合党组织；对暂不具备条件的，可采取指派党建指导员或联络员的方式开展工作，加强对社会组织党建工作的指导。二是推广先进经验，推动社会组织党建工作全面开展。从天津市所有社会组织中，按照不同行业、不同类型选取社会组织党建工作成效显著的单位作为示范点，总结推广他们的做法，使其他同类型的社会组织能够按照他们的模式完善自身党组织建设，实现社会组织党组织建设的全面推进。三是结合工作实际，建立社会组织党建工作的长效机制。在社会组织申请成立、年度检查、改选换届、评估等工作中推动落实社会组织党建工作。在申请成立阶段对其发起人讲解新社会组织成立党组织的必要性并提出具体要求，要求在其提交的申请成立的可行性报告中体现党建工作计划，争取成立一个社会组织就建立一个党组织。

当前河北省社会组织管理中的问题与对策

河北省民间组织管理局

随着社会主义市场经济不断深入，社会进入转型期和矛盾频发期，社会组织作为经济社会发展的重要主体之一，也不可避免地存在一些突出问题，尤其在当前深入贯彻落实科学发展观、构建和谐社会和推进社会管理创新的关键时期，这些问题应引起社会各界的高度重视。

一、当前社会组织存在的主要问题

从2010年至今，河北省按照中央的部署要求，由民政厅牵头，对全省6875个社会团体和公募基金会开展了深入持久地"小金库"专项治理。通过认真开展自查，查出"小金库"问题11个，查纠违规资金42.81万元。通过集中督查，查出社会团体"小金库"6个、省属社团"小金库"1个，对1810.8万元违规资金进行了及时纠正，建立完善廉政制度、管理规定46个。在这轮高强度、大范围、大力度的社会团体"小金库"专项治理中，我们组织专门力量进行梳理分析，发现目前社会组织管理中主要存在五方面问题：一是收费的随意性。个别社会组织存在超越业务范围或违背宗旨收取费用的现象。如，有的以"为会员服务"为由多收不合理会费；有的社会组织借评比、达标、表彰等活动之机，向参与的企业或组织收取费用；有的社会组织违规变相开展营利性经营活动，通过签订合同，约定收费返还比例，将服务性收费委托给营利性机构办理，以获取非法收入。二是支出的随意性。在每年年检和例行财务审计中发现，有的社会组织不严格落实财经纪律和"收支两条线"等规定，财务管理不规范，支出项目、款额不符合规定，多数表现为行政支出、人员工资待遇超标准，公益性支出不达标等问题。三是用权的随意性。个别社会组织负责人不履行民主程序，权力不公开，决策不透明，搞"一言堂"、"家长制"，重大事项有时不经会员代表大会民主表决，很容易造成独断专行或权力滥用的现象。四是执法的随意性。个别社会组织对已建立的会规会纪落实不够，对现有的法律法规执行不严，对自己有利的就执行，没利的就不执行，存在有章不循、违章办事的现象。五是监管的随意性。目前全省民间组织执法监察局有牌子、无编制，有职能、无经费，行政执法和监管力量相当薄弱，职能靠社会组织自身加强内部监管，而个别社会组织内部自律机制不完善，有的监管机制形同虚设，有的监管人员想起来就过问一下，忙起来就丢之一边，监管的随意性较大。

二、社会组织存在问题的原因分析

（一）法律法规体系不健全，制度有待进一步完善

我国有关社会组织管理的法律体系还处于逐步完善的过程中，目前执行的《社会团体登记管理条例》、《基金会管理条例》和《民办非企业单位登记管理暂行条例》等行政法规，还是国务院 1998 年 10 月 25 日颁发的；民政部和我省的配套规章也是根据实际需要陆续制定的，现有的行政法规和规章严重滞后于社会组织发展的现实要求，而且我国至今没有出台一部有效规范和管理社会组织行为的基本法。

（二）行政管理体制改革不到位，双重管理存在监管真空

首先，部分社会组织是自上而下由政府部门推动成立或从政府机构转变而来，行政化色彩较浓。许多社会组织的负责人由业务主管单位领导兼任或委派，有的社会组织办公场所和业务主管单位同设一处，“两块牌子、一套人马”，个别行政部门可能会利用社会组织的招牌实施违规行为。其次，政府职能转变的力度不够。党的第十七届二中全会通过的《关于深化行政管理体制改革的意见》，明确要求政府把适宜于社会组织行使的职能委托或转移给社会组织，但实际上，没有文件明确规定应转移哪些职能、谁去监督执行。

（三）内部自律机制不够完善

个别社会组织自身的民主决策、内部议事、财务管理、章程履行等制度不健全、不完善，存在“以人治会”的现象；主要负责人权力过分集中，缺乏有效的自律和他律机制。社会组织的工作人员抵制违规行为的意识和能力不强。

（四）外部监管作用尚未有效发挥

我国法律对于社会组织的信息、财务公开制度等方面尚无明确规定，社会组织自身也缺乏自觉接受社会群众和新闻媒体监督的意识。同时，登记管理机关难以实施有效的监督和查处，有些地方存在“重登记、轻管理、无力监管或监管不到位”的现象。

（五）规范社会组织收费行为的规章制度滞后

目前，专门的有关这方面的收费政策、依据和标准，以及对违规收费

行为进行处罚的依据等还不完善，同时缺乏行之有效的收费管理和财务监督制度，直接影响到社会组织的健康发展。

三、对社会组织实施有效监管对策建议

（一）健全法律政策体系，消除制度漏洞

完善的法律制度、完备的配套政策，对于治理违规、预防社会组织腐败至关重要。我们认为，当前应当加紧做好以下两项工作：一是建立健全社会组织法律法规和政策体系。加紧《社会组织促进法》的立法研究，用法律形式明确社会组织的性质、地位、作用、职能、权利义务及监管措施、处罚界限等，理顺政府与社会组织的关系，并以此为基础，制定配套的政策法规，形成与社会主义市场经济发展相配套、与推进社会组织管理和发展相一致的法律政策体系。二是制定配套扶持政策，进一步优化社会组织的健康发展环境。在税收优惠、减免费用、人事制度、职称评定、福利、保险待遇等方面，制定有利于社会组织长远建设和持续健康发展的相关配套政策。

（二）加快行政体制改革，理顺职能关系

要引导和规范社会组织与政府部门在主体、机构、职能、人员、资产、住所六方面完全脱钩，达到无行政隶属关系，无人事派遣关系，无资产调配关系的“三无”标准，下大力、用实招、出重拳，全面清理并彻底解决社会组织中党政干部兼职以及负责人超龄、超届问题。

（三）改革双重管理体制，合理配强执法队伍

要进一步理顺、界定业务主管单位和登记管理机关的职能，还业务主管单位业务资质认定、业务指导的原有监管职能，解决双重平行管理造成的监管空档。

（四）创新建立政府购买服务制度，拓展资金来源渠道

目前，社会组织为解决经费问题出现了个别乱收费现象，要治理此种违规收费行为，必须从根源上消除其行为动因。要通过加大政府向社会组织购买服务力度，建立购买服务工作机制，提高社会组织的经济实力，使社会组织的活动经费在会费、有偿服务收入、社会赞助等来源的基础上，进一步拓展资金来源渠道，促进社会组织健康发展。要健全政府购买服务的操作机制，完善政府购买服务的评估措施，设立社会组织发展的专项基金。

（五）加大外部监管力度，实现防控结合

我国社会组织的自律机制尚不完善，必须强化登记管理机关、社会公

众和新闻媒体的监督力度，引入外部力量，规范社会组织的行为。当前应着重做好以下五项工作：一是加强执法机构建设。要健全中央和地方各级登记管理机构，建立统一协调、力量充实、专业权威、信息畅通的全国社会组织登记管理执法监察网络。二是要通过每年对社会组织年检工作，及时掌握、发现和处理社会组织业务和财务活动中存在的问题。三是推进社会组织的评估工作。四是强化信息化管理，推行信息公开制度，增强社会组织的透明度。五是健全举报查处机制，发挥社会监督作用。借鉴上海、青岛建立社会组织监督网络的做法，构建集“服务、协调、管理、预警”功能于一体的监控体系，形成查处社会组织违法违规行为和预防腐败的预警网络，及时有效地预防、消除社会组织的违法违规行为。

关于河北省社会组织管理问题的综合调研报告

河北省民间组织管理局

一、河北省社会组织概况和作用发挥情况

全省各级民政部门登记注册的社会组织共 14657 个（省本级注册 953 个）。其中，社会团体 9517 个（省本级注册 736 个），包括行业性、专业性、联合性、学术性社会团体；民办非企业单位 5119 家（省本级 196 个），包括教育类、科技类、劳动类、体育类、医疗卫生类民办非企业；基金会 21 个（非公募基金会 15 个、公募基金会 6 个）。以 2003 年《行政许可法》颁布实施以来统计数据测算，每年新登记注册数约以 10% ~15% 的速度递增。全省社会组织从业人员约 15 万人，净资产约达 60 亿元，社会团体中的单位和个人会员的总数约 600 万。社会组织已遍布全省城乡，涉及教育、科技、卫生、劳动、民政、工商、农业、体育、环境保护、法律服务等经济社会生活的各个领域，初步形成了门类齐全、层次不同的社会组织体系。

近年来，河北省不断加大规范治理力度，尤其在学习实践科学发展观活动以来，全省社会组织党组织建设、自身建设和发挥作用方面取得突破性进展，社会组织服务社会的职能得到充分发挥，社会影响力得到明显提升。

一是承接政府职能的作用得到加强。随着政府机构改革，部分政府职能转接给社会组织，这样既扩大了社会组织的经济实力和发展空间，又使社会组织承接政府职能的作用得到加强。如，省冶金行业协会积极承担了涵盖钢铁、有色、黄金等行业的统计工作，开展定期行业分析和预测预警工作，为政府宏观调控和企业创新发展提供了科学参考。省本级注册登记的 300 多个行业协会在行业统计、行业质量标准制定、行业会展等工作中发挥了重要作用，已经成为各级政府不可或缺的重要助手，成为政府联接企业的重要桥梁。

二是服务社会的功能得到提升。随着社会组织不断发展壮大，目前已

渗透到教育、科研、文化、环保、公益慈善、农村专业经济等诸多领域。如全省2750多所民办学校，涵盖了从幼儿园到大学本科的学历教育，包括社会急需的各种职业技能培训，每年又为社会培训近60万有用人才，既解决了各级政府教育投入不足，又缓解了社会就业压力。

三是公益慈善的形象得到较好树立。近年来，通过开展全省社会组织自律与诚信建设活动，构建“河北民政网”、“河北民间组织网”信息宣传平台，利用网络、电视、报纸等媒体广泛宣传社会组织先进事迹等有力措施，敦促社会组织不断完善章程，建立健全信息公开、承诺服务等制度，指导各社会组织积极开展社会公益活动，一批社会组织尤其是教育培训类民办学校、卫生类、科技类民办机构和基金会，积极支持家庭困难学生完成学业，开展义诊、送医上门等服务，提供就业岗位为政府分担压力等，较好地树立了社会组织的良好公益形象。

四是推动经济社会发展的作用得到充分体现。馆陶县陶艺漆艺研究所在学习实践活动期间，成功牵头举办了县域黑陶文化产业发展二十年高峰论坛，吸引30多名省内外知名专家学者参与研讨交流，推出技术创新成果9项，达成合作意向12个，签订购销合同总值480多万元；先后为会员企业提供产业市场信息86条，为企业推荐、招用技术人才125人，培训高级技术工人200余人次。

二、河北省社会组织管理工作的主要成果

（一）社会组织管理与培育机制取得突破性进展

河北省民政厅不断加大社会组织管理工作力度，紧紧围绕社会组织“健康发展、发挥作用”，积极探索，大胆实践，强力推进全省社会组织管理机制取得了突破性进展。一是法制建设取得新的突破。2011年2月10日颁布《河北省社会团体登记管理办法》，于4月1日起实施。二是社会组织行政许可审批工作进一步规范。省民政厅依照《行政许可法》、《行政处罚法》和社会组织登记管理“三个条例”，对涉及社会组织12项许可和行政处罚权力运行程序，进行了严格规范，设立了行政许可办公室，建成了网上行政许可审批系统。各设区市都已进入行政审批中心集中办理有关登记、变更登记等事宜。三是建立政府与行业协会新型合作关系。省民政厅出台的《河北省行业协会发展的指导意见》明确规定行业协会自身应具备“向政府反映行业和会员诉求，参与行业资质认证、事故认定”等12项职能；政府及有关部门将“开展行业职工技能和执业资格培训，开展行检行评，协助组织行业内驰名商标”等8项职能委托授权或划转给行业协

会。并清理和废止了一些不适应市场经济发展要求的地方性规章和政策规定，为行业协会依法承担相应职能消除障碍。四是建立行业协会经费扶持机制。出台了《河北省重点培育发展全省十大主导产业综合性行业协会的指导意见》，明确规定政府对审定的主导产业和重点行业协会启动经费不足确有困难的，可给予一次性补助，所需资金纳入年度财政预算管理，按照“政府提供资金，定项委托工作，实施合同管理，监督评估兑现”的原则，让20家重点行业协会协助政府开展行业统计分析、预测预警、信息发布等工作，按照等价交换的市场经济规则支付相应费用，使政府长期购买固定性服务形成了机制。

（二）社会组织内部机制建设迈上了新台阶

加强社会组织制度建设方面，针对社会组织章程不够规范、财务制度不健全、日常管理不正规、信息不公开、政会不分、违规乱纪现象时有发生等问题，采取得力措施，狠抓制度规范并取得实效。一是制度标准进一步明确。学习实践活动中，省民政厅依据社会组织选举、决策、日常管理、财务管理、诚信自律、信息公开等自身建设6项制度要求，编印下发《对照查摆60题》1.2万册，明确各项制度建设的具体内容，使社会组织整改落实的标准，规范建设有方向。二是树典型、抓查处，发挥示范、警示的作用。在全省范围内培育并宣传了省注册会计师协会党委、河间国欣农研会、高碑店市农民技术协会、馆陶县陶艺漆艺研究所等2个党委8个党支部的先进典型，并对146家经济类行业协会、110项自身建设内容进行评估，极大地推动了经济类行业协会管理和建设。加大执法监察工作力度，全省共处罚174个社会组织，注（撤）销了79个违规违法纪的社会组织。三是完善制度规定，强化政策措施。先后出台了《河北省关于进一步加强行业协会自身建设的指导意见》、《河北省行业协会加强公共信息服务平台建设的指导意见》、《河北省行业协会制定和完善行规行约加强行业自律的指导意见》和《关于党政机关领导干部不兼任社会团体领导职务有关问题的通知》等文件，从政府政策层面加强规范指导，有力推动了社会组织内部机制建设。

（三）社会组织党组织建设实现了“应建必建率100%”目标

通过单独组建、企业合建、行业统建、区域联建等形式，新增党组3674个，发展党员295名。截至2010年1月30日前，全省符合建立党组织条件的4222个，新社会组织已全部组建，组建联合党支部197个，应建已建率达到100%，实现了“全省新社会组织应建必建党组织”的目标。

全省有党员但不符合建立党组织条件 6798 个社会组织中的 7600 多名党员，全部纳入业务主管单位党组织和联合党支部管理之中。省民政厅明确规定：凡社会组织筹备成立时必须同步筹备成立党组织。

三、河北省社会组织管理工作存在的主要问题

1. 法制建设滞后。河北省在国务院颁布的《社会团体登记管理条例》《基金会管理条例》《民办非企业单位登记管理暂行条例》和《外国商会管理暂行规定》等四部行政法规之后，至今只出台了《河北省社会团体登记管理办法》，关于民办非企业单位和基金会，一直没出台适合河北省实际的地方性法规。

2. 社会组织违法违规活动时有发生，影响了社会组织的整体形象。调研发现，部分社会组织财务管理混乱，40% 以上社团没有专职会计，多数是兼职，平时不按要求记账，年度检查前找人临时制作财务报表；有些社团经费账户没有与政府行政部门、事业单位经费分开；有的行政机关不好处理的费用拿到社团财务处理，也有的本应由社团自己开支的费用却以开展有偿服务为名，拿到机关从行政经费中报销；一些半官办性的社团也存在不合理收费的情况。“政会不分”问题比较严重，有的是因人设会，如秦皇岛市 67 个行业协会 95% 以上有公务员在行业协会任领导职务，多数是因年龄到杠退二线，以成立协会解决待遇及正式退休继续工作的问题。省内企业非自愿加入协会的问题较多，我们走访了 19 家省内企业都反映加入了国家、省、市里的行业协会，有的加入 2 至 5 个协会，多的达 10 个以上，交会费少则 5000 元，多则 4 万多元。

3. 内部管理制度不健全。在社会组织内部，都或多或少地存在着民主决策制度不健全、内部监管流于形式的问题。一些社会组织的管理者民主意识淡薄、家长制作风严重，常常通过“一言堂”、“一支笔”的方式，将社会组织的重大事项决策与日常运作管理权集中在个人或极少数人手中，破坏组织民主。这种现象在一些由政府部门或退居二线的行政领导兼任负责人的社团和单纯依靠创建者个人声誉成立的民间机构中，尤为突出。

4. 社会监督机制不健全。除了法律规制和行政监管以外，社会组织的管理还需要其他机关、组织和个人的配合，由它们共同构成一个多层级的社会组织监督体系来规范社会组织的运营及资金使用情况。目前，就河北省社会组织的社会监督而言，也存在着监督机制不健全，社会监督力量薄弱，多层监管变成“谁也不管”的问题。

5. 管理体制相对滞后。当前，河北省对社会组织的行政管理制度仍然

沿袭的是计划经济体制下的双重管理体制，即由登记管理机关和业务主管单位分别对社会组织实施管理的双重负责的管理制度。在社会组织急速增长的今天，该管理制度的局限性和滞后性显露无遗，“双重管理”在某种程度上陷入了“双重难管”的困境。一方面，因为这种管理制度易造成业务主管单位的管理失度，即作为社会组织的成立审查和业务指导者，主管单位难以平衡和履行其对社会组织的管理职责、程度和方式。另一方面，这种管理制度直接导致登记管理机关的管理无力。因为河北省目前从未对各级民政部门作为社会组织的登记管理机关，如何承担社会组织的成立、变更、注销的登记或者备案，年度检查，行政处罚等监管职责给予切实的财政支持和赋权。

6. 管理监督力量太弱，各级登记管理机构的编制与所担负的注册登记和管理监督的职能极不适应。以保定市为例，市及各县专职民管工作行政编共7人，其余均为挂靠兼职或外聘借调人员。机构名称五花八门，11个设区市中，称“民间组织管理局”的1个，称“民间组织管理处”的3个，称“民间组织管理科”的2个，称“民间组织管理办公室”的5个。

四、关于加强河北省社会组织管理工作的几点建议

党的十七大报告把社会组织放到全面推进社会主义经济建设、政治建设、文化建设、社会建设“四位一体”的全局工作中，既有针对性的具体安排，又有整体性的总体部署，为我们推进社会组织的发展与改革指明了方向。我们认为，当前在社会组织的培育发展和监督管理工作中，应抓住主要环节，加大改革创新力度，着力解决主要问题。

1. 加强社会组织管理监督的立法工作

2008年10月，民政部在青岛召开了全国社会组织执法监察工作会议，对全国社会组织登记管理和执法监察工作总结，对下一步工作进行了动员部署，明确提出了健全执法队伍、完善配套法规政策、加强执法工作等要求。从我省社会组织执法监察工作的实际情况看，差距十分明显。自1998年国务院修订颁布“三个条例”以来，河北省仅出台社会团体登记管理工作的地方性规章，民办非企业和基金会至今还未出台相应地方性法规。另外，尽快完善《社会组织行政执法程序规定》等法规文件，以保证社会组织执法监察工作有法可依。

2. 建立党建工作委员会，加强党对社会组织的领导

建议在省民政厅内设立由5至10人组成的“中共河北省社会组织委员

会”，负责领导全省性社会组织党的建设，对设区市、县（市、区）注册登记的社会组织中党的建设进行指导。

3. 改进和完善社会组织双重管理体制

一是建立和完善城乡基层社会组织登记备案制度。建议在调查研究的基础上，以省政府的名义出台规范性文件，适当降低登记门槛，简化程序，业务主管单位可由街道办事处担任，对不具备法人条件的组织，可以实行备案制，将城乡基层社会组织纳入政府管理的视野。二是对主要从事慈善公益活动的非公募基金会，民政部门可以积极承担起业务主管职责。各级民政部门可以对一些社会发展急需而又找不到业务主管单位的民办非企业单位，实行由民政部门直接登记管理的试点。

4. 增加各级民间组织管理机构人员编制、设置行政许可和执法监察经费的专项预算

山西省社会组织发展和监管对策的调研报告

山西省民间组织管理局

针对山西省社会组织发展现状，山西省民政厅抽调专门人员组成课题组，对山西省社会组织的发展、监管、存在的主要问题、对策、建议等进行了深入调研。调研方式采取问卷调查、实地调查、座谈调查等三种方式，调研范围包括省直和市级有关社会团体、基金会、民办非企业单位，调研地域主要在山西省太原、大同、晋中市。

一、山西省社会组织发展工作基本情况

2010 年底，在山西省各级民政部门登记的社会组织共计 10442 个，每万人拥有社会组织数量为 3 个（目前全国平均 2.7 个）。其中社会团体 5884 个，民办非企业单位 4529 个，基金会 29 个。在省级民政部门登记的社会组织共计 1303 个，其中，社会团体 874 个，民办非企业单位 400 个，基金会 29 个。"十一五"期间，全省社会组织年均增速 4%。

近年来山西省社会组织发展和监管工作主要取得了如下成绩：

一是社会组织法制建设取得重要进展。2006 年 9 月，省政府第 82 次常务会议通过了《山西省促进行业协会发展规定》。这一规定自当年 10 月 15 日起施行。该规定要求县级以上人民政府及其有关部门应当将"建立、完善行业自律机制，制定行规行约，规范行业自我管理行为，维护行业内部公平竞争和市场秩序"等 10 项有关职责移交给行业协会，受到广大行业协会的热烈欢迎。2010 年，省民政厅还会同省法制办制定了《山西省异地商会登记管理办法》，对于加强异地商会登记管理工作，充分发挥异地商会推动两地经济社会发展的作用具有重要意义。

二是对社会组织的监督和管理逐步到位。近年来，各级登记管理机关不断加大对社会组织的监管力度，会同有关部门开展了"小金库"专项治理、减轻企业负担、煤焦领域反腐败专项斗争、行业协会与政府部门脱钩等项工作。会同税务、技术监督、银行等部门，加大了对社会组织年度检

查的力度。对于连续多年不参加年检的，按照有关法规的规定，采取注销、撤销的措施，净化社会组织。2009年以来注销、撤销省直社会组织60多个。在全省性社会团体会费票据管理方面取得重要成果，2010年1月与财政厅联合下发了《关于调整社会团体会费票据政策有关问题的补充通知》，确定会费票据全部由省民政厅代为发放、管理。

三是社会组织学习实践科学发展观活动取得明显成效。一是社会组织党建工作取得新突破。活动于2009年9月全面启动，至2010年2月下旬结束。全省各级社会组织4225名党员参加。其间，全省新增党组织126个，社会组织党组织数达191个，组建率由学习实践活动之前的31%提高到88%。全省新发展党员1130名。二是社会组织自身建设得到新加强。山西省在社会组织中广泛开展了以党组织建设为核心的“五个建设”工作，即加强党组织建设、机构建设、制度建设、诚信建设和能力建设。三是社会组织功能作用得到新发挥。全省共有1140多个社会组织的2430名党员、6810名志愿者参与到主题公益月活动中，发放各类防疫、防寒、残疾人用品、健康图书、环保用品折合人民币530余万元。四是社会组织发展长效机制有了新探索。有的市结合2009年开展的规范行业协会服务和收费行为专项治理工作，在全市民政部门登记的社团特别是行业协会和以企业为主要会员的社团中开展了脱钩工作。

四是培育发展农村专业经济协会成绩喜人。山西省先于全国大多数省份发出通知，要求各地以发展农村经济、增加农民收入为目的，促进农村专业经济协会的健康发展。在登记范围上，延伸到乡村区域；在业务主管单位上，扩大到乡镇人民政府；在成立条件上，因地制宜地将注册资金、会员数量等“门槛”予以降低。此举打破了原有的政策障碍，为农民创办农村专业经济协会开辟了绿色通道，有利于农村经济的快速发展和“三农”问题的解决。目前，该类协会已经达到3000多个。山西省的这一经验获得民政部肯定，并在全国有关会议上作了介绍。

二、社会组织发展和监管工作中存在的问题

1. 社会组织管理机构、队伍不能适应当前社会组织蓬勃发展的需要和中央关于加强社会管理的要求。随着社会主义市场经济体制的确立和国家民主政治建设进程的推进，山西省公民依法结社、举办民办非企业单位和公益事业的热情日益高涨。目前活跃在全省各地、各行业的1万多个社会组织正成为深化改革、加快开放、转型发展的重要力量，与此同时，管理任务也更加艰巨。当前，面对全省1万多个社会组织，登记

管理部门仅在年检工作这一项任务上已疲于应对。近期，中央反复要求加强社会管理，随着“社会组织”内容的逐步丰富，随着涉外组织在我省活动的增多，管理工作将更加繁重。省民间组织管理局作为处级建制，人员仅有7名，仅日常工作已不堪重负，遑论着力于培育发展、实施有效监督管理。

2. 业务主管单位监管职责落实不到位，社会组织管理体制亟待完善。根据社会组织三个条例的规定，业务主管单位负责社会组织的日常监管。但一些业务主管单位对这项工作重视不够，既没有指定的具体机构，也没有指派专人负责。个别业务主管单位不能与登记管理机关密切配合。双重管理体制能否贯彻落实，直接影响着社会组织管理的质量、效能，关系到社会组织的健康发展。同时，社会组织在依法登记后，即成为法人单位，独立承担社会责任。如同企业在工商注册登记、事业单位在编办登记后，发生违规违纪行为并不追究登记管理机关的责任。但现实情况是：社会组织在民政部门登记后，一旦该社会组织违法违纪甚至是交通肇事问题，板子也要打到登记管理机关身上。这让登记管理机关背负着种种压力，难以放开手脚大力培育发展社会组织。在厘清登记管理机关和业务主管单位的责任的前提下，让社会组织登记管理机关和企业、事业单位登记管理机关一样，无需背负压力轻装上阵，将更多的精力用于社会组织发展和监管，值得研究。

3. 社会组织从业人员社会保障政策不明晰，影响社会组织发展壮大。近年来，社会组织发展加快，但其从业人员的社会保障等问题目前还没有相关的政策予以明确。《社会团体登记管理条例》规定“社会团体的专职工作人员的工资和福利待遇参照国家对事业单位的有关规定执行”。但在实际操作执行中基本上没有落实，从业人员因此难以安心工作，流动性较强。社会组织从业人员社会保障的政策不及早制定或不统一，就难以吸引高素质人才到社会组织领域，难以留住人才，势必影响社会组织竞争能力的提升和发展壮大。

4. 当前“一业一会”的体制阻碍了社会团体的发展。按照《社会团体登记管理条例》有关规定，“在同一行政区域内已有业务范围相同或者相似的社会团体，没有必要成立的”，登记管理机关不予批准筹备。但现实情况是：一些社会团体在成立后，很少甚至几乎不开展活动。对于不开展活动的，登记管理机关可以采取警告直至注销的措施；但对于很少开展活动的，很难对其采取行政处罚。同时，很多希望积极投身该行业组织的专业人员，囿于“一地一会”的限制，又难有作为。“一地一会”的政策导致已登记的社会团体没有丝毫竞争压力；而没有压力，社团就没有长远规划、创新发展的动力。

三、针对社会组织存在的问题应采取的对策

1. 加强社会组织管理机构队伍建设。根据中办发〔1999〕34 号文件精神，为加强对社会组织的有效管理，落实“培育发展和监督管理并重”的方针，过去十年间，北京、上海、天津、广东、新疆、山东、辽宁等一些省市或将登记管理机关规格提升，或增加了行政编制，或建立了专门的行政执法队伍。各地的实践证明，加强社会组织登记管理机关机构队伍建设，有利于落实好中央关于加强社会管理、加强社会组织管理的一系列重要指示精神；有利于民政部门和有关部门共建各司其职、各负其责的综合管理机制；形成各部门齐抓共管、培育发展的良好态势；有利于强化登记管理机关的综合协调职能，促进社会组织的健康发展。山西省应借鉴、参照周边省市经验，加强登记管理机关机构队伍建设。

2. 认真落实社会组织双重负责的管理体制。当前，社会组织管理的三部法规——《社会团体登记管理条例》（1998 年发布）、《民办非企业单位登记管理暂行条例》（1998 年发布）、《基金会管理条例》（2004 年发布）正在修订中。涉及业务主管单位的条款可能会有较大改动。在三部法规修订前，各业务主管单位仍然应当按照条例精神，强化工作责任制，指定专门机构和人员负责社会组织管理工作，并建立责任追究制度，谁出了问题就追究谁的责任。另一方面，业务主管单位要在人员、经费和办公地点上保证社会团体，特别是保证那些会费收缴困难、活动资金严重短缺，但在社会经济生活中发挥着不可替代作用的社会团体的需要。

3. 制定社会组织从业人员社会保障有关政策。一是把社会组织的人事、用工纳入人力资源和社会保障部门的正常管理，建立社会组织人事管理、劳动用工、收入分配和考核奖惩办法等，促进社会组织的健康、持续发展。二是制定社会组织员工的社会保障办法，诸如医疗保险、失业保险、住房公积金政策等，健全社会组织专职工作人员的社会保障机制。三是实现社会组织专职工作人员职业化，要有计划、有步骤地推进社会组织专职工作人员的职业化发展进程。

4. 适当引入竞争机制，允许一地两会、一地多会。要让社会团体真正发挥作用，就要适当引入竞争机制，实行优胜劣汰，鼓励想做事、能做事的社会各界有关人士成立与已有社团宗旨相似、业务相近的社会团体。这

样的社团一地可以两会；宗旨相似、但业务范围区别较大的，一地可以多会。这样，一个单位可以自愿选择一个或多个社会团体成为会员；而公信力较差、可持续发展能力较弱的社会团体，则因为会员单位日益萎缩，自行淘汰，最终被登记管理机关注销。

吉林省社会组织监督管理工作的调研报告

吉林省民间组织管理局

为贯彻党的十七届五中全会提出的“培育扶持和依法管理社会组织”精神，我们通过文献研究、问卷调查、重点调查等方式对吉林省社会组织监督管理工作情况进行了专题调研。具体情况如下：

一、基本情况

（一）社会组织发展基本情况

截至2009年底，全省社会组织数量已达18557个，其中：法人社会团体5240个、民办非企业单位3120个、基金会29个、农村专业经济协会5140个、社区社团5028个。社会组织工作人员总数达到94345人。这些社会组织遍布城乡，涉及社会生活的各个领域，初步形成了门类齐全、层次不同、覆盖广泛的社会组织体系。

根据对省级260个社团进行的问卷调查结果，学术性社团主要由民间发起。行业类社团多数以政府和民间共同组建的方式建立，民间自发组建的少。但行业类社团的民间化进程正在逐步加快。2002年以前主要是政府发起组建行业协会，2002年以后近半数的行业协会由民间自发组建。但由于政府的有关行业管理职能还不能完全转移，所以更多的行业协会是在政府的指导下成立，或是在成立初期由政府代管，然后逐渐交给社会。

在省级130个社团、市级238个社团、县级185个社团中开展了场所设备情况、资金来源和使用情况调查。通过调查发现：县级社团基本办公设备情况较差，近一半社团没有电脑、打印机等设备；社团的办公设备主要由政府有关部门来提供，自行购买或租用办公设备的比较少；大多数社团经费不足，对行政拨款还有一定的依赖，经费用于业务活动的支出比例不高。这些表明社团的经济动员能力和业务活动能力还不很理想。

根据2010年末全省社会组织党建情况调查，全省社会组织建立党组织数为1492个，党组织组建率为17.8%。由于社会组织专职工作人员少，不符合建立党组织条件的社会组织达到了7188个。

通过上述对社会组织发展情况的调查，可以看出吉林省社会团体民间性不强、结构不合理、布局不合理、活动资金不足、缺乏民主决策机制、社会服务意识差、功能作用发挥不充分；民办非企业单位行业分布不均、员工队伍素质不高；基金会由于成立门槛过高，导致数量少；党对社会组织的领导能力弱。

（二）社会组织监督管理的主要措施

在社会组织被纳入管理范围的初期，监督管理工作以加强监管为主。随着社会组织发展，管理工作逐渐转向了搭建发展平台，促进作用发挥，规范组织行为，建立监督机制的阶段。

目前，在社会组织监督管理方面主要采取了以下措施：

一是制定了处置社会组织突发事件应急预案。根据《吉林省突发公共事件总体应急预案》的有关规定，结合实际，起草了《吉林省处置社会组织突发事件工作预案》。

二是加强了社会组织执法监察工作。建立了吉林省民间组织执法监察局，与省法制办联合下发了《吉林省社会组织登记管理机关行政执法程序规定》和相关执法文书。

三是建设了省级社会组织活动监管系统。通过吉林省社会组织网，建设了省级社会组织活动监管系统。通过将活动报告情况与年度检查中的活动总结挂钩，实现了多数省级社会组织开展的主要活动都能够在事前报告。登记管理机关能够掌握社会组织的动态，形成了及时监督的途经。

四是严格登记审批程序。在受理登记过程中对社会组织成立的背景，设立的目的，以及人员构成等情况进行全面认真审查。严格控制特定群体类组织和业务宽泛、不易界定，不利于社会稳定的社会组织。通过登记手段，努力确保社会组织与我省经济和社会协调发展，维护了社会稳定。

五是加强了政策指导。下发了《关于进一步明确民间组织管理工作若干政策性问题的通知》。对异地商会登记，宗教类民间组织管理，政治文化气功类民间组织管理，特定群体类社会团体的管理，境外非政府组织的管理等问题进行了明确。

六是开展了社会组织评估活动。在省级社会组织中开展了基金会的全面评估和行业协会评估试点。对省级上报自评材料的 13 家基金会、8 家行业协会进行了实地考察和评审。最终确定 5A 级基金会 1 家，4A 级基金会 2 家，3A 级基金会 10 家，5A 级行业协会家、4A 级行业协会 4 家。初步建立了对社会组织的公正评价体系。

二、社会组织监督管理中存在的主要问题

（一）社会组织对国家安全和社会稳定的影响不容忽视

一是社会组织涉外交往频繁，没有规范管理渠道。吉林省社会组织的对外交往活动主要有参与国际项目合作、参加国际会议、参加国际组织、组团出国（境）访问、接待境外来访五个方面。目前，社会组织的涉外交往除了外事部门的审批外，没有其他监督途径，对交往过程和交往成果缺乏有效的监控。

二是社会组织内部的矛盾容易产生特定领域的社会不稳定因素。社会组织是一类特定人群的集合，在发展中往往需要平衡会员之间的各种利益关系，处理各种矛盾。组织内部的矛盾主要表现为组织的不同利益群体之间的冲突，最突出的表现是社团分支机构或部分会员不愿意接受社团的领导，想另立组织产生的冲突。这种情况在各级社会团体中普遍存在，虽然多数情况下冲突的结果是社团的主体获胜，但已经引起了某一领域人员的不满，如果这种不满得不到平息，最终还是会引发这一领域的社会矛盾。

三是社会组织的违法行为容易造成社会危害。目前，社会组织不按照章程规定开展活动，从事营利性经营等行为屡有发生，在一定范围内造成了社会危害。

四是结社自由的呼声越来越高，对其中的不稳定因素不易控制。随着经济发展和人民生活水平的提高，人们越来越多的开始寻求兴趣、爱好、技能方面的组织归属，为实现自己的愿望寻找途径；开始为了更好地实现利益，反映诉求而结成联盟。从登记管理机关接待的咨询情况来看，近几年成立社团的需求在省、市、县各级都明显增多，不仅涉及工商业各个领域，还包括意识形态研究、个人兴趣、维权、涉外合作等领域。如果对这些组织的成立不加以控制，容易形成影响社会稳定和国家安全的力量。

六是非法社会组织大量存在。截至2008年底，我国登记注册的各类社会组织约41.4万个。但据专家估算，社会组织的实际数量可能是登记数量的10倍。虽然无法得到这类组织的准确数量，但非法社会组织确实大量存在。非法社会组织不一定都从事违法活动，但由于目前监督管理不到位，非法社会组织的活动不被掌握，它们一旦从事影响国家安全和社会稳定的活动，相关管理部门将很难在第一时间发现。

（二）社会组织的积极作用没有充分发挥

当前，有三方面原因影响了社会组织在经济社会发展中功能作用的发挥：

一是政社不分现象严重，社会组织的独立性不强。目前，全省5240个社会团体中有1600多个负责人为现职国家公务员兼职，占31%；29个基金会中有11位秘书长为兼职，占40%。这些社会组织行政色彩浓厚，自主性、独立性不强，长期过分依赖挂靠单位，法人地位严重缺失。

二是社会组织职能不到位，自身作用无法发挥。由于一些行业主管部门不愿放权和不信任社会组织，目前，社会组织的一些应有职能还无法行使。

三是缺乏有力度的扶持，社会组织发展受到制约。到目前为止，还没有在税收、资金、场地等方面形成比较完备、操作性强的政策扶持体系，虽然出台过一些政策规定，但落实起来很难。

四是民办非企业单位营利倾向明显。民办非企业单位绝大多数由个人或企业投资兴办，举办的目的是为了获得经济回报。通过年检可以发现，有相当多的单位通过收入不入账，为利益相关单位付款，付高额租金等方式获利。

这些因素导致了吉林省社会组织在结构上，学会多，协会少；在性质上，官办多，民间少：在功能上，事务性多，公益性少；在产业上，零星产业多，支柱产业少。民办非企业单位公益性表现不充分。社会组织在经济社会建设中的积极作用没有真正体现出来。

（三）社会组织自律机制不健全

有的社会组织规章制度不完善，内部管理机制不健全，负责人由主管单位提名，民主选举只是走走形式，导致了集权现象严重；有些社会组织对管理制度不能有效落实，使违规业务活动时有发生；一些社会组织“等、靠、要”思想严重，对政府过度依赖，失去了自我发展的能力。还有一些组织不是为会员服务，而是为少数人服务，使社会组织变成了利益集团的牟利工具。这些问题的存在影响了社会组织的健康发展，也形成了潜在的社会危害。

（四）双重管理体制存在弊端

这种体制设计的初衷是要通过两个管辖主体的管理，随时了解社会组织的情况，使其处于“安全”状态。但随着实践的不断深入，这种体制逐渐暴露出不“安全”的一面。一个突出的问题是：这种体制直接影响的社会组织数量十分有限，不及实际存在社会组织数量的1/5或1/10。一方面堵住了社会组织登记注册的合法渠道；另一方面也使大量的社会组织不能通过合法渠道进行登记注册而变成了非法存在的草根组织，这些组织游离在政府的监管范围之外，使政府越来越难以对社会组织进行有效的监督和管理。

（五）政策法规不健全

当前，社会组织管理的政策法规严重滞后，一是缺乏社会组织基本法，对社会组织的权利、义务、地位等没有明确规定，使社会组织发展过程中缺乏法律保护。二是程序法不完善，直接影响到涉外社团的登记、备案等工作的开展。三是由于法规的滞后和处罚规定过于原则性，难以达到有效管理社会组织的目的。如在年检工作中，经常遇到社会组织无故不接受年检的情况，这在社团中的表现尤为突出。有的社团两三年不参加年检，但由于没有刚性的管理规定，导致执法困难。

（六）社会组织监管体系尚未形成

一方面是登记管理力量薄弱，无力监管。全省各级登记管理机关，尤其是县（市、区）级，工作人员普遍不足，工作经费和设备严重缺乏。重登记、轻管理，无力监管或监管不到位的现象时有发生。省本级仅有社会组织管理工作人员10人；全省60个县（市、区）60%没有设立专门机构，专职工作人员仅有33人，基本上都是一人身兼多职。

另一方面是管理部门之间缺乏协调配合，未形成有效的社会组织监管机制。目前，很少有社会组织主动接受登记管理机关管理，而多数业务主管单位对社会组织的管理要求并不高，致使社会组织的涉外交往、接受捐赠、举办论坛研讨等重大活动失去监管。

三、加强社会组织监督管理工作的对策建议

针对吉林省社会组织管理工作面临的问题，当前的监督管理工作必须以科学发展观为指导，以培育扶持和加强管理为目标，解放思想，完善政策，健全体制，分类指导，提升能力，促进社会组织监督管理工作全面发展。

（一）积极培育，改善社会组织发展条件

一是要加快政策法规体系的完善。要进一步放宽结社自由。应该以促进社会发展和促进公益事业为目的来修改相应规定，使登记的法律满足社会组织发展的实际需要。

二是要加大政策扶持力度。制定鼓励和支持社会组织发展的税收优惠政策；在公共财政中建立各种社会组织发展基金，用于资助和奖励相应的社会组织。

三是要在行业协会改革方面求突破。要加快推进政社分开，规定现职公务员不得在行业协会中兼职。要改革行业协会管理体制，强化登记机关的监管职能，淡化业务主管单位的行政干预。要完善行业协会运行机制，改善行业协会内部治理结构。

四是要大力推进政府职能转变。贯彻落实“费随事转”的原则，扭转对社会组织只给任务不给经费的行政摊派做法。建立和完善政府承担、定向委托、合同管理、评估兑现的运行机制，将一些事务性、服务性工作交给社会组织承担。

五是要重点培育一批社会组织。围绕新农村建设，打造一批特色明显、作用突出、具有较大影响力的知名农村专业经济协会；围绕和谐社会建设，大力培育发展公益慈善类和城乡基层社会组织；围绕社会反映强烈的教育难、医疗难、文化活动难和娱乐健身难等问题，培育发展好民办非企业单位；围绕吉林省经济建设的需要，积极培育重点领域的行业协会。

（二）强化自律，提升社会组织自我管理水平

一是要建立健全内部各项制度。要建立和完善以社会组织章程为核心的内部管理制度，完善法人治理结构。建立健全换届选举制度，建立重大活动向登记管理机关请示报告制度，提高社会组织的规范化、制度化、民主化管理水平。

二是要提升自律诚信能力。要引导行业协会围绕规范市场秩序，制定并组织实施行业职业道德准则，大力推进行业诚信建设。要引导社会组织定期公布业务活动有关信息，实行承诺服务，不断提升社会公信力。要引导社会组织依托各自的专业优势和资源优势，积极开展形式多样的公益活动，为社会提供优质服务。

三是要规范服务收费行为。要严格清理社会组织开展的各类评比、达标、表彰活动和乱收费行为，严禁违法违规强制入会、摊派会费、强行服务，严禁擅自设立收费项目，严禁违法出具认定报告或出具虚假认定报告；要杜绝服务中的价格垄断和价格欺诈，以及损害消费者、非会员的合法权益和社会公共利益的行为。

（三）加强监督，加大依法管理社会组织的力度

一是要坚持依法监管。要规范学术类、联合类社会团体的活动内容和

发展方向；要严格控制业务宽泛、不易界定性质的社会组织；对不符合国家法律法规的社会组织，依法禁止设立；对超宗旨、超范围活动的社会组织，要依法严格处罚；对境外非政府组织的渗透、颠覆活动要严格监管、严厉打击。

二是建立社会监督机制。建立社会组织信息披露、重大事项报告和公众投诉制度，将社会组织的各项活动及时向社会公开，接受社会公众和新闻媒体的监督。逐步建立、完善各级社会组织信息网，搭建社会监督平台。加强评估工作，扩大评估范围，充分发挥社会评价体系在社会组织监督管理中的作用。

三是建立协调联动监管机制。建立健全各部门各司其职、紧密配合、通力合作、齐抓共管的监管体制，完善联席会议制度和情况通报制度，及时解决管理过程中遇到的各种问题。登记管理机关加强年检，加大日常执法检查力度。各业务主管单位增强责任意识，配合登记管理机关对社会组织进行业务指导，促进社会组织依法、规范开展各项活动。登记管理机关、业务主管单位及相关部门加强协调配合，积极做好社会组织涉外活动的监管工作，严防境外非政府组织利用我社会组织从事破坏渗透活动。

（四）提升能力，不断加强社会组织管理队伍建设

一是要着力解决登记管理机构问题。应着重加强省级登记管理机关力量，尽快组建专门执法队伍，至少配备20名专职工作人员，重点打击非法社会组织和境外非政府组织的非法活动，扭转登记机关无力监管的被动局面。加强县（市、区）级执法队伍建设，每个执法单位至少配备3名以上工作人员，保证工作开展。二是要切实提高工作人员的执法监管能力。选派政治和业务素质高、作风过硬的同志充实到管理岗位，搞好现职工作人员的培训，提高做好监督管理工作的能力。三是要加强管理工作基础建设。将社会组织管理所需资金纳入各级财政预算，为各级社会组织执法监察部门配备必要车辆，保证办案经费。

浙江省社会组织创先争优活动调研报告

浙江省民间组织管理局

为深入了解社会组织创先争优活动的开展情况以及存在问题，并进行分析研判，提出相应的对策，扎实推进创先争优活动顺利开展，切实加强社会组织及社会组织党组织的服务能力，浙江省民政厅成立了社会组织创先争优活动调研组。在2010年9月至12月期间，调研组采取集中或分组的方式，先后14次深入杭州、宁波、温州、嘉兴、绍兴、台州、衢州、丽水、舟山等地进行实地调研，召开20余次座谈会，访谈社会组织负责人及相关工作人员200余人，发放相关调查问卷1300余份，较全面和准确地掌握了第一手资料，并在经过认真分析梳理后，最终形成了本调研报告。

一、社会组织创先争优活动取得阶段性成果

截至2010年底，全省依法经民政部门核准登记的社会组织共计28937个，其中社会团体14870个，民办非企业单位13878个，基金会189个。此外，还有纳入备案管理的城乡基层社会组织数万个。

创先争优活动开展以来，浙江省各级民政部门充分认识到创先争优活动的重要性和必要性，强化政治责任，明确总体要求，及时牵头成立指导小组、制定指导方案、召开动员大会进行全面部署，推动创先争优活动顺利开展，并取得了阶段性的成效。全省共有3200余个社会组织党组织辐射带动28000余个社会组织参加了创先争优活动。9月28日，民政部召开了全国社会组织创先争优活动推进会，浙江省在会上作了题为《突出主题 勇于探索 在创先争优中推进社会组织科学发展》的交流发言。11月11日，省委常委、组织部长、省委创先争优活动领导小组组长蔡奇同志在省委创先争优活动《简报》第148期《突出主题 勇于探索 省民政厅在创先争优活动中扎实推进社会组织科学发展》一文上作出批示："民政厅充分发挥主管部门作用，做到社会组织创先争优与科学发展齐头并进，有关做法值得肯定。"

（一）全面部署，多措并举，推动创先争优活动顺利开展

1. 调整充实力量，奠定指导基础。按照省委常委、组织部部长蔡奇在6月13日省委创先争优活动领导小组第一次会议上的指示精神，全省各地

将加快社会组织登记管理机构建设作为推进创先争优活动的一项重要措施。

2. 深入基层调研，抓好督查点评。全省共建立了不同层次、不同类型的社会组织联系点745个，其中省指导小组成员建立联系点12个，并下发了联系点工作方案，有针对性地加强培育指导。省委创先争优活动领导小组成员、省社会组织创先争优活动指导小组副组长、省民政厅副厅长梁星心先后4次带队省委领导小组督查组和省社会组织指导小组督查组对宁波、舟山、绍兴等地开展创先争优活动督查指导。

3. 加大宣传力度，营造舆论氛围。全省共编发简报1400余期，刊发宣传报道3000余篇，其中省“之江先锋网”49篇，全国社会组织创先争优活动指导小组办公室工作简报6篇，数量位居各省（市、区）前列。同时，注重发掘活动中涌现出来的党组织和党员的先进典型，全省共推出报道社会组织党组织和党员先进事迹900余件。

（二）创新载体，突出服务，促进社会组织创先争优扎实开展

1. 积极组织社会组织“送温暖”惠民大行动。2010年12月，省社会组织创先争优活动指导小组下发《关于开展社会组织“送温暖”惠民大行动》的通知。各地积极响应，组织各种形式的惠民活动，绍兴市组织广场义务服务咨询活动，深受市民群众的欢迎与好评；衢州市开展社会组织党组织“送岗位送温暖”活动，为就业困难人员送岗位近2000个；丽水市建立和完善社会组织服务社区活动日制度，切实让广大群众得到实惠。

2. 有力推进社会组织“双服务”活动。在创先争优活动中，社会组织党组织和党员以“五好、五带头”为标准，着力加强社会组织党组织的服务能力，切实做好服务发展、服务社会、服务群众的工作，充分发挥社会组织党组织的战斗堡垒作用和广大党员的先锋模范作用。舟山市出口水产行业协会积极向国家和省有关部门建议，使水产品出口退税率从5%提高到15%，并采取分批限量出口、实施最低保护价、调整东海休渔期等措施，实现该行业企业每年增加收入25亿元。温州市鞋革行业协会坚持“组织、服务、协调”的宗旨，带领行业企业跨出国门进行品牌对接，组织参加意大利、印度、南非等国的商展，举办“中国超市采购联盟（温州）采购会”、“名品进名店高峰对接会”等展销会，2010年帮助行业企业达成合同意向约20余亿元。台州市黄岩区果品产销协会，创新农民进入市场、提升农产品竞争的组织体系，为农民会员提供产供销一条龙服务，每年销售量均在1.6万吨以上，销售额达1.1亿元，有效解决了农产品销售难问题，促进了农民增收。

（三）勇于探索，创新发展，切实提高社会组织创先争优活动成效

1. 密切与社会组织党建工作相结合。台州市椒江区以建立健全社会组织党建工作基础阵地建设、基本队伍建设、基本工作制度建设和工作规范化、活动正常化、服务社会化为主要内容的“三基三化”行动计划，进一步扩大党组织影响力，着力打造社会组织党建品牌。舟山市定海区进一步推动社会组织党建从“提高组建率”向“运行规范化”转变，从“扩大覆盖面”向“增强实效性”转变，推行社会组织党建工作标准化认证，用心打造一批“叫得响、立得起、推得开”的社会组织党建工作示范群。

2. 密切与规范社会组织管理相结合。一是紧密结合社会组织“小金库”专项治理工作，已基本完成社会团体自查自纠整体申报，有效推动了“小金库”专项治理工作的顺利开展。二是将原省民间组织研究会改组成立社会组织促进会，在内部设立监事会，并将党组织建设写入章程，进一步引导社会组织加强自身建设。三是规范异地商会管理，目前全省核准登记异地商会 230 个，在省外设立的浙江商会也近 200 个，有力地促进了经济交流合作。

3. 密切与改善社会组织发展环境相结合。一是扎实推进公益性捐赠税前扣除资格认定工作，2010 年以来，有 251 个社会组织核准获得公益性捐赠税前扣除资格。二是加快推进政府职能转移和向社会组织购买服务工作，首次开展了省本级福利彩票公益金资助民办社工机构公益服务项目试点工作，确定资助项目 13 个，资助经费 200 万元。三是继续推进社会组织评估工作，截至 12 月底，全省已有 876 个社会组织获得了评估等级，其中获得 3A 等级以上的 625 个。四是推动设立社会组织发展基金会，台州市成立了全国第一个社会组织发展基金会，已筹措资金 690 万元，扶助发展公益性社会组织。

二、创先争优活动中存在的问题

社会组织专职工作人员少，党员发展速度慢，党组织覆盖率较低。社会组织总体规模小，公信力不足，社会组织及社会组织党组织的服务能力有待提高。社会组织松散性强，部分社会组织缺乏内部整合力，创先争优活动开展不到位。

三、关于推动社会组织创先争优活动的对策建议

（一）深入推进社会组织党建工作

继续认真贯彻好党的十七届四中全会和省十二届六次全会关于加强和改进党的建设的要求，深入调查研究，准确把握社会组织党建工作面临的新挑战，正确指导社会组织党组织协调处理与理（董）事会的关系，抓紧抓好社会组织党建工作。一是要坚持“以大带小、以条带块、以点带面”的原则，加大对从业人员 50 人以上的民办非企业单位和拥有 80 家以上会员单位且有一定数量专职工作人员的社会团体的党组织组建力度。二是要进一步理顺体制，落实责任，通过单独建、联合建或把党员吸收到业务主管单位、发起单位、所在乡镇（街道）等基层党组织的形式，不断扩大社会组织中党的组织和党的工作覆盖面。三是要根据社会组织所从事行业的特点，在有党员但不符合建立党组织条件的社会组织中，积极推进行业化党建工作，探索建立城乡社区社会组织、公益类社会组织、农村专业经济协会、学术性社会团体等不同领域的党组织。四是要加强党员综合服务平台建设，积极探索建立对社会组织党组织的资助和奖励机制。

（二）加快培育发展重点领域的社会组织

正确分析不同类型社会组织的功能定位，按照有利于推进经济社会协调发展，有利于推进和谐社会建设，有利于扩大党的执政基础的要求，有选择地在一些重点领域，加快培育扶持社会组织，并为其创造良好的发展环境，创建一大批组织健全、运作规范、作用明显、信誉良好的品牌社会组织。需重点培育发展的社会组织：一是惠及民生的公益类社会组织，要动员社会力量设立非公募基金会、公益性社会团体和民办非企业单位，推动教育科技、文化体育、医疗卫生、社会福利、生态环保等事业发展，帮助残疾人、孤儿、老年人和困难群众安排生产生活，有助于基本公共服务均等化；二是适应社区和新农村建设需要的城乡基层社会组织，支持城乡单位、个人独立或联合组建慈善组织、文体组织、科技组织、卫生组织以及方便群众生产生活的服务组织等，加快城乡社区和新农村的经济建设、文化建设、社会建设；三是符合市场经济需要的行业协会，发挥其在人才、技术、资金等资源上的统合优势，规范发展传统优势产业，推动新兴产业的快速发展。

（三）进一步改革创新社会组织科学发展体制机制

一是要进一步健全和完善社会组织政策规章，调研修改社会团体、民

办非企业单位的管理办法，推动行业协会立法工作，逐步扩大社会组织税收优惠政策范围，调动社会公益性捐赠的热情。二是要努力推动政府部门职能转变和改变管理方式，加快体制机制改革，与社会组织开展多层面的交流合作，把行规行约制定、技术质量鉴定、项目评估、价格协调、反倾销反补贴的应诉等职能逐步转移给社会组织，扩大落实社会组织的服务职能。三是要推动建立公共财政对社会组织的资助和奖励机制，利用地方财政支持、彩票公益金划拨以及接受社会各界捐赠等多种筹资途径，通过"委托管理、合同评估、项目运作"的方式，发挥社会组织的优势，提高服务质量和效率。有关部门应积极创造条件，为社会组织的活动场地、资金和用水、用电、用地等提供优惠政策，为社会组织提供公益性岗位，帮助解决社会组织活动困难和专职工作人员的社会保障，增强社会组织的凝聚力。

（四）完善社会组织建设与监管水平

一是要加强社会组织自身建设，建立现代社会组织制度，强化章程的核心地位，制定议事、选举、机构、财务、人事等各项制度，完善会员代表大会、理事会、常务理事会和监事会的职责，实行民主决策、民主管理、民主监督。推进政会分开，减少行政色彩，强化社会组织的独立法人意识。二是切实改变"重登记，轻管理"的现象，要建立社会组织信息公开制度，深入开展社会组织诚信建设，提高社会公信力。提高年度检查效能，提高执法水平，整合民政、监察、财政、税务、银行、技术监督等部门的管理力量，形成多层次、多方位的社会组织综合监督管理体系，建立由民政、公安、安全、监察、外事等部门参加的快速反应机制。

（五）更加重视社会组织管理机构自身建设

要加强登记管理机构建设，切实解决登记管理机构存在的现实问题，根据区域内社会组织数量，按比例合理配备专职工作人员，省、市重点解决机构设置和编制人员不足的问题，县（市、区）重点解决无机构和无专职工作人员的问题，设立社会组织服务窗口，编制工作经费预算，添置工作设备尤其是执法装备，加大对社会组织违法违规行为和非法组织的查处打击力度，提高社会组织管理与服务水平。建议省民间组织管理局升格为副厅级，行政编制增加到 100 名，参照民政部民间组织管理局机构设置，按承担工作任务的不同增设登记处、社团管理处、基金会管理处等职能处室。省民间组织服务中心参照民政部民间组织服务中心的情况，改为参公单位，编制增加到 40 人，明确主要承担社会组织执法监察职能。

福建省社会组织建设和管理情况的调研报告

福建省民间组织管理局

近年来，福建省社会组织管理工作坚持培育发展与监督管理并重的方针，社会组织数量稳步增长，门类日益齐全，布局趋于合理，功能逐步拓展，总体保持良好的发展态势。

一、福建省社会组织发展现状

福建省经民政部门登记的社会组织现有 15261 个，其中经济类 2698 个，科学研究类 2754 个，社会事业类 4959 个，慈善类 557 个，综合类 4293 个。分布情况如下：（1）社会团体 10782 个。按活动区域划分，其中全省性社团 899 个、设区市社团 2636 个、县级以下社团 7247 个。（2）基金会 112 个。其中公募基金会 19 个、非公募型基金会 93 个。近年来，福建省非公募基金会发展较快，主要分布在沿海发达地区，多由海外华侨华人和民营企业家捐资设立。（3）民办非企业单位 4367 个。民办学校所占比例最大，其中民办高校（含独立学院）32 个、民办中小学（含中职学校）387 个，在校生 40 多万人；还有大量分布在社区和乡村的民办幼儿园。另有科技、体育、文化、社会福利等民办机构。

二、主要工作成效

（一）突出重点，加强引导，促进社会组织培育发展

通过政策扶持、管理创新和宣传引导，努力构建布局合理、结构优化、功能到位、作用明显的社会组织体系。

1. 加快行业协会改革发展步伐。着力培育发展一批新的行业协会，推进现有行业协会的改革调整，完善行业协会的管理体制和运行机制，并将原由政府承担的部分职能移交或委托给行业协会，为行业协会发挥职能作用提供了政策支持。全省现有行业协会 1800 多个，基本涵盖了国民经济的各个门类。

2. 优先发展公益慈善类社会组织。近年来，全省公益性社会组织得到

有效发展，围绕扶贫救助、扶老助残、医疗卫生、文体科普、妇幼保护、服务三农、法律援助、支教助学、生态环境、促进就业等十大领域，逐步形成以社会组织为主体、以生建设为核心，政府倡导、社会参与、长期性的社会组织服务民生发展的格局。对符合条件的公益慈善组织给予了捐赠税收优惠政策。目前全省基金会112个，资产总额16.2亿元，基金会数量和资产都处在全国前列，为全省公益事业发展发挥了积极作用。

3. 重点培育民办非企业单位。支持社会力量在法律法规准予进入的行业和领域举办民办非企业单位，鼓励民办非企业单位承接公共服务职能。逐步建立了对民办非企业单位的资助机制和税收优惠政策，推动落实了民办非企业单位员工社会保险、职称评定等方面的政策待遇。

4. 大力扶持城乡基层社会组织。加大了对农村专业经济协会、社区社会组织的培育扶持力度，适当降低审批门槛、简化登记手续，做好指导服务工作。全省现已登记成立的城乡基层社会组织约有2100多个，对尚未达到登记条件的实行了备案管理。

5. 开展深入学习实践科学发展观和创先争优活动。在社会组织中开展争当“五个先锋”、争创建“五个好”先进党组织、争作“五方面表率”的争创“三个五”活动。积极做好“百日集中组建”工作，在全省社会组织中建立党组织793个。福建省社会组织在创先争优活动，得到民政部部长李立国的充分肯定，《人民日报》、人民网、中央创先争优活动领导小组办公室“创先争优网”、《中国社会报》等中央有关媒体的均予以了报道。

（二）规范作为，建立机制，加强社会组织监督管理

1. 严格依法审批和监管。严格控制成立政治类、法律类、宗教类社会组织以及有境外复杂背景的社会组织，并依法加强对其的监管；严禁成立与党的方针政策、国家法律法规相悖的社会组织。把好领导干部兼职审批关。加大执法监察力度，坚决取缔了非法社会组织，维护了社会和谐稳定。

2. 建立社会组织等级评估制度。建立政府指导、社会参与、独立运作的社会组织综合评估机制。从2008年起，先后在全省性科技学术类社团、行业协会和经济类社团、基金会中开展评估工作，积极探索建立政府指导、社会参与、独立运作的社会组织综合评估机制。制定《福建省社会组织评估暂行办法》，从基础条件、组织建设、工作绩效、社会评价等四个方面对330家全省性社会组织进行了评估。

3. 努力完善社会组织法人治理机制。福建省于2000年成立民间组织管理工作领导小组，由省委、省政府领导分别担任组长、副组长。2007

年，省政府办公厅印发了《关于进一步加强社会团体监督管理工作的意见》。2011 年与省委组织部、省监察厅联合发文《关于进一步加强社会团体监督管理有关问题的通知》，规范制度运行，加强对全省社会组织监管的领导和指导力度。

4. 认真抓好各项专项治理工作。从 2007 年开始，有计划、分步骤组织开展社会组织纠风治理工作。一是全面清理和规范社团组织评比达标表彰活动。针对评比达标表彰过多过滥问题，共撤销评比达标表彰项目 331 项，合并 15 项，保留 46 项，项目总数减少了 84%。2008 年制定了《福建省社团组织开展评比达标表彰活动管理暂行办法》，进一步加强了规范管理，形成了长效治理机制，近两年全省社团评比达标表彰活动比往年减少了 98% 以上。二是专项治理行业协会侵害群众和企业利益问题。通过专项治理，基本纠正了违反非营利原则、以服务为名牟取私利的行为，采取不正当手段发展会员、摊派会费的行为，违规收费以及设立“小金库”、乱收滥支、坐收坐支的行为，以及会费标准制定程序不规范等问题，并陆续出台了有关监管措施。三是加快推进行业协会与行政主管部门脱钩工作。从 2009 年开始，推进行业协会与行政主管部门脱钩工作，明确了“职能分开、机构分设、人员分离、财产分置”的目标要求、方法步骤和完成时限。截至 2010 年底，全省 1739 家行业协会（其中省级登记的有 146 家，设区市登记的有 530 家，市、县、区登记的有 1063 家）与行政主管部门实现职能分开、机构分设和财产分置；有 1678 家行业协会与行政主管部门实现了人员分离的，占全省行业总数的 96.5%。

（三）反映诉求，主动服务，发挥社会组织积极作用

各类社会组织在各自领域做了大量有益的工作，为海峡西岸经济区建设作出了积极贡献。

1. 促进了经济又好又快发展。行业协会、商会等经济类社团，积极配合政府实施宏观调控和市场监管，在规划行业发展、规范同业竞争、反映企业诉求、提供信息服务、支持企业转型升级、应对国际贸易争端等方面的作用日益显现。如在应对国际金融危机中，55 家省级社团联合发出倡议，对企业会员减收或免收一年会费，共计减免会费 3826 万余元，惠及企业会员 76520 家。

2. 促进了民生改善与社会和谐。各类公益慈善组织深入开展扶贫济困、安老抚幼、助残助孤、助学助医等活动，给予困难群众和特殊群体切实有效的帮助；各类民办非企业单位积极提供社会福利、教育培训、文化体育等社会服务，促进了基本公共服务均等化；各类社区社会组织深入开

展满足居民多样化需求的社区服务，在促进基层和谐稳定中发挥了基础性作用。

3. 促进了社会管理机制创新。各类学术性团体发挥人才集聚的优势，充分发挥“智库”作用，深入调查研究，积极建言献策，为各级党委、政府科学决策提供了参考依据，为高新技术产业发展提供了有力支持，在实施科教兴省、人才强省战略中发挥了重要作用。

4. 促进了闽台交流合作。许多社会组织充分发挥“五缘”优势，与台湾有关方面加强联系互动，推动了闽台经贸合作、文化交流和直接往来向多层次、宽领域、常态化方向发展。近几年，福建省单独组团赴台参访的社会组织每年基本保持在200多个300多批次，参与人员每年约有10000人次，同时也接待了众多来闽参访的台湾人士。

三、当前存在的主要问题

1. 社会组织监管机制仍不尽完善。个别社会组织行为不规范、信用缺失、营私逐利乃至违法乱纪问题的发生，与监管不够到位、处置不够得力有直接关系。在社会组织监管工作中，各级各有关部门的协调联动机制有待进一步强化。

2. 社会组织管理工作力量仍比较薄弱。管理人员少、工作压力大。据统计，全省县级以上民政部门现有社会组织管理工作人员117人，其中省级7人、市级23人、县级87人（多为兼职），人均管理115个社会组织，还要应对非法社会组织。由于人少事多、力量不足，社会组织管理工作处于“粗放型”状态。

3. 社会团体行政化问题仍比较突出。从现实来看，也有相当部分社团的领导职务由党政机关领导干部兼任或离退休领导干部担任。政社不分的问题，使协会的独立性和自主性难以保障。

4. 政府购买社会组织服务扶持政策不尽完善。政府购买社会组织服务的扶持政策不尽完善，既制约着政府部门转变职能，也影响着社会组织参与社会公共服务工作的发展。

四、加强和完善社会组织管理的措施

1. 把握重点、分类发展，着力培育经济社会发展急需的新型社会组织。一是按市场化原则改革和发展行业协会。在全省积极培育一批独立公正、行为规范、运作有序、代表性强、公信力高、适应社会主义市场经济发展要求的新型行业协会。二是加大公益慈善类社会组织扶持力度。鼓励和扶持企业、个人创办各类公益慈善类社会组织。三是鼓励社会力量在教育、科技、文化、卫生、体育、社会福利等领域兴办民办非企业单位。

2. 拓展社会组织发挥作用的空间，建立和完善政府向社会组织转移职能和购买服务机制。推动促进政府要将微观层面的事务性服务职能、部分行业管理职能、城市社区公共服务职能、农村生产技术服务职能、社会慈善和社会公益等职能转移给社会组织，使社会多样化需求得到进一步满足。

3. 加大对社会组织的政策扶持力度，推动落实社会组织的税收优惠政策。推动落实社会组织特别是公益慈善类组织的税收优惠政策。抓住ECFA实施的历史机遇，推动闽台合作向更广范围、更大规模、更高层次发展。

4. 加强社会组织登记管理队伍建设，提高登记管理工作水平和质量。继续争取党委和政府对登记管理机关人员编制和工作经费等问题的重视和支持，增加各级社会组织登记管理机关的机构编制、人员经费，提高登记管理机关的级别。把信息化建设作为改进社会组织管理工作的重要手段，扩大电子政务的覆盖范围，提升办公自动化水平和信息处理能力。

5. 健全社会组织监管体系，形成党委领导、政府管理、社会监督、社会组织自律相结合的管理格局。加强和改进党对社会组织工作的领导，积极探索建立多部门参加的长效协调机制，协调发改、财政、税务、外事、台办、审计、监察、公安等部门，形成多层次、多方位的综合支持体系和综合管理体系。

关于社会组织防治腐败工作的任务和方式研究

福建省民间组织管理局

当前，在行政管理体制改革过程中，社会组织已日益成为政府转变职能的重要承接载体，承担起许多社会管理和公共服务职能。但是，由于监管机制的缺位与错位，对行政权力较强的依附性，道德嬗变所引发的逐利价值观等缘故，社会组织滋生的腐败越来越频繁，逐步为社会所关注，成为反腐败部门监督和治理的领域。因此，研究如何防治社会组织腐败，对于促进我国社会组织健康发展，构建良好的社会管理体制，具有十分重要的意义。

一、社会组织腐败的现状

社会组织腐败是指社会组织及其工作人员与之合谋的其他主体，滥用社会公共性权力和社会公共性资源，为了私人或局部的利益，严重损害社会公共利益的行为。具体来说，主要是指以下三个方面的腐败：一是用钱上的腐败，如截留、挪用和侵占社会组织经费；二是用权上的腐败，如滥用社会组织拥有的公共职权谋取私利；三是用人上的腐败，如在社会组织管理人员任命上，任人唯亲，搞权钱交易等。

（一）社会组织腐败的主要表现形式

1. 依附行政权力。社会组织与业务主管部门关系密切，而且很多采取合署办公，实行“两块牌子，一套人马”的管理模式，这为社会组织依附行政权力提供了土壤。为此，少数社会组织打着行政权力的幌子，违法违规强制入会、强行服务；利用依附行政权力的协会、学会等社团组织乱拉赞助、乱收费、乱摊派。

2. 扩展组织职能。社会组织的职能本应是为会员服务，而有些社会组织却打着为会员服务的旗号，非法扩展服务职能，比如擅自举办评比达标表彰活动，或者违反规定提供展览会、交易会、研讨会、培训等方面服务，社会组织从中获取非法利益。比如为实现其客户委托的事项或为争取获利机会，直接或介绍利害关系人跑项目审批、跑资金、跑配额指标，向政府官员提供金钱、有价证券等财物或提供获利机会。

3. 违法违规募集和使用经费。大多数腐败的载体都是金钱，经费的违法违规募集和使用是社会组织最主要的腐败现象。违法违规募集经费主要表现在依靠代行行政管理职能或凭借垄断地位擅自设立收费项目、扩大收费范围、提高收费标准、增加企业和社会负担，如以咨询、服务的名义违规收费等。有的社会组织违规变相开展营利性经营活动，通过签订合同，约定收费返还比例，将服务性收费委托给营利性机构办理，以获取非法收入。

（二）社会组织腐败的主要特点

1. 行为隐蔽。鉴于社会组织本身所具有的特征，其腐败行为具有隐蔽性。非政府部门的身份和看似非财政拨款的经费使其带有很大的隐蔽性，这种特殊身份以及所具有行业的信息和专业优势常被用来进行腐败活动。同时，一些社会组织通常与政府及司法机关关系密切，能够利用这些部门作为保护伞、“护身符”，从而达到不引人注目和不被追究、少被追究责任的目的。社会组织参与腐败活动时收取和支付“报酬”的名目和方式繁多，增加了察觉社会组织腐败的难度。

2. 领域集中。当前社会组织腐败行为主要集中于具有重大利益领域和与行政主管部门关系密切、拥有相当社会性公共权力的部门，如行业协会以及其他官方、半官方的社会组织。社会组织利用其所拥有或垄断的社会性资源，通过多种手段参与腐败。另外，大型基金会等慈善基金组织，也易成为腐败的高发区。在公募经费的使用管理上，由于制度不健全，缺乏监管，致使漏洞百出，“冰山一角”开始显现。

3. 主体多元。社会组织的腐败存在主体的多元化，即社会组织腐败的主体除了社会团体、民办非企业、基金会等三个组织及其组成人员外，还包括利用各类社会组织进行腐败的政府机关及其他经营性社会组织及其人员，人员多样、构成复杂。

二、社会组织腐败的成因分析

导致社会组织腐败的原因主要有以下三个方面：

（一）体制不清

1. 双重管理体制为“体制不清”埋下了隐患

从20世纪80年代末开始，我国对社会组织的监督管理逐步形成了业务主管单位和登记管理机构各负其责的双重管理体制。宽泛的管理权限大大增强了业务主管单位对社会团体组织的控制力，造成社会组织在人、财、物的管理上没有自主权，不得不屈从和依赖业务主管单位。同时，由于社会组织职能的履行和业务活动的开展，在一定程度上受到了行政权力的影响，有的业务主管部门正是利用这种影响为其谋取利益。此外，登记管理机关和业务主管单位共同负责的双重管理体制，在实际工作中经常相互制约、相互推诿、甚至相互扯皮。这为社会组织腐败提供了有利条件。

2. "政社不分"是"体制不清"的主要表现

从历史来看，有相当部分社会组织是由政府行业主管部门转变而来，或由政府部门直接或间接组建的，它们在经费来源、人员编制、办公场所、组织功能上都有浓厚的"官办"色彩。一方面，容易造成国家机关工作人员与社会组织工作人员相互勾结谋取私利、业务主管部门或挂靠部门违反规定擅自将行政权力转移到行业协会或其他社会组织并乱收费，社会组织的业务主管部门违反规定占用其收入用于滥发奖金福利补贴等腐败行为。另一方面，社会组织为了建构自身发展空间，获得自身"更好、更快"的发展，常常也会不自觉地采取寻租权力的方式，以获取权力的支持和帮助。社会组织的执业行为或经营活动一旦有公共权力的介入，就可能偏离"中间人"的角色。而受到权力支持和保护的中介，总会承揽更多的业务，甚至有时可以实现某个行业、某个领域业务的垄断，并从中谋取超额利润。与此同时，提供权力支持和帮助的部门或个人也随之获得相应的经济回报，从而滋生共谋型腐败。

3. 政府扶持不力让"体制不清"的弊端更加彰显

当前我国社会组织总体上处在管理人员少、组织力量小、活动经费缺乏的状况，政府扶持是其存在与发展的重要前提和基础。政府购买社会组织公共服务是政府履行职能的一种形式，在我国部分省市如北京、上海、天津、河北等都有较成功的运作经验，对推动政府职能转变具有重要意义，也意味着社会管理公共服务领域的较大变革。在全国大部分城市，政府购买社会组织服务的扶持政策不尽完善，既制约着政府部门转变职能，也影响着社会组织参与社会公共服务工作的发展。

（二）法律不全

我国社会组织相关法律法规体系不健全是导致社会组织腐败的重要原因。目前，缺乏一部有效调整和规范管理社会组织行为的基本法，现有的行政法规和规章落后于社会组织发展的现实需要。我国社会组织的法律体系还处于逐步完善的过程中，现在只有国务院颁布的《社会团体登记管理条例》、《基金会管理条例》和《民办非企业单位登记管理暂行条例》等行政法规，以及民政部等部门下发的规范性文件。这些法规与规范性文件内容不全面，某些法规、文件之间还存在冲突，没有形成系统的法律体系。社会组织监管的法律法规总体上看数量偏少，导致行政执法缺少操作性依据，给监管工作增加了难度，尤其是民政部门缺乏强制手段。

（三）监督不力

1. 社会组织内部管理制度不健全

首先，一些社会组织内部机构不健全、规章制度不完善、管理不规范。一些社会组织会计、出纳不分设，缺乏基本的内部控制制度。一些社会组织自身的民主决策、内部议事、财务管理、章程履行等制度不完善。其次，“以人治会”的现象较突出，个人权力过分集中，缺乏有效的自律机制。最后，社会组织的工作人员抵制违规行为的意识和能力不强，社会组织会员维权意识不强。

2. 社会组织外部监管不到位

外部监管是指来自政府、社会等组织外的第三方监管。由于社会组织的特殊性质，外部监管显得十分重要。目前对社会组织的外部监管主要来自登记管理部门和业务主管单位。以登记机关为例，不同程度地存在“重登记、轻管理”的问题，除主观因素外，一个重要的客观原因是管理人员少、工作压力大。以福建为列，福建全省县级以上民政部门现有社会组织管理工作人员117人，其中省级7人、市级23人、县级87人（基本上兼职），人均监管115个社会组织，还要查处非法社会组织。由于人少事多、力量不足，社会组织管理工作处于“粗放型”状态。公众及新闻媒体对社会组织的监督还十分有限。社会组织在内部治理结构、财务管理等方面的信息公开程度不够，给外部监管造成了一定障碍。

三、防治社会组织腐败的对策

要从根本上解决社会组织的腐败问题，关键是构建防治社会组织腐败的惩防体系及其运行机制。

（一）构建防治社会组织腐败的惩防体系

要构建科学、合理、有效的惩防体系，关键是处理好三个方面的内容：一是防腐的思想道德防线问题，二是防腐的制度建设，三是对权力运行的制约和监督。结合我国社会组织实际情况，要构建社会组织腐败的惩防体系，首先应加强社会组织防腐教育工作，特别加大对社会组织领导干部的防腐教育，完善社会组织反腐倡廉宣传教育工作格局，形成社会组织防腐教育的长效体系；其次应加快社会组织反腐倡廉制度建设，推进从源头上防治社会组织腐败的制度改革和创新，形成社会组织防治腐败的制度长效体系；最后应强化对社会组织运行的制约和监督，尤其是对社会组织领导机构和领导人员的监督，让社会组织在“阳光”下运行，建立健全社会组织腐败惩处各项措施，形成社会组织防治腐败的监控长效体系。通过上述三个分体系的协同运作、相互作用，共同构成了我国社会组织腐败的惩防体系。

（二）构建防治社会组织腐败的运行机制

惩治和预防社会组织腐败工作是一个复杂的社会系统，其有效运作依赖于配套的、科学的、有效的运作机制。

1. 组织管理机制

一是理顺管理体制。针对我国社会组织双重管理体制存在的问题，可对社会团体组织的管理体制实行一元化管理，取消业务主管单位审查同意的规定。二是推进“政社分开”。切实解决与政府机关脱钩的问题。规范推进社会组织与政府部门在主体、机构、职能、人员、资产、住所等方面的完全脱钩，达到无行政隶属关系，无人事派遣关系，无资产关系的“三无”标准，实现社会组织自主、自律、自强的培育发展目的。

2. 保障支持机制

第一，着力培育经济社会发展急需的新型社会组织。积极培育一批独立公正、行为规范、运作有序、代表性强、公信力高、适应社会主义市场经济发展要求的新型行业协会。鼓励和扶持企业、个人创办各类公益慈善类社会组织。鼓励社会力量在教育、科技、文化、卫生、体育、社会福利等领域兴办民办非企业单位。

第二，加强政策支持，推动落实社会组织的相关优惠政策。推动落实社会组织特别是公益慈善类组织的税收优惠政策。着力解决困扰社会组织发展的突出问题，在专职工作人员社会保障、职称评定、职业建设等方面取得新进展。大力探索不同领域的政府购买服务范围。

3. 法制规范机制

一是建立健全社会组织法律法规和政策体系。加紧《社会组织法》的立法研究，并以此为基础，制定配套的政策法规，形成系统完善的社会组织法律政策体系。二是制定配套扶持政策，进一步优化社会组织的生存环境。在税收优惠方面，在减免费用方面，在人事制度、职称评定、福利、保险待遇等方面，制定有利于社会组织发展的相关配套政策。

4. 内部约束机制

一是科学的决策制度。实行集体领导。引导员工积极参与组织管理。二是规范的财务制度。社会组织的财务工作应从业务主管单位中分离出来，单独建账，单独设立资金账户。三是公开的信息制度。要强化信息管理，推行公开的信息制度，增强社会组织的透明度。

5. 外部监控机制

第一，建立社会组织外部监管模式，推动社会组织健康良性发展。第二，建立完善社会组织评价监测工作。第三，严格社会组织腐败的查处惩治。

河南省慈善组织管理运作机制调研报告

河南省民间组织管理局

慈善事业是充满爱心的社会公益事业，是我国社会保障体系的重要组成部分，在救助困难群体、缩小贫富差距、维护社会秩序、促进社会和谐方面发挥着重要作用。慈善组织是慈善事业的运营主体，具有自愿性、民间性、社会性的特点，慈善组织管理的绩效直接决定着慈善事业的发展。为了促进慈善组织良性运作和持续发展，我们对河南省具有较大影响的慈善组织进行了较深入的调查，发现了一些问题，在此基础上提出了完善慈善组织管理运作机制的建议。

一、慈善组织发展现状

进入21世纪，国家各级领导日益重视慈善事业的第三次分配功能，大力引导公众捐赠，促进慈善组织发展。因此，慈善组织在应对社会常规风险以及灾害救助等方面表现突出，赢得了公众的普遍赞同和支持。2010年，全国各类社会组织43.9万个，其中，基金会2168家，社会团体达到24.3万个，民办非企业单位达到19.5万个①，尤其是非公募基金会的增幅较大，已经与公募基金会数量基本相当。

河南省慈善事业也取得了长足进步，河南省委省政府高度重视慈善事业发展，多次倡导社会捐赠，支持慈善公益事业。2010年引发了轰动社会的慈善效应，慈善捐赠总额超过10亿元，用于文化教育、公共交通等公益事业，在全国引起了强烈反响，被称为“河南慈善现象”。慈善组织数量日益增多，截至2011年5月底，河南省民间组织管理局共注册基金会59家。2010年上半年，仅河南省慈善总会接收慈善款物达1.05亿，发放慈善款物达1.04亿，使13000多困难群众受益。2011年开创了河南省首届公益创投大赛，征集爱心企业和项目，设立公益创投基金，

① 杨团.《中国慈善发展报告（2011)》.北京.社会科学文献出版社.2011版。

定向资助获选项目。

二、慈善组织发展面临的问题

河南省慈善事业虽然有长足的发展，但是，我们在对河南省慈善事业调查中发现慈善组织发展还面临诸多问题。

（一）政府对慈善组织重准入、轻监管

首先，政府比较重视对慈善组织的准入制度，相对而言，对慈善组织的监管缺失。政府的双重管理体制及对慈善组织注册资金的硬性要求，使许多公益慈善组织不能登记注册。另外，没有明确规定业务主管部门的审批责任，造成业务主管部门的消极怠工，使一些基金会很难得到批准。如：河南省天慈公益基金会在2008年登记注册时，因政府有关部门之间相互“踢皮球”，违反了所谓的“最后登记期限”而未能注册。

其次，按照《基金会管理条例》规定，对慈善组织负有监督管理权利的主体包括民政部门、业务主管部门、财政部门和审计部门，但是没有规定监督的实施细则，这造成多元监督主体之间出现相互扯皮、推诿的尴尬状况。

（二）慈善组织之间缺乏有效的协调管理机制

目前，河南省没有一个指导、规范各慈善组织运行的类似行业协会的慈善联盟机构，各慈善组织单打独斗，各自为战，无序竞争，导致慈善资源分散，出现多头募捐、重复募捐的现象，以至于慈善活动难以形成规模效应，造成许多共性问题，使慈善效益不能得到有效发挥。

我们在调研中了解到，由于没有明确的法律法规和统一的行业管理，出现了募捐行为不规范现象。有的慈善机构不具有募捐资格，但也进行各种募捐活动，使募捐活动得不到有效的监督。同时，各慈善组织之间由于信息沟通不畅，出现了重复救助、多重救助的现象，这不仅浪费了救助资源，也不能最大限度地发挥慈善组织的作用。以上诸多问题的产生除了法律法规不完善外，最重要的就是慈善行业缺少统一管理。2011年，首都慈善公益组织联合会有望以行业名义发布首个慈善组织运作管理流程，这将是国内首部慈善公益组织的行业规范。可见，慈善领域缺少统一管理是一个共性问题，而在慈善领域进行统一管理也是一个必然趋势。

（三）慈善组织缺乏有效监督机制

慈善组织监督机制不完善，政府没有完全发挥其监督功能，慈善组织自我监督能力有限，社会监督相对缺乏。

首先，慈善组织内部监督机制不健全、自律性不强。许多慈善组织本身缺乏约束组织和成员的标准、规则等，特别是在救助的申请、拨付及运营费用的预算、核算方面没有一套严格的程序，在对善款的管理和使用上没有按照财务会计制度执行。

其次，对慈善基金监管不力。慈善组织基金管理运作的好坏，是决定公众信任和支持的关键所在。由于部分慈善组织挂靠在行政事业部门，工作方式的行政化造成善款管理和使用上的不规范，影响了慈善组织的公信力。在《基金会管理条例》中，虽然要求基金会要坚持公开、透明的原则，并对善款的募集、管理和使用作了明确的规定，但是缺乏可行性措施和细则。

最后，社会公众监督机制不健全，媒体监督缺位。受经济社会发展限制和公众慈善意识不高的影响，公众对慈善事业的参与意识和责任意识还比较低，缺乏社会监督的主动性。采取有效措施完善社会监督机制，特别是加强媒体和社会公众的监督作用，完善慈善信息公示工作制度，对促进慈善事业健康发展具有重要意义。

（四）慈善组织工作人员兼职化现象普遍

河南省慈善组织工作人员构成繁杂，难以满足慈善事业职业化、专业化需求。一方面，组织内重要岗位多由各政府部门退休的老领导担任，且大多是兼职从事慈善工作。访谈中了解到，河南省助残济困总会，共9名工作人员，其中有7名是退休干部且都担任主要职务。不可否认，退休的老领导、老干部为河南省慈善事业的发展作出了突出贡献，但现代慈善事业不同于传统的社会救济，它要求全新的公益服务理念、技能和管理方式，行政化的、强制性的管理思路和模式已经不适用于现代慈善事业的发展。

另一方面，由于慈善组织工作人员待遇较低，造成慈善组织难以吸纳和留住具有专业知识的高素质人才。如慈善项目策划人员、慈善组织财务人员、基金运作人员、审计人员等，各项慈善活动的开展缺乏专业理念引导和专业人才的支持。如河南省天慈公益基金会都存在专业人才缺乏且流动性大的问题，这些问题的存在严重影响慈善组织的良性运作和有序发展。

（五）公众慈善意识淡薄

公众慈善意识淡薄，捐赠积极性不高直接造成慈善基金不足，成为影响河南省慈善事业发展的重要因素。据了解，美国的慈善资金有近7成来自普通大众，而在我国很多人认为“慈善是富人的专利”，“平民慈善”观念一直难以深入人心。2008 年汶川地震时，第一次实现捐款结构转向，即公民个人捐款首次居主体地位，打破了我国慈善资金一直是企业捐款占主要地位的局面。但这种情况不是自然形成的，其中有因自然灾害激发的公众慈善热情及政府、单位、团体的号召等外力因素。在日常生活中，公众的慈善热情、慈善行为与灾害发生时相比，显然薄弱很多。据《2010 慈善蓝皮书》介绍，2009 年全国接收国内外各类社会捐赠款物 332.78 亿元，占 GDP 的比例为 0.1%，合计人均捐赠 25 元，而同期美国占 GDP 的 2.2%，人均 877 美元。公众慈善意识淡薄，慈善参与积极性不高，成为制约河南省乃至全国慈善事业发展的重要因素。

另外，捐赠项目的设立缺乏创新，加之捐款程序复杂或渠道不畅等因素，使得普通公众的捐赠数量较少，捐赠动力不足，难以实现捐赠的常态化和规范化。慈善事业要想发展的好，不能仅仅依靠企业或企业家的力量，更需要普通大众的支持。所以，提高公众的慈善意识并激励他们的慈善行为，对慈善事业发展来说至关重要。

三、完善慈善组织管理运行机制的建议

随着社会的发展，慈善不再是单一的、个体的行为，逐渐成为一项社会性的公益事业，社会的进步要求慈善事业必须更注重组织体系的建构，更需要完善慈善组织管理运行机制。

（一）*政府应出台扶持政策，为慈善组织发展创造良好环境*

政府应由对慈善组织发展的领导者转变为规范慈善组织发展的监督者和引导者。

1. 政府应继续加大慈善捐赠的税收政策优惠，推进慈善组织发展。在税收优惠方面，政府可以适当提高企业和个人慈善捐赠税前扣除的比例，并采取普惠性的原则降低慈善组织申请税收优惠的门槛，进一步简化捐赠人办理税收优惠的手续或程序，并为捐赠人提供尽可能多的便捷服务。《中华人民共和国公益事业捐赠法》和《企业所得税法》规定，企业公益性捐赠支出，不超过年度利润总额的 12% 部分，准予在计算应纳税所得额时扣除，同发达国家相比，扣除比例明显偏低。《美国收入法典》规定，纳税人向取得免税资格的非营利组织的捐赠，企业所得税前扣除比例为 10%，超过可扣除比例的捐赠部分，还可以在其后 5 个纳税年度内予以扣除。英国企业向慈善团体的捐款可以从应税所得中全额扣除。由此可见，企业慈善捐赠税前扣除比例偏低，且不允许结转，现行规定的操作性规定

很不具体，妨碍了对捐赠扣除的操作，也不利于保护纳税人的合法权益。建议在保持企业所得税前扣除计算基数不变的情况下，进一步提高税前扣除比例至20%左右，并允许大额慈善捐赠税前扣除超额部分可以向以后年度结转，从而激励企业的捐赠行为。

2. 在财政投入方面，可建立政府与慈善组织协同合作的机制，政府可以购买慈善组织开展的服务以降低成本，或接收慈善组织递交的资金申请，评估合格者可以获得一定的资金支持，通过这些方式来促进慈善组织的发展，逐步形成“慈善组织牵头，政府财政兜底”的发展方式。如对先心病的治疗救助，最初由境外慈善组织进行技术和资金救助，随后，各省慈善总会及慈善组织纷纷进行救助。2011年，河南省将出台相关政策，明确进行救助报销及相关规定，对先心病儿童救助进行财政补贴。

（二）成立慈善组织行业协会，建立慈善组织自律机制

提高慈善组织的规范性和专业性，可以学习借鉴香港公益基金会的做法，组建慈善组织行业协会，鼓励慈善组织参与其中，增强行业自律，整合慈善资源。

首先，慈善组织行业协会可作为组织与政府间沟通的桥梁，作为政府向民间慈善组织购买服务的中介者并负责项目的评估和招标，也根据各个慈善组织结合自身实际情况和社会需求制定项目规划申请，在进行评估和审核后负责向政府财政部门提出资金申请，支持区域内慈善活动的开展。

其次，慈善组织协会作为一个行业领头，协会对慈善组织会员进行统一管理、统一协调。可聘请专家、学者和慈善成功或经验人士参与制定协会内规章制度和区域内慈善组织的统筹发展规划；可定期开展讲座或培训，指导慈善组织的发展，进一步实现慈善组织的专业化运作；慈善组织协会负责整合和统计区域内慈善信息，包括各慈善组织捐助对象的信息统计、捐赠项目的实施详情等，实现区域内慈善信息的共享，尽量避免出现重复募捐和多头募捐现象；对募集到的善款进行统一规划，公开招标慈善项目。

最后，慈善组织协会也可对慈善组织的运行进行监督和管理，一方面规范慈善组织基金的运行，引导慈善组织实行透明慈善，提高公众对慈善事业的信心和热心；另一方面，定期对慈善组织实施内部审核与评估，对慈善组织的运行实施动态监管。

（三）加强慈善组织内外监督，提高慈善组织的社会公信力

监督是慈善组织运行中的重要环节，有效监督是慈善组织健康发展的

重要保障，拥有完善的监督体系才能确保慈善项目的公开透明，才能提高慈善组织的公信力，促进慈善事业持续发展。慈善组织的监督主要包括内部监督和外部监督。要在进一步完善内部监督基础上加强慈善组织的外部监督。外部监督除了主要的行政监督、社会公众监督之外，还应包括第三方评估机构。行政监督有主管部门和税务机关实施监督职责；社会公众监督主要有赖于捐赠信息的公开，使捐赠者、受益者及社会公众及时了解捐赠资金的来源去向，将募集的善款款额用在了哪些项目上、哪些困难群体的情况及时公之于众；第三方评估机构由民间组织管理局负责，定期组织专家对各个慈善组织的慈善活动、募捐行为进行评估，根据捐赠者和受益者的反馈对各个慈善组织进行考核，以捐赠者和受益者满意度达60%及以上视为合格者，对于连续三年不合格的慈善组织可以依法责令其限期整改。通过慈善组织的内部和外部监督，使捐赠者、受益者、慈善组织工作人员等各方利益得到保护，保证慈善组织合理、有效、健康地运行，最终推动河南省慈善事业的发展。

（四）加强慈善组织工作人员的专业化、职业化建设

慈善事业是在利他主义价值观指导下对社会困难群体实施的救助，对维护社会和谐，促进社会进步有着重要的作用。专业化程度不高，对他人的慈善救助还停留在物质帮助，忽视了慈善的后续效应；此外，工作人员把慈善工作作为自己的“兼职”工作，这样无法保证救助工作的规范化和长期性。只有实现慈善工作人员的职业化才能保障慈善效益的提高，促进慈善事业的健康发展。就目前情况来看，在慈善组织中引入社会工作人才显得尤为必要，因为对于救助对象，慈善工作人员不仅要满足他们的物质需求，更应该帮助他们发掘自身潜能，提高生活能力，做到“授人以渔”。社会工作源于慈善事业的发展，其救助目标都是社会困难群体，社会工作在现代慈善事业发展中发挥着重大的作用。将社会工作专业理念运用到慈善组织中，可以更好地完善慈善组织的管理，使慈善组织管理规范化、运作常态化。为了吸引、留住优秀人才，政府应该建立激励机制，出台优惠政策，适当提高慈善组织员工的社会福利待遇，解决工作人员编制、社会统筹、养老保险等问题。对于志愿者，政府可以在交通费和误餐补助方面予以财政补贴，以及其他的激励制度或措施等，提高慈善组织工作人员及志愿者的积极性。

（五）加强宣传工作，培养社会公众慈善意识

慈善组织发展过于依赖政府的行政力量，一个重要原因在于对慈善工

作的宣传力度不够。因此，慈善组织要加强对慈善的宣传工作，利用电视、广播、报刊、网络等多种多样的方式对慈善进行宣传，向社会公众倡导慈善精神、弘扬慈善美德和互助友爱精神，提升社会公众对慈善组织的认同，让更多的人意识到行善不仅仅是出于做好事的动机，而且还是应承担的社会责任，从而能自觉参与慈善活动；宣传对慈善事业作出贡献的先进典型以及好人好事，积极传播慈善文化，激发社会各界对慈善组织的热情，让社会上更多的人了解慈善、关心慈善、支持慈善、参与慈善。同时，慈善组织可以举办具有一定社会影响力的慈善活动，以便吸引更多的社会公众参加，如举办慈善摄影巡回展览活动、召开慈善研讨会以及创办慈善杂志等等，做到多途径宣传慈善精神，唤起公众的普遍捐赠热情；设计个性化项目名称，如冠名确立“人人慈善，日常慈善理念”，使人们在助人中享受到奉献的快乐，体会到慈善除了可以帮助别人，更是对自己心灵的一种慰藉，只有将慈善精神内化为社会公众的自我意识时，人们才能主动参与慈善活动，慈善才能真正渗入人心，成为人们生活的一部分。

在社会转型的大背景下，影响中国社会稳定的问题及因素逐渐增多，慈善组织作为政府和企业之外的第三方力量，在维护社会稳定、解决社会问题等方面发挥着越来越重要的作用。因此，推动慈善组织规范化、加强慈善组织内外监督、大力宣传慈善意识，创造良好的社会氛围以激发公众慈善捐助热情等对策，是完善慈善组织管理、促使慈善组织良性运作和持续发展展必不可少的路径选择。

湖北省社会组织党员队伍建设现状调查及思考

湖北省民间组织管理局

一、现状调查及分析

（一）全省社会组织的基本情况及分析

截至2009年12月，全省社会组织党组织4169家（省本级社会组织党组织186家，其中，社团128家，民办非企业单位51家，基金会7家），占全省社会组织数的比例约20%，其中，社团4111个，民办非企业单位51家，基金会7家。

全省社会组织党员数90972人，其中专职工作人员中党员数为13716家。全省有党员但不符合建立党组织条件社会组织数为10580家，全省无党员的社会组织有6090家。

综观社会组织有五个特点：一是“流”，即流动性大，不少人往往工作一二年就离去；二是“散”，即工作时间随意性大，内部管理比较松散；三是“杂”，即来源广泛，都是从会员单位或社会上招聘而来；四是“老”，即年龄结构趋于老化，老同志和退休同志居多；五是“少”，即党员少。

（二）被调查社会组织的党建情况及分析

1. 基本情况

我们选择了11家社会组织作为调查样本：社团有9家，都是省本级管理的社会组织，其中异地商会有4家；民办非企业单位有2家，其中省本级1家，地市级管理的1家。

2. 现状分析

（1）党组织的设置情况分析

——形式多样化。除以支部为主外，还有党委、总支部和联合支部等形式。从我们调查的11家社会组织来看，设党委的有2家，占18%；设党支部的有5家，占45%。

——隶属关系多样化。党组织的隶属关系各不相同，有隶属街道的，如湖北大地风景规划研究院党支部由武昌区中南街党工委批准成立；隶属于业务主管单位党组织的有5家，占45%；有隶属于挂靠党组织的，如湖北省浙江企业联合会党委的双联双管党总支由安陆市委组织部管理。

——成立临时党组织的比例大。从我们调查的11家社会组织中有3家，占已经成立党组织的社会组织的50%。

——未成立党组织的比例大。在调研的11家社会组织中未成立党组织的有4家（集中在异地商会），占36%。

（2）党员队伍构成情况分析

我们调查的11家社会组织有工作人员191人。其中，单位派驻或会员单位派驻人员27人，占14%；退休人员19人（主要集中在社团组织），占10%；聘用人员120%，占62.8%。党员数为68人，占工作人员35%。在65名党员中，转入组织关系的有38人，占57%，组织关系在原单位的有30人，占37%。

二、难点问题扫描

近些年来，我们党把社会组织中建立基层支部作为领导和管理社会组织的重要手段，努力扩大在各类社会组织中党组织覆盖面，不断提升党建工作水平，确实取得了一定成效。但客观地看，目前社会组织的党建工作在总体上仍相当滞后，只处于起步阶段，各方面的党建工作意识不够强，党的工作机制仍不够清晰有力，党组织的覆盖面还有很大的空间；党员干部的先锋模范作用发挥还不够明显；党组织的工作还不够自觉主动。仅以湖北省为例，全省社会组织党组织4169家，占全省社会组织约20%。在具体实施过程中，社会组织党建工作也存在一些突出问题。比如，许多未登记注册的非正式社会组织的业务活动和党建工作基本不在我们的管理视野；大量在基层备案登记的草根性社会组织因资源力量和环境条件的限制无法开展党建工作；许多已建有党组织的社会组织普遍存在“有组织无生活”的形式主义现象；党组织及其负责人在社会组织中的地位由核心向边缘转化，领导力和渗透力明显减弱；党员数量不足建立党组织的社会组织的党建工作方法还有待探索完善。

在中国社会转型的大背景下，导致社会组织党建工作相对滞后的原因有二：其一，由于社会组织发展历程短，在它的发展初期有所忽视和淡化，使得这个崭新的领域成为党建工作盲点。其二，从社会组织的角度，不仅数量种类多，分布广，人员流动大，结构松散，组织落实难度大。大部分社会组织在结构上不存在完整严密的职位体系和层次分明的等级链条，在社会组织内部权利分配和沟通上体现为平等竞争和合作的横向联系。这些特征决定了社会组织发展的“非党化趋势”，决定了政党难以全面深入地进入数量众多的社会组织中，党的建设与管理存在很大的障碍。同时，在市场经济激烈竞争大潮中，社会组织生存和发展存在很大不确定性，组织中党员干部们的心力都凝聚在业务上，对于党建工作意识和先锋作用的认识不够自觉和强烈。主要表现在：

第一，社团组织中，工作人员大多是原单位退休干部，组织关系隶属于原单位老干部部门党组织，即使在社团中成立了党支部，也只是临时党组织，因而他们过双重组织生活，但这些人流动性大，也不便把组织关系转到社团党组织。随着社会的发展和社会组织功能的加强，社团组织也经常在社会上招聘一些年轻的工作人员，这些工作人员是社会的新生代，他们当中一些也是要求进步的青年，由于是临时党组织，对他们的培养发展工作带来不利。

第二，由于社会组织中人员流动大，党员教育发展工作是一个难点问题。从我们调查的这些社会组织来看，聘用人员比例比较大，占工作人员的62.8%；人员流动的频率比较大，有的人员因继续深造、有的因考上了公务员或其他行业需要离开，有些已经纳入了培养对象，但因为流动，培养考察工作缺乏连续性。同时，社会组织发展党员计划指标远远少于同行业的公办单位，如孝感学院的一个独立学院（孝感学院新技术学院，民办三本高校）发展党员指标占发展计划的3%，而本部孝感学院（公办）却是6%，该独立学院有4700名在校学生，每年要求进步并参加培训的学生近1000人，但发展入党的不到200人，与学院的实际需求差距很大。

第三，社会组织的特有属性警示我们必须强固其建党基石。社会组织不同于军事组织、政府组织、企业组织，具有民间组织一些特有的属性。这些特性的构成了特有的社会功能定位，如协调服务、反映诉求、行业自律等等，具有明显的民间性、松散性等特性。这些属性在社会组织的运行中，与社会发展的诸多要素交织在一起，有时会带来一些负面影响，阻碍了社会组织的健康发展。

三、思考与建议

在社会主义市场经济建设和政治体制改革的积极推动下，群众参与社会服务和管理的积极性日益高涨，社会组织的数量急剧增加，发展迅速。

近些年来，社会组织更是以年均10%～15%的速度增长，发展势头十分迅猛。因此，加强社会组织的党建工作和党员发展工作刻不容缓。

（一）建立“四方共建、双重管理”的管理运行机制

目前，我国社会组织中实行双重管理体制（许多工作社会组织除业务主管单位外还有挂靠单位），即各级登记管理机关负责社会组织的合法注册登记、检查、监督与处罚；各业务主管单位负责社会组织的申请以及其按章程开展的日常业务活动的指导和管理。而组织部门作为党建工作的管理部门，通常以地域和单位为党建工作的组织细胞。很显然，作为特殊的新型单位，专职人员少且流动性强、组织结构大多松散、会员零散众多，业务范围覆盖各行业领域的社会组织很难直接纳入某个系列或单独部门进行党的建设与管理。这就需要我们根据当前工作实际从整体上构架一种各方协作、务实有效的领导协调与管理运行机制。

我们可以搭建一个由登记管理机关牵头、组织部门指导、业务主管部门（或挂靠部门）负责与社会组织落实的“分级负责、四方共建”的社会组织党建工作格局。同时，根据社会组织的挂靠部门或业务主管部门等“分类归口”到某一个部门负责党建工作具体管理，形成“双重管理”体制。

（二）采取“灵活多样、因会而异”的党组织建设形式

党组织尤其是基层党组织是任何政党的组织细胞和生命力所在，是开展党建工作的实施载体和战斗堡垒。因此，对于我们党而言，党组织建设尤其是基层党组织建设是加强社会组织党建工作的最重要和最基础的内容之一。我们应该立足社会组织的实际，改“建党”为“党建”，以扩大社会组织工作覆盖面为重点，因地制宜，因会而异，采取灵活多样、切实有效的社会组织基层党组织建设方式，最大限度地拓展党的基层组织和联系组织，确保我们党对社会组织的强力有效的政治领导。

一方面，继续完善社会组织党建工作领导机构（组织），根据实际需要在社会组织党建工作的相关管理部门建立社会组织党工委、党委、党总支或党支部。如在登记管理机关建立社会组织党工委并设无挂靠部门或业务主管部门的社会组织党委或党总支；在所属社会组织数量及其党员数量较多的挂靠部门或业务主管部门建立社会组织党工委或党总支；在所属社会组织及其党员数量较少的挂靠部门或业务主管部门建立社会组织党支部。

另一方面，根据社会组织中的党员数量和结构情况，分别采取单独组

建、联合组建、挂靠组建或临时组建、派驻管理等形式加强组织建设。凡是专职从业人员三名以上党员的社会组织，必须独立建立党支部或党总支或党委；对于专职从业人员三名以下的社会组织，可以由几个同系统、同行业的社会组织联合建立党支部，也可以建立临时党支部，还可挂靠到其他相关或相似的已建有党组织的社会组织的党组织；对于那些暂时没有党员或党员数量极少的社会组织，挂靠部门或业务主管部门党组织要通过选派党建工作指导员（联络员）或先设立工、青、妇组织等形式开展党建工作。

同时，要真正做好社会组织党建工作，协调好党和社会组织的和谐关系，让党建工作在促进社会组织科学发展以及服务社会事业和民众需求方面更好地发挥积极作用，关键看社会组织党建工作的软件建设情况。因此，社会组织要充分发挥党组织作用，围绕贯彻党的方针政策，引导和监督遵守国家法律法规、团结凝聚职工群众、维护各方合法权益、促进健康发展等方面发挥理论引导和先锋模范作用。此外，要健全完善社会组织党建工作的相关支持体系建设，比如，加快社会组织登记注册和建设管理的法律法规等政策理论体系建设，加强对已存在的未注册社会组织的管理；加大社会组织党建工作队伍建设，增强有效监管力度；加大社会组织政策和资金的支持力度，并探索建立相关长效制度。

（三）加大社会组织党员发展力度

一方面，增大社会组织党员发展的计划，使党的力量在社会组织的发展中起积极带头作用，促使社会组织健康有序发展。另一方面，考虑到社会组织入党积极分子培训难的问题，可在社会组织党工委或社会组织党委成立培训机构，作为当地党委党校派出机构，根据社会组织党员发展情况不定期举办培训班，由党校安排教师进行授课。应坚持严把入党程序和质量关、成熟一个发展一个的原则，在入党指标上适度放宽，最好取消指标限制，从而使社会组织中有更多的人入党，有更多想入党的人进社会组织。

（四）充分发挥社会组织中党员的作用

党员要在社会组织中发挥先锋模范作用，就要依靠高度的自觉性、主动性和奉献精神。同时，能否通过“单兵作战”来取得群众的信赖，建立起威信，很大程度上还取决于党员个体的素质，例如政治敏感性、道德操守、工作能力、人格魅力等。

我们应该看到，社会组织中有些党员的先锋模范作用的发挥尚不够理想。有的党员在思想上存在模糊认识，认为在社会组织建立党组织会增加管理工作的复杂性，他们不理解在社会组织中继续发挥先锋模范作用的重要职责；有的在单位里表现积极，而在社会组织中，则缺乏党员的责任意识；还有少数党员，一旦离开单位党组织的约束，在社会组织中，就暴露出个人主义、自由主义的思想倾向。因此，在社会组织中加强党建工作，加强党员的教育和管理，尤为重要。

第一，使每一位党员增强执政意识，努力实现市场经济条件下共产党员角色的多样性与坚持党性原则相统一，在任何情况下都能够充分发挥先锋模范作用，自觉维护党的最高利益和主动做好群众工作。第二，党员必须承担向所在单位党组织报告自己在社会组织中活动情况的义务，及时反映重大的倾向性问题。第三，参加社会组织的党员干部要带头增强党建意识，自觉参加社会组织的党组织活动，为加强这些组织中的党建工作尽心尽力。各个单位的党组织，不仅要教育党员积极参加社会组织的党建工作，还要加强这方面的管理，注意考察党员在这一方面的实际表现，以此作为全面衡量、考察党员和党员干部的重要依据。但是，如何培养党员在社会组织中充分发挥先锋模范作用的责任心、积极性、主动性，明确党员的具体任务和义务，形成党员发挥作用的途径和机制，加强对党员社会活动的考察，等等，还需要进行系统的研究和探索。

湖南省民办非企业单位劳动关系调研报告

湖南省民间组织管理局

一、民办非企业单位发展基本情况

湖南省民办非企业单位自2002年开展登记以来，数量稳步发展，布局日趋合理，截至2009年年底，全省共注册登记各级各类民办非企业单位5411家，其中省本级229家，市州（县）5182家。按民非的业务范围分，有经济类233家，科学研究类208家，社会事业类4006家，慈善类756家，综合类208家。其中社会事业类中的教育类达到3172家，占到全省民非总数的58.62%。

近年来，民办非企业单位在完善市场经济体制，扩大公民有序参与和发展社会主义民主政治，拓展国际交流合作，促进社会文化、伦理道德建设，平衡社会各阶层之间矛盾，扩大就业，扶助困难群体等方面的地位和作用进一步凸显，成为建设和谐社会不可或缺的社会力量。以省本级民办非企业单位为例，2009年湖南省参加年检的145家民办非企业单位累计净资产达到31.68亿元，提供就业岗位10639个（其中专职工作人员4233名），培训64746人次，举办公益活动488次，举办研讨会、论坛147次，促进科技成果转化126项，全省民办非企业单位共提供就业岗位46599个。

二、民办非企业单位劳动关系现状

湖南省的民办非企业单位工作人员主要有专职工作人员、兼职人员、劳务派遣人员、返聘的离退休人员和纳入行政事业编制的人员、志愿者等几种类型，基于人员上的差异和各地经济水平的高低，其劳动关系的状况也各不相同，主要表现在以下几个方面：

（一）专职工作人员基本理顺了劳动关系，其他工作人员劳动关系则基本隶属原单位

2008年，湖南省民政厅和省劳动厅联合下发了《关于社会组织专职工作人员参加养老保险有关问题的通知》（湘劳社政字【2008】8号），要求

凡依法在各级民政部门登记的社会组织其专职工作人员按属地管理原则，依据湖南省统一的城镇企业职工基本养老保险制度规定的缴费基数和比例，参加城镇企业职工基本养老保险。在民办非企业单位的登记管理过程中，我们对新成立登记的民办非企业单位，在实地考察时着重提出要与员工，特别是专职工作人员签订劳动合同，购买相关保险；对已成立登记的民办非单位，我们则在年度检查工作中将是否与员工签订劳动合同、购买相关保险做为考核的一个重点内容。经过两年多的努力，目前湖南省85%以上的民办非企业单位专职工作人员参加了城镇企业职工基本养老保险以及工伤、失业保险。兼职人员、劳务派遣人员、返聘的离退休人员和纳入行政事业编制的人员则绝大多数只在民办非企业单位领取相关津贴和奖金，未与民办非企业单位签订劳动合同，其劳动关系都归属原单位。至于志愿者，由于是自愿将其时间、精力、技能、经验奉献给组织，不期待任何物质性回报，因此与民办非企业单位的关系不属于劳动关系。

（二）不同地区、不同规模的民办非企业单位在劳动关系的处理上差距较大

一是经济较发达地区劳动者的素质比较高、法律意识比较强，民办非企业单位一般会主动与劳动者签订劳动合同，履行相关责任，维护双方的合法权益，在这些地区的民办非企业单位与员工的劳动关系就处理得比较好，如长沙市共有民办非企业单位工作人员7248人，其中专职工作人员5701人全部与民办非企业单位签订了劳动合同，约3100人享受了“五险一金”；而经济欠发达地区，尤其是比较偏远的县和农村，民办非企业单位的主要形式是幼儿园，而工作人员不是经过专业培训的幼师，只是普通的劳动妇女，自身的素质和法律意识都不高（且在农村发生雇佣关系也很少签订劳动合同），因此很少会主动提出签订劳动合同，而民办非企业单位自身出于利益的考虑也不会主动提出签订劳动合同，更不会提出购买相关保险。二是在规模较大、工作人员较多的民办非企业单位，如长沙医学院等，各项内部管理制度包括人力资源管理制度比较完善，这些民办非企业单位能根据法律法规的要求处理与员工的劳动关系，但在规模较小的民办非企业单位，工作人员较少，流动性又较大，相当一部分单位没有与员工签订劳动合同，更未购买相关保险，甚至有些员工因为害怕更换工作要办理的手续繁琐，主动提出不与用人单位签订劳动合同。

（三）民办非企业单位从业人员的总体保障水平较低，且不稳定

从省本级的民办非企业单位财务报告及我们对部分市州民办非企业单位的调查来看，除了部分效益较好的教育、劳动培训类民办学校之外，民

办非企业单位给员工开出的工资都较低，基本都只比本地区的最低工资标准稍微高一点，即使是在效益较好的民办学校的教职人员，与公办学校的教职人员的保障水平也有相当大的差距。而且由于民办非企业单位大多数是由为数不多的公司或个人投资举办的（不像社团必须有几十个会员单位），单位稳定性比较差，很多时候由某个人就决定了该单位的命运，单位运转情况不好就直接放弃该单位，也导致了工作人员的收入极不稳定。

三、民办非企业单位劳动关系存在的主要问题

（一）相关政策措施不配套

目前，社会组织从业人员的社会保障工作是一个新的领域，按《民办非企业单位登记管理暂行条例》等相关政策文件要求，民办非企业单位专职工作人员的福利待遇应参照事业单位工作人员的标准，但尚没有在全国范围内制定关于社会组织从业人员的劳动保障办法，也没有相关的具体政策和标准，这个参照标准在现实工作中很难执行。湖南省也仅仅出台了基本的养老、工伤、医疗等保险政策，而且都是按照城镇企业职工的标准执行，而有关民办非企业单位员工的其他社会保障和福利待遇等则没有相关政策。因此，虽然民办非企业单位工作越来越受到重视，但是民办非企业单位的人才队伍，尚没有有力的保障措施，前途看似光明，但是没有良好的未来职业前景和待遇。

（二）政府扶持力度有待加强

境外非营利组织之所以发展迅速，社工人数多，队伍稳定，与政府对非营利组织不遗余力的支持是分不开的。以香港为例，香港的民间社会工作机构不但可以通过申请政府的社会服务项目，可以申请民间基金会资助，还可以申请自己募捐等途径解决经费问题。而目前在湖南省，政府对民办非企业单位转移的职能十分有限，甚至对民办非企业单位的税收优惠政策都没有得到实行。湖南省民办非企业单位经济状况普遍较差，省级民办非企业单位有一半以上年收入不到十万元，除了部分教育、劳动培训类民办学校有相对稳定的培训和学费收入，其他类民办非企业单位的收入非常少，能得到政府资金支持的单位更是凤毛麟角。省本级民办非企业单位尚且如此，县市区民办非企业单位的经济状况就更不尽如人意，不少单位都是勉强维持经营，工作人员福利待遇的提高根本无从谈起。

（三）民办非企业单位内部治理建设需要进一步完善

湖南省民办非企业单位由于普遍存在规模较小、经济状况较差、实力

较弱的现象，因此民办非企业单位组织机构不健全、内部治理不完善、组织建设不规范、社会公信力不高等问题比较突出，一方面导致民办非企业单位的劳动关系问题得不到好的解决；另一方面也造成民办非企业单位对各类专业人才失去吸引力，阻碍了民办非企业单位的发展壮大。同时，由于民办非企业单位在人力资源管理上，奖惩与考核相脱钩，绩效考核机制不健全，导致部分在职工作人员责任心不强，荣誉感欠缺，也影响了民办非企业单位工作人员队伍的稳定性和积极性。

四、对策和建议

（一）积极争取政府出台配套措施

一是争取出台社会组织从业人员劳动保障相关政策，为民办非企业单位工作人员解决应有的福利待遇，提供社会保障，以吸引更多的专业人士投身民办非企业单位工作；二是要积极落实国家法律、法规明文规定的税收优惠政策，使符合条件的民办非企业单位能充分享受到国家相关税收优惠政策；三是建立健全政府购买服务的运行机制，支持民办非企业单位积极承担政府转移的职能，提供各项社会服务，并争取相应的经费支持。

（二）建立健全民办非企业单位的日常管理制度和信用机制

民办非企业单位要根据实际情况，按照有关法规政策和章程要求，建立健全日常管理制度，完善内部治理机制，把自身的各项事务纳入制度化、规范化管理的轨道，尤其是要建立健全理事会会议制度、财务制度、劳动用工制度、印章管理制度等。登记管理机关要加快社会组织法人库建设，完善民办非企业单位的信用信息记录，加强与省人力资源和社会保障厅、省质量技术监督局等单位的合作，对存在劳动关系、劳资纠纷等问题的民办非企业单位法人进行不良信用的信息记录，限制其开展业务活动，敦促民办非企业单位处理好劳动关系问题。

（三）加强民办非企业单位工作者人才队伍建设，推动民办非企业单位工作人员专业化、职业化发展

登记管理机关和业务主管单位要确定专门的力量，抓好民办非企业单位工作者的培育和管理。一是探索建立贯穿考试、登记、执业准入、考核评估等各环节的职业评价体系，研究制定民办非企业单位工作者职业水平评价办法、民办非企业单位工作职业规范和从业标准、工作考核评估办法、继续教育管理办法等配套政策，建立健全民办非企业单位工作者职业水平评价制度体系。二是参照现有专业技术人员的激励措施，探索制定包

括民办非企业单位工作人员薪酬保障机制、职业晋升机制、社会保障制度以及表彰奖励制度在内的激励机制体系。三是积极探索完善民办非企业单位工作者职称和职级体系，明确职级任职资格条件和程序，为民办非企业单位工作人才成长创造条件。

（四）进一步完善法律法规建设

目前，民办非企业单位登记管理所依据的仍然是1998年由国务院颁布的《民办非企业单位登记管理暂行条例》，其立法层次低，且当中很多条款与《民办教育促进法》等法律法规有冲突，迫切需要修改。希望有关部门重新修改民办非企业单位条例时能考虑以下几点：一是将有关民办非企业单位立法由行政法规上升为法律，并完善有关内容；二是争取与民办非企业单位的几个部门联合下发部门规章的形式，对民办非企业单位登记管理中出现的立法矛盾、部门不配合等多方面的问题予以解决；三是明确民办非企业单位的税收减免、财政扶持、工作人员的社会保障等方面的政策。

（五）加强登记管理机构的自身建设

健全的登记管理机构是顺利完成民办非企业单位登记管理任务，促进民办非企业单位组织健康发展的基础。目前，省民间组织管理局只有9名工作人员，14个市州的民间组织管理机构只有39人，60%以上的县（市、区）民政部门没有建立民间组织登记管理机构，没有专职工作人员。建议加大对各地登记管理机构建设的指导，解决各地人员编制少，机构不健全、经费紧张等问题，为促进民办非企业单位管理工作的开展打好基础。

广西壮族自治区社会组织开展党组织建设年活动的调查报告

广西壮族自治区民间组织管理局

根据《中共广西壮族自治区委员会组织部、中共广西壮族自治区民政厅党组〈全区社会组织党组织建设年活动实施方案〉的通知》要求，为增强开展社会组织党组织建设年活动的针对性和有效性，从2009年7月初到8月初，自治区社会组织党组织建设年活动领导小组办公室派出了3个调研组，深入全区各地对一些有特色、有代表性、有影响力的社会组织进行调研，特别是对北部湾与东盟国家业务往来较多的社会组织进行重点调研。

其间，调研组深入到防城港、钦州、北海、贵港、玉林和南宁6个市的28个社会组织，通过实地了解和召开座谈会的方式，摸清了全区社会组织党建工作的基本现状，找准了社会组织党建工作中存在的主要问题，并提出了切实加强社会组织党建工作的建议。现将有关情况报告如下：

一、广西壮族自治区社会组织党建工作的现状

随着社会主义市场经济的发展和改革开放的不断深入，各类社会组织迅速发展，已经成为推动中国特色社会主义建设事业的重要力量，成为党和政府联系社会新阶层的重要纽带。确保社会组织健康发展，对于推动自治区经济发展和维护社会稳定、巩固党的执政地位具有重大的现实意义。目前，自治区经各级民政部门登记备案的各类社会组织共17520个，从2000年开始平均每年增速超过了10%。社会组织中从业人员达8万余人，党员近7000余人，占从业人员总量的10%左右，社会组织中建立党组织的仅占2.7%，低于全国14%左右的覆盖率。此次调研的28个社会组织根据党建工作开展情况，大致可分为四种类型：

（一）建立有党组、党委，组织思想建设逐步加强

该类型的社会组织党建工作特点是：对党建工作重视，先后组建了党的组织，有严格规范的制度，能够严格按照党章规定，选举产生党组织干部，组织开展党员学习活动，培养入党积极分子，创新学习型的党组织建

设，创新党组织发挥作用的方式和途径，党员先锋模范作用明显。如广西注册会计师行业协会，2009 年 12 月，自治区党委组织部批复成立中共广西注册师行业委员会，至今已成立 34 个党支部，形成了“以协会为依托，以行业党委为核心，以事务所支部建设为基础，以服务型党组织构建为主要内容”的党建工作机制，创新利用网络平台，开辟党员学习活动专栏，召开网络党员大会，组织开展募捐活动献爱心，充分发挥党组织的战斗堡垒作用和党员先锋模范作用，涌现一批“五个好”党支部。又如广西东方外国语职业学院，2008 年 1 月 13 日成立学校党委，目前设立有 11 个党支部，1 个总支，共有 500 名党员，其中学生党员 300 多名。广西东方外国语职业学院于 2006 年成立了党支部之后，不断探索新时期党建工作的新路子，通过推行“委员挂支部，党员挂班”模式（即：每个党委、纪委委员分别联系指导一个支部，每个教师党员联系指导 2—4 个班级，形成了党委、党支部、党小组、党员自上而下“四位一体”的工作体系），采取“三早”（即：早发现、早培养、早选苗）措施发展党员、依靠现代网络创新党建工作等做法确实加强了社会组织的党建工作。

在抽查的 28 个社会组织当中，有 3 个社会组织已建立独立的党组、党委，占调查单位总数的 10.7%。

（二）建立有党支部，创先争优作用的发挥有别

该类型社会组织党建工作的特点是：已经建立有党支部，正常开展党的活动，形成较完整的规章制度，但在发挥党组织的战斗堡垒作用方面有所差异。一些社会组织能够不断地强化党员学习，提升服务能力，深入开展创先争优活动，提高党员的整体综合素质，突出党员先锋模范作用。比如桂平黎明医院党支部，向社会公开作出“专家坐诊、专家手术、不滥检查、不滥收费、少花钱，治好病”的承诺，推行党员“亮身管理”，所有党员均佩戴党员标志胸卡上岗，公开亮明党员身份。积极开展“党员一句话承诺”，党员职工结合自身岗位职责，向社会作出公开承诺，并设立意见簿和意见箱，加强对党员承诺的监督管理，使党员职工成为模范员工，党员示范岗成为医院形象的“代言人”。并设立党员示范岗、党员责任区等创先争优岗位，大力开展岗位竞赛等活动。为党员建立激励保障机制，关心党员的思想和生活，在同等条件下，党内关爱，党员创先，让党支部和党员在医院和社会上有地位，有威信，有荣誉感。在党员的示范带动作用下，整个医院掀起了一股比技术、比工作、比贡献的创先争优热潮，吸引了一批优秀青年医生、护士向党组织靠拢；另一方面，一些社会组织虽然已经成立了党支部，也按照党章的规定建立了一些规章制度，但在执行

的过程中，不能够认真落实，应付的成分较大；个别社会组织在换届之后，由于内部矛盾，党组织交接工作出现断层现象，导致党内活动不能正常开展；一些社会组织虽然能够组织一定的学习和活动，但党组织的凝聚力不强，存在一定的懒散松懈现象；个别党组织活动形式单一，气氛不够热烈，党员先锋模范带头作用不能有效体现。

在抽查的28个社会组织当中，有10个社会组织已建立独立或联合的党支部，其中有2个为建立联合支部，占调查单位总数的35.8%。

（三）积极筹建党支部，但仍受到各种条件限制

该类型的社会组织党建工作的特点是：主观上认识到党建工作的重要性，积极筹建党组织，却因为种种客观原因未能建立。存在这种情况的社会组织，它们思想上重视党建工作，意识到在社会组织加强党的建设和领导的重要意义，但由于实力弱、规模小、专职人员少、党员不足等客观因素，党建工作无法开展。比如广西建筑装饰行业协会，现有专职工作人员当中只有两名党员，不符合建立独立党支部的条件，虽然积极创造条件想招聘一名党员进入协会工作，成立独立党支部，但由于经费条件限制，没能达成愿望。还有一部分社会组织不了解建立党组织的程序，不知道如何着手这项工作，不知道该向哪个上级部门报备审批，强调没有上级部门指导，就保持现状。比如广西汽车经销商协会，2009年9月成立，由于成立的时间不长，主要工作精力放在协会事务管理上。主观上想积极参与党组织建设，但没有得到指导，不知从何入手。

在抽查的28个社会组织当中，有8个社会组织属于这一类型的情况，占调查单位总数的28.5%。

（四）党建意识薄弱，满足于处理日常业务

这一类型社会组织的特点是：对党的建设认识不足，不能意识到在社会组织加强党的建设的重要意义，觉得没必要打破现有的格局建立党组织，将工作重点放在日常的业务和事务管理上，无暇顾及党建工作和会员的政治生活。有些社会组织工作人员中的党员属于兼职人员，党组织关系保留在原单位，回原单位过组织生活。有些党员是在退休后加入社会组织，认为社会组织是个临时机构，宁可当“挂名党员”、“隐身党员”，也不愿意将原单位的党组织关系转到社会组织，致使社会组织党组织难以建立起来。

在抽查的28个社会组织当中，有7个社会组织只重视日常事务管理，党建观念和意识淡薄，存在这种情况的社会组织占调查单位总数的25%。

二、社会组织党建工作存在的问题

社会组织是党的基层建设的重要组成领域，大部分社会组织对党建工作是重视的，但一部分社会组织中的党建工作还相对薄弱，主要存在“党建工作意识薄弱、组织覆盖面偏小、流动党员难以管理、开展活动无法正常”的问题，还不能适应新时期党建工作需要。主要表现在以下六个方面：

1. 社会组织党建工作的重要性认识没有完全到位，重视社会组织党建工作的氛围尚未完全形成，一些部门和党务工作者思想上存在一些模糊认识。有的业务主管单位党组织对管辖的社会组织党建工作重视不够，尚未认识到党建工作对社会组织的政治作用。

2. 社会组织组织机构领导班子无法发挥党组织战斗堡垒和先锋模范作用，发展党员工作进展缓慢，同时接受业务主管部门和登记管理机关双重管理，组织和协调有一定的难度。

3. 社会组织流动性大，党员组织关系难以把握，特别是党员基础性资料变化大，原始档案存放隶属不清，给党建工作带来不确定性。

4. 认为社会组织党建是一项“计划外”的任务，与本单位的党建管理工作各有各的侧重点，业务主管单位有重业务轻党建的思想，导致党建责任制难以落实，而且活动的内容也有差异，两者难以统一协调。

5. 有些社会组织虽已成立了党支部，在量上达到了全覆盖，但在质上形同虚设，“有组织无活动，有活动无质量”的问题普遍存在。有的社会组织党的负责人反映不能及时看到党的文件，不能及时听到党的声音，参加不了党组织的各项活动。

6. 有些党员加入社会组织后，组织关系留在原单位或人才交流中心，组织管理脱节，不能过正常的组织生活，无处缴纳党费，导致党性观念和党员意识淡薄。

三、加强社会组织党建工作的对策和建议

1. 组织建设方面：一是要加强领导，凝聚管理合力。各级党委应把社会组织党建工作纳入党的建设的总体规划，将社会组织党建工作统筹考虑，动员各个领域、各个方面、各个部门共同扩大党的群众基础，为社会组织党建工作营造更宽松的大环境。二是要加大社会组织中组建党组织的力度。凡具备单独建立党组织条件的，应尽快建立党组织；暂时不具备条件的，要按照“行业相近、地域相邻、方便工作”的原则，联合建立党支

部；对没有党员的，采取派驻党建指导员、党建工作联系员和建立党建工作站、党员联络服务站等形式开展党的工作。三是要切实做好流动党员、"隐形"党员的普查和发展党员工作，积极探索对这部分党员进行教育管理的有效途径。

2. 思想建设方面：一是要强化宣传引导，营造全社会关心社会组织党组织建设的良好氛围。要结合党的十七大精神的学习，利用各种媒体，组织开展社会组织党建工作宣传。要宣传社会组织中先进党支部典型，党员的先进事迹，弘扬社会正气，努力营造良好舆论环境，增强社会组织建立党组织的紧迫感、使命感和责任感。二是要开展丰富的党建活动，改进活动方式和内容。要按照"灵活、务实、小型、多样"的原则，设计社会组织的党组织活动，注重针对性、新颖性和实效性；活动内容要主题鲜明，有利于增强员工的争先创优意识，有利于发挥党员的先锋模范作用，确保党建活动为社会组织发展所需要，为党员和其他员工所欢迎。三是要组织力量开展社会组织党建工作人员的业务培训，让他们了解、熟悉、掌握党建工作的基本要求和任务。为此，提出以下建议：

建议一：在各级民政部门成立社会组织党工委。广西壮族自治区由民政厅有关领导任党工委书记，在广西民间组织管理局配备专职副书记一名。党工委由一批工作能力强，有党建经验的业务骨干组成，具体指导和管理社会组织党建工作。要配备一定数量的人员编制，要有固定的工作场地，要有人员专项业务经费。各市县区可参照办理，从源头上随时了解社会组织的党建动态，有效解决社会组织党组织管理困难、组织松散、发展缓慢等瓶颈问题。

建议二：创办社会组织党建刊物或专栏，开通社会组织党建电子网站。开辟党员教育阵地以及整合利用社区、党员服务中心等资源，打破单位、地域、专业、时间等限制，引导社会组织党员和积极分子在学习型党建活动中提高，求得政治学习和业务学习双丰收。

建议三：采取"走出去，引进来"工作方法，组织有关民间组织管理人员到开展党建工作较好的省份学习和参观。比如，学习广东、福建、宁夏等省（自治区）的做法，结合广西实际摸索出一条操作性强、灵活多变、行之有效的党建新路子。

四川省成都市社区社会组织建设实践调研报告

四川省民间组织管理局

一、成都市社区社会组织产生的现实背景

2007年，成都市全国统筹城乡综合配套改革试验区获国务院正式批准，成为继上海浦东新区和天津海滨新区之后又一个国家综合配套改革试验区。成都市是四川省省会，西南重镇，面积12390平方公里，常住人口1257.9万人。共辖9个区、10个县（县级市），其中街道系统共有285个街道，下辖1857个社区。在成都市加快城市化和公民治理体制改革的进程中，随着社会各项事业改革的深入和社会结构关系的不断变化，社区建设与公民治理日益成为人们所关注的焦点。社区内的社会组织建设作为社区建设与公民治理的题中应有之义，无论在理论层面还是政策层面，都有诸多问题亟需深入研究。

2005年，一项对成都市12个社区进行的题为“社区居民对社区服务的评价”的调查显示：“满意”或“很满意”的居民共占17%，“一般”为56%，“不满意”为24%，“非常不满意”有3%。其中存在的问题主要有：社区服务的行政化倾向与社区自治存在矛盾；资金缺口制约社区服务体系进一步建设；相关法律法规政策尚未形成体系，需要不断完善；社区服务人员的专业化、职业化亟需改善；社区居民参与社区服务体系的程度各地很不均衡等。产生以上问题的主要原因在于，社区服务体系的建设主要依靠政府推动，社区社会组织尚未得到施展空间。社区服务不能满足居民需求，社区服务成为政府单方面的作为，居民没有被广泛吸纳进来。而根据2007年出台的《“十一五”社区服务体系发展规划》，成都市将社区服务体系建设作为一项系统工程进行建设，建设进程可谓才刚刚起步。成都市按照议行分开、政经分离的思路，积极探索和建立以基层党组织为领导核心，议事会为决策主体，居委会为执行主体，监事会为监督主体，以社区服务中心为基层公共服务网络，群众团体及其他组织为重要补充的基

层社会治理机制。即“131N”模式：强化一个领导核心（党支部）；健全3个自治组织（居民委员会、议事会、监事会）；发展一个服务主体（社区服务中心）；培育N个社区社会组织。

二、成都市社区社会组织培育与发展

根据成都市政府2009年38号文件，成都市未来将以建设大社区为目标，区级政府派出化、社会化、服务化，试行市政府直接治理大社区的大社区治理模式，实现市政府治理与大社区自治有效衔接与良性互动。在大社区中大力发展社区社会组织，实行大社区党组织、社区自治组织、社区社会组织、社区居民的社区合作治理，并逐步走向公民治理。

（一）制定政策，明确工作目标和措施

成都市民政局结合市政府文件精神，制定了《成都市加快培育发展社区社会组织的规划纲要》等指导性文件，将培育发展社区社会组织工作列为民政的重点工作目标，并分解、细化、量化到全市9区、10县。

（二）降低门槛，简化手续

采取“先发展、后规范，先备案、后登记”的办法，结合成都实际，在不违背《社会团体登记管理条例》和《民办非企业单位登记管理暂行条例》基本原则的前提下，适当放宽登记条件、简化登记程序。如成都市锦江区，根据本地经济发展情况和社区建设情况，将社区社会组织筹备、登记时间减少为5天，会员数量由50个降低为30个，开办资金从3万元降低到1万元，并积极为其联系街道办等单位作为业务主管单位，从而将一大批社区社会组织纳入登记管理范畴。

（三）分类管理，登记备案两手抓

在众多社区社会组织中，规范活动类组织，壮大公益服务和志愿服务类组织，完善维权类组织，防范利益诉求类组织，把社区社会组织纳入制度化、规范化发展轨道。对暂不具备登记条件的，由区、县民政局授权社区服务中心（站）进行备案，发给备案证书，并用正规社会组织的章程、财务制度、档案制度等进行规范，同时每年进行年检。备案期限为两年，到期达到登记标准的，做到成熟一个，登记一个；未达到登记标准的，继续备案。

（四）培育典型，建立新型孵化模式

对社区中发挥作用积极、深受居民欢迎，但缺少活动资金和有效管理的社区社会组织，进行分级评估，加大扶持力度，引入社区社会组织服务

中心“BOT 孵化器模式”。即在各个社区建立“社区社会组织服务中心”作为孵化器，通过“BOT”模式即“build - operate - transfer”（建设 - 经营 - 移交），帮助初始起步、松散的、规模较小的社区社会组织，形成规模效益，提升其在社区中的凝聚力、影响力和带动力。

（五）购买服务，实现政社双赢

成都市将政府购买服务以地方法规的形式写入文件，在市政府发布的2010 年政府集中采购目录清单中，将社区公共卫生服务、公共就业服务、社会保障服务、法律服务、公共文化服务、养老服务等服务外包项目正式纳入成都市集中采购范畴。由财政列支专项资金，向社区社会组织购买服务。对单项或批量采购金额一次性达到 50 万元以上的服务类项目，市政府采取公开招标的方式进行。

三、成都市社区社会组织建设存在的问题及原因分析

实践证明，社区社会组织在构建成都市和谐社会方面作出了有益贡献。但从总体上看，还存在一些问题，制约了其作用的进一步发挥。

（一）政策不到位

按照现行法律法规，社区社会组织的法律地位不明确，这是现阶段制约社区社会组织进一步发展的瓶颈。一是现行法律法规和民政部规范性文件还没有明确社区社会组织的法律地位，对其基本概念还没有完全明确；二是民政部还没有出台社区社会组织的登记备案的相关文件通知，缺乏必要的登记管理依据；三是缺少政府在资金扶持、税收优惠、人员社会保障等方面出台有利于社区社会组织发育成长的配套政策。

（二）自身不规范

目前成都市部分社区社会组织还处于“草根组织”阶段，在组织结构、活动经费、制度建设等方面还远远滞后。其原因主要有：无专职工作人员、无经费保障、无固定场所、没有规范的章程（制度）和健全的组织机构，社会对社区社会组织的认知度不高等。

（三）发展不平衡

从成都市各地社区社会组织发展情况看，由于区县经济差异及各地领导重视程度不同，各地社区社会组织建设水平参差不齐，经济相对发达的区县，社区社会组织就发展得好些，领导重视社区社会组织工作的地区，社区社会组织发展得就好。

（四）登记不正常

目前成都全市共有 28371 个社区社会组织，但经民政部门注册登记的

只有10154个，其中还包含各地的社区服务中心。其原因主要有：一是社区社会组织建设起步较晚。二是民政部门管理力量严重不足。三是无登记备案的吸引力。

四、对成都市社区社会组织发展方向的几点思考

（一）政府要对社区社会组织的培育发展要给予充分的关注

当前，政府支持重视与否，仍是社区社会组织参与社区建设事业发展成败的关键。而社区社会组织作为推动社区可持续发展的主力军，政府要特别制定一整套方针政策为社会组织的健康发展创造良好的外部政策环境。

（二）进一步完善社区社会组织健康发展的优惠政策

发展社区社会组织要遵守公平、公正、公开的原则。将其发展纳入统一的社会事业发展轨道，在政策设置、管理方法、信息沟通等环节上，做到民办社会事业与国办社会事业完全一致。

（三）加强社区社会组织党组织建设，提高党组织覆盖率

在社区社会组织中建立党的组织，要充分考虑社会组织“灵活、小型、多样”的特点，努力适应社区社会组织的发展规律，打破常规。

（四）强化管理机构建设，明确工作管理体制

社会组织登记机关力量严重不足和管理手段严重落后是目前制约社区社会组织管理工作的瓶颈。因此，有必要加强登记机关的建设，以适应社会组织发展和社会经济发展的需要。

（五）引进大型社会组织，共建和谐社区

相对于各类社区社会组织，大型社会组织在资金、人材、管理、项目等方面更具有优势。从国外社区发展的经验来看，引进大型社会组织参与社区建设，将成为潮流和趋势。

（六）开展多种形式活动，树立先进典型单位

通过宣传栏、讲座、发放宣传材料等手段，同时借助新闻媒体的力量，广泛宣传社区社会组织在构建宜居城市，促进和谐社会等方面不可或缺的重要作用，形成社区社会组织建设与和谐四川省建设良性互动的新格局。

贵州省社会组织发展现状及对策建议

贵州省民间组织管理局

随着我国政治体制改革的逐步深入和社会主义市场经济体制的逐渐完善，社会组织的地位日益凸显，发挥着越来越重要的作用。在贵州“加速发展、加快转型、推动跨越”的进程中，进一步加强社会组织建设与管理，提升社会组织自身能力，发挥其在贵州经济社会建设中的积极作用，有着重要的现实意义。

一、贵州省社会组织基本概况

截至2010年底，贵州省各级民政部门登记的社会组织6562个。其中，社会团体4602个，较“十一五”期末增长36%。民办非企业单位1945个，较“十一五”期末增长66%。基金会15个，其中公募基金会14个、非公募基金会1个。全省社会组织共有工作人员83469人，其中专职工作人员10236人，兼职工作人员73233人。

贵州省各类社会组织围绕党和政府的中心工作和各自章程的规定，在各条战线上发挥着自身独特的作用，已成为党和政府联系人民群众的桥梁纽带，成为推进全省经济发展和社会进步的一支生力军。行业协会认真履行政府赋予的部分行业协调管理职能，维护企业合法权益，建立行业从业规范，促进公平竞争，加强行业自律，解决贸易纠纷，促进了生产的发展和技术进步。农村专业经济协会活跃在农村经济领域，开展技术服务和产供销服务，帮助农民增产致富，维护了农民利益，促进了“三农”问题的解决。专业性和学术性社会团体集中了一批优秀的专家学者、专业技术人员和管理人员，充分利用自身优势，在繁荣文化、发展教育、保护生态、推动科技进步、促进体育卫生事业发展等方面奉献聪明才智，促进了各项社会事业的发展。公益慈善类社会团体及基金会扶贫济困，扶孤助残敬老，积极参与社会福利和灾害救援，维护困难群众和困难群体的合法权益，弘扬了中华民族的传统美德，推进了各类社会公益事业的发展。民办非企业单位采取多样化的手段和灵活的机制，利用社会资源，扩大社会服务领域，积极适应人民群众日益增长的不同层次的物质文化需求。异地商会积极服务贵州经济社会发展，拓展与外省交流合作，加快了贵州招商引资步伐。此外，社会团体和民办非企业单位的发展，拓宽了就业和再就业渠道。

二、贵州省社会组织发展中存在的困难问题

由于我国社会组织规范管理起步晚，总体态势仍处在发展的初级阶段，特别是受贵州经济社会发展欠发达等诸多原因的影响，社会组织还存在着不少亟待解决的困难和问题，而且建设和管理水平与发达地区相比差距还在逐步拉大。

一是数量少，结构不合理。从登记数量上看，目前贵州省每万人拥有社会组织的数量仅为1.6个，仅为全国平均数的一半。从结构上看，呈现出社会需求量大的社会组织数量偏少的不合理现象，公益慈善类社会组织只有67个，仅占登记总数的1%。

二是内部机制不健全，缺乏内在发展动力。贵州省社会组织对政府的依赖性强，特别是行业社团，不能完全摆脱对政府行政机关的依附，有较浓的官办色彩，没有相应的工作自主权，没有稳定的资金来源，没有真正意义上的用人自主，缺乏高素质的管理人才，缺乏内在发展动力。同时，内部制度不完善，大部分社会组织都还没有建立起以章程为核心的符合现代法人治理结构要求的内部管理机制。民办非企业单位仍存在营利性倾向，个别社会团体还存在违规发展会员、乱收费等问题。

三是发挥作用不明显。在提供服务方面，社会组织大多只注重在内部开展业务培训、咨询服务、信息交流、会员联谊等活动，而对政府、行业、群众的服务活动开展得很少。在规范行为方面，社会组织普遍存在影响力和号召力不强的问题，参与行业管理和规范会员行为的能力非常弱。同时，贵州省社会组织在创造GDP，带动投资、促进消费，创造社会资本、促进经济增长，促进就业等方面贡献率不高。

究其原因，一是对社会组织的发展和作用认识不足。社会组织日益凸显的地位和作用还没有充分引起全社会的足够重视，一些地方党政领导和有关部门没有对社会组织建设管理问题给予关注，忽视社会组织发展过程中出现的问题，对社会组织的发展支持不到位，还不够信任、不愿放手。二是社会组织法规政策滞后。现行法律法规内容不完善，可操作性不强，对社会组织非营利性行为的界定不明确，对境外非政府组织、数量庞大的基层组织的活动缺乏规范。没有扶持社会组织健康发展的税收优惠、社会保障、职称评定等专项法规政策，已有的部分优惠政策也未得到很好的落实。三是体制机制存在障碍。培育发展机制不健全，没有系统而具体的扶

持措施和办法。政府部门职能转变不到位，政府购买服务机制尚未形成。管理力量薄弱，缺乏统一协调和领导的机构，“党委领导、政府负责、社会协同、公众参与”的管理格局尚未形成。目前，全省社会组织登记管理机关专职人员只有27名，其中省级10人、市级17人，县级登记管理工作人员均为兼职。同时，双重管理体制落实不到位，部分业务主管单位未能尽到业务指导的职责。

三、加强贵州省社会组织建设管理的对策建议

今后五年，既是贵州加速发展、加快转型、推动跨越的重要战略机遇期，又是深化重点领域改革的攻坚期。面对新形势新任务，从深入贯彻落实科学发展观和构建和谐贵州的高度，必须进一步解放思想，顺势而为，勇于创新，敢于尝试，大胆借鉴外省特别是发达地区的成功经验，大力营造有利于社会组织发展的良好氛围，把支持、培育和引导社会组织加快发展作为一项重大和长期的任务切实抓紧抓实。

（一）大胆创新，加大扶持，优化社会组织发展环境

1. 制定规划，引导发展。根据贵州省“十二五”经济社会发展规划要求，将社会组织建设管理作为一个重要内容纳入各级各地经济社会发展纲要，统筹规划，统筹发展。

2. 健全法规，提供保障。一方面，要及时跟进民政部三个条例的修订，抓紧拟订可操作性强的实施细则。另一方面，结合贵州实际，探索地方立法，从解决政社不分问题、促进政府职能转换、建立政府购买服务机制、加强社会组织法律监管等方面，提高社会组织建设的法治效力。

3. 全面清理，转移职能。加快转变政府职能，树立和倡导购买服务观念，在政府职能转移过程中，通过立法、行政分权等方式，进一步明确转移的内容，并制定出切实可行的政府职能转移规划和具体方案，建立和完善“费随事转”的工作机制，对社会组织承担政府转移或委托的有关社会管理和公共服务职能给予必要的资金支持。

4. 政会分离，自主办会。完善措施，加强督查，尽快敦促那些行政化色彩过于浓厚、活力不足的社会组织与政府有关部门办公场所分开、财务经费独立、人员脱钩。

5. 资金支持，税收优惠。建立社会组织孵化基地，为有创新性、有发展潜力、有代表性的初创时期的社会组织提供办公场所、资金和人才支持。对在经济社会建设中表现突出的社会组织给予奖励。

（二）加强领导，建章立制，加强对社会组织的有效管理

1. 加强对社会组织建设工作的领导。建立社会组织建设管理领导协调机构，由省政府领导牵头，相关职能部门负责人参与，定期通报情况，统筹协调解决社会组织建设管理中的重大问题。在调研的基础上，尽快以省委省政府名义下发关于加强贵州省社会组织建设的指导意见，统一思想，明确任务，并研究制定相关扶持配套文件，大力加强社会组织建设。

2. 改进“双重管理体制”。进一步明确登记管理机关和业务主管单位的职责，加强沟通协调，建立联动监管机制，共同做好对社会组织的培育和管理工作。参照外省市的做法，在工商经济、公益慈善、社会服务类型社会组织先行试点，逐步由登记管理机关进行“一元化”管理，职能部门按照分工承担业务指导职责。

3. 强化管理服务措施。一是建立科学合理、公开公平、规范运作的社会组织评估长效制度，以评促改，以评促建，提高社会组织的公信力。二是把年度检查、日常监督、创先争优、专项治理以及执法监察紧密结合起来，及时发现问题，及时跟踪整改，实现社会组织数量与质量的同步提高。三是鼓励行业协会适度竞争，逐步建立社会组织优胜劣汰机制，促进社会组织健康发展。四是建立社会组织诚信档案制度，加强社会组织自律与诚信建设。五是各职能部门按照职责分工，积极支持社会组织发展和作用发挥，解决社会组织从业人员的职称评定、社会保障、工资福利等方面的实际问题。

4. 加强登记管理机关队伍建设。尽快健全县级以上社会组织登记管理机构，解决专门机构和专职工作人员。参照北京、上海、深圳等地的做法，将贵州省民间组织管理局升格为副厅级二级局，下设综合法规处、登记管理处、党建工作处、执法大队、登记服务中心。同时，将社会组织行政管理成本纳入各级财政部门预算，建立独立的核算体系。

5. 加强社会组织党建工作。依托各级民政部门成立全省各级社会组织党工委，指导、协调社会组织党建工作。同时，采取单独组建、联合组建、挂靠组建、委派组建、临时组建等模式，扩大社会组织党的组织覆盖和工作覆盖。

6. 促进内部管理规范化建设。进一步建立和完善以章程为核心的社会组织内部管理制度，健全决策、执行、监督机制，完善财务、重大事项报告和接受捐赠公示等制度。按照国家有关规定，实行劳动合同制度，保障社会组织工作人员合法权益。引导社会组织紧紧围绕党和政府中心工作，结合自身优势、整合社会资源，充分发挥应有作用，切实当好党和政府的参谋助手，争当经济社会建设的生力军。

云南省境外非政府组织管理地方性法规政策研究

云南省民间组织管理局

一、云南出台地方性政策的基本情况

（一）境外非政府组织进入云南

自20世纪80年代后期以来，随着我国改革开放的不断深入和国际交往的日益增多，越来越多的境外非政府组织涌入我国。由于云南贫困面大、民族众多、生物和文化呈现多样性，一直以来都是境外非政府组织选择开展活动的主要省份之一。2009年以前，在滇境外非政府组织主要通过四种方式取得在云南开展活动资格：一是在省工商局注册登记为外国（地区）企业常驻代表机构；二是由国家外专局颁发《国际人才交流服务境外机构资格证书》，赋予承办项目培训的资格；三是与云南省国际民间组织合作促进会签订谅解备忘录，确定合作事宜；四是直接与省内各级政府机构、事业单位或民间组织签订项目合作协议，按协议开展合作。

（二）多方探索管理

长期以来，云南对境外非政府组织曾出现“多头管理”的现象，曾出现“谁联系，谁负责，谁合作，谁管理”的无序状态。为深入贯彻党中央、国务院对社会组织建设的新要求，促进社会组织健康发展，探索管理法规，云南省相关部门积极加强探索。早在21世纪初，就形成报告报送国家相关部门。2006年初，由省工商局进行工商登记，允许其从事相关的非营利活动。省外办开展信息报送试点，掌握和摸清境外非政府组织在基层的活动情况。卫生、教育、扶贫部门出台服务与项目管理政策。公安部门、人力资源和社会保障部门，在出入境、就业许可等方面开展管理。2007年，云南省被民政部列为“境外非政府组织活动管理观察点”，要求进一步加大探索力度。

（三）省政府出台地方性政策

《云南省规范境外非政府组织活动暂行规定》，于2009年12月29日由云南省人民政府办公厅颁布执行，在全国第一个省级单位尝试进行境外非政府组织备案管理工作。该规定通过“组织身份备案”和“项目合作备案”的方式，坚持管理有序、发挥作用的工作方针，既解决了境外非政府组织在滇身份和开展项目活动的合法化问题，又保护和促进了省内相关组织、境外非政府组织之间的正当交往与交流合作。这一规定是结合云南省情作出的一个探索，也为国家今后出台相关法规奠定基础、积累经验。

（四）社会反响及效果

《云南省规范境外非政府组织活动暂行规定》出台后，很快就在国内外引起了不小的反响。

一是在滇境外非政府组织积极行动，服从省的安排，咨询政策，了解具体要求，准备申报材料，办理相关手续。

二是省内各部门高度重视，相互协作，加强管理与服务。省直有关部门积极承担与其业务相联系的境外非政府组织的业务指导单位。

三是国外反应和关注。并经该国（地区）公证机构公证，出具公证书。涉及国家和地区的政府积极配合、支持出具公证、认证；各国驻外机构对本国公民身份进行认证；各组织总部态度明确，指示在滇机构服从云南省管理，按照要求尽快办理备案手续。

四是国内单位关切这一动态。国内其他省份和专家学者对云南出台暂行规定极为关注，多次与云南联系，希望提供资料。广东省组织民政、公安、安全、工商等省级相关部门人员专程来到云南进行调研考察；上海市、陕西指示民政部门尽快了解云南出台暂行规定情况，借鉴云南经验，出台当地的管理政策。清华大学 NGO 研究所、北京师范大学研究机构，派出专家学者来到云南进行专题调研详细了解云南出台暂行规定的情况。

五是开展备案情况。截至 2010 年 8 月底，云南省民政厅已经为 15 个在滇境外非政府组织办理了备案手续，向它们发放了备案通知书。

二、《暂行规定》的内容、特点和有待完善的方面

（一）基本内容

1. 明确了“双备案一指导”的管理体制。即云南省民政厅是境外非政府组织进入云南省的备案机关，具体负责在滇境外非政府组织的备案工作。省外事办是境外非政府组织与本省有关组织开展合作事项的备案机关。省直有关部门是与其业务范围有联系的境外非政府组织的业务指导单位。

2. 明确了备案对象及合作组织。备案的对象是在境外依法成立并在本

省境内开展活动的协会、学会、商会、联合会、联盟、基金会、研究院（所、中心）等非政府、非营利或慈善公益性组织。合作组织必须是在云南省依法设立的公益性事业单位、社会团体、基金会和民办非企业单位。

3. 确定了备案条件。要有在云南省开展项目活动的意愿，该意愿应当是实质性的并有书面文件；要经业务指导单位审查同意；应与云南省有关组织（公益性事业单位、社会团体、基金会、民办非企业单位）合作；须经境外国家或地区政府依法批准或者注册；所从事的项目活动有利于云南省经济社会建设与发展。

4. 规定了备案事项。一是境外非政府组织“组织身份”备案。由境外非政府组织向云南省民政厅申请备案，同意备案的发给《在滇境外非政府组织备案通知书》。二是合作事项的备案。由云南省有关组织向省外事办申请备案，同意备案的发给《同意备案书》。

5. 提出综合管理。暂行规定对省民政厅、省外办、业务指导单位等部门在服务与管理方面提出了要求，要求各相关部门按照自身职责做好管理服务工作。对境外非政府组织结束在滇项目活动后，办理相关注销手续等也作了专门的规定。

6. 建立责任追究制度。一是境外非政府组织进入云南省或开展项目合作未按照暂行规定备案的，由备案机关将违规行为记录在案，责令纠正违规行为。二是云南省社会团体、基金会、民办非企业单位擅自与境外非政府组织合作的，由其业务主管单位责令纠正。三是公益性事业单位违反本规定擅自与境外非政府组织合作或者有其他违反本规定行为的，由其主管部门按照有关规定予以问责。四是有关部门应当履行业务指导单位职责而拒不履行的，或者不依法履行服务与管理职责的，按照有关规定予以问责。五是备案机关省民政厅、外事办等有关部门未按照规定履行职责的，按照有关规定予以问责。

（二）创新及特点

1. 具有首创性。《云南省规范境外非政府组织活动暂行规定》是我国在省级层面上出台的规范性文件，为全国首创。该规定填补了政策真空，在全国同类区域首开先河，体现了与时俱进的精神。

2. 体制新颖。进入云南开展活动的境外非政府首先要备案取得“身份证明”，然后是项目合作备案。双重备案方便了政府对境外非政府组织活动进行有效管理与服务。

3. 继承和发展。“备案”制是针对国家目前没有对境外非政府组织管理制度的实际，用“备案”的方式取代“登记”，避免了与国家现行相关法规的冲突。“业务指导单位”与“业务主管单位”既有不同也有相似之处，是建立在原有基础上的传承和提高。而“双备案”则是新的发展。

4. 创新合作伙伴制度。建立项目合作伙伴制度，既限定了境外非政府组织在滇项目合作的对象，有效地保护了合作双方的合法权益，又促进了省内相关组织的发展，促进了与境外非政府组织之间的正当交往与交流。

5. 明确相关权益。境外非政府组织取得省民政厅《备案通知书》后，可以向相关部门申请办理税务登记、开设银行账户、刻制印章、外籍人员居留许可及聘用人员购买保险等手续。这些权益的获得，不仅解决了境外非政府组织在滇开展项目活动的后续保障问题，而且还进一步促进了境外非政府组织在滇项目的顺利开展和作用发挥。

6. 寓管理于服务之中。暂行规定对政府部门做好服务工作提出了较高要求，责成各业务指导单位要储存一批有社会效益的项目，有针对性推介，让境外非政府组织的活动更有目的性，更能体现社会效益和非营利性。在做好服务的同时，又能及时了解掌握境外非政府组织组织的活动，真正做到了既有管理也有服务。

（三）不足之处

1. 法律效力低。以规范性文件形式下发执行的《云南省规范境外非政府组织活动暂行规定》只能采取“备案”的方式给予境外非政府组织准合法化，而不是“注册登记”完成组织的合法化。使得获得备案后的境外非政府组织代表机构不能具备“法人资格”，法律地位不能完全“享受”注册登记的同等待遇。

2. 执行范围窄。《云南省规范境外非政府组织活动暂行规定》只能作为在云南境内执行的“地方粮票”，只在云南省行政区域内有效。

3. 部门之间推诿扯皮。大多境外非政府组织开展的项目互有交叉，有的涉及多部门或跨部门，境外非政府组织在申请业务指导单位过程中，一些部门难免会出现推诿、执行走样等现象。在涉及部门职责的项目时，有的部门也会申报不积极，影响项目报批的及时性。出现这些问题时，没有一个部门可以进行协调。

4. 其他方面的不足。如境外非政府组织项目结束后离开云南时，其资产处理不易解决。与国内组织及人员发生纠纷时，由谁出面协调、解决等，在暂行规定中也不能体现。

三、对《暂行规定》积极意义的分析

（一）在全国作了一次有益的试验和探索

作为省级政府出台的管理规则，云南是第一个规定具体管理政策和规范境外非政府组织行为的省份，这一公开性的政策在全国首开先例，影响深远。

（二）有利于境外非政府组织合法化

一是身份合法。通过身份备案，使境外非政府组织浮出水面，解决了在云南合法开展活动的问题，保障了它们的合法权益。二是活动合法。备案项目一经批准，境外非政府组织就可以合法活动，其活动受法律保护，得到各级政府的大力支持，是一项合法事务。三是进出有序。使境外非政府组织进入及退出云南有序进行，避免了无序及无政府状态。四是减轻负担。国税部门不再征收企业所得税，使境外非政府组织减轻了经济负担。五是规范财务管理。办理备案后，境外非政府组织可以向银行提出办理银行账户，这使经费及财务管理有了正规的渠道，避免了财务风险。

（三）解放思想，创新社会管理方式方法

云南创新管理方式，开展备案管理，依法管理各类境外组织，使境外非政府组织从地下走入地上，浮出水面。工作中，建立健全领导体制，由执行机构抓落实，建立配合机制，开展配套服务，建立报告、责任追究制度，构建了一个完整的管理体系。

（四）促成合作的长效机制

云南推行“双备案一指导”的备案制度，促进了政府与非政府组织之间互信和互动，建立和谐合作关系，营造融洽氛围，推动了境外非政府组织在云南公益事业的发展。

（五）提升对外开放水平，推动云南“桥头堡”建设

《暂行规定》的出台使境外非政府组织与当地合作伙伴和相关部门建立合作新观念，成为了对外开放新抓手和“桥头堡”建设参与者。

四、对境外非政府组织在华活动管理的相关建议

1. 早日出台国家法规，统一归口登记，加快推进合法化进程。
2. 创新管理体制，规范运行机制，以协商对话促进和谐发展。
3. 明确境外非政府组织的责权利，解决国民待遇问题。

4. 建立综合评价体系，合理评估，量化评估。
5. 建立解决矛盾、冲突的处置机制，及时化解纷争。
6. 正确引导，让境外非政府组织融入当地各项事业发展中。
7. 重点解决人财物问题，加强管理队伍建设。

陕西省社会组织管理问题及对策的调研报告

陕西省民间组织管理局

一、陕西省社会组织的发展现状

（一）社会组织发展速度越来越快

登记数量呈现大幅度增长。从1990年至2000年，全省登记数量4380家，年均增长率为5.27%。2000年以后，登记范围逐步扩大，先后增加了民办非企业单位、基金会以及社会团体分支（代表）机构的登记管理业务。截至目前，全省已登记社会组织15835家，其中社会团体11590家，民办非企业单位4193家，基金会52家，以及大量的社会组织分支（代表）机构。10年来，陕西省社会组织登记数量增加了近4倍；特别是民办非企业单位，增加了近6倍。

（二）社会组织自身建设越来越好

目前，陕西省社会组织的法人治理机制已初步建立，领导班子建设日益加强，从业人员年龄知识结构不断优化，非营利组织会计制度较广泛执行，自律意识和诚信观念不断加强，一批制度机制健全、管理运行科学、社会公信力强、影响力好的社会组织队伍正在形成。

（三）社会组织服务社会的功能和作用越来越强

据统计，2010年，陕西省各类社会组织吸纳社会各类人员从业12万余人；形成固定资产总值25.3亿元；收入合计1.51亿元，比上年增长258.3%；各类费用支出1.525亿元，比上年增长292.4%。社会组织在各个领域服务社会能力不断增强。行业协会、商会、农村专业经济协会等在助推经济社会发展中发挥了不可替代的重要作用。仅2010年陕西省异地商会在陕投资金额就超过500多亿元。各行业协会商会积极与科技部门对接，通过组织20多所高校和科研机构开展科技成果交易会，促成科技对接项目达90多个，签署落地项目合同20余件，产生经济效益超过50亿元。随着农村经济的发展，各类农村专业经济协会如雨后春笋，蓬勃发展。陕北的奶牛协会、枣业协会；陕南的茶叶协会，蚕桑协会；关中地区的苹果协会、猕猴桃协会等，在帮助农民快速致富、改善农民生活水平等方面都发挥出积极作用。

（四）社会组织的社会影响力越来越大

当前，陕西省社会组织已涉及和深入到社会生活的各个层面。在对外交往和开展公益活动等方面显示出越来越大的社会影响力。据不完全统计，全省有1600多家社会组织积极支援汶川抗震救灾活动，为灾区捐款捐物达1.7亿元，组织参与志愿服务人数88.69万人，参与抗震救灾项目940项次。充分体现出社会组织的社会责任。

二、陕西省社会组织建设的基本情况

近年来，陕西省各级社会组织管理机构按照省委、省政府的要求和省民政厅的统一部署，坚持培育发展与监督管理并重，按照“突出重点、积极培育，注重引导、依法管理，分类指导、全面推进，克服困难、主动作为”的工作思路开展工作，促进了社会组织的健康发展。

（一）积极扶持和引导行业协会、商会的改革发展

2003年，省政府办公厅下发了《陕西省行业协会发展指导意见》（陕政办发〔2003〕84号）。2009年，为贯彻国务院文件精神，针对陕西省行业协会存在着覆盖面低、行业代表性差、结构不合理、职能不到位、行政依附性强等问题，省政府办公厅又出台了《关于加快推进行业协会商会改革和发展的实施意见》（陕政办发〔2009〕12号），在推动了全省行业协会商会改革和发展方面给予了政策支持。

（二）积极培育和扶持农村专业经济协会的快速发展

随着农村经济的不断发展，新农村建设实施步伐的进一步加快，农村专业经济组织发展迅速。按照“政策扶持与指导服务并举”的思路，民政部门加大对农村专业经济协会培育和登记管理工作力度，积极引导和扶持专业经济协会健康快速发展。积极对西安、宝鸡、咸阳、商洛和安康等市的十多个县（区）的登记管理工作进行调查帮助指导，引导协会规范运作，做大做强。2006年7月，安康市召开了全市培育发展农村专业经济协会经验交流会，对各县民管干部和农村专业经济协会负责人进行培训，当年该市新增专业协会582家，目前该市登记农村专业经济协会达2273家。

（三）切实加强对社会组织的监督检查

陕西省每年坚持对社会组织开展年度考核和检查工作，并将结果通过

媒体向社会公布。积极推行基金会信息公开制度，自觉接受社会监督。积极探索社会组织评估管理办法，先后对600多家省本级民办非企业单位的年度检查实施了综合信用评估，将年检结果划分四个“综合信用评估等级”，促进了民办非企业单位的自律与诚信建设。2010年，全省有3250家民办非企业单位参与了自律诚信建设活动，举办了79次多种形式的献爱心活动，创造直接社会效益1440多万元。

（四）进一步规范社会组织登记管理行为

贯彻省政府《关于对省级行政审批项目进行全面规范改革的意见》，参照《行政许可项目规范参考范例》，民政部门制定了《陕西省省级社会团体（包括分支机构、代表机构）成立、变更、注撤销登记程序》、《陕西省民办非企业单位成立、变更、注撤销登记程序》和《陕西省基金会（包括分支机构、代表机构）成立、变更、注撤销登记行政审批的规范程序》，为提高行政效率和质量，制定下发了《业务主管单位审查批准民办非企业单位成立意见的规范格式》。根据《行政许可法》的要求及《民办非企业单位登记管理暂行条例》的规定，制定了统一规范的业务主管单位审查批准意见格式，进一步明确了主管单位对民办非企业单位的审查程序。

三、陕西省社会组织在发展经济和构建和谐社会中发挥着积极作用

（一）行业协会积极履行提供服务、反映诉求、规范行为的职能，逐步成为政府服务企业的纽带和助手

作为工业经济领域的联合性的陕西省工业经济联合会，多年来深入各工业领域进行行业课题调研，为政府提供决策信息。搜集和统计行业信息，为促进企业改革，加快经济转型以及加强行业自律、保护企业合法权益等方面做了大量富有成效的工作。全省行业协会积极履行服务行业和企业的基本职能，维护企业权益，建立从业规范，维护市场公平，解决贸易纠纷，促进了生产发展和技术进步，为推进政府机构改革和职能转变创造有利条件。

（二）有效地推进了各类社会公益事业的发展

公益性社会团体结合自身业务特点，积极主动真情回报社会。开展扶贫济困、救灾防害、助残敬老、帮学助医、社区服务、环境保护、救助赈灾等公益活动，大力弘扬中华传统美德，成为社会救助体系的积极参与者和建设者。汶川地震全省就有1600多家社会组织投身抗震救灾活动，为地

震灾区捐款捐物达1.7亿元，组织参与志愿服务人数约88.69万人，参与抗震救灾项目约940项次。

(三) 社区组织在促进人际关系和谐发展中发挥着重要作用

积极培育，大力扶持社区社会组织的备案试点，引导社区开展文明高雅的群众活动。发挥老年人活动中心、创建平安小区促进会、低保评议委员会、红白事理事会等社区组织贴近群众作用。在调解社会矛盾，促进社区和谐，密切干群关系，推动民主法制建设等方面，都起到了较好的作用。

(四) 培育壮大农村专业经济协会组织，成为解决“三农”问题的有效途径

通过政策宣传、上门服务、降低准入门槛、简化登记手续等形式，围绕当地支柱产业和拳头产品，组成“基地+公司+农户”型、“企业+支部+农户”型，在全省培育和发展农村专业经济协会组织。通过开展蔬菜、茶业、养殖等多种实用技术培训和产供销服务，帮助农民增产增收。周至县农民经纪人协会下设14个分会，会员达3860人，在全国24个大中城市设立了农副产品销售网点。2009年协会销售猕猴桃及其他水果4.33万吨，价值4.6亿元，占全县年销售总额的30.3%；推销各种苗木花卉4亿余株，占全县年销售额的37%；带动农户2.65万户，人均增收6000元，帮助农民实现了致富。

(五) 不断壮大民办非企业单位，为就业和再就业拓展渠道

陕西省民办非企业单位利用人才、技术、信息、资源等优势，采取多样化手段和灵活的机制，不断扩大服务领域和渠道。在繁荣文化、发展教育、保持生态、推动科技进步、维护安全生产、培训农民工转移、促进体育卫生事业等方面发挥作用。不仅满足了人民群众日益增长的物质文化需要，而且拓展了城乡青年就业与再就业渠道。

四、当前陕西省社会组织管理工作中存在的问题分析

经过多年努力，当前陕西省社会组织已基本形成了以服务经济发展为核心，与经济社会发展水平逐步相适应的社会组织体系。但同时也应当清醒地看到，陕西省社会组织管理工作，当前仍存在较大差距和问题，亟待改进和提高。

(一) 各级党政部门支持社会组织发展力度不够

社会组织具有民间性、分散性的特点。由于受到政府职能转变和市场

化程度的影响，当前，一些党政部门对培育、支持和发展社会组织还缺乏足够的重视。社会没有形成支持社会组织发展的政策环境和良好氛围。

（二）规范社会组织自身建设仍很繁重

一是外比差距大，内比不平衡。2010 年底，陕西省平均每万人拥有 2.92 个社会组织，低于全国每万人拥有 2.95 个社会组织的平均水平。省内的发展也不平衡，如安康市平均每万人拥有 6.53 个社会组织，而商洛市平均每万人拥有 1.24 个社会组织。二是自律行为不够规范。少数社会组织法制观念淡薄，自律机制不健全，有的缺乏社会公益、社会责任营利不规范，社会形象较差，公信度不高。三是服务社会作用不明显。从整体上看，社会组织在发挥民意沟通与提升公共性、培养现代公民素质、激发社会与个体的潜能、推进组织的全面发展、强化公共政策能力等方面的作用还不够明显。在创新社会管理体制中，发挥参与社会管理、修正政府的“越位”与“缺位”、缓解社会矛盾等方面的作用还不够。四是职能定位不准确。协会官办色彩浓厚，“政社”不分，行政依附性较强。有的与机关合署办公，有的党政领导干部兼职过多，缺乏独立自主的依法开展工作活动，社会组织的法人地位难以得到保证。

（三）社会组织管理力量薄弱，机构不健全

目前，陕西省社会组织管理机构建设可概括为“省低、市缺、县无”。“省低”，即省级登记管理机构级别低。在省民政厅设民间组织管理处，对外称陕西省民间组织管理局，负责省本级社会组织的登记管理和全省社会组织监督管理和依法查处社会组织违法活动及非法社会组织等工作；“市缺”，即市级机构不健全。我省市级中还有 2 个市未设专门机构（汉中、杨凌），另外还有 3 个市为事业单位（延安、榆林、安康），明显与《行政许可法》的要求不符合；“县无”，即县级基本没有专门登记机构。全省只有旬阳县设专门机构，其余 106 个县区均无专门机构和人员。

（四）社会组织执法监察机构缺失，监管乏力

陕西省民间组织管理局主要负责省内社会组织的登记管理，如果再承担境外非政府组织在陕西省活动的登记管理，力量严重不足。虽然省民政厅多次同有关部门协商，加强社会组织管理的机构建设，但至今没能解决，亟待强化。

甘肃省社会组织党建工作调研报告

甘肃省民间组织管理局

为了改进和完善甘肃省社会组织党建工作管理体制和工作机制，按照中央和省委关于加强社会组织党建工作的有关要求，2010 年 4 月 23 日至 5 月 10 日，甘肃省委组织部组织处和省民政厅民间组织管理局组成联合调研组，先后深入兰州、金昌、天水、酒泉、定西 5 个市的 10 个县（区），对全省社会组织党建工作进行了调研，调研结束后又与省上 6 家社会组织业务主管单位和 8 家省属社会组织负责人进行了座谈讨论。在此基础上，我们起草了甘肃省社会组织党建工作调研报告。

一、甘肃省社会组织党建工作进展情况

随着改革开放的深入和经济社会的发展，甘肃省社会组织发展迅速，形成了门类齐全、层次不同、覆盖广泛、特色明显的组织体系。截至 2009 年年底，全省登记注册的社会组织达到 10015 家，其中：省级社会组织 854 家，市级 2340 家，县级 6821 家；社会团体 7115 家，民办非企业单位 2877 家，基金会 23 家。

近年来，在省委的正确领导下，各级党委以及组织部门和业务主管单位党组织不断加大对社会组织党建工作的领导和指导，努力探索和创新社会组织党建模式，切实改进党组织和党员发挥作用的有效方式，积极营造推进社会组织党建发展的良好环境，社会组织党建工作取得了初步成效。

1. 社会组织党建工作进一步引起重视，党组织建设得到加强。党的十七大和十七届四中全会对加强社会组织党建工作提出新的要求后，甘肃省各级党委高度重视社会组织党建工作，并把社会组织党建工作纳入基层党建领域范畴，统筹谋划，稳步推进。省委在第三批学习实践科学发展观活动中，把社会组织党建工作作为重点，进行了安排部署。各地党委在社会组织党建工作管理体制机制方面也进行了有益的尝试和创新。2010 年年初酒泉市委组织部下发了《关于深入开展“两新”组织党建工作“百日整推”活动的意见》；玉门市委、永昌县委下发了《关于进一步加强社会组

织党建工作的意见》，把社会组织党组织建设纳入基层党建工作责任制进行考核，明确了各党（工）委书记抓党建工作的第一责任人职责。

2. 探索建立社会组织党建工作机制，形成多种党建模式。从调研了解的情况看，目前甘肃省社会组织党组织建设有四种模式。

（1）党工委模式：即“依托民政、集中管理、部门协同”模式。如定西市、临洮县、通渭县、玉门市、永昌县先后在同级民政部门成立了同级党委派出的社会组织党工委，负责本级社会组织党建工作，指导、协调同级业务主管单位与下级民政部门登记管理的社会组织的党建工作，形成了登记管理机关协调业务主管单位齐抓共管，共同促进社会组织党建工作的模式。

（2）业务主管单位负责模式：即“组织部门牵头、业务主管单位负责、民政部门协助”模式。各级组织部门牵头协调，主要依托业务主管单位开展社会组织党建工作，民政部门予以配合，在登记中对社会组织提出党建要求，在年检时要求提交党建情况，对党建工作予以督促和监督。

（3）属地管理模式：主要依托街道、社区党工委审批成立社会组织党组织。

（4）协会协助模式：即律师、会计师领域的“主管部门负责、行业协会协助、会员参与”的模式。

3. 积极搭建有效平台，党员的先锋模范带头作用得到较好发挥。大多数社会组织党组织结合业务工作特点，积极创新和搭建党员发挥作用的多种平台。天水退休医师医院以党员为骨干，在单位设立“党员示范岗”，在全院开展争当一名好医师、一名好护士、一名好导医和一个好班子的“四个一”活动，组织开展“健康进社区活动”，深入社区为民义务诊疗。2009 年以来组织党员共为群众义诊治病 1239 人，免费体检 326 人，免费接送边远山区患者及家属 37 人。玉门市黄闸湾乡啤酒原料协会通过在协会党员中开展设岗定责活动，设立技术帮带岗、信息收集岗、流通服务岗等 8 个岗位，42 名会员党员与酒花种植户结成了“双联共富”对子，形成了一户带十户、十户带一组、百户带一村的传帮带效应，较好地发挥了共产党员的先锋模范带头作用。

4. 积极探索党组织发挥作用的途径和方式，党组织的凝聚力得到进一步加强。从调研情况来看，在已建立党组织的社会组织中，大多数党组织能够紧紧围绕党的中心任务和本社会组织的日常工作开展活动，较好地发挥了党组织战斗堡垒作用。定西市安定区马铃薯经销协会党支部通过“把协会支部建在产业链上，党员能人聚在产业链上，产销农民富在产业链上”的“支部+协会”组织模式，将专业协会的技术、信息优势与党组织的组织领导、政策引导等优势有机结合起来，组织党员会员积极开辟终端市场，带动农民人均增收1659元，有效解决了群众发展项目难选择、资金难筹集、技术难掌握、产品难销售等突出问题，增强了社会组织党组织的凝聚力和感召力。

二、甘肃省社会组织党建工作存在的问题

经过各级党委和有关部门的积极探索和不懈努力，社会组织党建工作取得了一定成效。但还存在一些问题，主要是：

1. 对社会组织党建工作的思想认识不到位。一是个别领导干部对社会组织党建工作的重要性认识不足，认为把资金和工作精力花在社会组织党建工作中，等于花在私人老板身上，没必要；有的存在畏难情绪，怕法人不支持、不配合，不敢理直气壮抓党建工作。二是社会组织法人的思想顾虑依然存在。怕党组织建立后，会干预社会组织的决定，打乱正常的工作秩序，削弱和制约他们的权力，同时会加大管理成本等。三是社会组织中的党员意识淡化。四是社会组织从业人员加入党组织的愿望不强。

2. 社会组织党建工作机制不健全。社会组织党建工作有党工委管的、有业务主管单位管的、有属地管的，不同的管理工作机制造成社会组织党建工作的相对混乱，存在条块分割、多头管理、运行不畅的现象，存在谁都在管、谁都管不到位的现象。

3. 社会组织党组织组建率较低。目前全省依法登记的社会组织中共有党员40971人，约占工作人员的21.14%，建立党组织614个，仅占社会组织总数的6.13%。社会组织党建工作的“空白点”较多，“有党员无组织，无组织无阵地”的现象比较突出，一些社会组织甚至没有党员。

此外，社会组织党建工作力量不足、社会组织党员教育管理难度大、社会组织党组织作用发挥不明显的问题普遍存在。

三、加强社会组织党建工作的几点建议

针对上述存在的问题，我们向省委组织部提出如下建议：

1. 召开专题会议，制定下发《意见》。建议以省委名义召开全省社会组织党建工作会议，总结交流经验，研究部署工作。同时，制定下发《中共肃省委关于加强和改进社会组织党的建设工作的意见》。

2. 成立社会组织党工委，靠实工作责任主体。参照其他省的做法，在省市县三级民政部门设立同级党委派出的社会组织工委，负责领导、指导

和协调社会组织党的建设工作。

省委社会组织工委书记由民政厅主要负责同志兼任，配备专职副书记（为民政厅党组成员）1名，书记、副书记由省委任命。设工委委员若干名，由所属社会组织数量较多、规模较大的业务主管单位（省人社厅、教育厅、卫生厅、工信委、财政厅、科技厅、司法厅、建设厅、商务厅、科协、社科联等）主管党务工作的负责同志和省民间组织管理局负责同志担任，由省委组织部任命。省委社会组织工委设立办公室，办公室设在省民政厅民间组织管理局，办公室主任（正处级）由民间组织管理局副局长兼任。参照《中国共产党党和国家机关基层组织工作条例》中“机关专职党务工作人员的配备，一般占机关工作人员总数的1%～2%”的规定，配备副主任（副处级）1名、工作人员5名，人员编制从民政厅内部调剂。各地党委可根据自身实际，参照省上做法设置本级社会组织工委。各级社会组织工委之间属指导与被指导关系。

3. 理顺隶属关系，明确社会组织党建工作管理机制。地方党委设立社会组织工委后，在社会组织较多的业务主管单位，设立系统社会组织党委或党总支，对所属社会组织党建工作进行领导和指导，受本级社会组织工委的领导和指导。在注册会计师（审计师）协会和律师行业协会设立协会党委或党总支，协助业务主管单位指导会计师（审计师）事务所和律师事务所的党建工作。建立党委领导、组织部牵头抓总、社会组织工委协调指导、业务主管单位直接管理的社会组织党建工作机制，形成层级清楚、责任明确、关系顺畅、管理直接、便于落实、全面涵盖的党建工作格局，共同做好社会组织的党建工作。

4. 通过多方努力，切实做好社会组织中发展党员工作。各级党组织高度重视加强社会组织党建工作，认真研究新情况、新问题，积极进行探索，努力扩大社会组织党建工作覆盖面。一是通过业务主管单位引导，社会组织单位内部培育的方式，及时把社会组织中的优秀分子吸收入党内来，特别注意在管理人员和青年工作骨干中物色培养对象，优先发展。并通过他们影响和带动其他从业人员更好地为社会服务，有利于在社会组织中贯彻党的路线、方针、政策，增强党对新经济新社会组织的影响力，有利于改变社会组织中党的工作薄弱的状况。二是登记管理机关通过年检时，坚持把社会组织职工人数30人以上没有党员的社会组织，作为发展重点。三是把发展党员重点放在选取人员较多，管理规范，相对固定，人员素质较高的商会协会、民办学校、律师事务所等。四是通过业务主管单位选派党建工作指导员（联络员），扩大党建工作覆盖面，为发展党员工作奠定基础。五是通过在人才市场举办党员专职招聘会、设立党员专区，为党员提供便捷服务等方式向社会组织输送党员。六是充分发挥社区党员服务站的作用，依托工会、共青团、妇联等群体，积极稳妥推进在社会组织阶层发展党员工作，把社会组织阶层发展党员纳入发展党员的经常性工作来开展，努力消除社会组织发展党员工作"空白点"，提高社会组织党组织组建率。

5. 多渠道解决活动经费问题，为社会组织党组织开展正常活动提供必要的经费保证。对社会组织党员交纳的党费全部返还，五年不变。有条件的地方，可成立社会组织发展基金会，以接受捐赠、社会赞助等方式，募集社会组织党组织活动经费，多渠道解决活动经费不足的问题，为社会组织党组织正常开展活动提供必要的经费保障，推动全省社会组织党建整体水平的提高和社会组织的健康发展。

关于青海省社会组织管理和服务情况的调研报告

青海省民间组织管理局

根据省委要求，近期青海省民政厅采取走访调研、组织召开座谈会、发放调查问卷的形式，就青海省社会组织管理工作情况进行了调研。现就调研情况报告如下：

一、青海省社会组织发展现状

在党中央、国务院的正确领导和省委、省政府的高度重视下，青海省社会组织呈现出了强劲发展的趋势，社会组织已从恢复登记前的452个发展到了2010年底的2542个。社会组织在提供服务、反映诉求、规范行为等方面作用进一步显现，已经成为青海省经济社会发展中一支不可忽视的重要力量。

（一）群众结社愿望强烈，社会组织发展逐步加快

“九五”期间，年均增加64.6个；“十五”期间，年均增加82.6个；“十一五”期间，年均增加121个。

（二）初步建立起门类齐全、覆盖广泛的社会组织体系

据统计，在登记的1852个社会团体中，行业性社会团体514个，专业性社团421个，学术性社团260个，联合性社团196个，农村专业经济协会470个。在登记的679个民办非企业单位中，教育类326个，劳动类104个，文化类75个，民政类35个，卫生类32个，体育类16个，科技类12个，其他类79个。

（三）形成了层次不同、地域有别的社会组织发展格局

目前，全省性社会组织有634个，州市地级832个，县级1187个。从结构上形成了层级越低数量越多、层级越高数量越少的“金字塔”式的稳定形态。从地区分布看，拥有150个以上的共有3个地区，其中西宁市758个，海北地区474个，海西州178个。果洛、玉树、海南三州均不足百个。

（四）社会组织在推进新青海建设中的作用日益凸显

一是促进了市场经济体制完善和经济的发展。二是促进了社会公益事业的发展。三是繁荣了科技、文化和教育事业。四是社会组织为促进就业开辟了新的渠道。五是社会组织为对外交流与合作搭建了平台。

二、青海省社会组织管理服务情况及存在的主要问题

青海省委、省政府高度历来十分重视社会组织的发展和管理工作，有力地促进了青海省社会组织的管理与服务工作。全省各级民政部门、业务主管单位和有关部门，不断提升对社会组织的管理和服务水平，推动了社会组织的健康快速发展。

（一）加强制度建设，初步建立了社会组织地管理法规政策体系

结合青海实际，陆续出台了《青海省规范和发展行业协会暂行规定》、《关于培育发展行业协会的指导意见》、《关于推进全省行业协会商会改革的指导意见》、《关于加强农村牧区专业经济协会登记管理和培育发展工作的指导意见》等一系列规范性文件。

（二）完善管理体制，初步建立了社会组织行政管理体系

根据国家的统一部署，积极推进行业协会商会改革，出台了相关规定，规范了政府和行业协会的关系。同时，对城乡社区社会组织和农村经济协会实行了备案制。创新了管理手段，在全国率先开展了社会组织评估工作，将社会组织的诚信建设纳入全省社会信用体系建设之中。

（三）坚持分类指导，突出做好重点领域社会组织的培育发展

近年来，重点培育发展了行业协会、公益慈善类社会组织、农村专业经济协会和社区社会组织。对于科、教、文、卫、体方面的社会组织给予支持和引导；对一些比较敏感的民办非企业单位，尤其是民办社科研究机构，严格审批条件，坚持从严把关。对一些特殊群体类的维权组织坚决不予登记成立。

（四）建立自律和监督机制，为社会组织提供良好的发展环境

帮助社会组织建立了以章程为核心的内部管理制度、民主决策制度、财务管理制度、重大活动报告制度、接受捐赠公示制度。深入开展了自律与诚信建设活动。加强了经常性检查和年审工作，建立了违规社会组织负责人戒免谈话制度和境外非政府组织管理联席会议制度。加大了依法取缔非法社会组织、查处社会组织违法活动的力度。

（五）抓住机遇，积极探索社会组织党建工作的新路子

根据中央要求和省委的安排部署，在社会组织党组织中认真组织开展

了深入学习实践科学发展观活动和创先争优活动，探索了不同类别、不同情况社会组织党组织设置形式，新建社会组织党组织 11 个，并及时报请省委批准成立了省社会组织党工委。

经过多年的培育发展，青海省社会组织逐步壮大，作用日益凸显，管理日趋规范，但我们也清醒地认识到，当前全省社会组织总体上仍处于发展的初级阶段，还面临许多困难和问题。

一是社会组织发展水平与经济社会发展形势不相适应。青海省社会组织普遍规模较小，自我发展能力较弱，且结构不尽合理，地区间发展不平衡，更为重要的是对社会组织的培育发展政策扶持力度不大。

二是社会组织行政化倾向严重，“官办”色彩浓厚。突出表现在部门办会和党政领导兼任社会组织领导职务的现象比较普遍。一些政府部门把社会组织尤其是行业协会当做自身的附属单位和直属机构，“官办、官管、官运作”，政会不分。

三是管理体制不顺，运行机制不畅。双重管理体制已不适应社会组织发展的新形势，导致业务主管单位管理责任不落实。

四是登记管理力量与日益繁重的工作任务不相适应。目前除西宁市和海西州设有社会组织登记机构外，其余地区都没有设立专门机构，也无专职登记管理人员。省民政厅民间组织管理局为处级单位，核定编制 5 人，承担着目前 634 个全省性社会组织的管理和服务工作，并负责州市地、县各级社会组织登记管理的指导工作。同时，全省社会组织每年还在以 10% 左右的速度递增。尤其对境外非政府组织的管理缺乏法律依据。

三、青海省社会组织建设的指导思想、奋斗目标和基本任务

按照中央要求，面对社会组织建设与发展的新形势、新变化，当前和今后一个时期，青海省社会组织建设与管理工作，要以邓小平理论和“三个代表”重要思想为指导，深入学习贯彻科学发展观，认真贯彻落实党中央、国务院关于社会组织建设的一系列方针政策和国家法律法规，坚持培育发展与监督管理并重的方针，以社会组织能力建设为核心，以推进社会组织改革为重点，以服务“四个发展”为主线，逐步建立与我省经济社会发展水平相适应，富有青海特点的，布局合理、结构优化、作用明显的社会组织发展体系和法制健全、管理规范、分级负责的社会组织管理体系，充分发挥社会组织在富裕文明和谐新青海建设中的积极作用。

青海省社会组织建设与发展的奋斗目标是：“十二五”期间，全省社会组织年均增长 12%，高于全国平均增幅两个百分点，总量达到 4000 个

以上。社会组织政策法规基本建立，管理基本规范；改革目标基本实现，社会组织发展活力明显增强；社会组织党组织关系基本理顺，制度完善，运行通畅。

（一）进一步建立健全社会组织政策法规体系

适时制定出台青海省贯彻国务院新修订的“三个条例”的实施办法，研究制定《青海省社会组织管理办法》和《青海省境外非政府组织管理规定》。

（二）进一步完善社会组织培育发展的政策措施

适时研究制定《关于加快青海省社会组织建设与发展的意见》《关于加快青海省公益慈善类社会组织发展的指导意见》、《关于加快青海省社区社会组织发展的指导意见》。探索建立省级社会组织孵化基地，设立社会组织发展基金，推动建立公共财政（含福彩、体彩公益金）对社会组织的资助和奖励机制。在省一级和社会组织相对集中的地区建立完善社会组织登记服务大厅。

（三）进一步推进社会组织管理体制改革

改革现行“双重管理”体制，分类逐步推进社会组织无业务主管单位直接登记试点。着力推进政社分开，逐步将社会组织从人员、财务和办公场所方面与政府部门彻底脱钩。对社区社会组织和农村专业经济协会实行备案制度。

（四）进一步加强社会组织能力建设

一要加强以建立社会组织信息库为基础，以社会组织评估工作为抓手，以诚信与自律建设为主要内容的社会组织信用体系建设；二要健全社会组织重大信息披露制度和诚信奖惩机制，不断提高社会组织公信力；三要建立和完善社会组织专职工作人员培训制度，不断提高管理水平和项目运作能力；四是加快社会组织专职工作者职业化、专业化进程，为社会组织健康发展提供人才支持和制度保障。

（五）探索创新社会组织监督管理方式

着力加强行业自律，积极引导社会组织自觉承担社会责任；变行政监管为社会监督与行政监管并重，改进和加强以年检为主要方式的行政管理，强化以重要信息披露、接收捐赠公示为主要形式的社会监督。建立健全登记管理机关、行业主管部门和职能部门的协调机制，逐步构建省、州、县三级网络系统，实施网络监督。同时要严格执法。

（六）切实加强社会组织党组织建设

积极探索社会组织党组织设置形式和党员活动方式，提高社会组织党的组织覆盖和工作覆盖；健全省社会组织党工委运行机制，尽快理顺社会组织党组织隶属关系。

五、几点建议

1. 进一步加强登记管理机关的工作力量。青海省现有社会组织 2542 个，到“十二五”末，总量将超过 4000 个，涉及社会团体、民办非企业单位、基金会三种不同类型的社会组织和与之相对应的三部法规。为适应社会组织快速发展的新形势和依法行政的需要，我们设想：省、州、县人民政府应当在民政部门建立相对独立、与社会组织登记管理工作相适应的登记管理机构。在省级层面，登记管理机关分设社会团体登记管理处、民办非企业单位登记管理处、基金会登记管理处、境外非政府组织登记管理处、综合处等五个处和一个社会组织执法大队，将现有人员编制总数增加到 50 人。在州市地和县级两个层面，均设立专门登记管理机构，人员编制，州级 5—10 人，县级 3—5 人。

2. 鉴于社会组织中兼职的领导多，职位高，情况复杂，协调难度大的实际，为促进社会组织的健康发展，更好地解决社会组织发展与管理中出现的突出问题，建议成立以省政府领导同志为负责人、各有关部门参加的省社会组织管理工作领导小组，统一协调社会组织改革、发展与管理问题。

3. 在调查研究的基础上，以省政府的名义加快研究制定《关于加快青海省社会组织建设与发展的意见》，明确今后一个时期社会组织改革、发展和管理工作的指导思想、目标任务、政策措施和相关部门的责任，更好地推进我省社会组织的建设与发展，为服务青海经济社会发展发挥更大的作用。

厦门市社会组织发展现状与对策建议

厦门市民政局社团办

2010年，厦门市民政局开展了“创新社会组织管理，推进厦门市社会组织发展”的专题调研。调研结果表明：厦门市社会组织在发展和发挥作用方面取得了一定的成效，但从总体上看，仍处在发展的初级阶段，在保障和改善民生、提供公共服务、增加和带动就业等方面还远远没能发挥出应有的功能和作用，在加强和改进社会建设与管理、推动社会自治与社区发展、扩大公众参与、反映利益诉求、调解矛盾纠纷等方面作用的发挥在实践和经验上还存在较大差异；影响社会组织健康发展以及发挥作用的思想观念、体制机制、法制政策、监督管理等方面都存在一些亟待解决的问题，需要在实践中进一步改革和创新。

一、当前厦门市社会组织发展的现状

厦门市社会组织随着改革开放的深化而不断发展，在推进经济平稳较快发展和社会和谐稳定中发挥着越来越大的作用，已经成为一支不同类别、不同层次、覆盖广泛的社会组织体系。

（一）厦门市社会组织发展概况

1. 基本数据

截至2011年6月底，厦门市已登记的社会组织（含备案）共有2326个，其中：社会团体919个（市级549个，区级370个），含行业性147个、学术性199个、专业性134个、联合性355个、社区社会团体84个。市级社会团体分支机构291个。民办非企业单位738个（市级168个，区级570个），含教育类502个、卫生类8个、劳动类51个、体育类33个、文化类48个、科技类45个、民政类36个、其他类15个。备案的社区社会组织348个。基金会21个及民办大学9所（均在省级登记）。从2007年至2010年，市级社会组织的年增长率平均为8.9%。

2. 领域分布

在全市社会团体中，行业性社团占总数的16%，学术性社团占总数的21.7%，专业性社团占总数的14.6%，联合性社团占总数的38.6%，社区社会团体占总数的 9.1%。在全市民办非企业单位中，教育类占总数的 68.1%，卫生类占总数的 1.0%，劳动类占总数的 6.9%，体育类占总数的 4.5%，文化类占总数的 6.5%，科技类占总数的 6.1%，民政类占总数的 4.9%，其他类占总数的 2.0%。

3. 运作情况

在社会组织中，活动开展和作用发挥较好的占总数的 26.6%，活动开展和作用发挥一般的占总数的 59.6%，活动开展和作用发挥不明显的占总数的 6.7%，无法开展活动和发挥作用的占总数的 7.1%。

（二）厦门市社会组织发挥作用情况

厦门市社会组织在调动社会资源、提供公共服务、协调社会关系、促进经济发展、促进对台民间交流与合作，创造就业机会、扶助困难群体和开展各种公益性社会福利服务等方面发挥着政府、市场不可替代的独特作用，正在成为推进厦门经济发展和社会进步的一支重要力量。

一是履行行业协调管理的职能。一些行业协会认真履行政府转移出来的行业协调管理的职能，通过开展行业管理、行业服务和行业维权等活动，维护企业合法权益，促进了生产的发展和技术进步。如厦门市对外经贸企业协会努力开拓国内外市场，2010 年共组织了 973 家企业 9000 多人次参加广交会、华交会等，开拓市场展（博）会，仅华交会成交总额为 1889 万美元，同比增长 9.82%。

二是促进教科文卫体等各项事业的进步。一些专业性和学术性社会团体集中了一批优秀的专家学者，利用专业技术和管理人员自身优势，通过开展学术研讨、学术交流、社会调查等活动，提高了科技创新能力和普及水平，在繁荣文化、推动科技进步、促进体育卫生事业发展等方面奉献聪明才智，促进了各项社会事业的发展。

三是推动社会公益事业的发展。一些社会福利和慈善组织通过动员社会力量，筹集社会资金，扶孤助残敬老，积极参与社会福利和灾害救援，推进了各类社会公益事业的发展。如厦门市慈善总会 2010 年共募集善款 2160 多万元（含救助物资）。使用善款近 1368 万元，救助贫困孤残等 5600 多人次，充分发挥了慈善事业在社会保障体系中的重要补充作用。

四是推进基层民主自治建设。社区社会组织深入基层社区，开展形式各样的群众活动，推动了基层民主自治建设。如翔安区后村老人协会组织社区广大老人，积极投入到文明建设活动中，参加创建文明社区洁净家园义务卫生大扫除劳动，参加抗台风抢险活动，开展献爱心活动，为贫困居民捐款，为学校、文化园、公路等公益事业建设捐款，齐心协力推动和谐社区、文明社区的建设。

五是扩大社会服务领域。一些民办非企业单位采取多样化的手段和灵活的机制，利用社会资源，扩大社会服务领域，丰富了人民群众日益增长的文化生活需要。如厦门爱乐乐团开展音乐普及，坚持定期开展音乐季演出，举办200多场音乐会，向社会各界介绍了140多套中外古今经典交响乐作品，为普及交响乐和推动中国交响乐事业的发展作出了自己的贡献。

六是加强对台民间合作与交流。据不完全统计，这几年来厦门市有32个社会团体开展了对台合作与交流，在做好两岸“大、小三通”、加强经贸合作、搞好教科文卫交流、扩大民间交流合作等活动上形式多种多样，内容丰富多彩，为加快祖国的和平统一，推进两岸经济文化发展和交流合作作出了积极的贡献。

七是拓宽就业和再就业渠道。社会团体和民办非企业单位的发展，拓宽了就业和再就业渠道。据初步统计，仅市级社会团体和民办非企业单位，这几年来为社会提供的就业岗位就约达3万多个。

（三）厦门市社会组织发展面临的困难和问题

近年来，厦门市社会组织虽然有了很大的发展，在经济建设和社会发展中发挥了一定的作用，但是与社会变革带来的需求相比仍显得太弱小，社会组织发展仍面临不少现实的困难和机制体制性的障碍。

1. 活力不足，自我发展能力建设受限

一些社会组织自我发展能力低，生机活力不足。市级社会团体2010年年末经费结余在3万元以下的有59个，约占当年社会团体总数的12.94%。由于缺经费，这些社会组织对服务企业、反映诉求、规范行为的工作无法开展。

社会组织除了资金不足外，专业人才及专职工作人员也很缺乏。许多社会组织人员工资少、待遇低、办公条件差、职业发展前景不明，对优秀人才缺乏吸引力和凝聚力。

2. 自律缺失，社会公信程度低

社会组织服务能力和服务意识普遍不强，运作不规范，社会公信程度低。厦门市多数社会组织规模小，如有的社团组织运作了十几年，会员仍停留在50至60人左右，有的社团组织特别是科协类的社团成立时会员百来人，现在只剩几十人，尚未能成为专门的职业门类，缺乏运作经验，自身的专业化建设普遍不足。有的社会组织其执行机构都散掉了，也无法依据社团规定自行办理注销手续。不少社会组织成立之后，不知如何面对社会进入市场，如何去通过社会实践扩大业务领域，以满足不同社会阶层的需求等。

3. 覆盖面窄，党建工作薄弱

全市社会组织党建工作薄弱，基层党组织覆盖面窄。市级社会团体和民办非企业单位已建立党委的3个，建立党总支的2个，建立党支部的29个，建立党小组的9个，合计占总数688个的5.52%。

4. 自立不强，行政色彩浓

多数社会组织相对独立性较差，内在动力不足。有相当一部分的社会组织是由政府的职能部门直接组建的，从产生开始，就带有浓重的行政“胎记”。一些社会组织在运作过程中实际上是与行政主管部门“一套人马两块牌子”，在组织职能、活动方式、管理体制等方面履行的是职能部门的职责，法人自主性不强，群众代表性不够，被社会上称为“二政府”。

5. 力量薄弱，管理体制滞后

广东、上海、北京、青岛、深圳等二十几个省市已先后组建社会组织（或民间组织）管理局，改业务主管单位为业务指导单位，由登记管理机关统一对社会组织实行监督管理。如，青岛市民间组织管理局为副局级，有30个人员编制，内设3个处；深圳市民间组织管理局为局级，有28个人员编制，内设4个处。厦门市民政局社团办只有4个工作人员，各区只有1名兼职工作人员，且不具备执法资格，工作人员力量薄弱，在行政许可、行政执法等处置具体事务上，客观上存在不合法。

6. 结构失衡，布局尚不合理

社会组织结构布局不合理，发展不平衡，能够比较好地发挥作用的社会组织不多，社会服务的覆盖范围有限。从组织类别看，全市民办非企业单位共有738个，教育类的民办非企业单位就占了502个，占总数的68.1%，其他公益性较强的社会福利组织只占4.9%；全市社会团体的公益慈善服务类仅有10多个，所占社团组织的比例为2%；从组织机构看，有的负责人班子人数超过了理事会执行机构的1/3多，形成了倒挂的金字塔；从开展活动及发挥作用的情况看，虽然近几年来民政部门放宽了社区社会组织的登记、备案门槛，但真正能够适应市场化环境，又能充分利用社会资源发挥作用的社会组织所占比重还很小，社会急需的公益服务类社会组织仍然匮乏。

二、加强和改善社会组织管理服务的对策建议

当前，要促进社会组织健康有序发展，实现中共十七大提出的“发挥社会组织在扩大群众参与、反映群众诉求方面的积极作用，增强社会自治

功能”的要求，就必须从体制机制、政策法律上，从管理服务上下工夫，创新社会组织管理机制，不断优化社会组织生存发展的环境。

（一）完善法规体系建设，为社会组织规范发展提供法制保障

行业协会（商会）是社会组织的一支主力军，是推进社会和经济发展的一支重要力量。当前，要加快行业协会条例等单项立法。推进行业协会（商会）的改革发展步伐，在巩固行业协会与行政主管部门“四分开”的基础上，尽快出台厦门市《关于推进行业协会（商会）改革发展的实施意见》，与此同时，尽快出台《厦门经济特区行业协会条例》，以人大立法的方式，为厦门市行业协会的发展提供一个良好的法制空间。此外，建议尽快出台《厦门社团登记管理规定》、《厦门民办非企业单位登记管理规定》和《厦门涉台社团登记管理规定》等规范性文件，使政府管理和社会组织自身运作均有法可依、有规可循。

（二）创新管理模式，建立与特区发展相适应的社会组织管理体制

一是成立厦门市社会组织管理局，形成登记、管理与指导相结合的相对集中的社会组织管理体制。目前，在厦门市和区民政部门登记、备案的社会组织已有2000多个，现有的社会组织管理登记的机构、编制难以有效地开展工作。为适应厦门经济社会建设和改革发展的需要，加强对社会组织的监管和指导，促进社会组织健康发展，建议成立厦门市社会组织管理局，充实社会组织管理局的编制和人员，完善民政登记管理部门的职能，提高登记管理机关的规格，在管理局中设立社会团体登记管理处、民办非企业单位登记管理处、涉外社会组织管理处、法制处，组建“一局四处”的管理架构，提升管理服务能力。

二是成立中共厦门市委社会组织工委，建立健全社会组织的党委领导机制。加强对社会组织党建工作的领导，是社会组织健康发展的保障。建议成立中共厦门市委社会组织工委，作为市委派出机构，负责全市社会组织党建工作。

三是建立登记管理机关与业务主管单位的联动协调机制。建立相关部门共同参与的部门联席会议制度，协调解决社会组织管理工作中所遇到的困难和问题，形成由社会组织管理局具体负责、多部门协作的社会组织管理和执法监察工作格局；健全与信息披露、财税扶持等相适应的社会监督体系，加强对社会组织的监管和指导，形成职责到位、协调配合、违法必究的管理和监督机制。

四是明确业务主管单位对社会组织管理的方式和管理权限。业务主管

单位要从原来的业务审批改为业务指导和监督，着重于行业管理和政策指导。要理顺社会组织与业务主管单位的关系，使二者在管理机构、人事安排、资产权属、办公场所等方面完全脱钩，达到既无行政隶属关系，又无人事派遣关系和资产关系的“三无”状态。减少政府部门对社会组织的行政干预，增强社会组织的自主性和独立性，促进社会组织的规范发展。

（三）加大扶持力度，优化社会组织发展环境

社会组织的生存、发展和发挥作用离不开政府的培育和扶持，因此，要根据厦门经济社会发展实际需要，突出培育发展重点，通过政策支持、政府购买服务、税收优惠政策、资金支持，为社会组织的发展创造良好的环境。

关于推进青岛市行业协会改革发展的调研报告

青岛市民间组织管理局

随着社会主义市场经济体制的不断完善和行政管理体制改革的不断深入，行业协会在促进政府职能转变、提高市场配置效率、维护企业合法权益、促进行业发展等方面的作用日益显现。为更好地适应新形势需要，加快行业协会改革发展，近来，我们通过召开座谈会、发放调查问卷等形式，对青岛市行业协会的发展情况进行了调研。通过调查分析，本文就行业协会发展现状、存在问题及进一步推进改革发展谈谈粗浅看法。

一、青岛市行业协会发展现状

（一）行业协会的管理体制进一步理顺

行业协会是与市场经济联系最为密切的中介类社团。为促使其适应市场经济需要，充分发挥职能作用，青岛从解决政会不分、职能定位不明确等阻碍行业协会健康发展的问题入手，组织了行业协会整顿规范和能力建设工作，取得显著成效。在青岛市 198 家行业协会中兼职的 247 名公务员，已有 240 名退出了行业协会，占总数的 97%。大多数行业协会以无记名投票方式调整了领导班子，实现了办公场所和账户单设，账户、财务与政府机关混杂不分、合署办公的现象得到彻底解决，达到了规范化要求。协会领导职务大多是来自企业的领导担任，新班子普遍富有朝气，提高了协会统揽全局、协调各方的能力和水平。行业协会的自主性、民主性和代表性大大提高，为真正成为自主办会、自筹经费、自我管理、自我发展的独立法人组织奠定了基础。行业协会管理体制进一步理顺，行业协会步入规范化建设的轨道。

（二）行业协会自身建设和运作机制进一步完善

目前青岛市行业协会普遍建立健全了规章制度，按照规定的民主程序规范了会费收取标准和管理办法。协会内部自治机制有所完善，定位趋于准确，发展活力进一步增强。有的业务主管单位结合转变政府职能，下放了一些适宜于行业协会承担的职能，为协会发挥积极作用提供了空间。行业协会普遍按照我们制定的新的章程范本修订了章程，落实了重大事项报告制度，内部管理运作机制趋于规范。

（三）行业协会的能力建设不断提升，发挥作用日益明显

青岛市现有市直行业协会 82 个，占社团总数的 14.4%，主要分布在经贸、旅游、交通、建筑、农业、畜牧业等行业。行业协会整顿规范工作结束后，加大培育力度，不断创新措施，通过举办研讨会、建立观察点等方式提高协会的能力建设，协会服务政府、服务社会、服务会员的能力明显提升。在调查的 20 个协会中，40% 反应整顿规范后生存状况好，50% 反应生存状况一般；80% 的协会会员对本协会组织活动的认可度与参与度评价较高。

一是在政府行政管理体制改革中承接政府职能转变，参与社会管理。在青岛市市直 82 个行业协会中，有 23 个行业协会承担了业务主管单位委托转移的职能。如青岛市物流协会面向社会招聘专职秘书长，增强了协会活力，承接市交通委委托的编制青岛市现代物流发展规划和意见，青岛市纺织服装行业协会成功接手一年一度的中国（青岛）国际时装周的承办项目，青岛市水利行业协会承接了“水利企业评优”项目，青岛市洗浴服务业协会承接了大型浴池的认定工作等。

二是在规范行业管理中加强行业自律，提升行业整体形象。行业自律是行业健康发展的基础。青岛市各行业协会根据行业特点和发展中存在的问题，不断完善自律建设，规范行业行为，提高行业服务质量。青岛市保险行业协会以防范保险行业经营风险为重点，不断完善行业自律公约，加大自律检查力度，营建了我市和谐的保险环境。青岛市洗染行业协会在全国率先制定洗染业服务标准，成立洗涤事故专业鉴定机构，规范洗染行业管理。市保险行业协会、市美容美发协会、市勘察设计协会等主动制定行业服务规范和自律标准，规范市场秩序。

三是在维护行业利益、指导协调行业发展方面的服务作用显著增强。公务员退出行业协会后，会员企业的主人翁意识和参与积极性大大提高，协会真正以服务为宗旨，以会员的利益和需求为首要任务，在调解行业纠纷、代表行业利益、反映行业呼声方面做了大量工作，会员的认可度和协会的凝聚力大大增强。特别是在国际经济危机的形势下，青岛市各行业协会积极行动，根据行业特点采取措施，帮助会员企业应对危机。大多数行业协会及时开展深入调研，向政府建言献策；开展讲座培训，增强行业应对危机信心能力；帮助会员企业危中寻机，创新发展，开拓市场。青岛市

旅行社协会加强联络，积极开拓旅游市场。青岛市家具协会帮助企业解决产品研发、创新设计、人才培训方面的工作。青岛市焊接协会建立焊接试验加工基地，为会员单位研制开发新产品，研发新技术，创造新成果提供场所。2010 年上半年青岛市行业协会组织企业已累计参加国内外大型展会 15 余个，达成合作意向逾 2.5 亿元，为促进青岛经济平稳较快发展、维护社会稳定作出了积极贡献。

四是在拓展国际交流与合作中调节贸易纠纷、维护合法权益、促进公平竞争。青岛市行业协会多次通过反不正当竞争、杜绝恶性竞争等做法，维护企业在国际竞争中的合法权益，特别是在企业自身能力难以达到、政府又不便过多干预的一些领域，发挥了政府部门不可替代的沟通协调作用，成为政府规范市场秩序的有力助手。如青岛市船东协会在国际航运市场上面对某些航线出现的恶性竞争，多次出面协调关系，制定经营公约，维护各船运公司的合法权益，得到了国内诸多船运公司的拥护，为营造公平竞争的国际航运市场秩序作出了重要贡献，得到交通部的充分肯定。该协会提出的“付款赎单”、“清欠运费”等做法，曾作为行业自律的典型案例被哈佛大学教材编录。

二、行业协会发展面临的问题

青岛市行业协会发展虽然取得了不少成绩，但是仍处于改革发展的初级阶段，由于体制机制等方面的原因，目前协会发展也存在不少制约因素和问题。

（一）行业协会发展的外部环境不理想

一是政府职能转变的观念和认识不到位。目前青岛市的政府职能转变缓慢，政府主管部门对社团职能授权没有统一具体的规范性要求，个别部门的职能移交也没有以正式的制度形式固定下来，致使社团特别是行业协会无法承担必要的资质评定、行业管理等职能，行业协会没有相应的权力和职能，难以发挥应有的作用。在调查的几个协会中，大多数反映协会没有实在的职能，只是在“找事干”，希望政府部门真正按照十七大提出的建设公共服务型政府的要求，加快转移政府职能的步伐；切实转变观念和工作方式；赋予行业协会相应的职能，充分发挥行业组织参与社会自治和管理的作用；减少政府与企业的过多直接接触，真正发挥行业协会“桥梁、纽带”作用。另外，协会与政府之间缺乏通畅的沟通渠道。目前协会向政府反映意见或与政府有关部门进行沟通的渠道不通畅，协会掌握的行业重要信息无法及时送达有关部门和领导。

二是协会发展缺乏相关的优惠扶持政策。行业协会的发展需要有政府的政策支持和鼓励。《社会团体登记管理条例》对社团的登记管理只是作了原则性的规定，而对行业协会的税收、人事、待遇和社会保障等没有配套政策，对行业协会的职能、经费和优惠政策以及专职人员的社会保险等问题也没有专门的规定和指导性意见。地方政府对社团的培育、发展还没有纳入经济和社会发展整体规划，对行业协会的职能、作用、性质认识不足，在支持协会发展上缺乏扶持和发展的配套政策。在调查的协会中，认为协会发展最缺少政策和经费的占80%；60%的协会没有对员工的社会保险，行业协会的发展缺乏基础保障。

（二）行业协会自身发展不足

一是分布不尽合理，行业的普遍性不够。行业协会结构发展不平衡、数量相对不足同时并存，不能满足市场经济发展的要求。青岛市行业协会大多分布在传统产业，而新兴产业、与入世相关产业的较少。涉及海洋经济、港口经济、旅游经济青岛市重点发展的三大特色经济的只有少数几个。协会在行业中的代表性不够，权威性不高，凝聚力不强。

二是发展不平衡，人才资源短缺。整顿规范后，行业协会发展不平衡的现象比较突出。有的行业协会因没有相应的职能，协会工作缺乏动力活力，生存困难，工作人员年龄结构老化，精力、创新不足。年轻的高素质人才受到福利待遇和社会保障政策缺失的影响，难以在行业协会落地生根。调查发现90%的协会在引进人才方面遇到的主要障碍是工资福利待遇。没有稳定的职业人才队伍提供的重要智力支撑，行业协会自身的发展壮大必然受到制约。

三是经费严重不足，影响了协会生存和发展。行业协会的经费来源主要有会费、有偿服务等收入。目前有些行业协会缴纳会费的会员比例达不到50%，甚至有些协会根本不收会费，远远不能满足行业协会维持运转的基本需要。由于行业协会的职能不到位，提供有偿服务的领域非常有限，有偿服务的收入甚少。80%的协会认为协会发展缺少经费保障。经费没有稳定的来源和渠道，维持工作都困难，无法开展活动，功能难以发挥。

三、推进行业协会改革发展的对策建议

（一）结合政府职能转变，为行业协会发挥作用创造空间

近年来，各级政府越来越重视行业协会的发展，出台了一系列支持发展的意见。建议结合落实国办发〔2007〕36号和鲁政办发〔2008〕48号

文件精神，出台我市推进行业协会改革发展的实施意见，拟定相应政策，明确改革发展的事项、各部门的工作任务等。目前，我们正在积极协调发改委推进此项工作，已完成青岛市《关于加快推进行业协会改革与发展的意见》征求意见稿，待提交市长办公会研究。明确行业协会的职能，进一步转变政府职能，把适宜于行业协会行使的职能委托或转移给行业协会，在出台涉及行业发展的重大政策措施前，主动征求和听取有关行业协会的意见和建议，逐步形成政府与行业组织的新型合作关系，增强协会的工作活力。研究建立政府购买行业协会服务的制度，明确政府转移职能购买服务的实施步骤、具备的条件等，对行业协会受政府委托开展的业务活动或提供的服务，政府应支付相应的费用。通过委托或购买服务等，使政府转移的相关职能和事项得到有效的承接与实施。

（二）出台优惠政策，扶持行业协会发展

结合青岛市实际，制定进一步推进行业协会改革发展的扶持政策，一是在财政专项资金中设立对行业协会专项补助，对行业协会为促进产业发展提供的各类自主创新、技术咨询等服务给予一定的补助，对在重点产业、新兴产业和农业领域新组建的行业协会，资金确有困难的，给予一次性开办经费补助。二是尽快出台在税收、人力资源和社会保障等方面的优惠政策，解决行业协会在自身发展、引进人才等方面的制度缺陷，逐步提高行业协会人才专业化、职业化水平。

（三）突出发展重点，调整优化行业协会结构布局

2010 年，青岛市政府将行业协会发展列入市“十二五”国民经济和社会发展专项规划，该专项规划由市民政局牵头组织编写，这是青岛市首次将行业协会发展列入地方国民经济和社会发展专项规划，标志着青岛市行业协会的发展进入一个新阶段。结合编制行业协会发展规划，围绕全市经济社会发展目标，加快建立和完善与转方式、调结构相适应的行业协会体系，积极推进行业协会的重组和整合，加快在支柱产业和新兴行业指导建立行业协会，使青岛市行业协会的结构和布局更趋合理，适应市场经济发展的需要。

（四）改革和完善监管方式，提高规范化建设水平

积极适应政府机关与行业协会脱钩后的新形势，按照政会分开、分类管理、健全自律机制的原则，坚持依法监管，简化和规范管理内容与方式，进一步健全政策法规体系建设，注重引导行业协会健全自律机制。建立行业协会综合评估机制，开展行业协会评估工作，为行业协会创造公平

公正的发展环境，使培育发展和管理监督工作更为科学、规范和有效。

（五）完善协会自身建设，奠定服务基础

指导督促行业协会大胆创新积极实践，建立现代社会组织制度，加强能力建设。建立健全以章程为核心的各项规章制度，尤其是重大事项报告制度，推进民主选举、民主决策、民主管理和民主监督，完善法人治理结构。强化诚信意识和社会责任意识，加强社会组织与政府、企业的相互信赖与合作，建立各具特色的信息披露制度，不断提高社会公信力。

政府向社会组织购买服务问题及对策研究

深圳市民间组织管理局

随着政府职能的转变和行政管理体制改革的深化，政府不再大包大揽社会管理和公共服务，通过建立健全政府向社会组织购买服务的机制，将越来越多的社会事务交由社会组织承担，让社会组织成为社会管理和公共服务的主要载体。这是政府管理体制创新的发展方向。从深圳的实施情况来看，政府购买公共服务推动了服务型政府的建设，增加了社会福利供给，提高了市民生活质量和水平，促进了社会组织的发展，为公民社会的成长创造优良的政策环境和支持。

一、主要模式

（一）政府转移和委托

深圳的社会组织特别是行业协会比较活跃，在很早以前就开始较为规范地承担了政府赋予的部分微观和行业协调管理的职能和事项。但是，社会组织真正大规模、规范化地承接政府职能和转移事项是在2009年深圳大部制改革之后。此次改革，有31个政府部门共取消、调整、转移284项职责及行政审批事项。具体可分为两类：一是政府部门不再承担，转由社会和市场自行办理的职能和工作事项；二是政府部门继续提供，但委托社会和市场办理的职能和工作事项。对第一类职能和事项，政府部门主动退出，社会组织可以自行决定参与和提供服务，政府各部门按各自职能依据法律、法规、规章进行监管；对第二类职能和事项，由政府各相关部门通过转变工作方式，以政府购买服务和政府资助的方式委托社会组织办理。目前，第一批核定的从17个局委办削减出的政府工作事项共有87项，其中，60项进行了转移委托，占69%，有27项还没有转移委托，占31%。

各部门正在对转移的政府相关职能和工作事项进行有序的委托及承接。

（二）政府采购

公共服务难于量化和用准确的价格来衡量，是其始终未能纳入政府采购系列的主要因素。深圳在这方面做了探索，并在社工岗位招投标上取得突破，为在其他公共服务领域推广积累了经验。“社会工作服务纳入政府采购”亦被评为“2009 年度中国社会政策十大创新”。深圳社工服务招投标有以下特点：（1）引入竞争性谈判的方式，由市政府采购中心统一组织实施，方案由市社工主管部门与财政部门、政府采购部门协同制定；（2）社工岗位按照所属领域及数量划分为若干大项目和标段，由全市具备资质的注册社工机构选择竞标；（3）由采购人代表与专家库中随机抽选的社工、财务、法律等方面专家一同组成评标委员会；（4）评标采用综合评分法，按照各机构上年度评估结果占 70%、机构标书及答辩情况占 30% 的比例评分，根据最终得分高低选择中标机构。深圳政府购买社工服务的方式完全参照政府招投标的程序，体现了一定的公平性和规范性。

（三）政府资助

在政府不足以包揽供给的现实面前，深圳借鉴香港等地的经验和做法，探索了补贴制、服务券制、项目制等多种资助模式，逐步形成“补对象、补服务、补项目”的公共财政供给方式。

1. 补贴制。按照“公办民营、民办公助、政府出钱购买服务”的思路，大力扶持发展社会组织，扩大供给，提升水平。如对老年床位补贴等。

2. 服务券制。政府通过服务券直接将资助额转到服务机构，而不是补贴现金给服务对象家庭，确保资助款用于专项服务，同时扶持服务机构发展。如居家养老。

3. 项目制。政府直接资助服务项目。通过举办“公益创意项目电视选拔大赛”等形式，面向全社会征集、评选优秀公益服务项目，改变了传统被动的公益慈善理念和模式，为深圳发掘了一批优秀的公益慈善项目，初步构建起政府与民间互动、社会广泛参与和监督的公益发展机制，提升了深圳公益机构的专业水准，推动了公益金项目管理社会化。

二、主要做法

（一）建立较为规范的民间运作机制

主要体现在两方面：一是运作主体民间化。政府和社会组织的关系是平等的合同伙伴关系，双方按照购买协议享有权利履行义务，政府根据购买协议实施契约化管理，尊重社会组织的专业理念和价值观，社会组织根据协议提供服务，接受政府监管。二是运作方式市场化。引入市场竞争机制，让服务对象享有获取公共服务的主动权，可以在多元的供给者之间进行选择，有助于获得更多个性化和多样化的服务。

（二）建立较为完善的管理、评估、监督机制

主要从四个方面入手：一是加强社会组织内部治理。先后出台《行业协会法人治理指引》等文件，完善以章程为核心的法人治理结构，提高社会组织的自我治理能力，强化社会组织标准化建设、资质审查和跟踪指导，保障社会组织能够提供优质的公共服务。二是建立外部监管机制。通过业务主管部门和登记管理部门分工协作，加强对社会组织的监管，形成部门监管合力。三是建立综合评估机制。制定评估办法，所有参与政府购买公共服务的社会组织都必须接受评估，评估结果对社会公开，并作为下一年采购评标的重要依据。四是建立规范的操作流程。如获得资助项目需要经过“项目初步筛选——专家评审——民政局局长办公会讨论——社会公示”四个环节产生，建立各领域人士组成的项目评审成员库，市社会组织总会作为独立第三方负责项目的评审工作。

（三）创新以公益金为种子基金的资金保障机制

在目前财政体系下，财政预算资金向民间机构拨付尚存一定障碍，相关的资金管理经验也是一片空白。在这种情况下，深圳将福利彩票公益金作为向社会组织购买公共服务的“种子基金”，探索购买的服务领域、投入方式和价格标准等，同时建立公益金和公共财政资金的对接机制，待项目运作成熟之后，再将公益金项目转为财政预算项目。此项机制的积极意义在于：一是积极稳妥，减少改革成本；二是便于快速启动试点，加快通过政府购买服务转变政府职能的进程；三是有助于积累政府购买公共服务经验，为将来庞大的购买公共服务资金安排奠定基础。

（四）创造社会组织发挥作用的良好环境

主要采取如下措施：一是从制度上解决了社会组织发展的老大难问题。通过推动登记管理制度改革，降低准入门槛，简化登记手续，使大量民间发起的社会组织得以获得合法身份，促进了社会组织大发展。二是拓展社会组织发展空间。深圳在改革中明确，凡是社会组织能够有效提供的公共服务，原则上不再设立新的事业单位，不再增加新的事业编制，以此来“倒逼”政府各部门转变职能，向社会购买服务。随着公共服务增量的不断增加，以及公共服务存量逐步向社会组织转移，政府让渡的空间将越来越大，社会组织的舞台也将越来越宽广。三是建立扶持发展机制。启动“社会组织孵化实验基地”，为初创期的社会组织提供免费的办公场地、办

公设施、小额补助、能力建设、组织架构、战略规划等服务。此外，深圳还将培育一批支持型社会组织，为社会组织提供能力、资源和智力支持。最近，深圳拟出台《深圳市扶持社会组织发展实施方案》，把政府购买服务、政府资助和政府奖励等扶持措施纳入制度化、规范化、程序化的轨道。

三、完善政府购买服务的建议思路

政府向社会组织购买服务作为一种公共服务供给的新方式，在实践探索过程中还存在一些问题和改进之处。如购买服务的事项范围缺乏明确界定，社会组织资质标准缺乏统一规范，监管评估体制机制有待完善，评估指标和具体标准还比较粗糙，社会组织能力有待提高，政府购买公共服务的理论准备不足，理论研究上的粗放式，导致制定的相关政策的粗放式等。通过总结分析问题，提出如下完善意见：

（一）政策取向

1. 政府购买服务是政府管理体制创新的发展方向。政府不可能大包大揽社会管理和公共服务，必须改革政府投入方式，推行多元化的公共产品供给模式。这既是政府职能转变的需要，也是加快服务型政府建设的要求。

2. 明确政府的角色职责。政府要从公共服务直接生产者向间接提供者的角色转换，工作重心转移到了解公民公共服务需求、制定公共服务发展规划、确定公共服务标准、加强监督管理等方面。

3. 确立政府与社会组织平等合作、相互尊重、优势互补的多元共治模式。社会组织是政府的合作伙伴，必须保证社会组织的高度民间化，切忌变相成为政府隶属机构。

（二）购买范围和事项

可以界定为：除政府根本性职能以及法律、法规、规章规定不得以政府购买方式履行外，其他职能均可以向社会组织购买。其范围包括：

一是行业管理与协调职能。包括行业标准和行规行约的制定，行业准入资质资格、行业领域学术和科技成果评审等。

二是社会事务管理与服务职能。包括法律服务、宣传教育、专业培训、社区事务、公益服务等。

三是技术服务与市场监督职能。包括统计分析、资产项目评估，行业内重大投资论证以及项目的责任监督等。

（三）购买方式

在选择具体的购买方式时，应当考量以下几个方面的因素：政府的管理目标、法律法规所允许的程度、资金供需、公共服务的特征、消费者群体的素质等。当通过市场化模式更有利于提高服务质量和效率，则可以考虑采用合同外包方式。对于合同外包方式，由政府部门会同财政部门，将政府购买公共服务事项及具体要求通过公共信息平台发布，以招标方式确定服务供应方。对市场条件不充分的事项，也可采用除招标形式以外政府采购法允许的其他方式购买。当政府需要鼓励社会组织从事特定类型公共服务，吸引更多社会组织从事该项服务，以保证服务项目能够可持续高效运转时，可以考虑采取补贴制。当某项服务的个性化需求较强，需要满足不同服务消费者的个性化服务需求时，可以考虑采用凭单制。对于一个项目，购买时并非只能选择一种方式，也可以通过同时采用多种方式来购买，如对居家养老就可以采取合同外包、补助、凭单相结合的模式进行购买。

（四）公共财政预算

1. 设立公共财政支持社会组织的专项财政预算。政府对购买服务的随机性财政划拨转变为制度性的支出，由财政部门编制预算，将公共财政支持社会组织发展列入年度财政预算。也可由预算单位在年度预算中申报购买服务的项目预算，财政部门审核安排。明确市区事权，建立市区两级财政对社会组织的支持体系。

2. 完善使用公益金和财政资金的使用界限及衔接机制。将用于购买服务的公益金定位于“种子基金”，主要用于新的社会福利项目的培育和扶持，项目一旦成熟则应当纳入财政预算支付体系。健全和完善公益金和财政资金衔接的程序机制，明确衔接的具体程序和责任划分。使用公益金购买公共服务的政府部门应当向有关机关提交项目成熟需纳入财政预算支付的论证报告，经审核批准后正式纳入公共财政预算。

（五）受托组织资格条件

接受政府委托提供公共服务的社会组织应当具备以下条件：

1. 具有独立承担法律责任的能力；

2. 具备提供政府购买所必需设备和专业技术人员，行业管理部门有具体专业资质要求的，应具备相应的资质要求；

3. 具有相应的社会组织评估等级；

4. 具有健全的财务会计制度；

5. 参与政府购买公共服务项目前三年内无重大违法违纪行为，社会信誉良好；

6. 市政府确定的其他条件。

（六）监管评估

1. 建立多元、公正、科学的评估制度体系

评估主体。评估主体包括政府主管部门，社会组织，第三方评估组织。

评估内容。评估的基本内容包括社会组织资质、服务需求、服务过程、服务质量、服务效果。建立各项服务的细致的、合理的评估指标体系。

评估标准。评估标准主要包括服务供应方的资质标准、服务质量标准、服务计量标准、服务成果评价标准等。具体内容由政府主管部门根据服务领域特点分别确定。

评估方式。事前，采用需求及组织资质评估的办法，确定购买项目及服务提供者；事中，采用政府部门抽查、服务消费者反馈意见、社会公众监督、服务组织自律性评估相结合的方式评估，以保证组织自身按照协议规定及行业规章制度进行运作；事后，依照合同要求和评估标准对购买的服务事项实施情况评估。

评估结果使用。应建立基于评估效果的约束激励机制，对于评估结果优秀的社会组织，可以给予一定形式的经费资助或者其他奖励形式，如放宽社会捐赠条件，给予提高社会组织等级等；对于评估结果差的社会组织，有权要求其限期改善服务，或者中止其承担的政府购买公共服务任务，严重的取消其从事公共服务的资格。

2. 建立财务监管制度

社会组织提供服务的资金来源于公共财政，必须对资金使用情况进行必要的监督管理。在财务管理方面，应为受资助组织订立明确的会计账目及记录、财务申报及内部控制的基本要求。社会组织必须具备符合规定的财务内部监督机制，必须由具有合法资质的会计师或者审计师机构作出独立的财务报告。

3. 建立信息公开制度

应当根据政府购买公共服务法律关系特点，制定相应的政府购买公共服务信息公开制度。一是扩大信息公开范围。不仅要公开购买服务的项目、标准、预算等信息，还要公开服务质量、服务内容、资金使用、人员配置等信息，使公众更充分地行使知情权、选择权。二是扩大信息

公开主体。明确将受政府资助提供公共服务的社会组织列为信息公开主体，社会组织应当公开其提供公共服务情况、资金使用情况等信息。三是改革信息公开方式。建立信息公开形式多样化体系，采取灵活多样的公开形式，搭建网络平台，举办听证会、论证会、交流会、信息发布会等多种形式。

（七）配套改革

1. 深化社会组织登记管理制度改革。除法律法规、政策文件规定外，工商经济、公益慈善、社会福利类社会组织和社区社会组织的业务主管单位改为业务指导单位。实施社区社会组织备案制度，对于未达到登记条件的各类社区社会组织纳入备案范围，经备案即合法成立，不具有法人资格。

2. 深化社会福利管理体制改革。打破过去单一的社会部门或个别主体来承担、推行的零散格局，对不同组织机构、不同类型的资源进行整合，通过政策和行政对社会福利进行统筹安排和管理，共同构成一个社会福利的大系统。首先可以考虑建立跨部门的福利政策协调机制，建立统一的社会福利管理平台，加强部门间的沟通和协作，使其日常化、规范化、制度化。

3. 深化行政指导管理制度。尽可能采用非强制性的行政指导来引导社会组织重视内部制度建设，制定社会组织自律与诚信建设评估指标体系和建立诚信档案，将社会组织的治理、财务等各项制度建设作为政府向社会组织购买公共服务的一个资格条件和评价指标，通过激励性手段引导其内部制度建设逐步走向规范。

深圳市社会组织税收管理情况的调研报告

深圳市民间组织管理局

一、深圳社会组织税收管理现状

（一）深圳市社会组织税收征管现状

截至2010年12月31日，深圳市共有社会组织4110家，其中社会团体1662家，民办非企业单位2441家，基金会7家。根据深圳税务部门2010年的调查，在市民政局登记的社会组织中，有319家属于国地税无登记户，占当时市级社会组织1202家的26.53%。还有一部分社会组织只在国税或地税一家税务机关登记，具体情况是，市级社会组织中，有413家民办非企业单位没有办理地税税务登记，有195家社会团体没有办理地税税务登记，有417家民办非企业单位没有办理国税税务登记，有555家社会团体没有办理国税税务登记。

2010年5月，为了更好地营造社会组织建设的制度环境，促进社会组织的培育发展和规范管理，加强社会组织税收征管与纳税服务工作，深圳市国家税务局、深圳市地方税务局和深圳市民间组织管理局签署了合作框架协议，三方合作开展数据交换、信息共享、纳税服务、税收监管以及政策研究。

（二）深圳市社会组织纳税情况[①]

深圳市社会团体和民办非企业单位缴纳的税种主要是服务业的营业税、工薪个人所得税、利息股息红利个人所得税、按核定征收率缴纳的企业所得税和房产税。根据深圳市地税局的统计资料显示，2008—2010年度，深圳市社会组织缴纳税款分别为9218.15万元、10959.31万元和

---

① 此部分是根据深圳市地税局提供的数据资料整理而成，但原始资料中，有些明显不属于深圳政部门登记的社会组织，笔者在统计时尽量进行了剔除，但因数据繁多，难免有遗漏。

45593.99 万元，纳税额增长较快[①]。但绝大多数的社会组织纳税额度小，每年纳税不足 1 万元。只有少数机构的纳税额很高，纳税额较高的机构主要以研究院、培训机构和行业协会为主。

（三）深圳市社会组织收入减免税现状

深圳社会组织免税资格认定每年一次，每年的 12 月 1 日至 12 月 31 日为免税资格认定时间。第一批共有 94 家非营利组织免税资格。第二批免税资格的认定已于 2010 年 12 月启动。

（四）深圳市社会组织公益性捐赠税前扣除现状

目前，深圳本级共有两批共 20 家社会组织获得公益捐赠税前扣除资格。另有 11 家在广东省民政厅注册登记的深圳本地的基金会获得税前扣除资格。

二、深圳社会组织税收管理存在的问题

目前税收管理中存在的问题有，一是社会组织税务登记情况虽有所改善好转，但登记率依然较低；二是社会组织异常纳税申报的现象多；三是社会组织凭证账簿管理不健全；四是社会组织减免税不规范，未按规定进行办理减免税；五是税务部门的基础数据统计有待改进。

三、加强税收管理对规范发展社会组织的意义

（一）税收优惠政策是政府培育扶持社会组织的重要手段

通过税收优惠政策支持和鼓励社会组织的发展，是世界各国通行的做法。税收优惠政策可以视为政府对社会组织的间接补贴，对社会组织的税收优惠最终将惠及到服务对象，即不确定的社会公众。

（二）切实可行的公益捐赠减免税政策让企业和社会组织双赢

切实可行的公益捐赠税前扣除政策和手续，是影响企业能否长期进行公益捐赠的重要环节。社会组织通过设计公益项目，提供公共服务，得到企业捐款，与企业建立战略伙伴关系，在财务上步入可持续发展轨道。公益捐赠税前扣除政策给热心公益的企业和投身公益的社会组织提供了结合点。

---

① 此处数据根据地税局提供的数据。但该数据中包含了一些企业的工会纳税情况，实际的税额比此数据小。

（三）规范的税收管理可加大政府对社会组织的监管力度，降低直接登记的风险

直接登记降低社会组织的登记门槛，对政府的社会管理能力和水平提出更高要求。规范社会组织税收管理是降低社会组织直接登记风险的有效手段，税务管理可以改变社会组织的管理模式，从预防制向追惩制转变，从重入口管理向重行为管理转变，从重管制管理向重扶持管理转变。

（四）规范的税收管理有助于提升社会组织的内部治理水平

优秀的组织内部治理是实现组织减免税的必要条件。非营利组织享受到了免税待遇，有义务做到信息的公开透明，必须致力于提升自身的内部管理水平，保证其将各种资产用于公益事业。

（五）税收管理为社会组织评估提供重要依据

社会组织的税收管理情况可以作为社会组织评估中的重要环节，在具体的管理中，应将税务部门纳入社会组织评估小组的组成部门，加大税务评估在社会组织评估中的分量。

（六）税收管理有助于规范政府购买社会组织服务

社会组织的税收管理是该组织财务管理的重要组成部分，考察税收情况可以发现该组织的财务治理水平，从而作为政府购买社会组织服务等工作的重要参考依据。

四、社会组织面临的与税收相关的现实困难分析

（一）民办非企业单位的几个税收优惠困境

（1）无法获得公益捐赠税前扣除资格。财税〔2008〕160号文中，只提到了基金会和公益性社会团体，而对民办非企业单位只字未提。民办非企业单位没有法律依据去申请公益捐赠税前扣除资格，难以享受到公益捐赠税前扣除优惠待遇。

（2）“民非”性质难以享受到一些税收优惠政策。深圳华大基因和深圳光启高等理工研究院作为高科技民办非企业单位需长期进口尖端科研设备，但因民办非企业科研机构不能享受科教免税优惠政策，不得不转为事业单位。

（3）“民非”的多样性问题。目前在税收政策上却没有对民办非企业单位进行细分，一方面造成大量的公益性民办非企业单位无法享受到税收优惠；另一方面造成有关部门对民办非企业单位的性质理解有误，对民办非企业单位存有偏见，只见营利性民办非企业单位，无视公益性民办非企

业单位。

（二）营业税负担重困扰社会组织

营业税是深圳社会组织缴纳的除个人所得税外最多的一种税款，根据调研，营业税也是各社会组织反映负担最重、最不合理的一个税种。

一是现行法律法规免税的覆盖面窄。营业税免税条款只是列举了几类非营利机构，而将大量的社会组织排除在外，难以涵盖所有的公共服务机构和领域。

二是免税项目不合理。真正从事公益服务的社会组织要交纳营业税，而大量的以非营利之名行营利之实的组织却能够根据营业税暂行条例享受免税。根据深圳地税局提供的数据资料显示，自2007—2010年间，享受到减免税的几乎都是幼儿园、民办学校等。正是大量的获得免税的营利性机构的存在，使得税务部门对真正的非营利机构心存芥蒂，认为所有的非营利机构都只不过是一个幌子，使真正非营利机构的免税申请步履维艰。

（三）免税资格覆盖面窄

目前，我国对社会组织的免税资格认定局限在企业所得税上，而无法延伸到其他税种。一家社会组织如果要想享受到多种税收优惠，就必须一一申请，且每一个税收减免优惠的申请程序都非常繁琐。造成的问题有，第一，导致社会组织无暇申请各类减免税优惠资格，以致无法享受免税待遇，或是自行免税。第二，降低社会组织申请所得税免税资格的积极性。第三，导致税务部门的自由裁量权过大。

（四）社会组织因政府购买服务取得收入的免税问题

社会组织正在承接越来越多的政府职能，但是，政府购买社会组织服务在税收方面尚有很多制度障碍未能理清，在一定程度上会制约政府购买服务的进程。第一，政府购买服务收入不能免所得税。这既不符合国际惯例，也对发展初期的社会组织带来一定障碍。第二，政府购买社会组织服务是否缴纳营业税。2010年7月之后因财政部规范了行政事业单位资金往来结算票据的使用办法，不允许服务性收费使用此类票据。因此社会组织在取得政府购买服务的收入时，必须开具服务业税务发票，缴纳营业税。其深层次的原因是前面提到的我国营业税本身存在的诸多不合理。第三，政府购买社会组织服务没有明确的法律法规，教育、公共卫生、社会福利等公共服务未列入《政府采购法》的《政府采购品目分类表》中，因此向社会组织购买公共服务就没有明确的法律和财政操作办法。第四，政府购买社会组织服务的定价不明，成本不清。目前政府购买社会组织服务尚不规范，政府在购买中处于主导地位，容易导致政府以较低的成本从社会组织购买服务。此外，政府的预算不明，难以测算购买服务的成本。无法准确地衡量究竟有多少“费”该随着事转移给社会组织，也无法得知社会组织承接政府职能究竟是节省还是浪费了纳税人的钱。

五、对深圳社会组织税收管理的政策建议

（一）加强社会组织税收征管，将税收管理作为降低直接登记风险的手段之一

1. 民政与税务信息实时联网。建立民政与税务信息实时联网，共享数据信息。

2. 建立社会组织普遍税务登记制度。

3. 建立社会组织税务信息预警机制。税务部门及时通报社会组织财税异常情况，让财税信息服务于民政部门对社会组织的监管实践，降低社会组织的失信风险，提升社会组织的公信力。

4. 税务部门配置适当的资源管理社会组织。

5. 税务部门完善社会组织税收基础数据。

（二）加大社会组织税务管理在其内部治理中的考核比重

1. 在社会组织评估中加大税务管理的评分比重。将税务管理作为社会组织内部治理评估中的独立项目。

2. 将税务人员纳入社会组织评估委员会。

3. 将社会组织税务管理作为政府购买服务的重要依据，将规范的财税管理制度、完整的纳税记录等作为参与竞标的要求之一，

（三）针对民办非企业单位的多样性问题，探索民办非企业单位的分类管理制度

1. 将民办非企业单位分为营利性民办非企业单位和非营利性民办非企业单位。前者可以进行有经济回报的经营性活动，不能享受税收优惠；对后者，民政部门要加强监管，确保其非营利性，可以享受税收优惠。

2. 对民办非企业单位的分类管理可先在个别领域的机构中进行试点。

（四）利用特区立法权，探索法律法规的完善，争取税收优惠政策

1. 借修订《深圳经济特区政府采购条例》之机，将有关政府购买社会组织服务的内容纳入条例，有法可依。

2. 利用深圳的特区立法权和先行先试的优势，在政策允许的范围内，探索社会组织企业所得税、营业税的减免政策，在具体执行时根据实际情

况确定具体享受优惠的范围和时间。

（五）积极向国家税务总局和财政部反映社会组织的税收问题

1. 提出修订营业税免税项目的建议。将营利性组织所从事的营利性项目从免税条款中剔除，增加非营利组织所从事的非营利项目，将列举式的免税项目扩大到符合条件的公益性社会组织以及公共服务。

2. 提出扩大公益性社会组织税种优惠范围的建议。实行统一的税收优惠资格认定，简化税收优惠资格认定程序，构建完整的社会组织优惠税种体系。

4. 积极反映民办非企业单位所面临的税收优惠困境。将深圳本地民非遇到的税收优惠困境，包括进口关税、进口增值税、公益捐赠税前减免资格问题，向国家有关部门反映。

·第五编·

中国社会组织发展报告

中国社会组织发展报告（2010）

一、2010 年中国社会组织发展状况

（一）社会组织数量发展情况

截至2010年底，全国登记注册的社会组织共有44.5631万个，比2009年增加了1.4562万个，环比增长率为3.38%。其中，社会团体、民办非企业单位、基金会所占比例分别为55.04%、44.47%、0.49%；东部14省（市）、中部5省（市）、西部12省（市）① 社会组织数量分别是247,871个、78,141个、117,613个，所占比例分别为55.62%、17.53%、26.39%②。社会组织数量在所有社会服务机构中的比例也是逐年上升，从2006年的30.52%增长到2010年的35.15%。

1. 数量的地区分布

各省（市）按照社会组织数量进行排序，与2009年相比，排序基本没有变化。排名前6名的省份地区没有变化，但所占比例略有降低。排名后6名的省份不变，排名略有变动，海南省数量排名上升一名。

除了山东省有较明显的数量减少外，社会组织数量的总体地区分布呈现出一定的稳定性趋势（参见表1和表2）。

① 东部地区14省（市）：北京、天津、河北、辽宁、吉林、黑龙江、上海、江苏、浙江、安徽、福建、山东、广东、海南。

中部地区5省（市）：山西、江西、河南、湖北、湖南。

西部地区12省（市）：内蒙古、广西、重庆、四川、贵州、云南、西藏、陕西、甘肃、青海、宁夏、新疆。

② 东、中、西部的百分比合计为99.54%，因为另有中央级社会组织占总数的0.46%。

表 1　数量排名前 6 的省份的社会组织所占比例和地域　　　　单位：个

排序	地区	2009 年		2010 年	
		数量	占总数比例	数量	占总数比例
1	山 东	49055	11.38%	46467	10.43%
2	江 苏	33066	7.67%	34183	7.67%
3	四 川	28469	6.60%	29104	6.53%
4	浙 江	27580	6.40%	28937	6.49%
5	广 东	26521	6.15%	28510	6.40%
6	湖 北	20839	4.83%	21963	4.93%
小计	185530	43.04%	189164		42.45%

表 2　数量排名后 6 的省份的社会组织所占比例和地域　　　　单位：个

排序	地区	2009 年		2010 年	
		数量	占总数比例	数量	占总数比例
26	贵 州	6429	1.49%	6600	1.48%
27	宁 夏	4810	1.12%	4533	1.02%
28	天 津	4143	0.96%	4155	0.93%
29	海 南	2468	0.57%	2797	0.63%
30	青 海	2490	0.58%	2546	0.57%
31	西 藏	318	0.07%	388	0.09%
小计	20298	4.79%	21019		4.72%

排名前 6 的省份，每个省份社会组织数量超过 2 万个，合计占到全国社会组织数量的 42.5%，其中 4 个属东部地区，1 个属中部地区，1 个属西部地区。排名后 6 的省份，合计占到全国社会组织数量不到 5%，其中，4 个属西部地区，2 个属东部地区。

2. 数量分布与地区 GDP 的关系

各地区社会组织的数量分布与当地的 GDP 呈一定的正比相关性，地区 GDP 名列全国各省市 GDP 前列的各省市，其社会组织的数量也列于各省市社会组织数量排名的前列。2009 年 GDP 排名前十的省市中，有 9 个省市其社会组织数量排名位于前十；2010 年 GDP 排名前十的省市中，有 8 个省市其社会组织数量排名位于前十，参见表3。但是社会组织数量增加比例和GDP的增长比例之间没有明显的相关性。

表3　GDP前十名的地区社会组织数量

2010年	地区	社会组织数量（个）	2009年	地区	社会组织数量（个）
GDP排名前十	广东	28510	GDP排名前十	广东	26521
	江苏	34183		江苏	33066
	山东	46467		山东	49055
	浙江	28937		浙江	27580
	河南	19140		河南	18396
	河北	15283		河北	15068
	辽宁	19023		辽宁	18167
	四川	29104		上海	9472
	上海	10104		四川	28469
	湖南	15940		湖北	20839

3. 数量的类型分布

全国社会组织总数量中，社会团体、民办非企业单位、基金会分别所占比例在近几年基本没有变化（参见图1）。但是，各类型的增长数量和环比增长率有不同，社会团体的增长绝对数和环比增长率在2010年有较大下降（为2009年的一半不到），民办非企业单位的增长绝对数和环比增长率也略有下降，基金会的环比增长率和增长绝对数保持上升趋势。由此，总体上，全国社会组织的增长绝对数和环比增长率继2009年后持续下降（参见表4）。

表4　近几年不同类型社会组织的增长情况　　单位：个

社会组织类型	（2006—2007）		（2007—2008）		（2008—2009）		（2009—2010）	
	增长数	增长率（环比）	增长数	增长率（环比）	增长数	增长率（环比）	增长数	增长率（环比）
社团	19715	10.27%	18020	8.51%	9066	3.95%	6509	2.73%
民办非企业单位	12612	7.82%	8467	4.87%	8097	4.44%	7696	4.04%
基金会	196	17.13%	257	19.18%	246	15.40%	357	19.37%
全国社会组织	32523	9.18%	26744	6.91%	17409	4.21%	14562	3.38%

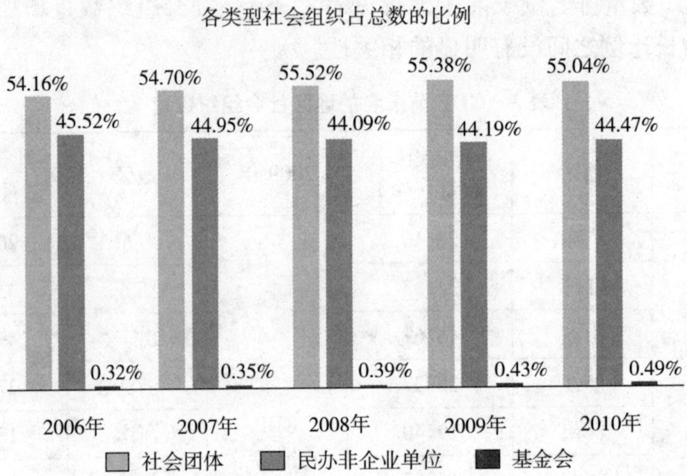

图 1　近几年不同类型社会组织占总数的比例

4. 2010 年数量增长的特点

在环比增长总体有下降的同时，有些省份的社会组织增长情况仍然比较高。相比 2009 年，社会组织数量增长绝对数超过 1000 个的省份有 6 个，4 个为东部地区，1 个中部地区，1 个西部地区；环比增长率超过 10% 的省份有 3 个，其中 2 个属西部地区，1 个属于东部（参见表 5）。

表 5　2010 年社会组织增长较高的地区　　单位：个

地区	社会组织数量		该地区增加数	该地区增长率（环比）
	2009 年	2010 年		
广 东	26521	28510	1989	7. 50%
云 南	11143	12618	1475	13. 24%
浙 江	27580	28937	1357	4. 69%
湖 北	20839	21963	1124	5. 39%
江 苏	33066	34183	1117	3. 38%
福 建	14555	15629	1074	7. 38%
海 南	2468	2797	329	13. 33%
西 藏	318	388	70	22. 01%

（二）社会组织规模的发展情况

1. 固定资产原值

2010 年底，全国社会组织的固定资产原值总额达 1864.1 亿元，其中社会团体、民办非企业单位、基金会的固定资产原值分别是 260.48 亿元、1585.85 亿元、17.78 亿元，在总额中的比例分别为 13.97%、85.07%、0.95%。相比 2009 年底，2010 年底的固定资产原值总额增长了 834.1 亿元，环比增长率为 80.98%，其中增长值中的 95.42% 来自民办非企业单位。全国社会组织的固定资产及其增长主要来自民办非企业单位，民办非企业单位固定资产原值环比增长率超过了 100%

2. 经济规模

2010 年，全国社会组织的增加值合计为 531.15 亿元，其中社会团体、民办非企业单位、基金会的增加值在总额中的比例分别为 26.28%、60.88%、12.84%。相比 2009 年，2010 年全国社会组织的增加值总额增长了 38.06 亿元，环比增长率为 7.72%，其中，社会团体环比增长率为 49.28%，民办非企业单位为 16.27%，而基金会则出现大幅度下降，环比减少率为 43.84%。

2010 年，全国社会组织增加值大约占全国 GDP 的 0.134%，其中社会团体、民办非企业单位、基金会的增加值大约占全国 GDP 的比例分别为 0.035%、0.081%、0.017%。各省（市）社会组织增加值占当地 GDP 的比例从最低的 0.011% 到最高的 0.321%，最高值低于 2009 的最高值（2009 年各省市社会组织增加值占当地 GDP 比例最高值为 0.434%）。比例超过 0.1% 的大约有 8 个省市（安徽、上海、北京、广东、江西、浙江、辽宁），多数为东部地区的省份。

3. 职工人数

截至 2010 年底，全国社会组织的职工人数达到 618.19 万，其中社会团体、民办非企业单位、基金会的职工人数在总数中的比例分别为 64.07%、35.72%、0.21%。相比 2009 年，全国社会组织的就业人数增长了 73.5252 万，环比增长率为 13.50%，其中增长数中的 82.18% 来自社会团体，17.67% 来自民办非企业单位。全国社会组织的就业人数及其增长持续主要来自社会团体和民办非企业单位。但是，职工人数的增减在不同省份不尽相同，其中，湖南省社会组织的职工人数增加的最多，达 37.18 万人[①]，占全国增长数的50.57%；同期，甘肃省和安徽省社会组织的职工人数有大量减少，分别减少了4.4万人和4.2万人[②]。

同时和其他社会服务机构相比，社会组织吸纳职工人数的数量和比例也是逐年上升，并且越来越成为吸纳就业人员的重要部分。2006年到2010年，社会组织就业人数占社会服务机构总就业人数的比例逐年增加，平均每年增加1.45%，而同时，其他大部分的社会服务机构的就业吸纳能力在逐年下降（参见表6）。

表6　各社会服务机构吸纳就业人员占总就业人数的比例

	事业单位	社会组织	群众性自治组织	社会福利企业	行政机关	乡、镇民政助理员
2006年	5.11%	47.05%	31.79%	15.14%	0.92%	0.51%
2007年	5.30%	48.69%	30.13%	14.99%	0.90%	0.50%
2008年	5.44%	49.18%	28.53%	15.95%	0.90%	0.47%
2009年	5.12%	52.47%	26.69%	14.87%	0.85%	0.45%
2010年	6.72%	54.30%	24.36%	13.84%	0.78%	0.44%

2010年，全国社会组织的每个单位平均职工人数为13.87人，每个社会团体的平均职工人数为16.15人，每个民办非企业单位的平均职工人数为11.14人，每个基金会的平均职工人数为5.98人。相比2009年，除了基金会平均职工人数略有降低外，社会团体和民办非企业单位平均职工人数均略有增长。2010年，各个省份的社会组织平均职工人数从最低每个单位3.74人到最高每个单位50.11人，社会团体的平均职工人数从最低每个单位3.69人到最高每个单位64.31人，民办非企业单位的平均职工人数从最低每个单位2.5人到最高每个单位20.09人，基金会的平均职工人数从最低每个单位1.14人到最高每个单位12.6人。

---

① 湖南省社会组织职工人数的增加主要是由于社会团体的职工增加了36.98万人，同时使得该省2010年社会团体的平均职工人数第二高，为每个单位46.06人。

② 甘肃省社会组织职工人数的减少是由于社会团体的职工减少了4.62万人，但是社会团体数量略有增加并没有减少；该省2010年社会团体的每个单位平均职工人数为17.26人。安徽省社会组织职工人数的减少也是由于社会团体职工数量的减少了5.5万人（民办非企业单位和基金会的职工人数略有增加），社会团体数量同样略有增加；安徽省2010年社会团体的每个单位平均职工人数为22.12人。

社会组织数量多的省份对全国社会组织的固定资产原值总额、增加值总额、职工人数总数的贡献相对也大（即占总额的比例较大），例如山东、四川、江苏、浙江、广东等，主要为东部地区省份。

（三）社会组织人力资源结构

1. 女性职工

2010年底，全国社会组织的女性职工为161.97万人，占职工总数的26.2%，其中社会团体、民办非企业单位、基金会的女性职工占女性职工总数的比例分别为49.96%、49.80%、0.24%。相比2009年，女性职工人数增长了3.81万，环比增长率为2.41%，远远低于同期职工总数的增长率（13.50%）。

2. 教育程度

从教育程度上看，2010年全国社会组织专科以上学历的人数为156.02万，占职工总数的比例为25.24%，相比2009年增加了16.06万人，但是占职工总数的比例略有下降（2009年为25.7%）。民办非企业单位的专科以上学历人数的比例相对高，其专科以上学历人数占其职工数的比例为38.94%。社团专科以上学历人数比例最低，仅为17.58%。各省份的社会组织专科以上学历人数占当地社会组织职工数的比例也高低不一，从最低的5.34%到最高的65.31%，其中海南、浙江、山东、北京、天津5个省（市）的比例在40%以上。总体上，职工的教育程度仍有待提高。

3. 年龄结构

从年龄结构上看，全国社会组织的35岁以下、36—45岁、46—55岁、56岁以上的职工占职工总数的比例分别为32.11%、37.35%、22.31%、8.23%，即45岁以下职工的比例为69.46%（相比2009年的71.6%略有下降），45岁以上职工的比例为30.54%，职工以中青年为主。其中社会团体、民办非企业单位和基金会中45岁以下的职工比例分别为65.98%、75.78%和55.19%，相比较而言，民办非企业单位的职工比例更呈年轻态势。各省份的社会组织45岁以下职工占当地社会组织职工数的比例，除福建外（47.37%），都超过一半以上。

4. 职业资质水平

2010年，全国社会组织中有职业资质（包括助理社会工作师、社会工作师）的职工人数为10871人，占职工总数的比例为0.18%，比2009年略高（2009年的比例为0.17%）。其中，西藏自治区有职业资质职工的比例最高，占当地社会组织职工数的31.50%，北京为1.36%，其他省份均不足1%，其中内蒙古具有职业资质的职工数为零。

（四）社会组织的党建情况

2010 年，全国社会组织中建立党组织的社会组织有 86885 家，占社会组织总数的 19.27%，比 2009 年的比例（17.14%）略高。其中社会团体、民办非企业单位、基金会中建立党组织的社会组织比例分别为 24.55%、12.77%、17.64%。社会组织中中共党员的人数为 427300 人，占职工总数的 6.91%，同样高于 2009 年的比例（4.91%）。其中社会团体、民办非企业单位、基金会的中共党员占职工的比例分别为 7.06%、6.57%、20.18%。

（五）社会组织的活动领域分布

1. 各活动领域的社会组织数量分布

社会组织的活动领域共分为 14 个分类。从社会组织数量上看，2010 年全国社会组织主要分布在教育、社会服务、农业及农村发展、卫生领域，此 4 个领域的社会组织数量占总数的 58.39%。由于活动领域多样性或者分类标准理解不同，“其他”类活动领域的社会组织的比例也较高（参见图 2）。

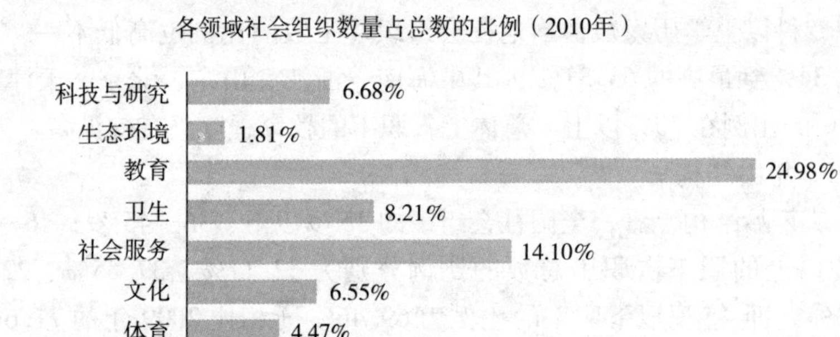

图 2　2010 年全国社会组织按照活动领域分类的比例

相比 2009 年，教育、社会服务、农业及农村发展和文化领域的社会组织数量增长数最多，并且此 4 个领域的社会组织增长数占社会组织增长总数的 92.5%。其次，职业及从业组织、体育和工商业服务领域的社会组织数量的增长也较大。而卫生、国际及涉外组织和法律三个领域的社会组织数量呈现负增长。

2. 各地区社会组织的活动领域分布

对东部、中部、西部地区进行分析，根据占该地区社会组织总数的比例排序（不包括“其他”类），东部地区的社会组织依次集中于教育、社会服务、卫生、农业及农村发展领域；中部地区地社会组织依次集中于教育、社会服务、农业及农村发展、科技与研究领域；西部地区社会组织依次集中于教育、农业及农村发展、社会服务、卫生领域（参见表7）。和2009年相比，各地区社会组织活动活跃的领域没有变化。各地区社会组织活动领域的分布与全国情况也类似。同时 GDP 较高的地区，其在工商业服务领域活动的社会组织也较多。2010 年 GDP 排名前十的地区中，有 7 个省市其工商业服务领域的社会组织数量排名在前十以内，工商业服务领域内的社会组织数量占该地区社会组织总数的比例也较高（参见表8）。

但是，每个社会组织类型（社团、民办非企业单位、基金会）里，活动领域的侧重有区别，即该社会组织类型里，组织数量分布在14个活动领域的比例有所区别（参见图4、图6、图8）。

表7　2010 年 GDP 前十名的地区工商业服务领域社会组织数量及比例

2010	地区	工商业服务（个）	工商业服务比例（%）
GDP排名前十	广东	1808	6.34%
	江苏	2457	7.19%
	山东	2012	4.33%
	浙江	2090	7.22%
	河南	1219	6.37%
	河北	830	5.43%
	辽宁	709	3.73%
	四川	1123	3.86%
	上海	663	6.56%
	湖南	1140	7.15%

表8　各地区各活动领域的社会组织比例

	东部地区	中部地区	西部地区
科技与研究	6.99%	7.72%	5.23%
生态环境	1.33%	2.08%	2.66%
教育	26.88%	22.46%	22.98%
卫生	9.46%	6.00%	7.14%
社会服务	14.84%	14.10%	12.70%
文化	6.25%	7.34%	6.60%
体育	4.71%	4.44%	4.00%
法律	0.81%	1.15%	0.86%
工商业服务	5.78%	6.21%	5.09%
宗教	0.90%	1.09%	1.25%
农业及农村发展	8.50%	9.35%	17.92%
职业及从业组织	4.24%	4.42%	4.37%
国际及涉外组织	0.13%	0.07%	0.03%
其他	9.18%	13.57%	9.17%

注：每列百分比相加之和为100%。

3. 各活动领域的社会组织类型分布

在每个活动领域分类里，社会团体、民办非企业单位、基金会所占的比例并不相同，即不同活动领域的社会组织形式主体并不相同（参见图3）。在教育、卫生领域，以民办非企业单位的社会组织类型为主，该领域的民办非企业单位占该领域社会组织数量的2/3以上；在社会服务领域，社会团体和民办非企业单位的社会组织类型各占一半左右；在其他11个领域，以社会团体的社会组织类型为主，该领域的社会团体占该领域社会组织数量的2/3左右。由于基金会的数量较少，所以在每个领域所占数量比例均较少。

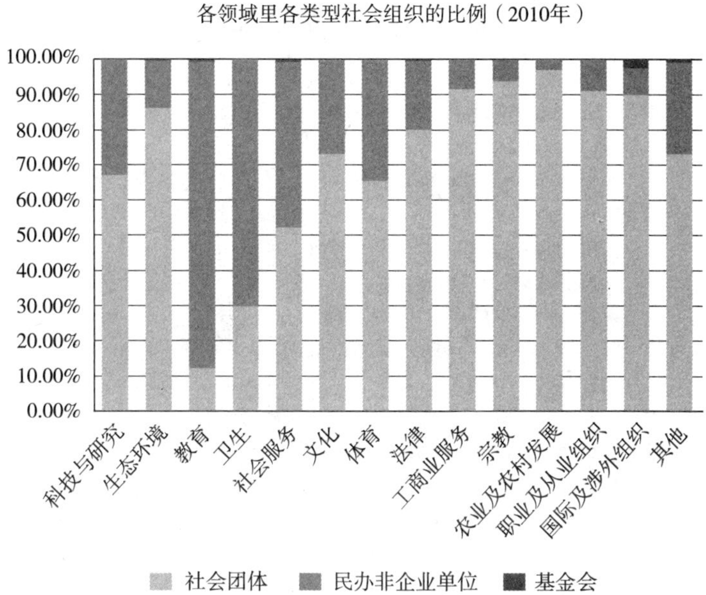

图3　2010年各活动领域里各类型社会组织的比例

（六）社会团体的发展情况

1. 数量和地区的发展情况

截至2010年底，全国共有社会团体245256个，相比2009年增长了6509个，环比增长率为2.73%，与社会组织总量环比增长率（3.38%）相比较低。各省（市）的社会团体数量增减情况不同，大多数省份的社会团体数量增加了，其中云南、广东、湖北的社会团体数量增长较大，而宁夏、广西、辽宁的社会团体数量相比2009年有一定的减少。

2010年，社会团体数量超过1万个的省份有江苏、浙江、福建、山东、广东、河南、四川、湖北、湖南，其中5个为东部地区，3个为中部地区，1个为西部地区。

2. 活动领域的分布

2010年社会团体主要分布于农业及农村发展、社会服务、工商业服务、文化、科技与研究领域（不包括“其他”类）（参见图4）。相比2009年，在农业及农村发展的社会团体数量增加最多达2352个，占社团增长总数的36.13%；其次是社会服务领域，增长数量为1934，占社团增长总数的29.71%。其中，2010年全国行业性社团总数为29434个，占全国社团总数的12%。在教育、科技和研究、国际及涉外组织、卫生、法律等领域的社团相比2009年都有所减少。

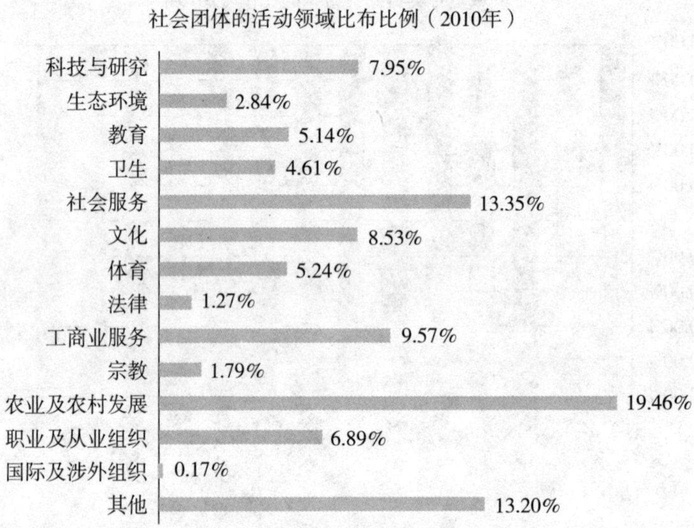

图4　2010 年社会团体按照活动领域分类的比例

3. 活动区域的分布

社会团体在活动区域（行政层级）的数量分布情况，2010 年与 2009 年相比基本没有变化，以县级组织为主体，体现了接近基层、服务基层的特征（参见图 5）。

（七）民办非企业单位的发展情况

1. 数量和地区的发展情况

截至 2010 年底，全国共有民办非企业单位 198175 个，相比 2009 年增加了 7696 个，环比增长率为 4.04%，与社会组织总量环比增长率（3.38%）相比略高。2010 年，各省（市）的民办非企业单位的数量有增有减，大多数省份的民办非企业单位数量增加了，其中广东、辽宁的数量增加比较多（增加了 1000 多个）；山东的民办非企业单位数量有较大减少①；江西的民办非企业单位数量降幅最大，达 14.30%。

2010 年，民办非企业单位数量超过 1 万个的省份有山东、广东、江苏、浙江、四川、湖北、辽宁，其中 5 个为东部地区，1 个为中部地区，1 个为西部地区。仅有山东省的民办非企业单位数量超过了 2 万个，其余省

① 山东省的民办非企业单位 2010 年比 2009 年减少了 2665 个，但仍是民办非企业单位数量最多的省份。

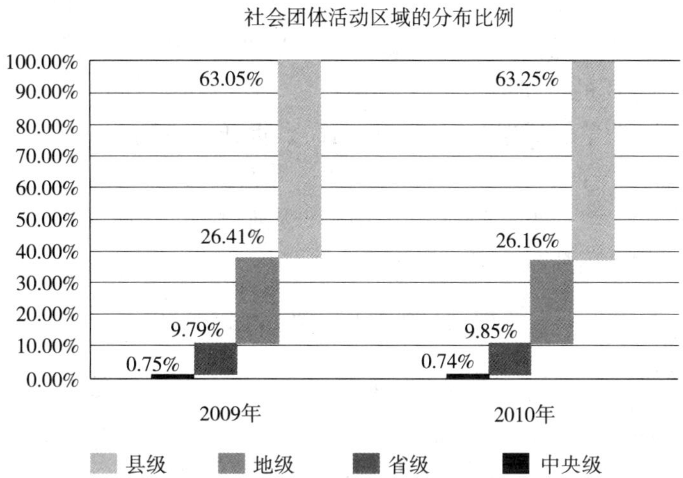

图5　社会团体活动区域的分布情况

份都在2万以下。

2. 活动领域的分布

2010年，民办非企业单位活动领域集中于教育、社会服务、卫生领域（不包括“其他”类）（参见图6）。相比2009年，在教育领域的民办非企业单位数量增加最多，达5340个，占民非增长总数的69.39%。其次，社

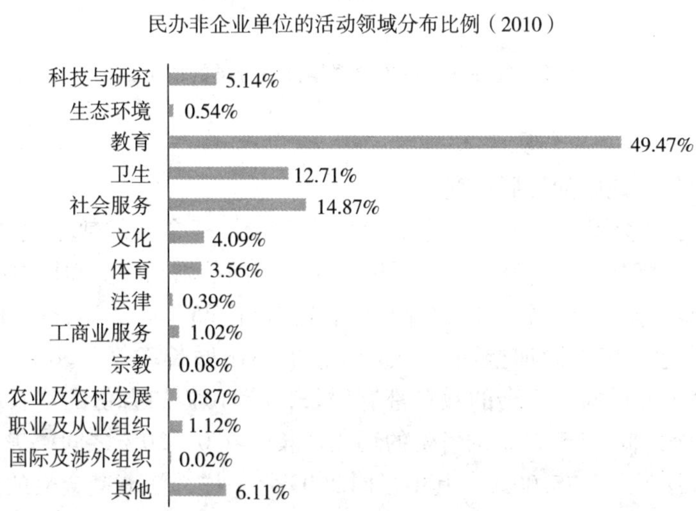

图6　2010年民办非企业单位按照活动领域分类的比例

会服务领域的数量也有较大增长，占民非增长总数的 18.26%。在卫生领域的民办非企业单位相比 2009 年减少数量最多，宗教领域的降幅最大。

3. 组织性质的分布

民办非企业单位根据登记注册承担民事责任的不同方式，分为三种性质类型：法人、合伙、个体。从 2010 年三种性质的民办非企业单位的数量比例变化来看，法人类型的数量和比例均逐渐增大，个体类型和合伙类型的数量和比例均逐渐减少（参见图 7）。

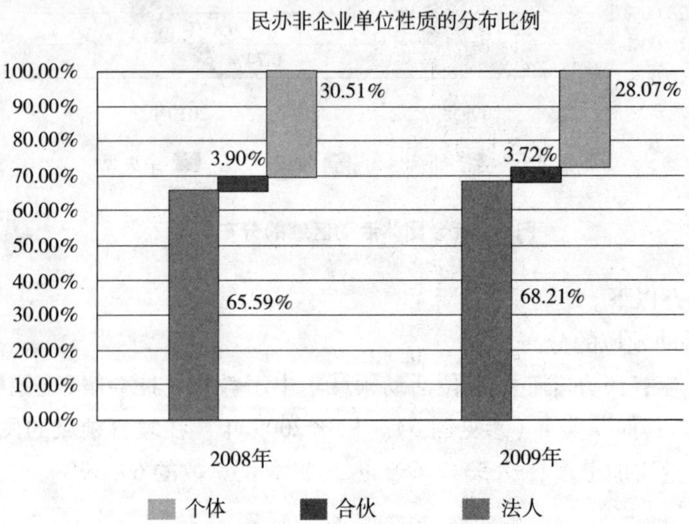

图 7　民办非企业单位根据性质分类的情况

（八）基金会的发展情况

1. 数量和地区的发展情况

相对于社会团体和民办非企业单位的数量，基金会的数量仍然很小。但是，2010 年基金会的发展延续了过去几年较高的增长率。2010 年底，全国共有基金会 2200 个，相比 2009 年增加了 357 个，环比增长率为 19.37%，远远高于同期全国社会组织总量环比增长率（3.38%）。总体上，各省（市）的基金会的数量都有增长，87.10% 的省份的增长绝对数在 0 - 20 个之间；96.77% 的省份的环比增长率在 0 - 50% 之间，黑龙江环比增长率最高，达 75.00%。其中，同 2009 年一样，江苏基金会的数量最多，增长数也最大，2010 年江苏省的基金会达 310 个（占全国基金会总数的 14.09%），相对于 2009 年增加了 63 个（增长绝对数最大）。

2010 年，基金会数量超过 100 个的省份有江苏、广州、浙江、北京、湖南、上海、福建，其中6个为东部地区，1个为中部地区（只有江苏省的基金会数量超过300个）。

2. 活动领域的分布

2010年，基金会的活动领域集中于教育、社会服务领域，在此2个领域的基金会增长数量也是最多的（各分别增长124个）；其次是文化领域的基金会数量和比例较大；归为“其他”类的基金数量比例虽然小于2009年的比例（21.92%），但仍然明显较大（参见图8）。

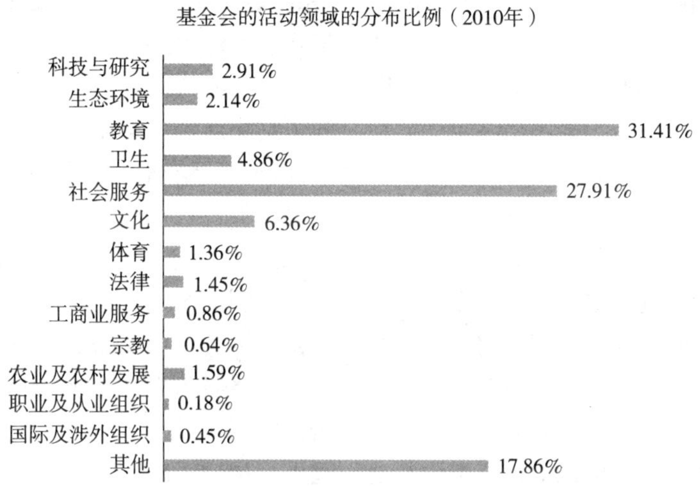

图8　2010年基金会按照活动领域分类的比例

3. 类型的分布

相比2009年，2010年非公募基金会增加了288个，公募基金会增加了72个，非公募基金会的数量增长较大，其比例也有上升。从总量上看，仍是公募基金会的数量相对多（参见表9）。

表9　基金会根据类型分类的情况　　单位：个

类型	2008年		2009年		2010年	
	数量	占总数比例	数量	占总数比例	数量	占总数比例
公募	943	59.05%	1029	55.83%	1101	50.05%
非公募	643	40.26%	800	43.41%	1088	49.45%
境外基金代表机构	11	0.69%	14	0.76%	11	0.50%
合计	1597	100%	1843	100%	2200	100%

二、2010年社会组织建设与管理工作概述

（一）社会组织管理体制改革创新积极推进

一是社会组织管理体制机制改革成果丰富。民政部与中央有关部门分别对社会组织管理问题和社会组织发展问题进行了深入调研，提出了相关政策建议。北京市积极推进中关村社会组织登记管理改革试点，将社会组织直接登记、冠名和跨区域吸收会员开展活动等创新措施写入《中关村国家自主创新示范区条例》。天津市借助滨海新区具有先行先试的政策优势，出台《关于天津市滨海新区社会组织登记管理工作的意见》、《关于民办非企业单位级别管辖变更登记有关问题的通知》，创新体制机制，赋予滨海新区社会组织登记管理机关更大职权，开拓滨海新区社会组织登记管理创新模式。上海市积极创新社会组织发展模式，在总结浦东公益服务园建设经验的基础上，积极探索推进孵化基地建设，促进社会组织发展，推动社会创新。江苏省指导各地建立社会组织孵化器（服务园），推动公益领域社会组织良性发展。广东省在行业协会管理体制改革的基础上，继续深化社会组织管理体制改革，将异地商会、公益服务类社会组织、经济类社会组织业务主管单位改为业务指导单位，取消公益服务类社会组织筹备成立阶段，直接向登记管理机关申请成立登记，只实施相关业务指导，筹备、成立全省性工商经济类社会组织都由发起人直接向民政部门提出申请。深圳市在大部制改革中，推动政府职能向社会转移，出台《深圳市推进政府职能和工作事项转移委托工作实施方案》，社会组织成为承接政府职能转移的主体。并出台了《深圳市社会组织发展规范实施方案（2010－2012年）》，完善鼓励发展和规范管理的政策体系。深圳市社会组织登记管理体制改革项目荣获第五届“中国地方政府创新奖”优胜奖。

二是行业协会改革发展全面推进。上半年，民政部参与了由中央编办牵头的行业协会改革专题研究；配合发展改革委开展行业协会管理体制改革试点研究，确定行业协会管理体制改革试点工作基本原则。10月，民政部召开了全国行业协会改革发展经验交流会。这次会议首次关于行业协会改革和发展工作的全国会议，中央和国务院20多个有关部门参加了会议。会上115家行业协会联合发出了《行业协会社会责任倡议书》。会议对近年来我国行业协会改革发展的成绩进行了总结，交流了各地的好做法、好经验，明确了行业协会改革发展必须坚持市场化的方向，是我国行业协会发展史上的重要里程碑。上海市发布并实施了新的《促进行业协会发展规定》，对行业协会的直接登记、政社分开、规范化建设、人员职业化发展、

建立退出机制等一系列重要问题作出了新的规定。目前，全市有分离改革任务的524家行业协会（市级108家、区县416家）基本按照规定的时间和要求，实现了政会分开。安徽省认真抓好合芜蚌三市以行业协会为主的社会组织改革创新试点，围绕改革行业协会管理体制，制定了15项改革措施，颁布了行业协会改革创新五个方面40个配套文件。天津市制定《行业协会五年（2011－2015年）发展规划》。青岛市首次编制行业协会“十二五”发展规划，这是全国第一个由民政部门牵头编制并纳入地方经济社会发展总体规划中的专项规划。

三是民办非企业单位登记试点改革逐步深入。民政部联合国家发改委起草了《关于鼓励兴办民办非企业单位促进民办社会事业发展的若干意见》，并按程序上报。鼓励在有条件的地方和行业，开展民办非企业单位直接登记试点。召开了有广东、浙江、湖北、辽宁、宁夏、河南、海南、深圳等省市以及有关部门、专家参加的民办非企业单位直接登记试点经验交流会，对民办非企业单位直接登记试点的做法、经验进行了总结和交流，对存在的困难、问题进行了深入的研讨。这一工作的开展，将为修改《民办非企业单位登记管理暂行条例》等有关法规政策，进行有益探索，提供实践经验。宁夏以自治区人民政府名义下发了《关于促进加快民办非企业单位发展的若干意见》，率先在教育、职业技能培训、卫生等领域开展民政部门直接登记试点工作。

四是城乡基层社会组织培育发展有序推进。山东省实行登记和备案双轨制，加强城乡基层社会组织发展管理，各级民政部门登记注册的社区社会组织13025个，办理备案手续10739个，成为全省和谐社会建设的重要力量和生力军。江西省出台《培育发展和规范管理社区社会组织的指导意见》，以社区为平台，以社会组织为载体，以志愿者、社会工作者为骨干，全面推进社区社会组织培育发展。陕西省下发了《关于加强社区社会组织培育发展与规范管理工作的意见》，对于社区社会组织的发展壮大和规范起到有力地推动作用。宁夏规范社区社会组织备案工作，启用宁夏《社区社会团体备案证书》和《社区民办非企业单位备案证书》。深圳市出台了《深圳市社区社会组织登记与备案管理暂行办法》，全面推动社区社会组织登记备案双轨制。青岛市坚持“理论与实践相结合、提供服务与发展民生相结合、因地制宜与区域特色相结合”的发展模式；坚持“政策推动、项目带动、网络联动、整合发展”的管理模式；坚持“参与、认可、共建、共享”的建设模式，社区社会组织建设和管理工作取得了跨越式发展，全市6000多家社区社会组织已成为和谐社会建设的重要力量。

五是异地商会登记管理改革不断完善。新疆自治区制定了《关于规范异地商会登记管理暂行办法》。山西省出台了《山西省异地商会登记管理办法》。江苏省认真开展异地商会登记管理试点，下发了《异地商会登记管理暂行办法》，明确异地商会登记到县（市、区）一级，坚持“一地一会”，确保异地商会规范发展。安徽省出台了《关于加强异地商会建设与管理的指导意见》。广东省将异地商会登记范围扩大到地级市（包括外省地级市及本省地级市），登记管理权限下放至地市级。

六是科技类社团创新发展继续深化。在历年工作基础上，民政部对科技类社团改革经验进行全面梳理。召开了科技社团创新发展研讨会，完成了科技部支持的《科技类社会团体创新发展机制研究》项目，形成 40 万字的项目成果，起草了《关于进一步促进科技类学术团体创新发展的若干意见（政策建议稿）》。联合中国科协积极推动“学会创新发展项目”的实施，并对中国科协全国学会创新发展示范类项目（A 类项目）进行中期检查评估。组织专家拟定并反复修改了学术性社团评估指标体系，为开展学术类社团评估打好基础。

七是涉外社会组织登记管理探索步伐加快。民政部积极推动境外非政府组织管理改革创新观察点建设，并就广东、海南、吉林、福建、天津、上海及深圳等省市探索涉外社会组织在地方登记管理提出意见，研究地方民政部门开展涉外社会组织登记管理工作的方案。安徽省制发了《社会团体、基金会、民办非企业单位涉外活动报告制度》。云南省实施了《规范境外非政府组织活动暂行规定》，实行境外非政府组织备案制度，通过“组织身份备案”、“项目合作备案”和业务指导单位具体指导的方式，既解决了境外非政府组织在滇开展项目活动的合法化问题，又保护和促进了省内社会组织与境外非政府组织之间的交流合作，这是国内首个由地方政府发布的规范境外非政府组织在本地活动的公开管理文件。

（二）社会组织政策法规体系进一步健全

一是基本法规建设有重要进展。民政部联合国务院法制办，对《民办非企业单位登记管理暂行条例》开展了新一轮的立法调研。《基金会管理条例》修订稿已按程序上报。河北省颁布实施了新的《河北省社会团体登记管理办法》。新疆自治区人民政府颁布《新疆维吾尔自治区行业协会管理办法》。深圳市充分利用特区立法权，积极推进《深圳经济特区行业协会商会条例》的立法工作，并正式启动《深圳经济特区非营利组织条例》的立法调研。

二是研究出台了一批登记管理政策。出台了支持股票捐赠的政策，经国务院批准，首次实现股票公益捐赠的非交易过户，以及税收递延抵扣的优惠政策。与国资委沟通，建立规范国有企业捐资设立非公募基金会的审批程序。民政部起草了《社会团体年度检查办法》、《行业协会章程示范文本》、《民政部主管社会组织管理规定》、《民政部主管非公募基金会管理规定》、《社会组织专项基金管理规定》。与财政部、国家税务总局联合发布了《关于公益性捐赠税前扣除有关问题的补充通知》，明确了社会组织税收优惠资格的具体办理程序和相关票据问题。

三是制定社会组织人才队伍建设意见。为贯彻落实全国人才工作会议精神和国家中长期人才发展规划，根据中央人才工作协调小组实施《国家中长期人才发展规划纲要（2010－2020年）》任务分工，民政部负责牵头制定加强社会组织人才队伍建设意见。在大量调研、论证和广泛征求意见的基础上，完成了《关于加强社会组织人才队伍建设意见》研究起草工作。辽宁省通过完善管理体制和创新工作机制，抓住“吸引”、“培养”、“用好”环节，整合党委、政府、社会组织、公众和市场的力量，实施公开招聘、权益保障、孵化基地、对口帮扶、加强党建、提高地位等措施，大力推进社会组织人才队伍建设，全省社会组织人才资源总量达到11.8万人，社会组织主要负责人接受高等教育的比例达到87%，接受社会组织有关政策专业培训的比例为100%。

（三）继续深化规范化监督管理

一是加大年检力度。民政部对社团年检工作报告文本格式进行修改，对评估结论为4A、5A等级的行业协会简化了年检手续；加强对社团收费和财务的监督检查，抽取50%的全国性社团进行财务审计，加强了对问题社团的监管和处理力度。对基金会的年度工作报告和审计报告模板进行修改和细化，由民政部直接委托会计师事务所对部分存在问题的基金会进行了二次审计。云南省民政厅开通社会组织年检直通车，主动为社会组织提供“一揽子”年检服务，上门年检覆盖率达到36%。

二是推进评估工作。民政部颁布了《社会组织评估管理办法》，这是首部关于社会组织评估工作的部门规章，奠定了社会组织评估工作的法制基础。下发了开展全国性行业协会商会、基金会和民办非企业单位评估工作的通知，对全国性行业协会商会、基金会和民办非企业单位评估指标进行了修订，并进一步完善了评估工作方法和程序。召开了全国社会组织评估工作经验交流会，对全国社会组织评估工作进行了全面总结、动员和部署；完成了第三批全国性基金会和第二批行业协会的评估工作。江苏省出台了《江苏省社会组织评估管理办法》，制定评估评分细则，组建了专家库、评估委员会及复核委员会。安徽省制定了《关于推进社会组织评估工作的实施意见》。青海省坚持把委托"第三方"评估与登记管理机关监督有机结合起来，把社会组织评估工作纳入全省社会诚信体系建设之中。厦门市首次启动异地商会评估工作。青岛市制定下发了《青岛市社会组织评估实施办法》、《行业协会评估指标体系》、《行业协会评估标准细则》等一系列配套文件，按照"政府委托，中介评估，社会监督"模式，积极推进评估工作。

三是提高执法水平。民政部进一步完善行政执法工作程序，在民政事业发展统计指标中增加行政处罚案件统计指标。建立重大案件集体讨论机制，提升与业务主管单位、公安、司法等相关部门沟通、协调、合作的能力，把查处重大案件作为提升行政执法能力、扩大行政执法影响的有力手段。全年共受理各种案件举报285件，立案19件，作出行政处罚决定15件，有力维护社会组织发展良好秩序。同时，通过集中执法培训、平时业务指导、法规政策释疑、典型案例评析等方式加大对地方登记管理机关行政执法的指导，提升执法能力与水平，推进全国执法工作深入开展。山西省改变以往社会组织重登记轻管理的工作格局，启动社会组织净化行动，244家社会组织因机构不健全、存在违法违规等行为被撤销。上海市以严格执法制度、规范操作流程、解答疑难问题为重点，编制完成《社会组织行政执法实务参考手册》，为登记管理机关工作人员提供了一本依法登记、依法管理的工具书。江苏出台《社会组织登记管理机关实施行政处罚程序规定》，细化了行政处罚各阶段、各环节的执法程序，为各级登记管理机关规范行使职权提供了制度保障。安徽省制定了《社会组织行政执法工作规则》。陕西省印发了《关于进一步加强社会组织执法监察工作的通知》、《关于规范社会收费行为有关问题的通知》。

四是大力推进信息化建设。民政部完成了中国社会组织监管信息系统（二期）的招标工作，屏蔽室的建设基本完成，正在实施社会组织执法、涉外社会组织监管、综合业务办公平台的建设。《社会组织基础信息国家标准》已进入专家审定阶段，即将发布，该标准的制定和实施对于全国社会组织基础信息的汇总与共享将起到重要作用。同时指导了内蒙古、江苏、湖北、云南、深圳等地的社会组织业务信息系统建设工作，探索了在少数民族和不同经济条件地区开展业务信息化工作的模式。

（四）社会组织深入学习实践科学发展观活动成效显著

2月26日，民政部、全国社会组织深入学习实践科学发展观指导小组在人民大会堂召开了全国先进社会组织表彰暨社会组织深入学习实践科学发展观总结表彰大会。国务院副总理回良玉同志代表党中央、国务院专门发来了贺信。会议总结了社会组织学习实践科学发展观活动的丰富成果，提出了下一个阶段巩固和运用学习实践活动成果，促进社会组织科学发展的工作思路和具体措施。会议还表彰了184个学习实践活动先进单位，595个全国先进社会组织。这次学习实践活动，是社会组织发展历程中参加人数最多，规模最大的一次当代马克思主义的学习教育活动。全国社会组织共有约132万名党员、6万余个党组织参加了第三批学习实践活动。通过学习实践活动，全国各地新增党组织3.57万个，社会组织党组织数达6.13万个，组建率由学习实践活动之前的37.5%提高到89.8%。上海、广东、安徽、新疆、福建、河北等地的社会组织党组织实现全覆盖，四川、重庆、山西、云南、新疆生产建设兵团等地社会组织党组织覆盖率也有大幅提高。全国新增党员1.82万名，社会组织党员总数达132.6万名。为了理顺社会组织党建管理体制，广东、宁夏、山东、海南等地依托登记管理机关，成立了省级社会组织党工委，黑龙江成立了省级社会组织党建工作领导小组，为加强社会组织党建工作作了体制性的改革探索。在学习实践活动中，广大社会组织结合经济发展形势，围绕保增长、保民生、保稳定的目标，精心设计载体，突出实践特色，组织社会组织党员干部、业务骨干深入乡镇（企业）、社区等基层单位开展各种公益活动，着力帮助基层、企业和服务对象解决突出问题，提升了社会组织的社会形象。据不完全统计，在学习实践活动中，公益类、服务类社会组织开展公益项目、惠民活动30多万个（项），直接受益群众600多万人次，学术类社会组织提出政策性意见建议20多万条，经济类社会组织为会员企业提供资金、技术、管理等方面帮助，创造经济效益300多亿元。

（五）社会组织创先争优活动扎实开展

根据中央部署，从学习实践科学发展观活动结束后到2012年，在党的基层组织和党员中深入开展创先争优活动，并明确民政部负责指导全国社会组织创先争优活动。这是继刚结束的学习实践活动后中央交给民政部的又一项重要任务。民政部组织成立了全国社会组织创先争优活动指导小组，抽调专门力量，迅速展开有关工作，制定下发了开展创先争优活动的指导《意见》和贯彻十七届五中全会精神、推进社会组织创先争优活动深入开展的文件；召开了全国社会组织创先争优活动推进会，分析形势，交流经验，提出要求；对全国社会组织党建情况进行了全面摸底调查；在中国社会组织网、中国社会报等媒体开设活动专栏，编发简报；总结推广了河北省社会组织开展“双百”（夺取百面优胜红旗、争做百名模范之星）

活动、山东省依托民政部门建立社会组织党工委、对党员进行“一方管理、多方活动”、湖北省开展“三进三促”（进企业、促发展，进农村、促增收，进社区、促和谐）的经验，有效推动了社会组织创先争优活动的深入开展。

在创先争优活动中，各地积极探索社会组织党组织的设置形式和党建工作体制，依托民政部门成立社会组织党工委，全面负责社会组织党建工作及创先争优活动的指导工作。广东在建立省社会组织党工委、团工委的基础上，又分别成立了省社会组织妇工委、纪工委。分别负责领导全省性行业协会及无业务主管单位的社会组织妇女和党的纪律检查工作，指导、协调归属各级地方民政部门登记管理的社会组织和归属省直单位业务对口管理的社会组织妇女和党的纪律检查工作。山东社会组织党工委充分发挥职能作用，大胆创新实践，在全省建立健全了“党委领导、组织部门牵头抓总、党工委协调指导、行业党委为依托”的领导体制和工作机制，初步探索出了一条符合社会组织特点的“党委——社会组织党工委——行业党委——党支部”四级党建工作管理体制新路子。目前，全省 17 个市、18 个县成立了社会组织党工委，4 个省一级业务主管单位成立了社会组织党委。宁夏、海南等地社会组织党工委已基本覆盖到市县一级。宁夏还率先在全区性业务主管单位成立了社会组织业务主管单位党组（党委），主要负责社会组织党组织的党务干部配备、经费保障等，形成了社会组织党工委、业务主管单位党委、社会组织党组织合力抓党建的工作体系。广西、陕西、黑龙江等其他省市区也正在照此模式积极推进社会组织党工委建设。

三、各地创新社会组织管理体制机制的主要做法

近年来，各地按照中央精神要求，以科学发展观为统领，大力推进社会组织管理体制机制创新。各级党委、政府重视社会组织工作，把社会组织发展管理纳入重要议事日程。广东省出台了《关于发展和规范我省社会组织的意见》，提出着力转变政府职能，调整和优化布局结构，建立政府购买服务制度，加大资金扶持力度等一系列政策措施。北京市出台了《关于加快推进社会组织改革与发展的意见》，提出创新社会组织管理体制，明确社会组织建设与管理总体目标，制定构建具有首都特色的社会组织管理工作发展规划。上海市召开社会建设大会，出台《关于进一步加强本市社会组织建设的指导意见》，明确社会组织是社会建设的重要内容，提出要尊重社会组织的主体地位，顺应社会组织发展规律，分类指导社会组织

健康有序发展，着力构建社会组织发展、管理、党建三位一体建设新格局。深圳出台了《关于进一步发展和规范我市社会组织的意见》，明确要从体制机制上规范政府、市场、社会三者的关系，在政府扶持、登记管理、社会监督、政府部门监管等体制上进行了创新。民政部与上海、重庆、湖北、山东、深圳等14个地方签订部省市合作协议，在上海、广东、云南、新疆、青岛、深圳等地设立改革创新观察点，支持、鼓励地方大胆探索，先行先试。各地在社会组织管理体制机制方面积极探索，勇于实践，取得明显成效。主要做法有：

（一）创新培育发展政策

近年来，各地按照“发展是前提、建设是核心、培育发展是基本手段，发挥社会组织的积极作用是根本目的”的要求，加大了对社会组织培育扶持的力度，拓展了培育扶持的手段和措施。

一是推动政府向社会组织转移职能。在地方政府改革中，一些地方政府将可由社会组织承担的具体社会事务、微观经济调节职能以及专业服务职能转移或委托给具有相应能力的社会组织承担。广东省将3大类17项职能通过授权、委托及其他适当方式依法转移给社会组织，在部门“三定”规定中明确转移事项。深圳在改革中明确提出，凡是社会组织能够有效提供的公共服务，原则上不再设立新的事业单位。在2009年的行政管理体制改革中，深圳各政府部门共取消、调整和转移284项职能和行政审批事项，这些事项正在有序地与社会组织对接，让社会组织更广泛、更深入地参与社会管理。上海市浦东新区把37个审批事项连同配套资金转移给了社会组织。海南省海口市通过《关于进一步转变政府职能促进社会组织发展的决定》，突出了转移职能、让渡空间，解决政府、市场、社会相互越位、错位、缺位的问题，让市场更好地发挥作用，让社会更好地自主治理，发挥社会组织的作用。

二是推进政府向社会组织购买公共服务。近年来，一些地方通过向社会组织购买服务，支持、引导社会组织参与社会管理和服务。2010年，北京市把社会组织公益服务纳入统一规划，引导社会组织围绕扶贫救助、服务“三农”、促进就业等十大民生领域开展公益活动，全市筹集社会资金22.98亿元，支持1867个社会组织实施2735个公益项目，惠及群众998万人次。2009年，上海市从福利彩票公益金中列支5000万元，开展社区公益服务项目招投标和公益创投工作，鼓励扶持有能力的公益性组织参与安老、济困、扶幼、助残等社区公益服务项目。上海市浦东新区出台文件，把购买社会组织公共服务的资金，列入部门年度预算，2005年至2007年三年间政府购买服务资金累计达1.24亿元。广东省出台了《关于开展政府购买社会组织服务试点工作的意见》，明确了政府购买社会组织服务的指导思想、基本原则、实施范围、社会组织具备资质、购买服务项目及购买方式、资金安排、监督和绩效评价，初步建立起政府向社会组织购买服务的制度。深圳市2006－2009年投入2.12亿元资助500多个社会组织实施“老有所乐”、“老有所学”和“居家养老”等项目，受益老人累计达15万人次，还投入1.2亿元资助新成立的36家社工机构，引进和培养了813名社工人才。

三是创建社会组织孵化机制。各地采取不同措施，建立社会组织发展的支持和孵化机制。北京、上海、深圳、南京、广州等地按照“政府支持、民间运转、专业团队管理、政府和公众监督、社会组织受益”的孵化模式，面向社会组织提供活动场所、能力建设和信息服务，对进入孵化基地的社会组织进行多方面的帮助，对初创时期的社会组织提供关键性的支持，扶助这些公益组织逐渐成长。浦东新区建成全国首个社会组织集聚办公、共享服务资源的“浦东公益服务园”；深圳市将“社会组织孵化基地”项目建设列为市重大项目，“社会组织孵化实验基地”已正式挂牌运作，南京市组建了“南京社会组织培育中心”。此外，辽宁省从社会福利彩票公益金中拿出200万元建立农村专业经济协会扶贫专项基金。广州市从社会福利彩票公益金中安排500万元作为社会组织发展专项基金启动资金。浙江省台州市动员社会力量，筹集民间资金485万元，设立了全省第一个社会组织发展基金会，着重资助社会组织公益项目，促进社会组织规模化、品牌化。

四是制定和完善配套政策。近年来，民政部和有关部门从财政、税收、社会保障等方面出台了一系列扶持社会组织发展的配套政策。为贯彻落实《企业所得税法》和《个人所得税法》，构建社会组织税收优惠政策体系，民政部、财政部、国家税务总局共同努力，出台《关于公益性捐赠所得税税前扣除有关问题的通知》、《基金会公益性捐赠税前扣除资格审核工作实施方案》和《社会团体公益性捐赠税前扣除资格认定工作指引》等文件，协调出台社会组织自身收入免税和资格认定的政策，初步建立了以民政部门的年检、评估为依托的民政、财政、税收三部门相互配合的社会组织税收优惠和监管体制。广东、北京、上海、江苏、浙江、陕西、宁夏等地积极协调财政、国税、地税部门出台公益性捐赠税前扣除资格认定工作实施办法，其他一些省区也积极开展认定工作，全国共有近千家社会组织获得了公益性捐赠税前扣除资格，在社会上产生了强烈反响。上海为了提高社会组织工作人员社会保障水平，帮助社会组织吸引人才和稳定工作人员队伍，在全市社会组织中建立年金制度，作为基本养老的补充，提高工作人员退休后的保障水平。

（二）创新登记管理体制

登记管理体制不完善是当前制约我国社会组织发展的主要因素，各地在直接登记、备案管理与政会分开等方面进行改革和探索。

一是探索直接登记。为鼓励发展行业协会、公益类等社会组织，广东省出台《行业协会条例》，把业务主管单位改为业务指导单位，指导单位不再干预行业协会的人财物，不对行业协会的成立进行前置审批，行业协会直接向登记管理机关申请成立。同时，广东在行业协会实行“五自三无”改革，实现协会“自愿发起、自选会长、自筹经费、自聘人员、自主会务”以及“无行政级别、无行政事业编制、无行政业务主管部门、无现职国家机关工作人员兼职”。2010 年，广东省将双重管理体制改革从行业协会推进到异地商会、公益性社会组织和经济类社会组织。安徽、湖北、北京、四川、天津、宁夏、深圳等地也在直接登记改革方面进行探索和实践。

二是推广备案管理。为适应公共管理和服务重心下移，各地探索、实行由县（区、市）民政部门统一备案，由街道办事处（镇政府）作为业务主管单位并履行指导监督职责的备案管理制度，使得大量活跃于社区、为基层群众服务但又暂不具备法人条件的社区社会组织能够取得合法地位并进入政府的管理视野。上海、山东、江西、陕西、宁夏、青岛等地专门出台文件，大力推动登记和备案双轨制，效果明显。据不完全统计，目前全国备案的社区社会组织已超过 20 万个，主要包括慈善类、文体类、科普类和为老年人、残疾人、困难群众提供服务的组织。

三是推进行业协会、异地商会改革。按照国务院办公厅发布的《关于加快推进行业协会商会改革和发展的若干意见》，各地大力推动行业协会从职能、机构、工作人员、财务等方面与政府部门分开。目前，广东、天津、河北、上海、浙江、重庆等 6 省市完成了行业协会与行政主管部门脱钩工作，另有 10 个省市的脱钩工作正在进行中。政会分开工作的推进，激发了行业协会的活力和创造力。为推动区域经济合作，新疆、山西、安徽、广东等地出台文件，鼓励、规范异地商会发展，把异地商会登记权限下放到地（市）和县（市、区）级。

（三）创新监督管理体系

近年来，在党委和政府领导下，各级民政部门出台和完善监管措施，加大监管力度，提高监管能力，管理制度逐步完善，管理手段日趋改进，在形成党委领导下的政府管理、社会监督和社会组织自律相结合的管理格局方面迈出新步伐。

一是推行社会评估。民政部颁布了《社会组织评估管理办法》，下发了《关于推进全国社会组织评估工作的指导意见》，形成了分类组织评估标准体系，完善了评估工作方法和程序。2008 年以来，行业协会、基金会和民办非企业单位评估工作相继在全国展开，各地基本建立了“政府指导、社会参与、独立运作”的社会组织评估机制，有效动员了社会监督力量，创新了监督管理手段。江苏省出台了《江苏省社会组织评估管理办法》，制定了评估细则，组建了专家库、评估委员会及复核委员会。青海省把委托“第三方”评估与登记管理机关监督有机结合，并纳入全省社会诚信体系建设之中。青岛市制定下发了《青岛市社会组织评估实施办法》、《行业协会评估指标体系》、《行业协会评估标准细则》等一系列配套文件，积极推进评估工作。

二是推进行政执法。各地加大行政执法力度，2009 年，全国共注销、撤销和取缔 2.2 万个社会组织，有力净化了社会组织发展环境。甘肃省出台《加强社会组织执法监察工作的意见》，建立执法协同机制，明确部门职责，对执法监察的基本要求、主要形式、范围内容进行了规定。一些地方充分利用社会资源，建立了省（市）－县（区）－乡镇（街道）－村（居）委会四级预警网络，天津、浙江、西藏等地横向成立了多部门联合执法工作机制。青岛市积极推行“积极执法”、“规范执法”、“和谐执法”等措施，从体制、机制等方面入手，进一步加强和改善了行政执法工作。江苏出台《社会组织登记管理机关实施行政处罚程序规定》，细化了行政处罚的执法程序，为各级登记管理机关规范行使职权提供了制度保障。

三是探索涉外社会组织管理。积极推动境外非政府组织管理改革创新观察点建设，探索地方涉外社会组织登记管理体制。2007 年，民政部将云南省作为境外非政府组织管理工作的“改革观察点”。2009 年底，云南省公布实施了《规范境外非政府组织活动暂行规定》，实行境外非政府组织备案制度，通过“组织身份备案”、“项目合作备案”和业务指导单位具体指导的方式，将其全部纳入了政府依法管理的轨道，既解决了境外非政府组织在滇开展项目活动的合法化问题，又保护和促进了省内社会组织与境外非政府组织之间的交流合作，这是国内首个由地方政府发布的规范境外非政府组织在本地活动的公开管理文件。截至 2010 年底，云南省已备案 19 个境外非政府组织。

（四）创新社会组织党建工作

按照中央部署，在各级党委、组织部门领导下，各级登记管理机关成立指导小组，指导社会组织参加深入学习实践科学发展观活动和创先争优活动，并以指导工作为契机，大力探索社会组织党建工作新思路、新方法，社会组织党建工作成效显著。党组织覆盖面迈上新台阶。各地把加强社会组织党组织建设作为学习实践活动和创先争优活动的重要目标和重要保证，全国社会组织党组织覆盖率由学习实践活动之前的37.5%提高到89.8%，上海、广东、安徽、新疆、福建、河北等地的社会组织党组织实现全覆盖，四川、重庆、山西、云南、新疆生产建设兵团等地社会组织党组织覆盖率也大幅提高。党建管理体制取得新突破。广东、山东、宁夏、海南、青海等地结合实际，依托民政部门成立了社会组织党工委，着力推进党建管理的体制机制创新，形成了登记管理与党建管理的合力。广东省级社会组织党工委成立以来，全省已有14个地级市、28个县（市、区）成立了社会组织党工委，建立了社会组织党工委、行业协会党总支、行业协会党支部三级管理体制，还相继成立了省社会组织团工委、纪工委、妇工委。山东、宁夏两地将社会组织党工委这一党建管理体制全部覆盖到省（区）、市、县三级，并在所属社会组织较多的业务主管单位设立社会组织党委（总支），形成各级党委领导、组织部门抓总、社会组织党工委具体负责的社会组织党建管理体制。海南等地社会组织党工委已基本覆盖到市县一级。

附　录

一、2010 年中国社会组织发展统计数据

单位：个

社会组织总表

地区	单位数	年末职工人数		受教育程度		职业资
			女性	大学专科人数	大学本科及以上人数	助理社会工作师人数
全国	**445631**	**6181918**	**1619712**	**985537**	**574707**	**8814**
中央级	2006	56521	17993		21081	
北京	7173	100597	26125	31151	28486	1337
天津	4155	43747	20025	12800	15770	64
河北	15283	154997	36630	22153	10781	856
山西	10386	142218	38632	35158	11320	13
内蒙古	8227	68863	18939	17645	5819	
辽宁	19023	209344	51913	37044	24046	388
吉林	8376	100760	18950	17021	3870	421
黑龙江	12378	160928	66028	29657	11726	158
上海	10104	123504	25036	8702	6779	585
江苏	34183	307088	96144	70736	36434	705
浙江	28937	279594	104434	89820	45535	228
安徽	14856	281182	41550	34557	21724	156
福建	15629	224746	38255	25061	20070	336
江西	10712	159798	44287	16507	6923	155
山东	46467	347130	78306	102918	65239	175
河南	19140	159925	43895	34158	24711	300
湖北	21963	204458	73249	56697	12077	37
湖南	15940	538407	57849	45546	22468	498
广东	28510	401927	186801	84199	41528	743
广西	12979	257959	81441	49684	20961	28
海南	2797	18695	6212	5480	2064	32
重庆	9057	184582	46704	22035	24072	259
四川	29104	395415	106772	36936	42481	452
贵州	6600	122830	24766	13108	6406	65
云南	12618	632390	125676	19619	14148	58
西藏	388	1451	145	407	173	457
陕西	13150	199994	49624	23173	11929	61
甘肃	10323	149446	40027	22265	7521	37
青海	2546	16968	4742	1815	566	18
宁夏	4533	57653	20912	7614	1707	1
新疆	8088	78801	27650	11871	6292	191

单位：个、人

格水平	年龄结构				建立党组织的社会组织	社会组织中中共党员人数
社会工作师人数	35岁及以下人数	36岁至45岁人数	46岁至55岁人数	56岁及以上人数		
2057	**1984753**	**2309132**	**1379274**	**508759**	**85885**	**427300**
	16577	10039	13291	16614	1477	
28	25584	37505	23209	14299	1360	8130
50	10849	16715	11825	4358	895	6054
80	57008	66344	24613	7032	5047	29393
5	36481	46218	45682	13837	1301	8641
	24369	25404	15088	4002	1663	7751
38	61683	74158	59920	13583	2244	15363
26	34729	38372	23060	4599	851	1888
137	80318	51280	22058	7272	1574	2830
226	30205	39778	36207	17314	5684	43962
128	91926	103318	79199	32645	9914	28524
136	97421	109808	54555	17810	2860	24684
49	61646	122483	63775	33278	2163	15967
98	40900	65551	67534	50761	9736	10408
1	57087	60455	32778	9478	1486	4169
121	124222	139021	64831	19056	10171	96893
95	61648	62624	26390	9263	3930	7828
31	62980	79625	45651	16202	4197	20414
228	120943	197878	195602	23984	2650	13728
145	206811	117665	55071	22380	1517	12631
4	69888	126322	43261	18488	738	3650
	7996	6547	2552	1600	307	4486
56	47743	58545	30864	47430	885	9448
58	143069	142516	71457	38373	4613	15997
45	27176	66824	21672	7158	499	1098
51	242020	225999	142915	21456	1484	14468
	713	534	198	6		
98	60682	72545	48367	18400	2077	6418
45	42732	82633	18297	5784	1617	4410
19	4374	7106	4518	970	494	1179
	12908	23070	15240	6435	996	3518
59	22065	32250	19594	4892	1455	3370

续表1

地　区	行政执法	行政处罚数	并处没收违法经营额／违法所得	并处罚款
全　国	**2370**	**2319**	**38**	**12**
中央级				
北　京	2	1		
天　津	1	1		
河　北	100	100		
山　西	179	179		
内蒙古	54	51		
辽　宁	166	165	9	
吉　林				
黑龙江				
上　海	2			
江　苏	32	32		
浙　江	65	65		
安　徽	79	79		
福　建	5	5		
江　西	8	8		
山　东	1126	1103		6
河　南	63	45		
湖　北	11	11		
湖　南	30	28		
广　东	43	43		
广　西	67	67		6
海　南				
重　庆	95	95		
四　川	29	29		
贵　州	20	20		
云　南	39	39	28	
西　藏				
陕　西	2	2		
甘　肃				
青　海				
宁　夏	117	117		
新　疆	35	34	1	

单位：起

(1) 警告	(2) 限期（责令）停止活动	(3) 撤销登记	取缔非法社会组织	
				并处没收非法财产
143	**116**	**2060**	**51**	**8**
		1	1	
		1		
26	36	38		
		179		
7		44	3	
		165	1	
			2	2
10		22		
11	4	50		
39		40		
		5		
		8		
32	2	1069	23	6
		45	18	
		11		
		28	2	
14	4	25		
		67		
	20	75		
3		26		
		20		
		39		
1		1		
	38	79		
	12	22	1	

续表2

地区	增加值合计	执行企业会计制度单位财务指标					执行行政	
		固定资产原价	营业收入	费用合计	营业利润	企业单位增加值	固定资产原价	上年结余
全国	**5311469.8**	**124770.7**	**49717.9**	**34503.6**	**5199.8**	**26791.0**	**290878.6**	**68789.5**
中央级	941474.1							
北京	305585.0							
天津	37123.7							
河北	41039.3	4508.0	4678.3	194.8	144.0	214.4	19058.5	
山西	44091.3	532.0	88.0	83.0		110.7	3917.2	-171.1
内蒙古	21682.7	1803.0	5170.0	4992.5	187.0	2045.7	14560.2	47.9
辽宁	261389.7	2502.2	4200.3	1300.3	269.0	4504.3	6155.2	25.0
吉林	9628.4	1.7	54.2	52.1		359.6	742.2	32.0
黑龙江	19704.4	2016.0	1018.0	616.0	67.2	301.9	3126.6	
上海	395142.3	1197.3	13469.5	12248.4	-4538.4	255.8	879.2	197.3
江苏	371452.4	10868.1	2365.6	3791.3	0.1	449.7	25371.2	1059.6
浙江	395575.2						768.2	0.7
安徽	393944.0	3894.0	1908.8	822.1	31.0	1258.5	10371.5	120.0
福建	60464.1	1973.1	650.0	705.0		282.9	43007.5	2988.0
江西	153104.8	1982.1	580.0	212.0		331.9	12129.4	
山东	326551.5							
河南	69711.9	3098.0	1482.0	1248.0		542.1	6743.9	
湖北	152318.5							
湖南	87758.2	2531.1	950.3	480.2	52.0	548.0	23025.2	
广东	799113.5	37930.7	4144.4	1715.2	133.8	697.4	21940.7	4187.9
广西	58097.4	3804.0		10.0		0.1	1022.8	
海南	7387.0							
重庆	93063.4	460.3					2664.1	1.0
四川	85924.8	36828.2	6220.9	3914.2	8712.6	13389.3	16239.0	
贵州	34835.6	1192.3	169.9	15.4	143.0	322.9	1182.9	50.2
云南	61753.4	4779.0	2394.7	1903.1	-1.5	935.5	11706.3	227.3
西藏	1126.8						105.0	
陕西	15644.6							
甘肃	28134.5	722.0	130.0	136.0		131.2	1591.6	
青海	4941.3						6.0	
宁夏	7307.5	1887.6					330.0	
新疆	18620.9	260.0	43.0	64.0		108.9	64234.2	60023.7

单位：万元

事业单位会计制度财务指标				执行民间非营利组织单位会计制度财务指标				
收入合计	支出合计	收支结余	行政事业单位增加值	固定资产原价	上年结余	收入合计	费用合计	社会组织单位增加值
193100.3	**175577.2**	**22641.3**	**101335.9**	**18225391.3**	**4164296.7**	**15174272.2**	**11741958.8**	**5183342.9**
				490218.7	427986.8	2284532.6	1699958.2	941474.1
				659548.0	807327.6	1397109.2	785488.4	305585.0
				66591.2	21818.6	144053.0	103140.3	37123.7
4852.1	4760.3		2625.6	208056.9	3077.7	85273.4	81197.2	38199.3
29526.0	27431.8	2171.0	24257.5	795643.2	1679.4	103960.7	38719.3	19723.1
6912.8	6910.4	50.3	5481.8	28711.6	942.8	33428.5	29315.7	14155.2
2419.5	2462.5	146.0	1696.4	259393.9	324.0	619403.0	512499.9	255189.0
2000.8	2036.8		1912.8	765023.8	5.0	99390.0	91240.2	7356.0
4626.2	4629.7	29.4	673.8	1285385.7	1312.8	408194.2	32069.1	18728.7
17499.8	16226.6	197.0	1876.3	125700.8	516831.6	1148413.2	849455.5	393010.2
47806.9	45182.6	997.5	16166.6	2179893.3	431716.5	1773415.1	1370202.8	354836.1
2399.0	1998.1	-5.6	708.0	1363987.5	202173.6	1211392.8	1062325.4	394867.2
7567.0	6018.8	65.2	4030.6	1116652.3	2722.3	308590.2	242463.1	388654.9
20892.0	20208.0	1014.8	7270.4	187555.3	28549.7	150158.0	81167.2	52910.8
1264.9	1304.9		489.2	458463.9	122317.6	197336.5	167388.8	152283.7
				424635.9	1435.8	514381.9	502287.4	326551.5
3677.1	3562.0		1458.6	350990.2	4424.3	138655.3	126727.3	67711.2
				221930.9	914.0	357495.2	316045.5	152318.5
9829.4	8645.9	2803.5	8859.7	279939.5	71469.8	232747.7	197662.7	78350.5
12972.4	11607.4	14993.6	9920.6	4453906.6	708415.2	1860702.8	2545083.9	788495.5
707.4	102.7		133.9	573267.6	12987.4	142516.2	114038.7	57963.4
				76070.6	778.9	11684.5	9367.7	7387.0
2382.0	2381.0		106.5	364408.3	177100.4	241427.0	184573.4	92956.9
8397.9	4217.9	16.2	1485.4	215898.4	7474.5	186216.5	186365.4	71050.1
287.4	244.9		186.2	118023.2	1479.2	49528.5	39231.4	34326.5
2029.7	1956.1	155.8	860.1	334915.2	475841.3	1308466.0	247294.3	59957.8
			4.2	203.0		977.6	1122.6	1122.6
				636004.1	47023.0	24924.5	23752.8	15644.6
450.3	564.3	6.6	414.5	71894.5	10245.7	65488.4	43154.3	27588.8
			0.2	22409.1	259.1	25855.9	19237.2	4941.1
621.8	95.8		84.5	33024.0	311.0	23870.1	16524.6	7223.0
3977.9	3028.7		2855.1	57044.1	75351.1	24683.7	22858.5	15656.9

地 区	单位数	年末职工人数		受教育程度	
			女性	大学专科人数	大学本科及以上人数
全 国	**245256**	**3960704**	**809224**	**449052**	**247047**
中央级	1810	51000	16000		20271
北 京	3220	30474	6402	14295	6826
天 津	2039	8695	3155	2404	2992
河 北	9199	85639	13909	8504	3935
山 西	5997	90781	23560	22032	4115
内蒙古	5637	44298	11307	11770	3788
辽 宁	8975	133280	26899	21407	13564
吉 林	5246	73523	9738	11923	2517
黑龙江	5472	124674	53418	18653	7847
上 海	3634	35892	5560	1900	2047
江 苏	18707	128379	36284	34038	11472
浙 江	14870	122427	31234	38789	16529
安 徽	9260	204805	17015	13316	11158
福 建	11014	173162	18372	16118	5650
江 西	6797	81480	16922	8767	3275
山 东	17252	133968	26820	34608	26193
河 南	10572	68845	15758	9865	4962
湖 北	10225	86111	27356	18208	5131
湖 南	10151	467598	28760	21108	8667
广 东	13059	103157	44292	22269	9414
广 西	8668	211958	59280	38496	15984
海 南	1613	6864	2054	1324	539
重 庆	5016	132410	25747	11264	9191
四 川	16455	293033	68377	14005	30889
贵 州	4627	100630	14942	5416	1819
云 南	9209	592186	109972	12460	5949
西 藏	365	1346	98	384	138
陕 西	7823	129561	24969	9952	3941
甘 肃	7228	124728	32916	12318	3720
青 海	1858	13409	3205	1285	404
宁 夏	3677	50301	16713	5173	805
新 疆	5581	56090	18190	7001	3315

团体

单位：个、人

职业资格水平		年龄结构			
助理社会工作师人数	社会工作师人数	35岁及以下人数	36岁至45岁人数	46岁至55岁人数	56岁及以上人数
3860	**958**	**1090673**	**1522795**	**975314**	**371922**
		15000	9000	12000	15000
316	12	6496	7273	9732	6973
4	3	2246	3554	2122	773
237	12	29593	38425	13671	3950
3		20179	33634	25697	11271
		13062	17061	10858	3317
40	15	37236	45857	42337	7850
133	21	24268	28027	19394	1834
87	73	68198	34853	17031	4592
492	151	13607	16274	3522	2489
470	73	38157	38368	34146	17708
121	56	28895	53470	30651	9411
76	8	34718	94932	48536	26619
130	40	20978	47751	57315	47118
19	1	25860	29210	19183	7227
74	38	41459	53580	27898	11031
81	37	21632	28475	13783	4955
7	2	20394	33226	23728	8763
342	159	84767	173883	187644	21304
186	70	33451	36964	22012	10730
10	3	48876	110359	36376	16347
		2479	2250	1284	851
102	33	27624	38300	22780	43706
230	26	94634	107065	57538	33796
29	19	16838	59712	18212	5868
43	13	223934	210059	138233	19960
456		675	470	195	6
9	28	33648	48932	33240	13741
15	20	35071	73228	12210	4219
6		3182	5477	3875	875
1		10303	20027	13926	6045
141	45	13213	23099	16185	3593

续表1

地区	社会组织负责人		按活动区域分		
		女性	中央级社团	省级社团	地级社团
全国	**568846**	**90639**	**1810**	**24149**	**64169**
中央级	20000	6000	1810		
北京	20510	4167		1186	
天津	2610	833		857	
河北	10974	1587		796	2544
山西	7204	810		891	1947
内蒙古	8553	2285		641	1713
辽宁	11634	2133		656	3623
吉林	7733	1167		620	1645
黑龙江	9235	1106		883	2019
上海	17927	2954		1123	
江苏	33680	5114		882	4960
浙江	33810	6997		935	3858
安徽	18681	2218		865	3135
福建	28055	5459		899	2615
江西	11380	2289		644	2003
山东	54367	10977		968	4680
河南	15401	3081		918	3915
湖北	51125	3352		815	2892
湖南	24507	5153		766	3163
广东	24180	3311		999	5340
广西	11091	1561		659	1941
海南	2107	533		642	289
重庆	18023	3244		826	
四川	26950	3649		1007	3603
贵州	37435	1395		576	943
云南	15938	2111		770	1994
西藏	365	90		179	148
陕西	13590	1729		798	1542
甘肃	10726	2304		632	1393
青海	3508	528		473	354
宁夏	5482	596		554	519
新疆	12065	1906		689	1391

单位：人、个

	建立党组织的社会组织	社会组织职工中中共党员人数			行业性社团
县级社团			当年新增单位数	当年年检单位数	
155128	**60199**	**279513**	**6812**	**125633**	**29434**
	1383				
2034	711	4192	56	2744	361
1182	651	1213	21	1761	177
5859	3319	19059	306	5439	2439
3159	788	5276	414	4503	1619
3283	1275	6599	273	3487	1285
4696	1502	12403	237	5845	1538
2981	555	459	10	272	
2570	999	2254	93	281	68
2511	2149	26902	98	2925	204
12865	8284	18983	384	11047	2447
10077	1990	15536	415	10455	2867
5260	1396	12666	400	7434	970
7500	9241	10197	322	3437	335
4150	956	3324	19	3021	222
11604	5566	53688	1304	15752	6223
5739	2931	5383	131	3501	117
6518	1736	7518	255	9714	
6222	2204	12383	105	3974	207
6720	970	6637	410	4754	1645
6068	514	2079	163	4239	575
682	84	3916	128	877	147
4190	551	6070	322	4030	1336
11845	3392	13994	163	3867	995
3108	236	980	65	1856	374
6445	1045	10370	214	2654	600
38			21	258	38
5483	1665	6222	110	1718	1454
5203	1486	4243	63	596	110
1031	475	989	57	1400	213
2604	844	2980	112	1449	345
3501	1301	2998	141	2343	523

续表2

社会组织

地区	科技与研究	生态环境	教育	卫生	社会服务	文化
全国	**19494**	**6961**	**12603**	**11303**	**32752**	**20926**
中央级	233	18	100	46	65	167
北京	281	54	137	145	311	229
天津	228	24	123	90	292	193
河北	848	149	409	476	990	643
山西	426	67	395	279	890	556
内蒙古	646	153	341	228	992	391
辽宁	614	174	492	518	1082	499
吉林	207	127	239	197	1188	465
黑龙江	346	372	587	282	636	312
上海	632	64	150	195	524	236
江苏	1459	395	1022	944	2696	1761
浙江	1184	255	766	767	1696	1408
安徽	847	235	422	402	1064	982
福建	903	221	547	434	1698	914
江西	654	201	554	489	1029	553
山东	1531	418	577	609	2057	1514
河南	808	391	734	461	1375	1101
湖北	901	198	420	473	1530	839
湖南	985	416	550	492	1185	780
广东	1339	167	598	415	2815	1325
广西	672	113	218	169	748	355
海南	260	19	32	53	94	254
重庆	422	165	310	210	505	441
四川	784	821	1080	996	2341	1433
贵州	196	107	111	185	400	418
云南	407	189	341	391	1107	887
西藏	97		4	10	22	28
陕西	624	162	371	256	863	906
甘肃	201	995	260	390	1019	674
青海	67	50	166	176	293	150
宁夏	152	131	288	282	687	204
新疆	540	110	259	243	558	308

单位：个

按行业分类							
体育	法律	工商业服务	宗教	农业及农村发展	职业及从业组织	国际及涉外组织	其他
12842	**3121**	**23467**	**4384**	**47719**	**16893**	**427**	**32364**
95	12	327	8	36	20	45	638
191	50	314	43	672	169	4	620
102	44	315	27	113	122	73	293
417	149	775	179	1815	465	15	1869
450	89	608	95	508	262		1372
270	34	551	50	1206	160	12	603
400	102	611	121	1643	507	28	2184
207	71	274	77	1118	341	15	720
153	81	448	77	1114	643		421
305	33	560	72	46	217	7	593
1328	297	2227	344	3151	1348	58	1677
1086	187	2031	312	1002	1806	39	2331
519	116	894	153	1887	760	11	968
587	107	1029	262	1581	626		2105
459	137	599	147	961	369		645
778	156	1701	220	5260	1254	40	1137
434	218	1095	234	1885	688	14	1134
486	132	976	159	1682	689		1740
373	153	1068	192	1575	1081	37	1264
845	82	1755	209	547	834		2128
214	51	614	175	4131	312		896
101	11	305	17	298	67	1	101
307	68	435	78	1295	377		403
1070	219	1004	344	3325	1457		1581
249	53	376	105	1480	468	7	472
412	124	526	254	2349	610		1612
13	12	21	6	16	9		127
280	55	644	126	2701	346	6	483
171	97	299	142	1545	534		901
75	69	139	61	389	31	1	191
193	30	232	20	715	60		683
272	82	714	75	1673	261	14	472

续表 3

地区	行政执法	行政处罚数	并处没收违法经营额／违法所得	并处罚款
全国	**950**	**938**	**37**	**6**
中央级				
北京				
天津				
河北	87	87		
山西	80	80		
内蒙古	40	40		
辽宁	19	18	9	
吉林				
黑龙江				
上海				
江苏	31	31		
浙江	40	40		
安徽	65	65		
福建	5	5		
江西	4	4		
山东	158	158		
河南	48	37		
湖北	8	8		
湖南	18	18		
广东	22	22		
广西	67	67		6
海南				
重庆	88	88		
四川	17	17		
贵州	20	20		
云南	34	34	28	
西藏				
陕西	1	1		
甘肃				
青海				
宁夏	76	76		
新疆	22	22		

单位：起

(1) 警告	(2) 限期（责令）停止活动	(3) 撤销登记	取缔非法社会组织	并处没收非法财产
102	**96**	**740**	**12**	
26	36	25		
		80		
7		33		
		18	1	
9		22		
4	4	32		
39		26		
		5		
		4		
11		147		
		37	11	
		8		
		18		
5	1	16		
		67		
	20	68		
1		16		
		20		
		34		
		1		
	27	49		
	8	14		

续表4

地区	增加值合计	执行行政事业单位会计			
		固定资产原价	收入合计	上年结余	支出合计
全　国	**1395744.1**	**129086.5**	**97906.2**	**65669.0**	**90804.2**
中央级	438140.5				
北　京	43498.3				
天　津	7818.3				
河　北	11042.6	3256.5	2033.3		1947.5
山　西	25636.8	1323.1	25401.1	2.4	23301.9
内蒙古	8235.9	3690.9	3095.3	-5.4	3044.6
辽　宁	83266.3	1532.2	1114.6	25.0	1087.6
吉　林	5066.2	202.0	523.2	21.0	542.2
黑龙江	5731.3	2326.8	4315.7		4319.7
上　海	99010.0	0.2	15.3	1.3	2.0
江　苏	114086.0	14313.2	34767.0	1042.0	32503.9
浙　江	98936.5	38.4	913.6	0.7	493.7
安　徽	36118.5	1767.0	2701.0	120.0	2231.0
福　建	13493.7	9368.3	6372.2		7415.2
江　西	11584.4	4578.5	909.5		974.5
山　东	96531.7				
河　南	19450.8	1469.9	1386.4		1394.3
湖　北	34281.3				
湖　南	41268.1	3319.3	2292.7		2407.7
广　东	74745.8	4898.5	3618.5	4165.6	3082.8
广　西	12828.0	601.8	562.4		7.7
海　南	3920.5				
重　庆	15087.6	1596.0	253.5	1.0	252.5
四　川	21869.0	292.5	1251.1		839.2
贵　州	10636.2	1176.1	284.2	50.2	241.7
云　南	18779.1	8027.5	1501.0	221.5	1447.5
西　藏	1126.8	105.0			
陕　西	7455.2				
甘　肃	18577.8	1530.6	369.2		484.2
青　海	3415.9				
宁　夏	4051.2	50.0	548.4		52.4
新　疆	9510.7	63622.2	3677.0	60023.7	2730.4

单位:万元

制度财务指标		执行民间非营利组织单位会计制度财务指标				
收支结余	行政事业单位增加值	固定资产原价	上年结余	收入合计	费用合计	社会组织单位增加值
3564.8	**52076.5**	**2475684.2**	**2030732.4**	**5515326.2**	**3607522.1**	**1343667.6**
		446512.3	387182.8	1047147.3	714377.8	438140.5
		144835.8	245547.3	280066.6	124439.8	43498.3
		12146.3	394.1	28130.1	18101.1	7818.3
	1283.5	35877.7	2346.1	28368.5	25572.7	9759.1
2161.0	21639.2	37920.4	571.3	16001.1	8400.5	3997.6
45.3	1864.7	11763.1	555.2	15508.0	15481.7	6371.2
38.0	927.0	65003.9	231.0	412944.3	349164.0	82339.3
	448.1	39394.8		14521.5	13340.7	4618.1
2.5	345.1	11507.9	748.6	387420.5	9093.2	5386.2
1.0	0.3	10254.1	191584.6	366888.6	142167.3	99009.7
997.5	15021.3	401196.7	10477.7	274124.0	214600.6	99064.7
6.2	28.5	105857.1	58096.9	329846.6	285875.5	98908.0
	603.7	45742.6	1529.2	73465.8	32898.3	35514.8
	2426.7	25028.5	14184.7	41287.2	19444.1	11067.0
	186.2	34781.0	120392.5	22225.4	21996.1	11398.2
		106288.6	856.8	168330.9	159758.6	96531.7
	458.6	33188.0	1260.9	30520.7	27531.0	18992.2
		58319.1	40.0	114197.2	90930.0	34281.3
	1216.7	51377.5	193.3	88822.4	74857.5	40051.4
150.9	644.1	523412.1	631321.1	332162.9	971389.6	74101.7
	24.1	24556.6	965.8	50981.4	43423.4	12803.9
		2262.1	75.9	5833.6	4579.2	3920.5
	63.8	42152.8	9130.7	57997.8	51976.1	15023.8
	480.8	40524.3	6695.6	92187.6	82586.4	21388.2
	178.5	16663.9	623.2	17274.7	13882.0	10457.7
155.8	525.2	32360.6	269744.5	1126980.3	22847.9	18253.9
	4.2	162.0		977.6	1122.6	1122.6
		44169.1	355.6	13908.5	10387.4	7455.2
6.6	348.1	34070.1	189.9	33330.7	24899.2	18229.7
		15754.7	47.1	21446.8	15156.0	3415.9
	37.9	6010.9	225.0	10957.3	6968.5	4013.3
	2777.1	16589.6	75165.0	11470.3	10273.3	6733.6

基金

地区	单位数	年末职工人数		受教育程度	
			女性	大学专科人数	大学本科及以上人数
全　国	**2200**	**13164**	**3929**	**2405**	**1876**
中央级	154	4552	1500		
北　京	144	702	503	128	522
天　津	43	215	87	73	129
河　北	25	78	27	31	22
山　西	29	173	51	44	31
内蒙古	68	357	88	298	45
辽　宁	39	371	91	230	49
吉　林	36	103	23		
黑龙江	42	102	17		102
上　海	117	519			
江　苏	310	680	140		
浙　江	189	583	242	276	
安　徽	36	129	40	31	58
福　建	113	791	69		
江　西	25	174	32	82	38
山　东	60	258	71	167	73
河　南	53	563	214	384	
湖　北	47	235	87	55	110
湖　南	121	729	332	318	329
广　东	202	305	70		
广　西	22	45	16		
海　南	28	134	8	61	54
重　庆	28	84	2		
四　川	77	88	36	17	13
贵　州	15	62			
云　南	38	160	66	50	110
西　藏	11	75	42	22	35
陕　西	45	203	7		
甘　肃	25	315	20	114	72
青　海	11	38	4	12	8
宁　夏	23	78	23	12	24
新　疆	24	263	21		52

会

单位：个、人

职业资格水平		年龄结构			
助理社会工作师人数	社会工作师人数	35岁及以下人数	36岁至45岁人数	46岁至55岁人数	56岁及以上人数
289	**44**	**3825**	**3440**	**3117**	**2782**
		1275	820	1092	1365
249		228	168	160	146
15	29	66	84	53	12
		12	37	21	8
		24	30	76	43
		130	92	55	80
		90	79	139	63
		89	14		
			102		
		236	156	85	42
		320	150	120	90
		261	190	98	34
		21	60	39	9
7		73	200	244	274
		23	125	26	
		145	113		
		270	117	53	123
		45	85	76	29
		76	256	309	88
		45	85	90	85
		15	13	11	6
		112	11	5	6
			30	40	14
		26	34	20	8
		15	25	17	5
5	3	30	50	55	25
		32	43		
		23	55	40	85
13	12	69	91	87	68
		8	24	6	
		12	25	31	10
		54	76	69	64

续表1

地区	社会组织负责人数	女性	按性质分	
			公募基金会	非公募基金会
全国	**4797**	**1019**	**1101**	**1088**
中央级	600	200	83	60
北京	377	122	29	115
天津	43		17	26
河北	25	7	7	18
山西	133	22	17	12
内蒙古	96	24	45	23
辽宁	39	10	31	8
吉林	56	12	21	15
黑龙江	102	15	25	17
上海	501	136	50	67
江苏	310	33	134	176
浙江	189	25	114	75
安徽	94	20	12	24
福建	396	10	19	94
江西	81	13	12	13
山东	60	13	30	30
河南	195	29	30	23
湖北	235	87	16	31
湖南	409	88	83	38
广东	202	49	97	105
广西	9	1	12	10
海南	124	7	11	17
重庆	80	3	20	8
四川	68	34	51	26
贵州	15	4	14	1
云南	38	5	30	8
西藏	11	1	10	1
陕西	186	26	21	24
甘肃	34	6	19	6
青海	21	5	5	6
宁夏	23	6	18	5
新疆	45	6	18	6

单位：人、个

境外基金代表机构	建立党组织的社会组织	社会组织职工中中共党员人数	当年登记单位数	当年年检单位数
11	**388**	**2656**	**108**	**1202**
11	75			
	130	721	24	144
			4	43
	3	12	4	18
	10	60		38
			7	
	7			
	9			
	35	447	12	95
		446		310
	6	275		189
	2	11	3	29
	3	8	4	21
	32	195	10	49
	1			
	5	203	15	32
	37			
	1			
		115	7	11
	3			23
		117		77
				13
			8	23
			1	10
	3			33
	24		2	
			2	9
	1	37	5	22
	1	9		13

二、社会组织历年统计资料

单位：个

年 份	社会组织合计	社会团体	民办非企业单位	基金会
1978				
1979				
1980				
1981				
1982				
1983				
1984				
1985				
1986				
1987				
1988	4446	4446		
1989	4544	4544		
1990	10855	10855		
1991	82814	82814		
1992	154502	154502		
1993	167506	167506		
1994	174060	174060		
1995	180583	180583		
1996	184821	184821		
1997	181318	181318		
1998	165600	165600		
1999	142665	136764	5901	
2000	153322	130668	22654	
2001	210939	128805	82134	
2002	244509	133297	111212	
2003	266612	141167	124491	954
2004	289432	153359	135181	892
2005	319762	171150	147637	975
2006	354393	191946	161303	1144
2007	386916	211661	173915	1340
2008	413660	229681	182382	1597
2009	430843	239000	190000	1843
2010	445200	245000	198000	2200

注：2002 年以前的基金会含在社会团体内。

三、2010年社会组织十件大事

1. 社会组织深入学习实践科学发展观活动圆满结束创先争优活动正式启动

2010年2月26日，民政部在人民大会堂隆重召开全国先进社会组织表彰暨社会组织深入学习实践科学发展观活动总结大会，中共中央政治局委员、国务院副总理回良玉给大会发了贺信。至此，社会组织深入学习实践科学发展观活动圆满结束。社会组织共有132万名党员、6万余个党组织参加了学习实践活动，成效明显。按照党中央部署，2010年5月，社会组织党组织和党员深入开展创先争优活动正式启动。对于巩固和深化学习实践活动成果，推动社会组织健康发展、发挥作用，巩固和扩大党的执政基础具有重要意义。

2. 首次全国行业协会改革发展经验交流会在广东召开

2010年10月10日至11日，民政部在广东首次召开了“全国行业协会改革发展经验交流会”，党中央、国务院有关部门、登记管理机关、行业协会代表和专家学者300多人参加会议。民政部部长李立国发表重要讲话，明确提出了我国行业协会改革发展必须坚持市场化方向。中国工业经济联合会等115家行业协会联合发出了《行业协会社会责任倡议书》。此次会议的召开，正值全面总结“十一五”谋划“十二五”的重要阶段，是我国行业协会发展史上的重要里程碑。

3. 民政部出台《社会组织评估管理办法》

2010年12月，以民政部部长令的形式签发的《社会组织评估管理办法》正式颁布施行。2008年，社会组织评估正式启动，近几年，行业协会、民办非企业单位的评估工作已在全国全面铺开，摸索出了一套成熟可行的评估办法。文件对评估对象和内容、评估组织机构和职责、评估程序和方法、回避与复核、评估等级管理等作了明确规定。这是我国社会组织登记管理的一项重大改革举措，是鼓励发展和依法监管的重要机制创新，对于加强社会组织能力建设，充分发挥社会组织在我国经济社会建设中的积极作用具有重要意义。

4. 北京市社会组织大力开展服务民生行动

2010年7月12日，北京市召开“政府购买社会组织公益服务项目推介展示暨资源配置大会”，为社会组织搭建了服务民生行动的平台。2010年，北京市政府把社会组织公益服务纳入统一规划，引导社会组织围绕扶贫救助、服务“三农”、促进就业等十大民生领域深入开展公益活动。全市有1867个社会组织申报2735个项目，筹集社会资金22.98亿元，组织动员社会组织工作人员、会员和志愿者近50万人，惠及群众998万人次。此举为社会组织提供公共服务探索了新思路和新模式，建立起了社会组织公益项目计划性管理、资源配置、公益项目动态化监管等一系列社会组织建设与管理创新的体制机制。

5. 全国社会组织积极参与玉树抗震救灾行动

2010年4月14日，青海省玉树县发生7.1级地震，造成重大人员伤亡和财产损失。全国社会组织积极响应党和政府号召，以强烈的社会责任感，及时组织动员社会力量，筹集慈善捐款，开展爱心捐赠，参与救援行动，帮助灾区进行灾后重建，成为一支不可替代的民间慈善力量。2010年，我国多个地区遭受严重自然灾害，广大社会组织充分发挥自身优势，积极参与救灾行动，不仅发挥了积极作用，也彰显了我国社会组织的社会价值和时代风采。

6. 全国开展社会团体“小金库”治理工作

2010年3月，由中央有关部门牵头开展的社会团体“小金库”治理工作全面启动。各级民政部门组成专门机构加强组织领导，与“减轻企业负担专项治理工作”“治理和规范涉企收费工作”“政府与行业协会分开工作”等专项治理工作紧密结合，综合治理，建立社会团体自律机制，完善评估制度体系，规范社会团体年度检查，理顺社会团体管理体制，加强和改进监督管理，健全“小金库”治理长效机制，取得重要阶段性成果。此举对推进社会组织反腐倡廉建设，优化社会组织发展环境，提升社会组织公信力将产生深远影响。

7. 社会组织人才队伍建设纳入国家中长期人才发展规划

2010年6月6日，《国家中长期人才发展规划纲要（2010－2020年）》发布。把鼓励社会组织人才发展政策作为国家十项重大政策之一纳入其中，明确指出，要把社会组织人才开发纳入各级政府人才发展规划，制定加强社会组织人才队伍建设意见，为加强社会组织人才队伍建设提供了重要的政策支持。党中央、国务院有关部门正在加紧制定社会组织人才队伍建设的意见，这将有助于吸纳和培养优秀的社会组织人才，改善社会组织人才结构，提升社会组织服务能力，促进社会组织健康发展。

8. 全国第一家捐股基金会河仁慈善基金会成立

2010 年 6 月，由福耀玻璃股份有限公司董事长曹德旺个人捐出股份设立的河仁慈善基金会正式注册成立，这是全国第一家由个人捐股成立的资金数额最大的非公募慈善基金会。近年来，由企业或企业家捐资成立慈善基金会已经成为我国企业界的一股潮流，非公募基金会快速增长。河仁慈善基金会的注册成立，对于推进非公募基金会的发展、探索新的慈善模式、促进我国慈善力量的多元化、推进基金会注册登记及税费制度改革、加强对非公募基金的监督管理的制度创新等具有积极意义。

9. 江苏省基金会总数突破 300 个

2010 年 5 月，《江苏省慈善事业促进条例》正式颁布实施，基金会作为参与慈善事业的重要载体，进入了新的发展阶段。2004 年国务院《基金会管理条例》颁布以来，江苏省致力于培育发展基金会等慈善组织，保持了每年 10% 以上的增长率。2010 年江苏省登记的基金会已达 300 个。基金会在江苏省慈善事业中所占的比重日益加大，特别是慈善、见义勇为、教育类以及非公募基金会、村办基金会得到快速发展，作用日益明显。截至 2010 年底，全国基金会总数已突破 2000 个。

10. 我国近 60 家社会组织在联合国坎昆气候变化大会发布共同立场

2010 年 11 月 25 日，在联合国坎昆气候变化大会到来之际，中国国际民间组织合作促进会等 60 家中国社会组织联合发表《中国公民社会致联合国坎昆气候大会的立场书》，阐述了中国政府为应对气候变化所做出的积极努力和鲜明立场。会议期间，我国社会组织与政府、媒体同台亮相，要求各国直面气候变化挑战，尽快通过谈判达成一个公平、进取、有法律约束力的协议，表明我国政府更加注重社会组织的积极作用，也彰显了我国社会组织的国际影响力。

图书在版编目（CIP）数据

中国社会组织年鉴．2011／《中国社会组织年鉴》编委会编．—北京：中国社会出版社，2012.1

ISBN 978－7－5087－3899－4

Ⅰ.①中…　Ⅱ.①中…　Ⅲ.①社会团体—中国—2011—年鉴　Ⅳ.①D66－54

中国版本图书馆 CIP 数据核字（2011）第 271682 号

书　　名：中国社会组织年鉴 2011

编　　者：中国社会组织年鉴编委会

责任编辑：朱永玲　杨春岩

出版发行：中国社会出版社　　**邮政编码：**100032

通联方法：北京市西城区二龙路甲 33 号

电话：编辑部：(010)66076941

邮购部：(010)66060275

销售部：(010)66080300　传真：(010)66051713

(010)66051698　传真：(010)66080880

(010)66080360　(010)66063678

网　　址：www. shcbs. com. cn

经　　销：各地新华书店

印刷装订：中国电影出版社印刷厂

开　　本：170mm×240mm　1/16

印　　张：36. 25

字　　数：600 千字

版　　次：2012 年 1 月第 1 版

印　　次：2012 年 1 月第 1 次印刷

定　　价：108. 00 元